SCRIPTORVM CLASSICORVM
BIBLIOTHECA OXONIENSIS

OXONII
E TYPOGRAPHEO CLARENDONIANO

DEMOSTHENIS
ORATIONES

RECOGNOVIT
APPARATV TESTIMONIORVM ORNAVIT
ADNOTATIONE CRITICA INSTRVXIT

M. R. DILTS

TOMVS IV

OXONII
E TYPOGRAPHEO CLARENDONIANO

OXFORD
UNIVERSITY PRESS

Great Clarendon Street, Oxford OX2 6DP

Oxford University Press is a department of the University of Oxford.
It furthers the University's objective of excellence in research, scholarship,
and education by publishing worldwide in

Oxford New York

Auckland Cape Town Dar es Salaam Hong Kong Karachi
Kuala Lumpur Madrid Melbourne Mexico City Nairobi
New Delhi Shanghai Taipei Toronto

With offices in

Argentina Austria Brazil Chile Czech Republic France Greece
Guatemala Hungary Italy Japan Poland Portugal Singapore
South Korea Switzerland Thailand Turkey Ukraine Vietnam

Published in the United States
by Oxford University Press Inc., New York

First published 2009

British Library Cataloguing in Publication Data
Data available

Library of Congress Cataloging in Publication Data
Data available

Typeset by RefineCatch Limited, Bungay, Suffolk
Printed in Great Britain
on acid-free paper by the
MPG Books Group, Bodmin and Kings Lynn

ISBN 978-0-19-872171-0

1 3 5 7 9 10 8 6 4 2

PREFACE[1]

1. PRIMARY MANUSCRIPTS

S Paris, Bibliothèque Nationale de France, ms. gr. 2934, parchment, contains fifty-nine orations[2] in the following order: 1–4 8 7 5 6 9 10 11 22 24 23 20 21 18 19 25 26 59 36 45 46 37 38 32–5 27–31 54 56 48 47 55 50 51 53 49 52 39–44 57 58 61 60 13 14 16 15 17.1–10.

Codex S is the oldest medieval manuscript of Demosthenes, dating from the end of the ninth to the beginning of the tenth centuries, and palaeographical analysis may or may not indicate that it was copied in Southern Italy.[3] In terms of provenance a note on the last folio indicates that S was once in the Monastery of Sosandron (*βιβλίον μονῆς τῶν σωσάνδρου*). The whereabouts of this monastery had been the subject of speculation until Nigel Wilson identified it with the monastery of Sosandra near Nicaea founded by John III Doukas (1222–54).[4]

A Munich, Bayerische Staatsbibliothek, Cod. graec. 485, parchment, 10th c., contains fifty-four orations in the following order: 3 4 5–9 11 10 22 21 23 18 19 24 20 25 26 54 55 48 56 27–31 37

[1] The following is largely derived from the preface to the first volume, where the reader can also find a fuller account of the text history and editions of Demosthenes.

[2] Or. 12 is omitted and or. 17 ends abruptly at 17.10 *γεγραμμένου* on fo. 533ʳ; the remainder of this oration appears on fo. 533ᵛ in a later hand.

[3] See G. Prato, 'Attività scrittoria in Calabria tra IX e X secolo' *Jahrb. D. Österr. Byzant.* 36 (1986), 219–28 and L. Perria, 'A proposito del codice S di Demostene', *Rivista di cultura classica e medievale*, 36 (1994) 235–56.

[4] 'The Libraries of the Byzantine World', GRBS 8 (1967), 78; on earlier speculation see Luciano Canfora, *Inventario dei manoscritii greci di Demostene* (Padua, 1968), 49.

35 38 34 32 36 33 13 14 16 15 17 51 43 44 39–41 49 53 42 50 51 57 58 47 1 2. Two quires have been lost at the beginning of this codex, except for two folios from the first quire, which now appear as fos. 469 (or. 1.8 ἡμᾶς—15 οὕτως ἐστίν) and 470 (or. 2.16 -πτόμενοι—24 ἐξιέναι), and two folios from the second quire, which now appear as fos. 1 and 2 (or. 3.24 κατέλιπον—36 μέλλει and or. 4.1 εἰ μέν—3 ταῦτα). A further loss of folios occurs between fos. 409 and 410, where the text of or. 39.9 τίς—26 γυναῖκα is omitted. At the end of the codex, where or. 47.2 ψευδῆ—fin. is omitted, several quires seem to have been lost. Santo Lucà has shown that the main hand of A and that of Naples Biblioteca Nazionale gr. 4, containing Diodorus Siculus, derive from the same scriptorium, which he locates in Constantinople.[5]

F Venice, Biblioteca Nazionale Marciana, Marc. gr. 416, parchment, 10th c., contains sixty-one orations of Demosthenes in the standard order, except that or. 16 precedes or. 15 and or. 22 precedes or. 19.

Codex F appears as number 273 in the list of manuscripts acquired from Cardinal Bessarion: 'Demosthenis omnia opera, liber optimus, in pergameno'.

Q Venice, Biblioteca Nazionale Marciana, Marc. gr. 418, parchment, 10th c., is derived from a common exemplar as codex F. Codex Q contains thirty-two orations: 18 19 32–61 and it is cited fully where it preserves the truth independently of F.[6]

Y Paris, Bibliothèque Nationale de France, ms. gr. 2935

[5] See *Bolletino della Badia greca di Grottaferrata*, NS 44, (1990) 48–52. Also see Guglielmo Cavallo, who concludes that A derives from a scriptorium in the eastern Byzantine empire, 'verso la Palestina', in *Della Parte del Libro* (Urbino, 2002), 197 and n. 11.

[6] Where Rennie cites Q for readings which he fails to credit to F, I cite these readings from F.

parchment, 10th c., is written in three principal hands:[7] (1) fos. 1–8 contain an anonymous life of Demosthenes as well as another life by Zosimus in a 10th c. hand similar to the scribe of Sophocles and Apollonius of Rhodes in Florence, Bibl. Med. Laur. 32.9; (2) fos. 9–26 contain the text of orr. 1–7.19 *ψηφίσματος* in a hand of the 14/15th cc.; (3) fos. 27–301 contain the text of the following orations: 7.19 *ἐπαναγιγνωσκομένου*–fin. 8–21 23 22 24–6 59 61 60 as well as exordia in a hand identical with that of Vaticanus gr. I.

D Milan Bibliotheca Ambrosiana, D 112 sup, parchment, 10th or 11th c., contains orations 29–59 and 61. Codex D, which ocasionally shares readings with A, F, and Y as well as readings that appear to derive from scribal intervention, is cited when it contains correct or possible readings not found in SAFQY.

2. CONSTITUTION OF THE TEXT

(*a*) *Scriptio plena*

Contrary to an editorial convention dating to the nineteenth century, I rely closely on evidence of codices S and A[8] in determining *scriptio plena*. Accordingly, where S and A allow hiatus or the juxtaposition of a word ending with a vowel or diphthong and a word beginning with a vowel or diphthong, the text has *scriptio plena*; and where S and A are at variance, hiatus is retained.

(*b*) *The apparatus of testimonia*

In this apparatus I list the following additional sources for the text: fragments of papyri, which date from the first to the fifth/

[7] On the hands of Y, see Nigel Wilson in *CQ*, NS 10 (1960), 200–1.

[8] For the six orations not found in A (45 46 52 59 60 61) and for 47, where A contains only the beginning of the oration, I use S and F.

sixth centuries, and quotations of the orations from authors dating from the first century BC till the end of the fourteenth century AD. Authors include such critics as Didymus and Dionysius of Halicarnassus, lexicographers such as Harpocration, scholiasts and rhetoricians such as Apsines and Hermogenes. When these testimonia are very brief, remote, or inaccurate, or amount to a paraphrase of the text, I do not report readings in the critical apparatus.

(c) *The critical apparatus*

In the critical apparatus I include variant readings for SAFY and occasionally variants from Q D, papyri, and testimonia. When any of the manuscripts SAFY (before or after correction) is not mentioned in the apparatus, it may be assumed to have the readings of the text. Thus at 8.53, where the text reads *ὑπάρχει* and the apparatus reads '*ὑπάρχειν* S[a]: <*ἕτοιμα*> *ὑπάρχει* AFY', the reader should understand that S[a] contains *ὑπάρχειν*, that AFY contain *ἕτοιμα ὑπάρχει*, and that S[C] contains *ὑπάρχει*. When the apparatus of testimonies indicates that a papyrus or quotation from a later work contains a relevant part of the text, the apparatus treats later quotations on the same basis as manuscripts. Accordingly at 19.33, where the apparatus of testimonies reads '*τῷ*[2]*—κοινωνεῖν* AB 150.27' and the critical apparatus reads '*εἰσῄει ἐι*] *εἰ οιγῴη* F[C]Y AB : [F]', the reader should understand that SA read *εἰσῄει εἰ*, that F (after correction), Y, and AB read *εἰ οιγῴη*, and that the original reading of F is unclear.

In the following instances, where the orthography of the manuscripts is in error, I have silently restored correct readings. Thus *γίνομαι* occurs as *γίγνομαι*; *δωρειά*, as *δωρεά*; *ἐλεεινός* as *ἐλεινός*; *ἀπέτισεν*, as *ἀπέτεισεν*; *λῃτουργία* as *λειτουργία*; *περιιών*, as *περιών*; *συνεμίξαμεν*, as *συνεμείξαμεν*; *φιλονεικεία* as *φιλονικία*. In other instances, where the orthography of the manuscripts varies and either orthography is acceptable, I follow the evidence of the manuscripts for *ἠβουλόμην* or *ἐβουλόμην*, *ἠδυνάμην* or *ἐδυνάμην*, *ἤμελλον* or *ἔμελλον*, *ἡλωκέναι* or *ἑαλωκέναι*, *εἰργαζόμην* or *ἠργαζόμην*, *κλαιήσει* or *κλαήσει* or *κλαύσεται*, *ἑόρακα* or *ἑώρακα* except for the following types of readings, which are generally not reported to keep the critical apparatus within reasonable limits:

1. cases of itacism (confusion of *ω ο*, *οι ι*, *η ι*, *υ ι*, *ει ι*, *αι ε*, etc.)
2. most variants related to accents, breathings, iota sub- or adscript, movable nu, and punctuation
3. isolated readings that are probably due to scribal negligence
4. simple blunders corrected by the original scribe
5. variants related to *scriptio plena*
6. variants that are easily subject to scribal whim such as the following: *νῦν νυνί*, *ἀεὶ αἰεί*, *ἑαυ- αὑ-*, *σεαυ- σαυ-*, *ἐὰν ἄν*, *οἴομαι οἶμαι*, *τοιοῦτο τοιοῦτον* (neuter), *βελτίονα βελτίω*, *πλέονα πλείω*, *ἕνεκα ἕνεκεν εἵν-*, *γιγν- γιν-*, *πᾶς ἅπας*, *ἐθέλ- θέλ-*, *ἄνδρες Ἀθηναῖοι ἄνδρες δικασταί*, *τοῦτον τουτονί*, *οὐδὲ εἷς οὐδείς*
7. most variants related to the textual tradition of the testimonia.

The critical apparatus also includes variants from secondary manuscripts (*codices recentiores*) that offer correct or plausible readings, selected readings from early printed editions, and emendations and conjectures by modern scholars. Where I restore later forms that are also found in fourth-century inscriptions and appear in the primary manuscripts, I do not generally report in the critical apparatus the earlier forms that have been introduced in previous editions. Accordingly, the text reads *λειτουργ-* not *ληπουργ-*, *δωρε-* not *δωρει-*, *ἠβουλ-* not *ἐβουλ-*, *ἠδυν-* not *ἐδυν-*, *ἠμελλ-* not *ἐμελλ-*, *περιών* not *περιιών*.

The following signs also appear in the text and apparatuses:

{} indicate word(s) that I consider spurious;

⟨⟩ indicate word(s) added by modern conjecture or additions to manuscript(s) other than papyri;

⌊⌋ indicate restorations in the text of the papyri;

⌊SA⌋ indicate that the readings of S and A cannot be determined.

FRAGMENTA PAPYRACEA

42.14–15 P. Yale I 24 inv. 599, saec. 2
43.43–47 P. Berolin. 21192, saec. 2–3
49.24, 26–28 P. Köln 3.136, saec 5
50.24–26 P. Vindob. gr. 29816b, saec. 3
51.7–10 PSI 6.721, saec 2 ex.
56.47–50 PSP 234, saec. 2
57.55–56 P. Köln 7.310, saec. 2
58.15–16, 17–18 P. Ryl. 3.550, saec. 2

COMPENDIA AVCTORVM

AB	*Anecdota Graeca*, ed. I. Bekker (Berolini, 1814), 119–80
Alex.	Alexander Rhetor, *De figuris*, ed. L. Spengel, iii. 7–40
Anon. de Hermog. Fig.	*De Hermogenis figuris*, ed. C. Walz, iii. 704–11
Anon. Epit.	*Epitome rhetorica*, ed. C. Walz, iii. 619–69
Anon. Fig.	*De figuris*, ed. L. Spengel, iii. 110–60, 171–3, 174–88
Anon. Quattuor	*De quattuor partibus oratianis*, ed. C. Walz, iii. 570–87
Anon. Schol. in Id.	*Scholia ad Hermogenis de ideis*, ed. C. Walz, vii. 861–1087
Anon. Schol. in Inv.	*Scholia ad Hermogenis de inventione*, ed. C. Walz, vii. 697–860
Anon. Schol. in Stat.	*Scholia ad Hermogenis de statibus*, ed. C. Walz, vii. 104–696
Anon. Seg.	Anononymus Seguerianus, *Ars orationis civilis*, edd. M. R. Dilts et G. A. Kennedy (Lugduni Batavorum, 1997)
Aphth.	Apthonius, *Progymnasmata*, ed. H. Rabe (Lipsiae, 1926)
Apostol.	Apostolius, *Collectio paroemiarum* (Corpus paroemiographorum Graecorum), ed. E. L. von Leutsch (Gottingae, 1851}, ii. 233–744
Aps.	Apsines, *Art Rhétorique*, ed. M. Patillon (Lutetiae Parisiorum, 2001)

Aristid. Rh.	Aristides, *Libri rhetorici II*, ed. G. Schmidt (Lipsiae, 1926)
Caecil.	Caecilius Calactinus, *Fragmenta*, ed. E. Ofenloch (Lipsiae, 1907)
Ps. Castor	(Pseudo)-Castor, *Excerpta rhetorica*, ed. W. Studemund (Vratislaviae, 1888)
Clemens	Clemens Alexandrinus, *Stromata* (Die gr. christlichen Schriftsteller, 52 (15) 17), ed. O. Stählin, L. Früchtel, U. Treu (Berolini, 1960–70)
Demetr. Eloc. Ra.	Demetrius Phalereus, *De elocutione libellus*, ed. L. Radermacher (Lipsiae, 1901)
D.H.	Dionysius Halicarnaseus, *Opuscula*, ed. H. Usener et L. Radermacher (Lipsiae, 1899)
Did.	Didymus, *In Demosthenem commenta*, ed. L. Pearson et S. Stephens (Stutgardiae, 1983)
Doxopatr.	Doxopatres, *Rhetoricae sermones ad Aphthonii progymnasmata*, ed. C. Walz, ii. 81-564
EM	*Etymologicum Magnum*, ed. T. Gaisford (Oxonii, 1848)
Georg. Diaer.	Georgius Diaeretus, *Scholia ad Hermogenis de inventione*, ed. C. Walz, vi. 505–43
Grammatic.	*De emendanda ratione Graecae grammaticae*, ed. G. Hermann (Lipsiae, 1801)
Greg. Cor.	Gregorius Corinthius, *Commentarium ad Hermogenis de methodo*, ed. C. Walz, vii. 1090-1352
Harp.	Harpocratio, *Lexicon in decem oratores Atticos*, ed. J. Keaney (Amstelodami, 1991)
Hdn.	Herodianus, *Philetaerus*, ed. A. Dain (Lutetiae Parisiorum, 1954)
	—*De figuris*, ed. L. Spengel, iii. 83–103
Hermog. R.	Hermogenes, *Rhetorica*, ed. H. Rabe (Lipsiae, 1913)

Io. Sard. R.	Ioannes Sardianus, *Commentarium in Aphthonii progymnasmata*, ed. H. Rabe (Lipsiae, 1927)
Io. Sic. in Id.	Ioannes Siceliotes, *Commentarium ad Hermogenis de ideis*, ed. C. Walz, vi. 56–504
Ios. Rac. Syn.	Ioseph Rhacendyta, *Epitome rhetorica*, ed. C. Walz, iii. 467–569
Isidor. Pelus.	S. Isidorus Pelusiotes, *Epistolarum libri quinque* PG 78 (Lutetiae Parisiorum 1864)
Lacapen.	Lacapenus, *Excerpta grammatica* (Lectiones Mosquenses), ed. C. F. Matthaeus {Lipsiae, 1779), 55–79
Lex. Cant.	*Lexicon rhetoricum Cantabrigiense*, ed. E. O. Houtsma (Lugduni Batavorum, 1870)
Lex. Pat.	*Lexicon Patmense*, ed. I. Sakkelion (*Bulletin de correspondance hellénique, 1 (1877), 10–16, 137–55)*
Lex. Vind.	*Lexicon Vindobonense*, ed. A. Nauck (Petropoli, 1867)
Longin. Rh.	Longinus, *Ars rhetorica, fragmenta*, ed. L. Spengel et C. Hammer, i. 179–207, 213–16
Menand.	*Menander Rhetor*, ed. D. A. Russell et N. G. Wilson (Oxonii, 1981)
Minuc.	Minucianus, *Περὶ ἐπιχειρημάτων*, ed. L. Spengel et C. Hammer, i. 340–51
Nicol.	Nicolaus, *Progymnasmata*, ed. I. Felten (Lipsiae, 1913)
Olymp.	Olympiodorus, *In Platonis Gorgiam commentaria*, ed. L. G. Westerink (Lipsiae, 1970)
	—*In Platonis Phaedonem commentaria (The Greek Commentaries on Plato's Phaedo)*, ed. L. G. Westerink (Amstelodami, 1976), 31–181
Ph.	Photius, *Bibliotheca*, ed. R. Henry (Lutetiae Parisiorum, 1959–77)

	—*Lexicon*, ed. S. A. Naber (Lugduni Batavorum, 1864–5)
	—*Lexicon A–Δ*, E–M, ed. C. Theodoridis (Berolini, 1982, 1998)
Phoeb.	Phoebammon, *De figuris*, ed. L. Spengel, iii. 41–86
Plan.	Maximus Planudes, *Scholia ad Hermogenis rhetorica*, ed. C. Walz, v. 232–576
Prisc.	Priscianus, *Institutionum grammaticarum libri xiii–xvii*, ed. M. Hertz (Grammatici Latini, 3; Lipsiae, 1859)
Prol.	*Prolegomenon Sylloge*, ed. H. Rabe (Lipsiae, 1931)
Rhet. Lex.	*Rhetorikai lexeis*, ed. M. N. Naoumides (Athenis, 1975)
Roman.	Romanus Sophista, *Περὶ ἀνειμένου libellus*, ed. W. Camphausen (Lipsiae, 1922)
Ruf.	Rufus, *Ars rhetorica*, ed. L. Spengel et C. Hammer, i. 399–407
Σ^{b} Cunn.	*Synagoge*, ed. I. Cunningham (Sammlung griechischer und lateinischer Grammatiker; Berolini, 2003)
Schol. D.	*Scholia Demosthenica*, ed. M. R. Dilts (Lipsiae 1983, 1986)
Schol. in Aeschin.	*Scholia in Aeschinem*, ed. M. R. Dilts (Stutgardiae et Lipsiae, 1992)
Schol. in Aphth.	*Scholia in Aphthonii progymnasmata*, ed. C. Walz, ii. 565–684
Schol. Pl.	*Scholia Platonica*, ed. W. C. Greene (Haverfordiae, 1938)
Sophian.	*Orationis funebris versio Latina ab Ioanne Sophiano perfecta*
Soptr.	Sopater, *Διαίρεσις ζητημάτων*, ed. C. Walz, viii. 1–385

	—*Scholia ad Hermogenis artem*, ed. C. Walz, v. 1–211
Sp.	*Rhetores Graeci*, ii–iii ed. L. Spengel (Lipsiae, 1854, 1856)
Sp. Ha.	*Rhetores Graeci*, i ed. C. Hammer et L. Spengel (Lipsiae, 1894)
Sublim.	*Libellus de sublimitate*, ed. D. A. Russell (Oxonii, 1968)
Syr.	Syrianus, *In Hermogenem commentaria*, ed. H. Rabe (Lipsiae, 1892–3)
Syr. Soptr. Marcell.	Syrianus Sopater Marcellinus, *Scholia ad Hermogenis status*, ed. C. Walz, iv. 39–846
Theodoret	Theodoretus, *Graecarum affectionum curatio*, ed. P. Canivet (Lutetiae Parisiorum, 1958)
Theon	Theon, *Progymnasmata*, ed. L. Spengel, ii. 57–130
	—(interp. Arm.), ed. M. Patillon et G. Bolognesi (Lutetiae Parisiorum, 1997), 99–112
Thom.	Thomas Magister, *Ecloga vocum Atticarum*, ed. F. Ritschl (Halis Saxonum, 1832)
Tib. Fig.	Tiberius, *De figuris Demosthenicis*, ed. G. Ballaira (Romae, 1968)
Tryph.	Trypho, *Περὶ τρόπων*, ed. L. Spengel, iii. 189–206
Tzet.	Tzetzes, *Scholia in Hermogenem* (*Anecdota Graeca*), ed. J. A. Cramer, iv. 1–148 (Oxonii, 1837)
W.	*Rhetores Graeci*, i–ix ed. C. Walz (Stutgardiae, 1832–6)
Z.	Zonaras, *Io. Zonarae Legicon*, i–ii ed. I. A. Tittmann (Lipsiae, 1808)
Zon.	Zonaeus, *De figuris*, ed. L. Spengel, iii. 161–70

SIGLA

Codices vetustissimi

Π(num.)	inter Fragmenta quaerendum Papyracea, quae in orationes singulosque locos digesta sunt
A	Monac. gr. 485, saec. x
A^1	or. 51 post or. 17
A^2	or. 51 post or. 50
D	Ambros. D 112 sup. saec. x/xi
F	Marc. gr. 416, saec. x
P	Laur. plut. 59.9, saec. x
Q	Marc. gr. 418, saec. xi
S	Paris. gr. 2934, saec. ix/x
Y	Paris. gr. 2935, saec. x

Codices recentiores

Af	Ambros. C 235 inf., saec. xiii/xiv
Ag	Ambros. D 39 sup., saec. xiv
B	Monac. gr. 85, saec. xiii
Ca	Cantab. Fitzw. 229, saec. xiv
Cd	Caesenas Malatestianus plut. D 27.1, saec. xiii
Eb	Scorial. *Σ* I 13, saec. xv
Ee	Scorial. *Φ* II 1, an. 1534
Eg	Matrit. 4647, quem scripsit Const. Lascaris an. 1486
Ej	Scorial. *Σ* III 16, saec. xv
Fi	Laur. plut. 59.10, saec. xv
Fj	Laur. plut. 59.19, saec. xv
Fo	Laur. plut. 59.46, saec. xv
Ft	Laur. conv. soppr. 136, saec. xiii/xiv
H	Paris. gr. 2508, saec. xv
k	Paris. gr. 2998, saec. xiii/xiv
Lb	Lugd. Bat. Periz. Q 4, an. 1457
Ll	Lond. Harl. 6322, saec. xiii
Ln	Lond. Addit. 39617, saec. xv
Lp	Lond. Lambeth 1207, saec. xiii
Mf	Monac. gr. 432, saec. xv

Mh	Monac. gr. 463, saec. xv
Mm	Marc. gr. 420, saec. xiv/xv
Mn	Marc. gr. 438, saec. xiv
O	Brux. Bibl. Regia 11294–5, saec. xv
Od	Bodl., Bar. 73, saec. xiv
Pq	Paris. gr. 2994, saec. xiii
Pu	Paris. gr. 2997, saec. xiii
R	Paris. gr. 2936, saec. xiv
Sb	Salaman. M 224, saec. xv
Sc	Salaman. M 231, saec. xv
Sf	Hispal. 330-155-1, saec. xv
T	Paris. gr. 2940, saec. xiii
v	Coislin. 339, saec. xv
Vb	Vatic. gr. 68, saec. xiv
Vc	Vat. gr. 68, saec. xiii
vd	Palat. gr. 104, saec. xv
ve	Palat. gr. 113, saec. xv
vf	Palat. gr. 142, saec. xv/xvi
vh	Palat. gr. 193 (= Pii II 19), saec. xiii/xiv
vm	Regin. gr. 102, saec. xvi
Vz	Barb. gr. 141, saec. xv
Wb	Vind. phil. gr. 70, saec. xv
Wc	Vind. phil. gr. 101, saec. xv
Wd	Vind. phil. gr. 105, saec. xiv
We	Vind. phil. gr. 137, saec. xv
wj	Vratislav. R 19, saec. xv

Textus codicibus nititur hisce:

orr. 41–4, 47 (1–2)–51, 53–8	SA
orr. 45, 46, 47 (2–fin.), 52	SF
orr. 59–61	SYF

Editiones

Ald.	Editio Aldina (Venetiis, 1504)
Bk.	Bekker, *Oratores Attici* (Oxonii, 1823)
Bl.	Blass, *Demosthenis Orationes* (Lipsiae, 1885–9)
Bodl.	editio an. 1532 Bibliothecae Bodleianae A 2.20 Art. Seld.
Feliciana	*Demosthenis orationes*, ed. Io. Felicianus (Venetiis, 1543)
Lamb.	Editio Lambini (Parisiis, 1570)

Schaefer	G. H. Schaefer, *Apparatus criticus et exegeticus ad Demosthenem* (Londini, 1824–7)
Wolf	*Demosthenis et Aeschinis opera* (Frankofurti, 1604)

Notae

A^{a}	ante correctionem
A^{c}	post correctionem
A^{mg}	in margine
$A^{(m.a.)}$	lectio manus primae
$A^{γρ}$	varia lectio cui librarius γρ(άφεται) vel sim. praescripsit
ὁμ.	praetermissio per homoeoteleuton facta

XLI

ΔΗΜΟΣΘΕΝΟΥΣ ΠΡΟΣ ΣΠΟΥΔΙΑΝ

1. Ἀδελφὰς ἔχομεν, ὦ ἄνδρες δικασταί, γυναῖκας ἐγὼ καὶ Σπουδίας οὑτοσί, Πολυεύκτου θυγατέρας. ἄπαιδος δ᾿ ἐκείνου τελευτήσαντος ἀρρένων παίδων, ἀναγκάζομαι πρὸς τουτονὶ περὶ τῶν καταλειφθέντων δικάζεσθαι. καὶ εἰ μέν, ὦ ἄνδρες δικασταί, μὴ πᾶσαν σπουδὴν καὶ προθυμίαν ἐποιησάμην βουλόμενος διαλύεσθαι καὶ τοῖς φίλοις ἐπιτρέπειν, ἐμαυτὸν ἂν ᾐτιώμην, εἰ μᾶλλον ᾑρούμην δίκας καὶ πράγματ᾿ ἔχειν ἢ μικρὰ ἐλαττωθεὶς ἀνέχεσθαι· (2) νῦν δ᾿ ὅσῳ πρᾳότερον ἐγὼ καὶ φιλανθρωπότερον τούτῳ διελεγόμην, τοσούτῳ μᾶλλόν μου κατεφρόνει. καὶ νῦν κινδυνεύω μὲν οὐδὲν ὁμοίως τούτῳ πρὸς τουτονὶ τὸν ἀγῶν᾿ ἔχειν, ἀλλ᾿ οὗτος μὲν ῥᾳδίως φέρει πολλάκις εἰθισμένος ἐνταῦθ᾿ εἰς ὑμᾶς εἰσιέναι, ἐγὼ δ᾿ αὐτὸ τοῦτο φοβοῦμαι, μὴ διὰ τὴν ἀπειρίαν οὐ δυνηθῶ δηλῶσαι περὶ τῶν πραγμάτων ὑμῖν· ὅμως δ᾿, ὦ ἄνδρες δικασταί, προσέχετε τὸν νοῦν.

3. Πολύευκτος γὰρ ἦν τις Θριάσιος, ὃν ἴσως οὐδ᾿ ὑμῶν τινες ἀγνοοῦσιν. οὗτος ὁ Πολύευκτος, ἐπειδὴ οὐκ ἦσαν αὐτῷ παῖδες ἄρρενες, ποιεῖται Λεωκράτη τὸν ἀδελφὸν τῆς ἑαυτοῦ γυναικός. οὐσῶν δὲ αὐτῷ δύο θυγατέρων ἐκ τῆς τοῦ Λεωκράτους ἀδελφῆς, τὴν μὲν πρεσβυτέραν ἐμοὶ δίδωσιν

1 *ἀδελφὰς–γυναῖκας* Hermog. 230.3 R. Doxopatr. 2.203.12 W. Anon. Schol. in Id. 7.922.14, 944.7 W. *–οὑτοσί* Hermog. 227.14 R. Doxopatr. 2.192.8, 217.23 W. – *δικάζεσθαι* Io. Sic. in Id. 6.149.4 W.

---

tit. *προς σπουδιαν υπερ προικος* SAF *ὑπὲρ προικός* suspectum est 1 *<τε> καὶ* Hermog. Io. Sic. Doxopatr. 3 *παίδων ἀρρένων* Io. Sic. *τοῦτον* A : *τούτου* Io. Sic. 4 *περὶ*] *ὑπὲρ* Io. Sic. 6 *διαλύσασθαι* A *ἂν* om. A 7 *ᾑρούμην*] *ἡγούμην* S^{a} 10 *κινδυνεύω μὲν* Wolf : *κινδυνεύομεν* SAF *οὐδὲν*] *οὐχ* A 11 *οὗτος*] *αὐτὸς* A 12 *εἰσιέναι*] *παρεῖναι* S : *παριέναι* A 13 *τοῦτο*] *τοῦ* F^{a} 18 *λεωκράτην* AF^{c} 19 *ἑαυτοῦ*] *ἐμαυτοῦ* A^{a}

καὶ τετταράκοντα μνᾶς προῖκα, τὴν δὲ νεωτέραν τῷ Λεωκράτει. (4) τούτων δ᾽ οὕτως ἐχόντων, διαφορᾶς γενομένης τῷ Πολυεύκτῳ πρὸς τὸν Λεωκράτη, περὶ ἧς οὐκ οἶδ᾽ ὅ τι δεῖ λέγειν, ἀφελόμενος ὁ Πολύευκτος τὴν θυγατέρα δίδωσι Σπουδίᾳ τουτῳί. μετὰ δὲ ταῦτ᾽ ἠγανάκτει ὁ Λεωκράτης, καὶ δίκας ἐλάγχανε Πολυεύκτῳ καὶ τουτῳὶ Σπουδίᾳ, καὶ περὶ πάντων ἠναγκάζοντ᾽ εἰς λόγον καθίστασθαι. καὶ τὸ τελευταῖον διελύθησαν, ἐφ᾽ ᾧτε κομισάμενον τὸν Λεωκράτην ἅπερ ἦν εἰς τὴν οὐσίαν εἰσενηνεγμένος, μήτε κακόνουν εἶναι τῷ Πολυεύκτῳ, τῶν τε πρὸς ἀλλήλους ἐγκλημάτων ἀπηλλάχθαι πάντων. (5) τίνος οὖν ἕνεχ᾽ ὑμῖν, ὦ ἄνδρες δικασταί, ταῦτ᾽ εἶπον; ὅτι τὴν προῖκα οὐ κομισάμενος ἅπασαν, ἀλλ᾽ ὑπολειφθεισῶν χιλίων δραχμῶν καὶ ὁμολογηθεισῶν ἀπολαβεῖν ὅταν Πολύευκτος ἀποθάνῃ, ἕως μὲν ὁ Λεωκράτης ἦν κληρονόμος τῶν Πολυεύκτου, πρὸς ἐκεῖνον ἦν μοι τὸ συμβόλαιον· ἐπειδὴ δ᾽ ὅ τε Λεωκράτης ἐξεκεχωρήκει ὅ τε Πολύευκτος μοχθηρῶς εἶχεν, τηνικαῦτ᾽, ὦ ἄνδρες δικασταί, τὴν οἰκίαν ταύτην ἀποτιμῶμαι πρὸς τὰς δέκα μνᾶς, ἐξ ἧς διακωλύει με τὰς μισθώσεις κομίζεσθαι Σπουδίας.

6. Πρῶτον μὲν οὖν ὑμῖν μάρτυρας παρέξομαι τοὺς παραγενομένους ὅτε ἠγγύα μοι Πολύευκτος τὴν θυγατέρα ἐπὶ τετταράκοντα μναῖς· ἔπειθ᾽ ὡς ἔλαττον ταῖς χιλίαις ἐκομισάμην· ἔτι δ᾽ ὡς ἅπαντα τὸν χρόνον ὀφείλειν ὡμολόγει μοι Πολύευκτος, καὶ τὸν Λεωκράτην συνέστησε, καὶ ὡς τελευτῶν διέθετο ὅρους ἐπιστῆσαι χιλίων δραχμῶν ἐμοὶ τῆς προικὸς ἐπὶ τὴν οἰκίαν. καί μοι κάλει τοὺς μάρτυρας.

6 ἔπειθ᾽—ἐκομισάμην Prisc. 18.205 ὅρους Harp. ο 34 Sud. ο 625

1 τῷ om. F 3 λεωκράτην AF[c] 5 τούτῳ SAF : corr. Blass <θ᾽> ὁ Blass 7 ἠνάγκαζεν F 8 κομίσασθαι F λεωκράτην AF 9 τῷ om. A 13 ὑπολειφθεισῶν <μοι> A 16 τε (ante Λεωκράτης) om. A 20 μάρτυρας ὑμῖν F 21 ἐνηγγύα F : corr. Blass : ἐνεγύα SA 22 τὰς χιλίας SF[γρ] 24 ὡς om. F 26 μοι κάλει <μοι> S

ΜΑΡΤΥΡΕΣ

7. Ἓν μὲν τοίνυν, ὦ ἄνδρες δικασταί, τοῦτ' ἔστιν ὧν ἐγκαλῶ Σπουδίᾳ. καὶ περὶ τούτου τί ἂν ἔτι μεῖζον ἢ ἰσχυρότερον ἔχων εἰς ὑμᾶς κατέστην ἢ τὸν νόμον, ὃς οὐκ ἐᾷ διαρρήδην, ὅσα τις ἀπετίμησεν, εἶναι δίκας, οὔτ' αὐτοῖς οὔτε τοῖς κληρονόμοις; ἀλλ' ὅμως πρὸς τοῦτο τὸ δίκαιον ἥκει Σπουδίας ἀμφισβητήσων. (8) ἕτερον δ', ὦ ἄνδρες δικασταί, δύο μὲν μνᾶς ἐμαρτύρησεν Ἀριστογένης ἐγκαλεῖν ἀποθνῄσκοντα Πολύευκτον ὀφειλομένας αὑτῷ παρὰ Σπουδίᾳ καὶ τὸν τόκον (τοῦτο δ' ἐστὶν οἰκέτου τιμή, ὃν ἐωνημένος οὗτος παρὰ Πολυεύκτου, τὴν τιμὴν οὔτ' ἐκείνῳ διέλυσεν οὔτε νῦν εἰς τὸ κοινὸν ἀνενήνοχεν), ὀκτακοσίας δὲ καὶ χιλίας, περὶ ὧν οὐδ' ἔγωγ' οἶδα τί ποθ' ἕξει δίκαιον λέγειν. (9) ἦν μὲν γὰρ τὸ ἀργύριον παρὰ τῆς Πολυεύκτου δεδανεισμένος γυναικός, γράμματα δ' ἔστιν ἃ κατέλιπεν ἀποθνῄσκουσα ἐκείνη, μάρτυρες δ' οἱ τῆς γυναικὸς ἀδελφοὶ παρόντες ἅπασιν καὶ καθ' ἕκαστον ἐπερωτῶντες, ἵνα μηδὲν δυσχερὲς ἡμῖν εἴη πρὸς ἀλλήλους. οὔκουν δεινόν, ὦ ἄνδρες δικασταί, καὶ σχέτλιον ἐμὲ μὲν ἁπάντων, ὧν ἢ παρὰ Πολυεύκτου ζῶντος ἦν ἐωνημένος ἢ παρὰ τῆς γυναικὸς εἶχον αὐτοῦ, καὶ τόκον τιθέναι καὶ τὴν τιμὴν ἀποδεδωκέναι, καὶ νῦν ἅπερ ὤφειλον πάντ' εἰς τὸ κοινὸν φέρειν, (10) τοῦτον δὲ μήτε τῶν νόμων τῶν ὑμετέρων φροντίζειν μήθ' ὧν διέθετο Πολύευκτος μήτε τῶν καταλειφθέντων γραμμάτων μήτε τῶν συνειδότων, ἀλλὰ πρὸς ἅπαντα ταῦθ' ἥκειν ἀντιδικήσοντα;

Λαβὲ δή μοι πρῶτον μὲν τὸν νόμον, ὃς οὐκ ἐᾷ τῶν ἀποτιμηθέντων ἔτι δίκην εἶναι πρὸς τοὺς ἔχοντας, ἔπειτα

3 τούτων S 4 ὅσα] εἰς ἃ F 5 ἀπετίσωμεν S 7 μὲν om. F μνᾶς <ἃς> Lipsius 9 τόκον <αὐτῷ> F : <αὐτῶν> cod. D 10 <τοῦ> πολυεύκτου SA 11 ἐκείνῳ om. A 12 καὶ χιλίας om. SA 13 ἦν] η S 16 ἐρωτῶντες F 17 εἴη] ᾖ F <καὶ> δεινόν F 18 ἢ (ante παρὰ Π.) om. F 19 ἢ (ante παρὰ τῆς) om. S εἶχον om. cod. D : del. May ἢ omisso 21 μήτε] μηδὲ S 23 γραμμάτων] πραγμάτων F[a] 25 μὲν om. F

τὰ γράμματα τὰ καταλειφθέντα καὶ τὴν μαρτυρίαν τὴν Ἀριστογένους.

ΝΟΜΟΣ. ΓΡΑΜΜΑΤΑ. ΜΑΡΤΥΡΙΑ

11. *Βούλομαι τοίνυν, ὦ ἄνδρες δικασταί, καὶ περὶ τῶν ἄλλων ὧν ἐγκαλῶ καθ' ἕκαστον ὑμᾶς διδάξαι. φιάλην μὲν γὰρ λαβόντες παρὰ τῆς Πολυεύκτου γυναικὸς καὶ θέντες ἐνέχυρα μετὰ χρυσίων, οὐκ ἀνενηνόχασιν κεκομισμένοι ταύτην, ὡς ὑμῖν Δημόφιλος ὁ θέμενος μαρτυρήσει· σκηνὴν δ' ἣν ἔχουσιν, οὐδέ γε ταύτην λαβόντες ἀναφέρουσιν· ἄλλα δὲ πόσα τοιαῦτα; τὸ δὲ τελευταῖον εἰσενεγκούσης τῆς ἐμῆς γυναικὸς εἰς τὰ Νεμέσεια τῷ πατρὶ μνᾶν ἀργυρίου καὶ προαναλωσάσης, οὐδὲ ταύτης ἀξιοῖ συμβαλέσθαι τὸ μέρος, ἀλλὰ τὰ μὲν ἔχει προλαβών, τῶν δὲ τὰ μέρη κομίζεται, τὰ δ' οὕτω φανερῶς οὐκ ἀποδίδωσιν. ἵνα τοίνυν μηδὲ ταῦτα ᾖ παραλελειμμένα, λαβέ μοι πάντων αὐτῶν τὰς μαρτυρίας.*

ΜΑΡΤΥΡΙΑΙ

12. *Ἴσως τοίνυν, ὦ ἄνδρες δικασταί, πρὸς μὲν ταῦτ' οὐδὲν ἀντερεῖ Σπουδίας (οὐδὲ γὰρ ἕξει, καίπερ δεινὸς ὤν)· αἰτιάσεται δὲ Πολύευκτον καὶ τὴν γυναῖκ' αὐτοῦ, καὶ φήσει πάντα ταῦθ' ὑπ' ἐμοῦ πεισθέντας καταχαρίσασθαι, καὶ νὴ Δί' ἕτερα πολλὰ καὶ μεγάλα βλάπτεσθαι, καὶ δίκην εἰληχέναι μοι· ταῦτα γὰρ καὶ πρὸς τῷ διαιτητῇ λέγειν ἐπεχείρει.* **(13)** *ἐγὼ δ', ὦ ἄνδρες δικασταί, πρῶτον μὲν οὐχ ἡγοῦμαι δικαίαν εἶναι τὴν ἀπολογίαν τὴν τοιαύτην, οὐδὲ προσήκειν, ὅταν τις φανερῶς*

11 *σκηνὴν* Harp. σ 25 *σκηνὴν— ἔχουσιν* Sud. σ 570 *Νεμέσια* Harp. ν 11 AB 282.32

2 *ἀριστογείτονος* <*λέγε*> AF 3 *νόμος* om. AF *γράμματα* om. A 6 *καταθέντες* F 8 *σκηνὴν* AHarp. Ph. : [S] : *σκευὴν* Naber 9 *γε* Schaefer : *γὰρ* SAF Harp. Ph. 10 *νεμέσια* AF AB 12 *ἀλλὰ τὰ*] *ἀλλ' ἃ* SF 15 <*τῶν*> *αὐτῶν* S 16 *μάρτυρες* S 18 *οὐδὲ*] *οὐ* A 20 *ταῦτα πάνθ'* AF *καταχαρήσεσθαι* F 21 *ἕτερα* <*ἄλλα*> A

ἐξελέγχηται, μεταστρέψαντα τὰς αἰτίας ἐγκαλεῖν καὶ διαβάλλειν· ἀλλ' ἐκείνων μέν, εἴπερ ἀδικεῖται, δῆλον ὅτι δίκην λήψεται, τούτων δὲ δώσει· πῶς γὰρ ἂν ἐγὼ νῦν ταῖς τούτων διαβολαῖς ἀντιδικοίην, ἀφεὶς ὑπὲρ ὧν ὑμεῖς μέλλετε τὴν ψῆφον οἴσειν; **(14)** ἔπειτα θαυμάζω τί δήποτε, εἴπερ ἀληθῆ καὶ δίκαι' εἶχεν ἐγκαλεῖν, βουλομένων ἡμᾶς τῶν φίλων διαλύειν καὶ πολλῶν λόγων γενομένων οὐχ οἷος {τ'} ἦν ἐμμένειν οἷς ἐκεῖνοι γνοῖεν. καίτοι τίνες ἂν ἄμεινον καὶ τῶν τούτου καὶ τῶν ἐμῶν ἐγκλημάτων τὰ μηδὲν ὄντα ἐξήλεγξαν τῶν παραγεγενημένων ἅπασι τούτοις, τῶν εἰδότων οὐδὲν ἧττον ἡμῶν τὰ γενόμενα, τῶν κοινῶν ἀμφοτέροις καὶ φίλων ὄντων; **(15)** ἀλλὰ δῆλον ὅτι τούτῳ ταῦτ' οὐκ ἐλυσιτέλει, φανερῶς ὑπ' αὐτῶν ἐξελεγχομένῳ τοῦτον τὸν τρόπον λαβεῖν διάλυσιν· μὴ γὰρ οἴεσθ', ὦ ἄνδρες δικασταί, τοὺς εἰδότας ἅπαντα ταῦτα νυνὶ μὲν ὑποκινδύνους αὑτοὺς καθιστάντας ἐμοὶ μαρτυρεῖν, τότε δ'<ἂν> ὀμόσαντας ἄλλο τι γνῶναι περὶ αὐτῶν. οὐ μὴν ἀλλ' εἰ καὶ μηδὲν τούτων ὑπῆρχεν ὑμῖν, οὐδ' ὣς χαλεπόν ἐστιν γνῶναι περὶ αὐτῶν, ὁπότεροι τἀληθῆ λέγουσιν. **(16)** περὶ μὲν γὰρ τῆς οἰκίας, εἴ φησιν ὑπ' ἐμοῦ πεισθέντα Πολύευκτον προστάξαι τοὺς ὅρους στῆσαι τῶν χιλίων, ἀλλ' οὐ δήπου καὶ τοὺς μάρτυρας ἔπεισα, ὦ Σπουδία, ψευδῆ μοι μαρτυρεῖν, τοὺς παραγενομένους ὅτ' ἠγγύα μοι, τοὺς εἰδότας ἔλαττόν με κομισάμενον, τοὺς ἀκούοντας ὁμολογοῦντος ὀφείλειν ἐμοὶ συστήσαντος ἀποδοῦναι, τοὺς τὸ τελευταῖον ταῖς διαθήκαις παραγενομένους· τούτοις γὰρ ἅπασιν οὐκέτι καταχαρίσασθαι ταῦθ' ὑπῆρχεν, ἀλλὰ κινδυνεύειν τὴν ψευδομαρτυρίαν, εἰ μηδὲν τῶν γενομένων μαρτυροῖεν.

1 μετατρέψαντα F   2 ἐκεῖνον ... ἀδικεῖτε F   3 τούτων (ante δὲ)] τοῦτον F   6 εἶχεν] ἔχειν F   7 del. Schaefer   11 καὶ om. F   13 ἐξελεγχομένων F   14 μὲν] δ' A   15 add. Blass.   16 ὁμολογήσαντας SF$^{\gamma\rho}$ 17 ἡμῖν AF   22 ἐνηγγύα F : corr. Dindorf (1874) : ἐνεγύα SAF$^{\gamma\rho}$ 23 τοὺς ἀκούοντας post ὀφείλειν iterat S   25 καταχαρήσεσθαι F   26 τοῦθ' S   τῶν ψευδομαρτυριῶν Blass

Ἀφῶμεν τοίνυν τοῦτ' ἤδη. (17) πρὸς ἐκεῖνο δὲ τί ἂν λέγοις; ἀκριβῶς γὰρ ὅπως τουτουσὶ διδάξεις· εἰ δὲ μή, πάντες ὑμεῖς ἀπαιτεῖτ' αὐτόν. ὅτε γὰρ Πολύευκτος διετίθετο ταῦτα, παρῆν μὲν ἡ τούτου γυνή, καὶ δῆλον ὅτι τὰς τοῦ πατρὸς διαθήκας ἀπήγγειλεν, ἄλλως τ' εἰ καὶ μηδὲν ἴσον εἶχεν ἀλλ' ἐν ἅπασιν ἠλαττοῦτο, παρεκλήθη δ' αὐτὸς οὗτος, ὥστε μηδὲ τοῦτ' εἶναι λέγειν, ὡς λάθρᾳ καὶ διακρυψάμενοι τούτους ἐπράττομεν ταῦτα· παρακαλούμενος γὰρ ἔφησεν αὐτὸς μὲν ἀσχολίαν ἄγειν, τὴν δὲ γυναῖκ' ἐξαρκεῖν τὴν αὑτοῦ παροῦσαν. (18) τί ἔτι λοιπόν; ἀπαγγείλαντος Ἀριστογένους αὐτῷ περὶ ἁπάντων τούτων ἀκριβῶς, οὐδ' ἐνταῦθ' οὐδένα φαίνεται λόγον ποιησάμενος, ἀλλ' ἐπιβιόντος μετὰ ταῦτα τοῦ Πολυεύκτου πλέον ἢ πένθ' ἡμέρας, οὔτ' ἠγανάκτησεν εἰσελθὼν οὔτ' ἀντεῖπεν οὐδέν, οὐδ' ἡ γυνή, παροῦσα ἐξ ἀρχῆς ἅπασιν τούτοις. ὥστ' οὐκέτι Πολύευκτος αὐτὰ πεισθεὶς ἐμοὶ κατεχαρίζετο, ὡς ἔοικεν, ἀλλ' ὑμεῖς αὐτοί. ταῦτα τοίνυν, ὦ ἄνδρες δικασταί, μεμνημένοι σαφῶς, ἐὰν ἄρα τι περὶ αὐτῶν ἐγχειρῇ νυνὶ διαβάλλειν, ἀντίθετε. πρῶτον δ' ἵν' εἰδῆτ' ἀκριβῶς ὅτι τοῦτον τὸν τρόπον ἔχει, τῶν μαρτύρων ἀκούσατε. λέγε.

ΜΑΡΤΥΡΕΣ

19. Οὐκοῦν, ὦ ἄνδρες δικασταί, τῶν μὲν χιλίων δραχμῶν ὡς δικαίως καὶ προσοφειλομένων ἀπετίμησέ μοι τὴν οἰκίαν ὁ Πολύευκτος, αὐτὸς οὗτός μοι μαρτυρεῖ καὶ ἡ τούτου γυνὴ πρὸς τοῖς ἄλλοις τούτοις τοῖς μεμαρτυρηκόσι, συγχωροῦντες τότε καὶ οὔτε πρὸς τὸν Πολύευκτον ἀντειπόντες ἐπιβιόντα τοσαύτας ἡμέρας, οὔτε πρὸς τὸν Ἀριστογένη, ἐπεὶ τάχιστ'

2 τούτους S   διδάξης AF   3 διέθετο A   ταῦτα] ἅπαντα F   5 ἀνήγγειλεν SA   μηδὲν] μὴ F   6 ἠλαττοῦντο F   7 διακρυψάμενοι] ἰδίᾳ κρυψάμενοι F   10 <δὲ> ἀριστογένους SF   12 ἐπιβιοῦντος SAF : corr. Cobet   πλεῖον SA   13 οὔτ' ... οὔτ'] οὐκ ... οὐδ' F   22 ὡς <καὶ> F   23 ὁ] <ἀρχὴν> ὁ S : ἃ F   25 καὶ om. SF   ἐπιβιοῦντα SAF : corr. Blass   26 ἀριστογένην AF^{c}

ἤκουσαν. ἀλλὰ μὴν εἴ γε δικαίως ἀπετιμήθη, μεμνημένοις τοῦ νόμου κατὰ μὲν τοῦθ' ὑμῖν οὐκ ἔστιν ἀποψηφίσασθαι Σπουδίου. (20) *σκέψασθε δὲ καὶ περὶ τῶν εἴκοσι μνῶν, ἃς οὐκ ἐπαναφέρει· καὶ γὰρ ἐνταυθοῖ πάλιν αὐτὸς οὗτός μοι μέγιστος ἔσται μάρτυς, οὐ λόγῳ μὰ Δία ὥσπερ νῦν ἀντιδικῶν (τουτὶ μὲν γὰρ οὐδὲν τεκμήριόν ἐστιν), ἀλλ' ἔργῳ περιφανεῖ. τί ποιῶν, ὦ ἄνδρες δικασταί; τούτῳ γὰρ ἤδη προσέχετε τὸν νοῦν, ἵν' ἐὰν ἄρα τολμᾷ τι καὶ περὶ τῆς μητρὸς τῶν γυναικῶν βλασφημεῖν ἢ περὶ τῶν γραμμάτων, εἰδότας ὑμᾶς μὴ δύνηται λέγων ἐξαπατᾶν.* (21) *ταυτὶ γὰρ τὰ γράμματα κατέλιπεν μὲν ἡ Πολυεύκτου γυνή, καθάπερ εἶπον ὀλίγῳ πρότερον· ὁμολογουμένων δὲ τῶν σημείων καὶ παρὰ τῆς τούτου γυναικὸς καὶ παρὰ τῆς ἐμῆς, ἀμφότεροι παρόντες ἀνοίξαντες ἀντίγραφά τ' ἐλάβομεν, κἀκεῖνα πάλιν κατασημηνάμενοι παρ' Ἀριστογένει κατεθέμεθα.* (22) *τοῦτο δή, τοῦτ', ὦ ἄνδρες δικασταί, μάθετε πρὸς θεῶν. ἐνῆσαν μὲν γὰρ αἱ δύο μναῖ, ἡ τιμὴ τοῦ οἰκέτου, καὶ οὐ μόνον ὁ Πολύευκτος ἀποθνῄσκων ταύτας ἐνεκεκλήκει, ἐνῆσαν δ' αἱ χίλιαι καὶ ὀκτακόσιαι δραχμαί. ταῦτα δ' ἀναγνούς, εἰ μὲν αὐτῷ μηδὲν προσῆκεν μηδ' ἀληθῆ τὰ γεγραμμέν' ἦν, τί δή ποτ' οὐκ εὐθὺς ἠγανάκτει περὶ αὐτῶν; τί δὲ συνεσημαίνετο πάλιν τὰ μηδὲν ὑγιὲς ὄντα μηδ' ἀληθῆ γράμματα; τουτὶ γὰρ οὐδ' ἂν εἷς δήπου μὴ πᾶσιν ὁμολογῶν τοῖς γεγραμμένοις ποιήσειεν.* (23) *ἀλλὰ μήν, ὦ ἄνδρες δικασταί, τοῦτό γε δεινὸν δήπου, εἰ πρὸς τὰ συγκεχωρημένα ὑπ' αὐτῶν τούτων ἐξέσται νῦν ἀντιλέγειν, καὶ μηδὲν σημεῖον ὑμῖν ἔσται,*

1 *ἐπετιμήθη* F^{a} 2 *ἔνεστιν* A *<καὶ τὸ> ψηφίσασθαι* S : *<δικαίων> ψηφίσασθαι* Sauppe 3 *Σπουδία* Sauppe *δὲ*] *δὴ* SF 4 *οὗτός* om. F *ἐμοὶ* F : *μοι* post 5 *ἔσται* A 7 *ἤδη*] *δὴ* S 10 *ταῦτα* F *καταλέλοιπεν* (*μὲν* om.) A 11 *εἶπον* post *πρότερον* F 13 *τ'* om. A 14 *ἔλαβον* S *ἀριστογένη* F 15 *τοῦτο δή*] *του δή* S^{a} 17 *οὐ μόνον*] *τοῦτο μόνον* F *ἀποθνῄσκων ταῦτας* F^{γρ} : *ἀποθν. ταῦτα* S : *αὐτὰ ἀποθν.* AF *ἐγκεκλήκει* S^{a}F : *ἐγκέκληκεν* A 18 *δ' αἱ*] *δὲ* S *δραχμαί* om. A 19 *μηδὲν αὐτῷ* AF 20 *δή*] *δαί* F *οὐκ* om. S *δὲ*] *δαὶ* F 21 *ὄντα*] *ἔχοντα* F *γεγραμμένα* F 23 *ποιήσειν* A 25 *τούτων <τούτοις>* Boeckmeijer *ἡμῖν* SF

διότι πάντες ἄνθρωποι πρὸς τὰ μήτ' ἀληθῆ μήτε δίκαια τῶν ἐγκλημάτων οὐ κατασιωπᾶν, ἀλλὰ παραχρῆμα ἀμφισβητεῖν εἰώθαμεν, μὴ ποιήσαντες δὲ ταῦτα, ἂν ὕστερον ἀντιδικῶσιν, πονηροὶ καὶ συκοφάνται δοκοῦσιν εἶναι. (24) *ταῦτα {μὲν} τοίνυν Σπουδίας οὐδὲν ἧττον ἐμοῦ γιγνώσκων, ἀλλ' οἶμαι καὶ ἀκριβέστερον, ὅσῳ καὶ πυκνότερον ἐνταυθοῖ παρέρχεται, πᾶσιν ἐναντία τοῖς πεπραγμένοις αὐτῷ λέγων οὐκ αἰσχύνεται. καίτοι πολλάκις ὑμεῖς ἓν μόνον σκευώρημα συνιδόντες, τούτῳ κατὰ τῶν ἄλλων τῶν ἐγκαλουμένων ἐχρήσασθε τεκμηρίῳ· τούτῳ δ' ἅπανθ' ὑφ' αὑτοῦ συμβέβηκεν ἐξελέγχεσθαι. καί μοι λαβὲ τὴν μαρτυρίαν ὡς ὡμολογεῖτο τότε τὰ σημεῖα τῶν γραμμάτων ὑπὸ τῆς τούτου γυναικός, καὶ νῦν ὑπὸ Σπουδίου κατασημανθέντα κεῖται.*

ΜΑΡΤΥΡΙΑ

25. *Τούτων τοίνυν οὕτως σαφῶς ἀποδεδειγμένων, ἡγοῦμαι μὲν οὐδὲν ἔτι δεῖν πλείω λέγειν· ὁπότε γὰρ καὶ νόμους ἔχω παρασχέσθαι καὶ μάρτυρας ἁπάντων τῶν εἰρημένων, καὶ τὸν ἀντίδικον αὐτὸν ὁμολογοῦντά μοι, τί δεῖ μακρῶν ἔτι λόγων; ὅμως δ' ἂν ἄρα περὶ τῆς προικὸς ἀγανακτῇ καὶ φάσκῃ πλεονεκτεῖσθαι ταῖς χιλίαις δραχμαῖς, ψεύσεται· οὐδὲν γὰρ ἔχων ἔλαττον ἀμφισβητεῖ πρὸς αὐτάς, ἀλλὰ πλέον, ὡς αὐτίχ' ὑμῖν ἔσται φανερόν.* (26) *οὐ μὴν ἀλλ' εἰ πάντα ταῦθ' ὡς ἀληθῶς συνέβη, οὐ δήπου δίκαιον ἐμὲ τὴν ὁμολογηθεῖσαν προῖκα μὴ λαβεῖν, εἴπερ ὄφελός τι τῶν νόμων ἐστίν, οὐδέ γε τὸν Πολύευκτον, εἰ τῶν θυγατέρων ἐβούλετο τῇ μὲν ἐλάττω, τῇ δὲ πλείω προῖκ' ἐπιδοῦναι, διακωλυθῆναι νῦν· σοὶ γὰρ αὐτῷ*

4 *δόξουσιν* S del. Blass 5 *οἶμαι καὶ*] *οἶμαι μὲν* SA : *οἶμαι μὲν καὶ* Blass 8 *συνειδότες* A 10 *αὐτοῦ* A 11 *ὡμολόγει τότε* AF : *ὡμολόγητέ τε* cod. D 14 *μάρτυρες* S 15 *σαφῶς οὕτως* A 16 *ἔχων* S 17 *παρέχεσθαι* SF *μαρτυρίας* A 18 *τί*] *ὅτι* S 19 *ἀγανάκτει ... φάσκει* S 20 *τρισχιλίαις* S 21 *ἀμφισβητεῖν* S 25 *τῇ ... τῇ*] *τί ... τί* F

μὴ λαμβάνειν ἐξῆν, ὦ Σπουδία, μὴ προστιθεμένων ὥσπερ ἐμοὶ τῶν χιλιῶν. ἀλλ' οὐδὲν ἔλαττον εἶχες, ὡς ἐγὼ διδάξω. πρῶτον δ' ἐφ' οἷς ἐξέδοτο τούτῳ, λαβέ μοι τὴν μαρτυρίαν.

ΜΑΡΤΥΡΙΑ

27. *Πῶς οὖν οὐδὲν ἔλαττον ἔχει, φήσει τις, εἰ τούτῳ μὲν ἐν ταῖς τετταράκοντα μναῖς ἐνετιμᾶτο τὰ χρυσία καὶ τὰ ἱμάτια τῶν χιλιῶν, ἐμοὶ δ' αἱ δέκα μναῖ χωρὶς προσαπεδίδοντο; τοῦτο δὴ καὶ μέλλω λέγειν. ὁ μὲν γὰρ Σπουδίας, ὦ ἄνδρες δικασταί, παρὰ τοῦ Λεωκράτους ἔχουσαν τὰ χρυσία καὶ τὰ ἱμάτια τὴν γυναῖκ' ἔλαβεν, ὧν ὁ Πολύευκτος προσαπέτεισεν τῷ Λεωκράτει πλεῖν ἢ χιλίας· ἐγὼ δ', ἅπερ ἔπεμψέ μοι χωρὶς τῆς προικός, ὅσ' ἔχω μόνον, πρὸς τὰ τούτῳ δοθέντ' ἐὰν ἀντιθῇ τις, εὑρήσει παραπλήσια, χωρὶς τῶν εἰς τὰς χιλίας ἀποτιμηθέντων.* (28) *ὥστ' εἰκότως ἐν ταῖς τετταράκοντα μναῖς ἐνετιμᾶτο ταῦτα, ἅπερ ἀπετετείκει τῷ Λεωκράτει καὶ πλείω τῶν ἐμοὶ δοθέντων ἦν. καί μοι λαβὲ πρῶτον μὲν τὴν ἀπογραφὴν ταύτην καὶ λέγε αὐτοῖς ἅπερ ἑκάτερος ἡμῶν ἔχει, μετὰ δὲ ταῦτα τὴν τῶν διαιτητῶν μαρτυρίαν, ἵν' ἴδωσιν ὅτι καὶ πολλῷ πλείω χρήματα ἔχει, καὶ περὶ τούτων ὁ Λεωκράτης ἐνεκάλει, καὶ κατὰ ταῦτα ἔγνωσαν οἱ διαιτηταί. λέγε.*

ΑΠΟΓΡΑΦΗ. ΜΑΡΤΥΡΙΑ

29. *Ἆρ' οὖν οὐ φανερῶς οὗτος μὲν ἔχει τετταράκοντα μνᾶς πάλαι τὴν προῖκα, ἐγὼ δὲ τὰς μὲν τριάκοντα καθάπερ οὗτος,*

27 *ἐνετιμᾶτο* Harp. ε 53

3 *τούτων* SF *μοι* om. A 5 *οὖν* om. F <*οὐ*> *οὐδὲν* S 6 *ταῖς* om. S *ἐτιμᾶτο* A : *ἐπετιμᾶτο* F 8 *γὰρ* <*δὴ*> F 10 *ὁ* om. F *προσαπετίμησεν* SF[γρ] : corr. Blass : *προσαπέτισε* AF 11 *πλέον* SAF : corr. cod. D 12 *τιθῇ* SF 15 *ἀπετιμᾶτο* F *ἀποτετείκε* S : corr. Blass : *ἀπετετίκει* AF : *ἀπετετιμήκει* Schaefer 16 *ἐμοὶ δοθέντων* om. S 17 *ταυτηνὶ* A *αὐτοῖς* <*νῦν*> A 18 *δὲ* om. A 20 *κατὰ* om. A : *μετὰ* S[1] 22 *ἀπογραφὴ* om. F 24 *τὴν προῖκα πάλαι* F *οὑτοσί* S

τὰς δὲ χιλίας οὐ μόνον ὕστερον οὐκ ἐκομισάμην, ἀλλὰ καὶ νυνὶ κινδυνεύω περὶ αὐτῶν ὡς ἀδίκως ἔχων; διὰ ταῦτα μέντοι Σπουδίας, ὦ ἄνδρες δικασταί, τοῖς φίλοις οὐκ ἐβούλετο ἐπιτρέψας ἀπαλλαγῆναι τῶν πρὸς ἔμε ἐγκλημάτων, ὅτι συνέβαινεν αὐτῷ πάντα ταῦτ᾽ ἐξελέγχεσθαι· πᾶσιν γὰρ τούτοις παραγεγενημένοι καὶ σαφῶς εἰδότες οὐκ ἐπέτρεπον αὐτῷ λέγειν ὅ τι τύχοι· παρ᾽ ὑμῖν δ᾽ οἴεται ψευδόμενος ἐμοῦ τἀληθῆ λέγοντος περιγενήσεσθαι. (30) καίτοι περὶ ὧν ἐγκαλῶ, πάνθ᾽ ὑμῖν ἀπέδειξα σαφῶς, ὡς οἷός τ᾽ ἦν αὐτός. τοὺς δ᾽ εἰδότας οὗτος ἔφευγεν, οὐχ ἡγούμενος ἐξεῖναι παραλογίσασθαι. μὴ τοίνυν, ὦ ἄνδρες δικασταί, μηδ᾽ ὑμεῖς ἐπιτρέπετ᾽ αὐτῷ ψεύδεσθαι καὶ διαβάλλειν, μεμνημένοι τῶν εἰρημένων· ἴστε γὰρ πάνθ᾽ ὡς ἐγένετο, πλὴν εἴ τι παρέλιπον ἐγὼ πρὸς ὀλίγον ὕδωρ ἀναγκαζόμενος λέγειν.

5 ταῦτα πάντ᾽ ἐλέγχεσθαι A   6 ἐπέτρεπον <ἂν> AF   10 οὑτοσὶ AF ἔφυγεν A   εἶναι S   Subscriptum in SAF προς σπουδιαν υπερ προικος (υπερ] περι F)

XLII

[ΔΗΜΟΣΘΕΝΟΥΣ] ΠΡΟΣ ΦΑΙΝΙΠΠΟΝ ΠΕΡΙ ΑΝΤΙΔΟΣΕΩΣ

1. *Πολλὰ κἀγαθὰ γένοιτο, ὦ ἄνδρες δικασταί, πρῶτον μὲν ὑμῖν ἅπασιν, ἔπειτα δὲ καὶ Σόλωνι τῷ νομοθετήσαντι τὸν περὶ τῶν ἀντιδόσεων νόμον. εἰ μὴ γὰρ οὗτος ἡμῖν σαφῶς διώρισεν, τί πρῶτον δεῖ ποιεῖν τοὺς ἀντιδεδωκότας καὶ τί δεύτερον καὶ τἄλλα δ' ἐφεξῆς, οὐκ οἶδ' ὅποι προῆλθεν ἂν ἡ τουτουὶ Φαινίππου τόλμα, ὅπου γε καὶ νῦν ἅπαντα ταῦτα προλέγοντος ἡμῖν τοῦ νόμου, ὅμως οὐδὲν φροντίσας τῶν ἐν αὐτῷ γεγραμμένων δικαίων, ἀντὶ μὲν τοῦ τριῶν ἡμερῶν ἀφ' ἧς ὤμοσε τὴν ἀπόφασιν δοῦναί μοι τῆς οὐσίας τῆς αὑτοῦ κατὰ τὸν νόμον, ἢ εἰ μὴ τότ' ἐβούλετο, τῇ γ' ἕκτῃ <φθίνοντος> δοῦναι τοῦ Βοηδρομιῶνος μηνός, ἣν δεηθείς μου ἔθετο καὶ ἐν ᾗ ὡμολόγησε δώσειν τὴν ἀπόφασιν,* (2) *οὐδέτερα τούτων ἐποίησεν, ἀλλὰ καταφρονήσας ἀμφοτέρων, καὶ ἡμῶν καὶ τοῦ νόμου, δευτέρῳ μηνὶ ἔδωκεν, δυοῖν ἢ τρισὶν ἡμέραις πρότερον τῆς εἰς τὸ δικαστήριον εἰσόδου, τὸν δ' ἄλλον ἅπαντ' ἐκποδὼν ἦν χρόνον· ἀντὶ δὲ τοῦ τὰ σημεῖα ἐᾶν τῶν οἰκημάτων ἃ παρεσημηνάμην, ἐλθὼν εἰς ἀγρὸν ἀνέῳξε καὶ τὰς κριθὰς ἐξεφόρησεν καὶ τἄλλα, ὥσπερ ἐξουσίαν δεδωκότος αὐτῷ τοῦ νόμου ποιεῖν ὅ τι ἂν βούληται καὶ μὴ ὡς δίκαιόν ἐστιν.*

1 *ἀπόφασιν* Harp. α 213 $\mathrm{S^b}$ α 2022 Sud. α 3629

---

tit. *προς φαινιππον περι αντιδοσεως* AF : *περι αντιδοσεως* om. S 2 *τὸν* om. A 5 *τουτουὶ*] *τοῦ* S 6 *τόλμη* $\mathrm{F^c}$ *γε* Dindorf : *γὰρ* SAF 10 *γ'* om. A add. Rennie (post Voemel, qui pro *δοῦναι* legit *φθίνοντος*) : *φθίνοντος* post *μηνός* add. Reiske 13 *καὶ τοῦ*] *καὶ <τὰ> τοῦ* S : *κᾆτα τοῦ* Sauppe 14 *μηνὶ*] *μηδενὶ* S 17 *ἅπερ ἐσημηνάμην* SA *ἀγρὸν*] *ἀγορὰν* A

3. Ἐγὼ δ', ὦ ἄνδρες δικασταί, ἥδιστα μὲν ἂν ἐμαυτὸν εἶδον εὐτυχοῦντα ὥσπερ πρότερον τῇ οὐσίᾳ καὶ μένοντα ἐν τοῖς τριακοσίοις· ἐπειδὴ δὲ τὰ μὲν τῆς κοινῆς ἀτυχίας μετασχὼν τοῖς ἄλλοις τοῖς ἐργαζομένοις ἐν τοῖς ἔργοις, τὰ δ' ἰδίᾳ μεγάλαις περιπεπτωκὼς ζημίαις ἀπολώλεκα τὴν οὐσίαν, καὶ τὸ τελευταῖον νυνί με δεῖ τῇ πόλει τρία τάλαντα καταθεῖναι, τάλαντον κατὰ τὴν μερίδα (μετέσχον γάρ, ὡς μή ποτ' ὤφελον, κἀγὼ τοῦ δημευθέντος μετάλλου), ἀναγκαῖόν ἐστιν εἰς τὴν ἐμὴν τάξιν πειρᾶσθαι καθιστάναι τὸν οὐ μόνον ἐμοῦ νῦν ὄντα πλουσιώτερον, ἀλλὰ καὶ πρότερον, καὶ οὐδεπώποτ' οὐδὲν λελειτουργηκότα ὑμῖν οὐδ' εἰσενηνοχότα τῇ πόλει. (4) δέομαι οὖν ὑμῶν ἁπάντων, ὦ ἄνδρες δικασταί, ἐὰν ἐπιδεικνύω Φαίνιππον τουτονὶ καὶ παραβεβηκότα τὰ ἐν τοῖς νόμοις δίκαια καὶ πλουσιώτερον ὄντα ἐμαυτοῦ, βοηθῆσαί μοι καὶ τοῦτον εἰς τοὺς τριακοσίους ἀντ' ἐμοῦ καταστῆσαι· διὰ τοῦτο γὰρ οἱ νόμοι καθ' ἕκαστον ἔτος ποιοῦσιν τὰς ἀντιδόσεις, ὅτι τὸ διευτυχεῖν συνεχῶς τῇ οὐσίᾳ οὐ πολλοῖς τῶν πολιτῶν διαμένειν εἴθισται. ἐξ ἀρχῆς δ' ὑμῖν ἅπαντα τὰ γενόμενα περὶ τὴν ἀντίδοσιν διηγήσομαι.

5. Τοῦ γὰρ Μεταγειτνιῶνος μηνός, ὦ ἄνδρες δικασταί, τῇ δευτέρᾳ ἱσταμένου ἐποίουν οἱ στρατηγοὶ τοῖς τριακοσίοις τὰς ἀντιδόσεις. ἐν ταύταις ἐκάλεσα κατὰ τὸν νόμον Φαίνιππον τουτονί. καλέσας δὲ καὶ παραλαβὼν τῶν οἰκείων τινὰς καὶ φίλων, ἐπορευόμην Κύθηρόνδε εἰς τὴν ἐσχατιὰν αὐτοῦ. καὶ πρῶτον μὲν περιαγαγὼν τὴν ἐσχατιὰν πλέον ἢ σταδίων οὖσαν τετταράκοντα κύκλῳ, ἔδειξα καὶ διεμαρτυράμην ἐναντίον

24 ἐσχατιὰν Harp. ϵ 146 S[b] α 1780 Sud. α 3156

1 μὲν ἂν Bekker : ἂν SA : μὲν F : ἂν μὲν Reiske   ειδων S   4 δ' ἰδίᾳ] δίκαια F   6 νῦν ἐμὲ F   14 ἐμαυτοῦ] ἐμοῦ F   18 ἅπαντα om. S : πάντα A   20 μεταγειτνιῶντος S   μηνός om. SA   24 φίλους A   κυθηράδε vel κυθήραδε codd. : corr. Dindorf   25 ἐσχατιὰν <αὐτοῦ> SF   26 διεμαρτυρόμην cod. Q

Φαινίππου, ὅτι οὐδεὶς ὅρος ἔπεστιν ἐπὶ τῇ ἐσχατιᾷ· εἰ δέ φησιν, εἰπεῖν ἐκέλευον αὐτὸν ἤδη καὶ δεῖξαι, ὅπως μὴ ὕστερον ἐνταῦθα χρέως γενόμενον ἐπὶ τῷ χωρίῳ ἀναφανήσεται. (6) *ἔπειτα παρεσημηνάμην τὰ οἰκήματα, καὶ τοῦτον ἐκέλευον εἰς τἀμὰ βαδίζειν. μετὰ δὲ ταῦτα ἠρόμην ὅπου ὁ σῖτος εἴη ὁ ἀπηλοημένος· ἦσαν γὰρ νὴ τοὺς θεοὺς καὶ τὰς θεάς, ἄνδρες δικασταί, δύο ἅλως αὐτόθι, μικροῦ πλέθρου ἑκατέρα. ὁ δὲ ἀπεκρίνατό μοι, ὅτι ὁ μὲν πεπραμένος εἴη τοῦ σίτου, ὁ δ' ἔνδον ἀποκείμενος.* (7) *τέλος δ', ἵνα μὴ μακρολογῶ, καταστήσας φυλάττειν ἔνδον τινάς, καὶ νὴ Δί' ἀπειπὼν καὶ κωλύσας τοὺς ὀνηλάτας μὴ ἐξάγειν τὴν ὕλην ἐκ τῆς ἐσχατιᾶς (πρὸς γὰρ τῇ ἄλλῃ οὐσίᾳ τῇ Φαινίππου, ὦ ἄνδρες δικασταί, καὶ αὕτη πρόσοδος μεγάλη ἐστὶν αὐτῷ· ἓξ ὄνοι δι' ἐνιαυτοῦ ὑλαγωγοῦσιν, καὶ λαμβάνει οὗτος πλέον ἢ δώδεκα δραχμὰς τῆς ἡμέρας) τούτοις ἀπειπών ὥσπερ λέγω, τῆς ὕλης μὴ ἅπτεσθαι, καὶ ἐπαγγείλας ἐπὶ τὰ ἱερὰ Φαινίππῳ κατὰ τὸν νόμον ἀπαντᾶν, ᾠχόμην ἀπιὼν εἰς ἄστυ.*

8. *Πρῶτον μὲν οὖν τῶν εἰρημένων τὰς μαρτυρίας ὑμῖν παρέξομαι, ἔπειτα καὶ περὶ τῶν ἄλλων ἀκούσεσθε πάσας τὰς ἀληθείας· τουτονὶ γάρ, ὦ ἄνδρες δικασταί, Φαίνιππον εὑρήσετε εὐθὺς ἀπὸ τῆς πρώτης ἡμέρας ἀρξάμενον τοῦ μηδὲν δίκαιον ποιεῖν. παρεσημηνάμην τὰ οἰκήματα, τοῦ νόμου μοι δεδωκότος· οὗτος ἀνέῳξεν. καὶ τὸ μὲν ἀφελεῖν τὸ σημεῖον ὁμολογεῖ, τὸ δ' ἀνοῖξαι τὴν θύραν οὐχ ὁμολογεῖ, ὥσπερ ἄλλου τινὸς ἕνεκα τὰ σημεῖα αφαιρῶν ἢ τοῦ τὰς θύρας ἀνοῖξαι.* (9) *ἔπειτα ἀπεῖπον τὴν ὕλην μὴ ἐξάγειν· ἐξῆγεν*

6 *ἀπηλοημένος* Harp. α 177 S[b] α 1780

---

2 *ἐκέλευον εἰπεῖν* A 3 *χρέος* F 3–4 *ἀναφανήσοιτο ἐπὶ τῷ χωρίῳ* F : *ἐπὶ - χωρίῳ* del. Blass 6 *ἀπηλωημένος* Σ[b] 7 <*ὦ*> *ἄνδρες* AF *αὐτόθι*] *αυτο* S[c] *μικρῷ* S 11 *καὶ κωλύσας*] *κωλῦσαι* SF : del. Sauppe *ονητας* S 13 *αὕτη* <*ἡ*> A 14 *ὑλαγωγοῦσιν*] *δουλαγωγοῦσιν* S[a] 15 *δέκα δύο* S *ἀπεῖπον* F 23 *οὗτος* <*δ'*> A 24 *ὡμολόγει* (bis) SF 25 *ἀφαιροῦντας* Reiske: fort. *ἀφαιρῶν* 26 *ἀπειπὼν* S *μὴ* om. A *ἐξαγαγεῖν* S[a]: *ἐξήγαγεν* A

οὗτος ἁπάσας τὰς ἡμέρας, πλὴν ἐκείνης ἐν ᾗ ἐγὼ ἀπεῖπον. χρέως οὐδ᾽ ὁτιοῦν ὠφείλετο ἐπὶ τῇ ἐσχατιᾷ· νῦν οὗτος ἀποφαίνει πολλά. ἁπλῶς ποιεῖ ὅ τι ἂν βούληται, οὐχ ὅ τι ἂν οἱ νόμοι κελεύωσιν. λέγε τὰς μαρτυρίας, πρῶτον μὲν τὰς περὶ τοῦ μετάλλου, ἔπειτα καὶ τὰς ἄλλας.

ΜΑΡΤΥΡΙΑΙ

10. Ἃ μὲν τοίνυν εὐθὺς τῇ πρώτῃ ἡμέρᾳ μετὰ τὰς ἀντιδόσεις ἤρξατό με Φαίνιππος ἀδικεῖν, ἀκηκόατε, ὦ ἄνδρες Ἀθηναῖοι, καὶ ἐμοῦ καὶ τῶν μαρτύρων. τὰ δὲ μετὰ ταῦτα γεγενημένα οὐκέτι εἰς ἐμὲ μόνον αὐτῷ ἡμάρτηται, ἀλλὰ καὶ εἰς τοὺς νόμους, ὑπὲρ ὧν ὑμῖν ἅπασι σπουδαστέον ἐστίν. **(11)** ὀμόσας γὰρ τῇ ἑνδεκάτῃ τοῦ Βοηδρομιῶνος μηνὸς ἀποφανεῖν ὀρθῶς καὶ δικαίως τὴν οὐσίαν, τοῦ νόμου διαρρήδην λέγοντος τριῶν ἡμερῶν ἀφ᾽ ἧς ἂν ὀμόσῃ διδόναι τὴν ἀπόφασιν, ἐδεῖτό μου προσελθὼν πρὸ τῶν δικαστηρίων μετὰ Πολυεύκτου τοῦ Κριωέως καὶ ἑτέρων τινῶν, πρῶτον μὲν περὶ διαλύσεως συνελθεῖν αὐτῷ· πάντα γάρ μοι τὰ δίκαια ποιήσειν· ἔπειτα τὴν ἀπόφασιν τῆς οὐσίας ἀναβαλέσθαι μὴ πολλὰς ἡμέρας· οὐ γὰρ ἀγνοεῖν μου τὰ πράγματα. **(12)** ἡγησάμενος δ᾽ ἐγὼ καὶ μετρίου καὶ ἀπράγμονος εἶναι πολίτου μὴ εὐθὺς ἐπὶ κεφαλὴν εἰς τὸ δικαστήριον βαδίζειν, ἐπείσθην (τί γὰρ δεῖ μακρολογεῖν;) τὴν μὲν σύνοδον τὴν περὶ τῶν διαλύσεων τῇ ὀγδόῃ φθίνοντος τοῦ Βοηδρομιῶνος μηνὸς ὁμολογῆσαι ποιήσασθαι, τὴν δὲ ἀπόφασιν τῆς οὐσίας τῇ ἕκτῃ φθίνοντος. τυχὼν δὲ τούτων ἀμφοτέρων παρ᾽ ἐμοῦ Φαίνιππος

11 *Κριωέως* Harp. κ 83

2 χρέος F 3 βούλοιτο F ἂν del. Blass 4 κελεύουσι SA περὶ] ὑπὲρ AF[a] 5 <δὲ> καὶ A 9 Ἀθηναῖοι] δικασταί AF 11 ἡμῖν A 12 γὰρ om. S 13 ἀποφαίνειν SAF : corr. Reiske <ἅπασαν> τὴν A <καὶ> τοῦ SA 15 πρὸ] ἐπὶ S : ἐν A : πρόσθε Rennie τῷ δικαστηρίῳ SA : corr. Blass : τοῦ δικαστηρίου F 16 κρισέως S : κριωσέως A ἑτέρων] τερεντίνου F 17 συνελθὼν S 24 ὁμολογήσασθαι S ποιήσασθαι om. S : ποιήσεσθαι Seager 25 ἀμφοτέρων om. F

οὐδ' εἰς ἑτέραν τῶν ἡμερῶν ἀπήντησεν· ἀλλ' ἀνθ' ἑνὸς δύο νόμους ἥκει πρὸς ὑμᾶς παραβεβηκώς, ἕνα μὲν τὸν κελεύοντα τριῶν ἡμερῶν ἀφ' ἧς ἂν ὀμόσῃ τὴν οὐσίαν ἀποφαίνειν, ἕτερον δὲ τὸν κελεύοντα κυρίας εἶναι τὰς πρὸς ἀλλήλους ὁμολογίας, ἃς ἂν ἐναντίον ποιήσωνται μαρτύρων. (13) *καίτοι, ὦ ἄνδρες δικασταί, τίς οὐκ οἶδεν ὑμῶν, ὅτι ὁμοίως ἥ τε ἐν τῷ νόμῳ γεγραμμένη κυρία ἐστὶν ἡμέρα καὶ ἡ ὑπὸ τῶν ἀντιδίκων συγχωρηθεῖσα; πολλάκις γὰρ ἔν τε τοῖς νόμοις γεγραμμένης τριακοστῆς ἡμέρας ἑτέραν ἡμῖν αὐτοῖς συγχωρήσαντες ἐθέμεθα, παρά τε ταῖς ἀρχαῖς ἁπάσαις καὶ δίκας καὶ κρίσεις ἀναβάλλονται τοῖς ἀντιδίκοις οἱ ἄρχοντες συγχωρησάντων ἐκείνων ἀλλήλοις· ὧν εἴ τις ἄκυρον ἡγήσαιτο δεῖν εἶναι τὴν πρὸς ἀλλήλους ὁμολογίαν, μισήσαιτ' ἂν αὐτὸν ὡς ὑπερβάλλοντα συκοφαντίᾳ.* (14) *Φαίνιππος τοίνυν, ὥσπερ τοῦ νόμου προστάττοντος ποιεῖν μηδὲν ὧν ἂν ὁμολογήσῃ τις, ἀπ' ἐκείνης τῆς ἡμέρας, ἀφ' ἧς ὡμολόγησεν ἐπί τε τὰς διαλύσεις ἀπαντήσεσθαι καὶ τὴν ἀπόφασίν μοι τὴν αὑτοῦ δώσειν καὶ τὴν παρ' ἐμοῦ λήψεσθαι, οὐδεπώποτ' ἀπήντησεν· ἀλλ' ἐγὼ μὲν ἐπειδὴ τοῦτον ἑώρων οὐ προσέχοντά μοι τὸν νοῦν οὐδὲ τοῖς νόμοις, εἰς τὸ στρατήγιον ἔδωκα τὴν ἀπόφασιν, οὗτος δέ, ὅπερ καὶ μικρῷ πρότερον εἶπον, πρῴην ἔδωκέ μοι βιβλίον, οὐδὲν ἄλλο βουλόμενος ἢ δοκεῖν μὲν δεδωκέναι τὴν ἀπόφασιν, μὴ ἔχειν δέ με τοῖς ἐν αὐτῷ γεγραμμένοις ὅ τι χρήσομαι.* (15) *χρὴ δ', ὦ ἄνδρες δικασταί, μὴ τοῖς ἰσχυροτέραν νομίζουσι τῶν νόμων τὴν αὑτῶν βδελυρίαν εἶναι, πλέον τούτοις τοῦ δικαίου νέμειν (εἰ δὲ μή, πολλοὺς ποιήσετε τοὺς καταγελῶντας τῶν ἐν τοῖς νόμοις δικαίων γεγραμμένων), ἀλλ'*

21 *ἔ[δωκε]*—**2** *ν]ομίζουσι* P. Yale inv. 599

---

4 *κυρίους* F   5 *ἂν* om. F   *μαρτύρων ποιήσωνται* AF (*-ονται* F)   7 *κυρία ἡμέρα ἐστὶ* A : *ἡμέρα κυρία ἐστὶ* F   8 *ἔν*] *παρά* AF   10 *τε* om. F   *δίκαις κ. κρίσει* F   15 *μηδὲν ποιεῖν* F : *ποιεῖν <ἃ> μηδὲν* S   16 *τε* om. A   22 *ἀλλ' ἢ βουλόμενος* F   23 *αὑτῷ*] *αὐτῇ* A : [*Π*24]   27 *γεγραμμένων δικαίων* AF

ἐκείνοις βοηθεῖν, οἵτινες ἂν τὴν τῶν νόμων φωνὴν ὑμετέραν εἶναι νομίζωσι, καὶ τὴν ἡμέραν ταύτην, {τὴν εἰς τὸ δικαστήριον,} ὑπὲρ τῶν ἠδικημένων εἶναι νομίζωσιν, μὴ τῶν ἠδικηκότων. **(16)** λέγε τῶν ἀρτίως εἰρημένων τὰς μαρτυρίας καὶ τοὺς νόμους.

ΜΑΡΤΥΡΙΑΙ. ΝΟΜΟΙ

Τοιαῦτα τοίνυν, ὦ ἄνδρες δικασταί, πεπονθὼς ἐγὼ ὑπὸ Φαινίππου ἀπεγραψάμην πρὸς τοὺς στρατηγοὺς ταύτην τὴν ἀπογραφήν. λέγε.

ΑΠΟΓΡΑΦΗ

17. Πῶς οὖν ἄλλως πρὸς τῶν θεῶν καὶ δαιμόνων, ὦ ἄνδρες δικασταί, ἐπιδεικνύειν ὑμῖν δεῖ Φαίνιππον ἔνοχον ὄντα τοῖς ἀνεγνωσμένοις ἢ ὅνπερ τρόπον ἐγὼ νῦν ἐπιδεικνύω; ἀλλ' ὅμως ἐμὲ ἀντεγράψατο Φαίνιππος μὴ δικαίως ἀποφαίνειν τὴν οὐσίαν· οὕτω τὸ πρὸς ὑμᾶς ψεύδεσθαι τοῖς τοιούτοις ῥᾴδιόν ἐστιν· καὶ κατηγορεῖ τοῦ ὅρκου ὃν ὤμοσα πρὸ τῆς ἀποφάσεως, λέγων ὅτι πλὴν τῶν ἐν τοῖς ἔργοις ὑπεσχόμην ἀποφαίνειν τὴν ἄλλην οὐσίαν, ὥσπερ τὸ κατὰ τοὺς νόμους ὀμνύειν, τοῦτ' ἄξιον κατηγορίας ὄν. **(18)** ὑμεῖς δ' ἴστε, ὦ ἄνδρες δικασταί, (ὑμεῖς γὰρ ἔθεσθε) τὸν νόμον, ὃς διαρρήδην οὕτω λέγει, 'τοὺς δ' ἀντιδιδόντας ἀλλήλοις, ὅταν ὀμόσαντες ἀποφαίνωσι τὴν οὐσίαν, προσομνύειν τόνδε τὸν ὅρκον "ἀποφαίνω τὴν οὐσίαν τὴν ἐμαυτοῦ ὀρθῶς καὶ δικαίως, πλὴν τῶν ἐν τοῖς ἔργοις τοῖς ἀργυρείοις, ὅσα οἱ νόμοι ἀτελῆ

16 ἀπογραφήν Harp. α 213

---

2 νομίζουσι SF[a] ἡμέραν] ὑμετέραν AF 2–3 del. Schaefer 3 νομίζωσιν del. Blass 8 πρὸς - στρατηγοὺς om. S ταυτηνὶ A 9, 10 γραφήν, -φή Lipsius 12 ἐπιδεικνύειν - δεῖ] ἔχει τις ἐπιδεικνύειν ὑμῖν A 13 ὅνπερ τρόπον] ὅπερ πρότερον A 14 ἐμοὶ A δίκαιος S 15 τὸ] τὰ A 16 ὤμοσε SF 17 τῶν] ὧν F 19 δ' om. AF 22 <καὶ> τόνδε F 24 τῶν om. S ἀργυρίοις SA

πεποιήκασι''.' (19) μᾶλλον δὲ λέγε τὸν νόμον αὐτόν. μικρὸν μὲν οὖν ἱκετεύω ἐπίσχες. ἐγὼ γὰρ καὶ πρότερον προεκαλεσάμην Φαίνιππον, καὶ νῦν, ὦ ἄνδρες δικασταί, δίδωμι αὐτῷ δωρεὰν καὶ ἀφίσταμαι μετὰ τῆς ἄλλης οὐσίας καὶ τῶν ἐν τοῖς ἔργοις, ἐάν μοι τὴν ἐσχατιὰν μόνην ἐλευθέραν παραδῷ, ὥσπερ ἦν ὅτ' ἐγὼ τὸ πρῶτον ἦλθον εἰς αὐτὴν μετὰ μαρτύρων, καὶ ἐάν, ὃν ἐξῆχεν ἐκ τῶν οἰκημάτων σῖτον καὶ οἶνον καὶ τἄλλα, ἀφελὼν ἀπὸ τῶν θυρῶν τὰ σημεῖα, ταῦτα πάλιν εἰς ταὐτὸ καταστήσῃ. (20) καὶ τί λέγεις ἔτι καὶ βοᾷς; πόλλ' ἐκ τῶν ἔργων τῶν ἀργυρείων ἐγώ, Φαίνιππε, πρότερον αὐτὸς τῷ ἐμαυτοῦ σώματι πονῶν καὶ ἐργαζόμενος συνελεξάμην· ὁμολογῶ. νυνὶ δὲ πλὴν ὀλίγων ἅπαντ' ἀπολώλεκα. σὺ δ' ἐκ τῆς ἐσχατιᾶς νῦν πωλῶν τὰς κριθὰς ὀκτωκαιδεκαδράχμους καὶ τὸν οἶνον δωδεκάδραχμον πλουτεῖς εἰκότως, ἐπειδὰν ποιῇς σίτου μὲν μεδίμνους πλέον ἢ χιλίους, οἴνου δὲ μετρήτας ὑπὲρ ὀκτακοσίους. (21) ἔτ' οὖν τὴν αὐτὴν ἡμᾶς τάξιν ἔχειν δεῖ, μὴ τῆς αὐτῆς τύχης ἡμῖν παρακολουθούσης νῦν τε καὶ πρότερον; μηδαμῶς· οὐ γὰρ δίκαιον. ἀλλὰ διάδεξαι καὶ σὺ καὶ μετάλαβε μικρὸν χρόνον τῆς τοῦ λειτουργοῦντος τάξεως, ἐπειδὴ οἱ μὲν ἐν τοῖς ἔργοις ἠτυχήκασιν, ὑμεῖς δ' οἱ γεωργοῦντες εὐπορεῖτε μᾶλλον ἢ προσῆκεν. ἱκανὸν γὰρ χρόνον δύ' οὐσίας καρπούμενος διατελεῖς, τὴν μὲν τοῦ φύσει πατρὸς Καλλίππου, τὴν δὲ τοῦ ποιησαμένου σε, Φιλοστράτου τοῦ ῥήτορος, καὶ οὐδὲν πώποτε τουτοισὶ πεποίηκας. (22) καίτοι ὁ μὲν ἐμὸς πατὴρ πέντε καὶ τετταράκοντα μνῶν μόνων ἑκατέρῳ, ἐμοὶ καὶ τῷ ἀδελφῷ, τὴν οὐσίαν κατέλιπεν, ἀφ' ἧς ζῆν οὐ ῥᾴδιόν ἐστιν· οἱ δὲ σοὶ πατέρες τοσούτων ἦσαν κύριοι χρημάτων, ὥσθ' ἑκατέρου τρίπους ἀνάκειται, νικησάντων αὐτῶν Διονύσια χορηγούντων. καὶ οὐ

7 ἐάν, ὃν] ὅσον F   ἐξῆγεν F[c] : ἐξήνεγκεν A   8 ἀπὸ] ἐκ F[a]   10 ἀργυρίων SA   13 νῦν om. S[a]   15 πλεῖον SF   17 παρακολουθησάσης F[c]   19 λειτουργοῦ F   21 εὐπορεῖτε] εὐφρονεῖτε A   23 σε om. F[a]   24 τοῦ (ante ῥήτορος) om. S   τούτοις S

φθονῶ· δεῖ γὰρ τοὺς εὐπόρους χρησίμους αὑτοὺς παρέχειν τοῖς πολίταις. σὺ τοίνυν δεῖξον χαλκοῦν ἕνα μόνον εἰς τὴν πόλιν ἀνηλωκώς, ὁ τὰς δύο λειτουργούσας οὐσίας παρειληφώς. (23) *ἀλλ' οὐ δείξεις· ἀποκρύπτεσθαι γὰρ καὶ διαδύεσθαι καὶ πάντα ποιεῖν ἐξ ὧν μὴ λειτουργήσεις τουτοισὶ μεμάθηκας. ἀλλ' ἐγὼ δείξω πόλλ' ἀνηλωκώς, ὁ τὴν μικρὰν οὐσίαν παραλαβὼν παρὰ τοῦ πατρός. πρῶτον δέ μοι τὸν νόμον ἐκεῖνον ἀνάγνωθι τὸν οὐκ ἐῶντα τῶν ἐν τοῖς ἔργοις οὐδὲν ἀποφαίνειν καὶ τὴν πρόκλησιν, ἔπειτα τὰς μαρτυρίας ὡς δύ' οἴκων λειτουργούντων οὑτοσὶ Φαίνιππος κεκληρονόμηκεν .*

ΝΟΜΟΣ. ΠΡΟΚΛΗΣΙΣ. ΜΑΡΤΥΡΙΑΙ

24. *Ἓν μόνον ἄν τις ἔχοι δεῖξαι τουτονὶ Φαίνιππον πεφιλοτιμημένον εἰς ὑμᾶς, ἄνδρες δικασταί· ἱπποτρόφος ἀγαθός ἐστιν καὶ φιλότιμος, ἅτε νέος καὶ πλούσιος καὶ ἰσχυρὸς ὤν. τί τούτου μέγα σημεῖον; ἀποδόμενος τὸν πολεμιστήριον ἵππον καταβέβηκεν ἀπὸ τῶν ἵππων, καὶ ἀντ' ἐκείνου ὄχημ' αὑτῷ τηλικοῦτος ὢν ἐώνηται, ἵνα μὴ πεζῇ πορεύηται· τοσαύτης οὗτος τρυφῆς ἐστι μεστός. καὶ τοῦτ' ἀπογέγραφέν μοι, τῶν δὲ κριθῶν καὶ τοῦ οἴνου καὶ τῶν ἄλλων τῶν ἐκ τῆς ἐσχατιᾶς γιγνομένων οὐδὲ τὸ δέκατον μέρος.* (25) *ἄξιόν γ' ἀφεῖναι νῦν αὐτόν ἐστιν, ἐπειδὴ χρήσιμος καὶ φιλότιμος καὶ τῇ οὐσίᾳ καὶ τῷ σώματι; πολλοῦ γε καὶ δεῖ . καλῶν γὰρ κἀγαθῶν ἐστι δικαστῶν τοὺς μὲν τῶν πολιτῶν ἐθελοντάς, ὅταν εὐπορῶσι, λειτουργοῦντας καὶ ἐν τοῖς τριακοσίοις ὄντας ἀναπαύειν, ὅταν τούτου δεόμενοι τυγχάνωσιν, τοὺς δὲ νομίζοντας ἀπολλύειν, ὅταν εἰς τὸ κοινόν τι δαπανήσωσιν, ἄγειν εἰς τοὺς προεισφέροντας καὶ μὴ ἐπιτρέπειν δραπετεύειν. λέγε πρῶτον μὲν τὴν μαρτυρίαν, ἔπειτα τὴν ἀπόφασιν αὐτοῦ.*

2 *ἓν* S 3 *λειτουργήσῃς* AF 6 *μεμαθηκώς* cod. D et May 4 (*γὰρ* seclusa) 9 *ὡς* om. A 13 <*ὦ*> *ἄνδρες* AF 16 *ἱππέων* A 18 *οὗτος - μεστός*] *τρυφῆς μεστὸς οὗτός ἐστιν* F *τροφῆς* S 20 *γ'* om. S 21 *χρήσιμός* <*γε*> F 22 *σώματι* <*γέγονεν*> AF 23 *ἐθέλοντας* AF

ΜΑΡΤΥΡΙΑ. ΑΠΟΦΑΣΙΣ

26. Ἔα ταῦτα. καίτοι πολλὰ τῶν ἔνδοθεν ἐκφορήσας, ὦ ἄνδρες δικασταί, Φαίνιππος, ἀνοίξας τὰ παρασεσημασμένα τῶν οἰκημάτων, ὡς ὑμῖν μεμαρτύρηται, καὶ καταλιπὼν ὅσα ἔδοξεν αὐτῷ, δευτέρῳ μηνὶ τὴν ἀπόφασιν ἔδωκέ μοι τῆς οὐσίας. ἀλλ᾽ ὅμως ἔα ταῦτα. λέγε δ᾽ ἐντευθενί 'ἐπὶ τούτοις τάδε ὀφείλω'.

ΑΠΟΦΑΣΙΣ

27. Ἐπίσχες. αὕτη ἐστίν, ὦ ἄνδρες δικασταί, ἡ Ἀριστονόη τοῦ Φιλοστράτου θυγάτηρ, μήτηρ δὲ τουτουί. ταύτῃ χρέως φησὶν ὀφείλεσθαι Φαίνιππος τὴν προῖκα, ἧς οἱ νόμοι κύριον τοῦτον ποιοῦσιν, ψευδόμενος καὶ οὐ δικαίως χρώμενος τῇ ἀποφάσει. διὰ τί γὰρ ἐγώ, Φαίνιππε, μενούσης μοι τῆς μητρὸς ἐν τῷ οἴκῳ καὶ ζώσης καὶ προῖκα ἐπενεγκαμένης, οὐκ ἀπογράφω τὴν προῖκα χρέως αὐτῇ, οὐδὲ παρακρούομαι τοὺς δικαστάς, ἀλλ᾽ ἐῶ μετέχειν τῶν ἐμαυτοῦ τὴν μητέρα, ἄν τε τὴν Φαινίππου ἄν τε τὴν ἐμαυτοῦ ἔχω οὐσίαν; ὅτι οἱ νόμοι ταῦτα κελεύουσιν, ὦ βέλτιστε· σὺ δὲ πάντα ποιεῖς παρὰ τοὺς νόμους. λέγ᾽ ἕτερον.

ΑΠΟΦΑΣΙΣ

28. Ἀκούετε, ὦ ἄνδρες δικασταί· Παμφίλῳ φησὶν καὶ Φειδόλεῳ Ῥαμνουσίοις κοινῇ τάλαντον ὀφείλειν καὶ Αἰαντίδῃ Φλυεῖ τετρακισχιλίας καὶ Ἀριστομένει Ἀναγυρασίῳ τέτταρας καὶ δέκα μνᾶς. διὰ τί οὖν, Φαίνιππε, ὅτε μὲν ἐγὼ μάρτυρας ἔχων ἠρώτων σε, εἴ τι ὀφείλεις ἐπὶ τῇ ἐσχατιᾷ, καὶ ἐκέλευον δεῖξαι ὅρον εἴ που ἔπεστι, καὶ διεμαρτυρόμην ὅπως μή μοι ὕστερον κατεσκευασμένοι δανεισταὶ φανήσονται, τότε μὲν

6 ἐντεῦθεν A   10 <ἡ> τοῦ F   χρέος SF   12 δικαίᾳ F   15 αὐτὴν S   19 <δ'> ἕτερον A   21 φιδόλεῳ SF^{c} 22 <ἓν> ὀφείλειν SF$^{\gamma\rho}$: ἐνοφείλειν Bk.   24 οὖν om. S   25 ὀφείλοις A   26 ὅρον δεῖξαι A   27 φαινήσωνται A

οὐδὲν ἀπέφηνας τῶν χρεῶν, ἐπειδὴ δὲ δευτέρῳ μηνὶ τὴν ἀπόφασιν ἔδωκάς μοι, τοῦ νόμου κελεύοντος τριῶν ἡμερῶν, νῦν ἥκουσι δανεισταὶ καὶ ὀφειλήματα πλέον ἢ τριῶν ταλάντων; (29) ὅτι, ὦ βέλτιστε, οὐδὲν ἄλλο κατασκευάζεις ἢ ὅσονπερ κοινῇ γέγονέ μοι πρὸς τὴν πόλιν ὄφλημα, τοσοῦτο καὶ σοὶ ἰδίᾳ νῦν εἶναι. ὅτι δ', ὦ Φαίνιππε, ψεύδει καὶ ἐπιωρκηκὼς ἥκεις πρὸς τούτους, ἤδη φανερῶς ἐλέγξω. λαβέ μοι, γραμματεῦ, τὴν τοῦ Αἰαντίδου καὶ Θεοτέλους μαρτυρίαν, οἷς οὗτος ἀπογέγραφεν ὀφείλονθ' αὑτὸν τετρακισχιλίας δραχμὰς ψευδόμενος καὶ πάλαι ἀποδεδωκώς, οὐχ ἑκών, ἀλλὰ δίκην ὀφλών. λέγε .

ΜΑΡΤΥΡΙΑ

30. Ἔπειτ', ἄνδρες δικασταί, τὸν οὕτω καταφανῶς ἐν ἅπασιν ἀδίκως πεποιημένον τὴν ἀπόφασιν, καὶ μήτε τῶν νόμων φροντίσαντα μηδέν, οἳ διωρίκασιν ἐν οἷς δεῖ τὴν ἀπόφασιν ποιεῖσθαι χρόνοις, μήτε τῶν ἰδίων ὁμολογιῶν, ἃς ὁμοίως ὑπολαμβάνομεν ἰσχυράς, χωρὶς δὲ τούτων ἀνεῳχότα τὰ σημεῖα τῶν οἰκημάτων καὶ ἐκπεφορηκότα τὸν σῖτον καὶ τὸν οἶνον ἔνδοθεν, πρὸς δὲ τούτοις τὴν ὕλην τὴν τετμημένην πεπρακότα μετὰ τὴν ἀντίδοσιν, πλέον ἢ τριάκοντα μνῶν οὖσαν ἀξίαν, καὶ τὸ πάντων μέγιστον, χρέα ψευδῆ κατεσκευακότα τῆς ἀντιδόσεως ἕνεκα, τοῦτον δικαίως ψηφιεῖσθε πεποιῆσθαι τὴν ἀπόφασιν; μηδαμῶς, ὦ ἄνδρες δικασταί. (31) ποῖ γὰρ τραπέσθαι δεήσει διαμαρτόντα τῆς ὑμετέρας γνώμης, ὅταν οἱ πλούσιοι καὶ μηδὲν ὑμῖν πώποτε χρήσιμοι γεγενημένοι, πολὺν καὶ σῖτον καὶ οἶνον ποιοῦντες καὶ τοῦτον τριπλασίας τιμῆς ἢ πρότερον διατιθέμενοι, πλεονεκτῶσιν παρ' ὑμῖν; ὃ μηδαμῶς νυνὶ γενέσθω, ἀλλ' ὥσπερ

1 ἐπεὶ A   3 ὀφλήματα A   6 ψεύδῃ SAF : corr. Dindorf   ἐπιορκηκὼς S   7 <γ'> ἐξελέγξω A   9 αὐτὸν F   13 <ὦ> ἄνδρες F   17 ἀπολαμβάνομεν F   21 καὶ τὸ] καίτοι S   26 καὶ σῖτον πολὺν A   28 ὃ om. A

καὶ κοινῇ πᾶσιν βεβοηθήκατε τοῖς ἐν τοῖς ἔργοις ἐργαζομένοις, οὕτω καὶ ἰδίᾳ βοηθήσατέ μοι νῦν. **(32)** καὶ γὰρ εἰ οἰκέτης ὑμῶν, μὴ πολίτης ἦν, ὁρῶντες ἄν μου τὴν φιλεργίαν καὶ τὴν εἰς ὑμᾶς εὔνοιαν, ἀνεπαύσατ' ἄν με τῶν ἀναλωμάτων καὶ ἐπὶ τὸν δραπετεύοντα τῶν ἄλλων ἤλθετε. τὸν αὐτὸν τρόπον καὶ νῦν, ἐπειδὰν ἀποτείσω τὰ τρία τάλανθ' ἃ ὦφλον καὶ ἀναλάβω ἐμαυτόν, πάλιν ἀναπαύσαντες τῶν τεταλαιπωρηκότων ἕτερον ἐπ' ἐμὲ ἥξετε· νῦν δ' ἄφετε, ἱκετεύω πάντας ὑμᾶς, ἄνδρες δικασταί, καὶ τὰ δίκαια εἰρηκὼς δέομαι βοηθῆσαί μοι καὶ μή με περιελαθέντα περιιδεῖν ὑπὸ τούτων.

4 ἐπαύσατ' F   6 ἀποτίσω AF   τάλανθ' <ὑμῖν> AF$^{\gamma\rho}$ 9 <ὦ> ἄνδρες AF   10 με om. A   Subscriptum in S *προς φαινιππον* : in AF, *προς φαινιππον περι αντιδοσεως*

XLIII

[*ΔΗΜΟΣΘΕΝΟΥΣ*] *ΠΡΟΣ ΜΑΚΑΡΤΑΤΟΝ ΠΕΡΙ ΑΓΝΙΟΥ ΚΛΗΡΟΥ*

1. *Ἐπειδὴ καὶ πρότερον ἀγῶνες ἐγένοντο ἡμῖν, ὦ ἄνδρες δικασταί, πρὸς τοὺς αὐτοὺς τούτους περὶ τοῦ κλήρου τοῦ Ἁγνίου, καὶ οὐδὲν παύονται παρανομοῦντες καὶ βιαζόμενοι ὥστε ἐκ παντὸς τρόπου τὰ μὴ προσήκονθ' ἑαυτοῖς ἔχειν, ἀνάγκη ἴσως ἐστὶν τὰ πραχθέντα ἐξ ἀρχῆς διηγήσασθαι·* (2) *ὑμεῖς τε γάρ, ὦ ἄνδρες δικασταί, ῥᾷον παρακολουθήσετε ἅπασι τοῖς λεγομένοις, καὶ οὗτοι ἐπιδειχθήσονται οἷοί εἰσιν ἄνθρωποι, καὶ ὅτι πάλαι ἤδη ἀρξάμενοι οὐδὲν παύονται κακοτεχνοῦντες καὶ οἰόμενοι δεῖν διαπράττεσθαι ὅ τι ἂν ἐπέλθῃ τούτοις. δεόμεθα οὖν ὑμῶν, ὦ ἄνδρες δικασταί, εὐνοϊκῶς ἀκροάσασθαι τῶν λεγομένων καὶ παρακολουθεῖν προσέχοντας τὸν νοῦν. πειράσομαι δὲ κἀγὼ διδάσκειν ὑμᾶς ὡς ἂν οἷός τε ὦ σαφέστατα περὶ τῶν πεπραγμένων.*

3. *Τουτουὶ γὰρ τοῦ παιδὸς ἡ μήτηρ, ὦ ἄνδρες δικασταί, γένει οὖσα ἐγγυτάτω Ἁγνίᾳ τῷ ἐξ Οἴου, ἐπεδικάσατο τοῦ κλήρου τοῦ Ἁγνίου κατὰ τοὺς νόμους τοὺς ὑμετέρους· καὶ τῶν τότε ἀμφισβητησάντων αὐτῇ τοῦ κλήρου τουτουί, γένει μὲν ὡς ἐγγυτέρω τις εἴη αὐτῶν τῆς γυναικός, οὐδ' ἐπεχείρησεν οὐδεὶς ἀντομόσαι (ὡμολογεῖτο γὰρ παρὰ πάντων τῆς γυναικὸς εἶναι ἡ κληρονομία κατὰ τὴν ἀγχιστείαν),* (4) *διαθήκας δὲ ψευδεῖς ἧκον κατασκευάσαντες Γλαῦκός τε ὁ ἐξ Οἴου καὶ Γλαύκων ὁ ἀδελφὸς αὐτοῦ. καὶ Θεόπομπος ὁ τουτουὶ πατὴρ Μακαρτάτου ἐκείνοις συγκατεσκεύαζεν ἅπαντα ταῦτα καὶ ἐμαρτύρει τὰς*

tit. *προς μακρτατον περι αγνιου κληρου* SAF (*αγνιου κληρου* om. A) 6 *ῥάδιον* A 7 *πᾶσι* A 12 *ὑμᾶς* om. S 13 *σαφέστατα* post *πεπραγμένων* A 14 *τούτου* A 19 *ὁμολόγητο* A 22 *τούτου* SF 23 <*ὃς*> *ἐκείνοις* F

πλείστας μαρτυρίας. αἱ δὲ διαθῆκαι, ἃς τότε παρέσχοντο, ἐξηλέγχθησαν ψευδεῖς οὖσαι· καὶ οὐ μόνον ἡττήθησαν, ἀλλὰ καὶ πονηρότατοι δόξαντες εἶναι ἀπηλλάττοντο ἀπὸ τοῦ δικαστηρίου. (5) *καὶ ἐπιδημῶν τότε Θεόπομπος ὁ τουτουὶ πατὴρ Μακαρτάτου, καὶ τοῦ κήρυκος κηρύττοντος, εἴ τις ἀμφισβητεῖν ἢ παρακαταβάλλειν βούλεται τοῦ κλήρου τοῦ Ἁγνίου ἢ κατὰ γένος ἢ κατὰ διαθήκας, οὐκ ἐτόλμησε παρακαταβαλεῖν, ἀλλ' αὐτὸς ἑαυτῷ ἐδίκασεν ὅτι οὐδαμόθεν αὐτῷ προσῆκεν οὐδὲν τοῦ κλήρου τοῦ Ἁγνίου.* (6) *ἐχούσης δὲ τῆς μητρὸς τοῦ παιδὸς τουτουὶ τὸν κλῆρον, ἐπειδὴ ἐνίκησεν ἐν τῷ δικαστηρίῳ ἅπαντας τοὺς ἀμφισβητήσαντας ἑαυτῇ, οὕτως εἰσὶν μιαροὶ οὗτοι, καὶ οὐκ οἴονται δεῖν οὔτε τοῖς νόμοις τοῖς ὑμετέροις πείθεσθαι οὔτε τοῖς γνωσθεῖσιν ἐν τῷ δικαστηρίῳ, ἀλλὰ πάντα τρόπον ἐπιχειροῦντες ἀφελέσθαι πάλιν τὴν γυναῖκα τὸν κλῆρον ὃν ὑμεῖς αὐτῇ ἐψηφίσασθε,* (7) *συνομόσαντες καὶ συνθήκας γράψαντες πρὸς ἀλλήλους καὶ καταθέμενοι παρὰ Μηδείῳ Ἁγνουσίῳ, Θεόπομπος ὁ τουτουὶ πατὴρ Μακαρτάτου καὶ Γλαύκων καὶ Γλαῦκος ὁ ἡττηθεὶς τὸ πρότερον, καὶ ἕτερόν τινα τῶν ἐπιτηδείων τέταρτον προσλαβόντες (Εὐπόλεμος ἦν αὐτῷ ὄνομα), οὗτοι ἅπαντες κοινῇ ἐπιβουλεύσαντες προσεκαλέσαντο τὴν γυναῖκα πρὸς τὸν ἄρχοντα εἰς διαδικασίαν τοῦ κλήρου τοῦ Ἁγνίου, φάσκοντες τὸν νόμον κελεύειν παρὰ τοῦ ἐπιδεδικασμένου καὶ ἔχοντος τὸν κλῆρον προσκαλεῖσθαι, ἐάν τις βούληται ἀμφισβητεῖν.* (8) *καὶ ἐπειδὴ ἦγεν ὁ ἄρχων εἰς τὸ δικαστήριον καὶ ἔδει ἀγωνίζεσθαι, τά τε ἄλλα ἦν αὐτοῖς ἅπαντα κατεσκευασμένα εἰς τὸν ἀγῶνα,*

6 *ἀμφισβητεῖν ἢ παρακαταβάλλειν* Harp. α 100

5 *καὶ* om. A 8 *παρακαταβάλλειν* F[a] (?) 9 *προσῆκον* A *οὐδὲν* om. A 10 *τούτου* A 12 *καὶ*] *ὥστε* Schaefer 15 <*ὥστε*> *συνομόσαντες* A 17 *Μηδείῳ*] *εἰλίῳ* A : *μειδίᾳ* cod. D : *μειδίᾳ τῷ* Dobree 18 *μακαρτάτου* <*τε*> A 19 *τέταρτον* om. A 22 *διαδικασίαν* <*περὶ*> A 24 *προκαλεῖσθαι* SF 25 *εἰσῆγεν* Jobst *ἀγωνίσασθαι* A 26 *παρεσκευασμένα* F[c]

καὶ τὸ ὕδωρ, πρὸς ὃ ἔδει ἀγωνίζεσθαι, τετραπλάσιον ἡμῶν ἔλαβον. ἐξ ἀνάγκης γὰρ ἦν, ὦ ἄνδρες δικασταί, τῷ ἄρχοντι ἀμφορέα ἑκάστῳ ἐγχέαι τῶν ἀμφισβητούντων, καὶ τρεῖς χοᾶς τῷ ὑστέρῳ λόγῳ. (9) ὥστε συνέβαινεν ἐμοὶ τῷ ὑπὲρ τῆς γυναικὸς ἀγωνιζομένῳ, μὴ ὅτι περὶ τοῦ γένους καὶ τῶν ἄλλων ὧν μοι προσῆκεν διηγήσασθαι τοῖς δικασταῖς ὡς ἐγὼ ἐβουλόμην, ἀλλ᾽ οὐδ᾽ ἀπολογήσασθαί μοι ἐξεγένετο οὐδὲ <πρὸς> πολλοστὸν μέρος ὧν κατεψεύδοντο ἡμῶν· πέμπτον γὰρ μέρος εἶχον τοῦ ὕδατος. καὶ τὸ σόφισμα ἦν τοῦτο, αὐτοὺς μὲν ἑαυτοῖς συναγωνίζεσθαι καὶ ὁμολογεῖν ἅπαντα, περὶ ἡμῶν δὲ λέγειν τὰ οὐδεπώποτε γενόμενα. (10) καὶ τοῦτον τὸν τρόπον ἐπιβουλευσάντων καὶ συναγωνιζομένων ἀλλήλοις ἐφ᾽ ἡμᾶς, καδίσκων τεττάρων τεθέντων κατὰ τὸν νόμον, εἰκότως οἶμαι οἱ δικασταὶ ἐξηπατήθησαν καὶ ἐστασίασαν ἀλλήλοις καὶ παρακρουσθέντες ὑπὸ τῆς παρασκευῆς ἐψηφίζοντο ὅ τι ἔτυχεν ἕκαστος. καὶ αἱ ψῆφοι ὀλίγαις πάνυ ἐγένοντο πλείους, ἢ τρισὶν ἢ τέτταρσιν, ἐν τῷ Θεοπόμπου καδίσκῳ ἢ ἐν τῷ τῆς γυναικός.

11. Καὶ τότε μὲν ταῦτα, ὦ ἄνδρες δικασταί, ἦν τὰ πραχθέντα. ἐπειδὴ δ᾽ οὑτοσὶ ὁ παῖς ἐγένετο καὶ ἐδόκει καιρὸς εἶναι, οὐκ ὀργισθεὶς ἐγὼ τοῖς γενομένοις, ἀλλ᾽ ἡγούμενος εἰκός τι παθεῖν τοὺς τότε δικάζοντας, εἰσῆγον εἰς τοὺς φράτερας τοὺς τοῦ Ἁγνίου Εὐβουλίδῃ τὸν παῖδα τουτονί, ἐκ τῆς θυγατρὸς ὄντα τῆς ἐκείνου, ἵνα μὴ ἐξερημωθῇ ὁ οἶκος. (12) ἐκεῖνος γάρ, ὦ ἄνδρες δικασταί, ὁ Εὐβουλίδης, ὁ τῷ Ἁγνίᾳ γένει ὢν ἐγγυτάτω, μάλιστα μὲν ηὔχετο τοῖς θεοῖς υἱὸν αὐτῷ γενέσθαι, ὥσπερ καὶ ἡ θυγάτηρ ἡ τουτουὶ μήτηρ τοῦ παιδὸς αὐτῷ ἐγένετο· ἐπειδὴ δὲ τούτου ἀπέτυχε καὶ οὐκ ἐγένετο παῖς ἄρρην αὐτῷ οὐδὲ εἷς, μετὰ ταῦτ᾽ ἤδη ἐσπούδαζεν ὅπως ἐκ τῆς

3 χοὰς S[c]AF : corr. Blass : [S] : χόας Wolf 6 ὡς om. S[a] 7 add. Cobet 12 καδίσκων] καὶ δίσκων F 14 <ἐν> ἀλλήλοις A 15 τύχοι A 16 ὀλίγαι S[c]A ἢ om. A : del. Naber 18 ἦν τὰ πραχθέντα ante ὦ A 21 εἰσήγαγον SF φράτορας SAF : corr. Dindorf 22 εὐβουλίδην SAF : corr. Dobree 23 ὄντα om. SF 25 εὔχεται S : εὔχετο F 27 ἄρρην παῖς A

θυγατρὸς εἰσποιηθῇ αὐτῷ υἱὸς εἰς τὸν οἶκον τὸν ἑαυτοῦ καὶ τὸν Ἁγνίου, καὶ εἰς τοὺς φράτερας εἰσαχθῇ τοὺς ἐκείνου, ἡγούμενος, ὦ ἄνδρες δικασταί, ἐκ τῶν ὑπολοίπων τοῦτον εἶναι ἑαυτῷ οἰκειότατον, καὶ οὕτως ἂν μάλιστα τὸν οἶκον τὸν ἑαυτῶν διασῴζεσθαι καὶ οὐκ ἂν ἐξερημωθῆναι. (13) καὶ ἐγὼ ταῦτα ὑπηρέτησα αὐτῷ, ὁ τὴν Εὐβουλίδου θυγατέρα ἔχων ἐπιδικασάμενος ὡς γένει ὢν ἐγγυτάτω, καὶ εἰσήγαγον τὸν παῖδα τουτονὶ εἰς τοὺς Ἁγνίου καὶ Εὐβουλίδου φράτερας, μεθ' ὧν καὶ Θεόπομπος ὁ τουτουὶ πατὴρ Μακαρτάτου, ἕως ἔζη, ἐφράτριζε καὶ αὐτὸς οὗτος. (14) καὶ οἱ φράτερες, ὦ ἄνδρες δικασταί, οἱ τουτουὶ Μακαρτάτου, οἱ ἄριστα εἰδότες περὶ τοῦ γένους, ὁρῶντες αὐτὸν μὲν τοῦτον οὐ 'θέλοντα κινδυνεύειν οὐδὲ ἀπάγοντα τὸ ἱερεῖον ἀπὸ τοῦ βωμοῦ, εἰ μὴ προσηκόντως εἰσήγετο ὁ παῖς οὑτοσί, αὐτοὺς δ' ἀξιοῦντα ἐπιορκεῖν, λαβόντες τὴν ψῆφον καομένων τῶν ἱερείων, ἀπὸ τοῦ βωμοῦ φέροντες τοῦ Διὸς τοῦ φρατρίου, παρόντος τουτουὶ Μακαρτάτου, ἐψηφίσαντο τὰ δίκαια, ὦ ἄνδρες δικασταί, ὀρθῶς καὶ προσηκόντως τὸν παῖδα τουτονὶ εἰσάγεσθαι Εὐβουλίδῃ υἱὸν εἰς τὸν οἶκον τὸν Ἁγνίου. (15) ψηφισαμένων δὲ ταῦτα τῶν φρατέρων τῶν τουτουὶ Μακαρτάτου, υἱὸς ὢν Εὐβουλίδου ὁ παῖς οὑτοσὶ προσεκαλέσατο Μακάρτατον τοῦ κλήρου τοῦ Ἁγνίου εἰς διαδικασίαν, καὶ ἔλαχε πρὸς τὸν ἄρχοντα, κύριον ἐπιγραψάμενος τὸν ἀδελφὸν τὸν ἑαυτοῦ· ἐμοὶ γὰρ οὐκέτι οἷόν τ' ἦν, ὦ ἄνδρες δικασταί, κυρίῳ ἐπιγεγράφθαι, εἰσπεποιηκότι τὸν παῖδα εἰς τὸν οἶκον τὸν Εὐβουλίδου. καὶ ἡ πρόσκλησις ἐγένετο

15 *πρόσκλησις* Harp. *κ* 65 *π* 103 Lex. Vind. 147.1 Sud. *π* 2734

---

2 *τοῦ ἁγνίου* F *φράτορας* SAF : corr. Dindorf *εἰσαχθείη* A 3 *τοῦτον*] *τοῦτο* SF 6 *ὑπεηρετησα* S 7 *ὡς* om. A *εἰσῆγον* A 8 *εὐβουλίδου κ. ἁγνίου* A *φράτορας* SAF : corr. Dindorf 10 *ἐφρατίαζε* SF *φράτορες* SAF : corr. Dindorf 11 *οἱ* (ante *τουτουὶ*) om. A 13 *τὸ* om. A 14 *προσήγετο ... οὗτος* A 16 *φατρίου* A 19 *τὸν*[2]] *τοῦ* A *φρατόρων* SAF : corr. Dindorf 20 *τῶν* (ante *τουτουὶ*) om. SF 25 *εὐβουλιάδου* S *πρόκλησις* SF

τῷ παιδὶ τουτῳὶ κατὰ τὸν νόμον, καθ᾽ ὅνπερ καὶ οὗτοι προσεκαλέσαντο τὴν τουτουὶ μητέρα, τὴν νενικηκυῖαν πρότερον ἐν τῷ δικαστηρίῳ καὶ ἔχουσαν τὸν κλῆρον τὸν Ἁγνίου.

16. Καί μοι ἀνάγνωθι τὸν νόμον, καθ᾽ ὃν ἡ πρόσκλησίς ἐστιν παρὰ τοῦ ἔχοντος τὸν κλῆρον.

ΝΟΜΟΣ

Ἐὰν δ᾽ ἐπιδεδικασμένου ἀμφισβητῇ τοῦ κλήρου ἢ τῆς ἐπικλήρου, προσκαλείσθω τὸν ἐπιδεδικασμένον πρὸς τὸν ἄρχοντα, καθάπερ ἐπὶ τῶν ἄλλων δικῶν· παρακαταβολὰς δ᾽ εἶναι τῷ ἀμφισβητοῦντι. ἐὰν δὲ μὴ προσκαλεσάμενος ἐπιδικάσηται, ἀτελὴς ἔσται ἡ ἐπιδικασία τοῦ κλήρου. ἐὰν δὲ μὴ ζῇ ὁ ἐπιδικασάμενος τοῦ κλήρου, προσκαλείσθω κατὰ ταὐτά, ᾧ <ἂν> ἡ προθεσμία μήπω ἐξήκῃ. τὴν δ᾽ ἀμφισβήτησιν εἶναι τῷ ἔχοντι, καθότι ἐπεδικάσατο οὗ ἂν ἔχῃ τὰ χρήματα.

Τοῦ μὲν νόμου ἀκηκόατε, δέομαι δ᾽ ὑμῶν δικαίαν δέησιν, ὦ ἄνδρες δικασταί. (17) ἐὰν γὰρ ἐπιδείξω Θεοπόμπου τοῦ πατρὸς τοῦ Μακαρτάτου γένει ὄντας Ἁγνίᾳ ἐγγυτέρω Εὐβουλίδην τε τὸν παῖδα τουτονὶ καὶ Φυλομάχην, ἥ ἐστιν μήτηρ τῷ παιδί, Εὐβουλίδου δὲ θυγάτηρ, καὶ οὐ μόνον γένει ἐγγυτάτω ὄντας, ἀλλὰ τὸ παράπαν οὐδὲ ὄντα οὐδένα ἀνθρώπων ἐν τῷ οἴκῳ τῷ Ἁγνίου ἄλλον ἢ τὴν μητέρα τοῦ παιδὸς τουτουὶ καὶ αὐτὸν τοῦτον τὸν παῖδα, ταῦτ᾽ ἐὰν ἐπιδείξω, δέομαι ὑμῶν, ὦ ἄνδρες δικασταί, βοηθεῖν ἡμῖν.

18. Τὸ μὲν οὖν πρῶτον διενοήθην, ὦ ἄνδρες δικασταί, γράψας ἐν πίνακι ἅπαντας τοὺς συγγενεῖς τοὺς Ἁγνίου, οὕτως ἐπιδεικνύειν ὑμῖν καθ᾽ ἕκαστον· ἐπειδὴ δ᾽ ἐδόκει οὐκ <ἂν> εἶναι ἐξ ἴσου ἡ θεωρία ἅπασι τοῖς δικασταῖς, ἀλλ᾽ οἱ πόρρω

1 τούτῳ AF 4 πρόκλησις SAF : corr. Reiske 6 sqq. legem om. SF 10 προκαλεσάμενος A : corr. Reiske 12 add. Dindorf 13 ἔχοντι Bunsen : ἄρχοντι A : πρὸς τῷ ἄρχοντι Wolf 15 γὰρ om. A 16 ἐγγυτέρω ἁγνίᾳ A 17 τε τὸν Baiter Sauppe : δὲ τὸν SAF : τὸν F^{c} : καὶ τὸν Dobree 18–19 ὄντας ἐγγυτάτω A 19 ἄνθρωπον F 20 τῷ (ante Ἁγνίου)] τοῦ F^{c} 21 τοῦτον post παῖδα A^{c} 24 τοὺς^{2}] τοῦ A 25 add. Blass

καθήμενοι ἀπολείπεσθαι, ἀναγκαῖον ἴσως ἐστὶν τῷ λόγῳ διδάσκειν ὑμᾶς· τοῦτο γὰρ ἅπασι κοινόν ἐστι. πειρασόμεθα δὲ καὶ ἡμεῖς ὡς ἂν μάλιστα δυνώμεθα διὰ βραχυτάτων ἐπιδεῖξαι περὶ τοῦ γένους τοῦ Ἁγνίου.

19. *Βούσελος γὰρ ἦν ἐξ Οἴου, ὦ ἄνδρες δικασταί, καὶ τούτῳ ἐγένοντο πέντε υἱεῖς, Ἁγνίας καὶ Εὐβουλίδης καὶ Στρατίος καὶ Ἅβρων καὶ Κλεόκριτος. καὶ οὗτοι ἅπαντες οἱ τοῦ Βουσέλου υἱεῖς ἄνδρες ἐγένοντο, καὶ διένειμεν αὐτοῖς τὴν οὐσίαν ὁ πατὴρ Βούσελος ἅπασιν καλῶς καὶ δικαίως, ὥσπερ προσῆκεν. νειμάμενοι δὲ τὴν οὐσίαν, γυναῖκα αὐτῶν ἕκαστος ἔγημεν κατὰ τοὺς νόμους τοὺς ὑμετέρους, καὶ παῖδες ἐγένοντο αὐτοῖς ἅπασιν καὶ παίδων παῖδες, καὶ ἐγένοντο πέντε οἶκοι ἐκ τοῦ Βουσέλου οἴκου ἑνὸς ὄντος, καὶ χωρὶς ἕκαστος ᾤκει τὸν ἑαυτοῦ ἔχων καὶ ἐγγόνους ἑαυτοῦ ποιούμενος.* **(20)** *περὶ μὲν οὖν τῶν τριῶν ἀδελφῶν τῶν τοῦ Βουσέλου υἱέων, καὶ τῶν ἐγγόνων τῶν τούτοις γενομένων, τί ἂν ἐγὼ ὑμῖν, ὦ ἄνδρες δικασταί, πράγματα παρέχοιμι ἢ ἐμαυτῷ, ἐξηγούμενος περὶ ἑκάστου; ὄντες γὰρ ἐν τῷ αὐτῷ γένει Θεοπόμπῳ καὶ προσήκοντες ὁμοίως τῷ Ἁγνίᾳ, οὗ ἐστιν ὁ κλῆρος, οὐδεὶς αὐτῶν οὔτε πρότερον πώποτε οὔτε νῦν ἠνώχλησεν ἡμῖν, οὐδ' ἠμφεσβήτησεν οὔτε τοῦ κλήρου τοῦ Ἁγνίου οὔτε τῆς γυναικὸς τῆς ἐπικλήρου, ἣν ἐγὼ ἔχω ἐπιδικασάμενος, ἡγούμενοι οὐδ' ὁτιοῦν προσήκειν ἑαυτοῖς οὐδενὸς τῶν Ἁγνίου.* **(21)** *περίεργον δή μοι δοκεῖ εἶναι λέγειν περὶ τούτων, πλὴν ὅσα ἐξ ἀνάγκης ἐστὶν ἐπιμνησθῆναι. περὶ δὲ Θεοπόμπου τοῦ πατρὸς τοῦ Μακαρτάτου καὶ αὐτοῦ τουτουὶ Μακαρτάτου, περὶ τούτων μοί ἐστιν ἐξ ἀνάγκης λέγειν. ἔστι δὲ βραχὺς ὁ λόγος, ὦ ἄνδρες δικασταί. ὥσπερ γὰρ ὀλίγῳ {τι} πρότερον ἀκηκόατε ὅτι τῷ*

1 *ἐστὶν* om. A : del. Blass   7 *κλεότριτος* A   9 <*ὁ*> *βούσελος* A   10 *ἕκαστος αὐτῶν* A   11–12 *αὐτοῖς ἐγένοντο* A   14 <*οἶκον*> *ἔχων* A *ἐκγόν-* A   16 *τῶν* (ante *τούτοις*) om. SF   *τί ἂν*] *πᾶν* S <*ἢ*> *ὑμῖν* Blass   20 *οὐδ'* Bekker : *οὔτε* SAF   21 *ἠμφισβήτησεν* AF   24 *λέγειν* <*τι*> SF   26 *τουτουὶ* om. A   28 *ὀλίγον* SF : del. Schaefer

Βουσέλῳ πέντε υἱεῖς ἐγένοντο, τούτων εἷς ἦν Στρατίος ὁ τουτουὶ πρόγονος Μακαρτάτου, καὶ ἕτερος Ἁγνίας ὁ τουτουὶ πρόγονος τοῦ παιδός. (22) *ἐγένετο δὴ υἱὸς τῷ Ἁγνίᾳ Πολέμων καὶ θυγάτηρ Φυλομάχη, ἀδελφὴ τοῦ Πολέμωνος ὁμοπατρία καὶ ὁμομητρία· τοῦ δὲ Στρατίου ἐγένοντο τοῦ ἀδελφοῦ τοῦ Ἁγνίου Φανόστρατος καὶ Χαρίδημος ὁ τουτουὶ πάππος Μακαρτάτου. ἐρωτῶ δ' ὑμᾶς, ὦ ἄνδρες δικασταί, πότερος οἰκειότερός ἐστιν καὶ προσήκει μᾶλλον τῷ Ἁγνίᾳ, ὁ υἱὸς ὁ Πολέμων καὶ ἡ θυγάτηρ ἡ Φυλομάχη, ἢ Χαρίδημος ὁ υἱὸς Στρατίου, ἀδελφιδοῦς δ' Ἁγνίου; ἐγὼ μὲν γὰρ ἡγοῦμαι τὸν υἱὸν καὶ τὴν θυγατέρα οἰκειότερον εἶναι ἑκάστῳ ἡμῶν μᾶλλον ἢ τὸν ἀδελφιδοῦν· καὶ οὐ μόνον παρ' ἡμῖν τοῦτο νενόμισται, ἀλλὰ καὶ παρὰ τοῖς ἄλλοις ἅπασι καὶ Ἕλλησι καὶ βαρβάροις.* (23) *ἐπειδὴ τοίνυν τοῦτο ὁμολογεῖται, ῥᾳδίως ἤδη τοῖς ἄλλοις, ὦ ἄνδρες δικασταί, παρακολουθήσετε, καὶ αἰσθήσεσθε τούτους ὅτι εἰσὶ βίαιοι καὶ ἀσελγεῖς ἄνθρωποι. τοῦ Πολέμωνος γὰρ τοῦ υἱέος τοῦ Ἁγνίου ἐγένετο υἱὸς Ἁγνίας, τὸ τοῦ πάππου τοῦ ἑαυτοῦ ὄνομ' ἔχων, τοῦ Ἁγνίου. καὶ οὗτος μὲν ἄπαις ἐτελεύτησεν ὁ Ἁγνίας ὁ ὕστερος.* (24) *τῆς Φυλομάχης δὲ τῆς ἀδελφῆς τῆς Πολέμωνος, καὶ Φιλάγρου, ᾧ ἔδωκεν αὐτὴν ὁ ἀδελφὸς Πολέμων ἀνεψιῷ ὄντι ἑαυτοῦ (ὁ γὰρ Φίλαγρος υἱὸς ἦν Εὐβουλίδου τοῦ ἀδελφοῦ τοῦ Ἁγνίου), τοῦ δὴ Φιλάγρου τοῦ ἀνεψιοῦ τοῦ Πολέμωνος καὶ τῆς Φυλομάχης τῆς ἀδελφῆς τῆς Πολέμωνος ἐγένετο υἱὸς Εὐβουλίδης, ὁ πατὴρ ὁ τῆς μητρὸς τοῦ παιδὸς τουτουί. καὶ οὗτοι μὲν υἱεῖς ἐγένοντο Πολέμωνι καὶ τῇ ἀδελφῇ τῇ Πολέμωνος Φυλομάχῃ. τοῦ δὲ Χαριδήμου ἐγένετο, τοῦ υἱέος τοῦ Στρατίου, Θεόπομπος ὁ*

3–4 *μακαρτάτου - προγόνους* (ὁμ.) om. A   6 *φανοστράτη* SF   *τούτου* SAF : corr. Blass   7 δ'] *δὴ* SF   8 *οἰκειότερός* om. S   *υἱὸς ὁ*] *οὗτος* SF   9 *ἡ*[2] om. A   10 <ὁ> *στρατίου* A   11 *οἰκειότατον* SF   17 *τὸ* om. SF   20 *αὐτὴν ἔδωκεν* A   21 *υἱὸς*] *ἀδελφὸς* SF[a] : del. Baiter   23 *τῆς ἀδελφῆς* om. S[a]   24 *ὁ*[2] om. A   25 *τούτου τοῦ παιδὸς* A   27 *ἐγένοντο* SF : del. van Herwerden

τουτουὶ πατὴρ Μακαρτάτου. (25) πάλιν δὴ ἐρωτῶ, ὦ ἄνδρες δικασταί, πότερος οἰκειότερός ἐστιν καὶ προσήκει μᾶλλον Ἁγνίᾳ τῷ πρώτῳ ἐκείνῳ, ὁ Πολέμωνος υἱὸς Ἁγνίας καὶ Εὐβουλίδης ὁ Φυλομάχης υἱὸς καὶ Φιλάγρου, ἢ Θεόπομπος ὁ Χαριδήμου υἱός, Στρατίου δὲ ὑϊδοῦς; ἐγὼ μὲν γὰρ οἶμαι, ὦ ἄνδρες δικασταί, εἴπερ καὶ ὁ υἱός οἰκειότατός ἐστιν καὶ ἡ θυγάτηρ, πάλιν ὁ ὑϊδοῦς καὶ ὁ ἐκ τῆς θυγατρὸς υἱός, οὗτοι οἰκειότεροί εἰσι μᾶλλον ἢ ὁ τοῦ ἀδελφιδοῦ υἱὸς καὶ ὁ ἐξ ἑτέρου ὢν οἴκου. (26) τῷ μὲν οὖν Θεοπόμπῳ ἐγένετο υἱὸς Μακάρτατος οὑτοσί, τῷ δὲ Εὐβουλίδῃ τῷ τῆς Φυλομάχης υἱεῖ, ἀνεψιῷ δὲ Ἁγνίου ὄντι πρὸς πατρός, οὑτοσὶ ὁ παῖς, ἀνεψιοῦ παῖς ὢν Ἁγνίᾳ πρὸς πατρός, ἐπειδὴ ἡ Φυλομάχη ἡ μήτηρ ἡ Εὐβουλίδου καὶ ὁ Πολέμων ὁ πατὴρ ὁ Ἁγνίου ἀδελφοὶ ἦσαν ὁμοπάτριοι καὶ ὁμομήτριοι. τῷ δέ γε Μακαρτάτῳ τῳδί, τῷ υἱεῖ τῷ Θεοπόμπου, οὐδὲν ἐγένετο ἔκγονον ὅ τι ἐστὶν ἐν τῷ οἴκῳ τῷ τούτου καὶ τῷ Στρατίου. (27) τούτων δ᾽ οὕτως ἐχόντων, τῷ μὲν παιδὶ τουτῳί ἐστιν ὄνομα τῶν ἐν τῷ νόμῳ εἰρημένων, καὶ μέχρι ὧν ὁ νόμος κελεύει τὴν ἀγχιστείαν εἶναι· ἀνεψιοῦ γὸρ Ἁγνίου παῖς ἐστιν· ὁ γαρ πατὴρ αὐτοῦ Εὐβουλίδης ἀνεψιὸς ἦν Ἁγνίᾳ, οὗ ἐστιν ὁ κλῆρος. ὁ δέ γε Θεόπομπος ὁ τουτουὶ πατὴρ Μακαρτάτου οὐκ ἂν εἶχεν ὄνομα θέσθαι ἑαυτῷ τῶν ἐν τῷ νόμῳ εἰρημένων οὐδέν· ἐξ ἑτέρου γὰρ οἴκου ἦν, τοῦ Στρατίου. (28) οὐ προσήκει δέ, ὦ ἄνδρες δικασταί, οὐδένα ἀνθρώπων ἔχειν τὸν κλῆρον τὸν Ἁγνίου ἐξ ἑτέρου οἴκου ὄντα, ἕως ἄν τις λείπηται τῶν γενομένων ἐν τῷ οἴκῳ τῷ Ἁγνίου, οὐδ᾽ ἐκβάλλειν βίᾳ, ὅπερ οὗτοι διαπράττονται, γένει τε ἀπωτέρω ὄντες

1 δὴ] δὲ F   2 πότερον SA   οἰκειότερόν SF[a]   3 πρώτῳ] προτέρῳ van Herwerden   6 οἰκειότατόν SF   8 οἰκειότατοι A   ἐξ om. A   9 μὲν οὖν] τοίνυν A   10 οὑτοσί om. A   11 οὑτοσὶ - πατρός (ὁμ.) om. S : οὑτοσὶ ὁ παῖς om. F   παῖς <υἱὸς εὐβουλίδου> A : post πατρὸς <εὐβουλίδου> F   12 ἐπειδὴ <δὲ> ἡ S   ἡ[3] om. cod. D   14 τωδί, τῷ] τῷ τρίτῳ SF   τῷ[2]] τοῦ A   15 ἔγγονον F[c]   17 τούτῳ SAF : corr. cod. D et Blass   19 ὁ] οὐ A   20 ἁγνίου F[c]   21 αὐτῷ SF   23 δέ] δή A   24 τὸν κλῆρον ἔχειν A

καὶ οὐκ ἐν τῷ αὐτῷ οἴκῳ. τοῦτο γάρ ἐστιν, ὦ ἄνδρες δικασταί, ᾧ παρεκρούσατο Θεόπομπος ὁ τουτουὶ πατὴρ Μακαρτάτου. (29) *τίνες οὖν οἱ λοιποὶ ἔτι νῦν ὄντες ἐν τῷ οἴκῳ τῷ Ἁγνίου; Φυλομάχη τε ἡ ἐμὴ γυνή, Εὐβουλίδου δὲ θυγάτηρ οὖσα τοῦ ἀνεψιοῦ τοῦ Ἁγνίου, καὶ οὑτοσὶ ὁ παῖς ὁ εἰσηγμένος εἰς τὸν οἶκον τὸν Εὐβουλίδου καὶ Ἁγνίου. Θεόπομπος δὲ ὁ τουτουὶ πατὴρ Μακαρτάτου, οὐκ ὢν τοῦ οἴκου τοῦ Ἁγνίου, ἐψεύσατο πρὸς τοὺς δικαστὰς ὑπερμέγεθες ψεῦδος περί τε τῆς Φυλομάχης τῆς τοῦ Πολέμωνος ἀδελφῆς, τηθίδος δὲ Ἁγνίου, ὅτι οὐκ εἴη τῷ Πολέμωνι τῷ τοῦ Ἁγνίου υἱεῖ ὁμοπατρία καὶ ὁμομητρία ἀδελφή, καὶ πάλιν προσποιούμενος τοῦ αὐτοῦ οἴκου εἶναι Ἁγνίᾳ, ὁ οὐδεπώποτε γενόμενος.* (30) *ταῦτα δὲ πάντα ἀδεῶς ἔλεγεν ὁ Θεόπομπος, μάρτυρα μὲν οὐδένα παρασχόμενος, ὅστις ἔμελλεν ὑπεύθυνος ἡμῖν ἔσεσθαι, συνομολογοῦντας δ' ἑαυτῷ ἔχων τοὺς κοινωνούς, οἳ ἦσαν ἀλλήλοις συναγωνισταὶ καὶ ἅπαντα ἔπραττον κοινῇ, ὅπως ἀφέλωνται τὴν γυναῖκα τὴν τουτουὶ μητέρα τοῦ παιδὸς τὸν κλῆρον, ὃν αὐτῇ ὑμεῖς ἐψηφίσασθε.* (31) *βούλομαι οὖν, ὦ ἄνδρες δικασταί, περὶ ὧν εἴρηκα πρὸς ὑμᾶς, μαρτυρίας παρασχέσθαι, πρῶτον μὲν ὡς ἐνίκησεν τοῦ κλήρου τοῦ Ἁγνίου ἡ Εὐβουλίδου θυγάτηρ Φυλομάχη, γένει οὖσα ἐγγυτάτω, ἔπειτα περὶ τῶν ἄλλων ἁπάντων. ἀναγίγνωσκε τὴν μαρτυρίαν.*

ΜΑΡΤΥΡΙΑ

Μαρτυροῦσι παρεῖναι πρὸς τῷ διαιτητῇ ἐπὶ Νικοφήμου ἄρχοντος, ὅτε ἐνίκησε Φυλομάχη ἡ Εὐβουλίδου θυγάτηρ τοῦ κλήρου τοῦ Ἁγνίου τοὺς ἀμφισβητοῦντας αὐτῇ πάντας.

3 *οἱ λοιποὶ ἔτι νῦν* Reiske : *οἱ λοιποί; οἱ ἔτι* S : *εἰσὶ λοιποί; οἱ ἔτι νῦν* AF : signum interrogandi post *λοιποί* transp. post 15 *Ἁγνίου* Baiter Sauppe *τῷ*[2] om. A 4 *δὲ* om. A 5 *εἰσηγμένος* <*υἱὸς*> SF 8 *τε* om. A 10 *εἴη*] *ἦν* SF 12 *ὁ* om. AF[c] 14 *παρεχόμενος* A 16 *καὶ πάντα* A : *καὶ* <*διὰ*> *πάντα* S : *καὶ* <*δι'*> *ἅπαντα* F[a] 18 *ὑμεῖς αὐτῇ* A 24 sqq. testimonium om. SF

32. Ὅτι μὲν ἐνίκησε ἡ Εὐβουλίδου θυγάτηρ τοῦ κλήρου τοῦ Ἁγνίου, ἀκηκόατε, ὦ ἄνδρες δικασταί. καὶ αὕτη ἐνίκησεν οὐδεμιᾷ παρασκευῇ ἀδίκῳ οὐδὲ συνωμοσίᾳ, ἀλλ' ὡς οἷόν τε δικαιότατα, ἐπιδειξάντων ἡμῶν ὅτι γένει ἐγγυτάτω ἦν Ἁγνίᾳ, οὗ ἐστιν ὁ κλῆρος, ἀνεψιοῦ παῖς οὖσα πρὸς πατρὸς καὶ ἐκ τοῦ οἴκου οὖσα τοῦ Ἁγνίου. (33) ἐπειδὰν οὖν λέγῃ Μακάρτατος, ὅτι ἐνίκησε ὁ πατὴρ αὐτοῦ Θεόπομπος τοῦ κλήρου τούτου, ὑπολαμβάνετε αὐτῷ ὑμεῖς, ὦ ἄνδρες δικασταί, ὅτι καὶ ἡ γυνὴ ἐνίκησεν πρότερον ἢ Θεόπομπος ὁ τουτουὶ πατήρ, καὶ ὅτι δικαίως ἐνίκησεν ἡ γυνὴ ἐκ τοῦ οἴκου οὖσα τοῦ Ἁγνίου, Εὐβουλίδου θυγάτηρ οὖσα, τοῦ ἀνεψιοῦ τοῦ Ἁγνίου, ὁ δὲ Θεόπομπος ὅτι οὐκ ἐνίκησεν, ἀλλὰ παρεκρούσατο, οὐκ ὢν ἐκ τοῦ οἴκου τὸ παράπαν τοῦ Ἁγνίου. (34) ταῦτα αὐτῷ ὑμεῖς, ὦ ἄνδρες δικασταί, ὑπολαμβάνετε, καὶ ὅτι τὸν παῖδα τουτονὶ Εὐβουλίδην, τὸν Εὐβουλίδου υἱόν, Ἁγνίου δ', οὗ ἐστιν ὁ κλῆρος, ἀνεψιοῦ παῖδα πρὸς πατρός, οὔτε Θεόπομπος ὁ Μακαρτάτου πατὴρ οὔτε ἄλλος οὐδεὶς πώποτε ἀνθρώπων ἐνίκησεν. νυνὶ δ' ἐστὶν ὁ ἀγὼν καὶ ἡ διαδικασία περὶ τοῦ κλήρου τοῦ Ἁγνίου τῷ Εὐβουλίδου υἱεῖ τούτῳ καὶ Μακαρτάτῳ τουτῳὶ τῷ Θεοπόμπου υἱεῖ· καὶ ὁπότερος τούτων δικαιότερα λέγειν δόξει καὶ κατὰ τοὺς νόμους μᾶλλον, δῆλον ὅτι τούτῳ ὑμεῖς οἱ δικασταὶ προσθήσεσθε. (35) ἀναγίγνωσκε τὰς μαρτυρίας τὰς ὑπολοίπους, πρῶτον μὲν ὅτι ἡ Φυλομάχη ἡ τοῦ Ἁγνίου τηθὶς ἀδελφὴ ἦν ὁμοπατρία καὶ ὁμομητρία τῷ Πολέμωνι τῷ Ἁγνίου πατρί· ἔπειτα τὰς ἄλλας ἁπάσας ἀναγνώσεται <τὰς> περὶ τοῦ γένους.

2 ἐνίκησε <φυλομάχη> A 4 ἁγνίου A 6 τοῦ om. F <καὶ> ἐπειδὰν S[a] 7 αὐτου ὁ πατὴρ A ὑπολαμβάνετ'] ὑποβάλλετ' AF 9 τούτου A 10 <ἡ> ἐκ S 12 οὐκ[1] om. A 13 τοῦ[2] om. A 14 ὑπολαμβάνετε] ὑποβαλλέτε AF 17 ἄλλων οὐδεὶς ἀνθρώπων πώποτε A 18 νῦν F : τούτῳ SAF : corr. Blass 21 λέγειν δόξει] λέγει SF καὶ om. S τοὺς om. SF 22 προσθησθε S 23 τὰς[2]] τους A 26 add. Blass

ΜΑΡΤΥΡΙΑΙ

Μαρτυροῦσι δημόται εἶναι Φιλάγρῳ τῷ Εὐβουλίδου πατρὶ καὶ Πολέμωνι τῷ πατρὶ τῷ Ἁγνίου, καὶ εἰδέναι Φυλομάχην τὴν μητέρα τὴν Εὐβουλίδου νομιζομένην ἀδελφὴν εἶναι Πολέμωνος τοῦ πατρὸς τοῦ Ἁγνίου ὁμοπατρίαν καὶ ὁμομητρίαν, καὶ μηδενὸς πώποτ' ἀκοῦσαι ὡς γένοιτο ἀδελφὸς Πολέμωνι τῷ Ἁγνίου.

ΑΛΛΗ

36. *Μαρτυροῦσιν Οἰνάνθην, τὴν μητέρα τοῦ πάππου τοῦ ἑαυτῶν Στρατωνίδου, ἀνεψιὰν εἶναι ἐκ πατραδέλφων Πολέμωνι τῷ πατρὶ τῷ Ἁγνίου, καὶ ἀκούειν τοῦ πατρὸς τοῦ ἑαυτῶν, ὅτι Πολέμωνι ἀδελφὸς οὐδεὶς γένοιτο πώποτε, τῷ πατρὶ τῷ Ἁγνίου, ἀδελφὴ δὲ Φυλομάχη ὁμοπατρία καὶ ὁμομητρία, ἡ μήτηρ ἡ Εὐβουλίδου τοῦ πατρὸς τοῦ Φυλομάχης τῆς Σωσιθέου γυναικός.*

ΑΛΛΗ

Μαρτυρεῖ συγγενὴς εἶναι καὶ φράτηρ καὶ δημότης Ἁγνίᾳ καὶ Εὐβουλίδῃ, καὶ ἀκούειν τοῦ πατρὸς τοῦ ἑαυτῶν καὶ τῶν ἄλλων συγγενῶν, ὅτι ἀδελφὸς οὐδεὶς ἐγένετο {τῷ} Πολέμωνι τῷ πατρὶ <τῷ> Ἁγνίου, ἀδελφὴ δ' ὁμοπατρία καὶ ὁμομητρία Φυλομάχη ἡ μήτηρ ἡ Εὐβουλίδου τοῦ πατρὸς <τοῦ> Φυλομάχης τῆς Σωσιθέου γυναικός.

ΑΛΛΗ

37. *Μαρτυρεῖ πάππον εἶναι ἑαυτοῦ Ἀρχίμαχον καὶ ποιήσασθαι ἑαυτὸν υἱόν, καὶ εἶναι αὐτὸν συγγενῆ Πολέμωνι τῷ πατρὶ τῷ Ἁγνίου, καὶ ἀκούειν Ἀρχιμάχου καὶ τῶν ἄλλων συγγενῶν, ὅτι ἀδελφὸς οὐδεὶς πώποτ' ἐγένετο Πολέμωνι τῷ πατρὶ τῷ Ἁγνίου, ἀδελφὴ δ' ὁμοπατρία καὶ ὁμομητρία Φυλομάχη ἡ μήτηρ ἡ Εὐβουλίδου τοῦ πατρὸς τοῦ Φυλομάχης τῆς Σωσιθέου γυναικός.*

1 sqq. testimonia om. SF 10 *τῷ* cod. R : *τοῦ* A 11 *τοῦ ἁγνίου* A : corr. Dindorf 16 *τοῦ* (post *πατρὸς*) Blass : *τῆς* A del. Blass 18 add. Dindorf 19 add. Blass 22, 24 *ἀρχίλοχον, ἀρχιλόχου* A : corr. Dobree coll. 45

ΑΛΛΗ

Μαρτυρεῖ τὸν πατέρα τῆς ἑαυτοῦ γυναικὸς Καλλίστρατον ἀνεψιὸν εἶναι ἐκ πατραδέλφων Πολέμωνι τῷ πατρὶ τῷ Ἁγνίου καὶ Χαριδήμῳ τῷ πατρὶ τῷ Θεοπόμπου, τὴν δὲ μητέρα τὴν ἑαυτοῦ ἀνεψιοῦ παῖδα εἶναι Πολέμωνι, καὶ λέγειν τὴν μητέρα τὴν αὑτῶν πρὸς αὑτοὺς πολλάκις, ὅτι Φυλομάχη ἡ μήτηρ ἡ Εὐβουλίδου ἀδελφὴ ἦν Πολέμωνος τοῦ πατρὸς τοῦ Ἁγνίου ὁμοπατρία καὶ ὁμομητρία, καὶ ὅτι ἀδελφὸς οὐδεὶς πώποτε γένοιτο Πολέμωνι τῷ πατρὶ τῷ Ἁγνίου.

38. *Τὸ πρότερον, ὦ ἄνδρες δικασταί, ὅτε συνώμοσαν ἀλλήλοις οὗτοι καὶ συστάντες ἠγωνίζοντο πολλοὶ ὄντες πρὸς τὴν γυναῖκα, ἡμεῖς μέν, ὦ ἄνδρες δικασταί, οὔτε μαρτυρίας ἐγράψαμεν περὶ τῶν ὁμολογουμένων, οὔτε μάρτυρας προσεκαλεσάμεθα, ἀλλ' ᾠόμεθα ταῦτά γε ἀδεῶς ὑπάρχειν ἡμῖν· οὗτοι δὲ τά τε ἄλλα πολλὰ καὶ ἀναίσχυντα παρεσκευάσαντο εἰς τὸν ἀγῶνα, καὶ ἔμελεν αὐτοῖς οὐδὲν πλὴν τοῦ ἐξαπατῆσαι ἐν τῷ παρόντι τότε καιρῷ τοὺς δικαστάς,* (39) *οἵτινες κατεχρῶντο ὡς τῷ Πολέμωνι τῷ πατρὶ τῷ Ἁγνίου τὸ παράπαν οὐδεμία γένοιτο ἀδελφὴ ὁμοπατρία καὶ ὁμομητρία· οὕτως ἦσαν ἀναίσχυντοι καὶ βδελυροί, τηλικουτονὶ πρᾶγμα παρακρουόμενοι τοὺς δικαστὰς καὶ οὑτωσὶ περιφανές, καὶ ἐσπούδαζον καὶ ἠγωνίζοντο περὶ τούτου μάλιστα. ἡμεῖς δέ γε νυνὶ μάρτυρας ὑμῖν τοσουτουσὶ παρεσχήμεθα περὶ τῆς Πολέμωνος ἀδελφῆς, τηθίδος δὲ Ἁγνίου.* (40) *τούτῳ δὲ ὁ βουλόμενος μαρτυρησάτω, ἢ ὡς οὐκ ἦσαν ἀδελφοὶ ὁμοπάτριοι καὶ ὁμομήτριοι Πολέμων καὶ Φυλομάχη, ἢ ὅτι οὐκ ἦν ὁ μὲν Πολέμων υἱός, ἡ δὲ Φυλομάχη θυγάτηρ Ἁγνίου τοῦ Βουσέλου υἱέος, ἢ ὅτι ὁ Πολέμων οὐκ ἦν πατὴρ Ἁγνίου, οὗ ἐστιν ὁ κλῆρος, οὐδὲ ἡ ἀδελφὴ ἡ Πολέμωνος Φυλομάχη τηθίς,* (41) *ἢ*

3 *τῷ*[2] cod. R : *τοῦ* A   16 *οὐδὲν*] *οὐδενὸς* A   17 *τότε παρόντι* A   19 *γένοιτο* om. S   20–1 *τηλικοῦτον . . . οὕτω* A   21 *περιφανῶς* (*καὶ*[2] om.) SF   23 *τοσούτους* SF   *παρεσχόμεθα* A   27 *θυγάτηρ*] *ἀλελφὴ* A   28 <*μὲν*> *πολέμων* A

ὡς Εὐβουλίδης οὐκ ἦν Φυλομάχης υἱὸς οὐδὲ Φιλάγρου τοῦ ἀνεψιοῦ τοῦ Ἁγνίου, ἢ ἐκεῖνο ὅτι Εὐβουλίδου τοῦ ἀνεψιοῦ τοῦ Ἁγνίου οὐκ ἔστι Φυλομάχη θυγάτηρ ἡ νῦν ἔτι οὖσα, οὐδ' υἱὸς οὑτοσὶ ὁ παῖς, εἰσπεποιημένος κατὰ τοὺς νόμους τοὺς ὑμετέρους εἰς τὸν Εὐβουλίδου οἶκον, ἢ ὡς ὁ Θεόπομπος ὁ τουτουὶ πατὴρ Μακαρτάτου ἐκ τοῦ οἴκου ἦν τοῦ Ἁγνίου. τούτων ὅ τι βούλεταί τις μαρτυρησάτω αὐτῷ. ἀλλ' εὖ οἶδ' ὅτι οὐδεὶς οὕτω τολμηρὸς ἔσται οὐδὲ ἀπονενοημένος ἄνθρωπος. **(42)** ὡς δὲ μᾶλλον καταφανὲς ὑμῖν ἔσται, ὦ ἄνδρες δικασταί, ὅτι τὸ πρότερον ἀναισχυντοῦντες περιεγένοντο, δίκαιον δὲ οὐδὲν ἔλεγον, ἀναγίγνωσκε τὰς μαρτυρίας, ὅσαι εἰσὶν ἔτι ὑπόλοιποι.

ΜΑΡΤΥΡΙΑΙ

Μαρτυρεῖ συγγενὴς εἶναι Πολέμωνι τῷ Ἁγνίου πατρί, καὶ ἀκούειν τοῦ πατρὸς τοῦ ἑαυτοῦ ἀνεψιοὺς εἶναι ἐκ πατραδέλφων Πολέμωνι Φίλαγρόν τε τὸν Εὐβουλίδου πατέρα καὶ Φανόστρατον τὸν Στρατίου πατέρα καὶ Καλλίστρατον τὸν πατέρα τῆς Σωσίου γυναικὸς καὶ Εὐκτήμονα τὸν βασιλεύσαντα καὶ Χαρίδημον τὸν πατέρα τὸν Θεοπόμπου καὶ Στρατοκλέους, καὶ εἶναι τοῖς τούτων υἱέσι καὶ Ἁγνίᾳ ἐν τῷ αὐτῷ γένει Εὐβουλίδην κατὰ τὸν πατέρα τὸν ἑαυτοῦ Φίλαγρον, κατὰ δὲ τὴν μητέρα τὴν ἑαυτοῦ Φυλομάχην νομιζόμενον ἀνεψιὸν εἶναι Εὐβουλίδην Ἁγνίᾳ πρὸς πατρός, ἐκ τηθίδος γεγονότα Ἁγνίᾳ τῆς πρὸς πατρός.

ΑΛΛΗ

43. *Μαρτυροῦσι συγγενεῖς εἶναι Πολέμωνι τῷ πατρὶ τῷ Ἁγνίου καὶ Φιλάγρῳ τῷ πατρὶ τῷ Εὐβουλίδου καὶ Εὐκτήμονι*

1 <ὁ> εὐβουλίδης S[c]A 1–2 οὐδὲ - Ἁγνίου[1] del. Sauppe τοῦ ἀνεψιοῦ] οὐδ' ἀνεψιός Thalheim : τοῦ θείου Wolf τοῦ[2] om. A 2–3 οὐδὲ - Ἁγνίου[1] del. Sauppe 3 θυγάτηρ φυλομάχη A οὐδ' υἱὸς] οὐδὲ ὁ υἱὸς S : ὁ δ' υἱὸς F 5 ὁ[1] om. F 9 ὡς δὲ] ὥστε S μᾶλλον om. F[C] 13 sqq. testimonia om. SF φανοστράτην τὴν στρατίου θυγατέρα A : corr. Baiter Sauppe 17 Σωσίου Reiske : σωσιθέου A 19 τούτων Wolf : τούτου A 23 τῆς] τῇ A[a]

τῷ βασιλεύσαντι, καὶ εἰδέναι Εὐκτήμονα ἀδελφὸν ὄντα ὁμοπάτριον Φιλάγρῳ τῷ πατρὶ τῷ Εὐβουλίδου· καὶ ὁπότε ἡ ἐπιδικασία ἦν τοῦ κλήρου τοῦ Ἁγνίου Εὐβουλίδῃ πρὸς Γλαύκωνα, ἔτι ζῆν Εὐκτήμονα, ἐκ πατραδέλφων ἀνεψιὸν ὄντα Πολέμωνι τῷ πατρὶ <τῷ> Ἁγνίου, καὶ μὴ ἀμφισβητῆσαι Εὐκτήμονα Εὐβουλίδῃ τοῦ κλήρου τοῦ Ἁγνίου, μηδ' ἄλλον μηδένα κατὰ γένος τότε.

ΑΛΛΗ

44. Μαρτυροῦσι τὸν πατέρα τὸν ἑαυτῶν Στράτωνα συγγενῆ εἶναι Πολέμωνι τῷ πατρὶ τῷ Ἁγνίου καὶ Χαριδήμῳ τῷ πατρὶ τῷ Θεοπόμπου καὶ Φιλάγρῳ τῷ πατρὶ τῷ Εὐβουλίδου, καὶ ἀκούειν τοῦ ἑαυτῶν πατρός, ὅτι Φίλαγρος λάβοι γυναῖκα πρώτην μὲν Φυλομάχην ἀδελφὴν Πολέμωνος τοῦ πατρὸς τοῦ Ἁγνίου ὁμοπατρίαν καὶ ὁμομητρίαν, καὶ γενέσθαι Φιλάγρῳ ἐκ μὲν τῆς Φυλομάχης Εὐβουλίδην, ἀποθανούσης δὲ Φυλομάχης ἑτέραν λαβεῖν γυναῖκα Φίλαγρον Τελεσίππην, καὶ γενέσθαι ὁμοπάτριον μὲν ἀδελφὸν Εὐβουλίδῃ Μενεσθέα, ὁμομήτριον δὲ μή· καὶ Εὐβουλίδου ἀμφισβητήσαντος τοῦ κλήρου τοῦ Ἁγνίου κατὰ γένος, Μενεσθέα μὴ ἀμφισβητῆσαι τοῦ κλήρου τοῦ Ἁγνίου, μηδ' Εὐκτήμονα τὸν ἀδελφὸν τὸν Φιλάγρου, μηδ' ἄλλον μηδένα κατὰ γένος πρὸς Εὐβουλίδην τότε.

ΑΛΛΗ

45. Μαρτυρεῖ τὸν πατέρα τὸν ἑαυτοῦ Ἀρχίμαχον συγγενῆ εἶναι Πολέμωνι τῷ πατρὶ τῷ Ἁγνίου καὶ Χαριδήμῳ τῷ πατρὶ τῷ Θεοπόμπου καὶ Φιλάγρῳ τῷ πατρὶ τῷ Εὐβουλίδου, καὶ ἀκούειν τοῦ πατρὸς τοῦ ἑαυτῶν, ὅτι Φίλαγρος λάβοι γυναῖκα πρώτην μὲν Φυλομάχην ἀδελφὴν Πολέμωνος τοῦ πατρὸς τοῦ Ἁγνίου ὁμοπατρίαν καὶ ὁμομητρίαν, καὶ γενέσθαι ἐκ μὲν Φυλομάχης Εὐβουλίδην, ἀποθανούσης δὲ Φυλομάχης ἑτέραν λαβεῖν γυναῖκα

2 ὁπότε] ὅτε Wyse 3 πρὸς Γλαύκωνα Schoenmann : προσκλαίουσα A
4 ἀνεψιὸν Wolf : ἀδελφὸν A add. Blass 16 Εὐβουλίδῃ Aldina : -δην A

Φίλαγρον Τελεσίππην, καὶ γενέσθαι Φιλάγρῳ ἐκ Τελεσίππης Μενεσθέα, ὁμοπάτριον μὲν ἀδελφὸν Εὐβουλίδῃ, ὁμομήτριον δὲ μή· ἀμφισβητήσαντος δὲ <Εὐβουλίδου τοῦ κλήρου> τοῦ Ἁγνίου κατὰ γένος, Μενεσθέα μὴ ἀμφισβητῆσαι τοῦ κλήρου, μηδ' Εὐκτήμονα τὸν ἀδελφὸν τὸν Φιλάγρου, μηδ' ἄλλον μηδένα κατὰ γένος πρὸς Εὐβουλίδην τότε.

ΑΛΛΗ

46. *Μαρτυρεῖ τὸν πατέρα τῆς ἑαυτοῦ μητρὸς Καλλίστρατον ἀδελφὸν εἶναι Εὐκτήμονι τῷ βασιλεύσαντι καὶ Φιλάγρῳ τῷ πατρὶ τῷ Εὐβουλίδου, ἀνεψιοὺς δ' εἶναι τούτους Πολέμωνι τῷ πατρὶ τῷ Ἁγνίου καὶ Χαριδήμῳ τῷ πατρὶ τῷ Θεοπόμπου, καὶ ἀκούειν τῆς μητρὸς τῆς ἑαυτοῦ, ὅτι ἀδελφὸς οὐ γένοιτο Πολέμωνι τῷ πατρὶ <τῷ> Ἁγνίου, ἀδελφὴ δὲ γένοιτο ὁμοπατρία καὶ ὁμομητρία Φυλομάχη, <καὶ> ταύτην λάβοι τὴν Φυλομάχην Φίλαγρος, καὶ γένοιτο ἐξ αὐτῶν Εὐβουλίδης ὁ πατὴρ <ὁ> Φυλομάχης τῆς Σωσιθέου γυναικός.*

47. Ἀναγνῶναι μὲν τὰς μαρτυρίας ταύτας ἐξ ἀνάγκης ἦν, ὦ ἄνδρες δικασταί, ἵνα μὴ τὸ αὐτὸ πάθοιμεν ὅπερ τὸ πρότερον, ἀπαράσκευοι ληφθέντες ὑπὸ τούτων. πολὺ δὲ σαφέστερον ἔτι αὐτὸς ἑαυτοῦ Μακάρτατος οὑτοσὶ καταμαρτυρήσει, ὅτι οὔτε Θεοπόμπῳ τῷ πατρὶ τῷ αὑτοῦ οὔτε αὐτῷ τούτῳ προσήκει οὐδενὸς κληρονομεῖν τῶν Ἁγνίου, γένει ἀπωτέρω ὄντος τοῦ Θεοπόμπου καὶ οὐδ' ἐκ τοῦ αὐτοῦ οἴκου τὸ παράπαν. **(48)** εἰ γάρ τις ἀνακρίνοι, ὦ ἄνδρες δικασταί, οὑτοσὶ τίς ἐστιν ὁ ἀμφισβητῶν τῷ παιδὶ τούτῳ τοῦ κλήρου τοῦ Ἁγνίου; εὖ οἶδ' ὅτι ἀποκρίναιτ' ἄν, Μακάρτατος. τίνος ὢν πατρός;

45 *Μενεσθέα*—47 *οὐδε[νὸς* P. Berolin.21192

---

2 *μενεσθέα* [*γεγονέ*]*ναι Π* 21192 *Εὐβουλίδῃ - ἀμφισβητήσαντας*] *καὶ* [*εὐ*]*βουλ*]*ίδου ἀμ*[*φισ*]*βητήσαντας Π*21192 3 add. Reiske 5 *τὸν*[2] Blass: *τοῦ Π* 21192[a] : utrum om. SAF 13 add. Dindorf 14 add. Aldina 15 add. Aldina 18 *τὸ*[2] om. A 21 *οὔτε*[2] - *τούτῳ* om. A 23 *οὐδ'*] *οὐκ* A *οἴκου* <*ὄντος*> A 24 *οὗτος* <*εἰ*> A 26 *ἀποκρίνετ'* S <*ὅτι*> *μακάρτατος* A

Θεοπόμπου. μητρὸς δὲ τίνος; Ἀπολήξιδος θυγατρὸς Προσπαλτίου, ἀδελφῆς δὲ Μακαρτάτου Προσπαλτίου. ὁ δὲ Θεόπομπος τίνος ἦν πατρός; Χαριδήμου. ὁ δὲ Χαρίδημος τίνος; Στρατίου. ὁ δὲ Στρατίος τίνος; Βουσέλου. οὗτοσί, ὦ ἄνδρες δικασταί, ἐστιν ὁ Στρατίου οἶκος, ἑνὸς τῶν Βουσέλου υἱέων, καὶ ἔκγονοι οὗτοί εἰσιν Στρατίου, οὓς ὑμεῖς ἀκηκόατε· καὶ ἐνταῦθα οὐδαμοῦ ἐστιν οὐδὲν ὄνομα τῶν ἐκ τοῦ οἴκου τοῦ Ἁγνίου, ἀλλ' οὐδὲ παραπλήσιον. (49) *πάλιν δὴ ἀνακρινῶ τὸν παῖδα τουτονί, τίς ὢν ἀμφισβητεῖ Μακαρτάτῳ τοῦ κλήρου τοῦ Ἁγνίου. οὐκ ἂν ἔχοι, ὦ ἄνδρες δικασταί, ἄλλ' οὐδ' ὁτιοῦν ἀποκρίνασθαι ὁ παῖς, ἢ ὅτι Εὐβουλίδης. τίνος ὢν πατρός; Εὐβουλίδου τοῦ Ἁγνίου ἀνεψιοῦ. μητρὸς δὲ τίνος; Φυλομάχης, ἣ ἦν Ἁγνίᾳ ἀνεψιοῦ παῖς πρὸς πατρός. ὁ Εὐβουλίδης δὲ τίνος ἦν πατρός; Φιλάγρου τοῦ ἀνεψιοῦ τοῦ Ἁγνίου. μητρὸς δὲ τίνος; Φυλομάχης τῆς τηθίδος τῆς Ἁγνίου. ὁ δ' Ἁγνίας τίνος ἦν υἱός; Πολέμωνος. ὁ δὲ Πολέμων τίνος; Ἁγνίου. ὁ δ' Ἁγνίας τίνος; Βουσέλου.* (50) *οὑτοσὶ ἕτερος οἶκός ἐστιν ὁ Ἁγνίου, ἑνὸς τῶν Βουσέλου υἱέων, καὶ ἐνταῦθ' οὐδ' ὁτιοῦν ἔνεστι τὸ αὐτὸ ὄνομα τῶν ἐν τῷ Στρατίου οἴκῳ ὄντων ἐκγόνων, ἀλλ' οὐδὲ παραπλήσιον· ἀλλ' αὐτοὶ δι' αὑτῶν πορεύονται ἐν τῷ οἴκῳ τῷ Ἁγνίου, τὰ ὀνόματα παρ' ἀλλήλων παραλαμβάνοντες. πανταχῇ δὴ καὶ πάντα τρόπον ἐξελέγχονται ἐξ ἑτέρου οἴκου καὶ γένει ἀπωτέρω ὄντες, καὶ οὐ προσῆκον αὐτοῖς κληρονομεῖν οὐδενὸς τῶν Ἁγνίου. οἷς γὰρ δίδωσιν ὁ νομοθέτης τὴν ἀγχιστείαν καὶ τὴν κληρονομίαν, τούτους ἀναγνώσεται ὑμῖν τοὺς νόμους.*

2 *Προσπαλτίου*[1]] *παλτίου* SF *ἀδελφῆς - Προσπαλτίου* (*ὁμ.*) om. A *δὲ*[1]] *μὴ* S 4 *οὑτοσὶ* <*δὲ*> A 5–6 *ἑνὸς - υἱέων* del. van Herwerden 8 *ἀνακρίνω* SAF : corr. Blass 13 *ὁ* om. A 14 *τοῦ ἀνεψιοῦ τοῦ Ἁγνίου* del. Sauppe 17 *οἶκός - ὁ*] *ἐστιν οἶκος* A : *οἶκός ἐστιν* F 17–18 *ἑνὸς - υἱέων* del. van Herwerden 20 *τῷ*[2]] *τοῦ* SF 23 *ἀπωτέρω γένει* A 24 *ὁ νομοθέτης δίδωσιν* A 26 *νόμοι* Reiske

ΝΟΜΟΣ

51. Ὅστις ἂν μὴ διαθέμενος ἀποθάνῃ, ἐὰν μὲν παῖδας καταλίπῃ θηλείας, σὺν ταύτῃσιν, ἐὰν δὲ μή, τούσδε κυρίους εἶναι τῶν χρημάτων. ἐὰν μὲν ἀδελφοὶ ὦσιν ὁμοπάτορες· καὶ ἐὰν παῖδες ἐξ ἀδελφῶν γνήσιοι, τὴν τοῦ πατρὸς μοῖραν λαγχάνειν· ἐὰν δὲ μὴ ἀδελφοὶ ὦσιν ἢ ἀδελφῶν παῖδες, <* * *> ἐξ αὐτῶν κατὰ ταὐτὰ λαγχάνειν· κρατεῖν δὲ τοὺς ἄρρενας καὶ τοὺς ἐκ τῶν ἀρρένων, ἐὰν ἐκ τῶν αὐτῶν ὦσι, καὶ ἐὰν γένει ἀπωτέρω. ἐὰν δὲ μὴ ὦσι πρὸς πατρὸς μέχρι ἀνεψιῶν παίδων, τοὺς πρὸς μητρὸς τοῦ ἀνδρὸς κατὰ ταὐτὰ κυρίους εἶναι. ἐὰν δὲ μηδετέρωθεν ᾖ ἐντὸς τούτων, τὸν πρὸς πατρὸς ἐγγυτάτω κύριον εἶναι. νόθῳ δὲ μηδὲ νόθῃ μὴ εἶναι ἀγχιστείαν μήθ' ἱερῶν μήθ' ὁσίων ἀπ' Εὐκλείδου ἄρχοντος.

52. Διαρρήδην λέγει ὁ νόμος, ὦ ἄνδρες δικασταί, οἷς δεῖ τὴν κληρονομίαν εἶναι· οὐ μὰ Δί' οὐ Θεοπόμπῳ οὐδὲ Μακαρτάτῳ τῷ Θεοπόμπου υἱεῖ, τοῖς μηδὲ τὸ παράπαν ἐν τῷ οἴκῳ οὖσι τῷ Ἁγνίου. ἀλλὰ τίνι καὶ δίδωσιν; τοῖς ἐκγόνοις τοῖς Ἁγνίου, τοῖς οὖσιν ἐν τῷ οἴκῳ τῷ ἐκείνου. ταῦτα καὶ ὁ νόμος λέγει, καὶ τὸ δίκαιον οὕτως ἔχει.

53. Οὐ τοίνυν, ὦ ἄνδρες δικασταί, ταῦτα μὲν ἔδωκεν ὁ νομοθέτης τοῖς προσήκουσιν, ἕτερα δὲ οὐ προσέταξεν πολλὰ πάνυ ἐν τῷ νόμῳ, ἃ δεῖ ποιεῖν τοὺς προσήκοντας ἐπάναγκες· ἀλλὰ πολλὰ πάνυ ἐστὶν ἃ προστάττει ποιεῖν τοῖς προσήκουσιν, καὶ πρόφασιν οὐδεμίαν δίδωσιν, ἀλλ' ἐξ ἀνάγκης δεῖ ποιεῖν. μᾶλλον δὲ λέγε αὐτὸν τὸν νόμον τὸν πρῶτον.

51 πρὸς μητρὸς—εἶναι Isaeus 11.12

---

1 sqq. legem om. SF 2 καταλείπῃ A : corr. Dindorf 4 μὲν Reiske : δὲ A : del. Dobree 6 lacunam posuit Rennie <ἀδελφὰς ὁμοπατρίας καὶ παῖδας> Meier-Buermann : <ἀδελφὰς ὁμοπατρίας καὶ παῖδας ἐξ αὐτῶν λαγχάνειν· ἐὰν δὲ μὴ ἀδελφαὶ ὦσιν ἢ παῖδες ἐξ αὐτῶν, ἀδελφοὺς τοῦ πατρὸς καὶ ἀδελφὰς καὶ παῖδας> Lipsius 7 ἐὰν] οἳ ἂν Isaeus 9 ἀνεψιῶν Wesseling : ἀνεψιαδῶν A τοῦ ἀνδρὸς] τοῦ τελευτήσαντας Isaeus : del. Blass ταῦτ' A : corr. Reiske 10 ᾖ Reiske : ἦν A 16 οὖσι ante 15 ἐν A καὶ om. A 17 <ἁγνίου> ἐκείνου A 20 πολλὰ - 21 ἐπάναγκες del. Reiske 22 πάνυ πολλὰ A

ΝΟΜΟΣ

54. *Τῶν ἐπικλήρων ὅσαι θητικὸν τελοῦσιν, ἐὰν μὴ βούληται ἔχειν ὁ ἐγγύτατα γένους, ἐκδιδότω ἐπιδοὺς ὁ μὲν πεντακοσιομέδιμνος πεντακοσίας δραχμάς, ὁ δ' ἱππεὺς τριακοσίας, ὁ δὲ ζευγίτης ἑκατὸν πεντήκοντα, πρὸς οἷς αὐτῆς. ἐὰν δὲ {μὴ} πλείους ὦσιν ἐν τῷ αὐτῷ γένει, τῇ ἐπικλήρῳ πρὸς μέρος ἐπιδιδόναι ἕκαστον. ἐὰν δ' αἱ γυναῖκες πλείους ὦσι, μὴ ἐπάναγκες εἶναι πλέον ἢ μίαν ἐκδοῦναι τῷ γ' ἑνί, ἀλλὰ τὸν ἐγγύτατα {δεῖ} ἐκδιδόναι ἢ αὐτὸν ἔχειν. ἐὰν δὲ μὴ ἔχῃ ὁ ἐγγυτάτω γένους ἢ μὴ ἐκδῷ, ὁ ἄρχων ἐπαναγκαζέτω ἢ αὐτὸν ἔχειν ἢ ἐκδοῦναι. ἐὰν δὲ μὴ ἐπαναγκάσῃ ὁ ἄρχων, ὀφειλέτω χιλίας δραχμὰς ἱερὰς τῇ Ἥρᾳ. ἀπογραφέτω δὲ τὸν μὴ ποιοῦντα ταῦτα ὁ βουλόμενος πρὸς τὸν ἄρχοντα.*

55. Ἃ μὲν λέγει ὁ νόμος, ὦ ἄνδρες δικασταί, ἀκούετε. ὅτε δὲ τῆς ἐπικλήρου ἔδει ἐπιδικάζεσθαι Φυλομάχης τῆς τουτουὶ μητρὸς τοῦ παιδός, Ἁγνίου δ' ἀνεψιοῦ παιδὸς οὔσης πρὸς πατρός, ἐγὼ μὲν ἧκον φοβούμενος τὸν νόμον καὶ ἐπεδικαζόμην γένει ὢν ἐγγυτάτω, Θεόπομπος δ' ὁ Μακαρτάτου πατὴρ οὐδὲ προσῆλθε τὸ παράπαν οὐδ' ἠμφεσβήτησεν διὰ τὸ μηδ' ὁτιοῦν αὐτῷ προσήκειν, καὶ ταῦτ' ἐν τῇ ἡλικίᾳ ὢν τῇ αὐτῇ. (56) καίτοι πῶς οἴεσθε, ὦ ἄνδρες δικασταί, ἄτοπον εἶναι, τῆς μὲν ἐπικλήρου, ἣ ἦν Ἁγνίᾳ ἀνεψιοῦ παῖς πρὸς πατρός, ταύτης μὲν μηδεπώποτε ἀμφισβητῆσαι Θεόπομπον, τὸν δὲ κλῆρον τὸν Ἁγνίου ἀξιοῦν ἔχειν παρὰ τοὺς νόμους; τούτων γένοιντ' ἂν ἄνθρωποι ἀναισχυντότεροι ἢ μιαρώτεροι; ἀναγίγνωσκε καὶ τοὺς ἑτέρους νόμους.

54 *θητικὸν* Harp. *θ* 24

---

2 sqq. legem om. SF   4 *ζυγίτης* A : corr. Wolf   5 *οἷς*] *τοῖς* Wolf del. Wolf   7–8 *τῷ γ' ἑνί* Hermann : *τῷ γένει* A   8 del. Dobree : *ἀεὶ* Blass   16 *νόμον* <*ὂν*> SF   18 *ἠμφισβήτησεν* SAF : corr. Blass   20 *πῶς* <*οὐκ*> Rohrmann   *εἶναι* del. Halbertsma   22 *μηδενὶ πώποτε* A   23 *τὸν* SF : *τοῦ* A   *νόμους* <*ἅπαντας*> A   24 *ἢ μιαρώτεροι* om. S[a]   25 *ἑτέρους*] *ἑτέρων* F   *νόμος* AF

ΝΟΜΟΙ

57. *Προειπεῖν τῷ κτείναντι ἐν ἀγορᾷ ἐντὸς ἀνεψιότητος καὶ ἀνεψιοῦ, συνδιώκειν δὲ καὶ ἀνεψιοὺς καὶ ἀνεψιῶν παῖδας καὶ γαμβροὺς καὶ πενθεροὺς καὶ φρατερας. αἰδέσασθαι δέ, ἐὰν μὲν πατὴρ ᾖ ἢ ἀδελφὸς ἢ υἱεῖς, ἅπαντας, ἢ τὸν κωλύοντα κρατεῖν. ἐὰν δὲ τούτων μηδεὶς ᾖ, κτείνῃ δὲ ἄκων, γνῶσι δὲ οἱ πεντήκοντα καὶ εἷς, οἱ ἐφέται, ἄκοντα κτεῖναι, ἐσέσθων οἱ φράτερες, ἐὰν ἐθέλωσι, δέκα· τούτους δὲ οἱ πεντήκοντα καὶ εἷς ἀριστίνδην αἱρείσθων. καὶ οἱ πρότερον κτείναντες ἐν τῷδε τῷ θεσμῷ, ἐνεχέσθων. τοὺς δ' ἀπογιγνομένους ἐν τοῖς δήμοις, οὓς ἂν μηδεὶς ἀναιρῆται, ἐπαγγελλέτω ὁ δήμαρχος τοῖς προσήκουσιν ἀναιρεῖν καὶ θάπτειν καὶ καθαίρειν τὸν δῆμον, τῇ ἡμέρᾳ ᾗ ἂν ἀπογένηται ἕκαστος αὐτῶν.* **(58)** *ἐπαγγέλλειν δὲ περὶ μὲν τῶν δούλων τῷ δεσπότῃ, περὶ δὲ τῶν ἐλευθέρων τοῖς τὰ χρήματ' ἔχουσιν· ἐὰν δὲ μὴ ᾖ χρήματα τῷ ἀποθανόντι, τοῖς προσήκουσι τοῦ ἀποθανόντος ἐπαγγέλλειν. ἐὰν δὲ τοῦ δημάρχου ἐπαγγείλαντος μὴ ἀναιρῶνται οἱ προσήκοντες, ὁ μὲν δήμαρχος ἀπομισθωσάτω ἀνελεῖν καὶ καταθάψαι καὶ καθῆραι τὸν δῆμον αὐθημερόν, ὅπως ἂν δύνηται ὀλιγίστου· ἐὰν δὲ μὴ ἀπομισθώσῃ, ὀφειλέτω χιλίας δραχμὰς τῷ δημοσίῳ. ὅ τι δ' ἂν ἀναλώσῃ, διπλάσιον πραξάσθω παρὰ τῶν ὀφειλόντων· ἐὰν δὲ μὴ πράξῃ, αὐτὸς ὀφειλέτω τοῖς δημόταις. — Τοὺς δὲ μὴ ἀποδιδόντας τὰς μισθώσεις τῶν τεμενῶν τῶν τῆς θεοῦ καὶ τῶν ἄλλων θεῶν καὶ τῶν ἐπωνύμων {καὶ} ἀτίμους εἶναι καὶ αὐτοὺς καὶ γένος καὶ κληρονόμους τοὺς τούτων, ἕως ἂν ἀποδῶσιν.*

59. Ταῦτα πάντα, ὅσα οἱ νόμοι προστάττουσιν τοὺς προσήκοντας ποιεῖν, ἡμῖν προστάττουσιν καὶ ἀναγκάζουσιν

2 *ἀνεψιοὺς . . . πενθεροὺς* cf. S[b] α 1354 IG I.2.115

1 sqq. legem om. SF 2 *προσειπεῖν* A : corr. Reiske 3–4 *καὶ ἀνεψιοὺς - πενθεροὺς* Voemel e lapidis vestigiis : *καὶ ἀνεψιῶν παῖδας καὶ γαμβροὺς καὶ ἀνεψιοὺς καὶ πενθεροὺς καὶ ἀνεψιαδοῦς* A 4–7 *φράτορας . . . φράτορες* A : corr. Dindorf 4 *αἰδέσασθαι δέ* lapis : *ἐὰν αἰδέσασθαι δεῖ* A 5 *πάντας* A : corr. lapis 6 *καὶ*] *μηδ'* lapis *εἷς, οἱ* edd. lapidis : *εἴσῃ οἱ* A (i.e. *εἷς ἢ οἱ*, cf. lapidem *ΗΕΣ ΗΟΙ*) 7 *δέκα* ante *οἱ φράτορες* lapis *τούτους* Reiske : *τουτος* lapis : *τούτοις* A 17 *θάψαι* Schaefer *καθᾶραι* A : corr. Cobet *δύνωνται* A : corr. Reiske 22 del. Dindorf 22–3 *καὶ κλ. - τούτων* del. Partsch 24–5 *τοὺς . . . ποιεῖν*] *ποιεῖν τοὺς* A

ποιεῖν, ὦ ἄνδρες δικασταί. Μακαρτάτῳ δὲ τουτῳὶ οὐδὲν διαλέγονται οὐδὲ Θεοπόμπῳ τῷ πατρὶ τῷ τούτου· οὐδὲ γάρ εἰσιν ἐκ τοῦ οἴκου τοῦ Ἁγνίου τὸ παράπαν· πῶς ἂν οὖν τούτοις τι προστάττοιεν;

60. *Ἀλλ' οὗτος, ὦ ἄνδρες δικασταί, πρὸς μὲν τοὺς νόμους καὶ τὰς μαρτυρίας, ἃς ἡμεῖς παρεχόμεθα, δίκαιον οὐδ' ὁτιοῦν ἔχει λέγειν, ἀγανακτεῖ δὲ καὶ δεινά φησι πάσχειν, ὅτι τοῦ πατρὸς τετελευτηκότος ἀγωνίζεται. ἐκεῖνο δ' οὐκ ἐνθυμεῖται Μακάρτατος, ὦ ἄνδρες δικασταί, ὅτι ὁ πατὴρ αὐτοῦ ἄνθρωπος ἦν θνητός, καὶ τετελεύτηκεν μετ' ἄλλων πολλῶν καὶ νεωτέρων καὶ πρεσβυτέρων. ἀλλ' εἰ Θεόπομπος τετελεύτηκεν ὁ τουτουὶ πατήρ, οἱ νόμοι οὐ τετελευτήκασιν, οὐδὲ τὸ δίκαιον τετελεύτηκεν, οὐδ' οἱ δικασταὶ οἱ τὴν ψῆφον ἔχοντες.* **(61)** *ἔστιν δ' ὁ νῦν ἀγὼν καὶ ἡ διαδικασία οὐκ εἴ τις ἕτερος ἑτέρου πρότερος ἢ ὕστερος τετελεύτηκεν, ἀλλ' εἰ μὴ προσήκει ἐξελαθῆναι ἐκ τοῦ οἴκου τοῦ Ἁγνίου τοὺς οἰκείους τοὺς Ἁγνίου, ἀνεψιοὺς ὄντας καὶ ἀνεψιῶν παῖδας Ἁγνίᾳ πρὸς πατρός, ὑπὸ τῶν ἐκ τοῦ Στρατίου οἴκου καὶ μηδὲν προσηκόντων ὥστε κληρονομεῖν τῶν Ἁγνίου, ἀλλὰ γένει ἀπωτέρω ὄντων. περὶ τούτου νῦν ἐσθ' ὁ ἀγών.*

62. *Ἔτι δὲ σαφέστερον γνώσεσθε, ὦ ἄνδρες δικασταί, ἐκ τοῦδε τοῦ νόμου, ὅτι Σόλων ὁ νομοθέτης σπουδάζει περὶ τοὺς οἰκείους, καὶ οὐ μόνον δίδωσιν τὰ καταλειφθέντα, ἀλλὰ καὶ προστάγματα ποιεῖται τὰ δυσχερῆ ἅπαντα τοῖς προσήκουσι. λέγε τὸν νόμον.*

1 *τούτῳ* SAF : corr. Dindorf *οὐδὲν*] *οὐδὲ* Cobet 3 *ἂν* om. A 6 <*μὲν*> *οὐδ'*A 7 *φήσει* A 9 *μακάρτατος* om. S^{a} : del. Bekker : post *δικασταί* praebet A 11 *καὶ πρεσβυτέρων* om. A 13 <*οὐ*> *τετελεύτηκεν* SF : *τετελεύτηκεν* del. van Herwerden 19 *τῶν*] *τοῦ* A 20 <*καὶ*> *περὶ* SF *νῦν*] *τοίνυν* A 21 <*καὶ*> *ἐκ* SF 22 <*ὁ*> *σόλων* A

ΝΟΜΟΣ

Τὸν ἀποθανόντα προτίθεσθαι ἔνδον, ὅπως ἂν βούληται. ἐκφέρειν δὲ τὸν ἀποθανόντα τῇ ὑστεραίᾳ ᾗ ἂν προθῶνται, πρὶν ἥλιον ἐξέχειν. βαδίζειν δὲ τοὺς ἄνδρας πρόσθεν, ὅταν ἐκφέρωνται, τὰς δὲ γυναῖκας ὄπισθεν. γυναῖκα δὲ μὴ ἐξεῖναι εἰσιέναι εἰς τὰ τοῦ ἀποθανόντος μηδ' ἀκολουθεῖν ἀποθανόντι, ὅταν εἰς τὰ σήματα ἄγηται, ἐντὸς ἑξήκοντ' ἐτῶν γεγονυῖαν, πλὴν ὅσαι ἐντὸς ἀνεψιαδῶν εἰσι· μηδ' εἰς τὰ τοῦ ἀποθανόντος εἰσιέναι, ἐπειδὰν ἐξενεχθῇ ὁ νέκυς, γυναῖκα μηδεμίαν πλὴν ὅσαι ἐντὸς ἀνεψιαδῶν εἰσίν.

63. *Οὐκ ἐᾷ εἰσιέναι οὗ ἂν ᾖ ὁ τετελευτηκώς, οὐδεμίαν γυναῖκα ἄλλην ἢ τὰς προσηκούσας μέχρι ἀνεψιότητος, καὶ πρὸς τὸ μνῆμα ἀκολουθεῖν τὰς αὐτὰς ταύτας. Φυλομάχη τοίνυν ἡ Πολέμωνος ἀδελφὴ τοῦ πατρὸς τοῦ Ἁγνίου οὐκ ἀνεψιὰ ἦν Ἁγνίᾳ, ἀλλὰ τηθίς· ἀδελφὴ γὰρ ἦν Πολέμωνος τοῦ πατρὸς τοῦ Ἁγνίου. Εὐβουλίδης δὲ ὁ υἱὸς ταύτης τῆς γυναικὸς ἀνεψιὸς ἦν πρὸς πατρὸς Ἁγνίᾳ οὗ ἐστιν ὁ κλῆρος. τοῦ δ' Εὐβουλίδου ἦν θυγάτηρ ἡ τούτου τοῦ παιδὸς μήτηρ.* **(64)** *ταύτας κελεύει τὰς προσηκούσας καὶ παρεῖναι τῇ προθέσει τοῦ τετελευτηκότος καὶ ἐπὶ τὸ μνῆμα ἀκολουθεῖν, οὐ τὴν Μακαρτάτου μητέρα οὐδὲ τὴν Θεοπόμπου γυναῖκα· οὐδὲν γὰρ προσῆκεν Ἁγνίᾳ αὕτη, ἀλλ' ἦν ἐξ ἑτέρας φυλῆς, Ἀκαμαντίδος, καὶ ἐξ ἑτέρου δήμου, Προσπαλτόθεν, ὥστε τὸ παράπαν οὐδ' ᾔσθετο, ὅτε ἦν τετελευτηκὼς Ἁγνίας.* **(65)** *ὑπεραναίσχυντον δὴ οὗτοι κατασκευάζουσι πρᾶγμα, ὡς ἄρα δεῖ ἡμᾶς καὶ τὰς γυναῖκας τὰς ἡμετέρας τοῦ μὲν σώματος τοῦ Ἁγνίου, ὅτε ἐτετελευτήκει, κληρονόμους εἶναι καὶ ποιεῖν ἅπαντα τὰ νομιζόμενα, ὡς προσήκοντας καὶ γένει ὄντας ἐγγυτάτω, τὸν*

62 ἀνεψιαδῶν S^b a 1354

1 sqq. legem om. SF 3 <ἢ> ᾗ Taylor 13 οὐκ–15 Ἁγνίου (ὁμ.) om. A 15 ὁ υἱὸς] οὗτος SF 17 τουτουὶ A 20 οὐδὲν] οὐδὲ AF 21 προσήκουσιν . . . αὗται, ἀλλ' ἦ]σαν SAF : corr. Blass : προσήκουσα . . . αὕτη, ἀλλ' Rennie 23 ᾔσθοντο A <ὁ> Ἁγνίας A 24 δεῖ] δὴ A

δὲ κλῆρον οἴεσθαι δεῖν ἔχειν τὸν Ἁγνίου τοῦ τετελευτηκότος Μακάρτατον, ἐκ τοῦ Στρατίου οἴκου ὄντα καὶ ἐκ τῆς Ἀπολήξιδος τοῦ Προσπαλτίου θυγατρός, Μακαρτάτου δὲ ἀδελφῆς. ἀλλ' οὔτε δίκαιον οὔθ' ὅσιον τοῦτ' ἔστιν, ὦ ἄνδρες δικασταί.

66. Ἀνάγνωθι δέ μοι τὰ ἐκ τῆς μαντείας τῆς ἐκ Δελφῶν κομισθείσης παρὰ τοῦ θεοῦ, ἵνα αἴσθησθε ὅτι ταὐτὰ λέγει περὶ τῶν προσηκόντων τοῖς νόμοις τοῖς τοῦ Σόλωνος.

ΜΑΝΤΕΙΑ

Ἀγαθῇ τύχῃ. ἐπερωτᾷ ὁ δῆμος ὁ Ἀθηναίων περὶ τοῦ σημείου τοῦ ἐν τῷ οὐρανῷ γενομένου, ὅ τι ἂν δρῶσιν Ἀθηναίοις ἢ ὅτῳ θεῷ θύουσιν ἢ εὐχομένοις εἴη ἐπὶ τὸ ἄμεινον ἀπὸ τοῦ σημείου. συμφέρει Ἀθηναίοις περὶ τοῦ σημείου τοῦ ἐν τῷ οὐρανῷ γενομένου θύοντας καλλιερεῖν Διὶ ὑπάτῳ, Ἀθηνᾷ ὑπάτῃ, Ἡρακλεῖ, Ἀπόλλωνι σωτῆρι, καὶ ἀποπέμπειν Ἀμφιόνεσσι· περὶ τύχας ἀγαθᾶς Ἀπόλλωνι ἀγυιεῖ, Λατοῖ, Ἀρτέμιδι, καὶ τοὺς ἀγυιᾶς κνισῆν, καὶ κρατῆρας ἱστάμεν καὶ χορούς, καὶ στεφαναφορεῖν καττὰ πάτρια· θεοῖς Ὀλυμπίοις καὶ Ὀλυμπίαις πάντεσσι καὶ πάσαις, δεξιὰς καὶ ἀριστερὰς ἀνίσχοντας, μνασιδωρεῖν καττὰ πάτρια· ἥρῳ ἀρχαγέτᾳ, οὗ ἐπώνυμοί ἐστε, θύειν καὶ δωροτελεῖν καττὰ πάτρια· τοῖς ἀποφθιμένοις ἐν ἱκνουμένᾳ ἁμέρᾳ τελεῖν τοὺς ποθίκοντας καττὰ ἀγημένα.

67. Ἀκούετε, ἄνδρες δικασταί, ὅτι ταὐτὰ λέγει ὅ τε Σόλων ἐν τοῖς νόμοις καὶ ὁ θεὸς ἐν τῇ μαντείᾳ, κελεύων τοῖς κατοιχομένοις ποιεῖν τοὺς προσήκοντας ἐν ταῖς καθηκούσαις ἡμέραις. ἀλλὰ τούτων οὐδὲν ἔμελεν Θεοπόμπῳ οὐδὲ Μακαρτάτῳ τουτῳί, ἀλλὰ τοῦτο μόνον, τὰ μὴ προσήκοντα

1 οἴεσθε cod. Q   2 ὄντα οἴκου A   5 δέ] δή A   6 ἵνα <δὲ> S   αἰσθήσεσθε A   ταῦτα S   8 sqq. oracula om. SF   14 Ἀμφιόνεσσι] ἀμφὶ ὀνήσει Boorius   λητοῖ A : corr. Dindorf   15 τὰς ἀγυιὰς A : corr. Gernet   16 στεφανηφορεῖν A : corr. Dindorf   κατὰ τὰ A : corr. Reiske   18 πατρῷα A : corr. Wolf   ἀρχηγέτῃ A : corr. Dindorf   19 κατὰ τὰ A : corr. Reiske   ἱκνουμένᾳ ἁμέρᾳ Valckenaer : ἐνικνουμένᾳ μέρᾳ A   20 κατὰ τὰ SAF : corr. Bekker   21 <ὦ> ἄνδρες AF   24 ἔμμελε AF[c]   25 τούτῳ SAF : corr. Blass   τοῦτο] τούτου Blass

ἑαυτοῖς ἔχειν, καὶ ἐγκαλεῖν ὅτι πολὺν χρόνον ἐχόντων ἑαυτῶν τὸν κλῆρον νυνὶ ἀγωνίζονται. ἐγὼ δὲ ᾤμην, ὦ ἄνδρες δικασταί, προσήκειν τὸν τἀλλότρια ἀδίκως ἔχοντα οὐκ ἐγκαλεῖν, εἰ πλείω χρόνον εἶχεν, ἀλλὰ χάριν εἰδέναι, μὴ ἡμῖν, ἀλλὰ τῇ τύχῃ, ὅτι πολλαὶ καὶ ἀναγκαῖαι διατριβαὶ ἐγένοντο ἐν τῷ μεταξὺ χρόνῳ, ὥστε νῦν περὶ τούτων ἀγωνίζεσθαι.

68. Οὗτοι μὲν οὖν τοιοῦτοί εἰσιν ἄνθρωποι, ὦ ἄνδρες δικασταί, καὶ μέλει αὐτοῖς οὐδὲν οὔτε τοῦ οἴκου ἐξερημουμένου τοῦ Ἁγνίου οὔτε τῶν ἄλλων ὅσα παρανομοῦσιν· οἵτινές γε, ὦ Ζεῦ καὶ θεοί, τὰ μὲν ἄλλα τί ἄν τις λέγοι περὶ τούτων; πολλὰ γὰρ ἂν εἴη λέγειν· ἓν δὲ ὃ παρανομώτατον καὶ μιαρώτατον διαπεπραγμένοι εἰσίν, καὶ μάλιστ᾽ ἐνδεικνύμενοι ὅτι οὐδενὸς αὐτοῖς μέλει πλὴν τοῦ πλεονεκτεῖν· **(69)** οὐ γὰρ ἔφθη Θεόπομπος τὴν ἐπιδικασίαν ποιησάμενος τοῦ κλήρου τοῦ Ἁγνίου τὸν τρόπον τοῦτον ὃν ὑμεῖς ἀκηκόατε, καὶ εὐθὺς ἐνεδείξατο ὅτι τὰ οὐδὲν προσήκοντα ἑαυτῷ ἔχειν ἐνόμιζεν. ὃ γὰρ ἦν πλείστου ἄξιον ἐν τοῖς χωρίοις τοῖς Ἁγνίου καὶ ἐθαυμάζετο μάλιστα καὶ ὑπὸ τῶν προσχώρων καὶ ὑπὸ τῶν ἄλλων ἀνθρώπων, αἱ ἐλᾶαι, ταύτας ἐξώρυττον καὶ ἐξεπρέμνιζον, πλέον ἢ χίλια στελέχη, ὅθεν ἔλαιον πολὺ ἐγίγνετο. ταύτας οὗτοι ἀπέδοντο ἐκπρεμνίσαντες, καὶ ἀργύριον ὑπέρπολυ ἔλαβον. καὶ ταῦτ᾽ ἐποίουν οὗτοι ἐπιδίκου ὄντος τοῦ κλήρου τοῦ Ἁγνίου κατὰ τὸν νόμον, καθ᾽ ὅνπερ οὗτοι τὴν τουτουὶ μητέρα προσεκαλέσαντο. **(70)** ὅτι δὲ ταῦτ᾽ ἀληθῆ λέγω, καὶ ἐξεπρέμνισαν οὗτοι τὰς ἐλάας ἐκ τῶν χωρίων ὧν Ἁγνίας κατέλιπεν, μάρτυρας ὑμῖν τούτων παρεξόμεθα

69 *ἐξεπρέμνιζον* Harp. ε 67 Sud. ε 1642

---

6 *νῦν - τοῦτον*] *νυν*[*περὶ τούτων* <*ἡμῶν*> A 9 *γε* om. A 10 *τίς ἄν τις* A 11–12 *ὃ* del. Bekker 12 *μιαρώτατον καὶ παρανομώτατον* A 13 *οὐδὲν* SAF : corr. Reiske 14 <*ὁ*> *θεόπομπος* A <*ἡμῖν*> *ποιησάμενος* A 15 *ἀκούετε* A 18 *καὶ*[1] om. SF 19 *ἐλαῖαι* SAF : corr. Dindorf hic et infra 19–20 *ταύτας - ἐξεπρέμνιζον* del. Naber 20 *πλεῖον* SF <*ὑπὲρ*> *πολὺ* SF 21 *ἐγίγνοντο* A <*καὶ*> *ταύτας* SF 24 *τουτουὶ*] *τούτου* F 25 *οὗτοι* om. A

τούς τε προσχώρους καὶ τῶν ἄλλων οὓς παρεκαλέσαμεν, ὅτ᾽ ἐπεμαρτυρόμεθα περὶ τούτων. λέγε τὴν μαρτυρίαν.

ΜΑΡΤΥΡΙΑ

Μαρτυροῦσιν ἀκολουθῆσαι Ἀραφῆναδε παρακληθέντες ὑπὸ Σωσιθέου εἰς τοὺς Ἁγνίου ἀγρούς, ἐπειδὴ Θεόπομπος ἐπεδικάσατο τοῦ κλήρου τοῦ Ἁγνίου, καὶ ἐπιδεικνύναι αὐτοῖς Σωσίθεον τὰς ἐλάας πρεμνιζομένας ἐκ τοῦ Ἁγνίου ἀγροῦ.

71. *Εἰ μὲν τοίνυν, ὦ ἄνδρες δικασταί, τὸν τετελευτηκότα μόνον ὕβριζον ταῦτα διαπραξάμενοι, δεινὰ μὲν <ἂν> ἐποίουν, ἧττον δέ· νῦν δὲ καὶ εἰς ὅλην τὴν πόλιν ταυτὶ ὑβρίκασι καὶ παρανενομήκασιν. γνώσεσθε δέ, ἐπειδὰν τοῦ νόμου ἀκούσητε. ἀναγίγνωσκε τὸν νόμον.*

ΝΟΜΟΣ

Ἐάν τις ἐλάαν Ἀθήνησιν ἐξορύττῃ, ἐὰν μὴ εἰς ἱερὸν Ἀθηναίων δημόσιον ἢ δημοτικόν, ἢ ἑαυτῷ χρῆσθαι μέχρι δυοῖν ἐλάαιν τοῦ ἐνιαυτοῦ ἑκάστου, ἢ ἐπὶ ἀποθανόντα δέῃ χρήσασθαι, ὀφείλειν ἑκατὸν δραχμὰς τῷ δημοσίῳ τῆς ἐλάας ἑκάστης, τὸ δὲ ἐπιδέκατον τούτου τῆς θεοῦ εἶναι. ὀφειλέτω δὲ καὶ τῷ ἰδιώτῃ τῷ ἐπεξιόντι ἑκατὸν δραχμὰς καθ᾽ ἑκάστην ἐλάαν. τὰς δὲ δίκας εἶναι περὶ τούτων πρὸς τοὺς ἄρχοντας, ὧν ἕκαστοι δικασταί εἰσι. πρυτανεῖα δὲ τιθέτω ὁ διώκων τοῦ αὑτοῦ μέρους. ὅτου δ᾽ ἂν καταγνωσθῇ, ἐγγραφόντων οἱ ἄρχοντες, πρὸς οὓς ἂν ᾖ ἡ δίκη, τοῖς πράκτορσιν, ὃ τῷ δημοσίῳ γίγνεται· < ὃ δὲ τῇ θεῷ γίγνεται>, τοῖς ταμίαις τῶν τῆς θεοῦ. ἐὰν δὲ μὴ ἐγγράφωσιν, αὐτοὶ ὀφειλόντων.

72. *Ὁ μὲν νόμος οὕτως ἰσχυρός. ἐκεῖνο δ᾽ ἐνθυμεῖσθε πρὸς ὑμᾶς αὐτούς, ὦ ἄνδρες δικασταί, τί ποτ᾽ οἴεσθ᾽ ἡμᾶς πάσχειν ἐν τῷ παρεληλυθότι χρόνῳ ὑπὸ τούτων καὶ ὑπὸ τῆς ὕβρεως*

2 *ἐμαρτυρόμεθα* (*περὶ τούτων* om.) A : *ἐπεμαρτυράμεθα* Gernet 3 sqq. testimonium om. SF 9 add. suppl. Blass 10 *ταυτὶ*] *ταύτην* SF : *ταυτηνὶ* Blass 10–11 *καὶ παρανενομήκασιν* om. SF[a] 14 sqq. legem om. SF 23 add. Reiske 25 <*οὗτος*> *οὕτως* SA : corr. cod. Q et Reiske : *οὗτος* F

τῆς τούτων, ὅπου ὑμῶν, πόλεως τηλικαυτησί, κατεφρόνησαν καὶ τῶν νόμων τῶν ὑμετέρων, καὶ ἃ διαρρήδην ἀπαγορεύουσιν οἱ νόμοι μὴ ποιεῖν, οὑτωσὶ καταφρονητικῶς ᾐκίσαντο τὰ χωρία ἃ κατέλιπεν Ἁγνίας. ὁ δὲ νόμος ἀπαγορεύει μηδ' ἐκ τοῦ αὐτοῦ χωρίου τοῦ πατρῴου μηδὲν τούτων ποιεῖν. πολύ γε αὐτοῖς μέλει ἢ τοῖς νόμοις τοῖς ὑμετέροις πείθεσθαι, ἢ ὅπως μὴ ἐξερημωθήσεται ὁ οἶκος ὁ Ἁγνίου. (73) ἐγὼ δέ, ὦ ἄνδρες δικασταί, βούλομαι περὶ ἐμαυτοῦ πρὸς ὑμᾶς εἰπεῖν διὰ βραχέων, καὶ ἐπιδεῖξαι ὅτι οὐχ ὁμοίως τούτοις ἐπιμέλειαν ἐποιησάμην τοῦ οἴκου τοῦ Ἁγνίου, ὅπως μὴ ἐξερημωθήσεται. καὶ αὐτὸς γάρ εἰμι τοῦ γένους τοῦ Βουσέλου. Ἅβρωνος γὰρ τοῦ Βουσέλου υἱέος ἔλαβεν τὴν θυγατριδῆν Καλλίστρατος, Εὐβουλίδου μὲν υἱὸς ὤν, Βουσέλου δ' ὑϊδοῦς· καὶ ἐκ τῆς Ἅβρωνος θυγατριδῆς καὶ {ἐκ} Καλλιστράτου τοῦ ἀδελφιδοῦ τοῦ Ἅβρωνος ἐγένετο ἡ μήτηρ ἡ ἡμετέρα. (74) ἐγὼ δὲ ἐπειδὴ ἐπεδικασάμην τῆς τούτου μητρὸς καὶ ἐγένοντό μοι υἱεῖς μὲν τέτταρες, θυγάτηρ δὲ μία, τὰ ὀνόματα ἐθέμην τούτοις, ὦ ἄνδρες δικασταί, τῷ μὲν πρεσβυτάτῳ τὸ τοῦ πατρὸς τοῦ ἐμαυτοῦ ὄνομα, Σωσίαν, ὥσπερ καὶ δίκαιόν ἐστιν, καὶ ἀπέδωκα τῷ πρεσβυτάτῳ τοῦτο τὸ ὄνομα· τῷ δὲ μετ' αὐτὸν γενομένῳ τούτῳ ἐθέμην Εὐβουλίδην, ὅπερ ἦν ὄνομα τῷ πατρὶ τῷ τῆς μητρὸς τοῦ παιδὸς τουτουί· τῷ δὲ μετὰ τοῦτον Μενεσθέα ἐθέμην (καὶ γὰρ ὁ Μενεσθεὺς οἰκεῖος ἦν τῆς ἐμῆς γυναικός)· τῷ δὲ νεωτάτῳ ἐθέμην ὄνομα Καλλίστρατον, ὃ ἦν ὄνομα τῷ πατρὶ τῆς ἐμῆς μητρός. ἔτι δὲ πρὸς τούτοις καὶ τὴν θυγατέρα ἔδωκα οὐδαμόσε ἔξω, ἀλλὰ τῷ ἀδελφιδῷ τῷ ἐμαυτοῦ, ὅπως, ἐὰν ὑγιαίνωσιν, καὶ οἱ ἐκ τούτων ἐκ τοῦ αὐτοῦ

1 <τῆς> πόλεως cod. D   4 κατέλειπεν S   5 μηδὲν τούτων] ταῦτα A   7 ἐξερημώθῃ A   ὁ[2] om. F   8 εἰπεῖν πρὸς ὑμᾶς A   9 δεῖξαι A   14 del. Reiske   15 ἐπειδὴ om. A   17 μὲν om. A[a]   20 μετ' αὐτὸν] μετὰ τὸν S[a] : μετὰ τὸν πρεσβύτατον A   22 μητρὸς <τῆς> Blass τουτουί] τούτου A   25 πατρὶ <τῷ> Dindorf   26 δέδωκα S[c]F : [S]   ἀδελφῷ A   27 τούτων] τούτου A

γένους ὦσιν Ἁγνίᾳ. (75) *ἐγὼ μὲν οὖν τοῦτον τὸν τρόπον διῴκησα, ὅπως ἂν διασῴζωνται ὅτι μάλιστα οἱ οἶκοι οἱ ἀπὸ τοῦ Βουσέλου· τούτους δὲ ἐξετάσωμεν πάλιν. καὶ πρώτιστον μὲν τὸν νόμον τουτονὶ ἀνάγνωθι.*

ΝΟΜΟΣ.

Ὁ ἄρχων ἐπιμελείσθω τῶν ὀρφανῶν καὶ τῶν ἐπικλήρων καὶ τῶν οἴκων τῶν ἐξερημουμένων καὶ τῶν γυναικῶν, ὅσαι μένουσιν ἐν τοῖς οἴκοις τῶν ἀνδρῶν τῶν τεθνηκότων φάσκουσαι κυεῖν. τούτων ἐπιμελείσθω καὶ μὴ ἐάτω ὑβρίζειν μηδένα περὶ τούτους. ἐὰν δέ τις ὑβρίζῃ ἢ ποιῇ τι παράνομον, κύριος ἔστω ἐπιβάλλειν κατὰ τὸ τέλος. ἐὰν δὲ μείζονος ζημίας δοκῇ ἄξιος εἶναι, προσκαλεσάμενος πρόπεμπτα καὶ τίμημα ἐπιγραψάμενος, ὅ τι ἂν δοκῇ αὐτῷ, εἰσαγέτω εἰς τὴν ἡλιαίαν. ἐὰν δ' ἁλῷ, τιμάτω ἡ ἡλιαία περὶ τοῦ ἁλόντος, ὅ τι χρὴ αὐτὸν παθεῖν ἢ ἀποτεῖσαι.

76. *Πῶς ἂν οὖν μᾶλλον ἐξερημώσαιεν ἄνθρωποι οἶκον, ἢ εἴ τινες τούς τε γένει ὄντας ἐγγυτάτω Ἁγνίᾳ, τούτους ἐξελαύνοιεν ἐξ ἑτέρου οἴκου ὄντες, τοῦ Στρατίου, καὶ πάλιν εἰ τὸν μὲν κλῆρον ἀξιοῖ ἔχειν τὸν Ἁγνίου ὡς γένει προσήκων, τὸ δ' ὄνομα, ὅ ἐστιν αὐτῷ, μὴ ὅτι ἐκ τοῦ Ἁγνίου οἴκου, ἀλλ' οὐδ' ἐκ τοῦ Στρατίου ἐστὶν τοῦ ἑαυτοῦ προγόνου, οὐδὲ ἐκ τῶν ἄλλων ἀπογόνων τῶν Βουσέλου, τοσούτων γενομένων, οὐδενὸς ἔχει τὸ ὄνομα;* (77) *ἀλλὰ πόθεν δή ἐστι τὸ ὄνομα ὁ Μακάρτατος; ἐκ τῶν πρὸς μητρός. εἰσεποιήθη γὰρ οὗτος εἰς τὸν οἶκον τὸν Μακαρτάτου τοῦ Προσπαλτίου, ἀδελφοῦ ὄντος τῆς μητρὸς τῆς τούτου, καὶ ἔχει καὶ ἐκεῖνον τὸν οἶκον. καὶ οὕτως ἐστὶν ὑβριστής, ὥστε γενομένου αὐτῷ υἱέος τοῦ μὲν*

75 *πρόπεμπτα* Harp. *π* 99 Sud. *π* 2557

2 *διασῴζωνται - μάλιστα*] *μάλιστα διασῴζωνται* A 3 *τουτουσὶ* A *πρῶτον* A 5–14 legem om. SF 15 *οὖν* om. SF 16 *τε*] *γε* A 18 *τοῦ ἁγνίου* A 19 *ὅ* om. A 20 *προγόνου* <*ἀλλ'*> A *ἐκ*[2] del. Blass 21 *τοῦ βουσέλου* cod. D *τοσούτων*] *τουτωνὶ* A 22 *δή*] *δέ* SF *τὸ*[2] om. SF 26 *αὐτῷ*] *αὐτοῦ* A *τοῦ*] *τοῦτον* SF

εἰσαγαγεῖν εἰς τὸν οἶκον τὸν Ἁγνίου υἱὸν τῷ Ἁγνίᾳ ἐπελάθετο, καὶ ταῦτα ἔχων τὸν κλῆρον τὸν Ἁγνίου καὶ φάσκων πρὸς ἀνδρῶν αὐτῷ προσήκειν· (78) *τοῦτον δὲ τὸν υἱὸν τὸν γενόμενον τῷ Μακαρτάτῳ εἰσπεποίηκεν τῷ πρὸς μητρὸς εἰς τοὺς Προσπαλτίους, τὸν δὲ Ἁγνίου οἶκον εἴακεν ἔρημον εἶναι τὸ τούτου μέρος· φησὶ δὲ τὸν πατέρα τὸν ἑαυτοῦ Θεόπομπον προσήκειν Ἁγνίᾳ. ὁ δὲ νόμος κελεύει ὁ τοῦ Σόλωνος κρατεῖν τοὺς ἄρρενας καὶ τοὺς ἐκ τῶν ἀρρένων· οὗτος δὲ οὑτωσὶ ῥᾳδίως κατεφρόνησεν καὶ τῶν νόμων καὶ τοῦ Ἁγνίου, καὶ εἰσεποίησεν τὸν υἱὸν εἰς τὸν οἶκον τὸν πρὸς μητρός. πῶς ἂν γένοιντο τούτων ἄνθρωποι παρανομώτεροι ἢ βιαιότεροι;*

79. *Οὐ τοίνυν ταῦτα μόνον, ὦ ἄνδρες δικασταί, ἀλλὰ καὶ μνήματος ὄντος κοινοῦ ἅπασιν τοῖς ἀπὸ τοῦ Βουσέλου γενομένοις (καὶ καλεῖται τὸ μνῆμα Βουσελιδῶν, πολὺς τόπος περιβεβλημένος, ὥσπερ οἱ ἀρχαῖοι ἐνόμιζον), ἐν τούτῳ τῷ μνήματι οἱ μὲν ἄλλοι ἅπαντες οἱ ἀπὸ τοῦ Βουσέλου κεῖνται, καὶ ὁ Ἁγνίας καὶ ὁ Εὐβουλίδης καὶ ὁ Πολέμων καὶ οἱ ἄλλοι ἅπαντες τοσοῦτοι ὄντες συγγενεῖς, οἱ ἀπὸ τοῦ Βουσέλου, ἅπαντες οὗτοι κοινωνοῦσιν τοῦ μνήματος τούτου·* (80) *ὁ δὲ τουτουὶ πατὴρ Μακαρτάτου καὶ ὁ πάππος οὐ κεκοινωνήκασιν τούτου, ἀλλ' αὑτοῖς ἰδίᾳ ἐποιήσαντο μνῆμα ἄπωθεν τοῦ Βουσελιδῶν μνήματος. δοκοῦσιν ὑμῖν, ὦ ἄνδρες δικασταί, προσήκειν τι τῷ οἴκῳ τῷ Ἁγνίου, πλὴν τοῦ ἔχειν ἁρπάσαντες τὰ μὴ προσήκοντα; εἰ δ' ἐξερημωθήσεται ἢ ἀνώνυμος ἔσται ὁ οἶκος ὁ Ἁγνίου καὶ ὁ Εὐβουλίδου τοῦ ἀνεψιοῦ τοῦ Ἁγνίου, οὐδὲ κατὰ τοὐλάχιστον πώποτ' αὐτοῖς ἐμέλησεν.*

81. *Ἐγὼ δ', ὦ ἄνδρες δικασταί, βοηθῶ μὲν ὡς οἷός τ' εἰμὶ*

2 *τοῦ ἁγνίου* A 5 *εἴασεν* A 11 <*οὖν*> *γένοιντο* Reiske 16 *πάντες* A *βουσέλου* <*γενόμενοι*> AF 17 *ὁ*[1] om. F 20 <*τούτου*> *πάππος* A 21 <*τοῦ μνήματος*> *τούτου* A 23 *τῷ*] *τοῦ* F[c] 24 *ἢ*] *καὶ* A 25 *ὁ*[1.2] om. A

μάλιστα τοῖς τετελευτηκόσιν ἐκείνοις· οὐ πάνυ δ' ἐστὶ ῥᾴδιον ταῖς τούτων παρασκευαῖς ἀνταγωνίζεσθαι. παραδίδωμι οὖν ὑμῖν τὸν παῖδα τουτονί, ὦ ἄνδρες δικασταί, ἐπιμεληθῆναι, ὅπως ὑμῖν δοκεῖ δικαιότατον εἶναι. οὗτος εἰσπεποίηται εἰς τὸν οἶκον τὸν Εὐβουλίδου, καὶ εἰσῆκται εἰς τοὺς φράτερας, οὐκ εἰς τοὺς ἐμούς, ἀλλ' εἰς τοὺς Εὐβουλίδου καὶ Ἁγνίου καὶ Μακαρτάτου τουτουί. **(82)** καὶ ὅτε εἰσήγετο, οἱ μὲν ἄλλοι φράτερες κρύβδην ἔφερον τὴν ψῆφον, οὑτοσὶ δὲ Μακάρτατος φανερᾷ ψήφῳ ἐψηφίσατο ὀρθῶς εἰσάγεσθαι Εὐβουλίδῃ υἱὸν τὸν παῖδα τουτονί, οὐκ ἐθελήσας ἅψασθαι τοῦ ἱερείου οὐδὲ ἀπαγαγεῖν ἀπὸ τοῦ βωμοῦ ὑπεύθυνον αὑτὸν ποιήσας, ἀλλὰ καὶ τὴν μερίδα τῶν κρεῶν ᾤχετο λαβὼν παρὰ τοῦ παιδὸς τουτουί, ὥσπερ καὶ οἱ ἄλλοι φράτερες. **(83)** νομίζετε δὴ τὸν παῖδα τοῦτον, ὦ ἄνδρες δικασταί, ἱκετηρίαν ὑμῖν προκεῖσθαι ὑπὲρ τῶν τετελευτηκότων Ἁγνίου καὶ Εὐβουλίδου καὶ τῶν ἄλλων τῶν ἀπὸ τοῦ Ἁγνίου, καὶ ἱκετεύειν αὐτοὺς ὑμᾶς τοὺς δικαστάς, ὅπως μὴ ἐξερημωθήσεται αὐτῶν ὁ οἶκος ὑπὸ τῶν μιαρῶν τούτων θηρίων, οἵ εἰσιν ἐκ τοῦ Στρατίου οἴκου, ἐν δὲ τῷ Ἁγνίου οὐδεπώποτ' ἐγένοντο· μηδ' ἐπιτρέψητε τούτοις ἔχειν τὰ μὴ προσήκοντα, ἀλλ' ἀποδοῦναι ἀναγκάσατε εἰς τὸν Ἁγνίου οἶκον τοῖς προσήκουσιν τοῖς Ἁγνίου. **(84)** ἐγὼ μὲν οὖν ἐκείνοις τε βοηθῶ τοῖς τετελευτηκόσιν καὶ τοῖς νόμοις τοῖς περὶ τούτων κειμένοις, δέομαι δὲ καὶ ὑμῶν, ὦ ἄνδρες δικασταί, καὶ ἱκετεύω καὶ ἀντιβολῶ, μὴ περιίδητε μήτε τὸν παῖδα τουτονὶ ὑβρισθέντα ὑπὸ τούτων, μήτε τοὺς προγόνους τοὺς τούτου ἔτι μᾶλλον καταφρονουμένους ἢ νῦν καταπε-

1 *μαλίστα* <*μὲν*> SF   2 *τούτων*] *τούτου* A   3 *ὦ* - *δικασταί* post *ὑμῖν* A   4 *ὅπως* <*ἂν*> Blass   *δοκῇ* F : *δικαιότατα δοκῇ* A   5 *φράτορας* SAF : corr. Dindorf   6 *εἰς* - *ἀλλ'* (*ὁμ.*) om. S   7 *μακαρτάτουι* S (sic) *τουτουί* om. SF   8 *φράτορες* SAF : corr. Dindorf   8 <*τῇ*> *ψήφῳ* A   13 *φράτορες* SAF : corr. Dindorf   15 *καὶ Εὐβουλίδου* om. A   18 *ἐν δὲ τῷ* Blass : *ἐκ δὲ τοῦ* SAF   20 *εἰς* del. Madvig   23 *καὶ* (ante *ὑμῶν*) om. A   26 *τοὺς* (ante *τούτου*) om. A

φρόνηνται, ἐὰν διαπράξωνται οὗτοι ἃ βούλονται· ἀλλὰ τοῖς τε νόμοις βοηθεῖτε καὶ τῶν τετελευτηκότων ἐπιμελεῖσθε, ὅπως μὴ ἐξερημωθῇ αὐτῶν ὁ οἶκος. καὶ ταῦτα ποιοῦντες τά τε δίκαια ψηφιεῖσθε καὶ τὰ εὔορκα καὶ τὰ ὑμῖν αὐτοῖς συμφέροντα.

4 ὑμῖν αὐτοῖς τὰ A Subscriptum in S *προς μακαρτατον* Γ^{H} Γ^{Δ} Δ Δ, in A *προς μακαρτατον περι του αγνιου κληρου*, in F *προς μακαρτατον*

XLIV

[ΔΗΜΟΣΘΕΝΟΥΣ] *ΠΡΟΣ ΛΕΩΧΑΡΗ ΠΕΡΙ ΤΟΥ ΑΡΧΙΑΔΟΥ ΚΛΗΡΟΥ*

1. *Αἴτιος μέν ἐστι Λεωχάρης οὑτοσί, ὦ ἄνδρες δικασταί, τοῦ καὶ αὐτὸς κρίνεσθαι καὶ ἐμὲ νεώτερον ὄντα λέγειν ἐν ὑμῖν, ἀξιῶν κληρονομεῖν ὧν οὐ προσῆκεν αὐτῷ, καὶ ὑπὲρ τούτων ψευδῆ διαμαρτυρίαν πρὸς τῷ ἄρχοντι ποιησάμενος.* (2) *ἡμῖν μὲν γὰρ ἀναγκαῖον ἦν, τοῦ νόμου τὰς ἀγχιστείας τοῖς ἐγγυτάτω γένους ἀποδιδόντος, οὖσιν οἰκείοις Ἀρχιάδου τοῦ ἐξ ἀρχῆς καταλιπόντος τὸν κλῆρον, μήτε τὸν οἶκον ἐξερημωθέντα τὸν ἐκείνου περιιδεῖν μήτε τῆς οὐσίας ἑτέρους κληρονομήσαντας, οἷς οὐδ᾽ ὁτιοῦν προσήκει· οὑτοσὶ δὲ οὔτε γόνῳ τοῦ τετελευτηκότος υἱὸς ὢν οὔτ᾽ εἰσποιηθεὶς κατὰ τοὺς νόμους, ὡς ἐγὼ δείξω, διαμεμαρτύρηκεν οὕτως τὰ ψευδῆ προπετῶς, ἀφαιρούμενος ἡμῶν τὴν κληρονομίαν.* (3) *δέομαι δ᾽ ὑμῶν, ὦ ἄνδρες δικασταί, βοηθῆσαι τῷ τε πατρὶ τούτῳ καὶ ἐμοί, ἐὰν λέγωμεν τὰ δίκαια, καὶ μὴ περιιδεῖν πένητας ἀνθρώπους καὶ ἀσθενεῖς καταστασιασθέντας ὑπὸ παρατάξεως ἀδίκου. ἡμεῖς μὲν γὰρ ταῖς ἀληθείαις πιστεύοντες εἰσεληλύθαμεν, καὶ ἀγαπῶντες, ἄν τις ἡμᾶς ἐᾷ τῶν νόμων τυγχάνειν· οὗτοι δὲ τῇ παρασκευῇ καὶ τοῖς ἀναλώμασιν ἰσχυριζόμενοι διατετελέκασιν, εἰκότως οἶμαι· ἐκ γὰρ τῶν ἀλλοτρίων ῥᾳδίως ἀναλίσκουσιν, ὥστε καὶ τοὺς συνεροῦντας ὑπὲρ αὐτῶν καὶ τοὺς μαρτυρήσοντας τὰ ψευδῆ πολλοὺς πεπορίσθαι.* (4) *ὁ δὲ πατὴρ οὗτος (εἰρήσεται γάρ) ἅμα τῆς*

tit. *προς λεωχαρη* S : *προς λεωχαρην περι κληρου* AF (*-ρη* F) 2 *αὐτὸς* Dobree : *αὐτὸν* F : *αυτον* SA 6 *γένει* A 7 *καταλείποντος* S 8 *τὸν* (ante *ἐκείνου*) om. A *ὑπεριδεῖν* A 10 *γόνῳ* Rennie coll. 34 : *γένει* SAF 12 *ἡμῶν ἀφαιρούμενος* A 13 *τε*] *γε* SF 14 <*δὲ*> *λέγωμεν* S *ὑπεριδεῖν* S 15 <*καὶ*> *καταστασιασθέντας* F 17 *νομίμων* Taylor 21 *μαρτυροῦντας* SF 22 *ἅμα* om. A

πενίας ἧς ὑμεῖς ἅπαντες ἴστε, καὶ τοῦ ἰδιώτης εἶναι φανερὰς ἔχων τὰς μαρτυρίας ἀγωνίζεται· διατελεῖ γὰρ ἐν Πειραιεῖ κηρύττων· τοῦτο δ᾽ ἐστὶν οὐ μόνον ἀπορίας ἀνθρωπίνης τεκμήριον, ἀλλὰ καὶ ἀσχολίας τῆς εἰς τὸ πραγματεύεσθαι· ἀνάγκη γὰρ ἡμερεύειν ἐν τῇ ἀγορᾷ τὸν τοιοῦτον. ἃ δεῖ λογιζομένους ἐνθυμεῖσθαι ὅτι, εἰ μὴ τῷ δικαίῳ ἐπιστεύομεν, οὐκ ἄν ποτ᾽ εἰσήλθομεν εἰς ὑμᾶς.

5. Περὶ μὲν οὖν τῶν τοιούτων καὶ προϊόντος τοῦ λόγου σαφέστερον ἀκούσεσθε· ὑπὲρ αὐτῆς δὲ τῆς διαμαρτυρίας καὶ τοῦ ἀγῶνος ἤδη νομίζω δεῖν διδάσκειν. εἰ μὲν οὖν, ὦ ἄνδρες δικασταί, ἐκ τῆς διαμαρτυρίας αὐτῆς Λεωχάρης ἔμελλεν ἀπολογούμενος δείξειν ὡς ἔστιν υἱὸς γνήσιος Ἀρχιάδου, οὐδὲν ἂν ἔδει πολλῶν λόγων, οὐδ᾽ ἄνωθεν ὑμᾶς ἐξετάζειν τὸ γένος τὸ ἡμέτερον· (6) ἐπειδὴ δὲ τὰ μὲν διαμεμαρτυρημένα ἕτερον τρόπον ἔχει, ὁ δὲ πολὺς τοῦ λόγου τουτοισὶ ἔσται ὡς εἰσεποιήθησαν, καὶ κατὰ τὴν ἀγχιστείαν γνήσιοι ὄντες δικαίως ἂν τῆς οὐσίας κληρονομοῖεν, ἀναγκαῖον, ὦ ἄνδρες δικασταί, διὰ ταῦτα μικρῷ ἄνωθεν τὰ περὶ τοῦ γένους ὑμῖν διεξελθεῖν· ἐὰν γὰρ τοῦτο σαφῶς μάθητε, οὐ μὴ παρακρουσθῆτε ὑπ᾽ αὐτῶν τῷ λόγῳ. (7) ἔστιν γὰρ ὁ μὲν ἀγὼν οὑτοσὶ κλήρου διαδικασία, ἀμφισβητεῖται δὲ παρὰ μὲν ἡμῶν κατὰ γένος ἡ ἀγχιστεία, παρὰ δὲ τούτων κατὰ ποίησιν· ὁμολογοῦμεν δ᾽ ἐναντίον ὑμῶν δεῖν τὰς ποιήσεις κυρίας εἶναι, ὅσαι ἂν κατὰ τοὺς νόμους δικαίως γένωνται. ὥστε ταύτας τὰς ὑποθέσεις μεμνημένοι, ἂν δείξωσιν ὑμῖν διδόντας τοὺς νόμους αὐτοῖς ἃ διαμεμαρτυρήκασιν, ψηφίσασθε αὐτοῖς τὸν κλῆρον. (8) καὶ ἐὰν ἐκ μὲν τῶν νόμων μὴ ὑπάρχῃ, δίκαια δὲ καὶ φιλάνθρωπα φαίνωνται λέγοντες, καὶ οὕτως συγχωροῦμεν.

1 ἧς Reiske : ὡς SAF   4 εἰς Blass : ἐπὶ SAF   5 <καὶ> ἡμερεύειν A : διημερεύειν Naber   9 μαρτυρίας F   11 μαρτυρίας SF   14 μὲν om. A   μεμαρτυρημένα A   16 ἐποιήθησαν A   17 ἀναγκαῖόν <ἐστιν> A   21 διαδικασίας SA   23 δεῖν om. S^{a} ποήσεις S^{a} hic et alibi frequentius   27 μὲν ἐκ SAF : corr. Schaefer   28 οὕτως Wolf : ὅμως SAF : ὡς van Herwerden : ὅμως (καὶ om.) Schaefer

ἵνα δὲ εἰδῆτε ὅτι κατὰ γένος ἐγγύτατα ὄντες οὐ μόνον τούτῳ ἐνισχυριζόμεθα, ἀλλὰ καὶ τοῖς ἄλλοις ἅπασιν, πρῶτον μὲν ὑπὲρ αὐτοῦ τοῦ γένους ὑμᾶς διδάξομεν, ὅθεν ἐστὶν ὁ κλῆρος· νομίζω γάρ, ἂν τούτῳ τῷ μέρει τοῦ ἀγῶνος σαφῶς παρακολουθήσητε, καὶ τῶν ἄλλων ὑμᾶς οὐδενὸς ἀπολειφθήσεσθαι.

9. Τὸ γὰρ ἐξ ἀρχῆς, ὦ ἄνδρες δικασταί, γίγνονται Εὐθυμάχῳ τῷ Ὀτρυνεῖ υἱεῖς τρεῖς, Μειδυλίδης καὶ Ἄρχιππος καὶ Ἀρχιάδης, καὶ θυγάτηρ ᾗ ὄνομα ἦν Ἀρχιδίκη. τελευτήσαντος δὲ τοῦ πατρὸς αὐτοῖς, τὴν μὲν Ἀρχιδίκην ἐκδιδόασιν Λεωστράτῳ Ἐλευσινίῳ, αὐτῶν δὲ τριῶν ὄντων ὁ μὲν Ἄρχιππος τριηραρχῶν ἐτελεύτησεν τὸν βίον ἐν Μηθύμνῃ, ὁ δὲ Μειδυλίδης οὐ πολλῷ χρόνῳ γαμεῖ ὕστερον Μνησιμάχην Λυσίππου τοῦ Κριωέως θυγατέρα. (10) καὶ γίγνεται αὐτῷ θυγάτηρ ὄνομα Κλειτομάχη, ἣν ἐβουλήθη μὲν ἐκεῖνος ἀγάμῳ τῷ ἀδελφῷ ὄντι τῷ ἑαυτοῦ ἐκδοῦναι· ἐπειδὴ δὲ ὁ Ἀρχιάδης οὐκ ἔφη προαιρεῖσθαι γαμεῖν, ἀλλὰ καὶ τὴν οὐσίαν ἀνέμητον διὰ ταῦτα συγχωρήσας εἶναι ᾤκει καθ' αὐτὸν ἐν τῇ Σαλαμῖνι, οὕτως ἤδη ὁ Μειδυλίδης ἐκδίδωσι τὴν αὑτοῦ θυγατέρα Ἀριστοτέλει Παλληνεῖ, τῷ πάππῳ τῷ ἐμῷ. καὶ γίγνονται ἐξ αὐτοῦ υἱεῖς τρεῖς, Ἀριστόδημός τε οὑτοσὶ ὁ πατὴρ ὁ ἐμὸς καὶ Ἁβρώνιχος ὁ θεῖος καὶ Μειδυλίδης, ὃς νῦν τετελευτηκὼς τυγχάνει. (11) καὶ ἡ μὲν τοῦ γένους ἀγχιστεία τοῦ ἡμετέρου, ἐν ᾧ ἔστιν ὁ κλῆρος, σχεδὸν οὕτως ἔχει, ὦ ἄνδρες δικασταί. Ἀρχιάδῃ γὰρ πρὸς ἀνδρῶν ἡμεῖς μὲν γένει ἐγγυτάτω, καὶ κατὰ τοῦτον τὸν νόμον ἀξιοῦντες τῆς ἐκείνου οὐσίας κληρονομεῖν καὶ τὸ γένος μὴ περιιδεῖν ἐξερημωθέν, ἐλάχομεν πρὸς τὸν ἄρχοντα τοῦ κλήρου· οὗτοι δὲ ἔχοντες οὐ δικαίως τὰ

3 ὑμᾶς ante ὑπὲρ F   5 οὐδενὸς ὑμᾶς A   ὑπολειφθήσεσθαι SF^{c}
7 μιδυλίδης hic et infra SA   <ὁ> ἄρχιππος F   12 ὕστερον γαμεῖ F
13 κριέως S^{a} : κριωσέως A : κρισέως F   14 <ᾗ> ὄνομα AF
18 θυγατέρα ἑαυτοῦ A   19 παλλῆνι A   20 ἐξ om. A : ἐξ αὐτῶν Reiske
24 μὲν] ἦμεν AF

χρήματα διαμεμαρτυρήκασι νυνί, τὸ μὲν ὅλον ἰσχυριζόμενοι ποιήσει, φάσκοντες δὲ καὶ συγγενεῖς εἶναι. (12) περὶ μὲν οὖν ταύτης τῆς ποιήσεως, ὃν τρόπον ἔχει, σαφῶς ὑμᾶς ὕστερον διδάξομεν· περὶ δὲ τοῦ γένους, ὡς οὐκ εἰσὶν ἡμῶν ἐγγυτέρω, τοῦτο δεῖ μαθεῖν ὑμᾶς. ἓν μὲν οὖν ὁμολογεῖται, τὸ κρατεῖν τῶν κληρονόμων τοὺς ἄρρενας καὶ τοὺς ἐκ τῶν ἀρρένων· ἁπλῶς γὰρ τοῖς ἐγγυτάτω πρὸς ἀνδρῶν, ὅταν μὴ παῖδες ὦσιν, ὁ νόμος τὰς κληρονομίας ἀποδίδωσιν. οὗτοι δ᾽ ἐσμὲν ἡμεῖς· ἄπαις μὲν γὰρ ὁ Ἀρχιάδης ὁμολογεῖται τετελευτηκέναι, τούτῳ δὲ πρὸς ἀνδρῶν ἡμεῖς ἐσμεν ἐγγυτάτω. (13) πρὸς δὲ καὶ ἐκ γυναικῶν οἱ αὐτοὶ οὗτοι· ὁ γὰρ Μειδυλίδης ἀδελφὸς ἦν τοῦ Ἀρχιάδου, τοῦ δὲ Μειδυλίδου θυγάτηρ ἡ τοῦ ἐμοῦ πατρὸς μήτηρ, ὥστε γίγνεται Ἀρχιάδης, ὑπὲρ οὗ τοῦ κλήρου τὴν ἐπιδικασίαν ποιούμεθα νυνί, θεῖος τῇ τοῦ πατρὸς τοῦ ἐμοῦ μητρὶ ἐκ πατραδέλφων, πρὸς ἀνδρῶν ἔχων τὴν συγγένειαν ταύτην καὶ οὐ πρὸς γυναικῶν. Λεώστρατος δ᾽ οὑτοσὶ γένει τε ἀπωτέρω ἐστὶν καὶ πρὸς γυναικῶν οἰκεῖος Ἀρχιάδῃ· ἡ γὰρ {τοῦ} Λεωκράτους μήτηρ τοῦ τούτου πατρὸς ἀδελφιδῆ ἦν τῷ Ἀρχιάδῃ ἐκείνῳ καὶ τῷ Μειδυλίδῃ, ἀφ᾽ ὧν ἡμεῖς ὄντες ἀξιοῦμεν τῆς κληρονομίας τυχεῖν.

14. Πρῶτον μὲν οὖν, ὦ ἄνδρες δικασταί, τὸ γένος ἡμῶν ὅτι οὕτως ἔχει ὥσπερ καὶ λέγομεν, ἀναγνώσεται ὑμῖν τὰς μαρτυρίας, ἔπειτα μετὰ ταῦτα τὸν νόμον αὐτὸν τοῖς τε γένεσι καὶ τοῖς ἐγγυτάτω πρὸς ἀνδρῶν τὰς κληρονομίας ἀποδιδόντα· τὰ γὰρ κεφάλαια τοῦ ἀγῶνος, καὶ ὑπὲρ ὧν ὀμωμοκότες οἴσετε τὴν ψῆφον, σχεδόν τι ταῦτ᾽ ἔστιν. καί μοι κάλει τούς τε μάρτυρας δευρὶ καὶ τὸν νόμον ἀναγίγνωσκε.

2 ποιήσειν SAF : corr. cod. R et Wolf 3 ὕστερον om. A 4 διδάξωμεν S 5 ὡμολόγηται A 6 κληρονομιῶν A 7 μὴ] μὲν S 10–11 πρὸς - οὗτοι del. Dobree 14 τῇ τοῦ - ἐμοῦ] τῇ τοῦ ἐμοῦ πατρὸς F 15 ἐκ πατραδέλφων damnat Schwebsch 17 τε om. A 18 del. Blass τούτου τοῦ SF ἀδελφὴ F 23 μετὰ ταῦτα om. A <τὸν> τοῖς τε Reiske

ΜΑΡΤΥΡΕΣ. ΝΟΜΟΣ

15. *Τὰ μὲν τοίνυν περὶ τὸ γένος τό τε τούτων καὶ τὸ ἡμέτερον οὕτως ἔχει, ὦ ἄνδρες δικασταί, ὥστε τοὺς ἐπιδεδειχότας ἐξ αὐτῶν τῶν μαρτυριῶν ὡς εἰσὶν γένει ἐγγυτέρω προσήκει κληρονομεῖν, καὶ μὴ τὴν τοῦ διαμαρτυρήσαντος ἀπόνοιαν κρείττω τῶν ὑμετέρων νόμων γενέσθαι. καὶ γὰρ εἰ τῇ ποιήσει ἰσχυρίζονται, ἣν ὡς ἐγένετο ἡμεῖς δείξομεν, τετελευτηκότος γε τοῦ εἰσποιηθέντος δήπου ἄπαιδος καὶ τοῦ οἴκου μέχρι τῆς ἡμετέρας λήξεως ἐξηρημωμένου, πῶς οὐ προσήκει τοὺς ἐγγυτάτω γένει ὄντας, τούτους τὴν κληρονομίαν κομίσασθαι, καὶ ὑμᾶς μὴ τοῖς δυναμένοις ἄριστα παρασκευάσασθαι, ἀλλὰ τοῖς ἀδικουμένοις τῶν πολιτῶν βοηθεῖν;* (16) *εἰ μὲν γὰρ ἐφ' ἡμῖν ἦν ὥστε δείξασιν τὰ περὶ τοῦ γένους καὶ τῆς διαμαρτυρίας αὐτῆς καταβῆναι καὶ μηδενὸς ἔτι πλείονος λόγου προσδεῖσθαι, σχεδόν τι τῶν μεγίστων εἰρημένων οὐκ ἂν ἠνωχλοῦμεν τὰ πλείω. ἐπειδὴ δὲ οὗτοι τοῖς μὲν νόμοις οὐκ ἐνισχυριοῦνται, τῷ δὲ προειληφέναι τι τῶν πραγμάτων ἐκ τοῦ ἄνωθεν χρόνου καὶ τῷ ἐμβεβατευκέναι εἰς τὴν οὐσίαν, τούτοις τεκμηρίοις χρώμενοι φήσουσι κληρονομεῖν, ἀναγκαῖον ἴσως καὶ περὶ τούτων ἐστὶν εἰπεῖν καὶ δεῖξαι τούτους πάντων ἀνθρώπων βιαιοτάτους ὄντας.*

17) *Τὸ γὰρ ἐξ ἀρχῆς, ὦ ἄνδρες δικασταί, ἐκδιδόασιν τὴν ἀδελφὴν τὴν ἑαυτῶν ὁ Μειδυλίδης καὶ ὁ Ἀρχιάδης Λεωστράτῳ Ἐλευσινίῳ· μετὰ δὲ ταῦτα ἐκ θυγατρὸς τῆς ἐκδοθείσης ἀδελφῆς ταύτης αὑτῶν γίγνεται Λεωκράτης ὁ πατὴρ Λεωστράτου τουτουί, σκέψασθε ὡς πολλοστὸς εἰς τὴν τοῦ*

5 *μὴ* <*διὰ*> F 6 *νομίμων* S[c]AF 8 *γε* Schaefer : *δὲ* SF : *γὰρ* A *παιδὸς* SAF : corr. Wolf 9 *λήξεως* <*δήπου*> A et Schaefer (8 *δήπου* deleto) 11 *μὴ*] *καὶ* A 12 <*ποι*> *βοηθεῖν* S[a] *γὰρ*] *οὖν* exspectat Bekker 13 *μαρτυρίας* A 15 *μεγίστων* om. F : *πλείστων* cod. Q 16 <*καὶ*> *οὗτοι* SA 17 *ἰσχυριοῦνται* A : *ἰσχυρίζονται* F 18 *καὶ τῷ*] *καὶ τοῦ* A 19 *κληρονομεῖν* <*δεῖν*> Boeckmeijer 20 *ἐστὶν* post 19 *ἴσως* F : 'fort. del.' Blass 25 *ταύτης αὑτῶν*] *τῆς ἑαυτῶν* A : *ταύτης* <*τῆς*> *αὑτῶν* Bekker *λεωστράτους* A 26 *πολλοστῶς* Richards

Ἀρχιάδου συγγένειαν προσήκων, ὑπὲρ οὗ τὴν διαμαρτυρίαν πεποίηται. τούτων δ᾽ οὕτως ἐχόντων ὁ μὲν Ἀρχιάδης οὐκ ἐγάμει, ὁ δὲ Μειδυλίδης ὁ ἀδελφὸς αὐτοῦ, πάππος δὲ τουτουὶ ἔγημε. (18) καὶ οὐδέπω τὴν οὐσίαν ἐνέμοντο, ἀλλ᾽ ἑκάτερος ἔχων τὰ ἱκανὰ ὁ μὲν Μειδυλίδης ἐν τῷ ἄστει διέμενεν, ὁ δὲ Ἀρχιάδης ἐν Σαλαμῖνι ᾤκει. οὐ πολλῷ δὲ χρόνῳ ὕστερον ἀποδημίας τινὸς εἰς τὴν ὑπερορίαν συμβάσης τῷ Μειδυλίδῃ τῷ πάππῳ τῷ τοῦ πατρός, ἠρρώστησεν ὁ Ἀρχιάδης, καὶ τελευτᾷ τὸν βίον ἀπόντος τοῦ Μειδυλίδου ἄγαμος ὤν. τί τούτου σημεῖον; λουτροφόρος ἐφέστηκεν ἐπὶ τῷ τοῦ Ἀρχιάδου τάφῳ. (19) ἐν δὲ τούτῳ τῷ καιρῷ ἔχων τὴν τῆς συγγενείας τῆς πρὸς γυναικῶν πρόφασιν Λεωκράτης ὁ τουτουὶ πατὴρ Λεωστράτου εἰσποιεῖ αὑτὸν υἱὸν τῷ Ἀρχιάδῃ, καὶ ἐνεβάτευσεν οὕτως εἰς τὴν οὐσίαν ὡς ὑπ᾽ ἐκείνου ζῶντος ἔτι εἰσποιηθείς. ἀφικόμενος δὲ ὁ Μειδυλίδης ἠγανάκτει τε τῷ γεγενημένῳ καὶ οἷος ἦν ἐπεξιέναι τῷ Λεωκράτει· πειθόντων δὲ τῶν οἰκείων καὶ δεομένων ἐᾶν ἐν τῷ οἴκῳ εἶναι τὸν Λεωκράτην υἱὸν εἰσποιητὸν τῷ Ἀρχιάδῃ, συνεχώρησεν ὁ Μειδυλίδης, οὐχ ἡττηθεὶς ἐν δικαστηρίῳ, ἀλλὰ τὸ μὲν ὅλον ὑπὸ τούτων ἀπατηθείς, ἔπειτα μέντοι καὶ τοῖς οἰκείοις πειθόμενος.

20. Καὶ ὁ μὲν Μειδυλίδης ταῦτα πράξας τελευτᾷ τὸν βίον, ὁ δὲ Λεωκράτης εἶχεν τὴν τοῦ Ἀρχιάδου οὐσίαν καὶ ἐκληρονόμει πολλὰ ἔτη ὡς ὢν ἐκείνου υἱὸς ποιητός· ἡμεῖς δὲ παρὰ τὸ τὸν Μειδυλίδην ταῦτα συγχωρῆσαι ἡσυχίαν εἴχομεν. χρόνῳ δ᾽ ὕστερον οὐ πολλῷ—τοῖς γὰρ μετὰ ταῦτα λόγοις ἤδη σφόδρα τὸν νοῦν προσέχετε, ὦ ἄνδρες δικασταί· (21) ὁ γὰρ Λεωκράτης ὁ εἰσποιητὸς γενόμενος τῷ Ἀρχιάδῃ, ἐγκαταλιπὼν τουτονὶ Λεώστρατον ἐν τῷ οἴκῳ υἱὸν γνήσιον, ἐπανῆλθεν αὐτὸς εἰς τοὺς Ἐλευσινίους, ὅθεν ἦν τὸ ἐξ ἀρχῆς. καὶ οὐδ᾽ ἐνταῦθα-

1 ὑπὲρ οὗ <τοῦ κλήρου> coni. Rennie 4 ἐνείμαντο A 5 διέμεινεν SAF^{a} 9 <ἄπαις τε καὶ> ἄγαμος Dobree 14 οὕτως om. A : del. Blass 16 οἷος ἦν] ὅσην S 21 καὶ om. A μὲν om. SF 23 ὡς ἂν SAF: corr. Blass

οὐδέπω ἡμεῖς οὐδὲν τῶν πραγμάτων <τῶν> περὶ τὸν κλῆρον ἐκινοῦμεν, ἀλλ' ἐμένομεν ἐπὶ τῶν αὐτῶν. (22) *πάλιν τοίνυν Λεώστρατος αὐτὸς οὑτοσί, εἰσποιητὸς ὢν υἱὸς καὶ ἐγκαταλειφθεὶς ἐν τῷ τοῦ Ἀρχιάδου οἴκῳ, ἐπανέρχεται, ὥσπερ ὁ πατὴρ αὐτοῦ, ἐπὶ τοὺς Ἐλευσινίους, ἐγκαταλιπὼν υἱὸν γνήσιον καὶ διὰ τριῶν σωμάτων κυρίαν τὴν ἐξ ἀρχῆς ποίησιν παρὰ τοὺς νόμους καταστήσας.* (23) *πῶς γὰρ οὐ παρὰ τοὺς νόμους, ὁπότ' εἰσποιητὸς αὐτὸς ὢν εἰσποιητοὺς υἱοὺς ἐγκαταλείπων ἐπανῄει; καὶ τοῦτο διατετέλεκε ποιῶν μέχρι ταύτης τῆς ἡμέρας, καὶ διὰ τούτου τοῦ τρόπου τὴν κληρονομίαν ἡμῶν ἀποστερήσειν οἴονται, ἐνεργαζόμενοι μὲν καὶ ἐμπαιδοτροφούμενοι τῇ τοῦ Ἀρχιάδου οὐσίᾳ, ἐπανιόντες δὲ ἐπὶ τὴν πατρῴαν οὐσίαν ἐκεῖθεν ἀεί, κἀκείνην μὲν ἀκέραιον φυλάττοντες, ταύτην δ' ἀναλίσκοντες.* (24) *ἀλλ' ὅμως τούτων τοιούτων ὄντων, ὅπερ εἶπον, ἡμεῖς ὑπεμένομεν ἅπαντα. μέχρι τίνος; ἕως ὁ Λεωκράτης <ὁ ὑπὸ Λεωστράτου> ἐν τῷ οἴκῳ τῷ Ἀρχιάδου ἐγκαταλειφθεὶς υἱὸς τετελεύτηκεν ἄπαις. τούτου δὲ ἄπαιδος τετελευτηκότος, ἀξιοῦμεν ἡμεῖς οἱ γένει ἐγγυτάτω ὄντες Ἀρχιάδῃ κληρονομεῖν τῆς οὐσίας, καὶ μὴ τῷ τετελευτηκότι τῷ αὐτῷ εἰσποιητῷ ὄντι υἱὸν εἰσποιεῖν ἐπ' ἀποστερήσει τῶν ἡμετέρων.* (25) *εἰ μὲν γὰρ αὐτὸς ζῶν ἐποιήσατο, καίπερ ὄντος παρὰ τὸν νόμον τοῦ ἔργου, οὐκ <ἂν>-ἀντελέγομεν· ἐπειδὴ δὲ οὔτε γόνῳ ἦν αὐτῷ υἱὸς οὐδεὶς οὔτ' ἐποιήσατο ζῶν, ὁ δὲ νόμος τοῖς ἐγγύτατα γένους τὰς κληρονομίας ἀποδίδωσι, πῶς οὐ δίκαιοί ἐσμεν ἡμεῖς τούτων μὴ ἀποστερηθῆναι κατ'ἀμφότερα;* (26) *καὶ γὰρ τῷ Ἀρχιάδῃ, οὗ ἦν*

1 *οὐδέπω*] *οὐδέν πω* S *πραγμάτων* del. Blass add. Reiske 3 *τοίνυν* om. A *αὐτὸς* om. A *υἱὸς ὢν* A 5 *ἐγκαταλείπων* S 6 *γνήσιον*] *εἰσποιητὸν* A et Bekker 8 *αὐτὸς εἰσποιητὸς* A 9 *ἐγκαταλιπὼν* AF *διατετέλεκε τοῦτο* A 13 *αἰεί* A : *δεῖ* S 15 *εἴπομεν* A 16 *ὁ*[1]] *οἱ* S[a] *Λεωκράτης* Reiske : *λεωστράτου* SA : *λεωστράτης* F add. Blass 19 *μὴ* *<τοῦτον>* Schwebsch 22 add. Wolf 23 *ἀντιλέγομεν* SAF : corr. Wolf *γόνῳ* Reiske : *γένει* SAF cf. 34, 49, 51 24 *ἐγγυτάτω* A

ἡ οὐσία τὸ ἐξ ἀρχῆς, ἐγγυτάτω γένει ἐσμὲν καὶ τῷ εἰσποιητῷ Λεωκράτει· τοῦ μὲν γὰρ ὁ πατὴρ ἐπανεληλυθὼς εἰς τοὺς Ἐλευσινίους οὐκέτι τὴν κατὰ τὸν νόμον οἰκειότητα ἔλιπεν αὑτῷ, ἡμεῖς δέ, παρ᾿ οἷς ἦν ἐν τῷ γένει, τὴν ἀναγκαιοτάτην συγγένειαν εἴχομεν, ὄντες ἀνεψιαδοῖ ἐκείνῳ. ὥστ᾿ εἰ μὲν βούλει, τοῦ Ἀρχιάδου συγγενεῖς ὄντες ἀξιοῦμεν κληρονομεῖν, εἰ δὲ βούλει, τοῦ Λεωκράτους· τετελευτηκότος γὰρ ἄπαιδος αὐτοῦ, οὐδεὶς ἡμῶν γένει ἐγγυτέρω ἐστί. (27) καὶ διὰ μὲν σέ, ὦ Λεώστρατε, ὁ οἶκος ἐξηρήμωται· τῆς γὰρ οὐσίας τὴν οἰκειότητα, οὐ τῶν ἀνδρῶν τῶν ποιησαμένων διετήρεις. ἕως μέν γε τελευτήσαντος τούτου οὐδεὶς ἠμφεσβήτει τοῦ κλήρου, οὐδένα εἰσεποίεις τῷ Ἀρχιάδῃ υἱόν· ἐπειδὴ δὲ ἡμεῖς συγγενεῖς ὄντες ἥκομεν εἰς τὸ μέσον, τηνικαῦτα εἰσποιεῖς, ἵνα τὴν οὐσίαν κατάσχῃς. καὶ φῂς μὲν οὐδὲν εἶναι τῷ Ἀρχιάδῃ, πρὸς ὃν εἰσεποιήθης, διαμαρτυρεῖς δὲ πρὸς ἡμᾶς, τὸ ὁμολογούμενον γένος ἐξελαύνων· εἰ γὰρ μηδέν ἐστιν ἐν τῷ οἴκῳ, τί σὺ ἐλαττοῖ τοῦ μηδενὸς ἡμῶν κληρονομησάντων; (28) ἀλλὰ γὰρ ἡ ἀναίδεια καὶ ἡ πλεονεξία τοιαύτη ἐστὶν αὐτοῦ, ὦ ἄνδρες δικασταί, ὥσθ᾿ ἡγεῖσθαι δεῖν ἐν Ἐλευσινίοις τε τὴν πατρῴαν οὐσίαν ἐπανελθὼν ἔχειν, ἐφ᾿ ἅ τ᾿ εἰσεποιήθη μὴ ὄντος ἐν τῷ οἴκῳ υἱοῦ, καὶ τούτων κύριος γενέσθαι. καὶ ταῦτα πάντα ῥᾳδίως διοικεῖται· πρὸς γὰρ ἀνθρώπους ἡμᾶς πένητας καὶ ἀδυνάτους ἔχων ἀναλίσκειν ἐκ τῶν ἀλλοτρίων πολὺ περίεστιν. διόπερ οἶμαι ὑμᾶς δεῖν βοηθεῖν τοῖς μὴ πλεονεκτῆσαί τι βουλομένοις, ἀλλ᾿ ἀγαπῶσιν ἐάν τις ἡμᾶς τῶν νόμων ἐᾷ τυγχάνειν. (29) τί γὰρ δεῖ ποιεῖν ἡμᾶς, ὦ ἄνδρες δικασταί; διὰ τριῶν τῆς ποιήσεως ἐμμενούσης, καὶ τοῦ τελευταίου ἐγκαταλειφθέντος, τούτου ἄπαιδος τετελευτηκότος, μὴ

3 τοὺς νόμους A : τὸν del. Gernet ἔλειπεν A 4 αὐτῷ F : corr. Aldina : [SA] 5 ἐκείνου A 9 οὐσίας <ἕνεκα> SF 10 οὐ om. SF εἰσποιησαμένων A 11 ἠμφισβήτει AF 13 τὸ om. A 14 οὐδὲν μὲν A 16 γένος <ἡμῶν> A 17 σὺ] σοι SF 18 ἡ[2] om. A 18–19 ἄνδρες δικασταί] ἀθηναῖοι A 19 τε] τὰ S[a] 20 ἐπανελθὼν ante τὴν A 23 ἀναλίσκων SA 24 βοηθῆσαι A

κομίσασθαι τὰ ἡμέτερ' αὐτῶν χρόνῳ ποτέ; τοῦτο τοίνυν ἔχοντες τὸ δίκαιον ἐλάχομεν τοῦ κλήρου πρὸς τὸν ἄρχοντα. οὑτοσὶ δὲ Λεωχάρης προπετῶς διαμαρτυρήσας τὰ ψευδῆ, οἴεται δεῖν παρὰ πάντας τοὺς νόμους ἀποστερῆσαι ἡμᾶς τῆς κληρονομίας.

30. *Πρῶτον μὲν οὖν, ὅτι τά τε περὶ τὰς ποιήσεις καὶ τὸ γένος τὸ τούτων ἀληθῆ εἰρήκαμεν, καὶ ἡ λουτροφόρος ἐφέστηκεν ἐπὶ τῷ τοῦ Ἀρχιάδου μνήματι, ταύτας ὑμῖν τὰς μαρτυρίας βουλόμεθ' ἀναγνῶναι· ἔπειτ' ἤδη καὶ τὰ λοιπὰ σαφῶς διδάξομεν ὑμᾶς, ὥστ' ἐξελέγξαι τούτους τὰ ψευδῆ διαμεμαρτυρηκότας. καί μοι λαβὲ τὰς μαρτυρίας ἃς λέγω.*

ΜΑΡΤΥΡΙΑΙ

31. Ὁ μὲν τοίνυν τοῦ πράγματος λόγος καὶ τὸ ἁπλοῦν <καὶ> δίκαιον περὶ τῆς κληρονομίας οὕτως ἔχει, ὦ ἄνδρες δικασταί, τῶν τε πεπραγμένων ἐξ ἀρχῆς αὐτὰ τὰ κεφάλαια σχεδόν τι ἀκηκόατε. ἃ δὲ μετὰ τὴν τοῦ κλήρου λῆξιν πεποιήκασι καὶ ὃν τρόπον ἡμῖν κεχρημένοι εἰσίν, ἀναγκαῖον νομίζω εἰπεῖν· οἴομαι γὰρ περὶ κλήρου ἀγῶνα μηδένας ἄλλους παρανενομῆσθαι τοιαῦτα οἷα ἡμᾶς. (32) ἐπειδὴ γὰρ ἐτελεύτησεν ὁ Λεωκράτης καὶ ἡ ταφὴ ἐγένετο αὐτῷ, πορευομένων ἡμῶν εἰς τὰ κτήματα διὰ τὸ ἄπαιδά τε τὸν ἄνδρα καὶ ἄγαμον τετελευτηκέναι, ἐξήγαγε Λεώστρατος οὑτοσὶ φάσκων αὑτοῦ εἶναι. καὶ ὅτι μὲν ποιεῖν τι τῶν νομιζομένων ἐκώλυσεν ἡμᾶς τῷ τετελευτηκότι, πατὴρ ὢν αὐτὸς ἐκείνου, ἴσως ἔχει λόγον, καίπερ ὄντος παρανόμου τοῦ ἔργου· τῷ γὰρ φύσει ὄντι πατρὶ τῆς ταφῆς τὴν ἐπιμέλειαν παραδίδοσθαι εἰκός ἐστιν, ἔπειτα μέντοι καὶ τοῖς οἰκείοις ἡμῖν , ὧν ἦν συγγενὴς κατὰ

3 οὗτος SAF : corr. Blass 6 τε om. A 13 add. Lamb.[C] cf. 45.45 15 τε] δὲ SF 18 περὶ <τοῦ> A ἀγῶνας SF 19 τοιαῦτα om. A ἡμᾶς] ἡμεῖς Lamb.[C] 22 ἐξῆγεν <ὁ> SF 23 ὅτι . . . ἐκώλυσεν Rennie : τὸ . . . ἐκώλυσεν SF : τὸ . . . <ὡς> ἐκώλυσεν A : τὸ . . . κωλῦσαι Wolf 24 τῷ <τε> S ἴσως Wolf : ὡς SF : om. A et Blass 25 ὄντι om. A

τὴν ποίησιν ὁ τετελευτηκώς. (33) ἐπεὶ δὲ τὰ νομιζόμενα ἐγένετο, κατὰ ποῖον νόμον φανεῖται ἐρήμου ὄντος τοῦ οἴκου τοὺς ἐγγυτάτω γένους ἡμᾶς ἐξαγαγὼν ἐκ τῆς οὐσίας; ὅτι νὴ Δία πατὴρ ἦν τοῦ τετελευτηκότος. ἀπεληλυθώς γ' εἰς τὸν πατρῷον οἶκον καὶ οὐκέτι τῆς οὐσίας ἐφ' ᾗ ἐγκατέλιπεν τὸν υἱόν κύριος ὤν· εἰ δὲ μή, τί τῶν νόμων ὄφελος; (34) γενομένης οὖν τῆς ἐξαγωγῆς, ἵνα τὰ πλεῖστα παραλίπω, ἐλάχομεν πρὸς τὸν ἄρχοντα τοῦ κλήρου, οὔτε γόνῳ, ὥσπερ εἶπον, οὐδενὸς ὄντος τῷ τετελευτηκότι, οὔτ' εἰσποιητοῦ γεγενημένου κατὰ τοὺς νόμους. μετὰ δὲ ταῦτα Λεώστρατος οὑτοσὶ παρακαταβάλλει ὡς υἱὸς Ἀρχιάδου ἐκείνου, οὐκ ἐπιλογισάμενος οὔθ' ὅτι ἐπανεληλύθει εἰς τοὺς Ἐλευσινίους, οὔθ' ὅτι οἱ εἰσποιητοὶ οὐκ αὐτοὶ ὑφ' αὑτῶν, ἀλλ' ὑπὸ τῶν εἰσποιουμένων καθίστανται· (35) ἀλλὰ γὰρ οἶμαι ἁπλοῦν τι διελογίσατο, δεῖν αὑτὸν καὶ δικαίως καὶ ἀδίκως ἀμφισβητεῖν τῶν ἀλλοτρίων. καὶ πρῶτον μὲν ἐλθὼν οἷος {τ'} ἦν εἰς τὸν Ὀτρυνέων πίνακα τὸν ἐκκλησιαστικὸν ἐγγράφειν αὑτὸν Ἐλευσίνιος ὤν, καὶ τοῦτο διῳκεῖτο, ἔπειτα, πρὶν ἐγγραφῆναι καὶ ἐν τῷ ληξιαρχικῷ γραμματείῳ τῷ τῶν Ὀτρυνέων, μετέχειν τῶν κοινῶν, τηλικαύτην παρανομίαν προαιρούμενος παρανομεῖν ἕνεκα πλεονεξίας. (36) αἰσθόμενοι δ' ἡμεῖς μαρτύρων ἐναντίον ἐκωλύσαμεν τὸ γιγνόμενον, καὶ ᾠόμεθα δεῖν κριθῆναι πρῶτον τὴν κληρονομίαν παρ' ὑμῖν, πρὶν ἐπὶ τὸ ὄνομά τινα τὸ τοῦ Ἀρχιάδου εἰσποιηθῆναι. κωλυθεὶς δὲ καὶ ἐξελεγχθεὶς πρὸς τῷ πίνακι καὶ ἐν τῇ τῶν ἀρχόντων ἀγορᾷ ὅτι ἠδίκει πολλῶν ἐναντίον, ᾤετο δεῖν μηδὲν ἧττον βιάζεσθαι καὶ κρείττων ταῖς παρασκευαῖς

1 ἐγένοντο A 3 οὐσίας] οἰκίας A 5 ἐγκατέλειπεν S : ἐγκαταλέλοιπεν F 7 παραλείπω SAF[a] 8 γόνου A[c] οὐδενὸς] οὐδ' ἐτίος S : <υἱέος> οὐδενὸς Blass post Reiske 9 γενομένου A 11 ἐπιλογισάμενος – ὅτι] οὐκέτι λογιζόμενος A 12 οὐκ om. SF 16 del. Schaefer : οἱός ἦν om. A ὀτρυνίων A 17 ἐγγράφει A 22 δεῖν <μὴ> A πρῶτον <μὲν> SF : πρότερον Gernet 23 παρ' ὑμῖν τὴν κληρονομίαν A 24 ἐξελεγχόμενος F 26 ἧττον] αὐτὸν F

τῶν ὑμετέρων νόμων γενέσθαι. (37) *τί τούτου τεκμήριον; συναγαγών τινας τῶν Ὀτρυνέων ὀλίγους καὶ τὸν δήμαρχον πείθει, ἐπειδὰν ἀνοιχθῇ τὸ γραμματεῖον, ἐγγράψαι αὐτόν. καὶ μετὰ ταῦτα ἧκε Παναθηναίων ὄντων τῶν μεγάλων τῇ διαδόσει πρὸς τὸ θεωρικόν, καὶ ἐπειδὴ οἱ ἄλλοι δημόται ἐλάμβανον, ἠξίου καὶ αὐτῷ δίδοσθαι καὶ ἐγγραφῆναι εἰς τὸ γραμματεῖον ἐπὶ τὸ τοῦ Ἀρχιάδου ὄνομα. διαμαρτυρομένων δὲ ἡμῶν, καὶ τῶν ἄλλων δεινὸν φασκόντων εἶναι τὸ γιγνόμενον, ἀπῆλθεν οὔτ' ἐγγραφεὶς οὔτε τὸ θεωρικὸν λαβών.* (38) *τὸν δὲ παρὰ τὸ ψήφισμα τὸ ὑμέτερον ἀξιοῦντα τὸ θεωρικὸν λαμβάνειν πρὶν ἐγγραφῆναι εἰς τοὺς Ὀτρυνέας, ὄντα ἐξ ἑτέρου δήμου, τοῦτον οὐκ οἴεσθε τοῦ κλήρου παρὰ τοὺς νόμους ἀμφισβητεῖν; ἢ τὸν πρὸ τῆς τοῦ δικαστηρίου γνώσεως οὕτως ἀδίκους πλεονεξίας διοικούμενον, τοῦτον πῶς εἰκὸς τῷ πράγματι πιστεύειν; ὁ γὰρ τὸ θεωρικὸν ἀδίκως ἀξιώσας λαμβάνειν καὶ περὶ τοῦ κλήρου τῇ αὐτῇ διανοίᾳ δῆλον ὅτι κέχρηται νυνί.* (39) *ἀλλὰ μὴν καὶ τὸν ἄρχοντά γε ἐξηπάτησεν παρακαταβάλλων καὶ ἡμᾶς, <καὶ> ἀντεγράψατο Ὀτρυνεὺς εἶναι ἐν Ἐλευσινίοις δημοτευόμενος. ἐπειδὴ τοίνυν τούτων πάντων ἀπετύγχανεν, ταῖς παρελθούσαις ἀρχαιρεσίαις ταύταις παρασκευασάμενός τινας τῶν δημοτῶν ἠξίου οὗτος ἐγγράφεσθαι ποιητὸς υἱὸς τῷ Ἀρχιάδῃ.* (40) *ἀντιλεγόντων δ' ἡμῶν καὶ ἀξιούντων, ἐπειδὰν τοῦ κλήρου ἡ διαδικασία γένηται, τηνικαῦτα τοὺς δημότας τὴν ψῆφον φέρειν, πρότερον δὲ μή, τοῦτο μὲν ἐπείσθησαν οὐ δι' αὐτούς, ἀλλὰ διὰ τοὺς νόμους· δεινὸν γὰρ ἐδόκει εἶναι τὸν παρακαταβεβληκότα τοῦ κλήρου*

39 *δημοτευόμενος* Sud. δ 465

2 *συνάγων* S   *καὶ* (ante *τὸν*) del. Schaefer   4 *<ἐν> τῇ* Hemsterhuis : *ἐπὶ* Gernet   7 *ἐπὶ* om. S   11 *ὀτρυνεῖς* SAF : corr. Dindorf   *ὄντα*] *ὅτ' ἂν* F   12 *οὐκ <ἂν>* Naber   14 *ἀδίκως* S[a] (?)   15 *τὸ*] *τὸν* S   16 *κέχρηται δηλονότι* A   17 *παρακαταλαβὼν* A   18 *καὶ ὑμᾶς*] *πρὸς ὑμᾶς* Wolf   add. Dobree   19 *<ἐπὶ> τούτων* SF   21 *οὗτος*] *οὕτως* A   25 *αὐτούς* F : corr. Sauppe : [S] : *τούτους* A   26 *τὸν <πατέρα>* A

εἰσποιεῖν αὐτὸν ἔτι τῶν πραγμάτων ἀκρίτων ὄντων· ὃ δὲ μετὰ ταῦτα διοικεῖται Λεώστρατος οὑτοσί, τοῦτο πάντων δεινότατόν ἐστιν. (41) *ἐπειδὴ γὰρ αὐτὸς ἀπετύγχανεν τοῦ ἐγγραφῆναι, εἰσποιεῖ Λεωχάρην τὸν αὑτοῦ υἱὸν Ἀρχιάδῃ παρὰ πάντας τοὺς νόμους, πρὶν τοῦ δήμου τὴν δοκιμασίαν γενέσθαι· οὐκ εἰσηγμένου δ' εἰς τοὺς φράτεράς πω τοὺς Ἀρχιάδου, ἀλλ' ἐπειδὴ ἐνεγράφη, τηνικαῦτα πείσας ἕνα τινὰ τῶν φρατέρων ἐνέγραψεν εἰς τὸ φρατερικὸν γραμματεῖον.* (42) *καὶ μετὰ ταῦτα τῇ διαμαρτυρίᾳ πρὸς τῷ ἄρχοντι τοῦτον ἐπιγράφεται ὡς υἱὸν ὄντα γνήσιον τοῦ τετελευτηκότος ἔτη πολλά, τὸν πρῴην καὶ χθὲς ἐγγραφέντα. καὶ συμβαίνει ἀμφοτέρους αὐτοὺς τῆς κληρονομίας ἀμφισβητεῖν· ὅ τε γὰρ Λεώστρατος οὑτοσὶ παρακατέβαλε τοῦ κλήρου ὡς υἱὸς γνήσιος Ἀρχιάδῃ, ὅ τε Λεωχάρης οὑτοσὶ διαμεμαρτύρηκεν ὡς υἱὸς ὢν γνήσιος τοῦ αὐτοῦ πατρός,* (43) *οὐδέτερος δ' αὐτῶν ζῶντι, ἀλλὰ τετελευτηκότι εἰσποιεῖ αὑτόν. ἡμεῖς δ' οἰόμεθα δεῖν, ὦ ἄνδρες δικασταί, ἐπειδὰν περὶ τούτου τοῦ ἀγῶνος ὑμεῖς τὴν ψῆφον ἐνέγκητε, τηνικαῦτα ἐκ τῶν κατὰ γένος ἐγγυτάτω ἡμῶν εἰσποιεῖν υἱὸν τῷ τετελευτηκότι, ὅπως ἂν ὁ οἶκος μὴ ἐξερημωθῇ.*

44. *Πρῶτον μὲν οὖν, ὦ ἄνδρες δικασταί, ὡς ἐπανῆλθεν εἰς τοὺς Ἐλευσινίους ἐκ τῶν Ὀτρυνέων Λεώστρατος οὑτοσὶ καταλιπὼν υἱὸν τῷ Ἀρχιάδῃ γνήσιον, καὶ ὅτι ὁ πατὴρ αὐτοῦ ἔτι πρότερον τὸ αὐτὸ τοῦτ' ἐπεποιήκει, καὶ ὡς ὁ ἐγκαταλειφθεὶς ἄπαις τετελεύτηκε, καὶ ὡς ὁ νῦν διαμεμαρτυρηκὼς πρότερον εἰς τοὺς δημότας ἢ εἰς τοὺς φράτερας ἐνεγράφη, τούτων ὑμῖν τὰς τῶν φρατέρων καὶ τὰς τῶν*

3 *τοῦ* om. A   6 *τοὺς*[2] Blass : *τοῦ* SAF   7 *τινὰ* om. F   10 *ἀπογράφεται* SAF : corr. Lipsius   13 *παρακατεβάλετο* SF   14 *ὡς* om. A   16 *ᾠόμεθα* SAF : corr. Dobree   17–18 *ἐπειδὴ. . .ἠνέγκατε* SF   18 *ὑμεῖς* om. A   19 *ἡμῖν* SF : corr. Seager : *ὑμᾶς* A   23 *ὁ* om. S   24 *ἔτι*] *ἔτη* A   25 *ὁ* om. A   *καταλειφθεὶς* SAF : corr. Reiske   27 *ἡμῖν* A

δημοτῶν μαρτυρίας ἀναγνώσεται, καὶ τῶν ἄλλων δὲ τῶν εἰρημένων, ὧν οὗτοι πεποιήκασιν, ἁπάντων ὑμῖν τὰς μαρτυρίας καθ' ἓν ἕκαστον παρέξομαι. καί μοι κάλει τοὺς μάρτυρας δευρί.

ΜΑΡΤΥΡΕΣ

45. *Τῶν μὲν τοίνυν πραγμάτων ἁπάντων ἀκηκόατε, ὦ ἄνδρες δικασταί, καὶ τῶν ἐξ ἀρχῆς γεγενημένων περὶ τὸν κλῆρον τοῦτον καὶ τῶν ὕστερον συμβάντων, ἐπειδὴ τάχιστα τὴν λῆξιν ἡμεῖς ἐποιησάμεθα. λοιπὸν δ' ἐστὶ περί τε τῆς διαμαρτυρίας αὐτῆς εἰπεῖν καὶ περὶ τῶν νόμων καθ' οὓς ἀξιοῦμεν κληρονομεῖν· ἔτι δ', ἂν ἐγχωρῇ τὸ ὕδωρ καὶ μὴ μέλλωμεν ὑμῖν ἐνοχλεῖν, ἐξελέγξαι τὰ ὑπὸ τούτων ῥηθησόμενα, ὅτι οὔτε δίκαια οὔτε ἀληθῆ ἐστι. καὶ πρῶτον μὲν τὴν διαμαρτυρίαν ἀναγνώτω, καὶ σφόδρα τὸν νοῦν αὐτῇ προσέχετε· περὶ γὰρ ταύτης ἡ ψῆφος οἰσθήσεται νυνί.*

ΔΙΑΜΑΡΤΥΡΙΑ

46. *Οὐκοῦν δήπου διαμεμαρτύρηκεν οὑτοσί, ὡς ἀκηκόατε, 'μὴ ἐπίδικον εἶναι τὸν κλῆρον τὸν Ἀρχιάδου, ὄντων αὐτῷ παίδων γνησίων καὶ κυρίως κατὰ τὸν θεσμόν.' ἐξετάσωμεν τοίνυν, εἰ εἰσὶν ἢ τὰ ψευδῆ διαμεμαρτύρηκεν οὑτοσί. ὁ γὰρ Ἀρχιάδης ἐκεῖνος, οὗ ἐστιν ὁ κλῆρος, ἐποιήσατο υἱὸν τὸν τοῦ διαμεμαρτυρηκότος νυνὶ πάππον· ἐκεῖνος δ' ἐγκαταλιπὼν υἱὸν γνήσιον τὸν τούτου πατέρα Λεώστρατον ἐπανῆλθεν εἰς τοὺς Ἐλευσινίους.* (47) *μετὰ δὲ ταῦτα αὐτὸς οὑτοσὶ Λεώστρατος πάλιν ἐγκαταλιπὼν υἱὸν ᾤχετο ἀπιὼν εἰς τὸν πατρῷον οἶκον· ὁ δ' ἐγκαταλειφθεὶς ὑπὸ τούτου τελευταῖος ἁπάντων τῶν εἰσποιηθέντων τετελεύτηκεν ἄπαις, ὥστε γίγνεται ἔρημος ὁ*

1 *δὲ* om. SF 8–9 *ἡμεῖς τὴν λῆξιν* A 10 *ἠξιοῦμεν* SF 13 *ἀληθῆ*] *ὑγιῆ* A *διαμαρτυρίαν* <*αὐτὴν*> A 15 *ταύτης*] *αὐτῆς* S 16 *διαμαρτυρία* om. A 19 *καὶ* om. SF 20 *οὗτος* A 22 *καταλιπὼν* SF 23 *τουτουὶ* A 25 *ἀπιὼν*] *ἀπελθὼν* SF

οἶκος, καὶ ἐπανελήλυθεν ἡ κληρονομία πάλιν εἰς τοὺς ἐξ ἀρχῆς ἐγγύτατα γένους ὄντας. (48) πῶς ἂν οὖν εἴησαν κατὰ τὴν διαμαρτυρίαν υἱεῖς ἔτι τινὲς τῷ Ἀρχιάδῃ, ᾧ οἱ μὲν εἰσποιηθέντες ὁμολογοῦνται ἐπανεληλυθέναι, ὁ δ' ἐγκαταλειφθεὶς τελευταῖος ἄπαις τετελεύτηκεν; οὐκοῦν ἀνάγκη τὸν οἶκον ἔρημον εἶναι. ὁπότε δὲ ἔρημος ὁ οἶκος, οὐκ ἂν εἴησαν υἱεῖς ἔτι ἐκείνῳ γνήσιοι. οὑτοσὶ τοίνυν διαμεμαρτύρηκεν τοὺς οὐκ ὄντας εἶναι, καὶ γέγραφεν ἐν τῇ διαμαρτυρίᾳ 'ὄντων παίδων', ἕνα φάσκων αὑτὸν εἶναι. (49) ἀλλὰ μὴν 'γνησίων' γ' ὅταν λέγῃ καὶ 'κυρίως κατὰ τὸν θεσμόν', παρακρούεται παρὰ τοὺς νόμους. τὸ μὲν γὰρ γνήσιόν ἐστιν, ὅταν ᾖ γόνῳ γεγονός· καὶ ὁ νόμος ταῦτα μαρτυρεῖ λέγων, 'ἣν ἂν ἐγγυήσῃ πατὴρ ἢ ἀδελφὸς ἢ πάππος, ἐκ ταύτης εἶναι παῖδας γνησίους.' τὸ δὲ 'κυρίως' κατὰ τῶν ποιήσεων ὁ νομοθέτης ἔλαβεν, ὑπολαμβάνων δεῖν, ὅταν τις ὢν ἄπαις καὶ κύριος τῶν ἑαυτοῦ ποιήσηται υἱόν, ταῦτα κύρια εἶναι. οὗτος τοίνυν γόνῳ μὲν οὐδένα φησὶν Ἀρχιάδῃ γενέσθαι υἱόν, διαμεμαρτύρηται δὲ 'γνησίων ὄντων', ἐναντίαν τῷ πράγματι τὴν διαμαρτυρίαν ποιησάμενος. (50) ποιητὸς δ' ὁμολογῶν εἶναι, φαίνεται οὐκ εἰσποιηθεὶς ὑπὸ τοῦ τετελευτηκότος αὐτοῦ, ὥστε πῶς ἔτι σοι κύρια ταῦτ' ἂν εἴη κατὰ τὸν θεσμόν; ὅτι νὴ Δία ἐγγέγραπται Ἀρχιάδῃ υἱός. ὑπό γε τούτων πρῴην βιασαμένων, ἤδη τῆς τοῦ κλήρου διαδικασίας ἐνεστηκυίας· οὐ δὴ δίκαιόν ἐστιν ἐν τεκμηρίῳ ποιεῖσθαι τἀδίκημα. (51) καὶ γὰρ ἐκεῖνο πῶς οὐ δεινόν ἐστιν, ὦ ἄνδρες δικασταί, ἐπὶ μὲν τοῦ λόγου αὐτίκα μάλα φήσειν

1 πάλιν ἡ κληρονομία A ἐξ ἀρχῆς om. A 3 μαρτυρίαν SF ἔτι ὑεῖς A 6 ἔρημον εἶναι] ἐρημωθῆναι F ἔρημος ὁ οἶκος] ἔρημός <ἐστι> ὁ οἶκος S : <ἐστὶν> ὁ οἶκος ἔρημος A 7 ἐκείνῳ ἔτι A 11 γεγονώς A 15 ὅταν] ἂν A τῶν . . . ποιήσηται] τὸν . . . ποιήσῃ A 16 οὐδένα post ἀρχιάδῃ A 17 γενέσθαι] εἶναι A 18 ἐναντία A 20 ἂν om. S 21 θεσμόν] νόμον A 22 τουτωνὶ SF 23 εν εστι S : ἐστὶ post 24 ποιεῖσθαι A : del. Blass τεκμηρίου F 24 τἀδίκημα] τι ἀδίκημα van Herwerden πῶς] πωι S 25 ἐπὶ . . . φήσειν (φάσκειν F[a])...τολμῆσαι F : <εἰ> ἐπὶ . . . φήσει . . . τολμήσει SA

ποιητὸν εἶναι, ἐν δὲ τῇ διαμαρτυρίᾳ τοῦτο μὴ τολμῆσαι γράψαι, ἀλλὰ τὰ μὲν ἐν ταύτῃ διαμεμαρτυρημένα εἶναι ὡς ὑπὲρ υἱοῦ γόνῳ γεγονότος, τὰ δ' αὐτίκα μάλα ῥηθησόμενα ὡς εἰσποιητοῦ; εἰ δὲ τὴν ἀπολογίαν ἐναντίαν τῇ διαμαρτυρίᾳ ποιήσονται, πῶς οὐκ ἢ τὸν λόγον ἀνάγκη ἢ τὴν διαμαρτυρίαν ψευδῆ εἶναι; εἰκότως δ' οὐ προσέγραψαν τὴν ποίησιν τῇ διαμαρτυρίᾳ. ἔδει γὰρ ἐγγράψαι αὐτοὺς 'εἰσποιησαμένου τοῦ δεῖνος'· ὁ δ' οὐκ εἰσεποιήσατο, ἀλλ' ἑαυτοὺς εἰσποιοῦντες ἀποστεροῦσιν ἡμᾶς τῆς κληρονομίας. (52) *τὸ μετὰ ταῦτα τοίνυν πῶς οὐκ ἄτοπον καὶ δεινόν ἐστιν, ἅμα παρακαταβεβληκέναι τοῦ κλήρου πρὸς τῷ ἄρχοντι ὡς ὄντα αὐτὸν Ἀρχιάδου Λεώστρατον τουτονί, τὸν Ἐλευσίνιον τοῦ Ὀτρυνέως, διαμεμαρτυρηκέναι δ' ἕτερον, ὡς αὐτοὶ ὁρᾶτε, φάσκοντα καὶ τοῦτον Ἀρχιάδου υἱὸν εἶναι; καὶ ποτέρῳ δεῖ προσέχειν ὑμῶν ὡς ἀληθῆ λέγοντι;* (53) *αὐτὸ γὰρ τοῦτο τεκμήριον οὐκ ἐλάχιστόν ἐστι τοῦ ψευδῆ τὴν διαμαρτυρίαν γεγενῆσθαι, τὸ περὶ τοῦ αὐτοῦ πράγματος μὴ τὸν αὐτὸν {περὶ τοῦ αὐτοῦ} ἀμφισβητεῖν. εἰκότως· ὅτε γὰρ οἶμαι Λεώστρατος οὑτοσὶ παρακατέβαλλε τοῦ κλήρου πρὸς ἡμᾶς, οὔπω <ὁ> διαμεμαρτυρηκὼς νῦν ἐνεγέγραπτο {ὡς} δημότης εἶναι. ὥστε πάντων ἂν δεινότατα πάθοιμεν, εἰ τῇ ὕστερον τῶν πραγμάτων γεγενημένῃ διαμαρτυρίᾳ πιστεύσετε ὑμεῖς.*

54. *Ἀλλὰ μὴν καὶ πρεσβύτερά γε αὐτοῦ διαμεμαρτύρηκεν. ὁ γὰρ μήπω ἐν τῷ οἴκῳ τῷ Ἀρχιάδου ὤν, ὅθ' ἡ λῆξις αὕτη τοῦ κλήρου ἐγένετο, πῶς ἂν εἰδείη τι τούτων; ἔπειτ' εἰ μὲν αὐτὸν διεμεμαρτυρήκει, εἶχεν ἂν λόγον αὐτῷ τὸ πρᾶγμα· ἀδίκως μὲν ἂν ἔγραφεν, οὐδὲν δ' ἧττον ὑπὲρ τοῦ κατὰ τὴν ἡλικίαν*

4 *ποιητοῦ* A 5 *οὐκ ἢ*] *οὐχὶ* A : *οὖν ἢ* F : *οὐ* cod. D 6 *προσεγράψαντο* S : *προσενεγράψαντο* F 7 *αὐτοὺς ἐγγράψαι* A 11 *αὐτὸν* <*υἱὸν*> Dobree 14 *υἱὸν* del. Gernet *δεῖ*] *δὲ* S 15 *ὑμᾶς* F[c] 16 *τὴν* om. A 17 del. Wolf 18 *οἶμαι* om. A 19 *παρακατέβαλε* A *οὔπω*] *οὕτω* A add. Dobree 20 *ἐγγέγραπται* SAF : corr. Dobree del. Wolf *δημότας* SF 22 *πιστεύετε* A : *πιστεύσαιτε* Reiske 23 *πρεσβεύτερον* (*γε* om.) S 27 *ἔγραψεν* F

γ᾽ ὄντος. νῦν δὲ γνησίους υἱοὺς γέγραφεν τῷ Ἀρχιάδῃ ἐκείνῳ εἶναι, τόν τε αὑτοῦ πατέρα δῆλον ὅτι καὶ τὸν κατὰ τὴν ἐξ ἀρχῆς ποίησιν, οὐκ ἐπιλογισάμενος ὅτι ἐπανεληλυθότες ἦσαν. οὐκοῦν ἀνάγκη πρεσβυτέρας πράξεις αὐτὸν καὶ μὴ τὰς ἐφ᾽ ἑαυτοῦ γεγενημένας διαμεμαρτυρηκέναι. εἶθ᾽ ὑμεῖς τῷ τοῦτο τετολμηκότι πιστεύσετε ὡς ἀληθῆ λέγοντι; (55) νὴ Δί᾽, ἀλλ᾽ ἀκηκοὼς τοῦ αὑτοῦ πατρὸς διαμεμαρτύρηκεν. ὁ δέ γε νόμος ἀκοὴν <πλὴν> τῶν τετελευτηκότων διαμαρτυρεῖν, κωλύει <μαρτυρεῖν· οὗτος δὲ τετόλμηκε> ζῶντος τοῦ πατρὸς τὰ ὑπ᾽ ἐκείνου πραχθέντα. ἐπεὶ κἀκεῖνο· διὰ τί ποτε Λεώστρατος οὑτοσὶ οὐχ αὑτόν, ἀλλὰ τοῦτον ἐπεγράψατο τῇ διαμαρτυρίᾳ; τὰ γὰρ πρεσβύτερα τῶν πραγμάτων τὸν πρεσβύτερον ἔδει διαμαρτυρεῖν. ὅτι νὴ Δί᾽, ἂν εἴποι, τοῦτον {γὰρ} εἰσπεποίηκα υἱὸν τῷ Ἀρχιάδῃ. (56) οὔκουν σὲ τὸν εἰσποιοῦντα καὶ κατασκευάζοντα τὰ πράγματα καὶ λόγον ἔδει διδόναι, γενόμενον ὑπεύθυνον ὧν πεποίηκας· πολλή γε ἀνάγκη. ἀλλὰ τοῦτο μὲν ἔφυγες, τῇ διαμαρτυρίᾳ δὲ τοῦτον οὐδὲν εἰδότ᾽ ἐπεγράψω. ὥστε φανερὸν ὑμῖν ἐστιν, ὦ ἄνδρες δικασταί, τὰ διαμαρτυρούμενα μὴ εἶναι ἀληθῆ, καὶ παρ᾽ αὐτοῖς γε τούτοις ὁμολογεῖται. καὶ μὴν κἀκεῖνο δίκαιόν ἐστι, μὴ λέγοντος αὐτίκα μάλ᾽ ἀκούειν Λεωστράτου τουτουί, ὑπὲρ ὧν γε διαμαρτυρῆσαι οὐκ ἐτόλμησεν.

57. Ὡς δὲ καὶ τῶν ἀγώνων ἀδικώτατοι καὶ πλείστης ὀργῆς ἄξιοι τοῖς ἀγωνιζομένοις αἱ διαμαρτυρίαι εἰσί, μάλιστ᾽ ἄν τις ἐκεῖθεν καταμάθοι. πρῶτον μὲν γὰρ οὐκ ἀναγκαίως ἔχουσιν, ὥσπερ οἱ ἄλλοι, ἀλλ᾽ ἐκ προαιρέσεως καὶ βουλήσεως τῆς

1 γ᾽ ὄντος Blass : λέγοντος SAF 2 τὸν Schaefer : αὐτὸν SAF : αὐτὸν <τὸν> Voemel 6 πιστεύετε F 8 add. Blass τῶν τετελευτηκότων del. Schoemann κελεύει Sauppe 9 add. Blass <οὐ> ζῶντος Sauppe τὰ om. S ὑπ᾽] ἐπ᾽ Gernet 11 ἐγγεγράψατο S : ἐνεγράψατο cod. Q 13 ἂν] κἂν SF del. Lamb.[c] 14 οὐκοῦν SAF : corr. Denniston 15 καὶ om. A 15–16 ὑπεύθυνον γενόμενον A 16 πολλῇ γ᾽ ἀνάγκῃ A 18 φανερὰ F[c] 21 οὐκ] δι᾽ ὧν SF 26 καὶ βουλήσεως om. A

τοῦ διαμαρτυροῦντος γίγνονται. εἰ μὲν γὰρ ὑπὲρ τῶν διαμφισβητουμένων μὴ ἔστιν ἄλλον τρόπον δίκην λαβεῖν ἢ διαμαρτυρήσαντα, ἴσως ἀναγκαῖον τὸ διαμαρτυρεῖν· **(58)** *εἰ δὲ καὶ ἄνευ διαμαρτυρίας πρὸς ἅπασι τοῖς συνεδρίοις ἔνεστι λόγου μὴ ἀποστερηθῆναι, πῶς οὐ προπετείας καὶ τῆς μεγίστης ἀπονοίας σημεῖον τὸ διαμαρτυρεῖν ἐστιν; οὐδὲ γὰρ ὁ νομοθέτης ἀναγκαῖον αὐτὸ ἐποίησεν τοῖς ἀντιδίκοις, ἀλλ' ἂν βούλωνται διαμαρτυρεῖν, ἔδωκεν, ὥσπερ διάπειραν ποιούμενος τῶν τρόπων ἑνὸς ἑκάστου ἡμῶν, πῶς ποτ' ἔχοιμεν πρὸς τὸ προπετῶς τι πράττειν.* **(59)** *ἔτι τοίνυν ἐπὶ τὸ τῶν διαμαρτυρούντων μέρος οὔτε δικαστήρια ἦν ἂν οὔτ' ἀγῶνες ἐγίγνοντο· κωλύει γὰρ πάντα ταῦτα τὸ τῶν διαμαρτυριῶν γένος καὶ ἀποκλείει εἰσαγωγῆς ἕκαστα τῆς εἰς τὸ δικαστήριον, κατά γε τὴν τοῦ διαμαρτυροῦντος βούλησιν. διόπερ οἶμαι δεῖν κοινοὺς ἐχθροὺς τοὺς τοιούτους ἀνθρώπους ὑπολαμβάνειν πᾶσιν εἶναι, καὶ μηδέποτε τυγχάνειν αὐτοὺς συγγνώμης ἀγωνιζομένους παρ' ὑμῖν· προελόμενος γὰρ ἕκαστος αὐτῶν τὸν ἐκ τοῦ διαμαρτυρῆσαι κίνδυνον, οὐκ ἀναγκασθεὶς εἰσέρχεται.*

60. *Ὅτι μὲν οὖν ἡ διαμαρτυρία ψευδής ἐστι, καὶ ἐκ τῶν γεγραμμένων καὶ ἐκ τῶν εἰρημένων λόγων σχεδὸν ἀκριβῶς μεμαθήκατε. ὅτι δὲ καὶ οἱ νόμοι, ὦ ἄνδρες δικασταί, ἡμῖν τὴν κληρονομίαν ἀποδιδόασι, τοῦθ' ὑμᾶς διὰ βραχέων βούλομαι διδάξαι, οὐχ ὡς οὐ μεμαθηκότας καὶ ἐν τοῖς ἐν ἀρχῇ εἰρημένοις, ἀλλ' ἵνα μᾶλλον πρὸς τὴν τούτων ψευδολογίαν τὰ δίκαια μνημονεύητε.* **(61)** *τὸ μὲν γὰρ σύνολον, ὄντες Ἀρχιάδῃ, οὗ ἐστιν ὁ κλῆρος οὑτοσί, πρὸς ἀνδρῶν κατὰ γένος ἐγγυτάτω,*

1 *ὑπὲρ τῶν* om. A   2 *δι' ἀμφισβητουμένων* A : *δι'* del. Blass   4 *ἔστι* A   6 *σημεῖον* om. cod. D   9 *ἔχομεν* A   12 *ταῦτα πάντα* A   13 *ἕκαστα τῆς*] *ἑκάστης* A   14 *γε* <*διὰ*> A   *μαρτυροῦντος* A[a]   16 *λαμβάνειν* S   *πᾶσιν* <*τοῖς πράγμασιν*> AF   *μήποτε* A   17 *συγγνώμης* om. SF   21 *εἰρημένων . . . γεγραμμένων* A   25 *τούτου* A   26 *μὲν* om. A   27 *ἐγγυτάτω κατὰ γένος* A

καὶ τῆς ποιήσεως, ἣν ἐκεῖνος ἐποιήσατο, τῶν μὲν ἐπανεληλυθότων εἰς τὸν πατρῷον οἶκον, τοῦ δ' ἐγκαταλειφθέντος ἄπαιδος τετελευτηκότος, τούτων δ' οὕτως ἐχόντων ἀξιοῦμεν κληρονομεῖν, **(62)** οὐδεμίαν οὐσίαν Λεωστράτου ἀφελόμενοι (οὗτοι μὲν γὰρ τὰς ἑαυτῶν ἔχουσι), τῆς ὑπ' Ἀρχιάδου δὲ καταλειφθείσης {καὶ} οὔσης ἐκ τῶν νόμων ἡμετέρας. ὁ γὰρ νόμος, ὦ ἄνδρες δικασταί, κελεύει κρατεῖν τοὺς ἄρρενας καὶ τοὺς ἐκ τῶν ἀρρένων· οὗτοι δ' ἡμεῖς ἐσμεν. οὐκ ἦσαν τοίνυν παῖδες ἐκείνῳ· οἱ δ' <**> ὄντες ἡμεῖς ἐσμεν. **(63)** ἔπειτα οὐ δίκαιον δήπου τὸν ποιητὸν υἱὸν ποιητοὺς ἑτέρους εἰσάγειν, ἀλλ' ἐγκαταλείπειν μὲν γιγνομένους, ὅταν δὲ τοῦτ' ἐπιλίπῃ, τοῖς γένεσιν ἀποδιδόναι τὰς κληρονομίας· ταῦτα γὰρ οἱ νόμοι κελεύουσιν. ἐπεὶ πῶς οὐκ ἐκκλείεται εἷς ἕκαστος ὑμῶν τῆς κατὰ γένος ἀγχιστείας, ὅταν τοῖς ποιητοῖς ἡ ἄδεια αὕτη δοθῇ; ὁρᾶτε γὰρ ὅτι ταῖς κολακείαις οἱ πλεῖστοι ψυχαγωγούμενοι καὶ ταῖς πρὸς τοὺς οἰκείους διαφοραῖς πολλάκις φιλονικοῦντες ποιητοὺς υἱεῖς ποιοῦνται· εἰ δ' ἔσται τῷ εἰσποιηθέντι παρὰ τὸν νόμον εἰσποιεῖν ὃν ἂν βούληται, οὐδέποτε τοῖς γένεσιν αἱ κληρονομίαι δοθήσονται. **(64)** ἃ καὶ προνοηθεὶς ὁ νομοθέτης ἀπεῖπεν τῷ ποιητῷ αὐτῷ ὄντι ποιητὸν υἱὸν μὴ ποιεῖσθαι, τίνα τρόπον διορίσας περὶ τούτων; ὅταν εἴπῃ 'υἱὸν γνήσιον ἐγκαταλιπόντα ἐπανιέναι', δηλοῖ δήπου φανερῶς ὅτι οὐ δεῖ ποιεῖσθαι· ἀδύνατον γάρ ἐστιν υἱὸν γνήσιον ἐγκαταλιπεῖν, ἐὰν μὴ γόνῳ γεγονὼς ᾖ τινι. σὺ τοίνυν, ὦ Λεώστρατε, ἀξιοῖς τῷ τετελευτηκότι εἰσποιητῷ εἰς τὸ ἡμέτερον γένος ὄντι ποιητὸν ἐπὶ τὸν κλῆρον εἰσαγαγεῖν, ὥσπερ ἐπὶ τὰ σαυτοῦ κτήματα καὶ

1 <ἐκ> τῆς Schwebsch ἣν] ἧς A 5 οὗτοι] οὐ τοίνυν S 6 del. Reiske <μὲν> γὰρ A 9 lacunam indicavit Blass : <ἀγχιστεύοντες> Dindorf : <ἐγγυτάτω γένους> Sauppe : <οἰκειότατοι> Rennie 10 τὸν] τοῦτον S ποιητοὺς] πολλοὺς SF[γρ] 11 ἐγκαταλιπεῖν A τοῦτ' om. A ἐπιλείπῃ SA 13 εἷς om. A 17 ἔστι A 19 ἃ καὶ] διὸ A 20 εἰσποιητῷ A 22 ἐγκαταλείποντα S δήπου] δέ που A 26 ἐπὶ τὸν] εἰς τὸν F ἐπὶ - κλῆρον] ἐπίκληρον A

οὐκ εἰς τὰ κατὰ νόμον τῷ προσήκοντι δοθησόμενα βαδίζων. **(65)** ἡμεῖς δ', ὦ ἄνδρες δικασταί, εἰ μὲν ὁ τετελευτηκὼς ἐποιήσατό τινα, καίπερ οὐ διδόντος τοῦ νόμου συνεχωροῦμεν ἂν αὐτῷ, ἢ εἰ διαθήκας κατελελοίπει, καὶ ταύταις ἂν ἐνεμείναμεν, ἐπεὶ καὶ τὸ ἐξ ἀρχῆς τοιοῦτοι ὄντες διετελοῦμεν, οὐκ ἐναντιούμενοι τούτοις ἔχουσι τὴν οὐσίαν καὶ ἐπανιοῦσιν ἄνω, καθ' ὃν δήποτε τρόπον ἐβούλοντο. **(66)** ἐπεὶ δὲ νυνί ποτε ὑπὸ τούτων αὐτῶν καὶ ὑπὸ τῶν νόμων τὸ πρᾶγμ' ἐξελήλεγκται, {καὶ} οἰόμεθα δεῖν κληρονομεῖν τῶν Ἀρχιάδου, καὶ παρ' ἡμῶν εἶναι τὸν υἱὸν τὸν εἰσποιούμενον τῶν μὴ πεποιημένων πρότερον, μὴ παρὰ τούτων. δικαίως γὰρ ὁ νομοθέτης, οἶμαι, ὥσπερ καὶ τὰς ἀτυχίας τῶν οἰκείων καὶ τὰς ἐκδόσεις τῶν γυναικῶν τοῖς ἐγγυτάτω γένους προσέταττε ποιεῖσθαι, οὕτως καὶ τὰς κληρονομίας καὶ τὴν τῶν ἀγαθῶν μετουσίαν τοῖς αὐτοῖς ἀποδέδωκεν. **(67)** τὸ δὲ πάντων μέγιστον καὶ γνωριμώτατον ὑμῖν· ὁ γὰρ τοῦ Σόλωνος νόμος οὐδὲ διαθέσθαι τὸν ποιητὸν ἐᾷ τὰ ἐν τῷ οἴκῳ, οἷ ἂν ποιηθῇ. εἰκότως, οἶμαι· τῷ γὰρ κατὰ νόμον εἰσποιηθέντι ἐπὶ τὰ ἑτέρου οὐχ οὕτως ὡς περὶ τῶν ἰδίων κτημάτων βουλευτέον ἐστίν, ἀλλὰ τοῖς νόμοις ἀκολούθως, περὶ ἑκάστου τῶν γεγραμμένων ὡς ὁ νόμος λέγει. **(68)** 'ὅσοι μὴ ἐπεποίηντο' φησίν 'ὅτε Σόλων εἰσῄει εἰς τὴν ἀρχήν, ἐξεῖναι αὐτοῖς διαθέσθαι ὅπως ἂν ἐθέλωσιν', ὡς τοῖς γε ποιηθεῖσιν οὐκ ἐξὸν διαθέσθαι, ἀλλὰ ζῶντας ἐγκαταλιπόντας υἱὸν γνήσιον ἐπανιέναι, ἢ τελευτήσαντας ἀποδιδόναι τὴν κληρονομίαν τοῖς ἐξ ἀρχῆς οἰκείοις οὖσι τοῦ ποιησαμένου.

1 <τὸν> νόμον A   4 καταλελοίπει SF : corr. Dindorf (1874) : καταλέλοιπε A   ταύταις ἂν ἐνεμείναμεν] ταύταις ἐνεμένομεν A : ταύτας ἀνεμένομεν cod. $\mathrm{Q}^{\gamma\rho}$ 6 ἄνωθεν A   7 δήποτε] δὴ A   10 del. Schaefer   καὶ] τῷ ... πεποιημένῳ Reiske   12 κατὰ Gernet : πρὸς Naber   13 ἐγγύτατα SF   ποιεῖσθαι del. Rennie   15 ἀπέδωκεν F   17 οἷ ἂν Blass : ὅταν SAF : εἰς ὃν ἂν εἰσποιηθῇ van Herwerden   18 ἐπὶ τὰ] ἔπειτα S : εἰς τὰ A   ὡς περὶ] ὥσπερ SF : ὥσπερ περὶ cod. D   22 ὡς τοῖς γε cod. $\mathrm{Q}^{\gamma\rho}$: τοῖς δὲ SF : τοῖς δέ γε A   24 τελευτήσαντο A : τελευτήσαντας <ἄπαιδας> Hirschig   Subscriptum est in S, προς λεωχαρη 𐅆 Η Δ Δ Δ Δ; in A, προς λεωχαρην περὶ κλήρου.

XLV

ΔΗΜΟΣΘΕΝΟΥΣ ΚΑΤΑ ΣΤΕΦΑΝΟΥ ΨΕΥΔΟΜΑΡΤΥΡΙΩΝ Α

1. *Καταψευδομαρτυρηθείς, ὦ ἄνδρες Ἀθηναῖοι, καὶ παθὼν ὑπὸ Φορμίωνος ὑβριστικὰ καὶ δεινά, δίκην παρὰ τῶν αἰτίων ἥκω ληψόμενος παρ᾽ ὑμῖν. δέομαι δὲ πάντων ὑμῶν καὶ ἱκετεύω καὶ ἀντιβολῶ πρῶτον μὲν εὐνοϊκῶς ἀκοῦσαί μου (μέγα γὰρ τοῖς ἠτυχηκόσιν, ὥσπερ ἐγώ, δυνηθῆναι περὶ ὧν πεπόνθασιν εἰπεῖν καὶ εὐμενῶς ἐχόντων ὑμῶν ἀκροατῶν τυχεῖν), εἶτ᾽ ἐὰν ἀδικεῖσθαι δοκῶ, βοηθῆσαί μοι τὰ δίκαια.* (2) *ἐπιδείξω δ᾽ ὑμῖν τουτονὶ Στέφανον καὶ μεμαρτυρηκότα <τὰ> ψευδῆ, καὶ δι᾽ αἰσχροκερδίαν τοῦτο πεποιηκότα, καὶ κατήγορον αὐτὸν αὑτοῦ γιγνόμενον· τοσαύτη περιφάνεια τοῦ πράγματός ἐστιν. ἐξ ἀρχῆς δ᾽ ὡς ἂν οἷός τε ὦ διὰ βραχυτάτων εἰπεῖν πειράσομαι τὰ πεπραγμένα μοι πρὸς Φορμίωνα, ἐξ ὧν ἀκούσαντες τήν τε ἐκείνου πονηρίαν καὶ τούτους, ὅτι τὰ ψευδῆ μεμαρτυρήκασιν, γνώσεσθε.*

3. *Ἐγὼ γάρ, ὦ ἄνδρες δικασταί, πολλῶν χρημάτων ὑπὸ τοῦ πατρὸς καταλειφθέντων μοι, καὶ ταῦτα Φορμίωνος ἔχοντος, καὶ ἔτι πρὸς τούτοις τὴν μητέρα γήμαντος τὴν ἐμὴν ἀποδημοῦντος ἐμοῦ δημοσίᾳ τριηραρχοῦντος ὑμῖν (ὃν τρόπον δέ, οὐκ ἴσως καλὸν υἱεῖ περὶ μητρὸς ἀκριβῶς εἰπεῖν), ἐπειδὴ καταπλεύσας ᾐσθόμην καὶ τὰ πεπραγμένα εἶδον, πολλά ἀγανακτήσας καὶ χαλεπῶς ἐνεγκὼν δίκην* (4) *μὲν οὐχ οἷός τ᾽ ἦν ἰδίαν λαχεῖν (οὐ γὰρ ἦσαν ἐν τῷ τότε καιρῷ δίκαι, ἀλλ᾽ ἀνεβάλλεσθε ὑμεῖς διὰ τὸν πόλεμον), γραφὴν δὲ ὕβρεως*

tit. *κατα στεφανου ψευδομαρτυριων α* SF (α om. S) 1 *Ἀθηναῖοι*] *δικασταί* F 9 add. Reiske 13 *ἐκείνου*] *τούτου* SF[a] 18 *δὲ τρόπον* F 22 *πότε* S[a]

γράφομαι πρὸς τοὺς θεσμοθέτας αὐτόν. χρόνου δὲ γιγνομένου, καὶ τῆς μὲν γραφῆς ἐκκρουομένης, δικῶν δ' οὐκ οὐσῶν, γίγνονται παῖδες ἐκ τούτου τῇ μητρί. καὶ μετὰ ταῦτα (εἰρήσεται γὰρ ἅπασα πρὸς ὑμᾶς ἡ ἀλήθει', ὦ ἄνδρες δικασταί) πολλοὶ μὲν καὶ φιλάνθρωποι λόγοι παρὰ τῆς μητρὸς ἐγίγνοντο καὶ δεήσεις ὑπὲρ Φορμίωνος τουτουί, πολλοὶ δὲ καὶ μέτριοι καὶ ταπεινοὶ παρ' αὐτοῦ τούτου. **(5)** ἵνα δέ, ὦ ἄνδρες Ἀθηναῖοι, συντέμω ταῦτα, ἐπειδὴ ποιεῖν τε οὐδὲν ᾤετο δεῖν ὧν τότε ὡμολόγησεν, καὶ τὰ χρήματα ἀποστερεῖν ἐνεχείρησεν ἃ τῆς τραπέζης εἶχεν ἀφορμήν, δίκην ἠναγκάσθην αὐτῷ λαχεῖν, ἐπειδὴ τάχιστα ἐξουσία ἐγένετο. γνοὺς δ' οὗτος ὅτι πάντ' ἐξελεγχθήσεται καὶ κάκιστος ἀνθρώπων περὶ ἡμᾶς γεγονὼς ἐπιδειχθήσεται, μηχανᾶται καὶ κατασκευάζει ταῦτα, ἐφ' οἷς Στέφανος οὑτοσὶ τὰ ψευδῆ μου κατεμαρτύρησε. καὶ πρῶτον μὲν παρεγράψατο τὴν δίκην ἣν ἔφευγεν {Φορμίων} μὴ εἰσαγώγιμον εἶναι· ἔπειτα μάρτυρας, ὡς ἀφῆκα αὐτὸν τῶν ἐγκλημάτων, παρέσχετο ψευδεῖς, καὶ μισθώσεώς τινος ἐσκευωρημένης καὶ διαθήκης οὐδεπώποτε γενομένης. **(6)** προλαβὼν δέ μου ὥστε πρότερος λέγειν διὰ τὸ παραγραφὴν εἶναι καὶ μὴ εὐθυδικίᾳ εἰσιέναι, καὶ ταῦτ' ἀναγνοὺς καὶ τἄλλα ὡς αὐτῷ συμφέρειν ἡγεῖτο ψευσάμενος, οὕτω διέθηκε τοὺς δικαστάς, ὥστε φωνὴν μηδ' ἡντινοῦν ἐθέλειν ἀκούειν ἡμῶν· προσοφλὼν δὲ τὴν ἐπωβελίαν καὶ οὐδὲ λόγου τυχεῖν ἀξιωθείς, ἀλλ' ὑβρισθεὶς ὡς οὐκ οἶδ' εἴ τις πώποτε ἄλλος ἀνθρώπων, ἀπῄειν βαρέως, ὦ ἄνδρες Ἀθηναῖοι, καὶ χαλεπῶς φέρων. **(7)** λόγον δ' ἐμαυτῷ διδοὺς εὑρίσκω τοῖς δικάσασι μὲν τότε πολλὴν συγγνώμην οὖσαν (ἐγὼ γὰρ αὐτὸς οὐκ ἂν οἶδ' ὅ τι ἄλλο

19 *πρότερος* – 20 *εἶναι* Syr. Soptr. Marcell. 4. 291. 3W
23 *ἐπωβελίαν* Harp. ε 125

1 *δ' ἐγγιγνομένου* Reiske   7 *δέ* (post *ἵνα*) om. cod. Q   13 *ἀποδειχθήσεται* F[c]   15 *ἣν* - *Φορμίων* del. Huettner : *Φορμίων* del. Blass   19 *ὥστε*] *τὸ* Soptr. : del. Blass   *πρότερον* SF : corr. Soptr.   20 *εἶναι*] *ἀγωνίζεσθαι* Soptr.   *εὐθυδικίαν* cod. D   24 *ἀλλ' ὑβρισθεὶς* cod. Q[γρ] : om. SF

εἶχον ψηφίσασθαι, τῶν πεπραγμένων μὲν μηδὲν εἰδώς, τὰ δὲ μαρτυρούμενα ἀκούων), τούτους δὲ ἀξίους ὄντας ὀργῆς, οἳ τῷ τὰ ψευδῆ μαρτυρεῖν αἴτιοι τούτων ἐγένοντο. περὶ μὲν δὴ τῶν ἄλλων τῶν μεμαρτυρηκότων, ὅταν πρὸς ἐκείνους εἰσίω, τότε ἐρῶ · περὶ ὧν δ' οὑτοσὶ Στέφανος μεμαρτύρηκεν, ἤδη πειράσομαι διδάσκειν ὑμᾶς. (8) *λαβὲ δ' αὐτὴν τὴν μαρτυρίαν καὶ ἀνάγνωθί μοι, ἵνα ἐξ αὐτῆς ἐπιδεικνύω. λέγε· σὺ δ' ἐπίλαβε τὸ ὕδωρ.*

ΜΑΡΤΥΡΙΑ

Στέφανος Μενεκλέους Ἀχαρνεύς, Ἔνδιος Ἐπιγένους Λαμπτρεύς, Σκύθης Ἁρματέως Κυδαθηναιεὺς μαρτυροῦσι παρεῖναι πρὸς τῷ διαιτητῇ Τεισίᾳ Ἀχαρνεῖ, ὅτε προὐκαλεῖτο Φορμίων Ἀπολλόδωρον, εἰ μή φησιν ἀντίγραφα εἶναι τῶν διαθηκῶν τῶν Πασίωνος τὸ γραμματεῖον ὃ ἐνεβάλετο Φορμίων εἰς τὸν ἐχῖνον, ἀνοίγειν τὰς διαθήκας τὰς Πασίωνος, ἃς παρεῖχε πρὸς τὸν διαιτητὴν Ἀμφίας ὁ Κηφισοφῶντος κηδεστής· Ἀπολλόδωρον δὲ οὐκ ἐθέλειν ἀνοίγειν· εἶναι δὲ τάδε ἀντίγραφα τῶν διαθηκῶν τῶν Πασίωνος.

9. *Ἠκούσατε μὲν τῆς μαρτυρίας, ὦ ἄνδρες δικασταί, νομίζω δ' ὑμᾶς, εἰ καὶ μηδὲν τῶν ἄλλων αἰσθάνεσθέ πω, τοῦτό γε αὐτὸ θαυμάζειν, τὸ τὴν μὲν ἀρχὴν τῆς μαρτυρίας εἶναι πρόκλησιν, τὴν δὲ τελευτὴν διαθήκην. οὐ μὴν ἀλλ' ἔγωγ' οἶμαι δεῖν, ἐπειδάν, ὃ τῶν μεμαρτυρημένων ὡσπερεὶ κεφάλαιόν ἐστιν, ἐπιδείξω ψεῦδος ὄν, τηνικαῦτ' ἤδη καὶ περὶ τῶν τοιούτων ποιεῖσθαι τοὺς λόγους.* (10) *ἔστι δὴ μεμαρτυρημένον αὐτοῖς προκαλεῖσθαι Φορμίωνα ἀνοίγειν τὰς διαθήκας, ἃς παρέχειν πρὸς τὸν διαιτητὴν Τεισίαν Ἀμφίαν τὸν Κηφισοφῶντος κηδεστήν· ἐμὲ δ' οὐκ ἐθέλειν ἀνοίγειν· εἶναι δὲ ἃς αὐτοὶ μεμαρτυρήκασιν διαθήκας ἀντιγράφους ἐκείνων.*

6 *δ' αὐτὴν*] *δὲ ταύτην* S[a] 7 *ἐπίβαλε* F[c] 10 testimonium om. S *Ἔνδιος - Λαμπτρεύς* hab. cod. Q : om. F 15 *παρείχετο* F : corr. Reiske : *παρέχεται* arg. *ἀμφίων* F : corr. cod. Q arg. 16 *τάδε* Sauppe : *τὰ* F : *ταῦτα* Dobree : *ἀντίγραφα τάδε* arg. 19 *αἰσθάνεσθαί* F : corr. S

εἶθ᾿ ἡ διαθήκη γέγραπται. (11) ἐγὼ τοίνυν περὶ μὲν τοῦ προκαλεῖσθαί με ἢ μὴ ταῦτα Φορμίωνα, οὐδέν πω λέγω, οὐδὲ ὑπὲρ τοῦ τὰς διαθήκας ἀληθεῖς ἢ ψευδεῖς εἶναι, ἀλλ᾿ αὐτίχ᾿ ὑμᾶς περὶ τούτων διδάξω· ἀλλ᾿ ἃ μεμαρτυρήκασι, μή μ᾿ ἐθέλειν τὸ γραμματεῖον ἀνοίγειν, ὡδὶ δὴ σκοπεῖτε. τοῦ τις ἂν εἵνεκ᾿ ἔφευγεν ἀνοίγειν τὸ γραμματεῖον; ἵν᾿ ἡ διαθήκη νὴ Δία μὴ φανερὰ γένοιτο τοῖς δικασταῖς. (12) εἰ μὲν τοίνυν μὴ προσεμαρτύρουν τῇ προκλήσει τὴν διαθήκην οὗτοι, λόγον εἶχέ τιν᾿ ἂν τὸ φεύγειν ἐμὲ ἀνοίγειν τὸ γραμματεῖον· προσμαρτυρούντων δὲ τούτων καὶ τῶν δικαστῶν ὁμοίως ἀκουσομένων, τί ἦν μοι κέρδος τὸ μὴ ἐθέλειν; οὐδὲ ἓν δήπου. αὐτὸ γὰρ τοὐναντίον, ὦ ἄνδρες Ἀθηναῖοι, κἂν εἰ μηδὲν προὐκαλοῦνθ᾿ οὗτοι, λόγῳ δ᾿ ἐχρῶντο μόνον, καὶ παρεῖχέν τις αὐτοῖς γραμματεῖον ὡς διαθήκην, (13) ἐμὸν ἦν τὸ προκαλεῖσθαι {καὶ κελεύειν} ἀνοίγειν ταύτην, ἵν᾿ εἰ μὲν ἄλλ᾿ ἅττα τῶν ὑπὸ τούτων μεμαρτυρημένων ἦν τἀκεῖ γεγραμμένα, μάρτυρας εὐθὺς τῶν περιεστηκότων πολλοὺς ποιησάμενος τεκμηρίῳ τούτῳ καὶ περὶ τῶν ἄλλων, ὡς κατασκευάζουσιν, ἐχρώμην· εἰ δὲ ταὔτ᾿ ἐνῆν, τὸν παρασχόντ᾿ αὐτὸν ἠξίουν μαρτυρεῖν. ἐθελήσαντος μέν γε ὑπεύθυνον ἐλάμβανον, εἰ δ᾿ ἔφευγε, πάλιν αὐτὸ τοῦθ᾿ ἱκανὸν τεκμήριον ἦν μοι τοῦ πεπλάσθαι τὸ πρᾶγμα. καὶ δὴ καὶ συνέβαινεν ἐκείνως μὲν ἕνα εἶναι πρὸς ὃν τὰ πράγματα ἐγίγνετό μοι, ὡς δ᾿ οὗτοι μεμαρτυρήκασι, πρὸς πολλούς. ἔστιν οὖν ὅστις <ἂν> ὑμῶν ταῦθ᾿ εἵλετο; ἐγὼ μὲν οὐδένα ἡγοῦμαι. (14) οὐ τοίνυν οὐδὲ κατ᾿ ἄλλου πιστεύειν ἐστὲ δίκαιοι. καὶ γάρ, ὦ ἄνδρες Ἀθηναῖοι, ὅσοις μὲν πρόσεστιν ὀργὴ τῶν πραττομένων ἢ λῆμμά τι κέρδους ἢ παροξυσμὸς ἢ φιλονικία, ταῦτα μὲν ἄλλος ἂν ἄλλως πράξειεν πρὸς τὸν αὑτοῦ

5 τοῦ τις] τινὸς cod. D[a] 6 <καὶ> ἔφευγεν Dobree 11 οὐδὲν F 13 <ὅτι> παρεῖχέν Ruediger 15 del. Gernet κελεύειν hab. cod. Q[γρ] : om. SF ἅττα] ἀντὶ Dobree 19 ταῦτ᾿ F : corr. Reiske : [S] 20 γε] γὰρ Baiter 22 καὶ[2]] κἂν Dobree ὃν τὸ πρᾶγμα cod. D 24 add. Dobree

τρόπον· ὅσοις δὲ τούτων μὲν μηδέν, λογισμὸς δ’ ἐφ’ ἡσυχίας τοῦ συμφέροντος, τίς οὕτως ἄφρων ὅστις ἂν τὰ συνοίσοντα ἀφείς, ἐξ ὧν κάκιον ἔμελλεν ἀγωνιεῖσθαι, ταῦτ’ ἔπραξεν; ἃ γὰρ οὔτ’ εἰκότ’ οὔτ’ εὔλογα οὔτ’ ἂν ἔπραξεν οὐδείς, ταῦθ’ οὗτοι μεμαρτυρήκασιν περὶ ἡμῶν.

15. *Οὐ τοίνυν μόνον ἐξ ὧν ἐμὲ μὴ ’θέλειν τὸ γραμματεῖον ἀνοίγειν μεμαρτυρήκασι, γνοίη τις ἂν αὐτοὺς ὅτι ψεύδονται, ἀλλὰ καὶ ἐκ τοῦ πρόκλησιν ὁμοῦ διαθήκῃ μαρτυρεῖν. οἶμαι γὰρ ἅπαντας ὑμᾶς εἰδέναι, ὅτι ὅσα μὴ δυνατὸν πρὸς ὑμᾶς ἀγαγεῖν ἐστι τῶν πεπραγμένων, τούτων προκλήσεις ηὑρέθησαν.* (16) *οἷον βασανίζειν οὐκ ἔστιν ἐναντίον ὑμῶν· ἀνάγκη τούτου πρόκλησιν εἶναι. οἷον εἴ τι πέπρακται καὶ γέγονεν ἔξω που τῆς χώρας, ἀνάγκη καὶ τούτου πρόκλησιν εἶναι, πλεῖν ἢ βαδίζειν οὗ τὸ πρᾶγμα ἐπράχθη· καὶ τῶν ἄλλων τῶν τοιούτων. ὅπου δ’ αὐτὰ τὰ πράγματα ἐφ’ αὑτῶν ἔστιν ὑμῖν ἐμφανῆ ποιῆσαι, τί ἦν ἁπλούστερον ἢ ταῦτ’ ἄγειν εἰς μέσον;* (17) *Ἀθήνησιν μὲν τοίνυν ὁ πατὴρ ἐτελεύτησεν οὑμός, ἐγίγνετο δ’ ἡ δίαιτα ἐν τῇ ποικίλῃ στοᾷ, μεμαρτυρήκασι δ’ οὗτοι παρέχειν τὸ γραμματεῖον Ἀμφίαν πρὸς τὸν διαιτητήν. οὐκοῦν εἴπερ ἀληθὲς ἦν, ἐχρῆν αὐτὸ τὸ γραμματεῖον εἰς τὸν ἐχῖνον ἐμβαλεῖν καὶ τὸν παρέχοντα μαρτυρεῖν, ἵν’ ἐκ τῆς ἀληθείας καὶ τοῦ τὰ σημεῖα ἰδεῖν οἱ μὲν δικασταὶ τὸ πρᾶγμ’ ἔγνωσαν, ἐγὼ δὲ εἴ τις ἠδίκει με, ἐπὶ τοῦτον ᾖα.* (18) *νῦν δὲ εἷς μὲν οὐδεὶς ὅλον τὸ πρᾶγμα ἀνεδέξατο, οὐδὲ μεμαρτύρηκεν ἁπλῶς, ὡς ἄν τις τἀληθῆ μαρτυρήσειεν, μέρος δ’ ἕκαστος, ὡς δὴ σοφὸς καὶ διὰ τοῦτο οὐ δώσων δίκην, ὁ μὲν γραμματεῖον ἔχειν ἐφ’ ᾧ γεγράφθαι ‘διαθήκη Πασίωνος’, ὁ δὲ πεμφθεὶς ὑπὸ τούτου παρέχειν τοῦτο, εἰ δ’ ἀληθὲς ἢ ψεῦδος, οὐδὲν εἰδέναι.* (19) *οἱδὶ δὲ τῇ προκλήσει χρησάμενοι παραπετάσματι διαθήκας*

15 *προκλήσεις* Harp. π 95

9–10 *ἀγαγεῖν πρὸς ὑμᾶς* cod. D 11 *ἔνεστιν* cod. D 22 *τὸ πρᾶγμ’*] *τὰ δίκαια* F[γρ] 23 *ᾖα*] *εἴα* S[c]F 29 *οἱδὶ*] *οἱ* F ἐμαρτύρησαν, ὡς ἂν μάλισθ' οἱ <μὲν> δικασταὶ ταύτην τὴν διαθήκην ἐπίστευσαν τοῦ πατρὸς εἶναι, ἐγὼ δὲ ἀπεκλείσθην τοῦ λόγου τυχεῖν ὑπὲρ ὧν ἀδικοῦμαι, οὗτοι δὲ φωραθεῖεν τὰ ψευδῆ μεμαρτυρηκότες. καίτοι τό γ' ἐναντίον ᾤοντο τούτου. ἵνα δ' εἰδῆτε ταῦτα ὅτι ἀληθῆ λέγω, λαβὲ τὴν τοῦ Κηφισοφῶντος μαρτυρίαν.

ΜΑΡΤΥΡΙΑ

Κηφισοφῶν Κεφαλίωνος Ἀφιδναῖος μαρτυρεῖ καταλειφθῆναι αὐτῷ ὑπὸ τοῦ πατρὸς γραμματεῖον, ἐφ' ᾧ ἐπιγεγράφθαι 'διαθήκη Πασίωνος'.

20. Οὐκοῦν ἦν ἁπλοῦν , ὦ ἄνδρες δικασταί, τὸν ταῦτα μαρτυροῦντα προσμαρτυρῆσαι 'εἶναι δὲ τὸ γραμματεῖον, ὃ αὐτὸς παρέχει, τοῦτο', καὶ τὸ γραμματεῖον ἐμβαλεῖν. ἀλλὰ τοῦτο μὲν οἶμαι τὸ ψεῦδος ἡγεῖτο ὀργῆς ἄξιον, καὶ δίκην ἂν ὑμᾶς παρ' αὐτοῦ λαβεῖν, γραμματεῖον δ' αὐτῷ καταλειφθῆναι μαρτυρῆσαι φαῦλον καὶ οὐδέν. ἔστι δὲ τοῦτ' αὐτὸ τὸ δηλοῦν καὶ κατηγοροῦν ὅτι πᾶν τὸ πρᾶγμα κατεσκευάκασιν. (21) εἰ μὲν γὰρ ἐπῆν ἐπὶ τῆς διαθήκης 'Πασίωνος καὶ Φορμίωνος', ἢ 'πρὸς Φορμίωνα', ἢ τοιοῦτό τι, εἰκότως ἂν αὐτὴν ἐτήρει τούτῳ· εἰ δ', ὥσπερ μεμαρτύρηκεν, ἐπῆν 'διαθήκη Πασίωνος', πῶς οὐκ ἂν ἀνῃρήμην αὐτὴν ἐγώ, συνειδὼς μὲν ἐμαυτῷ μέλλοντι δικάζεσθαι, συνειδὼς δ' ὑπεναντίαν οὖσαν, εἴπερ ἦν τοιαύτη, τοῖς ἐμαυτῷ συμφέρουσιν, κληρονόμος δὲ ὢν καὶ ταύτης, εἴπερ ἦν τοὐμοῦ πατρός, καὶ τῶν ἄλλων <τῶν> πατρῴων ὁμοίως; (22) οὐκοῦν τῷ παρέχεσθαι μὲν Φορμίωνι, γεγράφθαι δὲ Πασίωνος, εἰᾶσθαι δ' ὑφ' ἡμῶν, ἐξελέγχεται κατεσκευασμένη μὲν ἡ διαθήκη, ψευδὴς δ' ἡ τοῦ

1 add. Blass   5 λαβὲ <μοι> F   testimonium om. S   *κεφάλωνος* SF : corr. Kirchner   22 δ' ὑπεναντίαν ο- has literas in ras. hab S

Κηφισοφῶντος μαρτυρία. ἀλλ' ἐῶ Κηφισοφῶντα· οὔτε γὰρ νῦν μοι πρὸς ἐκεῖνόν ἐστιν οὔτ' ἐμαρτύρησεν ἐκεῖνος περὶ τῶν ἐν ταῖς διαθήκαις ἐνόντων οὐδέν. (23) *καίτοι καὶ τοῦτο σκοπεῖτε, ὅσον ἐστὶ τεκμήριον, ὦ ἄνδρες Ἀθηναῖοι, τοῦ τούτους τὰ ψευδῆ μεμαρτυρηκέναι. εἰ γὰρ ὁ μὲν αὐτὸς ἔχειν τὸ γραμματεῖον μαρτυρῶν οὐκ ἐτόλμησεν ἀντίγραφα εἶναι ἃ παρείχετο Φορμίων τῶν παρ' αὐτῷ μαρτυρῆσαι, οὗτοι δὲ οὔτε ἐξ ἀρχῆς ὡς παρῆσαν ἔχοιεν ἂν εἰπεῖν, οὔτε ἀνοιχθὲν εἶδον πρὸς τῷ διαιτητῇ τὸ γραμματεῖον, ἀλλὰ καὶ μεμαρτυρήκασιν αὐτοὶ μὴ ἐθέλειν ἐμὲ ἀνοίγειν, ταῦτα ὡς ἀντίγραφ' ἐστὶν ἐκείνων μεμαρτυρηκότες τί ἄλλο ἢ σφῶν αὐτῶν κατήγοροι γεγόνασιν ὅτι ψεύδονται;*

24. *Ἔτι τοίνυν, ὦ ἄνδρες Ἀθηναῖοι, ὡς γέγραπταί τις ἂν ἐξετάσας τὴν μαρτυρίαν γνοίη παντελῶς τοῦτο μεμηχανημένους αὐτούς, ὅπως δικαίως καὶ ἀδίκως δόξει ταῦτα ὁ πατὴρ οὑμὸς διαθέσθαι. λαβὲ δ' αὐτὴν τὴν μαρτυρίαν, καὶ λέγ' ἐπισχὼν οὗ ἄν σε κελεύω, ἵν' ἐξ αὐτῆς δεικνύω.*

ΜΑΡΤΥΡΙΑ

Μαρτυροῦσι παρεῖναι πρὸς τῷ διαιτητῇ Τεισίᾳ, ὅτε προὐκαλεῖτο Φορμίων Ἀπολλόδωρον, εἰ μή φησιν ἀντίγραφα εἶναι τῶν διαθηκῶν τῶν Πασίωνος—

25. *Ἐπίσχες. ἐνθυμεῖσθε ὅτι 'τῶν διαθηκῶν' γέγραπται 'τῶν Πασίωνος'. καίτοι χρῆν τοὺς βουλομένους τἀληθῆ μαρτυρεῖν, εἰ τὰ μάλιστ' ἐγίγνετο ἡ πρόκλησις, ὡς οὐκ ἐγίγνετο, ἐκείνως μαρτυρεῖν. λέγε τὴν μαρτυρίαν ἀπ' ἀρχῆς πάλιν.*

11 *τί ἄλλο* cod. $Q^{\gamma\rho}$: *τίνων ἄλλων* $S^{c}F$: *τί ἄλλον* S 14 *ἀνεξετάσας* F 15 <*καὶ*> *δικαίως* Blass *δόξῃ* $S^{c}F$ 17 *ἄν* om. cod. $Q^{\gamma\rho}$ 20 *εἰ μή* S : *ἦ μὴν* $S^{c}F$ 22 *ἐπίσχες* - 23 *πασίωνος* (ὁμ.) om. S 24 *προσμαρτυρεῖν* S^{a} 25 *ἐκεῖνος* F

ΜΑΡΤΥΡΙΑ

Μαρτυροῦσι παρεῖναι πρὸς τῷ διαιτητῇ Τεισίᾳ—
Μαρτυροῦμεν· παρῆμεν γὰρ δή· λέγε.
ὅτε προὐκαλεῖτο Φορμίων Ἀπολλόδωρον—
Καὶ τοῦτο, εἴπερ προὐκαλεῖτο, ὀρθῶς ἂν ἐμαρτύρουν.
εἰ μή φησιν ἀντίγραφα εἶναι τῶν διαθηκῶν τῶν Πασίωνος—

26. *Ἔχε αὐτοῦ. οὐδ᾿ ἂν εἷς ἔτι δήπου τοῦτ᾿ ἐμαρτύρησεν, εἰ μή τις καὶ παρῆν διατιθεμένῳ τῷ πατρὶ τῷ ἐμῷ· ἀλλ᾿ εὐθὺς ἂν εἶπε ʽτί δ᾿ ἡμεῖς ἴσμεν εἴ τινές εἰσι διαθῆκαι Πασίωνος;ʼ καὶ γράφειν ἂν αὐτὸν ἠξίωσεν, ὥσπερ ἐν ἀρχῇ τῆς προκλήσεως ʽεἰ μή φημ᾿ ἐγὼ ἀντίγραφα εἶναι τῶν διαθηκῶν ὧν φησι Φορμίων Πασίωνα καταλιπεῖνʼ, οὐ ʽτῶν Πασίωνοςʼ. τοῦτο μὲν γὰρ ἦν εἶναι διαθήκας μαρτυρεῖν, ὅπερ ἦν τούτοις βούλημα, ἐκεῖνο δὲ φάσκειν Φορμίωνα· πλεῖστον δὲ δήπου κεχώρισται τό τ᾿ εἶναι καὶ τὸ τοῦτον φάσκειν.*

27. *Ἵνα τοίνυν εἰδῆτε ὑπὲρ ἡλίκων καὶ ὅσων ἦν τὸ κατασκεύασμα τὸ τῆς διαθήκης, μικρὰ ἀκούσατέ μου. ἦν γάρ, ὦ ἄνδρες Ἀθηναῖοι, τοῦτο πρῶτον μὲν ὑπὲρ τοῦ μὴ δοῦναι δίκην ὧν διεφθάρκει, ἃ ἐμοὶ μὲν οὐ καλὸν λέγειν, ὑμεῖς δ᾿ ἴστε, κἂν ἐγὼ μὴ λέγω, ἔπειθ᾿ ὑπὲρ τοῦ κατασχεῖν ὅσα ἦν τῷ ἡμετέρῳ πατρὶ χρήματα παρὰ τῇ μητρί, πρὸς δὲ τούτοις ὑπὲρ τοῦ καὶ τῶν ἄλλων τῶν ἡμετέρων ἁπάντων κυρίῳ γενέσθαι. ὅτι δ᾿ οὕτω ταῦτ᾿ ἔχει, τῆς διαθήκης αὐτῆς ἀκούσαντες γνώσεσθε· φανήσεται γὰρ οὐ πατρὸς ὡς περὶ υἱέων γράφοντος ἐοικυῖα διαθήκη, ἀλλὰ δούλου λελυμασμένου τὰ τῶν δεσποτῶν, ὅπως μὴ δώσει δίκην σκοποῦντος.* (28) *λέγε δ᾿ αὐτοῖς τὴν διαθήκην αὐτήν, ἣν οὗτοι μετὰ τῆς προκλήσεως μεμαρτυρήκασιν· ὑμεῖς δ᾿ ἐνθυμεῖσθε ἃ λέγω.*

2 *παρεῖναι*] *γὰρ εἶναι* S 6 *εἰ μή*] *ἦ μήν* F 9 *εἴ τινές*] *ἢ τίνες* cod. Q[γρ] 11 *ὧν*] <*οὕτως*> *ὡς* cod. Q[γρ] : *οὕτως ὧν* Blass 12 *πασίωνα* om. S 17 *τὸ* (ante *τῆς*) om. F 24 *περὶ* Schaefer : *ὥσπερ* SF : *ὡς περὶ* Lamb.[c]: *ὡς ὑπὲρ* Wolf 27 *μετὰ* Reiske : *πρὸ* SF : *διὰ* Dobree *κλήσεως* F

ΔΙΑΘΗΚΗ

Τάδε διέθετο Πασίων Ἀχαρνεύς· δίδωμι τὴν ἐμαυτοῦ γυναῖκα Ἀρχίππην Φορμίωνι, καὶ προῖκα ἐπιδίδωμι Ἀρχίππῃ τάλαντον μὲν τὸ ἐκ Πεπαρήθου, τάλαντον δὲ τὸ αὐτόθεν, συνοικίαν ἑκατὸν μνῶν, θεραπαίνας καὶ χρυσία, καὶ τἄλλα ὅσα ἐστὶν αὐτῇ ἔνδον, ἅπαντα ταῦτα Ἀρχίππῃ δίδωμι.

Ἠκούσατε, ὦ ἄνδρες Ἀθηναῖοι, τὸ πλῆθος τῆς προικός, τάλαντον ἐκ Πεπαρήθου, τάλαντον αὐτόθεν, συνοικίαν ἑκατὸν μνῶν, θεραπαίνας καὶ χρυσία, καὶ τἄλλα, φησίν, ὅσα ἔστιν αὐτῇ δίδωμι, τούτῳ τῷ γράμματι καὶ τοῦ ζητῆσαί τι τῶν καταλειφθέντων ἀποκλείων ἡμᾶς.

29. Φέρε δὴ δείξω τὴν μίσθωσιν ὑμῖν, καθ' ἣν ἐμεμίσθωτο τὴν τράπεζαν παρὰ τοῦ πατρὸς οὗτος. καὶ γὰρ ἐκ ταύτης καίπερ ἐσκευωρημένης ὄψεσθε ὅτι πλάσμα ὅλον ἐστὶν ἡ διαθήκη. δείξω δ' ἣν οὗτος παρέσχετο μίσθωσιν, οὐκ ἄλλην τινά, ἐν ᾗ προσγέγραπται ἕνδεκα τάλαντα ὁ πατὴρ ὀφείλων εἰς τὰς παρακαταθήκας τούτῳ. ἔστι δ' οἶμαι ταῦτα τοιαῦτα. **(30)** τῶν μὲν οἴκοι χρημάτων ὡς ἐπὶ τῇ μητρὶ δοθέντων διὰ τῆς διαθήκης αὑτὸν ἐποίησε κύριον, ὥσπερ ἀκηκόατε ἄρτι, τῶν δ' ἐπὶ τῆς τραπέζης ὄντων, ἃ πάντες ᾔδεσαν καὶ λαθεῖν οὐκ ἦν, διὰ τοῦ προσοφείλοντ' ἀποφῆναι τὸν πατέρ' ἡμῶν, ἵνα, ὅσα ἐξελέγχοιτ' ἔχων, κεκομίσθαι φαίη. ὑμεῖς δ' ἴσως αὐτὸν ὑπειλήφατε, ὅτι σολοικίζει τῇ φωνῇ, βάρβαρον καὶ εὐκαταφρόνητον εἶναι. ἔστι δὲ βάρβαρος οὗτος τῷ μισεῖν οὓς αὐτῷ προσῆκε τιμᾶν· τῷ δὲ κακουργῆσαι καὶ διορύξαι πράγματα οὐδενὸς λείπεται. **(31)** λαβὲ δὴ τὴν μίσθωσιν καὶ λέγε, ἣν τὸν αὐτὸν τρόπον διὰ προκλήσεως ἐνεβάλοντο.

2 testamentum om. S 4 *τὸ … τὸ*] *τῶν … τῶν* Dobree 5 <*τὰ*> *χρυσία* F : corr. cod. Q 15 *δ' ἣν* <*δ'*> S 18 *διὰ*] *δι' ἃ* cod. Q 20 *τῇ τραπέζῃ* coni. Rennie 25 *προσήκει* cod. Q 26 *δή* <*μοι*> F

ΜΙΣΘΩΣΙΣ ΤΡΑΠΕΖΗΣ

Κατὰ τάδε ἐμίσθωσε Πασίων τὴν τράπεζαν Φορμίωνι· μίσθωσιν φέρειν Φορμίωνα τῆς τραπέζης τοῖς παισὶ τοῖς Πασίωνος δύο τάλαντα καὶ τετταράκοντα μνᾶς τοῦ ἐνιαυτοῦ ἑκάστου, χωρὶς τῆς καθ' ἡμέραν διοικήσεως· μὴ ἐξεῖναι δὲ τραπεζιτεῦσαι χωρὶς Φορμίωνι, ἐὰν μὴ πείσῃ τοὺς παῖδας τοὺς Πασίωνος. ὀφείλει δὲ Πασίων ἐπὶ τὴν τράπεζαν ἕνδεκα τάλαντα εἰς τὰς παρακαταθήκας.

32. Ἃς μὲν τοίνυν παρέσχετο συνθήκας ὡς κατὰ ταύτας μισθωσάμενος τὴν τράπεζαν, αὗταί εἰσιν, ὦ ἄνδρες δικασταί. ἀκούετε δ' ἐν ταύταις ἀναγιγνωσκομέναις μίσθωσιν μὲν φέρειν τοῦτον, ἄνευ τῆς καθ' ἡμέραν διοικήσεως, δύο τάλαντα καὶ τετταράκοντα μνᾶς τοῦ ἐνιαυτοῦ ἑκάστου, μὴ ἐξεῖναι δὲ τραπεζιτεύειν αὐτῷ, ἐὰν μὴ ἡμᾶς πείσῃ. προσγέγραπται δὲ τελευταῖον 'ὀφείλει δὲ Πασίων ἕνδεκα τάλαντα εἰς τὰς παρακαταθήκας'. (33) ἔστιν οὖν ὅστις ἂν τοῦ ξύλου καὶ τοῦ χωρίου καὶ τῶν γραμματείων τοσαύτην ὑπέμεινε φέρειν μίσθωσιν; ἔστι δ' ὅστις ἄν, δι' ὃν ὠφειλήκει τοσαῦτα χρήμαθ' ἡ τράπεζα, τούτῳ τὰ λοιπὰ ἐπέτρεψεν; εἰ γὰρ ἐνεδέησεν τοσούτων χρημάτων, τούτου διοικοῦντος ἐνεδέησεν. ἴστε γὰρ πάντες, καὶ ὅτ' ἦν ὁ πατὴρ ἐπὶ τοῦ τραπεζιτεύειν, τοῦτον καθήμενον καὶ διοικοῦντα ἐπὶ τῇ τραπέζῃ, ὥστε ἐν τῷ μυλῶνι προσῆκεν αὐτὸν εἶναι μᾶλλον ἢ τῶν λοιπῶν κύριον γενέσθαι. ἀλλ' ἐῶ ταῦτα καὶ τἄλλ' ὅσ' ἂν περὶ τῶν ἕνδεκα ταλάντων ἔχοιμ' εἰπεῖν, ὡς οὐκ ὤφειλεν ὁ πατήρ, ἀλλ' οὗτος ὑφῄρηται. (34) ἀλλ' οὗ ἀνέγνων εἵνεκα, τοῦ τὴν διαθήκην ψευδῆ δεῖξαι, τοῦθ' ὑμᾶς ἀναμνήσω. γέγραπται γὰρ αὐτόθι, 'μὴ ἐξεῖναι δὲ τραπεζιτεύειν Φορμίωνι, ἐὰν μὴ ἡμᾶς πείσῃ'. τοῦτο τοίνυν τὸ γράμμα παντελῶς δηλοῖ ψευδῆ τὴν διαθήκην οὖσαν. τίς γὰρ <ἂν> ἀνθρώπων, ἃ μὲν ἤμελλεν τραπεζιτεύων οὗτος

1 *τραπέζης* om. S : del. Gernet   2–7 formulam locandi om. S   16 *τοῦ γραμματείου* F[c]   21 *καὶ διοικοῦντα* del. van Herwerden   22 *μᾶλλον εἶναι* cod. D   27 *δὲ* om. F   28 *δηλοῖ παντελῶς* S[a]   29 add. Schaefer

ἐργάζεσθαι, ταῦθ' ὅπως ἡμῖν τοῖς αὑτοῦ παισίν, ἀλλὰ μὴ τούτῳ γενήσεται προὐνοήθη, καὶ διὰ τοῦτο μὴ ἐξεῖναι τούτῳ τραπεζιτεύειν ἔγραψεν, ἵνα μὴ ἀφιστῆται ἀφ' ἡμῶν· ἃ δ' αὐτὸς εἰργασμένος ἔνδον κατέλειπε, ταῦθ' ὅπως οὗτος λήψεται παρεσκεύασε; (35) *καὶ τῆς μὲν ἐργασίας ἐφθόνησεν, ἧς οὐδὲν αἰσχρὸν ἦν μεταδοῦναι· τὴν δὲ γυναῖκα ἔδωκεν, οὗ μεῖζον οὐδὲν ἂν κατέλιπεν ὄνειδος, τυχὼν γε τῆς παρ' ὑμῶν δωρεᾶς, εἶτα ὥσπερ ἂν δοῦλος δεσπότῃ διδούς, ἀλλ' οὐ τοὐναντίον, εἴπερ ἐδίδου, δεσπότης οἰκέτῃ, προστιθεὶς προῖκα ὅσην οὐδεὶς τῶν ἐν τῇ πόλει φαίνεται;* (36) *καίτοι τούτῳ μὲν αὐτὸ τοῦτο ἀγαπητὸν ἦν, τὸ τῆς δεσποίνης ἀξιωθῆναι· τῷ πατρὶ δὲ οὐδὲ λαμβάνοντι τοσαῦτα χρήματα, ὅσα φασὶ διδόνθ' οὗτοι, εὔλογον ἦν πρᾶξαι ταῦτα. ἀλλ' ὅμως ἃ τοῖς εἰκόσι, τοῖς χρόνοις, τοῖς πεπραγμένοις ἐξελέγχεται ψευδῆ, ταῦτα μαρτυρεῖν οὐκ ὤκνησεν οὑτοσὶ Στέφανος.*

37. *Εἶτα λέγει περιών, ὡς ἐμαρτύρησε μὲν Νικοκλῆς ἐπιτροπεῦσαι κατὰ τὴν διαθήκην, ἐμαρτύρησε δὲ Πασικλῆς ἐπιτροπευθῆναι κατὰ τὴν διαθήκην. ἐγὼ δὲ αὐτὰ ταῦτ' οἶμαι τεκμήρια εἶναι τοῦ μήτ' ἐκείνους τἀληθῆ μήτε τούσδε μεμαρτυρηκέναι. ὁ γὰρ ἐπιτροπεῦσαι κατὰ διαθήκας μαρτυρῶν δῆλον ὅτι καθ' ὁποίας ἂν εἰδείη, καὶ ὁ ἐπιτροπευθῆναι κατὰ διαθήκας μαρτυρῶν δῆλον ὅτι καθ' ὁποίας ἂν εἰδείη.* (38) *τί οὖν μαθόντες ἐμαρτυρεῖθ' ὑμεῖς ἐν προκλήσει διαθήκας, ἀλλ' οὐκ ἐκείνους εἰᾶτε; εἰ γὰρ αὖ μὴ φήσουσιν εἰδέναι τὰ γεγραμμένα ἐν αὐταῖς, πῶς ὑμᾶς οἷόν τ' εἰδέναι τοὺς μηδαμῇ μηδαμῶς τοῦ πράγματος ἐγγύς; τί ποτ' οὖν οἱ μὲν ἐκεῖνα, οἱ δὲ ταῦτα ἐμαρτύρησαν; ὅπερ εἴρηκα καὶ πρότερον, διείλοντο τἀδικήματα, καὶ ἐπιτροπεῦσαι μὲν κατὰ διαθήκην οὐδὲν δεινὸν*

1 *ἐργάζεσθαι* om. S 3 *ἔγραψεν*] *ἔδειξεν* cod. Q 4 *κατέλιπε* F 7 *κατέλειπεν* S^{a} post *ὄνειδος* interrogationis signum edd. : post 10 *φαίνεται* Moss 11 *τὸ* om. F 12 *λαμβάνοντα* S *διδόντα οὗτοι* S 21 *καὶ* - 22 *εἰδείη* (*ὁμ.*) om. S 23 *μαθόντες*] *παθόντες* Wolf

ἡγεῖτο μαρτυρεῖν ὁ μαρτυρῶν, οὐδ' ἐπιτροπευθῆναι κατὰ διαθήκην, (39) ἀφαιρῶν ἑκάτερος τὸ μαρτυρεῖν τὰ ἐν ταῖς διαθήκαις ὑπὸ τούτου γεγραμμένα, οὐδὲ καταλιπεῖν τὸν πατέρα αὐτῷ ἐπιγεγραμμένον γραμματεῖον διαθήκην, οὐδὲ τὰ τοιαῦτα· διαθήκας δὲ μαρτυρεῖν, ἐν αἷς χρημάτων τοσούτων κλοπή, γυναικὸς διαφθορά, γάμοι δεσποίνης, πράγματα αἰσχύνην καὶ ὕβριν τοσαύτην ἔχοντα, οὐδεὶς ἤθελε πλὴν οὗτοι, πρόκλησιν κατασκευάσαντες, παρ' ὧν δίκαιον τῆς ὅλης τέχνης καὶ κακουργίας δίκην λαβεῖν.

40. Ἵνα τοίνυν, ὦ ἄνδρες Ἀθηναῖοι, μὴ μόνον ἐξ ὧν ἐγὼ κατηγορῶ καὶ ἐλέγχω, δῆλος ὑμῖν γένηται τὰ ψευδῆ μεμαρτυρηκὼς οὑτοσὶ Στέφανος, ἀλλὰ καὶ ἐξ ὧν πεποίηκεν ὁ παρασχόμενος αὐτόν, τὰ πεπραγμέν' ἐκείνῳ βούλομαι πρὸς ὑμᾶς εἰπεῖν. ὅπερ δ' εἶπον ἀρχόμενος τοῦ λόγου, δείξω κατηγόρους γιγνομένους αὐτοὺς ἑαυτῶν. τὴν γὰρ δίκην, ἐν ᾗ ταῦτα ἐμαρτυρήθη, παρεγράψατο Φορμίων πρὸς ἐμὲ μὴ εἰσαγώγιμον εἶναι, ὡς ἀφέντος ἐμοῦ τῶν ἐγκλημάτων αὐτόν. (41) τοῦτο τοίνυν ἐγὼ μὲν οἶδα ψεῦδος ὄν, καὶ ἐλέγξω δέ, ὅταν εἰσίω πρὸς τοὺς ταῦτα μεμαρτυρηκότας· τούτῳ δὲ οὐχ οἷόν τε τοῦτ' εἰπεῖν. εἰ τοίνυν ἀληθῆ πιστεύσαιτ' εἶναι τὴν ἄφεσιν, οὕτω καὶ μάλιστ' ἂν οὗτος φανείη ψευδῆ μεμαρτυρηκὼς καὶ κατεσκευασμένης διαθήκης μάρτυς γεγονώς. τίς γὰρ οὕτως ἄφρων ὥστ' ἄφεσιν μὲν ἐναντίον μαρτύρων ποιήσασθαι τοῦ βεβαίαν αὐτῷ τὴν ἀπαλλαγὴν εἶναι, τὰς δὲ συνθήκας καὶ τὰς διαθήκας καὶ τἄλλα, ὑπὲρ ὧν ἐποιεῖτο τὴν ἄφεσιν, σεσημασμένα ἐᾶσαι καθ' αὑτοῦ κεῖσθαι; (42) οὐκοῦν ἐναντία μὲν ἡ παραγραφὴ πᾶσι τοῖς μεμαρτυρημένοις, ἐναντία δὲ ἣν ἀνέγνων ὑμῖν ἄρτι μίσθωσιν, τῇδε τῇ διαθήκῃ· οὐδὲν δὲ τῶν πεπραγμένων οὔτ' εὔλογον οὔθ' ἁπλοῦν οὔθ' ὁμολογούμενον

2 ἑκάτερος τῷ S : corr. Wolf : ἑκατέροις τῷ F 3 γεγραμμένα ὑπὸ τούτου cod. D 7 τοσαύτην post αἰσχύνην cod. D 18 δέ om. F 20 πιστεύσετ' F 26 <καὶ> καθ' cod. $D^{\gamma\rho}$ 28 μισθωσις S

αὐτὸ ἑαυτῷ φαίνεται. ἐκ δὲ τούτου τοῦ τρόπου πάντα πεπλασμένα καὶ κατεσκευασμέν᾽ ἐλέγχεται.

43. *Ὡς μὲν τοίνυν ἐστὶν ἀληθῆ τὰ μεμαρτυρημένα, οὔτ᾽ αὐτὸν τοῦτον οὔτ᾽ ἄλλον ὑπὲρ τούτου δεῖξαι δυνήσεσθαι νομίζω. ἀκούω δ᾽ αὐτὸν τοιοῦτόν τι παρεσκευάσθαι λέγειν, ὡς προκλήσεώς ἐστιν ὑπεύθυνος, οὐχὶ μαρτυρίας, καὶ δυοῖν αὐτῷ προσήκει δοῦναι λόγον, οὐ πάντων τῶν γεγραμμένων, εἴ τε προὐκαλεῖτό με ταῦτα Φορμίων ἢ μή, καὶ εἰ μὴ ἐδεχόμην ἐγώ· ταῦτα μὲν γὰρ ἁπλῶς αὐτὸς μεμαρτυρηκέναι φήσει, τὰ δ᾽ ἄλλα ἐκεῖνον προκαλεῖσθαι, εἰ δ᾽ ἐστὶν ἢ μὴ ταῦτα, οὐδὲν προσήκειν αὐτῷ σκοπεῖν.* (44) *πρὸς δὴ τὸν λόγον τοῦτον καὶ τὴν ἀναίδειαν βέλτιόν ἐστι μικρὰ προειπεῖν ὑμῖν, ἵνα μὴ λάθητε ἐξαπατηθέντες. πρῶτον μέν, ὅταν ἐγχειρῇ λέγειν τοῦτο, ὡς ἄρα οὐ πάντων ὑπεύθυνός ἐστιν, ἐνθυμεῖσθε ὅτι διὰ ταῦτα ὁ νόμος μαρτυρεῖν ἐν γραμματείῳ κελεύει, ἵνα μήτ᾽ ἀφελεῖν ἐξῇ μήτε προσθεῖναι τοῖς γεγραμμένοις μηδέν. τότ᾽ οὖν αὐτὸν ἔδει ταῦτ᾽ ἀπαλείφειν κελεύειν ἃ νῦν οὔ φήσει μεμαρτυρηκέναι, οὐ νῦν ἐνόντων ἀναισχυντεῖν.* (45) *ἔπειτα καὶ τόδε σκοπεῖτε, εἰ ἐάσαιτ᾽ ἂν ἐναντίον ὑμῶν ἐμὲ προσράψαι τι λαβόντα τὸ γραμματεῖον. οὐ δήπου. οὔκουν οὐδὲ τοῦτον ἀφαιρεῖν τῶν γεγραμμένων ἐᾶν προσήκει. τίς γὰρ ἁλώσεταί ποτε ψευδομαρτυρίων, εἰ μαρτυρήσει τε ἃ βούλεται, καὶ λόγον ὧν βούλεται δώσει; ἀλλ᾽ οὐχ οὕτω ταῦτα οὔθ᾽ ὁ νόμος διεῖλεν οὔθ᾽ ὑμῖν ἀκούειν προσήκει· ἀλλ᾽ ἐκεῖνο ἁπλοῦν καὶ δίκαιον. τί γέγραπται; τί μεμαρτύρηκας; ταῦθ᾽ ὡς ἀληθῆ δείκνυε. καὶ γὰρ ἀντιγέγραψαι ταῦτα 'ἀληθῆ μεμαρτύρηκα, μαρτυρήσας τὰ ἐν τῷ γραμματείῳ γεγραμμένα', οὐ τὸ καὶ τὸ τῶν ἐν τῷ*

45 *ἀντιγέγραψαι* Harp. α 154

1 *αὐτὸ*] *αὐτῷ* F *τοῦ τούτου* Reiske 9 *αὐτὸς* Wolf : *αὐτὸ* SF 11 *αὐτῷ προσήκει* F 12 *ἀναίδειαν* <*γὰρ*> cod. D *βέλτιστόν* F *προσειπεῖν* F 17 *φησι* S[c]F 22 *πώποτε* SF : corr. Blass : <*ἔτι*> *ποτὲ* Dindorf 26 <*ὡς*> *ἀληθῆ* cod. Q[γρ]

γραμματείῳ. **(46)** *ὅτι δ᾽ οὕτω ταῦτ᾽ ἔχει, λαβὲ τὴν ἀντιγραφὴν αὐτήν μοι. λέγε.*

ΑΝΤΙΓΡΑΦΗ

Ἀπολλόδωρος Πασίωνος Ἀχαρνεὺς Στεφάνῳ Μενεκλέους Ἀχαρνεῖ ψευδομαρτυρίων, τίμημα τάλαντον. τὰ ψευδῆ μου κατεμαρτύρησε Στέφανος μαρτυρήσας τὰ ἐν τῷ γραμματείῳ γεγραμμένα.

<Στέφανος Μενεκλέους Ἀχαρνεὺς> τἀληθῆ ἐμαρτύρησα μαρτυρήσας τὰ ἐν τῷ γραμ-ματίῳ γεγραρμένα.

Ταῦθ᾽ οὗτος ἀντεγράψατο, ἃ χρὴ μνημονεύειν ὑμᾶς, καὶ μὴ τοὺς ἐπ᾽ ἐξαπάτῃ νῦν λόγους ὑπὸ τούτου ῥηθησομένους πιστοτέρους ποιεῖσθαι τῶν νόμων καὶ τῶν ὑπὸ τούτου γραφέντων εἰς τὴν ἀντιγραφήν.

47. *Πυνθάνομαι τοίνυν αὐτοὺς καὶ περὶ ὧν ἔλαχον τὴν ἐξ ἀρχῆς δίκην, ἐρεῖν καὶ κατηγορήσειν, ὡς συκοφαντήματ᾽ ἦν. ἐγὼ δ᾽ ὃν μὲν τρόπον ἐσκευωρήσατο τὴν μίσθωσιν, ὅπως τὴν ἀφορμὴν τῆς τραπέζης κατάσχοι, εἶπον καὶ διεξῆλθον ὑμῖν, ὑπὲρ δὲ τῶν ἄλλων οὐκ ἂν οἷός τ᾽ εἴην λέγειν ἅμα καὶ τούτους ἐλέγχειν περὶ τῆς μαρτυρίας· οὐ γὰρ ἱκανόν μοι τὸ ὕδωρ ἐστίν.* **(48)** *ὅτι δ᾽ οὐδ᾽ ὑμεῖς ἐθέλοιτ᾽ ἂν εἰκότως ἀκούειν περὶ τούτων αὐτῶν, ἐκεῖθεν εἴσεσθε, ἂν λογίσησθε πρὸς ὑμᾶς αὐτούς, ὅτι οὔτε νῦν ἐστιν χαλεπὸν περὶ ὧν μὴ κατηγόρηται λέγειν, οὔτε <τότε> ψευδεῖς ἀναγνόντα μαρτυρίας ἀποφεύγειν. ἀλλ᾽*

46 *Ἀπολλόδωρος—γεγραμμένα* Poll. 8.58

4 utramque formulam om. S : in codd. haec omnia continua scripta : columnatim digessit Reiske 4b add. Reiske 5 *Στεφάνῳ Μενεκλέους* Wolf : *στέφανος μενεκλεὺς* F 8–9 *μαρτυρήσας*] *γράψας* Poll. (*γεγραμμένα* omisso) 11 *οὗτος* <*αὐτὸς*> F : *αὐτὸς οὗτος* Gernet 12 *τοὺς ἐπ᾽* om. S[a] : *ἐπ᾽* om. F *ὑπὸ τούτου* del. Blass : *τούτου* om. in rasura S 16 *συκοφάντημα* F 18 *κατασχῇ* F 19 *εἴην*] *ἦν* F 24 add. Dobree

οὐδέτερόν γε δίκαιον τούτων οὐδ᾽ ἂν εἷς φήσειεν εἶναι, ἀλλ᾽ ὃ ἐγὼ προκαλοῦμαι νῦν. σκοπεῖτε δὲ ἀκούσαντες. **(49)** ἐγὼ γὰρ ἀξιῶ, οὓς μὲν ἀφείλοντό με ἐλέγχους περὶ τῶν ἐγκλημάτων, οὓς προσῆκον ἦν ῥηθῆναι, μὴ ζητεῖν αὐτοὺς νῦν, αἷς δ᾽ ἀφείλοντο μαρτυρίαις, ὡς εἰσὶν ἀληθεῖς, δεικνύναι. εἰ δ᾽ ὅταν μὲν τὴν δίκην εἰσίω, τὰς μαρτυρίας με ἐλέγχειν ἀξιώσουσιν, ὅταν δὲ ταύταις ἐπεξίω, περὶ τῶν ἐξ ἀρχῆς ἐγκλημάτων λέγειν με κελεύσουσιν, οὔτε δίκαια οὔτε ὑμῖν συμφέροντα ἐροῦσιν. **(50)** δικάσειν γὰρ ὀμωμόκατε ὑμεῖς οὐ περὶ ὧν ἂν ὁ φεύγων ἀξιοῖ, ἀλλ᾽ ὑπὲρ αὐτῶν ὧν ἂν ἡ δίωξις ᾖ. ταύτην δ᾽ ἀνάγκη τῇ τοῦ διώκοντος λήξει δηλοῦσθαι, ἣν ἐγὼ τούτῳ ψευδομαρτυρίων εἴληχα. μὴ δὴ τοῦτ᾽ ἀφεὶς περὶ ὧν οὐκ ἀγωνίζεται λεγέτω· μηδ᾽ ὑμεῖς ἐᾶτε, ἂν ἄρα οὗτος ἀναισχυντῇ.

51. Οἴομαι τοίνυν αὐτὸν οὐδὲν οὐδαμῇ δίκαιον ἔχοντα λέγειν ἥξειν καὶ ἐπὶ τοῦτο, ὡς ἄτοπον ποιῶ, παραγραφὴν ἡττημένος, τοὺς διαθήκην μαρτυρήσαντας διώκων, καὶ τοὺς δικαστὰς τοὺς τότε φήσειν διὰ τοὺς ἀφεῖναι μεμαρτυρηκότας ἀποψηφίσασθαι μᾶλλον ἢ διὰ τοὺς διαθήκην μαρτυρήσαντας. ἐγὼ δ᾽, ὦ ἄνδρες Ἀθηναῖοι, νομίζω πάντας ὑμᾶς εἰδέναι, ὅτι οὐχ ἧττον τὰ πεπραγμένα εἰώθατε σκοπεῖν ἢ τὰς ὑπὲρ τούτων παραγραφάς· περὶ δὴ τῶν πραγμάτων αὐτῶν τὰ ψευδῆ καταμαρτυρήσαντες οὗτοί μου, ἀσθενεῖς τοὺς περὶ τῆς παραγραφῆς ἐποίησαν λόγους. **(52)** χωρὶς δὲ τούτων ἄτοπον, πάντων τὰ ψευδῆ μαρτυρησάντων, τίς μάλιστα ἔβλαψεν ἀποφαίνειν, ἀλλ᾽ οὐχ ὡς αὐτὸς ἕκαστος ἀληθῆ μεμαρτύρηκε δεικνύναι. οὐ γάρ, ἂν ἕτερον δείξῃ δεινότερ᾽ εἰργασμένον, ἀποφεύγειν αὐτῷ προσήκει, ἀλλ᾽ ἂν αὐτὸς ὡς ἀληθῆ μεμαρτύρηκεν ἀποφήνῃ.

8 ὑμῖν] ἡμῖν S^{a} 12 ἀφεὶς <ψευδομαρτυριῶν> S^{a} 17 ἡττημένους S^{a}
18 φήσει SF : corr. Reiske 26 ἀληθῶς F

53. Ἐφ᾽ ᾧ τοίνυν, ὦ ἄνδρες Ἀθηναῖοι, μάλιστ᾽ ἀπολωλέναι δίκαιός ἐστιν οὑτοσὶ Στέφανος, τοῦτ᾽ ἀκούσατέ μου. δεινὸν μὲν γάρ ἐστιν εἰ καὶ καθ᾽ ὅτου τις οὖν τὰ ψευδῆ μαρτυρεῖ, πολλῷ δὲ δεινότερον καὶ πλείονος ὀργῆς ἄξιον εἰ κατὰ τῶν συγγενῶν· οὐ γὰρ τοὺς γεγραμμένους νόμους ὁ τοιοῦτος ἄνθρωπος μόνους, ἀλλὰ καὶ τὰ τῆς φύσεως οἰκεῖα ἀναιρεῖ. τοῦτο τοίνυν ἐπιδειχθήσεται πεποιηκὼς οὗτος. (54) ἔστι γὰρ ἡ τούτου μήτηρ καὶ ὁ τῆς ἐμῆς γυναικὸς πατὴρ ἀδελφοί, ὥστε τὴν μὲν γυναῖκα τὴν ἐμὴν ἀνεψιὰν εἶναι τούτῳ, τοὺς δὲ παῖδας τοὺς ἐκείνου καὶ τοὺς ἐμοὺς ἀνεψιαδοῦς. ἆρ᾽ οὖν δοκεῖ ποτ᾽ ἂν ὑμῖν οὗτος, εἴ τι δι᾽ ἔνδειαν εἶδε ποιούσας ὧν οὐ χρὴ τὰς αὑτοῦ συγγενεῖς, ὅπερ ἤδη πολλοὶ πεποιήκασι, παρ᾽ αὑτοῦ προῖκα ἐπιδοὺς ἐκδοῦναι, ὃς ὑπὲρ τοῦ μηδ᾽ ἃ προσήκει κομίσασθαι ταύτας τὰ ψευδῆ μαρτυρεῖν ἠθέλησεν, καὶ περὶ πλείονος ἐποιήσατο τὸν Φορμίωνος πλοῦτον ἢ τὰ τῆς συγγενείας ἀναγκαῖα; ἀλλὰ μὴν ὅτι ταῦτ᾽ ἀληθῆ λέγω, (55) λαβὲ τὴν μαρτυρίαν τὴν Δεινίου καὶ ἀναγίγνωσκε, καὶ κάλει Δεινίαν.

ΜΑΡΤΥΡΙΑ

Δεινίας Θεομνήστου Ἀθμονεὺς μαρτυρεῖ τὴν θυγατέρα <τὴν> αὑτοῦ ἐκδοῦναι Ἀπολλοδώρῳ κατὰ τοὺς νόμους γυναῖκα ἔχειν, καὶ μηδεπώποτε παραγενέσθαι μηδὲ αἰσθέσθαι ὅτι Ἀπολλόδωρος ἀφῆκε τῶν ἐγκλημάτων ἁπάντων Φορμίωνα.

56. Ὅμοιός γε Δεινίας, ὦ ἄνδρες δικασταί, τούτῳ, ὃς ὑπὲρ τῆς θυγατρὸς καὶ τῶν θυγατριδῶν καὶ ἐμοῦ τοῦ κηδεστοῦ διὰ τὴν συγγένειαν οὐδὲ τἀληθῆ μαρτυρεῖν ἐθέλει κατὰ τούτου. ἀλλ᾽ οὐχ οὑτοσὶ Στέφανος, οὐκ ὤκνησε καθ᾽

6 μόνον S[c]F : corr. van Herwerden : μόνος S : μόνον <νόμους> cod. D οἰκεῖα] δίκαια Cobet et Richards 7 οὑτοσί F 10 ἐκείνης S[a] 16 λαβέ <μοι> F 19 testimonium om. S θεομνήτου F : corr. cod. Q add. Blass 26 οὑτωσὶ F

ἡμῶν τὰ ψευδῆ μαρτυρεῖν, οὐδ', εἰ μηδένα τῶν ἄλλων, τὴν αὑτοῦ μητέρα ᾐσχύνθη τοῖς ἀπ' ἐκείνης οἰκείοις τῆς ἐσχάτης ἐνδείας αἴτιος γενόμενος.

57. Ὃ τοίνυν ἔπαθον δεινότατον καὶ ἐφ' ᾧ μάλιστα ἐξεπλάγην ὅτ' ἠγωνιζόμην, ὦ ἄνδρες δικασταί, τοῦθ' ὑμῖν εἰπεῖν βούλομαι· τήν τε γὰρ τούτου πονηρίαν ἔτι μᾶλλον ὑμεῖς ὄψεσθε, καὶ ἐγὼ τῶν γεγενημένων ἀποδυράμενος τὰ πλεῖστα πρὸς ὑμᾶς ὡσπερεὶ ῥᾴων ἔσομαι. τὴν γὰρ μαρτυρίαν ἣν ᾤμην εἶναι καὶ δι' ἧς ἦν ὁ πλεῖστος ἔλεγχός μοι, ταύτην οὐχ ηὗρον ἐνοῦσαν ἐν τῷ ἐχίνῳ. (58) τότε μὲν δὴ τῷ κακῷ πληγεὶς οὐδὲν ἄλλο εἶχον ποιῆσαι πλὴν ὑπολαμβάνειν τὴν ἀρχὴν ἠδικηκέναι με καὶ τὸν ἐχῖνον κεκινηκέναι. νῦν δὲ ἀφ' ὧν ὕστερον πέπυσμαι, πρὸς αὐτῷ τῷ διαιτητῇ Στέφανον τουτονὶ αὐτὴν ὑφῃρημένον εὑρίσκω, πρὸς μαρτυρίαν τινὰ ἵνα ἐξορκώσαιμι, ἀναστάντος ἐμοῦ. καὶ ὅτι ταῦτ' ἀληθῆ λέγω, πρῶτον μὲν ὑμῖν μαρτυρήσουσιν τῶν τούτοις παρόντων οἱ ἰδόντες. οὐ γὰρ ἐξομνύναι ἐθελήσειν αὐτοὺς οἴομαι. (59) ἐὰν δ' ἄρα τοῦτο ποιήσωσιν ὑπ' ἀναιδείας, πρόκλησιν ὑμῖν ἀναγνώσεται, ἐξ ἧς τούτους τ' ἐπιορκοῦντας ἐπ' αὐτοφώρῳ λήψεσθε, καὶ τοῦτον ὁμοίως ὑφῃρημένον τὴν μαρτυρίαν εἴσεσθε. καίτοι ὅστις, ὦ ἄνδρες Ἀθηναῖοι, †κακῶν† ἀλλοτρίων κλέπτης ὑπέμεινεν ὀνομασθῆναι, τί ἂν ἡγεῖσθε ποιῆσαι τοῦτον ὑπὲρ αὑτοῦ; (60) λέγε τὴν μαρτυρίαν εἶτα τὴν πρόκλησιν ταύτην.

ΜΑΡΤΥΡΙΑ

Μαρτυροῦσι φίλοι εἶναι καὶ ἐπιτήδειοι Φορμίωνι, καὶ παρεῖναι πρὸς τῷ διαιτητῇ Τεισίᾳ, ὅτε ἦν ἀπόφασις τῆς διαίτης Ἀπολλοδώρῳ πρὸς Φορμίωνα, καὶ εἰδέναι τὴν μαρτυρίαν ὑφῃρημένον Στέφανον, ἣν αἰτιᾶται αὐτὸν Ἀπολλόδωρος ὑφελέσθαι.

8 ὥσπερ F ῥᾷον S[a]F 9 εἶναι] ἐνεῖναι van Herwerden 11 ποιῆσαι del. Blass 13 αὐτὴν] ταύτην Blass 21 κακῶν vix sanum : καὶ τῶν vel ἑκὼν Sandys : <ὑπὲρ> τῶν Hirschig : <κἀπὶ> vel <κἀκ> τῶν Rennie 22 ὑπὲρ αὑτοῦ] ἄλλου του SF[a] 23 εἶτα - ταῦτην del. Rueger 25 testimonium om. S

Ἢ μαρτυρεῖτε, ἢ ἐξομόσασθε.

ΕΞΩΜΟΣΙΑ

61. *Οὐκ ἄδηλον ἦν, ὦ ἄνδρες δικασταί, ὅτι τοῦτ' ἔμελλον ποιήσειν, προθύμως ἐξομεῖσθαι. ἵνα τοίνυν παραχρῆμ' ἐξελεγχθῶσιν ἐπιωρκηκότες, λαβέ μοι ταύτην τὴν μαρτυρίαν καὶ τὴν πρόκλησιν. ἀναγίγνωσκε.*

ΜΑΡΤΥΡΙΑ. ΠΡΟΚΛΗΣΙΣ

Μαρτυροῦσι παρεῖναι ὅτε Ἀπολλόδωρος προὐκαλεῖτο Στέφανον παραδοῦναι τὸν παῖδα τὸν ἀκόλουθον εἰς βάσανον περὶ τῆς ὑφαιρέσεως τοῦ γραμματείου, καὶ γράμματα ἦν ἕτοιμος γράφειν Ἀπολλόδωρος καθ' ὅ τι ἔσται ἡ βάσανος. ταῦτα δὲ προκαλουμένου Ἀπολλοδώρου οὐκ ἐθελῆσαι παραδοῦναι Στέφανον, ἀλλὰ ἀποκρίνασθαι Ἀπολλοδώρῳ δικάζεσθαι, εἰ βούλοιτο, εἴ τί φησιν ἀδικεῖσθαι ὑφ' ἑαυτοῦ.

62. *Τίς ἂν οὖν ὑπὲρ τοιαύτης αἰτίας, ὦ ἄνδρες δικασταί, εἴπερ ἐπίστευεν αὑτῷ, οὐκ ἐδέξατο τὴν βάσανον; οὐκοῦν τῷ φεύγειν τὴν βάσανον ὑφῃρημένος ἐξελέγχεται. ἆρ' οὖν ἂν ὑμῖν αἰσχυνθῆναι δοκεῖ τὴν τοῦ τὰ ψευδῆ μαρτυρεῖν δόξαν ὁ τὴν τοῦ κλέπτης φανῆναι μὴ φυγών; ἢ δεηθέντος τοῦ ὀκνῆσαι τὰ ψευδῆ μαρτυρεῖν, ὃς ἃ μηδεὶς ἐκέλευεν ἐθελοντὴς πονηρὸς ἦν;* **63.** *Δικαίως τοίνυν, ὦ ἄνδρες Ἀθηναῖοι, τούτων ἁπάντων δοὺς ἂν δίκην, πολὺ μᾶλλον ἂν εἰκότως διὰ τἄλλα κολασθείη παρ' ὑμῖν. σκοπεῖτε δέ, τὸν βίον ὃν βεβίωκεν ἐξετάζοντες. οὗτος γάρ, ἡνίκα μὲν συνέβαινεν εὐτυχεῖν Ἀριστολόχῳ τῷ τραπεζίτῃ, ἴσα βαίνων ἐβάδιζεν ὑποπεπτωκὼς ἐκείνῳ, καὶ ταῦτα ἴσασι πολλοὶ τῶν ἐνθάδ' ὄντων ὑμῶν.* **(64)** *ἐπειδὴ δ'*

63 *Ἀριστολόχῳ—ἐβάδιζεν* Harp. ι 19

1 *ἢ*[1] <*μὲν*> S : *ἦμεν* F[γρ] : *εἰ* <*μὲν*> S[C]   3 *ἔμελλον* <*οὗτοι*> cod. Q   8 testimonia om. S   13 *ὑποκρίνασθαι* F   16 *οὐκ* <*ἂν*> F   18 *δοκῇ* F   19 *τοῦ*[1] om. S   *ὀκνῆσαι* <*ἂν*> F   20 *ἐκέλευσεν* S   *ἦν*] *εἶναι* S[a]   22 *ἂν*[1] om. F   24 *μὲν* om. F   *τῷ τραπεζίτῃ* om. Harp.

ἀπώλετ᾽ ἐκεῖνος καὶ τῶν ὄντων ἐξέστη, οὐχ ἥκιστα ὑπὸ τούτου καὶ τῶν τοιούτων διαφορηθείς, τῷ μὲν υἱεῖ τῷ τούτου πολλῶν πραγμάτων ὄντων οὐ παρέστη πώποτε, οὐδ᾽ ἐβοήθησεν, ἀλλ᾽ Ἀπόληξις καὶ Σόλων καὶ πάντες ἄνθρωποι μᾶλλον βοηθοῦσι· Φορμίωνα δὲ πάλιν ἑώρακεν καὶ τούτῳ γέγονεν οἰκεῖος, ἐξ Ἀθηναίων ἁπάντων τοῦτον ἐκλεξάμενος, καὶ ὑπὲρ τούτου πρεσβευτὴς μὲν ᾤχετο εἰς Βυζάντιον πλέων, ἡνίκα ἐκεῖνοι τὰ πλοῖα τὰ τούτου κατέσχον, τὴν δὲ δίκην ἔλεγεν τὴν πρὸς τοὺς Καλχηδονίους, τὰ ψευδῆ δέ μου φανερῶς οὕτως καταμεμαρτύρηκεν. **(65)** εἶθ᾽ ὃς εὐτυχούντων ἐστὶ κόλαξ, κἂν ἀτυχῶσι, τῶν αὐτῶν τούτων προδότης, καὶ τῶν μὲν ἄλλων πολιτῶν πολλῶν καὶ καλῶν κἀγαθῶν ὄντων μηδενὶ μηδ᾽ ἐξ ἴσου χρῆται, τοῖς δὲ τοιούτοις ἐθελοντὴς ὑποπίπτει, καὶ μήτ᾽ εἴ τινα τῶν οἰκείων ἀδικήσει μήτ᾽ εἰ παρὰ τοῖς ἄλλοις φαύλην δόξαν ἕξει ταῦτα ποιῶν μήτ᾽ ἄλλο μηδὲν σκοπεῖ, πλὴν ὅπως τι πλέον ἕξει, τοῦτον οὐ μισεῖν ὡς κοινὸν ἐχθρὸν τῆς φύσεως ὅλης τῆς ἀνθρωπίνης προσήκει; ἔγωγ᾽ ἂν φαίην. **(66)** ταῦτα μέντοι τὰ τοσαύτην ἔχοντα αἰσχύνην, ὦ ἄνδρες Ἀθηναῖοι, ἐπὶ τῷ τὴν πόλιν φεύγειν καὶ τὰ ὄντ᾽ ἀποκρύπτεσθαι προῄρηται πράττειν, ἵνα ἐργασίας ἀφανεῖς διὰ τῆς τραπέζης ποιῆται, καὶ μήτε χορηγῇ μήτε τριηραρχῇ μήτ᾽ ἄλλο μηδὲν ὧν προσήκει ποιῇ. καὶ κατείργασται τοῦτο. τεκμήριον δέ· ἔχων γὰρ οὐσίαν τοσαύτην ὥσθ᾽ ἑκατὸν μνᾶς ἐπιδοῦναι τῇ θυγατρί, οὐδ᾽ ἡντινοῦν ἑώραται λειτουργίαν ὑφ᾽ ὑμῶν λειτουργῶν, οὐδὲ τὴν ἐλαχίστην. καίτοι πόσῳ κάλλιον φιλοτιμούμενον ἐξετάζεσθαι καὶ προθυμούμενον εἰς ἃ δεῖ τῇ πόλει, ἢ κολακεύοντα καὶ τὰ ψευδῆ μαρτυροῦντα; ἀλλ᾽ ἐπὶ τῷ κερδαίνειν πᾶν ἂν οὗτος ποιήσειε. **(67)** καὶ μήν, ὦ ἄνδρες Ἀθηναῖοι, μᾶλλον ἄξιον

66 ἐξετάζεσθαι Harp. ε 18 Sud. ε 1755

5 ἑόρακεν F 8 τὰ[2] om. F ἔλεγον S 9 τοὺς om. F 13–14 μήτ᾽ εἴ τινα] μή τινα S 15 μήτ᾽] μὴ F σκοπεῖν cod. Q ὅπως] ὅ (rasura) S[a] τι om. F 19 φυγεῖν S[a] ὄντ᾽] χρήματα S 24 λειτουγίαν ἑώραται F ἡμῶν S

ὀργίλως ἔχειν τοῖς μετ᾽ εὐπορίας πονηροῖς ἢ τοῖς μετ᾽ ἐνδείας. τοῖς μὲν γὰρ ἡ τῆς χρείας ἀνάγκη φέρει τινὰ συγγνώμην παρὰ τοῖς ἀνθρωπίνως λογιζομένοις· οἱ δ᾽ ἐκ περιουσίας, ὥσπερ οὗτος, πονηροὶ οὐδεμίαν πρόφασιν δικαίαν ἔχοιεν ἂν εἰπεῖν, ἀλλ᾽ αἰσχροκερδίᾳ καὶ πλεονεξίᾳ καὶ ὕβρει καὶ τῷ τὰς αὑτῶν συστάσεις κυριωτέρας τῶν νόμων ἀξιοῦν εἶναι ταῦτα φανήσονται πράττοντες. ὑμῖν δὲ οὐδὲν τούτων συμφέρει, ἀλλὰ τὸν ἀσθενῆ παρὰ τοῦ πλουσίου δίκην, ἂν ἀδικῆται, δύνασθαι λαβεῖν. ἔσται δὲ τοῦτο, ἐὰν κολάζητε τοὺς φανερῶς οὕτως ἐξ εὐπορίας πονηρούς.

68. Οὐ τοίνυν οὐδ᾽ ἃ πέπλασται οὗτος καὶ βαδίζει παρὰ τοὺς τοίχους ἐσκυθρωπακώς, σωφροσύνης ἄν τις ἡγήσαιτ᾽ εἰκότως εἶναι σημεῖα, ἀλλὰ μισανθρωπίας. ἐγὼ γάρ, ὅστις αὑτῷ μηδενὸς συμβεβηκότος δεινοῦ, μηδὲ τῶν ἀναγκαίων σπανίζων, ἐν ταύτῃ τῇ σχέσει διάγει τὸν βίον, τοῦτον ἡγοῦμαι συνεωρακέναι καὶ λελογίσθαι παρ᾽ αὑτῷ, ὅτι τοῖς μὲν ἁπλῶς, ὡς πεφύκασι, βαδίζουσι καὶ φαιδροῖς καὶ προσέλθοι τις ἂν καὶ δεηθείη καὶ ἐπαγγείλειεν οὐδὲν ὀκνῶν, τοῖς δὲ πεπλασμένοις καὶ σκυθρωποῖς ὀκνήσειέ τις ἂν προσελθεῖν πρῶτον. **(69)** οὐδὲν οὖν ἄλλο ἢ πρόβλημα τοῦ τρόπου τὸ σχῆμα τοῦτ᾽ ἔστιν, καὶ τὸ τῆς διανοίας ἄγριον καὶ πικρὸν ἐνταῦθα δηλοῖ. σημεῖον δέ· τοσούτων γὰρ ὄντων τὸ πλῆθος Ἀθηναίων, πράττων πολὺ βέλτιον ἢ σὲ προσῆκον ἦν, τῷ πώποτε εἰσήνεγκας, ἢ τίνι συμβέβλησαί πω, ἢ τίνα εὖ πεποίηκας; **(70)** οὐδένα ἂν εἰπεῖν ἔχοις· ἀλλὰ τοκίζων καὶ τὰς τῶν ἄλλων συμφορὰς καὶ χρείας εὐτυχήματα σαυτοῦ νομίζων, ἐξέβαλες μὲν τὸν σαυτοῦ θεῖον

67 τοῖς μὲν—ἔχοιεν Stob. 4.5.72

---

2 ἀνάγκης χρεία S Stob. 4 ὥσπερ οὗτος om. Stob. οὐδεμίαν δικαίαν πρόφασιν ἔχουσι Stob. 5 αἰσχροκερδείᾳ S[c]F 11 οὗτος post βαδίζει SF : corr. Rennie : post 12 τοίχους Blass 13 εἰκότως ante 12 ἄν F 16 συνεορακέναι F[a] 17 <καὶ> ὡς Huettner 18 ἀπαγγείλειεν SF : corr. Wolf 19 ὀκνήσει S ἄν τις F πρῶτον] πρότερος Richards 24 ἢ τίνα - πεποίηκας om. S οὐδὲν F

Νικίαν ἐκ τῆς πατρῴας οἰκίας, ἀφῄρησαι δὲ τὴν σαυτοῦ πενθερὰν ταῦτα ἀφ' ὧν ἔζη, ἀοίκητον δὲ τὸν Ἀρχεδήμου παῖδα τὸ σαυτοῦ μέρος πεποίηκας. οὐδεὶς δὲ πώποτε οὕτω πικρῶς οὐδ' ὑπερήμερον εἰσέπραξεν ὡς σὺ τοὺς ὀφείλοντας τοὺς τόκους. εἶθ' ὃν ὁρᾶτ' ἐπὶ πάντων οὕτως ἄγριον καὶ μιαρόν, τοῦτον ὑμεῖς ἠδικηκότα ἐπ' αὐτοφώρῳ λαβόντες οὐ τιμωρήσεσθε; δεινὰ ἄρα, ὦ ἄνδρες δικασταί, ποιήσετε καὶ οὐχὶ δίκαια.

71. Ἄξιον τοίνυν, ὦ ἄνδρες Ἀθηναῖοι, καὶ Φορμίωνι τῷ παρασχομένῳ τουτονὶ νεμεσῆσαι τοῖς πεπραγμένοις, τὴν ἀναίδειαν τοῦ τρόπου καὶ τὴν ἀχαριστίαν ἰδόντας. οἶμαι γὰρ ἅπαντας ὑμᾶς εἰδέναι, ὅτι τοῦτον, ἡνίκ' ὤνιος ἦν, εἰ συνέβη μάγειρον ἤ τινος ἄλλης τέχνης δημιουργὸν πρίασθαι, τὴν τοῦ δεσπότου τέχνην ἂν μαθὼν πόρρω τῶν νῦν παρόντων ἦν ἀγαθῶν. (72) ἐπειδὴ δὲ ὁ πατὴρ ὁ ἡμέτερος τραπεζίτης ὢν ἐκτήσατα αὐτὸν καὶ γράμματ' ἐπαίδευσεν καὶ τὴν τέχνην ἐδίδαξεν καὶ χρημάτων ἐποίησε κύριον πολλῶν, εὐδαίμων γέγονεν, τὴν τύχην, ᾗ πρὸς ἡμᾶς ἀφίκετο, ἀρχὴν λαβὼν πάσης τῆς νῦν παρούσης εὐδαιμονίας. (73) οὔκουν δεινόν, ὦ γῆ καὶ θεοί, καὶ πέρᾳ δεινοῦ, τοὺς Ἕλληνα μὲν ἀντὶ βαρβάρου ποιήσαντας, γνώριμον δ' ἀντ' ἀνδραπόδου, τοσούτων δ' ἀγαθῶν ἡγεμόνας, τούτους περιορᾶν ἐν ταῖς ἐσχάταις ἀπορίαις ὄντας ἔχοντα καὶ πλουτοῦντα, καὶ εἰς τοῦθ' ἥκειν ἀναιδείας ὥστε, ἧς παρ' ἡμῶν τύχης μετέσχε, ταύτης ἡμῖν μὴ τολμᾶν μεταδοῦναι; (74) ἀλλ' αὐτὸς μὲν οὐκ ὤκνησε τὴν δέσποιναν γῆμαι καὶ ᾗ τὰ καταχύσματα αὐτοῦ κατέχεε τόθ' ἡνίκ' ἐωνήθη, ταύτῃ συνοικεῖν, οὐδὲ προῖκα πέντε τάλαντα αὑτῷ γράψαι, χωρὶς ὧν οὔσης τῆς μητρὸς κυρίας οὗτος ἐγκρατὴς γέγονεν πολλῶν χρημάτων (τί γὰρ αὐτὸν οἴεσθε εἰς

74 *ἀλλ'—ἐωνήθη* Ammon. 256 *καταχύσματα* Harp. *κ* 27 *ᾗ-κατέχεε* Hermog. 324.15 R. Syr. 1.74.9

2 *ἄοικον* Schaefer 17 *ᾗ*] *ἡ* F 20 *δ'* (ante *ἀγαθῶν*) om. S 21 *ἡγεμόνα* SF : corr. Reiske 25 *καὶ* om. Ammon. *αὐτοῦ* om. Hermog. Syr. 26 *συνοικεῖ* S[a]

τὰς διαθήκας ἐγγράψαι ‘καὶ τἄλλα, ὅσα ἐστίν, Ἀρχίππῃ δίδωμι’;) τὰς δ’ ἡμετέρας θυγατέρας μελλούσας δι’ ἔνδειαν ἀνεκδότους ἔνδον γηράσκειν περιορᾷ. (75) καὶ εἰ μὲν πένης οὗτος ἦν, ἡμεῖς δ’ εὐποροῦντες ἐτυγχάνομεν, καὶ συνέβη τι παθεῖν, οἷα πολλά, ἐμοί, οἱ παῖδες ἂν οἱ τούτου τῶν ἐμῶν θυγατέρων ἐπεδικάζοντο, οἱ τοῦ δούλου τῶν τοῦ δεσπότου· θεῖοι γάρ εἰσιν αὐταῖς διὰ τὸ τὴν μητέρα τὴν ἐμὴν τοῦτον λαβεῖν· ἐπειδὴ δ’ ἀπόρως ἡμεῖς ἔχομεν, τηνικαῦτ’ οὐ συνεκδώσει ταύτας, ἀλλὰ λέγει καὶ λογίζεται τὸ πλῆθος ὧν ἐγὼ χρημάτων ἔχω. καὶ γὰρ τοῦτο ἀτοπώτατον πάντων. (76) ὧν μὲν ἀπεστέρηκεν ἡμᾶς χρημάτων, οὐδέπω καὶ τήμερον ἠθέλησεν ὑποσχεῖν τὸν λόγον, ἀλλὰ μηδ’ εἰσαγωγίμους εἶναι τὰς δίκας παραγράφεται· ἃ δὲ τῶν πατρῴων ἐνειμάμην ἐγώ, ταῦτα λογίζεται. καὶ τοὺς μὲν ἄλλους ἄν τις ἴδοι τοὺς οἰκέτας ὑπὸ τῶν δεσποτῶν ἐξεταζομένους· οὗτος δ’ αὖ τοὐναντίον τὸν δεσπότην ὁ δοῦλος ἐξετάζει, ὡς δῆτα πονηρὸν καὶ ἄσωτον ἐκ τούτων ἐπιδείξων. (77) ἐγὼ δ’, ὦ ἄνδρες Ἀθηναῖοι, τῆς μὲν ὄψεως τῇ φύσει καὶ τῷ ταχέως βαδίζειν καὶ λαλεῖν μέγα, οὐ τῶν εὐτυχῶς πεφυκότων ἐμαυτὸν κρίνω· ἐφ’ οἷς γὰρ οὐδὲν ὠφελούμενος λυπῶ τινας, ἔλαττον ἔχω πολλαχοῦ· τῷ μέντοι μέτριος κατὰ πάσας τὰς εἰς ἐμαυτὸν δαπάνας εἶναι πολὺ τούτου καὶ τοιούτων ἑτέρων εὐτακτότερον ζῶν ἂν φανείην. (78) τὰ δ’ εἰς τὴν πόλιν καὶ ὅσα εἰς ὑμᾶς, ὡς δύναμαι λαμπρότατα, ὡς ὑμεῖς σύνιστε, ποιῶ· οὐ γὰρ ἀγνοῶ τοῦθ’ ὅτι τοῖς μὲν γένει πολίταις ὑμῖν ἱκανόν ἐστι λειτουργεῖν ὡς οἱ νόμοι προστάττουσι, τοὺς δὲ ποιητοὺς ἡμᾶς ὡς ἀποδιδόντας χάριν, οὕτω προσήκει φαίνεσθαι λειτουργοῦντας. μὴ οὖν μοι ταῦτα ὀνείδιζε, ἐφ’ οἷς ἐπαίνου τύχοιμ’ ἂν δικαίως. (79) ἀλλὰ τίνα, ὦ

76 *καὶ τῷ—μέγα* cf. 37.52 *οὐ—πολλαχοῦ* cf. 37.55

3 *εἰ*] *ἢ* S[a] 6 *ἐδικάζοντο* S[a]F 7 *θεῖοι - λαβεῖν* del. Wolf 12 *τὸν λόγον* om. S *μηδ’*] *μὴ* S 15 *αὖ*] *αὐτὸ* Blass 24 <*καὶ*> *ὡς* F 25 *ὡς*] *ὅσα* Naber

Φορμίων, τῶν πολιτῶν ἑταιρεῖν, ὥσπερ σύ, μεμίσθωμαι; δεῖξον. τίνα τῆς πόλεως, ἧς αὐτὸς ἠξιώθην, καὶ τῆς ἐν αὐτῇ παρρησίας ἀπεστέρηκα, ὥσπερ σὺ τοῦτον ὃν κατῄσχυνας; τίνος γυναῖκα διέφθαρκα, ὥσπερ σὺ πρὸς πολλαῖς ἄλλαις ταύτην, ᾗ τὸ μνῆμα ᾠκοδόμησεν ὁ θεοῖς ἐχθρὸς οὗτος πλησίον τοῦ τῆς δεσποίνης, ἀνηλωκὼς πλέον ἢ τάλαντα δύο; καὶ οὐκ ᾐσθάνετο, ὅτι οὐχὶ τοῦ τάφου μνημεῖον ἔσται τὸ οἰκοδόμημα τοιοῦτον ὄν, ἀλλὰ τῆς ἀδικίας ἧς τὸν ἄνδρ᾽ ἠδίκηκεν ἐκείνη διὰ τοῦτον. **(80)** *εἶτα τοιαῦτα ποιῶν καὶ τηλικαύτας μαρτυρίας ἐξενηνοχὼς τῆς ὕβρεως τῆς σαυτοῦ σύ, τὸν ἄλλου του βίον ἐξετάζειν τολμᾷς; μεθ᾽ ἡμέραν εἶ σὺ σώφρων, τὴν δὲ νύκτα ἐφ᾽ οἷς θάνατος ἡ ζημία, ταῦτα ποιεῖς. πονηρός, ὦ ἄνδρες Ἀθηναῖοι, πονηρὸς οὗτος ἄνωθεν ἐκ τοῦ Ἀνακίου καὶ ἄδικος. σημεῖον δέ· εἰ γὰρ ἦν δίκαιος, πένης ἂν ἦν τὰ τοῦ δεσπότου διοικήσας. νῦν δὲ τοσούτων χρημάτων τὸ πλῆθος κύριος καταστὰς ὥστε τοσαῦτα λαθεῖν ἀπ᾽ αὐτῶν κλέψας ὅσα νῦν κέκτηται, οὐκ ὀφείλειν ταῦτα, ἀλλὰ πατρῷα ἔχειν ἡγεῖται.* **(81)** *καίτοι πρὸς θεῶν, εἰ κλέπτην σ᾽ ἀπῆγον ὡς ἐπ᾽ αὐτοφώρῳ εἰληφώς, τὴν οὐσίαν ἣν ἔχεις, εἴ πως οἷόν τ᾽ ἦν, ἐπιθείς σοι, εἶτά σε ἠξίουν, εἰ μὴ φῂς ὑφῃρημένος ταῦτ᾽ ἔχειν, ἀνάγειν ὅθεν εἴληφας, εἰς τίνα ἂν αὐτὰ ἀνήγαγες; οὔτε γάρ σοι πατὴρ παρέδωκεν, οὔθ᾽ ηὗρες, οὔτε λαβὼν ποθεν ἄλλοθεν ἦλθες ὡς ἡμᾶς· βάρβαρος γὰρ ἐωνήθης. εἶθ᾽ ᾧ δημοσίᾳ προσῆκεν ἐπὶ τοῖς εἰργασμένοις τεθνάναι, σύ, τὸ σῶμα σεσῳκὼς καὶ πόλιν ἐκ τῶν ἡμετέρων σαυτῷ κτησάμενος καὶ παῖδας ἀδελφοὺς τοῖς σεαυτοῦ δεσπόταις ἀξιωθεὶς ποιήσασθαι, παρεγράψω μὴ εἰσαγώγιμον εἶναι τὴν δίκην τῶν ἐγκαλουμένων χρημάτων ὑφ᾽ ἡμῶν;* **(82)** *εἶτα κακῶς ἡμᾶς ἔλεγες καὶ τὸν ἡμέτερον πατέρα ἐξήταζες ὅστις ἦν; ἐφ᾽ οἷς τίς οὐκ ἄν, ὦ ἄνδρες*

80 *Ἀνακίου* Harp. α 116

---

10 *του* om. F   13 *ἀνακεί-* SF Harp. : recte IG II 660   *δικος* S^a
21 *αὐτὰ*] *ταῦτα* cod. D

Ἀθηναῖοι, χαλεπῶς ἤνεγκεν; ἐγὼ γάρ, εἰ πάντων τῶν ἄλλων ὑμῶν ἔλαττον προσήκει μοι φρονεῖν, τούτου γε μεῖζον οἶμαι, καὶ τούτῳ γε εἰ μηδενὸς τῶν ἄλλων ἔλαττον, ἐμοῦ γε ἔλαττον· ὄντων γὰρ ἡμῶν τοιούτων ὁποίους τινὰς ἂν {καὶ} σὺ κατασκευάσῃς τῷ λόγῳ, σὺ δοῦλος ἦσθα.

83. *Τάχα τοίνυν ἂν ἴσως καὶ τοῦτό τις αὐτῶν εἴποι, ὡς ἀδελφὸς ὢν ἐμὸς Πασικλῆς οὐδὲν ἐγκαλεῖ τῶν αὐτῶν τούτῳ πραγμάτων. ἐγὼ δ', ὦ ἄνδρες Ἀθηναῖοι, καὶ περὶ Πασικλέους, παραιτησάμενος καὶ δεηθεὶς ὑμῶν συγγνώμην ἔχειν, εἰ προεληλυθὼς εἰς τοῦτο ὥστε ὑπὸ τῶν ἐμαυτοῦ δούλων ὑβρισθεὶς οὐ δύναμαι κατασχεῖν, ἃ τέως οὐδὲ τῶν ἄλλων λεγόντων ἀκούειν ἐδόκουν, ἐρῶ καὶ οὐ σιωπήσομαι.* **(84)** *ἐγὼ γὰρ ὁμομήτριον μὲν ἀδελφὸν ἐμαυτοῦ Πασικλέα νομίζω, ὁμοπάτριον δ' οὐκ οἶδα, δέδοικα μέντοι μὴ τῶν Φορμίωνος ἁμαρτημάτων εἰς ἡμᾶς ἀρχὴ Πασικλῆς ᾖ. ὅταν γὰρ τῷ δούλῳ συνδικῇ τὸν ἀδελφὸν ἀτιμῶν, καὶ παραπεπτωκὼς θαυμάζῃ τούτους ὑφ' ὧν αὐτῷ θαυμάζεσθαι προσῆκεν, τίν' ἔχει δικαίαν ταῦθ' ὑποψίαν; ἄνελε οὖν ἐκ μέσου μοι Πασικλέα, καὶ σὸς μὲν υἱὸς ἀντὶ δεσπότου καλείσθω, ἐμὸς δὲ ἀντίδικος (βούλεται γὰρ) ἀντ' ἀδελφοῦ.*

85. *Ἐγὼ δὲ τούτῳ μὲν χαίρειν λέγω, οὓς δ' ὁ πατήρ μοι παρέδωκε βοηθοὺς καὶ φίλους, εἰς τούτους ἥκω, εἰς ὑμᾶς, ὦ ἄνδρες δικασταί. καὶ δέομαι καὶ ἀντιβολῶ καὶ ἱκετεύω, μὴ ὑπερίδητέ με καὶ τὰς θυγατέρας δι' ἔνδειαν τοῖς ἐμαυτοῦ δούλοις καὶ τοῖς τούτου κόλαξιν ἐπίχαρτον γενόμενον. οὑμὸς ὑμῖν πατὴρ χιλίας ἔδωκεν ἀσπίδας, καὶ πολλὰ ἄλλα χρήσιμον αὑτὸν παρέσχε, καὶ πέντε τριήρεις ἐθελοντὴς ἐπιδοὺς καὶ παρ'*

84 *ἐγὼ—οἶδα* Tib. 14.6–8 *παραπεπτωκὼς* Harp. π 22 Sud. π 407 Ph. Lex. Vind. 139.10

4 del. Blass 10 *ὑβρίσθαι* Reiske 13 *μὲν* om. Tib. 14 *οὐκ οἶδα* del. Naber *ἁμαρτημάτων*] *ἀδικημάτων* cod. Q[γρ] 16 *ὑποπεπτωκὼς* Dobree 17 *αὐτῷ*] *αὑτὸν* cod. D 24 *περίδητέ* Huettner 26 *πολλὰ ἄλλα* cod. Q[γρ] : *πολλὰ* SF : *πολλά* <*τε*> *ἄλλα* Gernet

αὑτοῦ πληρώσας ἐτριηράρχησε τριηραρχίας. καὶ ταῦτα, οὐκ ὀφείλειν ὑμᾶς νομίζων χάριν ἡμῖν, ὑπομιμνῄσκω (ἡμεῖς γὰρ ὀφείλομεν ὑμῖν), ἀλλ' ἵνα μὴ λάθω τι παθὼν τούτων ἀνάξιον· οὐδὲ γὰρ ὑμῖν ἂν γένοιτο καλόν.

86. *Πολλὰ δ' ἔχων εἰπεῖν περὶ ὧν ὕβρισμαι, οὐχ ἱκανὸν ὂν τὸ ὕδωρ ὁρῶ μοι. ὡς οὖν μάλιστ' ἂν ἅπαντας ὑμᾶς ἡγοῦμαι γνῶναι τὴν ὑπερβολὴν ὧν ἠδικήμεθ' ἡμεῖς, φράσω· εἰ σκέψαιτο πρὸς ἑαυτὸν ἕκαστος ὑμῶν τίν' οἴκοι κατέλιπεν οἰκέτην, εἶθ' ὑπὸ τούτου πεπονθόθ' ἑαυτὸν θείη ταὔθ' ἅπερ ἡμεῖς ὑπὸ τούτου. μὴ γὰρ εἰ Σύρος ἢ Μάνης ἢ τίς ἕκαστος ἐκείνων, οὗτος δὲ Φορμίων· ἀλλὰ τὸ πρᾶγμα ταὐτό· δοῦλοι μὲν ἐκεῖνοι, δοῦλος δ' οὗτος ἦν, δεσπόται δ' ὑμεῖς, δεσπότης δ' ἦν ἐγώ.* **(87)** *ἣν τοίνυν ὑμῶν ἂν ἕκαστος δίκην ἀξιώσειε λαβεῖν, ταύτην νομίζετε κἀμοὶ προσήκειν νῦν· καὶ τὸν ἀφῃρημένον τῷ μαρτυρῆσαι τὰ ψευδῆ καὶ ὑπὲρ τῶν νόμων καὶ ὑπὲρ τῶν ὅρκων οὓς ὀμωμοκότες δικάζετε, τιμωρήσασθε καὶ παράδειγμα ποιήσατε τοῖς ἄλλοις, μνημονεύοντες πάντα ὅσα ἀκηκόατε ἡμῶν, καὶ φυλάττοντες, ἐὰν παράγειν ἐπιχειρῶσιν ὑμᾶς, πρὸς ἕκαστον ἀπαντῶντες· ἐὰν μὴ φῶσιν ἅπαντα μεμαρτυρηκέναι, 'τί οὖν ἐν τῷ γραμματείῳ γέγραπται; τί οὖν οὐ τότ' ἀπηλείφου; τίς ἡ παρὰ τοῖς ἄρχουσιν ἀντιγραφή;'* **(88)** *ἐὰν μεμαρτυρηκέναι τὸν μὲν ἐπιτροπευθῆναι κατὰ διαθήκας, τὸν δ' ἐπιτροπεῦσαι, τὸν δ' ἔχειν, 'ποίας; ἐν αἷς τί γέγραπται;' ταῦτ' ἐρωτᾶτε· ἃ γὰρ οὗτοι μεμαρτυρήκασιν, οὐδεὶς ἐκείνων προσμεμαρτύρηκεν. ἐὰν δ' ὀδύρωνται, τὸν πεπονθότα ἐλεινότερον τῶν δωσόντων δίκην ἡγεῖσθε. ταῦτα γὰρ ἂν ποιῆτε, ἐμοί τε βοηθήσετε, καὶ τούτους τῆς ἄγαν κολακείας ἐπισχήσετε, καὶ αὐτοὶ τὰ εὔορκα ἔσεσθε ἐψηφισμένοι.*

5 *ὂν* om. cod. D: del. Blass 9 *θείη*] *οἰηθείη* cod. D *ταῦθ'* SF : corr. Richards 12 *δ' ἦν* om. F[a] 18 <*καὶ*> *πρὸς* Lamb. 21 *τίς* <*οὖν*> F *ἐὰν* <*φῶσι*> cod. Q[γρ] 24 *ἃ*] *ἃς* Blass 27 *τῆς* cod. D : *τὰς* SF Subscriptum in S, *κατα στεφανου ψευδομαρτυριων πρωτος* $_{H}$ *Η Η* $_{Δ}$ *Δ Δ Δ Δ Ι Ι Ι;* in F, *κατα στεφανου ψευδομορτυριων α.*

XLVI

[ΔΗΜΟΣΘΕΝΟΥΣ] *ΚΑΤΑ ΣΤΕΦΑΝΟΥ ΨΕΥΔΟΜΑΡΤΥΡΙΩΝ Β*

1. *Ὅτι μὲν οὐκ ἀπορήσειν ἔμελλε Στέφανος οὑτοσὶ ὅ τι ἀπολογήσεται περὶ τῆς μαρτυρίας, παράγων τῷ λόγῳ ὡς οὐ πάντα μεμαρτύρηκε τὰ ἐν τῷ γραμματείῳ γεγραμμένα, καὶ ἐξαπατῶν ὑμᾶς, καὶ αὐτὸς σχεδόν τι ὑπενόουν, ὦ ἄνδρες δικασταί. πανοῦργός τε γάρ ἐστιν, καὶ οἱ γράφοντες καὶ οἱ συμβουλεύοντες ὑπὲρ Φορμίωνος πολλοί· ἅμα τ' εἰκός ἐστι τοὺς ἐγχειροῦντας τὰ ψευδῆ μαρτυρεῖν καὶ τὴν ἀπολογίαν εὐθέως ὑπὲρ αὑτῶν μελετᾶν.* (2) *ὅτι δ' ἐν τοσούτῳ λόγῳ οὐδαμοῦ μάρτυρας παρέσχετο ὑμῖν, ὡς ἢ διατιθεμένῳ τῷ πατρὶ τῷ ἐμῷ παρεγένετό που αὐτὸς ταύτην τὴν διαθήκην, ὥστ' εἰδέναι ταῦτα ὅτι ἀντίγραφά ἐστιν ὧν ὁ πατήρ μου διέθετο, ἢ ἀνοιχθὲν εἶδε τὸ γραμματεῖον ὅ φασι διαθέμενον ἐκεῖνον καταλιπεῖν, ταῦτα συμμέμνησθέ μοι.* (3) *ἀλλὰ μὴν ὁπότε μεμαρτύρηκεν ἀντίγραφα εἶναι τῶν διαθηκῶν τῶν Πασίωνος τὰ ἐν τῷ γραμματείῳ γεγραμμένα, τὰς δὲ διαθήκας μὴ ἔχει ἐπιδεῖξαι μήθ' ὡς ὁ πατὴρ διέθετο ἡμῶν μήθ' ὡς αὐτὸς εἶδεν παραγενόμενος αὐτὰς διατιθεμένου τοῦ πατρός, πῶς οὐ περιφανῶς οὗτος ἐξελέγχεται τὰ ψευδῆ μεμαρτυρηκώς;*

4. *Εἰ τοίνυν πρόκλησίν φησιν εἶναι καὶ μὴ μαρτυρίαν, οὐκ ἀληθῆ λέγει. ἅπαντα γὰρ ὅσα παρέχονται εἰς τὸ δικαστήριον προκαλούμενοι ἀλλήλους οἱ ἀντίδικοι, διὰ μαρτυρίας παρέχονται. οὐ γὰρ ἂν εἰδείηθ' ὑμεῖς εἴτ' ἐστὶν ἀληθῆ εἴτε ψευδῆ ἅ*

tit. *κατα στεφανου ψευδομαρτυριων β* S : om F   10 *τὴν* om. cod. Q   16 *ἔχειν* SF : corr. cod. Q   17 *εἶδεν* cod. Q : *οἶδεν* SF   *αὐτὰς* Baiter : *αὐταῖς* SF   *διαθεμένου* cod. D

φασιν ἑκάτεροι, εἰ μή τις καὶ τοὺς μάρτυρας παρέχοιτο. ὅταν δὲ παράσχηται, τούτοις πιστεύοντες ὑποδίκοις οὖσιν ψηφίζεσθε ἐκ τῶν λεγομένων καὶ μαρτυρουμένων ἃ ἂν ὑμῖν δοκῇ δίκαια εἶναι. (5) *βούλομαι τοίνυν καὶ τὴν μαρτυρίαν ἐξελέγξαι, ὅτι οὐ πρόκλησίς ἐστιν, καὶ ὡς ἔδει μαρτυρεῖν αὐτούς, εἴπερ ἐγίγνετο ἡ πρόκλησις, ὡς οὐκ ἐγίγνετο. ʽμαρτυροῦσι παρεῖναι πρὸς τῷ διαιτητῇ Τεισίᾳ, ὅτε προὐκαλεῖτο Φορμίων Ἀπολλόδωρον ἀνοίγειν τὸ γραμματεῖον, ὃ παρεῖχεν Ἀμφίας ὁ Κηφισοφῶντος κηδεστής, Ἀπολλόδωρον δʼ οὐκ ἐθέλειν ἀνοίγειν.ʼ οὕτω μὲν ἂν μαρτυροῦντες ἐδόκουν ἀληθῆ μαρτυρεῖν· ἀντίγραφα δὲ τῶν διαθηκῶν τῶν Πασίωνος μαρτυρεῖν εἶναι τὰ ἐν τῷ γραμματείῳ ὃ παρείχετο Φορμίων, μήτε παραγενομένους ἐκείνῳ διατιθεμένῳ μήτʼ εἰδότας εἰ διέθετο, πῶς οὐ περιφανοῦς ἀναισχυντίας δοκεῖ ὑμῖν εἶναι;*

6. *Ἀλλὰ μὴν εἴ φησι Φορμίωνος λέγοντος πιστεύειν ταῦτʼ ἀληθῆ εἶναι, τοῦ αὐτοῦ ἀνδρός ἐστιν πιστεύειν τε λέγοντι τούτῳ ταῦτα καὶ κελεύοντι μαρτυρεῖν. οἱ δέ γε νόμοι οὐ ταῦτα λέγουσιν, ἀλλʼ ἃ ἂν εἰδῇ τις καὶ οἷς ἂν παραγένηται πραττομένοις, ταῦτα μαρτυρεῖν κελεύουσιν ἐν γραμματείῳ γεγραμμένα, ἵνα μήτʼ ἀφελεῖν ἐξῇ μηδὲν μήτε προσθεῖναι τοῖς γεγραμμένοις.* (7) *ἀκοὴν δʼ οὐκ ἐῶσι ζῶντος μαρτυρεῖν, ἀλλὰ τεθνεῶτος, τῶν δὲ ἀδυνάτων καὶ ὑπερορίων ἐκμαρτυρίαν γεγραμμένην ἐν τῷ γραμματείῳ· καὶ ἀπὸ τῆς αὐτῆς ἐπισκήψεως τήν τε μαρτυρίαν καὶ ἐκμαρτυρίαν ἀγωνίζεσθαι ἅμα, ἵνʼ ἐὰν μὲν ἀναδέχηται ὁ ἐκμαρτυρήσας, ἐκεῖνος ὑπόδικος ᾖ τῶν ψευδομαρτυρίων, ἐὰν δὲ μὴ ἀναδέχηται, οἱ μαρτυρήσαντες*

7 *ἐκμαρτυρίαν* Harp. ε 25

2 *ψηφίζεσθαι* F[C]   8 *ἀμφίας* cod. Q[c] : *ἀμφίων* SF   12 *ὃ* Reiske : *ἃ* SF   14 *οὐ*] *οὖν* S[a] *περιφανῶς ἀναισχυντία* SF : corr. Dobree   18 *ἃ* om. S[a]   19 *κελεύουσι* del. Naber   23 *τῷ* del. Reiske   26 *ἐκμαρτυρήσαντες* SF : corr. Reiske

τὴν ἐκμαρτυρίαν. **(8)** Στέφανος τοίνυν οὑτοσί, οὔτ᾽ εἰδὼς διαθήκας καταλιπόντα τὸν πατέρα ἡμῶν, οὔτε παραγενόμενος πώποτε διατιθεμένῳ τῷ πατρὶ ἡμῶν, ἀκούσας δὲ Φορμίωνος, μεμαρτύρηκεν ἀκοὴν τὰ ψευδῆ τε καὶ παρὰ τὸν νόμον. καὶ ταῦθ᾽ ὅτι ἀληθῆ λέγω, αὐτὸν ὑμῖν τὸν νόμον ἀναγνώσεται.

ΝΟΜΟΣ

Ἀκοὴν εἶναι μαρτυρεῖν τεθνεῶτος, ἐκμαρτυρίαν δὲ ὑπερορίου καὶ ἀδυνάτου.

9. Ὡς τοίνυν καὶ παρ᾽ ἕτερον νόμον μεμαρτύρηκεν, ἐπιδεῖξαι ὑμῖν βούλομαι, ἵνα εἰδῆτε ὅτι μεγάλων ἀδικημάτων οὐκ ἔχων καταφυγὴν ὁ Φορμίων, πρόφασιν λαβὼν λόγῳ τὴν πρόκλησιν, ἔργῳ αὐτὸς αὑτῷ μεμαρτύρηκε προστησάμενος τούτους, δι᾽ ὧν οἱ μὲν δικασταὶ ἐξηπατήθησαν ὡς ἀληθῆ τούτων μαρτυρούντων, ἐγὼ δὲ ἀπεστερήθην ὧν ὁ πατήρ μοι κατέλιπεν χρημάτων καὶ τοῦ δίκην λαβεῖν περὶ ὧν ἀδικοῦμαι. μαρτυρεῖν γὰρ οἱ νόμοι οὐκ ἐῶσιν αὐτὸν αὑτῷ οὔτ᾽ ἐπὶ ταῖς γραφαῖς οὔτ᾽ ἐπὶ ταῖς δίκαις οὔτ᾽ ἐν ταῖς εὐθύναις. ὁ τοίνυν Φορμίων αὐτὸς αὑτῷ μεμαρτύρηκεν, ὁπότε φασὶν οὗτοι ἀκούσαντες ἐκείνου ταῦτα μεμαρτυρηκέναι. **(10)** ἵνα δὲ εἰδῆτε ἀκριβῶς, αὐτὸν τὸν νόμον μοι ἀνάγνωθι.

ΝΟΜΟΣ

Τοῖν ἀντιδίκοιν ἐπάναγκες εἶναι ἀποκρίνασθαι ἀλλήλοις τὸ ἐρωτώμενον, μαρτυρεῖν δὲ μή.

Σκέψασθε τοίνυν τουτονὶ τὸν νόμον, ὃς κελεύει ὑποδίκους εἶναι τῶν ψευδομαρτυρίων καὶ κατ᾽ αὐτὸ τοῦτο, ὅτι μαρτυρεῖ παρὰ τὸν νόμον.

7 legem om. S 14 <θ'> ὁ Dobree 22 legem om. S 25 αὐτὸ om. cod. D

ΝΟΜΟΣ

Ἔστω δὲ καὶ ὑπόδικος τῶν ψευδομαρτυρίων ὁ μαρτυρήσας αὐτοῦ τούτου, ὅτι μαρτυρεῖ παρὰ τὸν νόμον· καὶ ὁ προβαλόμενος κατὰ ταὐτά.

11. *Ἔτι τοίνυν κἂν ἀπὸ τοῦ γραμματείου γνοίη τις, ἐν ᾧ ἡ μαρτυρία γέγραπται, ὅτι τὰ ψευδῆ μεμαρτύρηκεν. λελευκωμένον τε γάρ ἐστιν καὶ οἴκοθεν κατεσκευασμένον. καίτοι τοὺς μὲν τὰ πεπραγμένα μαρτυροῦντας προσήκει οἴκοθεν τὰς μαρτυρίας κατεσκευασμένας μαρτυρεῖν, τοὺς δὲ τὰς προκλήσεις μαρτυροῦντας, τοὺς ἀπὸ ταὐτομάτου προσστάντας, {καὶ} ἐν μάλθῃ γεγραμμένην τὴν μαρτυρίαν, ἵνα, ἐάν τι προσγράψαι ἢ ἀπαλεῖψαι βουληθῇ, ῥᾴδιον ᾖ.*

12. *Οὐκοῦν κατὰ μὲν ταῦτα πάντα ἐξελέγχεται τὰ ψευδῆ μεμαρτυρηκὼς καὶ παρὰ τὸν νόμον· βούλομαι δ' ὑμῖν καὶ αὐτὸ τοῦτο ἐπιδεῖξαι, ὡς οὔτε διέθετο ὁ πατὴρ ἡμῶν διαθήκην οὐδεμίαν οὔθ' οἱ νόμοι ἐῶσιν. εἰ γάρ τις ἔροιτο ὑμᾶς, καθ' ὁποίους νόμους δεῖ πολιτεύεσθαι ἡμᾶς, δῆλον ὅτι ἀποκρίναισθ' ἂν κατὰ τοὺς κειμένους. ἀλλὰ μὴν οἵ γε νόμοι ἀπαγορεύουσι 'μηδὲ νόμον ἐξεῖναι ἐπ' ἀνδρὶ θεῖναι, ἂν μὴ τὸν αὐτὸν ἐφ' ἅπασιν Ἀθηναίοις'.* **(13)** *οὐκοῦν ὁ μὲν νόμος οὑτοσὶ τοῖς αὐτοῖς νόμοις πολιτεύεσθαι ἡμᾶς κελεύει καὶ οὐκ <ἄλλους> ἄλλοις. ὁ δὲ πατὴρ ἐτελεύτησεν ἐπὶ Δυσνικήτου ἄρχοντος, ὁ δὲ Φορμίων Ἀθηναῖος ἐγένετο ἐπὶ Νικοφήμου ἄρχοντος, δεκάτῳ ἔτει ὕστερον ἢ ὁ πατὴρ ἡμῶν ἀπέθανεν. πῶς ἂν οὖν μὴ εἰδὼς ὁ πατὴρ αὐτὸν Ἀθηναῖον ἐσόμενον, ἔδωκεν ἂν τὴν ἑαυτοῦ γυναῖκα, καὶ προὐπηλάκισε μὲν ἂν ἡμᾶς, κατεφρόνησε δ' ἂν τῆς δωρεᾶς ἧς παρ' ὑμῶν ἔλαβεν, παρεῖδε δ' ἂν τοὺς νόμους; πότερα δὲ κάλλιον ἦν αὐτῷ ζῶντι*

11 *μάλθῃ* Harp. *μ* 4

2 legem om. S 3 *προβαλλόμενος* F : corr. Reiske 10 *προστάντας* SF : corr. Rennie del. Reiske 11 *γεγραμμένους* F[c] *ἐάν* Schaefer : *εἴ* SF 12 *ἐβουλήθη* Voemel *ᾖ* Wolf : *ἦν* SF 19 *ἐπ' ἀνδρὶ ἐξεῖναι* F 22 add. Reiske 26 *προσεπηλάκισε* F 28 <*καὶ*> *τοὺς* F

πρᾶξαι ταῦτα, εἴπερ ἠβούλετο, ἢ ἀποθανόντα διαθήκας καταλιπεῖν, ἃς οὐ κύριος ἦν; **(14)** *ἀλλὰ μὴν αὐτῶν τῶν νόμων ἀκούσαντες γνώσεσθε, ὡς οὐ κύριος ἦν διαθέσθαι. λέγε τὸν νόμον.*

ΝΟΜΟΣ

Ὅσοι μὴ ἐπεποίηντο, ὥστε μήτε ἀπειπεῖν μήτ' ἐπιδικάσασθαι, ὅτε Σόλων εἰσῄει τὴν ἀρχήν, τὰ ἑαυτοῦ διαθέσθαι εἶναι ὅπως ἂν ἐθέλῃ, ἂν μὴ παῖδες ὦσι γνήσιοι ἄρρενες, ἂν μὴ μανιῶν ἢ γήρως ἢ φαρμάκων ἢ νόσου ἕνεκα, ἢ γυναικὶ πειθόμενος, ὑπὸ τούτων του παρανοῶν, ἢ ὑπ' ἀνάγκης ἢ ὑπὸ δεσμοῦ καταληφθείς.

15. *Τοῦ μὲν νόμου τοίνυν ἀκηκόατε, ὃς οὐκ ἐᾷ διαθήκας διαθέσθαι, ἐὰν παῖδες ὦσι γνήσιοι. οὗτοι δέ φασι ταῦτα διαθέσθαι τὸν πατέρα, ὡς δὲ παρεγένοντο οὐκ ἔχουσιν ἐπιδεῖξαι. ἄξιον δὲ καὶ τόδε ἐνθυμηθῆναι, ὅτι ὅσοι μὴ ἐπεποίηντο ἀλλ' ἦσαν πεφυκότες γνήσιοι, τούτοις ὁ νόμος δίδωσιν, ἐὰν ἄπαιδες ὦσιν, διαθέσθαι τὰ ἑαυτῶν. ὁ τοίνυν πατὴρ ἡμῶν ἐπεποίητο ὑπὸ τοῦ δήμου πολίτης, ὥστε οὐδὲ κατὰ τοῦτο ἐξῆν αὐτῷ διαθέσθαι διαθήκην, ἄλλως τε καὶ περὶ τῆς γυναικός, ἧς οὐδὲ κύριος ἐκ τῶν νόμων ἦν, παῖδές τε ἦσαν αὐτῷ.* **(16)** *σκέψασθε δὲ καὶ διότι οὐδ' ἂν ἄπαις τις ᾖ, κύριός ἐστι τὰ αὑτοῦ διαθέσθαι, ἐὰν μὴ εὖ φρονῇ· νοσοῦντα δὲ ἢ φαρμακῶντα ἢ γυναικὶ πειθόμενον ἢ ὑπὸ γήρως ἢ ὑπὸ μανιῶν ἢ ὑπὸ ἀνάγκης τινὸς καταληφθέντα ἄκυρον κελεύουσιν εἶναι οἱ νόμοι. σκοπεῖτε δή, εἰ δοκοῦσιν ὑμῖν εὖ φρονοῦντος ἀνδρὸς εἶναι αἱ διαθῆκαι, ἅς φασι διαθέσθαι οὗτοι τὸν πατέρα.* **(17)** *μὴ πρὸς ἄλλο δέ τι παράδειγμα σκέψησθε ἢ πρὸς τὴν μίσθωσιν, εἰ δοκεῖ ὑμῖν ἀκόλουθον εἶναι τῷ τὴν τέχνην μὴ ἐξουσίαν δοῦναι*

16 *φαρμακῶντα* Harp. *φ* 6 Sud. *φ* 105

---

5 legem om. S 9 *τοῦ παρανόμων* F : corr. Wesseling : *τοῦ παραφρονῶν* Gernet 12 *παρεγένετο* SF: corr. Wolf *εκουσιν* S[a] 13 *ὑποδεῖξαι* S[a] 15 *ἐὰν - ὦσιν* (*ὁμ.*) om. S 22 *καταλειφθέντα* F 23 *δή*] *δέ* S[a]F 24 *διαθήκας* (*αἱ* om.) F 25 *τι* om. F 26 *δοῦναι* Blass : *δόντι* SF : *δοίη* Reiske

<εἰ μὴ> ἐν τῷ αὐτῷ ἡμῖν ἐργάζεσθαι, τούτῳ τὴν γυναῖκα δοῦναι τὴν αὑτοῦ καὶ τῶν παίδων ἐᾶσαι κοινωνὸν αὑτῷ γενέσθαι. καὶ μὴ θαυμάζετε, εἰ τἄλλα σκευωρουμένους αὐτοὺς τὰ ἐν τῇ μισθώσει τοῦτο παρέλαθεν. ἴσως μὲν γὰρ οὐδὲ προσεῖχον ἄλλῳ οὐδενὶ ἢ τῷ τὰ χρήματα ἀποστερῆσαι καὶ τῷ προσοφείλοντα τὸν πατέρα ἐγγράψαι· εἶτα δὲ οὐδὲ ἐδόκουν ἐμὲ οὕτω δεινὸν ἔσεσθαι ὥστε ταῦτα ἀκριβῶς ἐξετάσαι.

18. *Σκέψασθε τοίνυν καὶ τοὺς νόμους, παρ' ὧν κελεύουσι τὰς ἐγγύας ποιεῖσθαι, ἵν' εἰδῆτε καὶ ἐκ τούτων ὡς κατεσκευασμένης διαθήκης ψευδὴς μάρτυς γέγονε Στέφανος οὑτοσί. λέγε.*

ΝΟΜΟΣ

Ἣν ἂν ἐγγυήσῃ ἐπὶ δικαίοις δάμαρτα εἶναι ἢ πατὴρ ἢ ἀδελφὸς ὁμοπάτωρ ἢ πάππος ὁ πρὸς πατρός, ἐκ ταύτης εἶναι παῖδας γνησίους. ἐὰν δὲ μηδεὶς ᾖ τούτων, ἐὰν μὲν ἐπίκληρός τις ᾖ, τὸν κύριον ἔχειν, ἐὰν δὲ μὴ ᾖ, ὅτῳ ἂν <ὁ πατὴρ> ἐπιτρέψῃ, τοῦτον κύριον εἶναι.

19. *Οὗτος μὲν τοίνυν ὁ νόμος οὓς ἐποίησε κυρίους εἶναι, ἀκηκόατε· ὅτι δ' οὐδεὶς ἦν τούτων τῇ μητρί, οἱ ἀντίδικοί μοι αὐτοὶ μεμαρτυρήκασιν. εἰ γὰρ ἦν, παρείχοντ' ἄν. ἢ μάρτυρας μὲν ψευδεῖς οἴεσθ' ἂν παρασχέσθαι καὶ διαθήκας οὐκ οὔσας, ἀδελφὸν δὲ ἢ πάππον ἢ πατέρα οὐκ ἄν, εἴπερ ἦν δυνατὸν ἕνεκα χρημάτων; ὁπότε τοίνυν μηδεὶς φαίνεται ζῶν τούτων, τότε ἀνάγκη ἐπίκληρον τὴν μητέρα ἡμῶν εἶναι. τῆς τοίνυν ἐπικλήρου σκοπεῖτε τίνας κελεύουσιν οἱ νόμοι κυρίους εἶναι.* **(20)** *λέγε τὸν νόμον.*

ΝΟΜΟΣ

Καὶ ἐὰν ἐξ ἐπικλήρου τις γένηται καὶ ἅμα ἡβήσῃ ἐπὶ δίετες, κρατεῖν τῶν χρημάτων, τὸν δὲ σῖτον μετρεῖν τῇ μητρί.

20 *ἐπὶ δίετες* Harp. ε 94

1 add. Blass 6 *δὲ* om. F 10 *λέγε* om. Blass 12 legem om. S
14 *ἐπικλητός* F 15 *ᾖ* del. Baiter Sauppe add. Gernet 26 legem om. S

Οὐκοῦν ὁ μὲν νόμος κελεύει τοὺς παῖδας ἡβήσαντας κυρίους τῆς μητρὸς εἶναι, τὸν δὲ σῖτον μετρεῖν τῇ μητρί. ἐγὼ δὲ φαίνομαι στρατευόμενος καὶ τριηραρχῶν ὑμῖν, ὅτε οὗτος συνῴκησεν τῇ μητρί. **(21)** *ἀλλὰ μὴν ὅτι ἐγὼ μὲν ἀπεδήμουν τριηραρχῶν, ἐτετελευτήκει δὲ ὁ πατὴρ πάλαι, ὅτε οὗτος ἔγημε, τὰς δὲ θεραπαίνας αὐτὸν ἐξῄτουν καὶ ἠξίουν περὶ αὐτοῦ τούτου βασανίζεσθαι αὐτάς, εἰ ταῦτ' ἀληθῆ ἐστι, καὶ ὡς προεκαλούμην, λαβέ μοι τὴν μαρτυρίαν.*

ΜΑΡΤΥΡΙΑ

Μαρτυροῦσι παρεῖναι ὅτε προὐκαλεῖτο Ἀπολλόδωρος Φορμίωνα, ὅτε ἠξίου παραδοῦναι Ἀπολλόδωρος Φορμίωνα τὰς θεραπαίνας εἰς βάσανον, εἰ μή φησι Φορμίων καὶ πρότερον διεφθαρκέναι τὴν μητέρα τὴν ἐμήν, πρὶν οὗ ἀποφαίνει Φορμίων γῆμαι ἐγγυησάμενος αὐτὴν παρὰ Πασίωνος. ταῦτα δὲ προκαλουμένου Ἀπολλοδώρου οὐκ ἠθέλησε Φορμίων παραδοῦναι τὰς θεραπαίνας.

22. *Τὸν τοίνυν νόμον ἐπὶ τούτοις ἀνάγνωθι, ὃς κελεύει ἐπιδικασίαν εἶναι τῶν ἐπικλήρων ἁπασῶν, καὶ ξένων καὶ ἀστῶν, καὶ περὶ μὲν τῶν πολιτῶν τὸν ἄρχοντα εἰσάγειν καὶ ἐπιμελεῖσθαι, περὶ δὲ τῶν μετοίκων τὸν πολέμαρχον, καὶ ἀνεπίδικον μὴ ἐξεῖναι ἔχειν μήτε κλῆρον μήτε ἐπίκληρον.*

ΝΟΜΟΣ

Κληροῦν δὲ τὸν ἄρχοντα κλήρων καὶ ἐπικλήρων, ὅσοι εἰσὶ μῆνες, πλὴν τοῦ Σκιροφοριῶνος. ἀνεπίδικον δὲ κλῆρον μὴ ἔχειν.

23. *Οὐκοῦν αὐτόν, εἴπερ ἠβούλετο ὀρθῶς διαπράττεσθαι, λαχεῖν ἔδει τῆς ἐπικλήρου, εἴτε κατὰ δόσιν αὐτῷ προσῆκεν*

23 *αὐτῷ–θέμενον* Harp. *θ* 13 Sud. *θ* 264

---

5 *τετελευτήκει* SF : corr. Dindorf (1874) 10 testimonium om. S 15 *ἀποδοῦναι* F : corr. Reiske 17 *καί*[2] om. F 20 *κλῆρον . . . ἐπίκληρον*] *καιρὸν . . . κλῆρον* S 21 legem om. S 22 *τὸν ἄρχοντα* cod. Q : om. F *κλήρων* Bekker : <*τὸν*> *κλῆρον* F : *κλῆρον* cod. Q 23 *ἐπίδικον* F : corr. Wolf 25 *προσήκειν* SF : corr. Schaefer

εἴτε κατὰ γένος, εἰ μὲν ὡς ὑπὲρ ἀστῆς, πρὸς τὸν ἄρχοντα, εἰ δὲ ὡς ὑπὲρ ξένης, πρὸς τὸν πολέμαρχον, καὶ τότε, εἴπερ τι λέγειν εἶχε δίκαιον, πείσαντα ὑμῶν τοὺς λαχόντας μετὰ τῶν νόμων καὶ τῆς ψήφου κύριον εἶναι, καὶ μὴ αὐτὸν αὑτῷ νόμους ἰδίους θέμενον διαπράξασθαι ἃ ἐβούλετο.

24. *Σκέψασθε δὴ καὶ τονδὶ τὸν νόμον, ὃς κελεύει τὴν διαθήκην, ἣν ἂν παίδων ὄντων γνησίων ὁ πατὴρ διαθῆται ἐὰν ἀποθάνωσιν οἱ παῖδες πρὶν ἡβῆσαι, κυρίαν εἶναι.*

ΝΟΜΟΣ

Ὅ τι ἂν γνησίων ὄντων υἱέων ὁ πατὴρ διαθῆται ἐὰν ἀποθάνωσιν οἱ υἱεῖς πρὶν ἐπὶ δίετες ἡβᾶν, τὴν τοῦ πατρὸς διαθήκην κυρίαν εἶναι.

25. *Οὐκοῦν ὁπότε ζῶσιν, ἄκυρος μὲν ἡ διαθήκη ἐστίν, ἥν φασιν οὗτοι τὸν πατέρα καταλιπεῖν, παρὰ πάντας δὲ τοὺς νόμους μεμαρτύρηκε Στέφανος οὑτοσὶ τὰ ψευδῆ, ὡς ἀντίγραφά ἐστι τῆς διαθήκης τῆς Πασίωνος· πῶς γὰρ σὺ οἶσθα, καὶ ποῦ παραγενόμενος διατιθεμένῳ τῷ πατρί; κακοτεχνῶν δὲ φαίνει περὶ τὰς δίκας, τὰ ψευδῆ μὲν αὐτὸς μαρτυρῶν ἑτοίμως, κλέπτων δὲ τὰς ἀληθεῖς μαρτυρίας, ἐξαπατῶν δὲ τοὺς δικαστάς, συνιστάμενος δ' ἐπὶ ταῖς δίκαις. οἱ δὲ νόμοι καὶ περὶ τῶν τοιούτων γραφὴν πεποιήκασιν.* **(26)** *καί μοι ἀνάγνωθι τὸν νόμον.*

ΝΟΜΟΣ

Ἐάν τις συνιστῆται, ἢ συνδεκάζῃ τὴν ἡλιαίαν ἢ τῶν δικαστηρίων τι τῶν Ἀθήνησιν ἢ τὴν βουλὴν ἐπὶ δωροδοκίᾳ χρήματα διδοὺς ἢ

δὲ τὰς—27 *ἐ[ξ]ελέγχ[ω* P. Rainer I 10

---

2 *ὡς* add. cod. Q[γρ] 4 *ἰδίως* Sud. 6 *κελεύει <τὸν νόμον>* S[a] 10 legem om. S *υἱῶν* F : corr. Blass 17 *δίκας*] *διαθήκας* F 18 *ἀληθείας* S[c] 19 *δίκαις*] *διαθήκαις* S 20 ante *οἱ* litt. tres (*καὶ* ut videtur) erasae in S 21 *ἐμοὶ* *Π* 10 23 legem om. S *συνιστῆται ἢ* transp. ante 103.1 *ἢ* *ἑταιρείαν* Thalheim *συνδικάζῃ* F : corr. Wolf : [*Π* 10] 24 *διδοὺς ἢ* Wolf : *διδούσῃ* F

δεχόμενος, ἢ ἑταιρείαν συνιστῇ ἐπὶ καταλύσει τοῦ δήμου, ἢ συνήγορος ὢν λαμβάνῃ χρήματα ἐπὶ ταῖς δίκαις ταῖς ἰδίαις ἢ δημοσίαις, τούτων εἶναι τὰς γραφὰς πρὸς τοὺς θεσμοθέτας.

27. *Ἡδέως ἂν τοίνυν ὑμᾶς ἐροίμην ἐπὶ τούτοις ἅπασι, κατὰ ποίους νόμους ὀμωμοκότες δικάζετε, πότερα κατὰ τοὺς τῆς πόλεως ἢ καθ' οὓς Φορμίων <αὐτὸς> αὑτῷ νομοθετεῖ. ἐγὼ μὲν τοίνυν τούτους παρέχομαι ὑμῖν, καὶ ἐξελέγχω αὐτοὺς ἀμφοτέρους παραβεβηκότας, Φορμίωνα μὲν ἐξ ἀρχῆς ἀδικήσαντα ἡμᾶς καὶ ἀποστερήσαντα τὰ χρήματα, ἃ ὁ πατὴρ ἡμῖν κατέλιπεν καὶ ἐμίσθωσε τούτῳ μετὰ τῆς τραπέζης καὶ τοῦ ἐργαστηρίου, Στέφανον δὲ τουτονὶ τὰ ψευδῆ μεμαρτυρηκότα καὶ παρὰ τὸν νόμον.*

28. *Ἄξιον τοίνυν, ὦ ἄνδρες δικασταί, καὶ τόδε ἐνθυμηθῆναι, ὅτι διαθήκης οὐδεὶς πώποτε ἀντίγραφα ἐποιήσατο, ἀλλὰ συγγραφῶν μέν, ἵνα εἰδῶσι καὶ μὴ παραβαίνωσι, διαθηκῶν δὲ οὔ. τούτου γὰρ ἕνεκα <κατασεσημασμένας> καταλείπουσιν οἱ διατιθέμενοι, ἵνα μηδεὶς εἰδῇ ἃ διατίθενται. πῶς οὖν ὑμεῖς ἴστε ὅτι ἀντίγραφά ἐστιν τῶν διαθηκῶν τῶν Πασίωνος τὰ ἐν τῷ γραμματείῳ γεγραμμένα;*

Δέομαι οὖν ὑμῶν ἁπάντων, ὦ ἄνδρες δικασταί, καὶ ἱκετεύω βοηθῆσαι μὲν ἐμοί, τιμωρήσασθαι δὲ τοὺς ἑτοίμως οὕτως τὰ ψευδῆ μαρτυροῦντας, ὑπέρ τε ὑμῶν αὐτῶν καὶ ἐμοῦ καὶ τοῦ δικαίου καὶ τῶν νόμων.

1 *ἢ ἑταιρείαν - δήμου* del. Gernet : *ἐπὶ - δήμου* del. Thalheim 2 *<τὰ> χρήματα* F : om. cod. D 2–3 *γραφὰς δημοσίᾳ Π* 10 6 add. Boeckmeijer coll. 46.23, 24.65, 56.12 : *αὑτῷ*] *αὑτῶν* F 14 *διαθήκας* F : *διαθηκῶν* Lamb.^{c} 16 add. Reiske : *καταλείπουσιν* scil. *διαθηκῶν ἀντίγραφα* Schaefer 20 *οὖν* cod. Q^{c} : *δ'* SF Subscriptum in SF *κατα στεφανου ψευδομαρτυριων*

XLVII

[ΔΗΜΟΣΘΕΝΟΥΣ] ΚΑΤΑ ΕΥΕΡΓΟΥ ΚΑΙ ΜΝΗΣΙΒΟΥΛΟΥ ΨΕΥΔΟΜΑΡΤΥΡΙΩΝ

1. Καλῶς μοι δοκοῦσιν οἱ νόμοι ἔχειν, ὦ ἄνδρες δικασταί, οἱ ὑπόλοιπον ἀγῶνα ἀποδόντες ταῖς δίκαις <τὸν> τῶν ψευδομαρτυρίων, ἵνα, εἴ τις μάρτυρας τὰ ψευδῆ μαρτυροῦντας παρασχόμενος ἢ προκλήσεις μὴ γενομένας ἢ μαρτυρίας παρὰ τὸν νόμον μαρτυρηθείσας ἐξηπάτησε τοὺς δικαστάς, μηδὲν αὐτῷ πλέον γένηται, ἀλλ᾽ ἐπισκηψάμενος ταῖς μαρτυρίαις ὁ ἀδικηθεὶς καὶ εἰσελθὼν ὡς ὑμᾶς καὶ ἐπιδείξας περὶ τοῦ πράγματος τοὺς μάρτυρας τὰ ψευδῆ μεμαρτυρηκότας, παρά τε τούτων δίκην λάβῃ καὶ τὸν προβαλόμενον ὑπόδικον ἔχῃ τῶν κακοτεχνιῶν. (2) καὶ διὰ τοῦτο τῷ μὲν διώκοντι ἐλάττω ἐποίησαν τὰ ἐπιτίμια, ἐὰν ἡττηθῇ, ἵνα μὴ διὰ τὸ πλῆθος ἀποτρέπωνται διώκειν τοὺς μάρτυρας τῶν ψευδομαρτυρίων οἱ ἀδικούμενοι, τῷ δὲ φεύγοντι μεγάλας ἐπέθηκαν τιμωρίας, ἐὰν ἁλῶσιν καὶ δόξωσιν ὑμῖν τὰ ψευδῆ μεμαρτυρηκέναι. δικαίως, ὦ ἄνδρες δικαταί. (3) ὑμεῖς γὰρ εἰς τοὺς μάρτυρας βλέψαντες, καὶ πιστεύσαντες οἷς ἂν οὗτοι μαρτυρήσωσιν, ψηφίζεσθε· ἵνα οὖν μήθ᾽ ὑμεῖς ἐξαπατᾶσθε μήθ᾽ οἱ εἰσιόντες εἰς ὑμᾶς ἀδικῶνται, διὰ ταῦτα αὐτοὺς ὑποδίκους ἐποίησεν ὁ νομοθέτης. δέομαι δὲ ὑμῶν καὶ ἐγὼ μετ᾽ εὐνοίας μου

1 τῶν κακοτεχνιῶν Harp. κ 11

---

tit. κατα ευεργου και μνησιβουλου ψευδομαρτυριων SAF (ψευδομαρτυριων om. A) 2 οἱ (ante ὑπόλοιπον) om. F ἀποδιδόντες F add. Dobree τῶν] τὸν Schaefer 7 ὡς] εἰς F[c] 12 ἀπατράπωνται A : ἀποτρέποιτο F 13 ὁ ἀδικούμενος F[a] ἔθηκε A 14 ἁλῷ . . . δοκῇ F τὰ hic desinit A, in quo haec oratio nunc quidem extrema exstat 15 <καὶ> δικαίως F 17 ψηφίσεσθε cod. D ἐξαπατῆσθε S

ἀκροάσασθαι περὶ τοῦ πράγματος ἐξ ἀρχῆς ἅπαντα, ἵνα ἐκ τούτων εἰδῆτε ὅσα ἐγώ τε ἠδικήθην καὶ ἐξηπατήθησαν οἱ δικασταὶ καὶ οὗτοι τὰ ψευδῆ ἐμαρτύρησαν.

4. Μάλιστα μὲν οὖν ἂν ἠβουλόμην μὴ ἔχειν πράγματα· εἰ δ' οὖν ἀναγκάζοι τις, πρὸς τοιούτους ἡδύ ἐστιν εἰσιέναι οἳ μὴ ἀγνῶτές εἰσιν ὑμῖν. νῦν δὲ πλείων μοι λόγος ἔσται ἐξελέγχοντι τὸν τρόπον αὐτῶν ἢ τὴν μαρτυρίαν ψευδῆ οὖσαν. περὶ μὲν γὰρ τῆς μαρτυρίας, ὅτι ψευδῆ μεμαρτυρήκασιν, αὐτοί μοι δοκοῦσιν ἔργῳ ἐξελέγχειν αὐτήν, καὶ οὐκ ἄλλους με δεῖ μάρτυρας παρασχέσθαι ἢ αὐτοὺς τούτους· (5) ἐξὸν γὰρ αὐτοῖς ἀπηλλάχθαι πραγμάτων καὶ μὴ κινδυνεύειν εἰσιόντας εἰς ὑμᾶς, ἔργῳ βεβαιώσαντας ὡς ἀληθής ἐστιν ἡ μαρτυρία, οὐκ ἠθελήκασιν παραδοῦναι τὴν ἄνθρωπον, ἣν μεμαρτυρήκασιν προκαλέσασθαι πρὸς τῷ διαιτητῇ Πυθοδώρῳ ἐκ Κηδῶν παραδιδόναι ἕτοιμον εἶναι Θεόφημον, ἠξίουν δ' ἐγὼ παραλαμβάνειν, ὡς οἱ μάρτυρες ὑμῖν οἱ τότε παραγενόμενοι ἐμαρτύρησαν ἐν τῷ δικαστηρίῳ, καὶ νυνὶ δὲ μαρτυρήσουσιν. καὶ Θεόφημος αὐτοῖς ὡς ἀληθῆ μεμαρτυρηκόσιν οὐκ ἐπεσκήψατο, οὐδ' ἐπεξέρχεται τῶν ψευδομαρτυρίων. (6) σχεδὸν μὲν οὖν τι καὶ αὐτοί μοι ὁμολογοῦσιν ἐν τῇ μαρτυρίᾳ ἐθέλειν με παραλαμβάνειν τὴν ἄνθρωπον, Θεόφημον δὲ ἀναβάλλεσθαι κελεύειν, ἐμὲ δὲ οὐκ ἐθέλειν. ἣν δ' ἐγὼ μὲν ἠξίωσα παραλαμβάνειν, Θεόφημος δὲ προὐκαλέσατο παραδοῦναι, ὡς οὗτοί φασιν, τὸ δὲ σῶμα οὐδεὶς εἶδε παρόν, οὔτε τότε πρὸς τῷ διαιτητῇ οὔτε ὕστερον πρὸς τῷ δικαστηρίῳ οὔτ' ἄλλοθι οὐδαμοῦ παραδιδόμενον, ἐμαρτύρησαν δὲ οἱ μάρτυρες οὗτοι ὡς ἐθέλοι παραδοῦναι Θεόφημος καὶ πρόκλησιν προκαλοῖτο, (7) ᾠήθησαν δὲ οἱ δικασταὶ ἀληθῆ

5 ἀναγκάζει Richards οἳ Wolf : εἰ SF 9 αὐτήν] αὐτούς F[γρ] : αὐτούς Schaefer 10 γὰρ <ἦν> F αὐτοῖς] αὐτοὺς F[a] 12 βεβαιώσοντας SF[a] 17 καὶ[1] om. S νῦν S 18 οὐκ ἀληθῆς Boeckmeijer 20 τι om. S μὲν om. F μοι ante καὶ S 25 ὕστερον post δικαστηρίῳ F δὲ om. F 26 οὔτ'] οὐδὲ F

εἶναι τὴν μαρτυρίαν, φεύγειν δ᾽ ἐμὲ τὸν ἔλεγχον <τὸν> ἐκ τῆς ἀνθρώπου περὶ τῆς ᾀκίας, ὁπότερος ἡμῶν ἦρξεν χειρῶν ἀδίκων (τοῦτο γάρ ἐστιν ἡ ᾀκία), πῶς οὐκ ἀναγκαῖόν ἐστιν τούτους τοὺς μάρτυρας τὰ ψευδῆ μεμαρτυρηκέναι, οἵ γε οὐδὲ νῦν πω τολμῶσι τὸ σῶμα τῆς ἀνθρώπου παραδοῦναι, καθὰ ἔφασαν προκαλέσασθαι τὸν Θεόφημον καὶ ἐμαρτύρησαν αὐτῷ, καὶ τὴν μὲν μαρτυρίαν ἔργῳ βεβαιῶσαι ὡς ἀληθής ἐστιν, καὶ τοὺς μάρτυρας ἀπηλλάχθαι τοῦ ἀγῶνος παραδόντας τὸ σῶμα τῆς ἀνθρώπου, **(8)** τὴν δὲ ἄνθρωπον περὶ τῆς ᾀκίας βασανίζεσθαι, ἐφ᾽ ᾗ ἐγὼ διώκω δίκῃ τὸν Θεόφημον, ἐπειδὴ τότε οὐ παρέσχεν, καὶ τὸν ἔλεγχον ἐξ ὧν ὁ Θεόφημος ἔλεγεν τότε ἐξαπατῶν τοὺς δικαστάς, ἐκ τούτων γίγνεσθαι; ἔφη γὰρ ἐν τῇ δίκῃ τῆς ᾀκίας τοὺς μὲν μάρτυρας τοὺς παραγενομένους καὶ μαρτυροῦντας τὰ γενόμενα ἐν γραμματείῳ κατὰ τὸν νόμον ψευδεῖς εἶναι καὶ ὑπ᾽ ἐμοῦ παρεσκευασμένους, τὴν δ᾽ ἄνθρωπον τὴν παραγενομένην ἐρεῖν τἀληθῆ, οὐκ ἐκ γραμματείου μαρτυροῦσαν, ἀλλ᾽ ἐκ τῆς ἰσχυροτάτης μαρτυρίας, βασανιζομένην, ὁπότερος ἦρξε χειρῶν ἀδίκων. **(9)** ἃ δή, λόγῳ τότε καταχρώμενος καὶ μάρτυρας παρεχόμενος τούτων, ἠπάτα τοὺς δικαστάς, νῦν ἐξελέγχεται ψευδῆ ὄντα· τὸ γὰρ σῶμα τῆς ἀνθρώπου οὐ τολμᾷ παραδοῦναι, ὃ μεμαρτυρήκασιν αὐτὸν ἐθέλειν παραδοῦναι, ἀλλὰ μᾶλλον προῄρηται τὸν ἀδελφὸν καὶ τὸν κηδεστὴν ψευδομαρτυρίων ἀγωνίζεσθαι ἢ παραδοῦναι τὸ σῶμα τῆς ἀνθρώπου καὶ δικαίως ἀπηλλάχθαι, καὶ μὴ διὰ λόγων καὶ δεήσεως, ἐὰν δύνωνται ἐξαπατήσαντες ὑμᾶς ἀποφεύγειν, **(10)** πολλάκις ἐμοῦ προκαλεσαμένου καὶ ἐξαιτήσαντος τὴν ἄνθρωπον καὶ τότε <τ᾽> ἀξιοῦντος παραλαμβάνειν καὶ μετὰ τὴν δίκην, καὶ ὅτε ἐξέτινον αὐτοῖς,

1 ἐμὲ om. S add. Blass 2 αἰκείας Blass hic et infra 3 πῶς <οὖν> F 5 τολμῶσι om. S 7 βεβαιοῦσθαι F 8 παραδόντος F 15 ὑπ᾽] ὑπὲρ SF^{γρ} 18 <τῷ> λόγῳ F 19 τούτων] τούτους Dobree 20 ἐξηπάτα F 21 ὃ - παραδοῦναι om. F 22 προῄρηνται S 25 μὴ del. Rueger 27 add. Blass 28 ἐξέτεινον SF : corr. Wolf

καὶ ἐφ' ᾗ ἐγὼ δίκῃ τὸν Θεόφημον διώκω τῆς ᾳκίας, καὶ ἐν τῇ ἀνακρίσει τῶν ψευδομαρτυρίων, καὶ τούτων οὐ προσποιουμένων, ἀλλὰ λόγῳ μὲν μαρτυρούντων τὰ ψευδῆ, ἔργῳ δὲ οὐ παραδιδόντων τὴν ἄνθρωπον· εὖ γὰρ ᾔδεσαν ὅτι βασανιζομένης αὐτῆς ἐξελεγχθήσονται ἀδικοῦντες, οὐκ ἀδικούμενοι. ὡς δὲ ταῦτα ἀληθῆ λέγω, τούτων ὑμῖν ἀναγνώσεται τὰς μαρτυρίας.

ΜΑΡΤΥΡΙΑΙ

11. *Ὅτι μὲν τοίνυν πολλάκις προκαλεσαμένῳ καὶ ἀξιοῦντι παραλαβεῖν τὴν ἄνθρωπον οὐδεὶς παρεδίδου, μεμαρτύρηται ὑμῖν. ἵνα δὲ καὶ ἐκ τεκμηρίων εἰδῆτε ὅτι ψευδῆ μεμαρτυρήκασιν, δηλώσω ὑμῖν. οὗτοι γάρ, εἴπερ ἀληθῆ ἦν ἅ φασιν προκαλέσασθαι τὸν Θεόφημον καὶ παραδιδόναι τὸ σῶμα τῆς ἀνθρώπου, οὐκ ἂν δήπου δύο μόνους μάρτυρας ἐποιήσαντο κηδεστὴν καὶ ἀδελφόν, τἀληθῆ μαρτυροῦντας, ἀλλὰ καὶ ἄλλους ἂν πολλούς.* (12) *ἡ μὲν γὰρ δίαιτα ἐν τῇ ἡλιαίᾳ ἦν (οἱ γὰρ τὴν Οἰνῇδα καὶ τὴν Ἐρεχθῇδα διαιτῶντες ἐνταῦθα κάθηνται)· τῶν δὲ τοιούτων προκλήσεων, ὅταν τις τὸ σῶμα παραδιδῷ κομίσας, πολλοὶ προΐστανται ἐπακούοντες τῶν λεγομένων, ὥστε οὐκ ἂν ἠπόρησαν μαρτύρων, εἴπερ καὶ ὁπωστιοῦν ἀληθὴς ἦν ἡ μαρτυρία.*

13. *Μεμαρτυρήκασι τοίνυν, ὦ ἄνδρες δικασταί, ἐν τῇ αὐτῇ μαρτυρίᾳ, ὡς ἐγὼ οὐκ ἐθέλοιμι ἀναβαλέσθαι, ὁ δὲ Θεόφημος κελεύοι, ἵνα μοι παραδοίη τὴν ἄνθρωπον. ὡς δὲ οὐκ ἀληθὲς τοῦτ' ἔστιν, ἐγὼ ὑμᾶς διδάξω. εἰ μὲν γὰρ ἐγὼ τὸν Θεόφημον ταύτην τὴν πρόκλησιν προὐκαλούμην ἣν μεμαρτυρήκασιν αὐτῷ,* (14) *ἀξιῶν αὐτὸν τὴν ἄνθρωπον παραδοῦναι, εἰκότως ἂν*

1 *ἐν*] *ἐπὶ* F 3 *προσποιουμένων*] *προσιεμένων* Wolf : *προσομολογουμένων* Rueger : *προσποιούμενων* scil. *εἰδέναι ταῦτά με πεποιηκότα* Schaefer 13 *προκαλεσθαι* S 13–14 *καὶ - ἀνθρώπου* del. van Herwerden 14 *μόνους* om. S 19 *προσίστανται* cod. Q[c] 20 *ἠπόρησε* S 23 *ἐγὼ* <*μὲν*> van Herwerden 24 *κελεύει* F 26 *προὐκαλούμην* ante *ταύτην* F

μοι τούτους τοὺς λόγους ἀπεκρίνατο, ἀναβαλέσθαι κελεύων τὴν δίαιταν εἰς τὴν ὑστέραν σύνοδον, ἵνα κομίσῃ τὴν ἄνθρωπον καὶ παραδῷ μοι· νῦν δὲ σὲ αὐτὸν μεμαρτυρήκασιν, ὦ Θεόφημε, ἐθέλειν παραδιδόναι τὴν ἄνθρωπον, καὶ ἐμὲ μὴ ἐθέλειν παραλαβεῖν. πῶς οὖν σὺ κύριος μὲν ὢν τῆς ἀνθρώπου, μέλλων δὲ προκαλεῖσθαι ταύτην τὴν πρόκλησιν ἣν μεμαρτυρήκασί σοι, καταφεύγων δὲ εἰς τὴν ἄνθρωπον περὶ τοῦ δικαίου, **(15)** ἄλλου δέ σοι οὐδενὸς ὄντος μάρτυρος ὡς ἐπλήγης ὑπ' ἐμοῦ ἄρχοντος χειρῶν ἀδίκων, οὐχ ἧκες ἔχων τὴν ἄνθρωπον πρὸς τὸν διαιτητὴν καὶ παρεδίδους τὸ σῶμα παρούσης τῆς ἀνθρώπου, κύριός γε ὢν αὐτῆς; ἀλλὰ τὴν μὲν πρόκλησιν φὴς προκαλέσασθαι, τὴν δ' ἄνθρωπον οὐδεὶς εἶδεν, δι' ἧς ἐξηπάτησας τοὺς δικαστάς, ψευδεῖς μάρτυρας παρασχόμενος ὡς ἐθέλων παραδοῦναι.

16. Ἐπειδὴ τοίνυν σοι τότε οὐ παρῆν ἡ ἄνθρωπος, ἀλλὰ πρότερον ἐσημάνθησαν οἱ ἐχῖνοι, ὕστερον ἔστιν ὅπου ἤγαγες τὴν ἄνθρωπον εἰς τὴν ἀγορὰν ἢ εἰς τὸ δικαστήριον; εἰ γὰρ μὴ τότε σοι παρεγένετο, ὕστερον δήπου ἔδει παραδιδόναι, καὶ μάρτυρας ποιεῖσθαι ὡς ἐθέλεις ἐν τῇ ἀνθρώπῳ τὸν ἔλεγχον γίγνεσθαι, καθάπερ προὐκαλέσω, προκλήσεώς τε ἐμβεβλημένης σοι καὶ μαρτυρίας ὡς ἤθελες παραδιδόναι τὴν ἄνθρωπον. μέλλων τοίνυν εἰσιέναι τὴν δίκην ἔστιν ὅπου τὴν ἄνθρωπον εἰσήγαγες πρὸς τὸ δικαστήριον; **(17)** καίτοι ἔδει αὐτόν, εἴπερ ἀληθῆ ἦν ἅ φασιν αὐτὸν προκαλεῖσθαι, κληρουμένων τῶν δικαστηρίων κομίσαντα τὴν ἄνθρωπον, λαβόντα τὸν κήρυκα, κελεύειν ἐμέ, εἰ βουλοίμην, βασανίζειν, καὶ μάρτυρας τοὺς δικαστὰς εἰσιόντας ποιεῖσθαι ὡς ἕτοιμός ἐστιν παραδοῦναι. νυνὶ δὲ λόγῳ ἐξαπατήσας, ψευδεῖς μαρτυρίας παρασχόμενος,

3 σεαυτὸν SF : corr. Bekker   μεμαρτύρηκας F   5 κύριος μὲν ὢν σὺ F   7 ἄνθρωπον <μέλλων δὲ προκαλεῖσθαι> F   11 γε] τε S   12 εἶδεν] ἰδέναι S   13 παρεχόμενος F   16 εἰσήγαγες cod. D   17 εἰς[2]] πρὸς cod. D   23 εἰσήγαγες τὴν ἄνθρωπον cod. D   24 κληρουμένων] πληρουμένων F[a]

οὐδέπω καὶ νῦν τολμᾷ τὴν ἄνθρωπον παραδοῦναι, πολλάκις ἐμοῦ προκαλεσαμένου καὶ ἐξαιτήσαντος, ὡς οἱ μάρτυρες ὑμῖν οἱ παραγενόμενοι μεμαρτυρήκασιν. καί μοι ἀνάγνωθι πάλιν τὰς μαρτυρίας.

ΜΑΡΤΥΡΙΑΙ

18. *Βούλομαι δ' ὑμῖν, ὦ ἄνδρες δικασταί, καὶ τὴν δίκην διηγήσασθαι, ὅθεν ἐγένετό μοι πρὸς Θεόφημον, ἵνα εἰδῆτε ὅτι οὐ μόνον ἐμοῦ ἀδίκως κατεδικάσατο, ἐξαπατήσας τοὺς δικαστάς, ἀλλὰ καὶ τῆς βουλῆς ἅμα τῶν πεντακοσίων τῇ αὐτῇ ψήφῳ, καὶ ἄκυρα μὲν ἐποίησεν τὰ δικαστήρια τὰ ὑμέτερα, ἄκυρα δὲ τὰ ψηφίσματα καὶ τοὺς νόμους, ἀπίστους δὲ τὰς ἀρχὰς κατέστησεν ὑμῖν καὶ τὰ γράμματα τὰ ἐν ταῖς στήλαις. ὃν δὲ τρόπον, ἐγὼ ὑμᾶς περὶ ἑνὸς ἑκάστου διδάξω.* **(19)** *ἐμοὶ γὰρ πρὸς Θεόφημον συμβόλαιον μὲν οὐδὲν πώποτε πρότερον ἐν τῷ βίῳ ἐγένετο, οὐδ' αὖ κῶμος ἢ ἔρως ἢ πότος, ὥστε διαφερόμενον περί τινος πλεονεκτήματος ἢ παροξυνόμενον ὑπὸ ἡδονῆς τινὸς ἐλθεῖν ἐπὶ τὴν οἰκίαν τὴν τούτου. ψηφισμάτων δὲ ὑμετέρων δήμου καὶ βουλῆς καὶ νόμου ἐπιτάξαντος, εἰσέπραξα τοῦτον ὀφείλοντα τῇ πόλει σκεύη τριηρικά. δι' ὅτι δέ, ἐγὼ ὑμῖν διηγήσομαι.* **(20)** *ἔτυχεν ἔκπλους ὢν τριήρων καὶ βοήθεια ἀποστελλομένη διὰ τάχους. σκεύη οὖν ἐν τῷ νεωρίῳ οὐχ ὑπῆρχεν ταῖς ναυσίν, ἀλλ' ἔχοντες οἱ ὀφείλοντες οὐκ ἀπεδίδοσαν· πρὸς δὲ τούτοις οὐδ' ἐν τῷ Πειραιεῖ ὄντα ἄφθονα ὀθόνια καὶ στυππεῖον καὶ σχοινία, οἷς κατασκευάζεται τριήρης, ὥστε πρίασθαι. γράφει οὖν Χαιρέδημος τὸ ψήφισμα τουτί, ἵνα εἰσπραχθῇ τὰ σκεύη ταῖς ναυσὶ καὶ σῷα γένηται τῇ πόλει. καί μοι ἀνάγνωθι τὸ ψήφισμα.*

1 *παραδοῦναι τὴν ἄνθρωπον* F   3 *πάλιν* om. S   6 *καὶ* om. F   8 *ἐξαπατήσας* ante 9 *τῆς βουλῆς* F   15 *οὐδ'* Sauppe : *οὔτ'* SF   19 <*καὶ*> *τοῦτον* S^{a} *τριηριτικά* Dindorf   20 *ἔκπλους ὢν* Madvig : *ἐκπλουσῶν* cod. D : *εκπλευσων* S : *ἐκπλεουσῶν* F   24 *στυππια* (vario accentu) SF^{a} 26 *σῷα*] *σᾶ* Rennie

ΨΗΦΙΣΜΑ

21. *Τούτου τοίνυν τοῦ ψηφίσματος γεγενημένου, ἡ μὲν ἀρχὴ ἐπεκλήρωσεν καὶ παρέδωκε τοὺς ὀφείλοντας τὰ σκεύη τῃ πόλει, οἱ {δὲ} τῶν νεωρίων ἐπιμεληταὶ τοῖς τριηράρχοις τοῖς ἐκπλέουσιν τότε καὶ τοῖς ἐπιμεληταῖς τοῖς ἐν ταῖς συμμορίαις. ὁ δὲ νόμος ὁ τοῦ Περιάνδρου ἠνάγκαζεν καὶ προσέταττεν παραλαβεῖν τοὺς ὀφείλοντας τὰ σκεύη, {καθ' ὃν αἱ συμμορίαι συνετάχθησαν}. πρὸς δὲ τούτοις ἕτερον ψήφισμα δήμου ἠνάγκαζε τὸ πρὸς μέρος ἡμῖν διδόναι τῶν ὀφειλόντων ἕκαστον εἰσπράξασθαι.* **(22)** *ἔτυχον δὴ ἐγὼ μὲν τριηραρχῶν καὶ ἐπιμελητὴς ὢν τῆς συμμορίας, Δημοχάρης δὲ ὁ Παιανιεὺς ἐν τῇ συμμορίᾳ ὢν καὶ ὀφείλων τῇ πόλει σκεύη μετὰ Θεοφήμου τουτουί, συντριήραρχος γενόμενος. γεγραμμένους οὖν αὐτοὺς ἀμφοτέρους ἐν τῇ στήλῃ ὀφείλοντας τὰ σκεύη τῇ πόλει ἡ ἀρχὴ παραλαβοῦσα παρὰ τῆς προτέρας ἀρχῆς, ἡμῖν παρέδωκεν κατά τε τὸν νόμον καὶ τὰ ψηφίσματα.* **(23)** *ἐξ ἀνάγκης οὖν ἦν μοι παραλαβεῖν, ἐπεὶ ἐν τῷ πρόσθε χρόνῳ πολλὰς τριηραρχίας τετριηραρχηκὼς ὑμῖν οὐδεπώποτε ἔλαβον σκεύη ἐκ τοῦ νεωρίου, ἀλλ' αὐτὸς ἰδίᾳ παρεσκεύαζον, ὁπότε δέοι, ἵνα ὡς ἐλάχιστα πράγματα ἔχοιμι πρὸς τὴν πόλιν· τότε δὲ κατὰ τὰ ψηφίσματα καὶ τὸν νόμον ἠναγκαζόμην παραλαμβάνειν.* **(24)** *ὡς δὲ ταῦτα ἀληθῆ λέγω, τούτων ὑμῖν μάρτυρας παρέξομαι τό τε ψήφισμα καὶ τὸν νόμον, ἔπειτα τὴν ἀρχὴν αὐτὴν τὴν παραδοῦσαν καὶ εἰσαγαγοῦσαν εἰς τὸ δικαστήριον, εἶτα τοὺς ἐκ τῆς συμμορίας, ἧς ἦν ἐπιμελητὴς καὶ τριήραρχος. καί μοι ἀνάγνωθι.*

2 *τοίνυν* om. S 4 *οἱ - ἐπιμεληταὶ* del. Lipsius del. Sauppe : om. cod. D *τριηράρχαις* S[a] 7 *παραλαβεῖν* post *ὀφείλοντας* F del. Dobree 8 *ἠνάγκαζε* om. cod. D 10 *εἰσπρᾶξαι* F *δὴ*] *δὲ* S 11 *ὢν*] *ἡμῶν* S 13 *τούτου* S 16 *ἦν οὖν* S 17 *παραλαμβάνειν* F *ἔμπροσθε* F 20 *κατὰ τὰ* Seager : *καὶ τὰ* SF : *κατά τε τὰ* Wolf 22 <*τοὺς*> *μάρτυρας* F

ΝΟΜΟΣ. ΨΗΦΙΣΜΑ. ΜΑΡΤΥΡΙΑΙ

25. *Ὡς μὲν τοίνυν πολλή μοι ἀνάγκη ἦν παραλαβεῖν τοὺς ὀφείλοντας τῇ πόλει, τοῦ τε νόμου ἀκούετε καὶ τῶν ψηφισμάτων· ὡς δὲ καὶ παρέλαβον παρὰ τῆς ἀρχῆς, ὁ παραδοὺς ὑμῖν μεμαρτύρηκεν. σκέψασθαι οὖν ὑμᾶς εἰκός ἐστιν ἐξ ἀρχῆς, ὦ ἄνδρες δικασταί, τοῦτο πρῶτον, πότερον ἐγὼ ἠδίκουν ὁ ἀναγκαζόμενος εἰσπρᾶξαι τὸν Θεόφημον, ἢ Θεόφημος, ὃς ὀφείλων τῇ πόλει τὰ σκεύη πολὺν χρόνον οὐκ ἀπεδίδου.* (26) *ἐὰν γὰρ καθ' ἕκαστον σκοπῆτε, εὑρήσετε τὸν Θεόφημον ἅπαντα ἀδικοῦντα, καὶ ταῦτα οὐχ ὑπ' ἐμοῦ μόνον λόγῳ εἰρημένα, ἀλλὰ καὶ ὑπὸ τῆς βουλῆς καὶ τοῦ δικαστηρίου ψήφῳ κεκριμένα. ἐπειδὴ γὰρ παρέλαβον αὐτὸν παρὰ τῆς ἀρχῆς, προσελθὼν αὐτῷ πρῶτον μὲν ἀπῄτουν τὰ σκεύη· ὡς δὲ τοῦτό μου εἰπόντος οὐκ ἀπεδίδου, ὕστερον αὐτῷ περιτυχὼν περὶ τὸν Ἑρμῆν τὸν πρὸς τῇ πυλίδι προσεκαλεσάμην πρός τε τοὺς ἀποστολέας καὶ πρὸς τοὺς τῶν νεωρίων ἐπιμελητάς· οὗτοι γὰρ εἰσῆγον τότε τὰς διαδικασίας εἰς τὸ δικαστήριον περὶ τῶν σκευῶν.* (27) *ὡς δὲ ἀληθῆ λέγω, τούτων ὑμῖν μάρτυρας τοὺς κλητεύσαντας παρέξομαι.*

ΜΑΡΤΥΡΕΣ

Ὅτι μὲν τοίνυν προσεκλήθη ὑπ' ἐμοῦ, οἱ κλητῆρες μεμαρτυρήκασιν· ὡς δὲ εἰσήχθη εἰς τὸ δικαστήριον, λαβέ μοι τὴν μαρτυρίαν τῶν ἀποστολέων καὶ τῆς ἀρχῆς.

ΜΑΡΤΥΡΙΑ

28. *Ὃν μὲν τοίνυν ᾤμην πράγματα παρέξειν μοι Δημοχάρην τὸν Παιανιέα, πρὶν μὲν εἰσαχθῆναι εἰς τὸ δικαστήριον ἦν ἀηδής, ἐπειδὴ δὲ εἰσήχθη καὶ ἑάλω, ἀπέδωκεν τὸ καθ' ἑαυτὸν μέρος τῶν σκευῶν. ὃν δ' οὐκ ἂν ᾠήθην εἰς τοσοῦτον πονηρίας*

26 *Ἑρμῆν—πυλίδι* Harp. ε 138 Sud. π 2815

5 *σκέψασθε* S *οὖν*] *δὴ* F 12 *παρὰ*] *ἐκ* F 21 *κλήτορες* F
22 <*μοι*> *μεμαρτυρήκασιν* S 25 *δημοχάριν* S 28 *ἂν*] *δή* F

ἐλθεῖν ὥστε τολμῆσαι ἄν ποτε τὴν πόλιν ἀποστερῆσαι τὰ σκεύη, εἰς τοσοῦτο δικῶν καὶ πραγμάτων προβέβηκεν. καὶ παρὼν μὲν πρὸς τῷ δικαστηρίῳ, ὅτε εἰσήγετο, οὐδαμοῦ ἠντεδίκησεν, οὐδὲ ἀπεγράψατο διαδικασίαν πρὸς οὐδένα, εἴ τινά φησιν ἕτερον ἔχειν τὰ σκεύη καὶ μὴ προσήκειν αὐτῷ ἀποδοῦναι, ἀλλ' εἴασεν καθ' αὑτοῦ ψῆφον ἐπαχθῆναι· (29) ἐπειδὴ δὲ ἀπῆλθεν ἐκ τοῦ δικαστηρίου, οὐδὲν μᾶλλον ἀπεδίδου, ἀλλ' ᾤετο ἐν μὲν τῷ παρόντι αὐτὸς ἐκποδὼν γενόμενος ἡσυχίαν ἕξειν, ἕως <ἂν> ἐγώ τε ἐκπλεύσω καὶ αἱ νῆες καὶ χρόνος ἐγγένηται, καὶ ἐμέ, ἃ οὗτος ὤφειλεν σκεύη τῇ πόλει, ἀναγκασθήσεσθαι ἀποδοῦναι ἥκοντα ἐνθάδε ἢ τῷ διαδόχῳ, ὃς ἂν ἔλθῃ ἐκ τῆς συμμορίας ἐπὶ τὴν ναῦν. τί γὰρ ἂν καὶ ἀντέλεγον αὐτῷ ψηφίσματα καὶ νόμους παρεχομένῳ, ὡς προσῆκεν ἐμὲ εἰσπρᾶξαι τὰ σκεύη; (30) ὁ δὲ Θεόφημος χρόνου ἐγγεγενημένου, ὁπότε αὐτὸν ἥκων ἀπαιτοίην, ἔμελλε φήσειν ἀποδεδωκέναι, καὶ τούτοις τεκμηρίοις καταχρήσεσθαι ὡς ἀποδέδωκεν, τῷ καιρῷ, τῇ χρείᾳ, ὡς οὐκ ἠλίθιος ἦν οὐδ' αὖ φίλος αὐτῷ γενόμενος οὐδεπώποτε ὥστ' ἐπισχεῖν· ὥστε τί ἄν ποτε βουλόμενος ἐγώ, τριηραρχῶν μὲν τῇ πόλει, ἐπιμελητὴς δὲ ὢν τῆς συμμορίας, ψηφισμάτων δὲ τοιούτων καὶ νόμου ὄντος, περὶ τὴν εἴσπραξιν ἐπέσχον ἂν τούτῳ; (31) ταύτην τὴν διάνοιαν ἔχων ὁ Θεόφημος τότε μὲν οὐκ ἀπεδίδου τὰ σκεύη, ἀλλ' ἐκποδὼν ἦν, ὕστερον δὲ ᾤετό με ἀποστερήσειν, πρὸς δὲ τούτοις εἰς ὅρκον καταφυγὼν ῥᾳδίως ἐπιορκήσειν, ὅπερ καὶ ἄλλοις πεποίηκεν. δεινὴ γὰρ ἡ πλεονεξία τοῦ τρόπου περὶ τὰ διάφορα, ὡς ἐγὼ ἔργῳ ὑμῖν ἐπιδείξω. ταῦτα γὰρ τὰ σκεύη ὀφείλων ὁ Θεόφημος τῇ πόλει εἰς Ἀφαρέα ἀνέφερεν λόγῳ, ἔργῳ δὲ οὐκ ἀπεγράψατο πρὸς αὐτὸν διαδικασίαν, εὖ εἰδὼς ὅτι ἐλεγχθήσεται ψευδόμενος, ἐὰν εἰσέλθῃ εἰς δικαστήριον.

4 ἠντιδίκησεν F   5 εἴ Reiske : ἢ SF   9 add. Dindorf
14 προσῆκον F   15 φησὶν SF : corr. Wolf   16 καποταχρήσεσθαι S
17 <καὶ> τῇ F   18 ὥστε cod. Q^{γρ} : om. SF

(32) *ὁ γὰρ Ἀφαρεὺς ἐξήλεγχεν αὐτὸν τιμὴν λογισάμενον αὐτῷ τῶν σκευῶν καὶ λαβόντα παρ' αὐτοῦ, ὅτε παρελάμβανεν τὴν τριηραρχίαν. νῦν δέ φησι Δημοχάρει παραδοῦναι, καὶ δικάζεται τοῖς παιδίοις τοῖς Δημοχάρους τετελευτηκότος τοῦ Δημοχάρους. ὅτε δ' ἔζη ὁ Δημοχάρης, οὐκ ἀπεγράψατο πρὸς αὐτὸν διαδικασίαν ὁ Θεόφημος, εἰσπραττόμενος ὑπ' ἐμοῦ τὰ σκεύη, ἀλλ' ἠβούλετο ἐπὶ προφάσει χρόνου ἐγγενομένου ἀποστερῆσαι τὴν πόλιν τὰ σκεύη. ὡς δ' ἀληθῆ λέγω, ἀναγνώσεται τὰς μαρτυρίας.*

ΜΑΡΤΥΡΙΑΙ

33. *Ταῦτα τοίνυν ἐγὼ πάντα ἐνθυμούμενος, καὶ ἀκούων τὸν Θεόφημον τῶν πεπλησιακότων οἷος εἴη περὶ τὰ διάφορα, καὶ οὐκ ἀπολαμβάνων τὰ σκεύη παρ' αὐτοῦ, προσῄειν πρός τε τοὺς ἀποστολέας καὶ τὴν βουλήν {καὶ τὸν δῆμον}, λέγων ὅτι οὐκ ἀποδίδωσί μοι τὰ σκεύη ὁ Θεόφημος, ἃ ὤφλεν ἐν τῷ δικαστηρίῳ. προσῇσαν δὲ καὶ οἱ ἄλλοι τριήραρχοι τῇ βουλῇ, ὅσοι μὴ παρελάμβανον παρὰ τῶν ὀφειλόντων τὰ σκεύη. καὶ πολλῶν λόγων γενομένων ἀποκρίνεται ἡμῖν ἡ βουλὴ ψηφίσματι, ὃ ἀναγνώσεται ὑμῖν, εἰσπράττεσθαι τρόπῳ ᾧ ἂν δυνώμεθα.*

ΨΗΦΙΣΜΑ

34. *Γενομένου τοίνυν τοῦ ψηφίσματος τούτου ἐν τῇ βουλῇ, καὶ οὐδενὸς γραφομένου παρανόμων, ἀλλὰ κυρίου ὄντος, προσελθὼν Εὐέργῳ τουτῳὶ τῷ ἀδελφῷ τοῦ Θεοφήμου, ἐπειδὴ τὸν Θεόφημον οὐχ οἷός τε ἦν ἰδεῖν, ἔχων τὸ ψήφισμα πρῶτον μὲν ἀπῄτησα τὰ σκεύη καὶ ἐκέλευσα αὐτὸν φράσαι τῷ Θεοφήμῳ, ἔπειτα διαλιπὼν ἡμέρας τινάς, ὡς οὐκ ἀπεδίδου τὰ σκεύη, ἀλλ' ἐχλεύαζέ με, παραλαβὼν μάρτυρας ἠρόμην αὐτὸν*

4 *τετελευτηκότος - Δημοχάρους* (ὁμ.) om. S[a] 5–6 *διαδικασίαν πρὸς αὐτὸν* F 9 *ἀναγνώσεται*] *ἀναγνῶθί* <*μοι*> F[γρ] 12 *οἷος*] *οἷς* F 14 del. Sauppe 24 *τούτῳ* SF : corr. Blass

πότερα νενεμημένος εἴη πρὸς τὸν ἀδελφὸν ἢ κοινὴ ἡ οὐσία εἴη αὐτοῖς. (35) ἀποκριναμένου δέ μοι Εὐέργου ὅτι νενεμημένος εἴη καὶ χωρὶς οἰκοίη ὁ Θεόφημος, αὐτὸς δὲ παρὰ τῷ πατρί, πυθόμενος οὗ ᾤκει ὁ Θεόφημος, λαβὼν παρὰ τῆς ἀρχῆς ὑπηρέτην ἦλθον ἐπὶ τὴν οἰκίαν τοῦ Θεοφήμου. καταλαβὼν δὲ αὐτὸν οὐκ ἔνδον ὄντα, ἐκέλευσα τὴν ἄνθρωπον τὴν ὑπακούσασαν μετελθεῖν αὐτὸν ὅπου εἴη, ταύτην ἣν μεμαρτυρήκασιν οὗτοι προκαλέσασθαι τὸν Θεόφημον παραδοῦναι, ἐγὼ δὲ ἐξαιτῶν οὐ δύναμαι παραλαβεῖν, ἵν' ὑμεῖς τὴν ἀλήθειαν πύθησθε, ὁπότερος ἦρξεν χειρῶν ἀδίκων. (36) ὡς δὲ ἀφικνεῖται ὁ Θεόφημος μετελθούσης αὐτὸν τῆς ἀνθρώπου, ἀπῄτουν αὐτὸν τὸ διάγραμμα τῶν σκευῶν, λέγων ὅτι ἤδη περὶ ἀναγωγὴν εἴην, καὶ ἐδείκνυον τὸ ψήφισμα τῆς βουλῆς, ὡς δὲ ταῦτά μου λέγοντος οὐκ ἀπεδίδου, ἀλλὰ ἠπείλει καὶ ἐλοιδορεῖτο, ἐκέλευσα τὸν παῖδα καλέσαι εἴ τινας ἴδοι τῶν πολιτῶν παριόντας ἐκ τῆς ὁδοῦ, ἵνα μάρτυρές μοι εἴησαν τῶν λεγομένων, (37) καὶ ἠξίουν πάλιν τὸν Θεόφημον ἢ αὐτὸν ἀκολουθεῖν πρὸς τοὺς ἀποστολέας καὶ τὴν βουλήν, καὶ εἰ μή φησιν ὀφείλειν, ἐκείνους πείθειν τοὺς παραδόντας καὶ ἀναγκάζοντας εἰσπράττειν, ἢ ἀποδιδόναι τὰ σκεύη· εἰ δὲ μή, ἐνέχυρα ἔφην λήψεσθαι κατά τε τοὺς νόμους καὶ τὰ ψηφίσματα. οὐδὲν δ' ἐθέλοντος αὐτοῦ τῶν δικαίων ποιεῖν, ἦγον τὴν ἄνθρωπον ἑστηκυῖαν ἐπὶ τῇ θύρᾳ, τὴν μετελθοῦσαν αὐτόν. (38) καὶ ὁ Θεόφημός με ἀφῃρεῖτο, καὶ ἐγὼ τὴν μὲν ἄνθρωπον ἀφῆκα, εἰς δὲ τὴν οἰκίαν εἰσῄειν, ἵνα ἐνέχυρόν τι λάβοιμι τῶν σκευῶν· ἔτυχεν γὰρ ἡ θύρα ἀνεῳγμένη, ὡς ἦλθεν ὁ Θεόφημος, καὶ ἔτι ἤμελλεν εἰσιέναι· καὶ ἐπεπύσμην αὐτὸν ὅτι οὐκ εἴη γεγαμηκώς. εἰσιόντος δέ μου παίει πὺξ ὁ Θεόφημος τὸ στόμα, καὶ ἐγὼ ἐπιμαρτυράμενος τοὺς παρόντας ἠμυνάμην. (39) ὡς οὖν ἀληθῆ

1 νενεμημένος F$^{\gamma\rho}$: μεμερισμένος SF ἡ om. F 9 ἐξαιτῶν] ἐξ αὐτῶν F$^{\gamma\rho}$
12 ἀναγωγῆς F 19 παραδιδόντας <καὶ ὀφείλοντας> F καὶ] τοὺς Reiske
20 ἢ ἀποδιδόναι] παραδιδόναι S 21 δὲ om. S 26 ἐξῆλθεν F

λέγω, καὶ ἦρξεν χειρῶν ἀδίκων ὁ Θεόφημος, οὐκ ἄλλοθεν δεῖν οἶμαι τὸν ἔλεγχον γενέσθαι ἢ ἐκ τῆς ἀνθρώπου, ἣν μεμαρτυρήκασιν οὗτοι οἱ μάρτυρες ὡς ἤθελεν ὁ Θεόφημος παραδιδόναι. ταύτῃ δὲ τῇ μαρτυρίᾳ πρότερος εἰσελθὼν εἰς τὸ δικαστήριον, οὐ παραγραφομένου ἐμοῦ οὐδ' ὑπομνυμένου διὰ τὸ καὶ πρότερόν ποτε ἐφ' ἑτέρας δίκης ταῦτά με βλάψαι, ἐξηπάτησεν τοὺς δικαστὰς λέγων, οὓς μὲν ἐγὼ παρειχόμην μάρτυρας, τὰ ψευδῆ μαρτυρεῖν, τὴν δὲ ἄνθρωπον ἐρεῖν τὰς ἀληθείας βασανιζομένην. **(40)** οἷς δὲ τότε κατεχρῶντο λόγοις, νῦν αὐτοῖς ἐξελέγχονται ὑπεναντία ποιοῦντες· τὴν γὰρ ἄνθρωπον οὐ δύναμαι παραλαβεῖν πολλάκις ἐξαιτήσας, ὡς μεμαρτύρηται ὑμῖν. ἐπειδὴ τοίνυν τὴν ἄνθρωπον οὐ παραδιδόασιν, ἣν αὐτοὶ ἔφασαν προκαλέσασθαι, βούλομαι ὑμῖν καὶ τοὺς μάρτυρας παρασχέσθαι, οἳ εἶδόν με πρότερον πληγέντα ὑπὸ τοῦ Θεοφήμου (ἡ δὲ ᾄκεια τοῦτ' ἔστιν, ὃς ἂν ἄρξῃ χειρῶν ἀδίκων πρότερος) ἄλλως τε καὶ κατὰ τὸν νόμον καὶ κατὰ τὰ ψηφίσματα τὰ ὑμέτερα εἰσπράττοντα. καί μοι ἀνάγνωθι τὰ ψηφίσματα καὶ τὴν μαρτυρίαν.

ΨΗΦΙΣΜΑΤΑ. ΜΑΡΤΥΡΙΑ

41. Ἐπειδὴ τοίνυν ἀφῃρέθην τὰ ἐνέχυρα ὑπὸ τοῦ Θεοφήμου καὶ συνεκόπην, ἐλθὼν εἰς τὴν βουλὴν τάς τε πληγὰς ἔδειξα καὶ ἃ πεπονθὼς ἦν εἶπον, καὶ ὅτι εἰσπράττων τῇ πόλει τὰ σκεύη. ἀγανακτήσασα δ' ἡ βουλὴ ἐφ' οἷς ἐγὼ ἐπεπόνθειν, καὶ ἰδοῦσά με ὡς διεκείμην, καὶ ἡγησαμένη ὑβρίσθαι οὐκ ἐμέ, ἀλλ' ἑαυτὴν καὶ τὸν δῆμον τὸν ψηφισάμενον καὶ τὸν νόμον τὸν

2 οἶμαι δεῖν F γίγνεσθαι F 3 οὗτοι om. S ὁ om. F 4 <ἐκ τῆς ἀνθρώπου> παραδιδόναι F 5 ὑπομνυομένου F 7 παρεσχόμην F 8 τὰ om. F 10 αὐτοῖς] αὐτοὶ Schaefer 15 parenthesin statuit Rueger τοῦτ' ἔστιν post ἄρξῃ S[c] 16 πρότερος ante 15 χειρῶν F : del. Blass : πρότερα post ἀδίκων cod. D 18 τὰς μαρτυρίας F 19 μαρτυρίαι F 22 εἶπα S 23 δ' om. F

ἀναγκάσαντα εἰσπράττειν τὰ σκεύη, (42) ἐκέλευεν εἰσαγγέλλειν με, καὶ τοὺς πρυτάνεις προγράφειν αὐτῷ τὴν κρίσιν ἐπὶ δύο ἡμέρας ὡς ἀδικοῦντι καὶ διακωλύοντι τὸν ἀπόστολον, διότι τὰ σκεύη οὐκ ἀπεδίδου καὶ τὰ ἐνέχυρα ἀφείλετο καὶ ἐμὲ συνέκοψεν τὸν εἰσπράττοντα καὶ ὑπηρετοῦντα τῇ πόλει. γενομένης τοίνυν τῆς κρίσεως τῷ Θεοφήμῳ ἐν τῇ βουλῇ κατὰ τὴν εἰσαγγελίαν ἣν ἐγὼ εἰσήγγειλα, καὶ ἀποδοθέντος λόγου ἑκατέρῳ, καὶ κρύβδην διαψηφισαμένων τῶν βουλευτῶν, ἑάλω ἐν τῷ βουλευτηρίῳ καὶ ἔδοξεν ἀδικεῖν. (43) καὶ ἐπειδὴ ἐν τῷ διαχειροτονεῖν ἦν ἡ βουλὴ πότερα δικαστηρίῳ παραδοίη ἢ ζημιώσειε ταῖς πεντακοσίαις, ὅσου ἦν κυρία κατὰ τὸν νόμον, δεομένων τούτων ἁπάντων καὶ ἱκετευόντων καὶ τίνα οὐ προσπεμπόντων; καὶ τὸ διάγραμμα τῶν σκευῶν ἀποδιδόντων εὐθὺς ἐν τῇ βουλῇ, καὶ περὶ τῶν πληγῶν φασκόντων ἐπιτρέψειν ᾧ ἂν κελεύσω Ἀθηναίων, συνεχώρησα ὥστε τῷ Θεοφήμῳ πέντε καὶ εἴκοσι δραχμῶν προστιμηθῆναι. (44) καὶ ταῦτα ὡς ἀληθῆ λέγω, ὑμῶν τε δέομαι ὅσοι ἐβούλευον ἐπ' Ἀγαθοκλέους ἄρχοντος φράζειν τοῖς παρακαθημένοις, καὶ ὅσους ἠδυνάμην ἐγὼ ἐξευρεῖν τῶν τότε βουλευόντων, μάρτυρας ὑμῖν παρέξομαι.

ΜΑΡΤΥΡΕΣ

Ἐγὼ μὲν τοίνυν οὕτως, ὦ ἄνδρες δικασταί, ἐπιεικὴς ἐγενόμην πρὸς τούτους. καίτοι τό γε ψήφισμα δημοσίαν τὴν οὐσίαν ἐκέλευσεν εἶναι, οὐ μόνον ὃς ἂν ἔχων σκεύη μὴ ἀποδιδῷ τῇ πόλει, ἀλλὰ καὶ ὃς ἂν ἰδίᾳ κτησάμενος μὴ πωλῇ· τοιαύτη γὰρ ἡ ἀπορία οὖσα συνέβαινεν τότε ἐν τῇ πόλει σκευῶν. καί μοι ἀνάγνωθι τὸ ψήφισμα.

6 κατὰ] καὶ S[a]   8 διαψηφισαμένων Reiske : ἰδίᾳ ψηφισμένων SF
14 εὐθὺς - βουλῇ om. cod. Q   15 ἐπιτρέπειν F   ἂν Bekker : ἐὰν SF
16 προτιμηθῆναι S   19 ἐδυνάμην F   21 μαρτυρίαι SF : corr. Dindorf
22 οὕτως post δικασταί F   26 τοιαύτῃ S

ΨΗΦΙΣΜΑ

45. Καταπλεύσας τοίνυν, ὦ ἄνδρες δικασταί, ὡς οὐδενὶ ἤθελεν ἐπιτρέπειν ὁ Θεόφημος περὶ τῶν πληγῶν ὧν τότε ἔλαβον ὑπ' αὐτοῦ, προσεκαλεσάμην αὐτὸν καὶ ἔλαχον αὐτῷ δίκην τῆς ᾀκίας. ἀντιπροσκαλεσαμένου δὲ κἀκείνου ἐμὲ καὶ διαιτητῶν ἐχόντων τὰς δίκας, ἐπειδὴ ἡ ἀπόφασις ἦν τῆς δίκης, ὁ μὲν Θεόφημος παρεγράφετο καὶ ὑπώμνυτο, ἐγὼ δὲ πιστεύων ἐμαυτῷ μηδὲν ἀδικεῖν εἰσῄειν εἰς ὑμᾶς. (46) παρασχόμενος δὲ ἐκεῖνος ταύτην τὴν μαρτυρίαν, ἣν ἄλλος μὲν οὐδεὶς μεμαρτύρηκεν, ὁ δὲ ἀδελφὸς καὶ ὁ κηδεστής, ὡς ἐθέλοι τὴν ἄνθρωπον παραδοῦναι, καὶ προσποιούμενος ἄκακος εἶναι, ἐξηπάτησεν τοὺς δικαστάς. δέομαι δ' ὑμῶν νυνὶ δικαίαν δέησιν, ἅμα μὲν δικάσαι περὶ τῆς μαρτυρίας, πότερα ψευδής ἐστιν ἢ ἀληθής, ἅμα δὲ περὶ τοῦ πράγματος ἐξ ἀρχῆς σκέψασθαι. (47) ἐγὼ μὲν τοίνυν, εἰς ἃ οὗτος κατέφυγεν τότε δίκαια, ἐκ τούτων οἴομαι δεῖν τὸν ἔλεγχον γενέσθαι, ἐκ τῆς ἀνθρώπου βασανιζομένης, ὁπότερος ἦρξεν χειρῶν ἀδίκων· τοῦτο γάρ ἐστιν ἡ ᾀκια. καὶ τοὺς μάρτυρας διὰ τοῦτο διώκω τῶν ψευδομαρτυρίων, ὅτι ἐμαρτύρησαν ἐθέλειν παραδιδόναι τὸν Θεόφημον τὴν ἄνθρωπον, οὐδαμοῦ τὸ σῶμα παραδιδόντος οὔτε τότε πρὸς τῷ διαιτητῇ οὔτε ὕστερον, πολλάκις ἐμοῦ ἐξαιτήσαντος. (48) διπλῆν οὖν αὐτοὺς δεῖ δίκην δοῦναι, ὅτι τε ἐξηπάτησαν τοὺς δικαστὰς ψευδεῖς μαρτυρίας παρασχόμενοι, κηδεστοῦ καὶ ἀδελφοῦ, καὶ ὅτι ἐμὲ ἠδίκησαν, λειτουργοῦντα μὲν ὑμῖν προθύμως, ποιοῦντα δὲ τὰ προσταττόμενα, ὑπηρετοῦντα δὲ τοῖς νόμοις καὶ τοῖς ψηφίσμασιν τοῖς ὑμετέροις. ὡς δὲ οὐκ ἐγὼ μόνος παρέλαβον παρὰ τῆς ἀρχῆς τοῦτον

3 ἔλαβον τότε F 4 προεκαλεσάμην S τῆς om. F 5 ἀντιπροκαλεσαμένου S 6 δίκης] διαίτης Blass 21 οὔτε τότε Reiske : οὔτε S : οὔτε ὅτε F 22 ἔδει F δοῦναι δίκην F 24 κηδεστοῦ - ἀδελφοῦ del. van Herwerden

εἰσπράξασθαι σκεύη ὀφείλοντα τῇ πόλει, ἀλλὰ καὶ ἄλλοι τῶν τριηράρχων ἑτέρους εἰσεπράξαντο οὓς παρέλαβον, ἀνάγνωθί μοι αὐτῶν τὰς μαρτυρίας.

ΜΑΡΤΥΡΙΑΙ

49. *Βούλομαι τοίνυν, ὦ ἄνδρες δικασταί, καὶ ἃ πέπονθα ὑπ' αὐτῶν διηγήσασθαι ὑμῖν. ἐπειδὴ γὰρ ὦφλον αὐτοῖς τὴν δίκην ἐφ' ᾗ τοὺς μάρτυρας τούτους διώκω τὰ ψευδῆ μεμαρτυρηκότας, προσελθὼν τῷ Θεοφήμῳ μελλούσης μοι ἤδη ἐξήκειν τῆς ὑπερημερίας, ἐδεήθην αὐτοῦ ἐπισχεῖν μοι ὀλίγον χρόνον, λέγων τὰς ἀληθείας, ὅτι πεπορισμένου τοῦ ἀργυρίου ὃ ἤμελλον αὐτῷ ἐκτίνειν συμβέβηκέ μοι τριηραρχία,* **(50)** *καὶ ἀποστέλλειν διὰ τάχους δεῖ τὴν τριήρη, καὶ ὁ στρατηγὸς Ἀλκίμαχος αὐτῷ παρασκευάζειν κελεύοι ταύτην τὴν ναῦν· τὸ οὖν ἀργύριον τὸ πεπορισμένον τῷ Θεοφήμῳ ἀποδοῦναι ἐνταῦθα κατεχρησάμην. ἐδεόμην δ' αὐτοῦ ἀναβαλέσθαι τὴν ὑπερημερίαν, ἕως ἂν τὴν ναῦν ἀποστείλω. ὁ δὲ ῥᾳδίως μοι καὶ ἀκάκως ἀποκρίνεται· 'οὐδὲν κωλύει', ἔφη· 'ἀλλ' ἐπειδὰν τὴν ναῦν ἀποστείλῃς, πόριζε καὶ ἐμοί.'* **(51)** *ἀποκριναμένου δέ μοι ταῦτα τοῦ Θεοφήμου καὶ ἀναβαλομένου τὴν ὑπερημερίαν, καὶ μάλιστά μου πιστεύσαντος τῇ τε ἐπισκήψει τῶν ψευδομαρτυρίων καὶ τῷ μὴ ἐθέλειν αὐτὸν παραδοῦναι τὴν ἄνθρωπον, ὡς οὐδὲν ἂν νεωτερίσαντος περὶ τἀμά, ἐγὼ μὲν τὴν τριήρη ἀποστείλας, οὐ πολλαῖς ἡμέραις ὕστερον πορίσας τὸ ἀργύριον, προσελθὼν αὐτῷ ἐκέλευον ἐπὶ τὴν τράπεζαν ἀκολουθοῦντα κομίζεσθαι τὴν καταδίκην. ὡς δὲ ταῦτα ἀληθῆ λέγω, τούτων ὑμῖν ἀναγνώσεται τὰς μαρτυρίας.*

50 *Ἀλκίμαχος* Harp. α 76

9 *αὐτοῦ*] *αὐτοὺς* F 12 *δεῖν* S[a] 13 *ἄλκιμος* F *αὐτῷ παρασκευάζειν* SF[γρ] : *ἀνάγεσθαι* F *ταύτην* om. F 23 *οὐ*] *οὔτε* S

ΜΑΡΤΥΡΙΑΙ

52. Ὁ δὲ Θεόφημος ἀντὶ τοῦ τὴν καταδίκην ἀπολαβεῖν ἀκολουθήσας ἐπὶ τὴν τράπεζαν, ἐλθών μου τὰ πρόβατα λαμβάνει ποιμαινόμενα πεντήκοντα μαλακὰ καὶ τὸν ποιμένα μετ' αὐτῶν καὶ πάντα τὰ ἀκόλουθα τῇ ποίμνῃ, ἔπειτα παῖδα διάκονον ὑδρίαν χαλκῆν ἀποφέροντα ἀλλοτρίαν ᾐτημένην, πολλοῦ ἀξίαν. καὶ ταῦτα ἔχουσιν οὐκ ἐξήρκεσεν αὐτοῖς· (53) ἀλλ' ἐπεισελθόντες εἰς τὸ χωρίον (γεωργῶ δὲ πρὸς τῷ ἱπποδρόμῳ, καὶ οἰκῶ ἐνταῦθα ἐκ μειρακίου) πρῶτον μὲν ἐπὶ τοὺς οἰκέτας ᾖξαν, ὡς δὲ οὗτοι διαφεύγουσιν αὐτοὺς καὶ ἄλλος ἄλλῃ ἀπεχώρησαν, ἐλθόντες πρὸς τὴν οἰκίαν καὶ ἐκβαλόντες τὴν θύραν τὴν εἰς τὸν κῆπον φέρουσαν Εὔεργός τε οὑτοσὶ ὁ ἀδελφὸς ὁ Θεοφήμου καὶ Μνησίβουλος ὁ κηδεστὴς αὐτοῦ, οἷς οὐδεμίαν δίκην ὠφλήκειν οὐδὲ προσῆκεν αὐτοὺς ἅπτεσθαι τῶν ἐμῶν οὐδενός, εἰσελθόντες ἐπὶ τὴν γυναῖκά μου καὶ τὰ παιδία ἐξεφορήσαντο ὅσα ἔτι ὑπόλοιπά μοι ἦν σκεύη ἐν τῇ οἰκίᾳ. (54) ᾤοντο μὲν γὰρ οὐ τοσαῦτα μόνον λήψεσθαι, ἀλλὰ πολλῷ πλείω· τὴν γὰρ οὖσάν μοι ποτὲ κατασκευὴν τῆς οἰκίας καταλήψεσθαι· ἀλλ' ὑπὸ τῶν λειτουργιῶν καὶ τῶν εἰσφορῶν καὶ τῆς πρὸς ὑμᾶς φιλοτιμίας τὰ μὲν ἐνέχυρα κεῖται αὐτῶν, τὰ δὲ πέπραται. ὅσα δ' ἦν ἔτι ὑπόλοιπα, πάντα λαβόντες ᾤχοντο. (55) πρὸς δὲ τούτοις, ὦ ἄνδρες δικασταί, ἔτυχεν ἡ γυνή μου μετὰ τῶν παιδίων ἀριστῶσα ἐν τῇ αὐλῇ, καὶ μετ' αὐτῆς τιτθή τις ἐμὴ γενομένη πρεσβυτέρα, ἄνθρωπος εὔνους καὶ πιστὴ καὶ ἀφειμένη ἐλευθέρα ὑπὸ τοῦ πατρὸς τοῦ ἐμοῦ. συνῴκησεν δὲ ἀνδρί, ἐπειδὴ ἀφείθη ἐλευθέρα· ὡς δὲ οὗτος ἀπέθανεν καὶ αὐτὴ γραῦς ἦν καὶ οὐκ ἦν αὐτὴν ὁ θρέψων, ἐπανῆκεν ὡς ἐμέ. (56) ἀναγκαῖον οὖν ἦν μὴ περιιδεῖν ἐνδεεῖς ὄντας μήτε τιτθὴν

52 ᾐτημένην Harp. η 18

11 ἀπεχώρησεν F πρὸς] εἰς F καταβαλόντες S 14 αὐτοὺς] αὐτοῖς F 16 σκεύη ἦν S[a] 18 γὰρ οὖσάν F[γρ] : παροῦσάν SF ποτὲ F[γρ] : τοτὲ S[a] : τοτὲ F 24 γεγενημένη F 27 ἐπανῆκεν <αὐτὴν> F 28 ἐνδεῆ οὖσαν Wolf μήτε . . . μήτε] μηδὲ . . . καὶ F τιτθὴν <ἐμὴν> F

γενομένην μήτε παιδαγωγόν· ἅμα δὲ καὶ τριηραρχῶν ἐξέπλεον, ὥστε καὶ τῇ γυναικὶ βουλομένῃ ἦν τοιαύτην οἰκουρὸν μετ᾿ αὐτῆς με καταλιπεῖν. ἀριστώντων δὲ ἐν τῇ αὐλῇ, ὡς ἐπεισπηδῶσιν οὗτοι καὶ καταλαμβάνουσιν αὐτὰς καὶ ἥρπαζον τὰ σκεύη, αἱ μὲν ἄλλαι θεράπαιναι (ἐν τῷ πύργῳ γὰρ ἦσαν, οὗπερ διαιτῶνται) ὡς ἤκουσαν κραυγῆς, κλείουσι τὸν πύργον, καὶ ἐνταῦθα μὲν οὐκ εἰσῆλθον, τὰ δ᾿ ἐκ τῆς ἄλλης οἰκίας ἐξέφερον σκεύη, **(57)** ἀπαγορευούσης τῆς γυναικὸς μὴ ἅπτεσθαι αὐτοῖς, καὶ λεγούσης ὅτι αὐτῆς εἴη ἐν τῇ προικὶ τετιμημένα καὶ ὅτι ‘τὰ πρόβατα ἔχετε πεντήκοντα καὶ τὸν παῖδα καὶ τὸν ποιμένα, πλείονος ἄξια ἢ κατεδικάσασθε·’ ἀπήγγειλε γάρ τις αὐτοῖς τῶν γειτόνων κόψας τὴν θύραν. ἔτι δὲ ἔφη τὸ ἀργύριον αὐτοῖς κείμενον εἶναι ἐπὶ τῇ τραπέζῃ· ἠκηκόει γὰρ ἐμοῦ· ‘κἂν περιμείνητε’, ἔφη, ‘ἢ μετέλθῃ τις ὑμῶν αὐτόν, ἔχοντες ἄπιτε τὸ ἀργύριον ἤδη· τὰ δὲ σκεύη ἐᾶτε, καὶ μηδὲν τῶν ἐμῶν φέρετε, ἄλλως τε καὶ ἔχοντες ἄξια τῆς καταδίκης.’ **(58)** ταῦτα δὲ λεγούσης τῆς γυναικὸς οὐχ ὅπως ἐπέσχον, ἀλλὰ καὶ τῆς τιτθῆς τὸ κυμβίον λαβούσης παρακείμενον αὐτῇ, ἐξ οὗ ἔπινεν, καὶ ἐνθεμένης εἰς τὸν κόλπον, ἵνα μὴ οὗτοι λάβοιεν, ἐπειδὴ εἶδεν ἔνδον ὄντας αὐτούς, κατιδόντες αὐτὴν οὕτω διέθεσαν ἀφαιρούμενοι τὸ κυμβίον Θεόφημος καὶ Εὔεργος ὁ ἀδελφὸς αὐτοῦ οὑτοσί, **(59)** ὥστε ὕφαιμοι μὲν οἱ βραχίονες καὶ οἱ καρποὶ τῶν χειρῶν αὐτῆς ἐγένοντο ἀποστρεφομένης τὼ χεῖρε καὶ ἑλκομένης ὑπὸ τούτων ἀφαιρουμένων τὸ κυμβίον, ἀμυχὰς δ᾿ ἐν τῷ τραχήλῳ εἶχεν ἀγχομένη, πελιὸν δὲ τὸ στῆθος. εἰς τοῦτο δ᾿ ἦλθον πονηρίας ὥστε, ἕως ἀφείλοντο τὸ κυμβίον ἐκ τοῦ κόλπου αὐτῆς, οὐκ ἐπαύσαντο ἄγχοντες καὶ τύπτοντες τὴν γραῦν. **(60)** ἀκούοντες δὲ οἱ θεράποντες τῶν γειτόνων τῆς κραυγῆς καὶ ὁρῶντες τὴν οἰκίαν

3 *με* om. S *δὲ*] *δὴ* Dobree 4 *καὶ*[1] om. S 8 *ἀπαγορευγεύσης* S 10–11 *καὶ*[1] - *παῖδα* (*ο*(*μ*.) om. F 12 *αὐταῖς τῶν* F 20 *ιδειν* S 22 *ἀ*(*δελφὸς* Dindorf : [S] 28 *ἀκούσαντες* F

πορθουμένην τὴν ἐμήν, οἱ μὲν ἀπὸ τῶν τεγῶν τῶν ἑαυτῶν ἐκαλίστρουν τοὺς παριόντας, οἱ δὲ καὶ εἰς τὴν ἑτέραν ὁδὸν ἐλθόντες καὶ ἰδόντες Ἁγνόφιλον παριόντα ἐκέλευσαν παραγενέσθαι. προσελθὼν δὲ ὁ Ἁγνόφιλος προσκληθεὶς ὑπὸ τοῦ θεράποντος τοῦ Ἀνθεμίωνος, ὅς ἐστί μοι γείτων, εἰς μὲν τὴν οἰκίαν οὐκ εἰσῆλθεν (οὐ γὰρ ἡγεῖτο δίκαιον εἶναι μὴ παρόντος γε τοῦ κυρίου), ἐν δὲ τῷ τοῦ Ἀνθεμίωνος χωρίῳ ὢν ἑώρα τά τε σκεύη ἐκφερόμενα καὶ Εὔεργον καὶ Θεόφημον ἐξιόντας ἐκ τῆς ἐμῆς οἰκίας. **(61)** οὐ μόνον τοίνυν, ὦ ἄνδρες δικασταί, λαβόντες μου τὰ σκεύη ᾤχοντο, ἀλλὰ καὶ τὸν υἱὸν ἦγον ὡς οἰκέτην, ἕως τῶν γειτόνων ἀπαντήσας αὐτοῖς Ἑρμογένης εἶπεν ὅτι υἱός μου εἴη. ὡς δὲ ταῦτα ἀληθῆ λέγω, ἀναγνώσεται ὑμῖν τὰς μαρτυρίας.

ΜΑΡΤΥΡΙΑΙ

62. Ἐπειδὴ τοίνυν μοι ἀπηγγέλθη εἰς Πειραιᾶ τὰ γεγενημένα ὑπὸ τῶν γειτόνων, ἐλθὼν εἰς ἀγρὸν τούτους μὲν οὐκέτι καταλαμβάνω, ἰδὼν δὲ τὰ ἐκ τῆς οἰκίας ἐκπεφορημένα καὶ τὴν γραῦν ὡς διέκειτο, καὶ ἀκούσας τῆς γυναικὸς τὰ γενόμενα, προσελθὼν τῷ Θεοφήμῳ τῇ ὑστεραίᾳ ἕωθεν ἐν τῇ πόλει μάρτυρας ἔχων ἐκέλευον αὐτὸν πρῶτον μὲν τὴν καταδίκην ἀπολαμβάνειν καὶ ἀκολουθεῖν ἐπὶ τὴν τράπεζαν, ἔπειτα τὴν ἄνθρωπον θεραπεύειν ἣν συνέκοψαν, καὶ ἰατρὸν εἰσάγειν ὃν αὐτοὶ βούλοιντο. **(63)** ταῦτα δέ μου λέγοντος καὶ διαμαρτυρομένου, κακά με πολλὰ εἰπόντες ὁ μὲν Θεόφημος ἠκολούθει μόλις, διατριβὰς ἐμποιῶν καὶ φάσκων βούλεσθαι καὶ αὐτός τινας παραλαβεῖν μάρτυρας (ταῦτα δ᾽ ἔλεγεν τεχνάζων τοῦ χρόνον ἐγγενέσθαι), ὁ δ᾽ Εὔεργος οὑτοσὶ εὐθὺς ἐκ τῆς πόλεως μεθ᾽ ἑτέρων ὁμοίων αὐτῷ ἐλθὼν εἰς ἀγρόν, τὰ

60 ἐκαλίστρουν Harp. ε 13

2 ἐκαλίστρουν Harp. : ἐκάλουν SF   16 οὐκέτι] οὐκ S^c 18 ἀκούων SF^a 23 βούλονται S^aF^a 27 τοῦ om. F   28 <ἐπὶ> τὰ Reiske

ὑπόλοιπα σκεύη, εἴ τινα τῇ προτεραίᾳ ἐν τῷ πύργῳ ἦν καὶ οὐκ ἔτυχεν ἔξω ὄντα, ἐπειδὴ <δ'> ἐγὼ ἦλθον, διὰ τὴν χρείαν κατηνέχθη, ἐκβαλὼν τὴν θύραν ἥνπερ καὶ τῇ προτεραίᾳ ἐξέβαλον κακῶς ἐνεστηκυῖαν, ᾤχετό μου λαβὼν τὰ σκεύη· ᾧ οὔτε δίκην ὠφλήκειν, οὔτε συμβόλαιον ἦν μοι πρὸς αὐτὸν οὐδέν. **(64)** ἐκτίνοντος δέ μου τῷ Θεοφήμῳ, ᾧ ὠφλήκειν τὴν δίκην, ἐπειδὴ ἐξέτινον πολλῶν παρόντων μαρτύρων χιλίας μὲν καὶ ἑκατὸν δραχμὰς <τὴν καταδίκην, ὀγδοήκοντα δὲ καὶ ἑκατὸν δραχμὰς> καὶ τρεῖς καὶ δύ' ὀβολὼ τὴν ἐπωβελίαν, τριάκοντα δὲ τὰ πρυτανεῖα (τῶν γὰρ ἄλλων οὐδὲν αὐτῷ ἐπιτιμίων ὦφλον), λαβὼν τοίνυν παρ' ἐμοῦ ἐπὶ τῇ τραπέζῃ χιλίας τριακοσίας δέκα τρεῖς δύ' ὀβολὼ τὸ σύμπαν κεφάλαιον, ἀπαιτοῦντος ἐμοῦ τά τε πρόβατα καὶ τὰ ἀνδράποδα καὶ τὰ σκεύη ἃ ἡρπάκει μου, οὐκ ἔφη ἀποδώσειν μοι, εἰ μή τις αὐτὸν ἀφήσει καὶ τοὺς μετ' αὐτοῦ τῶν ἐγκλημάτων καὶ τοὺς μάρτυρας τῶν ψευδομαρτυρίων. **(65)** ταῦτα δὲ ἀποκριναμένου αὐτοῦ μάρτυρας μὲν ἐποιησάμην τῆς ἀποκρίσεως τοὺς παρόντας, τὴν δὲ δίκην ἐξέτεισα, ὑπερήμερον γὰρ οὐκ ᾤμην δεῖν ἐμαυτὸν εἶναι. τὸν δ' Εὔεργον οὐδ' ᾔδειν εἰσεληλυθότα μου εἰς τὴν οἰκίαν ταύτῃ τῇ ἡμέρᾳ, ἀλλ' αὐτίκα ἡ δίκη ἐξετέτειστο, καὶ εἶχεν ὁ Θεόφημος τά τε πρόβατα καὶ τὰ ἀνδράποδα καὶ τὰ σκεύη τὰ τῇ προτεραίᾳ περιγενόμενα, καὶ ἄγγελος ἦλθέ μοι λιθοκόπος τις, τὸ πλησίον μνῆμα ἐργαζόμενος, ὅτι πάλιν οἴχεται Εὔεργος τὰ ὑπόλοιπα σκεύη ἐκφορήσας ἐκ τῆς οἰκίας· πρὸς ὃν οὐδέν μοι πρᾶγμα ἦν. **(66)** ὡς οὖν ἀληθῆ λέγω, καὶ ὅτι τῇ μὲν προτεραίᾳ εἰλήφεσάν μου τὰ ἐνέχυρα, τῇ δ' ὑστεραίᾳ ἐκομίσαντο τὸ

64 εἰ—ἀφήσει AB 144.12

---

1 τινα] τι S <ἐν> τῇ F προτέρᾳ cod. QD 2 ὄντα - ἐγὼ] ὄν, ἃ ἐπειδὴ ἐγὼ Rueger add. Feliciana 3 ἐξέβαλεν F 4 ἑστηκυῖαν F τὰ σκεύη del. Dobree 6–7 ἐκτείνοντος. . .ἐξέτεινον S 8 add. Boeckh 11 τριακοσίας δέκα] τετρακοσίας cod. Q$^{\gamma\rho}$ 14 μοῦ F 18 γὰρ Sauppe : δὲ SF 19 εὔεργον <δ'> S 22 τις λιθοκόπος F 23 ἐξεργαζόμενος F 24 <μου> σκεύη F : <μοι> Voemel 26 τῇ - 123.2 ἀπέλαβον om. F

ἀργύριον παρ' ἐμοῦ (καίτοι πῶς ἄν, εἰ μὴ πεπορισμένον τε ἦν καὶ ἐπηγγέλκειν αὐτοῖς, εὐθὺς ἂν ἀπέλαβον;) καὶ πάλιν αὐθημερὸν εἰσεληλύθεσαν εἰς τὴν οἰκίαν ἐκτίνοντος τὴν δίκην, τούτων ὑμῖν ἀναγνώσεται τὰς μαρτυρίας.

ΜΑΡΤΥΡΙΑΙ

67. Ἐπειδὴ τοίνυν, ὦ ἄνδρες δικασταί, ἐπαγγείλαντός μου αὐτῷ θεραπεύειν τὴν ἄνθρωπον ἣν συνέκοψαν καὶ ἰατρὸν εἰσάγειν οὐκ ἐφρόντιζον, ἐγὼ αὐτὸς εἰσήγαγον ἰατρὸν ᾧ πολλὰ ἔτη ἐχρώμην, ὃς ἐθεράπευεν αὐτὴν ἀρρωστοῦσαν, καὶ ἐπέδειξα ὡς εἶχεν, εἰσαγαγὼν μάρτυρας. ἀκούσας δὲ τοῦ ἰατροῦ ὅτι οὐδὲν ἔτι εἴη ἡ ἄνθρωπος, πάλιν ἑτέρους μάρτυρας παραλαβὼν τήν τε ἄνθρωπον ἐπέδειξα ὡς εἶχεν, καὶ ἐπήγγειλα τούτοις θεραπεύειν. ἕκτῃ τοίνυν ἡμέρᾳ ὕστερον ἢ οὗτοι εἰσῆλθον εἰς τὴν οἰκίαν, ἐτελεύτησεν ἡ τιτθή. ὡς δὲ ἀληθῆ ταῦτα λέγω, τούτων ὑμῖν ἀναγνώσεται τὰς μαρτυρίας.

ΜΑΡΤΥΡΙΑΙ

68. Ἐπειδὴ τοίνυν ἐτελεύτησεν, ἦλθον ὡς τοὺς ἐξηγητάς, ἵνα εἰδείην ὅ τι με χρὴ ποιεῖν περὶ τούτων, καὶ διηγησάμην αὐτοῖς ἅπαντα τὰ γενόμενα, τήν τε ἄφιξιν τὴν τούτων καὶ τὴν εὔνοιαν τῆς ἀνθρώπου, καὶ ὡς εἶχον αὐτὴν ἐν τῇ οἰκίᾳ, καὶ ὡς διὰ τὸ κυμβίον, οὐκ ἀφιεῖσα, τελευτήσειεν. ἀκούσαντες δέ μου οἱ ἐξηγηταὶ ταῦτα, ἤροντό με πότερον ἐξηγήσωνταί μοι μόνον ἢ καὶ συμβουλεύσωσιν. **(69)** ἀποκριναμένου δέ μου αὐτοῖς ἀμφότερα, εἶπόν μοι 'ἡμεῖς τοίνυν σοι τὰ μὲν νόμιμα ἐξηγησόμεθα, τὰ δὲ σύμφορα παραινέσομεν· πρῶτον μὲν

68 τοὺς ἐξηγητάς Harp. ε 69

2–3 καὶ πάλιν - δίκην huc transtulit Reiske : post 122.26 ἐνέχυρα SF 3 εἰσεληλύθεισαν SF : corr. Blass 7 αὐτῷ] αὐτοῖς Sauppe ἰατροὺς F 10 ἀγαγὼν F 11 ὅτι <ἀσθενοίη καὶ> F οὐκ ἔτι F 15 ταῦτα om. F 19 γεγενημένα F 21 ἀφεῖσα S 22 ἐξηγήσονται S 24 <ὅτι> ἡμεῖς F ἐπενεγκεῖν δόρυ ἐπὶ τῇ ἐκφορᾷ, καὶ προαγορεύειν ἐπὶ τῷ μνήματι, εἴ τις προσήκων ἐστὶν τῆς ἀνθρώπου, ἔπειτα τὸ μνῆμα φυλάττειν ἐπὶ τρεῖς ἡμέρας. τάδε <δὲ> συμβουλεύομέν σοι, ἐπειδὴ αὐτὸς μὲν οὐ παρεγένου, ἡ δὲ γυνὴ καὶ τὰ παιδία, ἄλλοι δέ σοι μάρτυρες οὐκ εἰσίν, ὀνομαστὶ μὲν μηδενὶ προαγορεύειν, τοῖς δεδρακόσι δὲ καὶ κτείνασιν, εἶτα πρὸς τὸν βασιλέα μὴ λαγχάνειν. **(70)** οὐδὲ γὰρ ἐν τῷ νόμῳ ἔστι σοι· οὐ γάρ ἐστιν ἐν γένει σοι ἡ ἄνθρωπος, οὐδὲ θεράπαινα, ἐξ ὧν σὺ λέγεις· οἱ δὲ νόμοι τούτων κελεύουσιν τὴν δίωξιν εἶναι· ὥστ' εἰ διομεῖ ἐπὶ Παλλαδίῳ αὐτὸς καὶ ἡ γυνὴ καὶ τὰ παιδία καὶ καταράσεσθε αὑτοῖς καὶ τῇ οἰκίᾳ, χείρων τε δόξεις πολλοῖς εἶναι, καὶ ἐὰν μὲν ἀποφύγῃ <σε>, ἐπιωρκηκέναι, ἐὰν δὲ ἕλῃς, φθονήσει. ἀλλ' ὑπὲρ σεαυτοῦ καὶ τῆς οἰκίας ἀφοσιωσάμενος ὡς ῥᾷστα τὴν συμφορὰν φέρειν, ἄλλῃ δὲ εἴ πῃ βούλει, τιμωροῦ.' **(71)** ταῦτα ἀκούσας ἐγὼ τῶν ἐξηγητῶν, καὶ τοὺς νόμους ἐπισκεψάμενος τοὺς τοῦ Δράκοντος ἐκ τῆς στήλης, ἐβουλευόμην μετὰ τῶν φίλων ὅ τι χρή με ποιεῖν. συμβουλευόντων δέ μοι ταὐτά, ἃ μὲν ὑπὲρ τῆς οἰκίας προσῆκέν μοι πρᾶξαι καὶ ἃ ἐξηγήσαντό μοι οἱ ἐξηγηταί, ἐποίησα, ἃ δ' ἐκ τῶν νόμων οὐκέτι μοι προσῆκεν, ἡσυχίαν εἶχον. **(72)** κελεύει γὰρ ὁ νόμος, ὦ ἄνδρες δικασταί, τοὺς προσήκοντας ἐπεξιέναι μέχρι ἀνεψιαδῶν (καὶ ἐν τῷ ὅρκῳ διορίζεται ὅ τι προσήκων ἐστίν), κἂν οἰκέτης ᾖ, τούτων τὰς ἐπισκήψεις εἶναι. ἐμοὶ δὲ οὔτε γένει προσῆκεν ἡ ἄνθρωπος οὐδέν, εἰ μὴ ὅσον τιτθὴ γενομένη, οὐδ' αὖ θεράπαινά γε· ἀφεῖτο γὰρ ὑπὸ τοῦ πατρὸς τοῦ ἐμοῦ ἐλευ-

69 ἐπενεγκεῖν–μνήματι Harp. ε 81 Sud. ε 2053 ἀνεψιαδῶν Poll. viii 118

1 τῆς ἐκφορᾶς Harp. τῷ μνήματι] τοῦ μνημάτων Harp. (vide archetypum pl) 3 add. Schaefer 5 ὀνόματι SF : corr. Valckenaer μηδενὶ Schaefer : οὐδενὶ <μὴ> SF : μὴ Baiter Sauppe 12 ἀποφύγῃ <σε> Wolf: ἀποφύγῃς F: ἀποφύγης S ἕλῃς] <μὴ> ἐθέλῃς F^γρ φθονηθήσει F^γρ 17 μετὰ] κατὰ F 18 ταῦτα F : corr. Schaefer : <ποιεῖν> ταὐτά S 22 ἀνεψιῶν F^γρ Poll. : ἀνεψιῶν <παίδων> Koehler διορίζεται] ἐπερωτᾶν F^γρ Poll. ὅ τι cod. D : ὅτι SF : τίς Poll. : τί cod. Q^γρ : om. F^γρ : ὅστις Schaefer προσῆκον F^γρ

θέρα καὶ χωρὶς ᾤκει καὶ ἄνδρα ἔσχε. (73) *ψεύσασθαι δὲ πρὸς ὑμᾶς καὶ διομόσασθαι αὐτὸς καὶ τὸν υἱὸν καὶ τὴν γυναῖκα οὐκ ἂν ἐτόλμησα, οὐδ᾽ ἂν εἰ εὖ ᾔδειν ὅτι αἱρήσοιμι αὐτούς· οὐ γὰρ οὕτως τούτους μισῶ, ὡς ἐμαυτὸν φιλῶ. ἵνα δὲ μὴ λόγῳ μόνον ἀκούσητέ μου, αὐτὸν ὑμῖν τὸν νόμον ἀναγνώσομαι.*

ΝΟΜΟΣ

74. *Πολλαχόθεν μὲν οὖν οἶμαι, ὦ ἄνδρες δικασταί, καταφανῆ ὑμῖν τὴν μαρτυρίαν εἶναι ὡς ψευδής ἐστιν, οὐχ ἥκιστα δ᾽ ἐκ τῶν πεπραγμένων αὐτοῖς ῥᾴδιον γνῶναι. οὗτοι γὰρ ᾤοντο, ὦ ἄνδρες δικασταί, ἐμέ, εἰ πολλά μου λάβοιεν ἐνέχυρα, ἄσμενον ἀφήσειν με τοὺς μάρτυρας τῶν ψευδομαρτυρίων, ὥστε ἀπολαβεῖν {με} τὰ ἐνέχυρα.* (75) *καὶ ἐπειδὴ ἐδεήθην αὐτοῦ ἀναβαλέσθαι μοι τὴν ὑπερημερίαν, ἄσμενος ἤκουσεν, ἵνα ὑπερήμερος αὐτῷ γενοίμην καὶ ἐκφορήσαιτό μου ὡς πλεῖστα. καὶ διὰ τοῦτο ἀκάκως καὶ ταχύ μοι ὡμολόγησεν, ἵνα πιθανὸς γένηται καὶ μὴ καταφανὴς ἐπιβουλεύων, ἡγούμενος οὐκ εἶναι αὐτῷ δι᾽ ἄλλου τρόπου τοὺς μάρτυρας ἀφεθῆναι τῶν ψευδομαρτυρίων ἢ διὰ τοῦ ἐξαπατῆσαι καὶ λαβεῖν με ὑπερήμερον καὶ ἐκφορήσασθαι ὡς πλεῖστα· οὐ γὰρ ὅσα ἔχουσί μου ᾤετο λήψεσθαι, ἀλλὰ πολλῷ πλείω.* (76) *καὶ τὸν μὲν ἄλλον χρόνον ἀνέμενεν ὡς οὐ διὰ ταχέων μεποριοῦντα αὐτῷ τὸ ἀργύριον, βουλόμενος ὑπ᾽ αὐτοὺς τοὺς ἀγῶνας τῶν ψευδομαρτυρίων τὴν ἐνεχυρασίαν μου ποιήσασθαι. ἐπειδὴ δὲ ἐπήγγειλα αὐτῷ κομίσασθαι τὴν δίκην, ἐλθών μου τά τε σκεύη καὶ τοὺς οἰκέτας καὶ τὰ πρόβατα ἔλαβεν ἀντὶ τοῦ ἀπολαβεῖν. γεωργῶ δὲ πρὸς τῷ ἱπποδρόμῳ, ὥστε οὐ πόρρω ἔδει αὐτὸν ἐλθεῖν.* (77) *ὅτι δ᾽ ἀληθῆ λέγω, μέγα τεκμήριον ὑμῖν ἔστω· τῇ*

2 *καὶ* (ante *τὸν*) om. F   *γυναῖκα <κελεύειν>* Richards   3 *αἱρήσομαι* SF : corr. Reiske   5 *ἀναγνώσεται* F[c]   10 *ἐμέ* aut *με* insequens del. Reiske   *ἀσμένων* S   11 *<ἢ διὰ τοῦ ἐξαπατῆσαι> ὥστε* S[a]   12 del. Bekker   13 *μοι*] *μου* F[a]   23 *ἐπήγγειλα* F[γρ] : *ἐπείσθην* SF

ὑστεραίᾳ γὰρ ἐκομίσατο τὸ ἀργύριον τῆς δίκης ἢ τὰ ἐνέχυρα ἔλαβεν. καίτοι πῶς ἄν, εἰ μὴ πεπορισμένον ἦν, εὐθὺς ἀπέλαβε τὸ ἀργύριον χιλίας τριακοσίας δέκα τρεῖς δύ' ὀβολώ; καὶ τὰ ἐνέχυρά μοι οὐκ ἀπεδίδου, ἀλλ' ἔτι καὶ νῦν ἔχει ὡς ὑπερημέρου ὄντος. ὅτι δ' οὐκ ἦν αὐτῷ ὑπερήμερος, ἀνάγνωθί μοι τὸν νόμον καὶ τὴν μαρτυρίαν, ὃς κελεύει κύρια εἶναι ὅ τι ἂν ἕτερος ἑτέρῳ ὁμολογήσῃ, ὥστε οὐκέτι ἦν αὐτῷ δήπου ὑπερήμερος.

ΝΟΜΟΣ. ΜΑΡΤΥΡΙΑ

78. Ὡς μὲν τοίνυν ὡμολόγησε καὶ ἀνεβάλετό μοι τὴν ὑπερημερίαν, μεμαρτύρηται ὑμῖν· ὡς δὲ ἐτριηράρχουν, ὁ συντριήραρχός μοι μεμαρτύρηκεν, καὶ ὡς ἡ ναῦς {ἡ} στρατηγὶς κατεσκευάσθη Ἀλκιμάχῳ. ὥστ' οὐκ ἦν αὐτῷ δήπου ὑπερήμερος ἀναβαλομένῳ μοι, ἔτι δὲ καὶ ἐκτίνων. ἀλλὰ δεινὴ ἡ πλεονεξία τοῦ τρόπου, ὦ ἄνδρες δικασταί, περὶ τὸ πλέον καὶ τὸ ἔλαττον. καὶ εὖ ᾔδεσαν ὅτι, εἰ μὲν τὴν ἄνθρωπον παραδώσουσιν, ἐξελεγχθήσονται ψευδῆ ἐγκαλέσαντες, εἰ δὲ μὴ παραδώσουσιν ἣν ἐμαρτύρησαν ὡς οὗτος ἤθελε παραδιδόναι, ψευδομαρτυρίων ἁλώσονται. (79) δέομαι δ' ὑμῶν, ὦ ἄνδρες δικασταί, εἴ τις ἄρα τῶν τότε δικαζόντων τυγχάνει ὢν ἐν τῷ δικαστηρίῳ, τοῖς αὐτοῖς χρήσασθαι ἤθεσιν οἷσπερ καὶ τότε, καὶ εἰ μὲν ἡ μαρτυρία πιστὴ ὑμῖν ἔδοξεν εἶναι καὶ ἐγὼ φεύγειν τὸν ἔλεγχον τὸν ἐκ τῆς ἀνθρώπου, νῦν ἐξελεγχομένων αὐτῶν ψευδῆ μεμαρτυρηκότων καὶ οὐ παραδιδόντων τὴν ἄνθρωπον βοηθῆσαί μοι, εἰ δέ μοι ὠργίσθητε ὅτι ἐνεχυράσων ἦλθον ἐπὶ τὴν οἰκίαν τὴν τοῦ Θεοφήμου, καὶ τούτοις νῦν ὀργισθῆναι ὅτι

78 ναῦς στρατηγὶς Sud. σ 1172 Ἀλκιμάχῳ Harp. α 76 εἰ—παραδώσουσι AB 144.11

---

2 πεπορισμένος SF : corr. Wolf 3 χιλίας - ὀβολώ del. van Herwerden 5–6 τὴν μαρτυρίαν καὶ τὸν νόμον Dobree 6 ὅ τι] ὅσα Blass 9 μοι post ὡμολόγησε F 11 del. Schaefer 12 οὐκ <ἔτι> F 13 ἀναβαλλομένῳ F 14 πλεῖον SF : corr. Dindorf 17 ἣν ἐμαρτύρησαν] οἱ μαρτυρήσαντες $\mathrm{F}^{\gamma\rho}$ οὗτος Wolf : οὐκ SF : om. $\mathrm{F}^{\gamma\rho}$ 18 <ὅτι> ψευδομαρτυρίων $\mathrm{F}^{\gamma\rho}$ 20 ἔθεσιν SF : corr. Blass 24 ὀργισθῆτε F

ἐπὶ τὴν ἐμὴν ἦλθον. **(80)** *καὶ ἐγὼ μὲν ὑπὸ νόμων καὶ ψηφισμάτων ἀναγκαζόμενος, πρόνοιαν ἐποιησάμην τοῦ μήτε ἐπὶ τὸν πατέρα τὸν τούτου εἰσελθεῖν μήτε ἐπὶ τὴν μητέρα, μήτε τῶν τοῦ ἀδελφοῦ λαβεῖν μηδέν, ἀλλ' οὗ αὐτὸς ᾤκει ὁ Θεόφημος· καὶ ἐπειδὴ οὐ κατέλαβον αὐτὸν ἔνδον, οὐχ ἁρπάσας ᾠχόμην οὐδέν, ἀλλὰ μετελθεῖν ἐκέλευσα αὐτόν, καὶ παρόντος, οὐκ ἀπόντος, τὴν ἐνεχυρασίαν ἐποιησάμην, καὶ ἀφαιρούμενος ἀφῆκα, καὶ ἀνῆλθον ἐπὶ τὴν βουλὴν τοὺς κυρίους, καὶ εἰσαγγείλας καὶ ἑλὼν ἐν τῇ βουλῇ, ἀποχρῆν ἡγησάμην τὰ μὲν σκεύη ἀπολαβεῖν ἁπλᾶ, περὶ δὲ τῶν πληγῶν ἐπιτρέψαι, τῷ δὲ τιμήματι συγχωρῆσαι·* **(81)** *ὥστε ἐγὼ μὲν οὕτω πρᾶος περὶ τούτους ἦν, οὗτοι δὲ οὕτως ἀσελγεῖς καὶ βδελυροὶ ὥστ' ἐπὶ τὴν γυναῖκα καὶ τὰ παιδία εἰσελθεῖν, ἔχοντες μὲν τὰ πρόβατα καὶ τοὺς οἰκέτας, πλείονος ἄξια ἢ κατεδικάσαντο, ἀναβαλόμενοι δὲ τὴν ὑπερημερίαν, ἐπαγγείλαντος δ' ἐμοῦ κομίζεσθαι αὐτοῖς τὴν δίκην, ὡς μεμαρτύρηται ὑμῖν, καὶ εἰσελθόντες εἰς τὴν οἰκίαν τά τε σκεύη ἐκφορῆσαι τήν τε τιτθὴν συγκόψαι, γραῦν γυναῖκα, ἕνεκα κυμβίου, καὶ ταῦτα πάντα ἔτι ἔχειν καὶ μὴ ἀποδιδόναι ἐκτετεικότος ἐμοῦ τὴν δίκην, χιλίας τριακοσίας δέκα τρεῖς δύ' ὀβολώ.* **(82)** *εἰ δέ τις ἀγνοήσας αὐτοὺς τότε ἀκάκους ἡγήσατο καὶ ἀπράγμονας εἶναι, βούλομαι ὑμῖν περὶ αὐτῶν τὰς μαρτυρίας ἀναγνῶναι, ἃς μεμαρτυρήκασί μοι οἱ ὑπὸ τούτων ἠδικημένοι (λόγῳ μὲν γὰρ διηγήσασθαι οὐκ ἂν ἱκανόν μοι γένοιτο τὸ ὕδωρ), ἵν' ἐκ τούτων ἁπάντων σκεψάμενοι, τῶν τε λεχθέντων καὶ τῶν μαρτυρουμένων, ὁσίαν καὶ δικαίαν ὑπὲρ ὑμῶν αὐτῶν τιθῆσθε τὴν ψῆφον. λέγε τὰς μαρτυρίας.*

ΜΑΡΤΥΡΙΑΙ

8 *ἀπῆλθον* S 11 *πρᾶος*] *μέτριος* $\mathrm{F}^{\gamma\rho}$ 13 *ἐλθεῖν* SF : corr. Blass 14 *ἀναβαλλόμενοι* F 16 *αὐτοῖς* cod. B et Dindorf : *αὐτοὺς* SF 19 *τετρακοσίας* $\mathrm{F}^{\gamma\rho}$ 27 *μαρτυρίαι* om. S Subscriptum in SF *κατα ευεργου και μνησιβουλου* (*μνησιβουλου* <*ψευδομαρτυριων*> F)

XLVIII

[*ΔΗΜΟΣΘΕΝΟΥΣ*] *ΚΑΤΑ ΟΛΥΜΠΙΟΔΩΡΟΥ ΒΛΑΒΗΣ*

1. *Ἀναγκαῖον ἴσως ἐστίν, ὦ ἄνδρες δικασταί, καὶ τοὺς μὴ εἰωθότας μηδὲ δυναμένους εἰσιέναι εἰς δικαστήριον, ἐπειδὰν ὑπό τινος ἀδικῶνται, ἄλλως τε καὶ ὑφ' ὧν ἥκιστα προσῆκεν ἀδικεῖσθαι, οἷον καὶ ἐμοὶ νυνὶ συμβαίνει. οὐ βουλόμενος γάρ, ὦ ἄνδρες δικασταί, ἀγωνίζεσθαι πρὸς Ὀλυμπιόδωρον οἰκεῖον ὄντα καὶ ἀδελφὴν τούτου ἔχων, ἠνάγκασμαι διὰ τὸ μεγάλ' ἀδικεῖσθαι ὑπὸ τούτου.* (2) *εἰ μὲν οὖν μὴ ἀδικούμενος, ὦ ἄνδρες δικασταί, ἀλλὰ ψεῦδός τι ἐγκαλῶν Ὀλυμπιοδώρῳ τούτων τι ἐποίουν, ἢ τοῖς ἐπιτηδείοις τοῖς ἐμοῖς καὶ Ὀλυμπιοδώρου μὴ ἐθέλων ἐπιτρέπειν, ἢ ἄλλου τινὸς τῶν δικαίων ἀφιστάμενος, εὖ ἴστε ὅτι πάνυ ἂν ᾐσχυνόμην καὶ ἐνόμιζον ἂν ἐμαυτὸν φαῦλον εἶναι ἄνθρωπον· νῦν δ' οὔτε μικρὰ ἐλαττούμενος ὑπὸ Ὀλυμπιοδώρου, οὔτε διαλλακτὴν οὐδένα φεύγων, οὔτ' αὖ μὰ τὸν Δία τὸν μέγιστον ἑκών, ἀλλ' ὡς οἷόν τε μάλιστα ἄκων, ἠνάγκασμαι ὑπὸ τούτου ἀγωνίζεσθαι ταύτην τὴν δίκην.* (3) *δέομαι οὖν ὑμῶν, ὦ ἄνδρες δικασταί, ἀκούσαντας ἀμφοτέρων ἡμῶν καὶ αὐτοὺς δοκιμαστὰς τοῦ πράγματος γενομένους μάλιστα μὲν διαλλάξαντας ἀποπέμψαι καὶ εὐεργέτας ἡμῶν ἀμφοτέρων ὑμᾶς γενέσθαι, ἐὰν δ' ἄρα μὴ ἐπιτυγχάνητε τούτου, ἐκ τῶν ὑπολοίπων τῷ τὰ δίκαια λέγοντι, τούτῳ τὴν ψῆφον ὑμᾶς προσθέσθαι. πρῶτον μὲν οὖν μαρτυρίας ἀναγνώσεται ὅτι οὐκ ἐγὼ αἴτιός εἰμι τοῦ εἰς τὸ δικαστήριον εἰσιέναι, ἀλλ' οὗτος αὐτός. λέγε τὰς μαρτυρίας.*

tit. *κατα ολυμπιοδωρου βλαβης* SAF 2 *δυναμένους* <*εἰπεῖν*> Spengel 3 *προσήκει* SAF : corr. Cobet 4 *ἀδικεῖσθαι* post 3 *προσήκει* F : del. Cobet 6 *μέγα* SF 11 *ἂν*[1] om. A 19 *ἐπιτυγχάνηται* S 22 *ἀναγνώσομαι* A 23 *αὐτὸς οὗτος* A : *αὐτὸς* <*αὐτῷ*> Boekmeijer

ΜΑΡΤΥΡΙΑΙ

4. *Ὅτι μὲν οὖν, ὦ ἄνδρες δικασταί, καὶ μέτρια καὶ προσήκοντα προὐκαλούμην Ὀλυμπιόδωρον, μεμαρτύρηται ὑπὸ τῶν παραγενομένων. οὐκ ἐθέλοντος δὲ τούτου οὐδ' ὁτιοῦν ποιεῖν τῶν δικαίων, ἀναγκαῖόν ἐστιν πρὸς ὑμᾶς λέγειν περὶ ὧν ἀδικοῦμαι ὑπὸ Ὀλυμπιοδώρου. ἔστιν δὲ βραχὺς ὁ λόγος.*

5. *ἦν γάρ, ὦ ἄνδρες δικασταί, Κόμων Ἁλαιεύς, οἰκεῖος ἡμέτερος. οὗτος ὁ Κόμων ἐτελεύτησεν ἄπαις ὀλίγον πάνυ χρόνον ἀρρωστήσας, ἐβίω δὲ πολλὰ ἔτη, καὶ ἦν πρεσβύτερος ὅτε ἐτελεύτα. καὶ ἐγὼ ἐπειδὴ ᾐσθόμην ὅτι οὐχ οἷός τέ ἐστιν περιγενέσθαι, μετεπεμψάμην τουτονὶ Ὀλυμπιόδωρον, ὅπως ἂν παρῇ καὶ συνεπιμελῆται μεθ' ἡμῶν ἁπάντων ὧν προσῆκεν. καὶ Ὀλυμπιόδωρος οὑτοσί, ὦ ἄνδρες δικασταί, ἐπειδὴ ἦλθεν ὡς ἐμὲ καὶ τὴν ἀδελφὴν τὴν ἑαυτοῦ, ἐμὴν δὲ γυναῖκα, μεθ' ἡμῶν ἅπαντα διῴκει.* (6) *ὄντων δ' ἡμῶν περὶ ταύτην τὴν πραγματείαν, ἐξαίφνης λόγον μοι προσφέρει Ὀλυμπιόδωρος οὑτοσί, ὅτι καὶ ἡ μήτηρ αὐτοῦ προσήκουσα εἴη τῷ Κόμωνι τῷ τετελέυτηκότι, καὶ ὅτι δίκαιον εἴη καὶ αὐτὸν τὸ μέρος λαβεῖν ἁπάντων ὧν ὁ Κόμων κατέλιπεν. καὶ ἐγώ, ὦ ἄνδρες δικασταί, συνειδὼς ὅτι ἐψεύδετο καὶ ἀναισχυντεῖν ἐπεχείρει, καὶ ὅτι οὐδεὶς ἦν ἄλλος τῷ Κόμωνι γένει ἐγγυτέρω ἐμοῦ, τὸ μὲν πρῶτον ὡς οἷόν τε μάλιστα ὠργίσθην καὶ ἠγανάκτησα ἐπὶ τῇ ἀναισχυντίᾳ τοῦ λόγου, ἔπειτα δὲ ἐλογισάμην πρὸς ἐμαυτὸν ὅτι οὐκ ἐν καιρῷ ὀργιζοίμην, καὶ τούτῳ ἀπεκρινάμην ὅτι ἐν μὲν τῷ παρόντι προσήκει θάπτειν τὸν τετελευτηκότα καὶ τἆλλα ποιεῖν τὰ νομιζόμενα, ἐπειδὰν δὲ τούτων ἁπάντων*

4 *ἦν*[1]*—ἡμέτερος* Doxopatr. 2.203.12 W. *—ἄπαις* Doxopatr. 2.217.4 W.

---

3 *<τὰ> προσήκοντα* A 6 *ἔσται* van Herwerden *δὲ*] *γὰρ* AF 7 *κόνων* S[c]F hic et infra 8 *οὗτος - Κόμων*] *ὃς* Doxopatr. 9 *ἐβίωσε* S *πρεσβύτης* A : *πρεσβύτατος* van Herwerden 10 *ἐπειδὴ*] *ὡς* A *ἔσται* S[c]AF 11 *περιγενέσθαι* om. S[a] 12 *ὧν*] *ὡς* A *προσήκει* F 16 *φέρει* A *ὀλυμπιόδωρος* om. S[a] 17 *οὗτος* A 18 *αὐτὸν* cod. D : *ἑαυτὸν* S[c] : *αὐτὸν* F : [SA] 19 *κατέλειπε* S 20 *ψεύδεται . . . ἐπιχειρεῖ* F 22–3 *τὴν ἀναισχυντίαν* F

ἐπιμεληθῶμεν, τόθ' ἡμῖν αὐτοῖς διαλεξόμεθα. (7) καὶ οὗτος, ὦ ἄνδρες δικασταί, προσωμολόγησεν ταῦτα καὶ καλῶς μ' ἔφη λέγειν. ἐπειδὴ δ' ἀπηλλάγημεν καὶ ἐποιήσαμεν ἅπαντα τὰ νομιζόμενα, καθ' ἡσυχίαν ἤδη παρακαλέσαντες τοὺς οἰκείους ἅπαντας διελεγόμεθα ἡμῖν αὐτοῖς περὶ ὧν οὗτος ἠξίου ἑαυτῷ εἶναι. ὅσα μὲν οὖν, ὦ ἄνδρες δικασταί, ἡμεῖς πρὸς ἡμᾶς αὐτοὺς διηνέχθημεν περὶ τούτων διαλεγόμενοι, τί ἂν ἐγὼ ταῦτα διηγούμενος ἢ ὑμῖν πράγματα παρέχοιμι ἢ ἐμαυτῷ ἐνοχλοίην; (8) τὸ δὲ τέλος ὃ ἐγένετο, τοῦθ' ὑμᾶς ἀναγκαίως ἔχει ἀκοῦσαι. αὐτὸς γὰρ ἐγὼ ἐδίκασα τούτῳ καὶ οὗτος ἐμοὶ τὰ ἡμίσεα ἑκάτερον ἡμῶν λαβεῖν ὧν κατέλιπεν Κόμων, καὶ μηδεμίαν ἀηδίαν εἶναι περαιτέρω. καὶ προειλόμην, ὦ ἄνδρες δικασταί, ἑκὼν μεταδοῦναι τούτῳ μᾶλλον ἢ εἰς δικαστήριον εἰσιὼν κινδυνεύειν πρὸς οἰκεῖον ὄντα τοῦτον καὶ εἰπεῖν τι ἀηδές, ἀδελφὸν ὄντα τῆς ἐμῆς γυναικὸς καὶ θεῖον τῶν ἐμῶν παίδων, καὶ ὑπὸ τούτου ἀκοῦσαί τι ἀνεπιτήδειον. (9) ταῦτα πάντα ἐνθυμούμενος συνεχώρησα αὐτῷ. καὶ μετὰ ταῦτα συνθήκας ἐγράψαμεν πρὸς ἡμᾶς αὐτοὺς περὶ ἁπάντων, καὶ ὅρκους ἰσχυροὺς ὠμόσαμεν ἀλλήλοις, ἦ μὴν τά τε ὑπάρχοντα φανερὰ ὄντα καλῶς καὶ δικαίως διαιρήσεσθαι καὶ μηδ' ὁτιοῦν πλεονεκτήσειν τὸν ἕτερον τοῦ ἑτέρου ὧν κατέλιπεν Κόμων, καὶ τἄλλα πάντα κοινῇ ζητήσειν, καὶ πράξειν μετ' ἀλλήλων βουλευόμενοι ὅ τι ἂν ἀεὶ δέῃ. (10) ὑπενοοῦμεν γάρ, ὦ ἄνδρες δικασταί, ἥξειν τινὰς ἀμφισβητήσοντας τῶν τοῦ Κόμωνος καὶ ἑτέρους· οἷον καὶ ὁ ἐμὸς ἀδελφὸς <ὁ> ὁμοπάτριος, ὁμομήτριος δ' οὔ, ὃς ἀπεδήμει, καὶ εἰ δή τις ἄλλος ἠβούλετ'

1 οὗτος] αὐτὸς A 4–5 ἅπαντας τοὺς οἰκείους A 5 ἑαυτοῦ Richards 8 ὑμῖν - ἐνοχλοίην] ὑμῖν πράγματα παρέχοιμι ἢ ἐμαυτῷ ἐνοχλοίην Sauppe ἐνοχλοίην del. Huettner 10 οὗτος] αὐτὸς F 11 ὧν om. SF κατέλειπεν A <ὁ> κόνων A 13 μᾶλλον om. A 14 ἀειδές S[a] 19 <καὶ> φανερὰ A 20 δικαίως] ὁσίως F[c] 23 ἀεὶ om. A ὑπενοοῦν <μὲν> SF γάρ] δ' ἄν S 24 ἀμφισβητοῦντας cod. Q 25 add. Blass ὁμοπάτριος <μὲν> A 26 ὃς ἀπεδήμει om. SF

ἀμφισβητεῖν, οὐκ ἦν ἡμῖν κωλύειν· οἱ γὰρ νόμοι κελεύουσι τὸν βουλόμενον ἀμφισβητεῖν. ταῦτα δὴ πάντα προνοούμενοι ἐγράψαμεν τὰς συνθήκας καὶ ὅρκους ὠμόσαμιεν, ὅπως ἂν μήθ' ἑκόντι μήτ' ἄκοντι μηδετέρῳ ἐξουσία ἡμῶν γένηται μηδ' ὁτιοῦν ἰδίᾳ πρᾶξαι, ἀλλὰ κοινῇ βουλευόμενοι μεθ' ἡμῶν αὐτῶν ἅπαντα πράττωμεν. (11) *καὶ μάρτυρας ἐποιησάμεθα περὶ τούτων πρῶτον μὲν τοὺς θεοὺς οὓς ὠμόσαμεν ἀλλήλοις, καὶ τοὺς οἰκείους τοὺς ἡμετέρους αὐτῶν, ἔπειτ' Ἀνδροκλείδην Ἀχαρνέα, παρ' ᾧ κατεθέμεθα τὰς συνθήκας. βούλομαι οὖν, ὦ ἄνδρες δικασταί, τόν τε νόμον ἀναγνῶναι, καθ' ὃν τὰς συνθήκας ἐγράψαμεν πρὸς ἡμᾶς αὐτούς, καὶ μαρτυρίαν τοῦ ἔχοντος τὰς συνθήκας. λέγε τὸν νόμον πρῶτον.*

ΝΟΜΟΣ

Ἀναγίγνωσκε δὴ καὶ τὴν μαρτυρίαν τὴν Ἀνδροκλείδου.

ΜΑΡΤΥΡΙΑ

12. *Ἐπειδὴ δ' ὠμόσαμεν ἀλλήλοις καὶ αἱ συνθῆκαι ἦσαν κείμεναι παρὰ τῷ Ἀνδροκλείδῃ, διεῖλον ἐγὼ δύο μερίδας, ὦ ἄνδρες δικασταί. καὶ ἡ μὲν ἑτέρα ἦν μερὶς ἡ οἰκία ἐν ᾗ ᾤκει αὐτὸς ὁ Κόμων, καὶ τἀνδράποδα οἱ σακχυφάνται, ἡ δ' ἑτέρα ἦν μερὶς οἰκία ἑτέρα καὶ τἀνδράποδα οἱ φαρμακοτρίβαι. ἀργύριον δὲ εἴ τι κατέλιπεν ὁ Κόμων φανερὸν ἐπὶ τῇ τραπέζῃ τῇ Ἡρακλείδου, τοῦθ' ἅπαν σχεδόν τι ἀνηλώθη εἴς τε τὴν ταφὴν καὶ τἆλλα τὰ νομιζόμενα καὶ εἰς τὴν οἰκοδομίαν τοῦ μνήματος.* (13) *διελὼν δ' ἐγὼ τὰς δύο ταύτας μερίδας, ἔδωκα αἵρεσιν τουτῳὶ Ὀλυμπιοδώρῳ ὁποτέραν βούλεται τῶν μερίδων λαβεῖν, καὶ οὗτος εἵλετο τοὺς φαρμακοτρίβας καὶ τὴν*

11 *ὅπως—πράττωμεν* AB 159.33 **13** *καὶ εἵλετο—οἰκίαν* Poll. 9.39

1 *ἐνῆν* AF *ὑμῖν κελεύειν <ὑμῖν>* F 3 *ἂν* om. SF 5 *πρᾶξαι*] *ζητεῖν* AB *<καὶ> κοινῇ* SF 7 *ὠμόσαμεν*] *ὡμολογήσαμεν* S hic et infra 14 *δὴ*] *δὲ* A 16 *αἱ* om. SF 19 *σακυφάνται* Photius 20 *ἦν μερὶς* del. van Herwerden 21 *κατέλειπεν* S 24 *μερίδας ταύτας* A 25 *τούτῳ* SAF : corr. Blass

οἰκίσκην· ἐγὼ δ᾽ ἔλαβον τοὺς σακχυφάντας καὶ τὴν οἰκίαν τὴν ἑτέραν. καὶ ταῦτ᾽ ἔστιν ἃ ἑκάτερος ἡμῶν εἶχεν. (14) *ἐν δὲ τῇ μερίδι τῇ τουτουὶ Ὀλυμπιοδώρου ἦν εἷς τῶν φαρμακοτριβῶν, ὃν μάλιστ᾽ ἐνόμιζεν πιστὸν ἑαυτῷ εἶναι ὁ Κόμων· ὄνομα δὲ τῷ ἀνθρώπῳ ἐστὶν Μοσχίων. οὗτος ὁ οἰκέτης σχεδόν τι ᾔδει τά τε ἄλλα τὰ τοῦ Κόμωνος ἅπαντα, καὶ δὴ τὸ ἀργύριον οὗ ἦν, τὸ ἔνδον κείμενον τῷ Κόμωνι.* (15) *καὶ δὴ καὶ ἔλαθεν τὸν Κόμωνα, πρεσβύτερόν τε ὄντα καὶ πεπιστευκότα αὐτῷ, ὑφαιρούμενος τὸ ἀργύριον οὗτος ὁ οἰκέτης ὁ Μοσχίων. καὶ πρῶτον μὲν ὑφαιρεῖται αὐτοῦ χιλίας δραχμὰς χωρίς που κειμένας τοῦ ἄλλου ἀργυρίου, ἔπειθ᾽ ἑτέρας ἑβδομήκοντα μνᾶς. καὶ ταῦτα ποιῶν ἐλάνθανεν τὸν Κόμωνα. καὶ τὸ ἀργύριον τοῦτο ἅπαν εἶχεν αὐτὸς δι᾽ ἑαυτοῦ ὁ ἄνθρωπος.* (16) *οὐ πολλῷ δὲ χρόνῳ ὕστερον, ὦ ἄνδρες δικασταί, ᾗ ἡμεῖς διειλόμεθα τὰς μερίδας, ὑποψία τις ἐγένετο καὶ αἴσθησις περὶ τἀνθρώπου τούτου· ἐκ δὲ ταύτης τῆς ὑποψίας ἐδόκει ἐμοὶ καὶ τουτῳὶ Ὀλυμπιοδώρῳ βασανίζειν τὸν ἄνθρωπον. καὶ ὁ ἄνθρωπος, ὦ ἄνδρες δικασταί, αὐτὸς αὑτοῦ κατεῖπε, πρὶν βασανίζεσθαι, ὅτι χιλίας δραχμὰς ὑφέλοιτο τοῦ Κόμωνος, καὶ ἔφη εἶναι παρ᾽ ἑαυτῷ ὅσον μὴ ἦν ἀνηλωμένον· περὶ δὲ τοῦ πλείονος ἀργυρίου οὐδ᾽ ὁτιοῦν εἶπεν ἐν τῷ τότε χρόνῳ·* (17) *καὶ ἀποδίδωσιν περὶ ἑξακοσίας τινὰς δραχμάς. καὶ τούτου τοῦ ἀργυρίου, οὗ ἀπέδωκεν ὁ ἄνθρωπος, καλῶς καὶ δικαίως κατὰ τοὺς ὅρκους οὓς ὠμόσαμεν ἡμεῖς καὶ κατὰ τὰς συνθήκας τὰς κειμένας παρὰ τῷ Ἀνδροκλείδῃ τὸ μὲν ἥμισυ ἐγὼ ἔλαβον, τὸ δ᾽ ἥμισυ οὑτοσὶ Ὀλυμπιόδωρος.* (18) *μετὰ δὲ ταῦτα οὐ πολλῷ χρόνῳ ὕστερον ἐκ ταύτης τῆς ὑποψίας τῆς πρὸς τὸν οἰκέτην περὶ τοῦ ἀργυρίου οὗ ἀπέδωκεν,*

1 *οἰκίσκην* Pollux : *οἰκίαν* SAF   *δ᾽ ἔλαβον*] *δὲ λαβὼν* S[a]   *τὴν ἑτέραν* om. Pollux   2 *δὲ* om. S   3 *ἐνῆν* A   6 *τὰ* om. SF   *καὶ δὴ* <*καὶ*> AF   7 *καὶ δὴ καὶ*] *καὶ δὴ* A : *δὴ καὶ* del. van Herwerden   9 *οὗτος - μοσχίων* om. cod. D : del. van Herwerden   15 *δὲ*] *δὴ* A   16 *τούτῳ* SAF : corr. Blass   19 *ὑφείλετο* SF[a]   20 *εἶπον* F[a]   27 *οὗ ἀπέδωκεν* del. Blass

ἔδησεν τὸν ἄνθρωπον καὶ ἐβασάνισεν αὐτὸς ἐφ' ἑαυτοῦ, ἡμᾶς δὲ οὐ παρεκάλεσεν, ὀμωμοκὼς κοινῇ ζητήσειν καὶ πράξειν μετ' ἐμοῦ πάντα. καὶ ὁ ἄνθρωπος, ὦ ἄνδρες δικασταί, κατατεινόμενος ὑπὸ τῆς βασάνου προσωμολόγησε καὶ τὰς ἑβδομήκοντα μνᾶς εἰληφέναι ὑφελόμενος Κόμωνος, καὶ ἀποδίδωσιν ἅπαν τὸ ἀργύριον τοῦτο Ὀλυμπιοδώρῳ τουτῳί. **(19)** ἐγὼ δ', ὦ ἄνδρες δικασταί, ἐπειδὴ ἐπυθόμην περὶ τῆς βασάνου τοῦ ἀνθρώπου καὶ ὅτι ἀποδεδωκὼς εἴη τὸ ἀργύριον, ἐνόμιζόν μοι ἀποδώσειν τοῦτον τὸ ἥμισυ τοῦ ἀργυρίου, ὥσπερ καὶ τὸ πρότερον ἀπὸ τῶν χιλίων δραχμῶν ἀπέδωκε. καὶ εὐθὺς μὲν οὐ πάνυ τι ἠνώχλουν τούτῳ, ἡγούμενος αὐτὸν τοῦτο γνώσεσθαι καὶ διοικήσειν καὶ ἐμοὶ καὶ ἑαυτῷ, ὅπως ἑκάτερος ἡμῶν ἕξει τὰ δίκαια κατὰ τοὺς ὅρκους καὶ τὰς συνθήκας τὰς πρὸς ἡμᾶς αὐτοὺς περὶ τοῦ ἰσομοιρεῖν ἁπάντων ὧν Κόμων ἦν καταλελοιπώς· **(20)** ἐπειδὴ δὲ ἐνδιέτριβεν καὶ οὐδὲν ἐποίει, διελεγόμην τουτῳὶ Ὀλυμπιοδώρῳ, καὶ ἠξίουν ἀπολαμβάνειν τὸ ἐμαυτοῦ μέρος τοῦ ἀργυρίου. οὑτοσὶ δ' Ὀλυμπιόδωρος ἀεί τι προὐφασίζετο καὶ ἀναβολὰς ἐποιεῖτο. καὶ ἐν τούτῳ τῷ καιρῷ ἕτεροί τινες ἔλαχον τοῦ κλήρου τοῦ Κόμωνος, καὶ ὁ Κάλλιππος ἐπεδήμησεν ἐκ τῆς ἀποδημίας, ὁ ἐμὸς ἀδελφὸς ὁ ὁμοπάτριος· καὶ οὗτος ἔλαχεν εὐθὺς τοῦ ἡμικληρίου. **(21)** καὶ τουτῳὶ Ὀλυμπιοδώρῳ πρόφασις καὶ αὕτη ἐγένετο πρὸς τὸ μὴ ἀποδιδόναι μοι τὸ ἀργύριον, ἐπειδὴ πολλοὶ ἦσαν οἱ ἀμφισβητοῦντες, καὶ ἔφη χρῆναί με περιμεῖναι, ἕως ἂν οἱ ἀγῶνες γένωνται. καὶ ἐμοὶ ἀνάγκη ἦν ταῦτα συγχωρεῖν, καὶ συνεχώρησα. **(22)** μετὰ δὲ ταῦτα ἐβουλευόμεθα καὶ ἐγὼ καὶ οὑτοσὶ Ὀλυμπιόδωρος κοινῇ, ὥσπερ καὶ ὠμόσαμεν, ὅντινα

20 ἕως—γένωνται AB 148.7

---

1 αὐτὸς] οὗτος Blass ἐφ'] ἀφ' A 5 <ὑπὸ> κόμωνος ὑφελόμενος A 6 τούτῳ SAF : corr. Blass 10 ἀποδέδωκε SF 11 τοῦτο] τοῦτον SF 16 τούτῳ SAF : corr. Blass 22 τούτῳ SAF : corr. Blass καὶ (ante αὕτη) om. F 24 παριμένειν A 26 καὶ (ante ἐγὼ) om. AF

τρόπον ἄριστα καὶ ἀσφαλέστατα προσοισόμεθα πρὸς τοὺς ἀμφισβητοῦντας. καὶ ἔδοξεν ἡμῖν, ὦ ἄνδρες δικασταί, τουτονὶ μὲν Ὀλυμπιόδωρον τοῦ κλήρου ὅλου ἀμφισβητεῖν, ἐμὲ δὲ τοῦ ἡμικληρίου, ἐπειδὴ καὶ Κάλλιππος ὁ ἀδελφὸς ὁ ἐμὸς τοῦ ἡμικληρίου μόνον ἠμφεσβήτει. (23) καὶ ἐπειδὴ ἀνεκρίθησαν πρὸς τῷ ἄρχοντι ἅπασαι αἱ ἀμφισβητήσεις καὶ ἔδει ἀγωνίζεσθαι ἐν τῷ δικαστηρίῳ, ἀπαράσκευοι ἦμεν τὸ παράπαν πρὸς τὸ ἤδη ἀγωνίζεσθαι ἐγὼ καὶ Ὀλυμπιόδωρος οὑτοσὶ διὰ τὸ ἐξαίφνης ἐπιπεπτωκέναι ἡμῖν πολλοὺς τοὺς ἀμφισβητοῦντας· ἐκ δὲ τῶν ὑπαρχόντων ἐσκοποῦμεν κοινῇ, εἴ πως ἀναβολή τις γένοιτο ἐν τῷ παρόντι, ὥστε παρασκευάσασθαι ἡμᾶς καθ᾽ ἡσυχίαν πρὸς τὸν ἀγῶνα. (24) καὶ κατὰ τύχην τινὰ καὶ δαίμονα ὑμεῖς ἐπείσθητε ὑπὸ τῶν ῥητόρων εἰς Ἀκαρνανίαν στρατιώτας ἐκπέμπειν, καὶ ἔδει καὶ τουτονὶ Ὀλυμπιόδωρον στρατεύεσθαι, καὶ ᾤχετο μετὰ τῶν ἄλλων στρατευόμενος. καὶ συνεβεβήκει, ὡς ᾠόμεθα ἡμεῖς, αὕτη καλλίστη ἀναβολή, δημοσίᾳ τούτου ἀποδημοῦντος στρατευομένου. (25) ἐπειδὴ δ᾽ ἐκάλει ὁ ἄρχων εἰς τὸ δικαστήριον ἅπαντας τοὺς ἀμφισβητοῦντας κατὰ τὸν νόμον, ὑπωμοσάμεθα ἡμεῖς τουτονὶ Ὀλυμπιόδωρον δημοσίᾳ ἀπεῖναι στρατευόμενον. ὑπομοθέντος δὲ τούτου ἀνθυπωμόσαντο οἱ ἀντίδικοι, καὶ διαβάλλοντες Ὀλυμπιόδωρον τουτονί, ὕστεροι ἡμῶν λέγοντες, ἔπεισαν τοὺς δικαστὰς ψηφίσασθαι τῆς δίκης ἕνεκα ἀπεῖναι τουτονὶ καὶ οὐ δημοσίᾳ. (26) ψηφισαμένων δὲ ταῦτα τῶν δικαστῶν διέγραψεν ὁ ἄρχων Πυθόδοτος κατὰ τὸν νόμον τὴν τουτουὶ Ὀλυμπιοδώρου ἀμφισβήτησιν. διαγραφείσης δὲ ταύτης, ἐξ ἀνάγκης καὶ ἐμοὶ ἦν

25 ὑπομοθέντος Harp. υ 114 ἀνθυπωμόσαντο Harp. α 146 Σ[b] α 1412 Sud. α 2141

3 ὅλου om. A 4 ὁ ἐμὸς] μου A 5 ἠμφισβήτει SAF : corr. Dindorf 8 ἀγωνίζεσθαι <ἐν τῷ δικαστηρίῳ> van Herwerden καὶ om. S[a] 14 καὶ[2] om. A 16 συμβεβήκει A αὕτη <ἡ> SF 17 <καὶ> στρατευομένου AF 20 ἀπιέναι A 23 ἀπιέναι τοῦτον A 25 πυθόδωρος A τὴν om. S[a]

ἐκλιπεῖν τὴν τοῦ ἡμικληρίου ἀμφισβήτησιν. γενομένων δὲ τούτων ἐπεδίκασεν ὁ ἄρχων τοῖς ἀντιδίκοις τοῖς ἡμετέροις τὸν κλῆρον τὸν Κόμωνος· ταῦτα γὰρ οἱ νόμοι αὐτὸν ἠνάγκαζον ποιεῖν. (27) *ἐπειδὴ δ' ἐπεδικάσαντο, εὐθὺς εἰς Πειραιᾶ ἐλθόντες παρελάμβανον πάντα ὅσα ἡμῶν εἶχεν ἑκάτερος νειμάμενος ἐν τῇ μερίδι. κἀγὼ μὲν ἐπιδημῶν αὐτὸς παρέδωκα (ἀνάγκη γὰρ ἦν πείθεσθαι τοῖς νόμοις), τὰ δ' Ὀλυμπιοδώρου, ἀποδημοῦντος τούτου, ἅπαντα ᾤχοντο λαβόντες, πλὴν τοῦ ἀργυρίου οὗ εἶχεν αὐτὸς παρὰ τοῦ ἀνθρώπου {τοῦ οἰκέτου}, ὃν ἐβασάνισεν· οὐ γὰρ εἶχον ὅπου ἐπιλάβοιντο τοῦ ἀργυρίου.*

28. *Καὶ τὰ μὲν πραχθέντα ταῦτ' ἦν ἐν τῇ ἀποδημίᾳ τῇ Ὀλυμπιοδώρου, καὶ τῆς κοινωνίας τῆς πρὸς τοῦτον ταῦτ' ἐγὼ ἀπέλαυσα. ἐπειδὴ δ' ἐπεδήμησεν οὗτος καὶ οἱ ἄλλοι στρατιῶται, ἠγανάκτει Ὀλυμπιόδωρος οὑτοσί, ὦ ἄνδρες δικασταί, ἐπὶ τοῖς συμβεβηκόσι, καὶ ἡγεῖτο δεινὰ πεπονθέναι. ἐπειδὴ δὲ μεστὸς ἐγένετο ἀγανακτῶν, ἐσκοποῦμεν πάλιν καὶ ἐβουλευόμεθα κοινῇ ἐγὼ καὶ Ὀλυμπιόδωρος οὑτοσί, ὅντινα τρόπον τούτων τι πάλιν κομιούμεθα.* (29) *καὶ ἐδόκει ἡμῖν βουλευομένοις προσκαλεῖσθαι τοὺς ἐπιδεδικασμένους κατὰ τὸν νόμον, καὶ ἐκ τῶν ὑπαρχόντων ἀσφαλέστατον εἶναι μὴ ἐν τῷ αὐτῷ ἡμᾶς ἀμφοτέρους τὸν κίνδυνον ποιεῖσθαι πρὸς τοὺς ἀμφισβητοῦντας, ἀλλὰ χωρὶς ἑκάτερον, καὶ τουτονὶ μὲν Ὀλυμπιόδωρον ὅλου τοῦ κλήρου λαχεῖν, ὥσπερ τὸ πρότερον, καὶ ἀγωνίζεσθαι καθ' αὑτόν, ἐμὲ δὲ τοῦ ἡμικληρίου, ἐπειδὴ καὶ Κάλλιππος ὁ ἀδελφὸς ὁ ἐμὸς τοῦ ἡμικληρίου μόνον ἠμφεσβήτει,* (30) *ὅπως, ἐὰν μὲν Ὀλυμπιόδωρος οὑτοσὶ ἐπιτύχῃ τοῦ ἀγῶνος, ἐγὼ κατὰ τὰς συνθήκας καὶ τοὺς ὅρκους πάλιν τὸ*

26 *ἐπεδίκασεν* Sud. ϵ 2029 *ἐπεδίκασεν . . . ἐπεδικάσαντο* Harp. ϵ 80

1 *ἐλλείπειν* A 7 <*ἀπ'*> *ὀλυμπιοδώρου* A 7–8 *ἀποδημοῦντος τούτου* om. F[a] 9 del. Gernet 10 *ποῦ* A : *ὅποι* F[γρ] *λαμβάνοιντο* SF 13 *ἀπέλυσα* F *ἐπεὶ* S 18 *τούτων τι*] *τουτωνὶ* A 22 *καὶ* om. A *τοῦτον* SAF : corr. Dindorf 25 <*δὲ*> *καὶ* A *ὁ ἐμὸς ἀδελφὸς* F 26 *ἠμφισβήτει* AF *οὑτοσὶ ὀλυμπιόδωρος* A

μέρος λάβοιμι παρὰ τούτου, ἐὰν δ' ἄρα ἀποτύχῃ καὶ τὰ ἕτερα ψηφίσωνται οἱ δικασταί, οὗτος παρ' ἐμοῦ τὸ μέρος καλῶς καὶ δικαίως ἀπολαμβάνοι, ὥσπερ ὠμόσαμεν ἀλλήλοις καὶ συνεθέμεθα. ἐπειδὴ δὲ ταῦτ' ἐβουλευσάμεθα καὶ ἐδόκει ἀσφαλέστατ' εἶναι καὶ ἐμοὶ καὶ Ὀλυμπιοδώρῳ, προσεκλήθησαν ἅπαντες οἱ ἔχοντες τὰ τοῦ Κόμωνος κατὰ τὸν νόμον. καί μοι ἀνάγνωθι τὸν νόμον, καθ' ὃν ἡ πρόσκλησις ἐγένετο.

ΝΟΜΟΣ

31. Κατὰ τὸν νόμον τοῦτον, ὦ ἄνδρες δικασταί, ἡ πρόσκλησις ἐγένετο, καὶ τὰς ἀμφισβητήσεις ἀντεγραψάμεθα, ὃν τρόπον τουτῳὶ ἐδόκει Ὀλυμπιοδώρῳ. καὶ μετὰ ταῦτα ὁ ἄρχων ἀνέκρινε πᾶσιν ἡμῖν τοῖς ἀμφισβητοῦσιν, καὶ ἀνακρίνας εἰσήγαγεν εἰς τὸ δικαστήριον. καὶ οὑτοσὶ Ὀλυμπιόδωρος ἠγωνίζετο πρῶτος, καὶ ἔλεγεν ὅ τι ἠβούλετο, καὶ μαρτυρίας παρείχετο ἃς ἐδόκει τούτῳ· κἀγώ, ὦ ἄνδρες δικασταί, σιωπῇ ἐκαθήμην ἐπὶ τοῦ ἑτέρου βήματος. τοῦτον δὲ τὸν τρόπον κατασκευασθέντος τοῦ ἀγῶνος ἐνίκησεν ῥᾳδίως. (32) νικήσας δὲ καὶ διαπραξαμένων ἡμῶν ἅπαντα ὅσα ἠβουλήθημεν ἐν τῷ δικαστηρίῳ, καὶ ἀπολαβὼν παρὰ τῶν πρότερον ἐπιδικασαμένων ὅσα ἦσαν ἐκεῖνοι παρ' ἡμῶν εἰληφότες, ταῦτα δὴ πάντ' ἔχων καὶ τὸ ἀργύριον ὃ ἔλαβεν παρὰ τοῦ ἀνθρώπου τοῦ βασανισθέντος, οὐδ' ὁτιοῦν ἐθέλησεν τῶν δικαίων πρός με ποιῆσαι, ἀλλ' ἔχει αὐτὸς ἅπαντ', ὀμωμοκὼς καὶ συνθήκας πρός με ποιησάμενος ἦ μὴν ἰσομοιρήσειν. καὶ αἱ συνθῆκαι αὗται ἔτι καὶ νῦν κεῖνται παρὰ τῷ Ἀνδροκλείδῃ, ὡς μεμαρτύρηκεν αὐτὸς πρὸς ὑμᾶς. (33) βούλομαι δὲ καὶ περὶ τῶν ἄλλων

1 παρὰ] τὸ A 2 τὸ μέρος Gernet : τὰ μέρη SAF, quod del. van Herwerden 7 πρόκλησις SAF : corr. cod. R^{c} 10 ἀπεγραψάμεθα A 11 τούτῳ SAF : corr. Blass 17 ἐνίκησεν <οὗτος> A : <οὑτοσὶ> F 18 διαπραξάμενοι SF : διαπραξάμενος cod. D 18 ἡμῶν del. Blass 19 πρότερον post ἀπολαβὼν SF^{γρ} : del. Baiter Sauppe 22 ἠθέληκε A 25 νυνὶ A ὡς van Herwerden : καὶ SAF

ἁπάντων ὧν εἴρηκα μαρτυρίας ὑμῖν παρασχέσθαι, πρώτιστον μὲν τὸ ἐξ ἀρχῆς ὅτι ἐγὼ καὶ οὗτος ἡμῖν αὐτοῖς δικάσαντες ἐνειμάμεθα τὸ ἴσον ἑκάτερος τῆς φανερᾶς οὐσίας ἧς Κόμων κατέλιπεν. καί μοι λαβὲ ταύτην τὴν μαρτυρίαν πρῶτον, ἔπειτα τὰς ἄλλας ἁπάσας ἀναγίγνωσκε.

ΜΑΡΤΥΡΙΑ

34. *Λαβὲ δή μοι καὶ τὴν πρόκλησιν, ἣν προὐκαλεσάμην αὐτὸν περὶ τοῦ ἀργυρίου οὗ ἔλαβεν παρὰ τοῦ ἀνθρώπου τοῦ βασανισθέντος.*

ΠΡΟΚΛΗΣΙΣ

Ἀναγίγνωσκε δὲ καὶ τὴν ἑτέραν μαρτυρίαν, ὅτι, ἐπειδὴ ἐπεδικάσαντο οἱ ἀντίδικοι ἡμῶν, ἅπαντα παρέλαβον ὅσα ἡμεῖς εἴχομεν, πλὴν τῶν χρημάτων ὧν εἶχεν Ὀλυμπιόδωρος παρὰ τοῦ βασανισθέντος ἀνθρώπου.

ΜΑΡΤΥΡΙΑ

35. *Ὃν μὲν τρόπον, ὦ ἄνδρες δικασταί, ἐξ ἀρχῆς διενειμάμεθα τὴν Κόμωνος οὐσίαν τὴν φανερὰν ἐγὼ καὶ Ὀλυμπιόδωρος, καὶ λόγῳ ἀκηκόατε καὶ μεμαρτύρηται ὑμῖν, καὶ ὡς οὗτος τὸ ἀργύριον ἔλαβεν παρὰ τοῦ ἀνθρώπου {τοῦ οἰκέτου}, καὶ ὅτι οἱ ἐπιδικασάμενοι ἔλαβον ὅσα ἡμεῖς εἴχομεν, ἕως οὑτοσὶ πάλιν ἐνίκησεν ἐν τῷ δικαστηρίῳ.* (36) *ἃ δὲ λέγων οὐκ ἀποδίδωσί μοι οὐδ᾽ ἐθέλει τῶν δικαίων οὐδ᾽ ὁτιοῦν ποιεῖν, τούτοις ἤδη προσέχετε τὸν νοῦν, ὦ ἄνδρες δικασταί, ἵνα μὴ αὐτίκα ἐξαπατήσωσιν ὑμᾶς οἱ ῥήτορες, οὓς οὑτοσὶ παρεσκεύασται ἐπ᾽ ἐμέ. λέγει μὲν οὗτος οὐδέποτε ταὐτά, ἀλλ᾽ ὅ τι ἂν τύχῃ ἀεί, καὶ περιιὼν προφάσεις ἀτόπους τινὰς καὶ ὑπονοίας καὶ*

1 *πρῶτον* AF 7 *δή* om. A 11 *δὲ*] *δὴ* A 18–19 *ἔλαβε τὸ ἀργύριον* A 19 del. Gernet 20 *ἔχοιμεν* F[c] *πάλιν οὗτος* A 23 *ἤδη* om. A 24 *παρεσκεύασεν* F 25 *μὲν* <*οὖν*> AF *ταυτα* S 26 *περιιὼν* om. S

αἰτίας ψευδεῖς ἐπιφέρει, καὶ περὶ τὸ πρᾶγμ᾽ ὅλον ἄδικός ἐστιν ἄνθρωπος. (37) πλεῖστοι δ᾽ αὐτοῦ ἀκηκόασιν λέγοντος, οἱ μὲν ὅτι τὸ παράπαν οὐκ ἔλαβε τὸ ἀργύριον παρὰ τοῦ ἀνδραπόδου· ἐπειδὰν δὲ τοῦτ᾽ ἐξελέγχηται, πάλιν λέγει ὅτι παρὰ τοῦ αὑτοῦ ἀνθρώπου ἔχει τὸ ἀργύριον, καὶ οὐ μεταδώσει ἐμοὶ οὔτε τοῦ ἀργυρίου οὔτε τῶν ἄλλων οὐδενὸς ὧν κατέλιπε Κόμων. (38) ἐπειδὰν δέ τις αὐτὸν τῶν ἐπιτηδείων τῶν τούτου καὶ τῶν ἐμῶν ἐρωτᾷ, διὰ τί οὐκ ἀποδώσει ὀμωμοκὼς ἰσομοιρήσειν καὶ τῶν συνθηκῶν ἔτι καὶ νῦν κειμένων, φησί με παραβεβηκέναι τὰς συνθήκας, καὶ δεινὰ πεπονθέναι ὑπ᾽ ἐμοῦ, καὶ διατελέσαι μέ φησιν ὑπεναντία καὶ λέγοντα καὶ πράττοντα ἑαυτῷ. καὶ ἃ μὲν προφασίζεται, ταῦτ᾽ ἔστιν. (39) ἃ μὲν οὖν, ὦ ἄνδρες δικασταί, οὗτος λέγει, ὑπόνοιαι πλασταί εἰσι καὶ προφάσεις ἄδικοι καὶ πονηρίαι ἐπὶ τῷ ἀποστερῆσαι ἃ προσήκει αὐτὸν ἀποδοῦναι ἐμοί. ἃ δὲ ἐγὼ ἐρῶ πρὸς ὑμᾶς, ὅτι οὗτος ψεύδεται, ταῦτα δὲ ὑπόνοια οὐδεμία ἔσται, φανερῶς δὲ ἐπιδείξω τὴν τούτου ἀναισχυντίαν, τεκμήρια λέγων ἀληθινὰ καὶ πᾶσι γνώριμα, καὶ μάρτυρας παρεχόμενος περὶ ἁπάντων. (40) πρῶτον μὲν οὖν, ὦ ἄνδρες δικασταί, λέγω ὅτι οὗτος διὰ τοῦτο τοῖς οἰκείοις καὶ τοῖς ἐπιτηδείοις τοῖς ἑαυτοῦ καὶ τοῖς ἐμοῖς, τοῖς εἰδόσιν ἀκριβῶς ἅπαντα ταῦτα τὰ πράγμαθ᾽ ὡς ἔχει καὶ παρηκολουθηκόσιν ἐξ ἀρχῆς, οὐκ ἠθέλησεν ἐπιτρέψαι· ἀκριβῶς ᾔδει ὅτι εὐθὺς παραχρῆμα ὑπ᾽ αὐτῶν ἐξελεγχθήσεται, ἐάν τι ψεύδηται· νυνὶ δ᾽ ἴσως ἡγεῖται ψευδόμενος ἐν ὑμῖν λήσειν. (41) πάλιν λέγω ὅτι οὐκ ἀκόλουθόν ἐστιν ὑπεναντία μὲν πράττειν σοι, ὦ

1 περὶ om. S[a] 3 ἀνδραπόδου Dobree : ἀνθρώπου SAF 4 ἑαυτοῦ A : αὐτοῦ F 6 κατέλειπε S 9 καὶ νῦν] νυνὶ SF παραβεβηκέναι με A 12 οὖν] τοίνυν F[c] 13 καὶ ἄδικοι F 15 ἃ δὲ] οἷα δὲ F[γρ] ἐρῶ] ἐρωτῶ F δὲ (ante ὑπόνοια) om. A 16 <πάνθ᾽> ὑπόνοια <μὲν> A 21 ἅπαντα] ἕκαστα cod. Q[γρ] τὰ πράγματα ταῦτα S[a] παρηκολουθήκασιν A 22 ἀκριβῶς <γὰρ> AF 24 δ᾽ ἴσως] δίσσως S 25 πράττειν] πλάττειν A

Ὀλυμπιόδωρε, ἐμέ, κοινῇ δὲ ἀναλίσκειν μετὰ σοῦ εἰς ὅ τι ἀεὶ δέοι, οὐδὲ ἐκλιπεῖν τὴν ἀμφισβήτησιν αὐτὸν ἑκόντα, ὅτε ἀπεδήμεις σύ, ἐπειδὴ καὶ ἡ σὴ διεγράφη δόξαντός σου ἕνεκα τῆς δίκης ἀπεῖναι καὶ οὐ δημοσίᾳ. ἐξῆν γὰρ ἔμοιγε τοῦ ἡμικληρίου ἐπιδικάσασθαι ἐμαυτῷ. οὐδεὶς γάρ μοι ἀνθρώπων ἀντέλεγεν, ἀλλὰ συνεχώρουν αὐτοὶ οἱ ἀντίδικοι. (42) *ἀλλὰ ταῦτα ποιήσας εὐθὺς ἂν ἦν ἐπιωρκηκώς· ὤμοσα γὰρ καὶ συνεθέμην πρὸς σὲ κοινῇ πράξειν ἅπαντα, ὅ τι ἂν δοκῇ ἐμοὶ καὶ σοὶ βουλευομένοις βέλτιστον εἶναι. ὥστε ὑπεραβέλτεροί εἰσιν αἱ προφάσεις καὶ αἰτίαι, δι' ἃς οὐδέν μοι φὴς ποιήσειν τῶν δικαίων.* (43) *ἔτι πρὸς τούτοις ἡγεῖ ἄν μ' ἐπιτρέπειν σοι, Ὀλυμπιόδωρε, ἐν τῷ τελευταίῳ ἀγῶνι τῷ περὶ τοῦ κλήρου, ἢ ἃ ἔλεγες πρὸς τοὺς δικαστάς, εἰκῇ οὑτωσὶ λέγειν, ἢ περὶ ὧν τὰς μαρτυρίας παρέσχου, οὕτως ἂν παρασχέσθαι, εἰ μὴ μετὰ σοῦ κοινῇ συνηγωνιζόμην;* (44) *οὗτος γάρ, ὦ ἄνδρες δικασταί, τά τε ἄλλα ἔλεγεν ὅ τι ἐβούλετο ἐν τῷ δικαστηρίῳ, καὶ κατεχρήσατο πρὸς τοὺς δικαστὰς ὅτι ἐγὼ τὴν οἰκίαν, ἣν ἔλαβον ἐν τῇ μερίδι τῇ ἐμαυτοῦ, μεμισθωμένος εἴην παρ' αὐτοῦ, καὶ τὸ ἀργύριον ὃ ἔλαβον, τὸ ἥμισυ τὸ ἀπὸ τῶν χιλίων δραχμῶν τῶν παρὰ τοῦ οἰκέτου, ὅτι ἐδανεισάμην παρὰ τούτου. καὶ οὐ μόνον ἔλεγεν ταῦτα, ἀλλὰ καὶ μαρτυρίας παρείχετο περὶ τούτων. κἀγὼ οὐδ' ὁτιοῦν ἀντέλεγον τούτοις, οὐδ' ἤκουσέ μου φωνὴν οὐδεὶς ἀνθρώπων, ὅτε οὕτως ἠγωνίζετο, οὔτε μικρὰν οὔτε μεγάλην, ἀλλὰ προσωμολόγουν ἀληθῆ εἶναι πάντα ὅσα οὗτος ἠβούλετο λέγειν. κοινῇ γὰρ ἠγωνιζόμην μετὰ σοῦ, ὥσπερ ἔδοξεν ἐμοὶ καὶ σοί.* (45) *ἐπεὶ εἰ μή ἐστι ταῦτ' ἀληθῆ ἃ λέγω,*

1–2 <*ἂν*> *ἀεὶ δέοι* A : corr. Blass : *ἀεὶ δέῃ* SF 4 *ἀπιέναι* A 5 *ἐμαυτῷ*] *αὐτῷ* A 6 *αὐτοὶ*] *αὐτῷ* F^{c} 8 *σὲ*] *σεῃ* S *ἅπαν* A 10 <*αἱ*> *αἰτίαι* A 12 <*ὦ*> *ὀλυμπιόδωρε* A *τῷ*^{2} om. F 13 <*εἰκῇ*> *οὕτως* A 16 *ὅ τι* AF^{γρ} : *ἃ* SF 19 *ἥμισυ* om. S^{a} *τὸ* om. SF 20 *παρὰ τούτου*] *παρ' αὐτοῦ* A 21 *μαρτυρίαν* A *τούτων* Schaefer : *τούτου* SAF 23 *οὕτως* Gernet : *οὗτος* SAF 26 *ἃ* <*ἐγὼ*> A

διὰ τί οὐκ ἐπεσκηψάμην ἐγὼ τότε τοῖς μάρτυσιν τοῖς ταῦτα μαρτυροῦσιν, ἀλλ᾿ ἡσυχίαν εἶχον πολλήν; ἢ διὰ τί σύ, Ὀλυμπιόδωρε, οὐδεπώποτέ μοι ἔλαχες ἐνοικίου δίκην τῆς οἰκίας ἧς ἔφασκες μισθῶσαί μοι ὡς σαυτοῦ οὖσαν, οὐδὲ τοῦ ἀργυρίου οὗ ἔλεγες πρὸς τοὺς δικαστὰς ὅτι ἐδάνεισάς μοι, τούτων οὐδὲν ἐποίησας; ὥστε πῶς ἂν μᾶλλον ἄνθρωπος ἐξελέγχοιτο ψευδόμενος καὶ ὑπεναντία λέγων αὐτὸς αὑτῷ καὶ αἰτιώμενος τὰ οὐδεπώποτε γενόμενα;

46. Ὃ δὲ πάντων μέγιστόν ἐστιν, ὦ ἄνδρες δικασταί, ᾧ <καὶ> γνώσεσθε τουτονὶ ὅτι ἄδικός ἐστι καὶ πλεονέκτης ἄνθρωπος· ἐχρῆν γὰρ αὐτόν, εἴ τι ἀληθὲς ἦν ὧν λέγει, πρότερον ταῦτα λέγειν καὶ ἐπιδεικνύειν, πρὶν τὸν ἀγῶνα γενέσθαι καὶ διαπειραθῆναι τῶν δικαστῶν ὅ τι γνώσονται, καὶ παραλαβόντα πολλοὺς μάρτυρας ἀξιοῦν ἀναιρεῖσθαι τὰς συνθήκας παρὰ τοῦ Ἀνδροκλείδου ὡς παραβαίνοντος ἐμοῦ καὶ τἀναντία πράττοντος ἑαυτῷ καὶ οὐκέτι κυρίων οὐσῶν τῶν συνθηκῶν ἐμοὶ καὶ τούτῳ, καὶ τῷ Ἀνδροκλείδῃ τῷ ἔχοντι τὰς συνθηκας διαμαρτύρασθαι, ὅτι αὐτῷ οὐδέν ἐστιν ἔτι πρᾶγμα πρὸς τὰς συνθήκας ταύτας. **(47)** ταῦτ᾿ ἐχρῆν αὐτόν, ὦ ἄνδρες δικασταί, εἴπερ τι ἦν ἀληθὲς ὧν λέγει, καὶ μόνον προσιόντα τῷ Ἀνδροκλείδῃ διαμαρτύρεσθαι καὶ μετὰ μαρτύρων πολλῶν, ἵν᾿ αὐτῷ πολλοὶ ἦσαν οἱ συνειδότες. ὅτι δὲ τούτων οὐδὲν πώποτε ἐποίησεν, αὐτοῦ ὑμῖν τοῦ Ἀνδροκλείδου, παρ᾿ ᾧ εἰσιν αἱ συνθῆκαι κείμεναι μαρτυρίαν ἀναγνώσεται. λέγε τὴν μαρτυρίαν.

4 μισθώσειν A σαυτοῦ] αυτοῦ A[a] 6 ἅνθρωπος Schaefer 8 οὐδέποτε A 9 ᾧ] ὡς SF 10 add. Reiske 13 διαπειρᾶσθαι A 18 διαμαρτύρεσθαι Reiske ἔτι om. A 20 ὧν] ὡς F[γρ] προιόντα F 21 διαμαρτύρασθαι AF

ΜΑΡΤΥΡΙΑ

48. Ἕτερον δ', ὦ ἄνδρες δικασταί, σκέψασθε ὃ διαπέπρακται. ἐγὼ γὰρ τοῦτον προὐκαλεσάμην καὶ ἠξίωσα ἀκολουθῆσαι ὡς Ἀνδροκλείδην, παρ' ᾧ κεῖνται αἱ συνθῆκαι, καὶ κοινῇ ἐκγραψαμένους ἡμᾶς τὰς συνθήκας πάλιν σημήνασθαι, τὰ δ' ἀντίγραφα ἐμβαλέσθαι εἰς τὸν ἐχῖνον, ὅπως ἂν μηδεμία ὑποψία ᾖ, ἀλλ' ὑμεῖς ἅπαντα καλῶς καὶ δικαίως ἀκούσαντες γνῶτε ὅ τι ἂν ὑμῖν δικαιότατον δοκῇ εἶναι. (49) ταῦτα δ' ἐμοῦ προκαλουμένου οὐκ ἠθέλησεν τούτων οὐδὲν ποιῆσαι, ἀλλ' οὕτω πεφιλοσόφηκεν ὥστε μὴ εἶναι ὑμᾶς ἀκοῦσαι τῶν συνθηκῶν ἐκ τῶν κοινῶν γραμμάτων. καὶ ὅτι ταῦτα προὐκαλούμην, τούτων ὑμῖν μαρτυρίαν ἀναγνώσεται ὧν ἐναντίον προὐκαλούμην, λέγε τὴν μαρτυρίαν.

ΜΑΡΤΥΡΙΑ

50. Πῶς ἂν οὖν μᾶλλον καταφανὴς γένοιτο ἄνθρωπος, ὅτι δικαίως μὲν οὐδὲν βούλεται πρός με πράττειν, ἀποστερήσειν δ' οἴεται ἃ προσήκει ἐμοὶ λαβεῖν, προφάσεις λέγων καὶ ἐγκλήματα ἐγκαλῶν, τὰς δὲ συνθήκας, ἅς φησί με παραβεβηκέναι, οὐκ ᾠήθη δεῖν ὑμᾶς ἀκοῦσαι; ἐγὼ δὲ τότε μὲν ἐναντίον τῶν μαρτύρων τῶν παραγενομένων προὐκαλεσάμην, νυνὶ δὲ καὶ ὑμῶν ἐναντίον τῶν δικαστῶν πάλιν προκαλοῦμαι, καὶ ἀξιῶ συγχωρεῖν αὐτὸν καὶ ἐγὼ συγχωρῶ ἀνοιχθῆναι τὰς συνθήκας ἐνταυθὶ ἐπὶ τοῦ δικαστηρίου, καὶ ἀκοῦσαι ὑμᾶς, καὶ πάλιν σημανθῆναι ἐναντίον ὑμῶν. (51) Ἀνδροκλείδης δ' οὑτοσὶ πάρεστιν. ἐγὼ γὰρ αὐτῷ ἐπήγγειλα ἥκειν ἔχοντι τὰς συνθήκας. καὶ συγχωρῶ, ὦ ἄνδρες δικασταί, ἐν τῷ τούτου λόγῳ ἢ ἐν τῷ προτέρῳ ἢ ἐν τῷ ὑστέρῳ ἀνοιχθῆναι· οὐδὲν γάρ

48 τὰ δ'–ἐχῖνον Lex. Pat. s.v.

2 <τὸ> ἕτερον SF 4 ἐγγραψαμένους AF 8 δικαιότατον om. A δ' om. S 12 τοῦτον, μαρτυρίαν ὑμῖν A 15 ἂν om. A[a] ἄνθρωπος SAF : corr. Schaefer 24 σημήνασθαι A 25 ἐπηγγειλάμην F 26 τούτου] τούτῳ A

μοι διαφέρει. ὑμᾶς δὲ βούλομαι ἀκοῦσαι τὰς συνθήκας καὶ τοὺς ὅρκους, οὓς ὠμόσαμεν ἀλλήλοις ἐγὼ καὶ Ὀλυμπιόδωρος οὑτοσί. καὶ εἰ μὲν συγχωρεῖ, ἔστω ταῦτα, καὶ ὑμεῖς ἀκούετε, ἐπειδὰν τούτῳ δοκῇ· ἐὰν δὲ μὴ ἐθέλῃ ταῦτα ποιεῖν, οὐκ ἤδη καταφανὴς ἔσται, ὦ ἄνδρες δικασταί, ὅτι ἀναισχυντότατός ἐστιν ἀνθρώπων ἁπάντων, καὶ δικαίως οὐδ' ἂν ὁτιοῦν ἀποδέχοισθε τούτου ὡς ὑγιές τι λέγοντος;

52. Ἀλλὰ τί ταῦτα σπουδάζω; οὐδὲ γὰρ αὐτὸς ἀγνοεῖ ταῦτα οὗτος, ὅτι ἀδικεῖ μὲν ἐμέ, ἀδικεῖ δὲ τοὺς θεοὺς οὓς ὤμοσεν, καὶ ἐπιορκεῖ. ἀλλὰ διέφθαρται, ὦ ἄνδρες δικασταί, καὶ παραφρονεῖ. ἀνιῶμαι μὲν οὖν καὶ αἰσχύνομαι, ὦ ἄνδρες δικασταί, οἷς μέλλω λέγειν πρὸς ὑμᾶς, ἐξ ἀνάγκης δέ μοί ἐστιν εἰπεῖν, ὅπως ἂν ὑμεῖς οἱ τὴν ψῆφον ἔχοντες ἀκούσαντες ἅπαντα, βουλεύσησθε ὅ τι ἂν ὑμῖν δοκῇ βέλτιστον εἶναι περὶ ἡμῶν. (53) ὧν δὲ μέλλω λέγειν, οὗτος αἴτιός ἐστιν οὐκ ἐθέλων ἐν τοῖς οἰκείοις περὶ τούτων πρός με διαλύσασθαι, ἀλλ' ἀναισχυντῶν. Ὀλυμπιόδωρος γὰρ οὑτοσί, ὦ ἄνδρες δικασταί, γυναῖκα μὲν ἀστὴν κατὰ τοὺς νόμους τοὺς ὑμετέρους οὐδεπώποτ' ἔγημεν, οὐδ' εἰσὶν αὐτῷ παῖδες οὐδ' ἐγένοντο, ἑταίραν δὲ λυσάμενος ἔνδον ἔχει, καὶ αὕτη ἐστὶν ἡ λυμαινομένη ἅπαντας ἡμᾶς καὶ ποιοῦσα τουτονὶ περαιτέρω μαίνεσθαι. (54) πῶς γὰρ οὐ μαίνεται ὅστις οἴεται δεῖν, ἃ μὲν ὡμολόγησε καὶ συνέθετο ἑκὼν πρὸς ἑκόντα καὶ ὤμοσεν, τούτων μὲν μηδ' ὁτιοῦν ποιεῖν, καὶ ταῦτα ἐμοῦ σπουδάζοντος οὐχ ὑπὲρ ἐμαυτοῦ μόνον, ἀλλὰ καὶ ὑπὲρ τῆς τούτου ἀδελφῆς <τῆς> ὁμοπατρίας καὶ ὁμομητρίας, ἣ ἐμοὶ συνοικεῖ, καὶ ὑπὲρ τῆς τούτου ἀδελφιδῆς, θυγατρὸς δὲ ἐμῆς; αὗται γάρ εἰσιν αἱ ἀδικούμεναι οὐχ ἧττον ἐμοῦ, ἀλλὰ καὶ μᾶλλον. (55) πῶς γὰρ οὐκ ἀδικοῦνται ἢ πῶς οὐ δεινὰ πάσχουσιν, ἐπειδὰν ὁρῶσι τὴν μὲν τούτου ἑταίραν περαιτέρω

3 ἀκούσατε A 4 ἐθέληται Sª : θέλῃ AF οὐκ] τότ' A 5 ἀναίσχυντός F 7 ἀποδέχοισθε] ἀνέχοισθε SF τι om. A 9 οὑτοσί A 14 βέλτιον A 23 καὶ ὤμοσεν del. Naber μὲν om. A 24 ἐμαυτοῦ] αὑτοῦ F 25 add. Blass

τοῦ καλῶς ἔχοντος καὶ χρυσία πολλὰ ἔχουσαν καὶ ἱμάτια καλά, καὶ ἐξόδους λαμπρὰς ἐξιοῦσαν, καὶ ὑβρίζουσαν ἐκ τῶν ἡμετέρων, αὗται δὲ καταδεεστέρως περὶ ταῦτ᾽ ἔχωσιν ἅπαντα, πῶς οὐκ ἐκεῖναι μᾶλλον ἔτι ἀδικοῦνται ἢ ἐγώ; οὗτος δὲ πῶς οὐ καταφανῶς μαίνεται καὶ παραφρονεῖ, τοιαῦτα περὶ αὑτοῦ βουλευόμενος; ἵνα δὲ μὴ φάσκῃ, ὦ ἄνδρες δικασταί, ἐπὶ διαβολῇ ταῦτα λέγειν με τοῦ ἀγῶνος ἕνεκα τουτουί, μαρτυρίαν ὑμῖν ἀναγνώσεται τῶν τούτου οἰκείων καὶ ἐμῶν.

ΜΑΡΤΥΡΙΑ

56. *Ὀλυμπιόδωρος μὲν <οὑτοσὶ> τοιοῦτός ἐστιν ἄνθρωπος, οὐ μόνον ἄδικος, ἀλλὰ καὶ μελαγχολᾶν δοκῶν ἅπασιν τοῖς οἰκείοις καὶ τοῖς γνωρίμοις τῇ προαιρέσει τοῦ βίου, καὶ ὅπερ Σόλων ὁ νομοθέτης λέγει, παραφρονῶν ὡς οὐδεὶς πώποτε παρεφρόνησεν ἀνθρώπων, γυναικὶ πειθόμενος πόρνῃ. καὶ ἄκυρά γε ταῦτα πάντα ἐνομοθέτησεν εἶναι ὁ Σόλων, ὅ τι ἂν τις γυναικὶ πειθόμενος πράττῃ, ἄλλως τε καὶ τοιαύτῃ.* (57) *περὶ μὲν οὖν τούτων καλῶς ὁ νομοθέτης ἐπεμελήθη, ἐγὼ δ᾽ ὑμῶν δέομαι, καὶ οὐ μόνον ἐγώ, ἀλλὰ καὶ ἡ ἐμὴ γυνή, Ὀλυμπιοδώρου δὲ τουτουὶ ἀδελφή , καὶ ἡ θυγάτηρ ἡ ἐμή, Ὀλυμπιοδώρου δὲ τουτουὶ ἀδελφιδῆ, ἱκετεύομεν ὑμᾶς καὶ ἀντιβολοῦμεν, ὦ ἄνδρες δικασταί, ἅπαντες ἡμεῖς (νομίσατε γὰρ ἐκείνας ἐνθάδε παρεῖναι)* (58) *μάλιστα μὲν τουτονὶ Ὀλυμπιόδωρον πεῖσαι μὴ ἀδικεῖν ἡμᾶς, ἐὰν δ᾽ ἄρα μὴ ᾽θέλῃ πείθεσθαι, ὑμᾶς μεμνημένους ἁπάντων τῶν εἰρημένων ψηφίζεσθαι ὅ τι ἂν ὑμῖν δοκῇ βέλτιστον καὶ δικαιότατον εἶναι. καὶ ταῦτα ποιοῦντες τά τε δίκαια γνώσεσθε καὶ τὰ συμφέροντα ἡμῖν ἅπασιν, οὐχ ἥκιστα δὲ Ὀλυμπιοδώρῳ αὐτῷ τουτῳί.*

2 *καλά*] *λαμπρά* A   3 *περὶ* om. F[a]   *ἔχουσιν* A   4 *ἔτι* om. A
8 *ἐμοῦ* SA   10 add. Blass   *τοιουτοσί* SF : *τοίνυν* F[γρ]   11 *δοκῶν* om. S[a]
15 *πάντα ταῦτα* F   *ὁ* om. F   *ὅ τι ἂν*] *ὅταν* S   16 *ἄλλως* - *τοιαύτῃ* om. S
19 *καὶ ἡ θυγάτηρ* - 20 *ἀδελφιδῆ* om. F[a]   22 <*ἢ*> *μάλιστα* F[γρ]
23 *πεῖσαι* Reiske : *πείσατε* SAF   *θελήσῃ* F[γρ]   27 *τούτῳ* SAF : corr. Blass
Subscriptum in SAF *κατα ολυμπιοδωρου βλαβης*

XLIX

[ΔΗΜΟΣΘΕΝΟΥΣ] ΠΡΟΣ ΤΙΜΟΘΕΟΝ ΥΠΕΡ ΧΡΕΩΣ

1. *Μηδενὶ ὑμῶν ἄπιστον γενέσθω, ὦ ἄνδρες δικασταί, εἰ Τιμόθεος ὀφείλων ἀργύριον τῷ πατρὶ τῷ ἐμῷ φεύγει νῦν ὑπ' ἐμοῦ ταύτην τὴν δίκην. ἀλλ' ἐπειδὰν ὑμᾶς ἀναμνήσω τόν τε καιρὸν ἐν ᾧ τὸ συμβόλαιον ἐγένετο, καὶ τὰ συμβάντα τούτῳ ἐν ἐκείνῳ τῷ χρόνῳ, καὶ εἰς ὅσην ἀπορίαν κατέστη οὗτος, τότε ἡγήσεσθε τὸν μὲν πατέρα τὸν ἐμὸν βέλτιστον γενέσθαι περὶ Τιμόθεον, τοῦτον δ' οὐ μόνον ἀχάριστον εἶναι, ἀλλὰ καὶ ἀδικώτατον πάντων ἀνθρώπων,* (2) *ὅς γε τυχὼν παρὰ τοῦ πατρὸς τοῦ ἐμοῦ ὅσων ἐδεήθη καὶ λαβὼν ἀργύριον ἀπὸ τῆς τραπέζης, ἐν πολλῇ ἀπορίᾳ ὢν κἀν κινδύνοις τοῖς μεγίστοις καθεστηκὼς περὶ τῆς ψυχῆς, οὐ μόνον οὐκ ἀπέδωκε χάριν, ἀλλὰ καὶ τὸ δοθὲν ἀποστερεῖ με. καίτοι σφαλέντος μὲν τούτου ἀπώλλυτο καὶ τῷ πατρὶ τῷ ἐμῷ τὸ συμβόλαιον· οὔτε γὰρ ἐπ' ἐνεχύρῳ οὔτε μετὰ μαρτύρων ἔδωκεν· σωθέντος δὲ ἐπὶ τούτῳ ἐγίγνετο, ὁπότε βούλοιτο εὐπορήσας ἡμῖν ἀποδοῦναι.* (3) *ἀλλ' ὅμως, ὦ ἄνδρες δικασταί, οὐ περὶ πλείονος ἐποιήσατο ὁ πατὴρ περιουσίαν χρημάτων μᾶλλον ἢ οὐ Τιμοθέῳ ὑπηρετῆσαι ὧν ἐδεήθη αὐτοῦ, ἐν ἀπορίᾳ ὄντι. ᾤετο μὲν οὖν, ὦ ἄνδρες δικασταί, ὁ πατήρ, εἰ σωθείη Τιμόθεος τότε ἐξ ἐκείνων τῶν κινδύνων καὶ ἀφίκοιτο οἴκαδε παρὰ βασιλέως, εὐπορωτέρου γενομένου τούτου ἢ ὡς τότε διέκειτο, οὐ μόνον τὰ ἑαυτοῦ κομιεῖσθαι, ἀλλὰ καὶ ἄλλου εἴ του δέοιτο πρὸς Τιμόθεον πρᾶξαι ὑπάρξειν αὐτῷ.* (4) *ἐπειδὴ δ' οὐχ ὡς ἐκεῖνος*

tit. *προς τιμοθεον υπερ χρεως* SAF 1 *γινέσθω* A 5 *οὗτος κατέστη* A 10 *ὢν καὶ* SF : corr. Schaefer : *καὶ* A 11 *ἀποδέδωκε* A 15 *ὅτε* S[a] *ἐβούλετο* A : *ἠβούλετο* F[a] 17 *ὁ πατὴρ* om. cod. D *οὐ* om. A 20 *καὶ ἀφίκοιτο* del. Hirschig 22 *κομίσασθαι* SF *εἴ του ἄλλου* A

ᾠήθη συμβέβηκεν, ἀλλ᾽ ἃ μετὰ χάριτος ἔλαβε Τιμόθεος ἀπὸ τῆς τραπέζης δεηθεὶς τοῦ πατρὸς τοῦ ἐμοῦ, ταῦτα δι᾽ ἔχθρας καὶ δίκης τετελευτηκότος ἐκείνου ἐξελεγχθεὶς μὲν ὡς ὀφείλει οἴεται δεῖν ἀποδοῦναι, ἐὰν δὲ δύνηται ὑμᾶς πεῖσαι ὡς οὐκ ὀφείλει, ἐξαπατήσας τῷ λόγῳ, ἀποστερῆσαι ἡμᾶς τῶν χρημάτων, ἀναγκαῖόν μοι δοκεῖ εἶναι ἐξ ἀρχῆς ἅπαντα διηγήσασθαι ὑμῖν, τά τε ὀφειλόμενα, καὶ εἰς ὅ τι ἕκαστον αὐτῶν κατεχρήσατο, καὶ τοὺς χρόνους ἐν οἷς τὸ συμβόλαιον ἐγένετο. (5) θαυμάσῃ δὲ μηδεὶς ὑμῶν εἰ ἀκριβῶς ἴσμεν· οἱ γὰρ τραπεζῖται εἰώθασιν ὑπομνήματα γράφεσθαι ὧν τε διδόασιν χρημάτων καὶ εἰς ὅ τι καὶ ὧν ἄν τις τιθῆται, ἵνα ᾖ αὐτοῖς γνώριμα τά τε ληφθέντα καὶ τὰ τεθέντα πρὸς τοὺς λογισμούς.

6. Ἐπὶ Σωκρατίδου γὰρ ἄρχοντος Μουνιχιῶνος μηνὸς μέλλων ἐκπλεῖν τὸν ὕστερον ἔκπλουν Τιμόθεος οὑτοσί, περὶ ἀναγωγὴν ἤδη ὢν ἐν τῷ Πειραιεῖ, προσδεηθεὶς ἀργυρίου, προσελθὼν τῷ πατρὶ τῷ ἐμῷ ἐν τῷ λιμένι, ἐκέλευσεν αὐτὸν χρῆσαι χιλίας τριακοσίας πεντήκοντα μίαν δύο ὀβολώ· τοσούτου γὰρ ἔφη προσδεῖσθαι· καὶ δοῦναι ἐκέλευσεν Ἀντιμάχῳ τῷ ταμίᾳ τῷ ἑαυτοῦ, ὃς τούτῳ διῴκει τότε πάντα. (7) καὶ ὁ μὲν δανεισάμενος τὸ ἀργύριον παρὰ τοῦ πατρὸς τοῦ ἐμοῦ Τιμόθεος ἦν καὶ κελεύσας δοῦναι Ἀντιμάχῳ τῷ ταμίᾳ τῷ ἑαυτοῦ, ὁ δὲ λαβὼν τὸ ἀργύριον ἀπὸ τῆς τραπέζης παρὰ Φορμίωνος Αὐτόνομος, ὅσπερ Ἀντιμάχῳ διετέλει γραμματεύων τὸν ἅπαντα χρόνον. (8) δοθέντος τοίνυν τοῦ ἀργυρίου τούτου ἐγράψατο μὲν ὀφείλοντα τὸν κελεύσαντα χρῆσαι Τιμόθεον, ὑπόμνημα δ᾽ ἐγράψατο, ᾧ τε οὗτος ἐκέλευσε δοῦναι, Ἀντιμάχῳ, καὶ ὃν ὁ Ἀντίμαχος συνέπεμψεν ἐπὶ τὴν

1 *ἀλλ᾽ ἃ*] *ἀλλὰ* F 8 *ἐχρήσατο* A 11 *ᾖ*] *εἴη* A 12 *ληφθέντα*] *ἀναλωθέντα* AF*γρ* 13 *μουνυχιῶνος* SAF : corr. Blass 16 <*καὶ*> *προσελθὼν* A *ἐν* - *λιμένι* del. van Herwerden 18 *ἔφη*] *ἐδόκει* A *ἐκέλευεν* SF 19 *τότε πάντα*] *ταῦτα* A 21 *καὶ* om. cod. D *τῷ ταμίᾳ* om. S 21–2 *τῷ* - *ἑαυτοῦ* del. van Herwerden 22 *ἀπὸ*] *ἐκ* SF 25 *τούτου* om. A : del. Blass *χρῆσθαι* F 27 *ὁ* om. A

τράπεζαν ληψόμενον τὸ ἀργύριον, τὸν Αὐτόνομον, τὰς χιλίας τριακοσίας δραχμὰς καὶ πεντήκοντα καὶ μίαν καὶ δύο ὀβολώ. τὸ μὲν τοίνυν πρῶτον χρέως, ὃ ἐκπλέων ἔλαβεν στρατηγῶν τὸ ὕστερον, τοσοῦτον ὀφείλει.

9. *Ἐπειδὴ δ' ἀπεχειροτονήθη μὲν ὑφ' ὑμῶν στρατηγὸς διὰ τὸ μὴ περιπλεῦσαι Πελοπόννησον, ἐπὶ κρίσει δὲ παρεδέδοτο εἰς τὸν δῆμον αἰτίας τῆς μεγίστης τυχών, ἐφειστήκει δὲ αὐτῷ Καλλίστρατος καὶ Ἰφικράτης, τῷ τε πράττειν καὶ εἰπεῖν δυνάμενοι, οὕτω δὲ διέθεσαν ὑμᾶς κατηγοροῦντες τούτου αὐτοί τε καὶ οἱ συναγορεύοντες αὐτοῖς,* (10) *ὥστ' Ἀντίμαχον μὲν ταμίαν ὄντα καὶ πιστότατα διακείμενον τούτῳ κρίναντες ἐν τῷ δήμῳ ἀπεκτείνατε καὶ τὴν οὐσίαν αὐτοῦ ἐδημεύσατε, αὐτὸν δὲ τοῦτον ἐξαιτουμένων τῶν ἐπιτηδείων καὶ οἰκείων αὐτοῦ ἁπάντων, ἔτι δὲ καὶ Ἀλκέτου καὶ Ἰάσονος, συμμάχων ὄντων ὑμῖν, μόλις μὲν ἐπείσθητε ἀφεῖναι, στρατηγοῦντα δ' αὐτὸν ἐπαύσατε,* (11) *ἐν τοιαύταις δὲ ὢν διαβολαῖς καὶ ἀπορίᾳ χρημάτων πολλῇ (ἡ μὲν γὰρ οὐσία ὑπόχρεως ἦν ἅπασα, καὶ ὅροι αὐτῆς ἕστασαν, καὶ ἄλλοι ἐκράτουν· ὁ μὲν ἐν πεδίῳ ἀγρὸς ἀποτίμημα τῷ παιδὶ τῷ Εὐμηλίδου καθειστήκει, ἑξήκοντα δὲ τριηράρχοις τοῖς συνεκπλεύσασιν αὐτῷ ἑπτὰ μνῶν ἑκάστῳ ἡ ἄλλη οὐσία ὑπέκειτο, ἃς οὗτος αὐτοὺς στρατηγῶν ἠνάγκασε τοῖς ναύταις τροφὴν διαδοῦναι·* (12) *ἐπειδὴ δὲ ἀποχειροτονηθεὶς ἐν τῷ λόγῳ ἀπήνεγκεν ἐκ τῶν στρατιωτικῶν χρημάτων αὐτὸς δεδωκὼς εἰς τὰς ναῦς τὰς ἑπτὰ μνᾶς ταύτας τότε, φοβούμενος μὴ καταμαρτυρήσωσιν αὐτοῦ οἱ τριήραρχοι καὶ ἐξελέγχηται ψευδόμενος, δάνεισμα ποιεῖται ἰδίᾳ παρ' ἑκάστου αὐτῶν τὰς ἑπτὰ μνᾶς καὶ ὑποτίθησιν αὐτοῖς τὴν οὐσίαν, ἃς νῦν*

1 *ληψόμενος* A *τὰς χιλίας*] *καὶ* A 2 *καὶ*[3] om. SF 4 *ὤφειλεν* SAF : corr. Blass 7 *ἐφιστήκει* … 8 *ἠφικράτης* SF 8 <*τῷ*> *εἰπεῖν* A 11 *πιστότατ'* <*ἂν*> SF : corr. Aldina : *πιστότατον* A 13 <*μὲν*> *τῶν* SF 14 *καὶ*[1] om. A 15 *μὲν* om. SF 18 *μὲν* <*γὰρ*> A 19 *τῷ πατρὶ τῷ εὐβουλίδου* A 21 *στρατηγῶν αὐτοὺς* A[a] : *αὐτὸς στρατηγῶν* F 23 *τῷ* Schaefer : *ᾧ* SAF *λόγῳ ἀπήνεγκεν*] *ἀπήνεγκεν λόγῳ* <*ἐλογίσατο*> A 27 *τὰς* om. A

αὐτοὺς ἀποστερεῖ καὶ τοὺς ὅρους ἀνέσπακεν), (13) *πανταχόθεν δὲ ἀπορούμενος, καὶ ἐν ἀγῶνι τῷ μεγίστῳ καθεστηκὼς περὶ τοῦ σώματος διὰ τὸ συμβεβηκέναι τῇ πόλει τοιαῦτα πράγματα, ἄμισθον μὲν τὸ στράτευμα καταλελύσθαι ἐν Καλαυρείᾳ, πολιορκεῖσθαι δὲ τοὺς περὶ Πελοπόννησον συμμάχους ὑπὸ Λακεδαιμονίων, κατηγορούντων δὲ τοῦτον αἴτιον εἶναι τῆς παρούσης ἀτυχίας Ἰφικράτους καὶ Καλλιστράτου, ἔτι δὲ τῶν ἀφικνουμένων ἀπὸ στρατεύματος ἀπαγγελλόντων ἐν τῷ δήμῳ τὴν παροῦσαν ἔνδειαν καὶ ἀπορίαν, τὰ δὲ καὶ δι' ἐπιστολῶν ἑκάστου πυνθανομένου παρὰ τῶν οἰκείων καὶ ἐπιτηδείων ὡς διέκειντο (ὧν ἀκούοντες ὑμεῖς ἐν τῷ δήμῳ τότε ἀναμνήσθητε πῶς ἕκαστος περὶ αὐτοῦ τὴν γνώμην εἶχεν· οὐ γὰρ ἀγνοεῖτε τὰ λεγόμενα),* (14) *μέλλων τοίνυν καταπλεῖν ἐπὶ τὴν κρίσιν, ἐν Καλαυρείᾳ δανείζεται χιλίας δραχμὰς παρὰ Ἀντιφάνους τοῦ Λαμπτρέως, ὃς ἐπέπλει ταμίας Φιλίππῳ τῷ ναυκλήρῳ, ἵνα διαδοίη τοῖς Βοιωτίοις τριηράρχοις, καὶ παραμένωσιν ἕως ἂν αὐτῷ ἡ κρίσις γένηται, καὶ μὴ καταλυθεισῶν πρότερον τῶν Βοιωτίων τριήρων καὶ διαπελθόντων τῶν στρατιωτῶν μᾶλλον αὐτῷ ὀργίζησθε ὑμεῖς.* (15) *οἱ μὲν γὰρ πολῖται ἠνείχοντο κακοπαθοῦντες καὶ παρέμενον· οἱ δὲ Βοιωτοὶ οὐκ ἔφασαν παραμενεῖν, εἰ μή τις αὐτοῖς τὴν καθ' ἡμέραν τροφὴν δώσει. τότε οὖν ἀναγκαζόμενος δανείζεται τὰς χιλίας δραχμὰς παρὰ τοῦ Ἀντιφάνους, ὃς ἐπέπλει ταμιεύων Φιλίππῳ τῷ ναυκλήρῳ, καὶ δίδωσι τῷ Βοιωτίῳ ἄρχοντι τῶν νεῶν.* (16) *ἐπειδὴ δ' ἀφίκετο δεῦρο, ἀπῄτουν αὐτὸν ὅ τε Φίλιππος καὶ Ἀντιφάνης τὰς χιλίας δραχμὰς ἃς ἐδανείσατο ἐν Καλαυρείᾳ, καὶ ἠγανάκτουν ὅτι οὐ ταχὺ ἀπελάμβανον. φοβούμενος δ' οὗτος τοὺς ἐχθροὺς τοὺς ἑαυτοῦ, μὴ πύθοιντο*

5 *καλευρείᾳ* S : corr. cod. D hic et infra : *καλαυρίᾳ* AF 15 *λαμπρέως* SAF : corr. Reiske 17 *περιμένωσιν* SAF : corr. Reiske 18 *διαπελθόντων* <*πρότερον*> SAF : corr. cod. D 21 *παραμενεῖν*] *παραμένειν* SA 22 *δώσοι* AF 23 *ὃς* - 24 *ναυκλήρῳ* del. van Herwerden coll. 14 24 <*τῷ*> *φιλίππῳ* AF 26 <*ὁ*> *ἀντιφάνης* A 28 *πύθονται* A

ὅτι, ἃς ἐν τῷ λόγῳ ἀπήνεγκεν χιλίας δραχμὰς δεδωκὼς εἰς τὰς Βοιωτίας ναῦς ἐκ τῶν στρατιωτικῶν χρημάτων, (17) ταύτας Φίλιππος δανείσας ἀποστερεῖται, καὶ ἅμα δεδιὼς τὸν Φίλιππον, μὴ καταμαρτυροίη αὐτοῦ ἐν τῷ ἀγῶνι, προσελθὼν τῷ πατρὶ τῷ ἐμῷ ἐδεήθη ἀπαλλάξαι τὸν Φίλιππον καὶ χρῆσαι αὐτῷ τὰς χιλίας δραχμάς, ἵν᾽ ἀποδοίη Φιλίππῳ. ὁρῶν δ᾽ ὁ πατὴρ ὁ ἐμὸς τό τε μέγεθος τοῦ ἀγῶνος ἡλίκον ἦν τούτῳ, καὶ ὡς ἠπορεῖτο οὗτος, καὶ ἐλεῶν αὐτόν, προσαγαγὼν πρὸς τὴν τράπεζαν ἐκέλευσεν ἀποδοῦναι Φιλίππῳ χιλίας δραχμὰς τὸν Φορμίωνα τὸν ἐπικαθήμενον ἐπὶ τῇ τραπέζῃ, καὶ γράψαι ὀφείλοντα Τιμόθεον.

18. Καὶ ταῦθ᾽ ὅτι ἀληθῆ ἐστιν, τὸν δόντα τὸ ἀργύριον Φορμίωνα ὑμῖν μάρτυρα παρέξομαι, ἐπειδὰν καὶ περὶ τοῦ ἄλλου συμβολαίου διηγήσωμαι ὑμῖν, ἵνα τῇ αὐτῇ μαρτυρίᾳ περὶ ὅλου τοῦ χρέως ἀκούσαντες εἰδῆτε ὅτι ἀληθῆ λέγω. καλῶ δ᾽ ὑμῖν καὶ τὸν Ἀντιφάνην τὸν δανείσαντα τὸ ἀργύριον τούτῳ, τὰς χιλίας δραχμάς, ἐν Καλαυρείᾳ, καὶ παρόντα ὅτε ἀπέλαβε Φίλιππος τὸ ἀργύριον παρὰ τοῦ πατρὸς τοῦ ἐμοῦ ἐνθάδε. (19) τοῦ μὲν γὰρ μαρτυρίαν με ἐμβαλέσθαι πρὸς τὸν διαιτητὴν παρεκρούσατο, φάσκων ἀεί μοι μαρτυρήσειν εἰς τὴν κυρίαν {ἀπόφασιν}· ἐπειδὴ δ᾽ ἡ δίαιτα ἦν, προσκληθεὶς ἀπὸ τῆς οἰκίας (οὐ γὰρ ἦν φανερός), ἔλιπε τὴν μαρτυρίαν πεισθεὶς ὑπὸ τούτου. τιθέντος δέ μου αὐτῷ τὴν δραχμὴν τοῦ λιπομαρτυρίου κατὰ τὸν νόμον, ὁ διαιτητὴς οὐ κατεδιῄτα, ἀλλ᾽ ἀπιὼν ᾤχετο ἀποδιαιτήσας τούτου τὴν δίαιταν, ἑσπέρας ἤδη οὔσης. (20) νυνὶ δὲ τῷ Ἀντιφάνει εἴληχα βλάβης ἰδίαν δίκην, ὅτι μοι οὔτ᾽ ἐμαρτύρησεν οὔτ᾽ ἐξωμόσατο κατὰ τὸν νόμον. καὶ ἀξιῶ αὐτὸν ἀναβάντα εἰπεῖν ἐναντίον ὑμῶν διομοσάμενον, πρῶτον μὲν εἰ

1 ἀνήνεγκε A 6 ἀποδιδοίη SF : corr. Blass : ἀποδῷ A 7 τε om. A 8 προσάγων SF 9 φιλίππῳ post δραχμὰς A 10 τῆς τραπέζης SF γράψασθαι A 15 ἴδητε S[c]F : ἴδειτε S 19 με] μὴ A : με μὴ coni. Schaefer 20 μαρτυρήσειν μοι A 21 del. van Herwerden 23 τουτουί A μοῦ αὐτῶν SF : corr. cod. D et Wolf : μοῦ A 24 κατεδιήτηται S : καταδεδιῄτηται F

ἐδάνεισε Τιμοθέῳ ἐν Καλαυρείᾳ χιλίας δραχμάς, δεύτερον δ’ εἰ παρὰ τοῦ πατρὸς Φίλιππος ἀπέλαβεν ἐνθάδε τοῦτο τὸ ἀργύριον. (21) σχεδὸν μὲν οὖν καὶ αὐτὸς οὗτος ὡμολόγει πρὸς τῷ διαιτητῇ ἀποδοῦναι τῷ Φιλίππῳ τὸν πατέρα τὸν ἐμὸν τὰς χιλίας δραχμάς, οὐ μέντοι αὐτῷ γέ φησι δανεῖσαι, ἀλλὰ τῷ Βοιωτίῳ ναυάρχῳ, καὶ ὑποθεῖναί φησι αὐτὸν τούτου τοῦ ἀργυρίου χαλκόν. ὡς δ’ οὐκ ἀληθῆ ἔλεγεν, ἀλλ’ αὐτὸς δανεισάμενος ἀποστερεῖ, ἐγὼ ὑμᾶς διδάξω, ἐπειδὰν καὶ περὶ τῶν ἄλλων ὧν ὀφείλει καθ’ ἕκαστον ὑμῖν διηγήσωμαι.

22. Ἀφικομένου γὰρ Ἀλκέτου καὶ Ἰάσονος ὡς τοῦτον ἐν τῷ Μαιμακτηριῶνι μηνὶ τῷ ἐπ’ Ἀστείου ἄρχοντος ἐπὶ τὸν ἀγῶνα τὸν τούτου, βοηθησόντων αὐτῷ, καὶ καταγομένων εἰς τὴν οἰκίαν τὴν ἐν Πειραιεῖ τὴν ἐν τῇ Ἱπποδαμείᾳ ἑσπέρας ἤδη οὔσης, ἀπορούμενος ὑποδέξασθαι αὐτούς, πέμψας ὡς τὸν πατέρα τὸν ἐμὸν Αἰσχρίωνα τὸν ἀκόλουθον τὸν αὑτοῦ, ἐκέλευσεν αἰτήσασθαι στρώματα καὶ ἱμάτια καὶ φιάλας ἀργυρᾶς δύο, καὶ μνᾶν ἀργυρίου δανείσασθαι. (23) ἀκούσας δὲ ὁ πατὴρ ὁ ἐμὸς τοῦ Αἰσχρίωνος τοῦ ἀκολούθου <τοῦ> τούτου τούς τε ἀφιγμένους καὶ τὴν χρείαν εἰς ἣν ᾐτεῖτο, ἐφ’ ἅ τ’ ἦλθεν ἔχρησεν, καὶ τὴν μνᾶν τοῦ ἀργυρίου, ἣν ἐδανείζετο, ἐδάνεισεν. ἀπολελυμένῳ τοίνυν τῆς αἰτίας πολλὴ συνέβαινεν αὐτῷ μετὰ ταῦτα χρημάτων ἀπορία εἴς τε τὰς ἰδίας χρείας καὶ εἰς τὰς δημοσίας εἰσφοράς, ἃ ὁρῶν ὁ πατὴρ ὁ ἐμὸς οὐκ ἐτόλμα τοῦτον εὐθὺς ἀπαιτεῖν τὸ ἀργύριον· (24) οὔτε γὰρ ἂν τοῦτον εὐπορήσανθ’ ἡγεῖτο ἀδικῆσαι αὐτόν, οὔτ’ ἂν αὐτὸς ἀποροῦντα τοῦτον ἔχειν ὁπόθεν εἰσπράξειεν. ἐπειδὴ τοίνυν ἀπῆλθον ὅ τε Ἀλκέτας καὶ ὁ Ἰάσων, τὰ μὲν στρώματα καὶ τὰ ἱμάτια πάλιν

22 Μαιμακτηριῶνι Harp. μ 1   Ἱπποδαμείᾳ Harp. ι 18   **24** ἀπῆλθον– οὐκ ἀπήνεγκεν P. Colon. III 136

1 ἐν καλαυρείᾳ τιμοθέῳ A   5 γε αὐτῷ A   6 βοιωτῷ A   αὐτόν φησι A   8 ἀπεστέρει SF   13 ἱπποδαμίᾳ SA   15 αἴσχρωνα A constanter   τὸν[3] om. A   18 τοῦ[1] om. A add. Reiske   τούτου τούς] τούτους A (τοῦ ἀκολούθου om.)   19 εἰς ἃ ᾔτει SF   ἦλθον SAF : corr. Sauppe   20 ἐδεινάσατο A   21 αὐτῷ om. A   26 ὁ om. Π136

ἀπήνεγκεν ὁ Αἰσχρίων ὁ ἀκόλουθος ὁ τούτου, τὰς δὲ φιάλας τὰς δύο οὐκ ἀπήνεγκεν, ἃς ᾐτήσατο ὅτεπερ καὶ τὰ στρώματα καὶ τὴν μνᾶν τοῦ ἀργυρίου ἐδανείσατο, ἀφικομένων ὡς τοῦτον Ἀλκέτου καὶ Ἰάσονος.

25. Μέλλων τοίνυν ἀποδημεῖν ὡς βασιλέα, καὶ διαπραξάμενος ἐκπλεῦσαι ὡς βασιλεῖ στρατηγήσων τὸν ἐπ' Αἴγυπτον πόλεμον, ἵνα μὴ δῷ ἐνθάδε λόγον καὶ εὐθύνας τῆς στρατηγίας, μεταπεμψάμενος τὸν πατέρα τὸν ἐμὸν εἰς τὸ Παράλιον τῶν τε προϋπηργμένων εἰς αὐτὸν ἐπῄνει, **(26)** καὶ ἐδεῖτο αὑτοῦ συστήσας Φιλώνδαν, ἄνδρα τὸ μὲν γένος Μεγαρέα, μετοικοῦντα δ' Ἀθήνησιν, πιστῶς δὲ τούτῳ διακείμενον καὶ ὑπηρετοῦντα ἐν ἐκείνῳ τῷ χρόνῳ, ἐπειδὰν ἀφίκηται ἐκ Μακεδονίας ὁ Φιλώνδας, ὃν συνίστη οὗτος τῷ πατρὶ τῷ ἐμῷ, ἄγων ξύλα τὰ δοθέντα τούτῳ ὑπὸ Ἀμύντου, τὸ ναῦλον τῶν ξύλων παρασχεῖν καὶ ἐᾶσαι ἀνακομίσαι τὰ ξύλα εἰς τὴν οἰκίαν τὴν ἑαυτοῦ τὴν ἐν Πειραιεῖ· αὑτοῦ γὰρ εἶναι τὰ ξύλα. **(27)** ἅμα τε τῇ δεήσει εἶπε λόγον, ᾧ οὐκ ἀκόλουθα ποιεῖ τὰ ἔργα νυνί· ἔφη γάρ, κἂν μὴ τύχῃ ὧν ἐδεῖτο τοῦ πατρός, οὐκ ὀργισθήσεσθαι ὥσπερ ἂν ἄλλος τις ἀποτυχών, ἀλλ' ὧν αὐτῷ δεηθέντι ὑπηρέτηκεν, τούτων, ἄν ποτε δύνηται, χάριν ἀποδώσειν. ἀκούσας δὲ ὁ πατὴρ ὁ ἐμὸς ταῦτα ἥσθη τε τοῖς λόγοις, καὶ ἐπῄνει τοῦτον ὅτι μέμνηται εὖ παθών, καὶ ὅσα αὑτοῦ ἐδεῖτο ὑπέσχετο ποιήσειν. **(28)** καὶ οὗτος μὲν μετὰ ταῦτα τὴν ἀναγωγὴν ἐποιεῖτο ὡς τοὺς στρατηγοὺς τοὺς βασιλέως, ὁ δὲ Φιλώνδας, ᾧ συνέστησεν τὸν πατέρα τὸν ἐμόν, ἐπειδὰν ἀφίκηται ἄγων τὰ ξύλα, τὸ ναῦλον παρασχεῖν, εἰς τὴν Μακεδονίαν τὴν πορείαν

25 τε προυπηγμένων—26 ἄνδρα P. Colon. III 136 **27** νυνὶ—τις P. Colon. III 136 **28** ξύλα—**29** ἀφικομένου P. Colon. III 136

1 ὁ (ante Αἰσχρίων) om. A Π136 ὁ (ante τούτου) om. A 2 ἀπήνε]γκαν Π136 3 τούτων S 5 διαπραξάμενον SF^{a} 7 λόγον ἐνθάδε A <τῆς> ἐνθάδε SF 9 αὑτοῦ] αὐτοὺς Π136 12 ἀφίκοιτο A 13 ἀγαγὼν <τὰ> A 14 παρέχειν A 15 τὰ ξύλα ἀνακομίσαι A 16 τε] δὲ F 17 νυνεὶ Π136 : νῦν A 23 μὲν om. A 24 <τοῦ> βασιλέως A 25 συνέστησεν <οὗτος> AF^{γρ}

ἐποιεῖτο. καὶ οὗτοι οἱ χρόνοι ἦσαν περὶ Θαργηλιῶνα μῆνα ἐπ' Ἀστείου ἄρχοντος. (29) τῷ δ' ὑστέρῳ ἔτει ἀφικομένου τοῦ Φιλώνδου ἐκ τῆς Μακεδονίας ἄγοντος τὰ ξύλα, ἀποδημοῦντος τούτου παρὰ βασιλεῖ, καὶ προσελθόντος τῷ πατρὶ τῷ ἐμῷ καὶ κελεύοντος τὸ ναῦλον τῶν ξύλων παρασχεῖν, ἵνα διαλύσῃ τὸν ναύκληρον, καθάπερ οὗτος ἐδεήθη ὅτε ἐξέπλει τοῦ πατρὸς καὶ συνέστησε τὸν Φιλώνδαν, προσαγαγὼν πρὸς τὴν τράπεζαν ὁ πατὴρ ἐκέλευσε δοῦναι Φορμίωνα τὸ ναῦλον τῶν ξύλων, χιλίας ἑπτακοσίας πεντήκοντα. (30) καὶ ἠρίθμησε τὸ ἀργύριον Φορμίων· καὶ ἐγράψατο μὲν ὀφείλοντα Τιμόθεον (οὗτος γὰρ ἦν ὁ δεηθεὶς τοῦ πατρὸς παρασχεῖν τὸ ναῦλον τῶν ξύλων, καὶ τούτου ἦν), ὑπόμνημα δ' ἐγράψατο τήν τε χρείαν εἰς ἣν ἐλήφθη τὸ ἀργύριον καὶ τὸ ὄνομα τοῦ λαβόντος. καὶ οὗτος ὁ χρόνος ἦν Ἀλκισθένους ἄρχοντος, ὁ ὕστερος ἐνιαυτὸς ᾗ οὗτος ἀνήγετο ὡς βασιλέα.

31. Ὑπὸ δὲ τὸν αὐτὸν χρόνον τοῦτον καὶ Τιμοσθένης ὁ Αἰγιλιεὺς ἀφικνεῖται κατ' ἐμπορίαν ἰδίαν ἀποδημῶν. ἐπιτήδειος δὲ ὢν Φορμίωνι καὶ κοινωνὸς ὁ Τιμοσθένης, ὅτ' ἐξέπλει, δίδωσιν ἀποθεῖναι τῷ Φορμίωνι μετ' ἄλλων χρημάτων καὶ φιάλας λυκιουργεῖς δύο. ἀπὸ τύχης δὲ ὁ παῖς ταύτας τὰς φιάλας, οὐκ εἰδὼς ὅτι ἀλλότριαι ἦσαν, δίδωσι τῷ Αἰσχρίωνι τῷ ἀκολούθῳ τῷ τούτου, ὅτ' ἐπέμφθη ὡς τὸν πατέρα τὸν ἐμὸν ὑπὸ τούτου, καὶ ᾐτεῖτο τὰ στρώματα καὶ τὰ ἱμάτια καὶ τὰς φιάλας, καὶ τὴν μνᾶν τοῦ ἀργυρίου {ὃ} ἐδανείσατο, ἀφικομένων ὡς τοῦτον Ἀλκέτου καὶ Ἰάσονος. (32) ἀπαιτοῦντος δὲ τοῦ Τιμοσθένους τὰς φιάλας τὸν Φορμίωνα, ἐπειδὴ ἧκεν, ἀποδημοῦντος

31 *δίδωσιν—δύο* Ath. 11.486c *λυκιουργεῖς* Harp. λ 3 Sud. λ 807

2 *ἀστίου* A *τοῦ* om. A 5 *καὶ* om. F 6 *οὗτος* om. A 7 *τὸν*] *πρὸς* A 8 *ὁ πατὴρ* om. A <*τὸν*> *φορμίωνα δοῦναι* A 10 <*ὁ*> *φορμίων* A 11 *ὁ* om. A 12 *ὑπομνήματα* SF *δ' ἐγραψατο* Schaefer : *δ' ἀπεγράψατο* A : *ἀπεγράψατο δὲ* SF *τε* om. A 16 *αἰγιαλεὺς* SF 18 *κοινωνὸς*] *κόνωνι* A 19 *ἄλλων* om. Ath. 20 *λυκουργεῖς* SF : correcte A et Ath. 24 del. Reiske *ἀφικομένου* A 25 *τιμοθέου* A

Τιμοθέου παρὰ βασιλεῖ, πείθει αὐτὸν ὁ πατὴρ ὁ ἐμὸς τιμὴν ἀπολαβεῖν τῶν φιαλῶν, ὅσον ἦγον αἱ φιάλαι, διακοσίας τριάκοντα ἑπτά. καὶ τῷ μὲν Τιμοσθένει τιμὴν ἀπέδωκεν τῶν φιαλῶν, τοῦτον δ' ἐγράψατο αὐτῷ ὀφείλοντα, πρὸς τὸ ἄλλο χρέως ὃ οὗτος αὐτῷ ὤφειλεν, ὃ ἀπέτεισεν τῷ Τιμοσθένει τῶν φιαλῶν. (33) καὶ ταῦτα πάνθ' ὅτι ἀληθῆ λέγω, τούτων ὑμῖν ἀναγνώσεται τὰς μαρτυρίας, πρῶτον μὲν τῶν δόντων τὸ ἀργύριον οἷς οὗτος ἐκέλευσεν ἀπὸ τῆς τραπέζης καὶ ἐπικαθημένων τότε, ἔπειτα τοῦ ἀπολαβόντος τὴν τιμὴν τῶν φιαλῶν.

ΜΑΡΤΥΡΙΑΙ

Ὅτι μὲν τοίνυν οὐ ψεύδομαι πρὸς ὑμᾶς περὶ ὧν εἶπον, τῶν μαρτυριῶν ἀναγιγνωσκομένων ἀκηκόατε. ὅτι δέ μοι καὶ αὐτὸς οὗτος ὡμολόγει τὰ ξύλα τὰ κομισθέντα ὑπὸ Φιλώνδου εἰς τὴν οἰκίαν τὴν ἑαυτοῦ ἀνακομισθῆναι τὴν ἐν Πειραιεῖ, τούτων ὑμῖν ἀναγνώσεται τὴν μαρτυρίαν.

ΜΑΡΤΥΡΙΑ

34. Ὡς μὲν τοίνυν τούτου ἦν τὰ ξύλα ἃ ἤγαγεν ὁ Φιλώνδας, αὐτός μοι μεμαρτύρηκεν· ὡμολόγει γὰρ αὐτὰ πρὸς τῷ διαιτητῇ ἀνακομισθῆναι εἰς τὴν οἰκίαν τὴν ἑαυτοῦ τὴν ἐν Πειραιεῖ, ὡς μεμαρτύρηται ὑμῖν ὑπὸ τῶν ἀκουόντων. ἔτι δὲ καὶ ἐκ τεκμηρίων πειράσομαι ἐγὼ ὑμᾶς διδάξαι ὅτι ἀληθῆ λέγω. (35) οἴεσθε γάρ, ὦ ἄνδρες δικασταί, τὸν πατέρα τὸν ἐμόν, εἰ μὴ Τιμοθέου ἦν τὰ ξύλα καὶ ἐδεήθη οὗτος αὐτοῦ συστήσας τὸν Φιλώνδαν, ὅτε ἀνήγετο ὡς τοὺς στρατηγοὺς τοὺς βασιλέως, παρασχεῖν τὸ ναῦλον, ἐᾶσαι ἄν ποτε ὑποκειμένων αὐτῷ τῶν ξύλων τοῦ ναύλου ἀνακομίσαι τὸν Φιλώνδαν

1 <τοῦ> τιμοθέου A <τὴν> τιμὴν A 5 αὐτῷ] αὐτὸς SF ἀπῄτησεν F 6 πάνθ' om. F 7 τὰς μαρτυρίας ἀναγνώσεται S[a] 10 μαρτύρια A 12 μοι om. A : del. Gernet 13 ὁμολογεῖ A 17 ἦγεν A 19 ἀνακομισθέντα A 21 ὑμᾶς ἐγὼ A 24 ὡς] εἰς A 25 τοὺς (ante βασιλέως)] τοῦ F <ἢ> ἐᾶσαι SF

τὰ ξύλα ἐκ τοῦ λιμένος, ἀλλ' οὐκ ἂν παρακαταστήσαντά τινα τῶν οἰκετῶν φυλάττειν καὶ τιμὴν λαμβάνειν πωλουμένων τῶν ξύλων, ἕως ἐκομίσατο τὰ ἑαυτοῦ, εἴπερ Φιλώνδου ἦν τὰ ξύλα καὶ ἐμπορίας ἕνεκ' ἤχθη; (36) *ἔπειτα πρὸς τούτοις τίνι ὑμῶν εἰκὸς δοκεῖ εἶναι, μὴ κελεύσαντος τούτου τὸ ναῦλον παρασχεῖν τῶν ξύλων τῶν δοθέντων τούτῳ ὑπὸ Ἀμύντου, πιστεῦσαι τὸν πατέρα τὸν ἐμὸν Φιλώνδᾳ καὶ ἐᾶσαι ἀνακομίσαι τὰ ξύλα ἐκ τοῦ λιμένος εἰς τὴν οἰκίαν τὴν τούτου; ἢ πῶς οἷόν τ' ἐστὶ τὸν μὲν Φιλώνδαν ἐμπορίας ἕνεκ' ἀγαγεῖν τὰ ξύλα, ὡς οὗτός φησιν, καταχρήσασθαι δὲ τοῦτον ἥκοντα εἰς τὴν οἰκοδομίαν τὴν αὑτοῦ τοῖς ξύλοις τούτοις;* (37) *σκέψασθε δὲ κἀκεῖνο, ὅτι πολλοὶ καὶ χρηστοὶ τῶν πολιτῶν οἰκεῖοι ὄντες τούτῳ ἐπεμελοῦντο τῶν τούτου, ἀποδημοῦντος παρὰ βασιλεῖ Τιμοθέου· ὧν οὐδεὶς τετόλμηκεν μαρτυρῆσαι τούτῳ ἢ ὡς οὐκ ἔλαβεν ὁ Φιλώνδας τὸ ναῦλον τῶν ξύλων ἀπὸ τῆς τραπέζης ἢ ὡς λαβὼν ἀπέδωκεν, οὐδ' αὖ ὡς αὐτῶν τις διέλυσε τὸ ναῦλον ὑπὲρ τῶν ξύλων ὧν ἤγαγεν ὁ Φιλώνδας, δοθέντων τούτῳ παρ' Ἀμύντου· ἡγοῦνται γὰρ περὶ πλείονος αὑτοῖς εἶναι καλοὶ κἀγαθοὶ δοκεῖν εἶναι μᾶλλον ἢ Τιμοθέῳ χαρίσασθαι τὰ ψευδῆ μαρτυροῦντες.* (38) *οὐ μέντοι οὐδὲ τούτου γ' ἔφασαν καταμαρτυρῆσαι ἂν τἀληθῆ· οἰκεῖον γὰρ αὑτοῖς εἶναι. ὅπου τοίνυν μηδεὶς τετόλμηκε τῶν οἰκείων τούτῳ μαρτυρῆσαι καὶ ἐπιμελομένων τῶν τούτου, ὅτε ἀπεδήμει οὗτος παρὰ βασιλεῖ, ἢ ὡς οὐκ ἔλαβεν ὁ Φιλώνδας τὸ ναῦλον τῶν ξύλων ἀπὸ τῆς τραπέζης ἢ ὡς αὐτῶν τις διέλυσεν, πῶς οὐκ εἰκός ἐστιν ὑμᾶς ἡγεῖσθαί με τἀληθῆ λέγειν;* (39) *καὶ μὴν οὐδ' ἐκεῖνό γε τολμήσει <λέγειν>, ὡς ἄλλος τις διέλυσε τὸ ναῦλον ὑπὲρ τῶν ξύλων ὧν ἤγαγεν ὁ Φιλώνδας, ἢ ὁ πατὴρ*

1 *παραστήσαντά* A 2 *<τὴν> τιμὴν* A 5–6 *παρασχεῖν τὸ ναῦλον* A 8 *ἐκ - λιμένος* om. A 9 *εὐπορίας* A *οὕνεκα* S 13 *ἐπεμέλοντο* A 14 *Τιμοθέου* del. Dobree 16 *οὐδ' αὖ*] *ἢ* A 20 *<γ'> οὐδὲ* A 21 *ἂν* om. A 25 *πῶς*] *ἢ ὡς* SF 26–7 *καὶ - τολμήσει* om. A 27 *γε*] *τε* SF add. Reiske : *<εἰπεῖν> τολμήσει* Hirschig *<οὐ> διέλυσε* A

ὁ ἐμός. ἐὰν δὲ καταχρῆται τῷ λόγῳ, ἀξιοῦτε αὐτὸν καὶ τὴν μαρτυρίαν παρασχέσθαι ὑμῖν τοῦ ἀποδόντος τὸ ναῦλον ὑπὲρ τῶν ξύλων. αὐτὸς μὲν γὰρ ὁμολογεῖται ἀποδημεῖν παρὰ βασιλεῖ, τὸν δὲ Φιλώνδαν, ὃν ἔπεμψεν ἐπὶ τὰ ξύλα καὶ συνέστησε τῷ πατρὶ τῷ ἐμῷ, τεθνηκότα κατέλαβεν ἥκων παρὰ βασιλέως. **(40)** ἀναγκαῖον δὴ τῶν ἄλλων οἰκείων καὶ ἐπιτηδείων, οὓς κατέλιπες ἀποδημεῖν μέλλων συνεπιμελεῖσθαι τῶν σαυτοῦ, εἰδέναι τινὰ ὅθεν τὸ ναῦλον τῶν ξύλων πορίσας ὁ Φιλώνδας τῷ ναυκλήρῳ διέλυσεν, εἰ μὴ φὴς τὸν πατέρα τὸν ἐμὸν συστῆσαι αὐτῷ, μηδὲ λαβεῖν τὸν Φιλώνδαν παρὰ τοῦ πατρὸς τοῦ ἐμοῦ τὸ ναῦλον τῶν ξύλων. **(41)** μαρτυρίαν τοίνυν οὐδενὸς ἔχεις παρασχέσθαι τῶν οἰκείων τῶν σαυτοῦ, ὡς οὐκ ἐλήφθη σοῦ ἀποδημοῦντος τὸ ναῦλον τῶν ξύλων ἀπὸ τῆς τραπέζης, ἀλλὰ δυοῖν θάτερον, ἢ οὐδενὶ χρῇ τῶν οἰκείων οὐδὲ πιστεύεις τῶν σαυτοῦ οὐδενί, ἢ εἰδὼς ἀκριβῶς τὸν Φιλώνδαν λαβόντα τὸ ναῦλον τῶν ξύλων παρὰ τοῦ πατρὸς τοῦ ἐμοῦ, ᾧπερ αὐτὸν συνέστησας ὅτε ἐξέπλεις, οἴει δεῖν ἀποστερήσας ἡμᾶς, ἐὰν δύνῃ, πλεονεκτεῖν. **(42)** ἐγὼ τοίνυν, ὦ ἄνδρες δικασταί, πρὸς τῇ μαρτυρίᾳ, ἣν παρέσχημαι ὑμῖν μαρτυροῦντας τοὺς δόντας τὸ ἀργύριον οἷς οὗτος ἐκέλευσε καὶ καθημένους ἐπὶ τῇ τραπέζῃ τότε, καὶ πίστιν ἠθέλησα ἐπιθεῖναι, ἣν ἀναγνώσεται ὑμῖν.

ΟΡΚΟΣ

Οὐ τοίνυν, ὦ ἄνδρες δικασταί, γράψας μοι ὁ πατὴρ κατέλιπεν τὰ χρέα μόνον, ἀλλὰ καὶ ἔλεγεν ἀρρωστῶν ὅ τι ὀφείλοιτο αὐτῷ ἕκαστον, καὶ παρ' ᾧ, καὶ εἰς ὅ τι ἐλήφθη τὸ ἀργύριον, καὶ τῷ ἀδελφῷ τῷ ἐμῷ. καὶ ὡς ταῦτ' ἀληθῆ λέγω, ἀνάγνωθί

5 κατελάμβανες SF : κατέλαβες Blass 7 κατέλειπες S : κατέλιπεν A 8 ἑαυτοῦ A ὅθεν] ὡς (τινα om.) A 9 φησὶ A 13 ἐλείφθη S 14 ἀπὸ] ἐκ A 17 τοῦ ἐμοῦ om. A ᾧπερ Wolf : ὥστε SAF αὐτὸν om. A 18 <ἢ> οἴει F δεῖν] ἰδεῖν S 42 19 ἣν] ᾗ A 21 καὶ[1] om. A τῆς πραπέζης A 22 <τιμοθέῳ> ἐπιθεῖναι AF 23 ὅρκοι AF 25 ὅ τι ὀφείλοιτο] ὧν ὀφείλετο A : ὧν τε ἀφείλετο Schaefer 26 ἐλείφθη S

μοι τὴν μαρτυρίαν τοῦ ἀδελφοῦ.

ΜΑΡΤΥΡΙΑ

43. *Ὡς μὲν τοίνυν κατελείφθη ὀφείλων Τιμόθεος ἡμῖν τὸ ἀργύριον ὑπὸ τοῦ πατρός, οὗ δικάζομαι αὐτῷ, καὶ γίγνεται ἐμὸν τὸ μέρος, ὅ τε ἀδελφός μοι μεμαρτύρηκεν καὶ ὁ Φορμίων ὁ δοὺς τὸ ἀργύριον, κἀγὼ τούτων πίστιν ἠθέλησα ἐπιθεῖναι. προκαλεσαμένου δὲ τούτου πρὸς τῷ διαιτητῇ καὶ κελεύοντος ἐνεγκεῖν τὰ γράμματα ἀπὸ τῆς τραπέζης καὶ ἀντίγραφα αἰτοῦντος, πέμψαντος Φρασιηρίδην ἐπὶ τὴν τράπεζαν, τῷ τε Φρασιηρίδῃ ἐξενέγκας ἔδωκα ζητεῖν τὰ γράμματα καὶ ἐκγράφεσθαι ὅσα οὗτος ὤφειλε, καὶ ὡς ὡμολόγει λαβεῖν οὗτος τὰ ἀντίγραφα, ἀνάγνωθί μοι τὴν μαρτυρίαν.*

ΜΑΡΤΥΡΙΑ

44. *Πρὸς τοίνυν τὸν διαιτητὴν κομίσαντός μου τὰ γράμματα, παρὼν ὁ Φορμίων καὶ ὁ Εὐφραῖος, οἱ δόντες τὸ ἀργύριον οἷς ἐκέλευσεν οὗτος, ἐξήλεγχον αὐτὸν ἐν οἷς τε χρόνοις ἕκαστον ἐδανείσατο, καὶ ὅστις ἔλαβε τὸ ἀργύριον, καὶ εἰς ἃ κατεχρήσατο. ὁ δὲ τὰς μὲν χιλίας καὶ τριακοσίας καὶ πεντήκοντα καὶ μίαν καὶ δύ' ὀβολώ, ἃς πρώτας ἐδανείσατο τοῦ Μουνιχιῶνος μηνὸς μέλλων ἐκπλεῖν ἐπὶ Σωκρατίδου ἄρχοντος, ἃς καὶ ἐκέλευσε δοῦναι Ἀντιμάχῳ τῷ ταμίᾳ τῷ ἑαυτοῦ, ἰδίᾳ ἔφη δανεῖσαι τὸν πατέρα Ἀντιμάχῳ καὶ οὐκ αὐτὸς λαβεῖν.* **(45)** *καὶ ὡς μὲν ἀληθῆ λέγει, οὐδένα μάρτυρα παρέσχηται, λόγῳ δὲ καταχρῆται, ἵνα μὴ αὐτὸς δοκῇ ἀποστερεῖν ἀλλ' Ἀντίμαχος δανείσασθαι. καίτοι, ὦ ἄνδρες δικασταί, μέγα ὑμῖν ἐρῶ τεκ-*

5 *τὸ* om. SF 6 *κἀγὼ*] *ἐγὼ* S 9 *<καὶ> πέμψαντες* A 10 *τε*] *δὲ* F 11 *ἐγγράφεσθαι* SF *ὅσα*] *ὃ* SF : *ἃ* A *ὁμολογεῖ* S 12 *τὰ* om. A 14 *κομισαμένου* A 15 *εὐφοραῖος* F 16–17 *ἐδανείσατο ἕκαστον* A 17 *καὶ ὅστις - ἀργύριον* om. A *ὅστις* Blass : *εἰς ὅ τι* SAF 18 *χιλίας μὲν* A *καὶ* (ante *μίαν*) om. A 20 *ἃς* om. A 22 *αὐτὸς*] *αὐτὸν* A 23 *λέγει* *<καὶ>* S^a : *λέγω* A

μήριον ὅτι οὐκ Ἀντιμάχῳ ἐδάνεισεν ὁ πατὴρ τοῦτο τὸ ἀργύριον, ἀλλὰ Τιμοθέῳ περὶ ἀναγωγὴν ὄντι. πότερα γὰρ ἂν οἴεσθε ῥᾷον εἶναι τῷ πατρὶ δημευθέντων τῶν Ἀντιμάχου ἐνεπισκήψασθαι ἐν τῇ οὐσίᾳ τῇ ἐκείνου ἐνοφειλόμενον αὐτῷ τοῦτο τὸ ἀργύριον, εἴπερ Ἀντιμάχῳ ἐδάνεισεν, (46) ἢ ἀναμένειν ὁπότε παρὰ τούτου κομιεῖσθαι ἔμελλεν εὐπορήσαντος, ὃς οὐ πολλὰς ἐλπίδας σωτηρίας περὶ αὑτοῦ εἶχεν ἐν ἐκείνῳ τῷ χρόνῳ; καὶ μὴν ἐνεπισκηψάμενός γε οὔτ' ἂν παρακαταβολῆς ἠπόρησεν οὔτ' ἂν ἠπιστήθη ὑφ' ὑμῶν (πάντες γὰρ ἴστε τὸν πατέρα τὸν ἐμὸν οὐ τῶν δημοσίων ἀδίκως ἐπιθυμοῦντα, ἀλλὰ τῶν αὑτοῦ ὑμῖν, ὅ τι κελεύσαιτε, προθύμως ἀναλίσκοντα), (47) εἶτα καὶ ἐπιτηδείου ὄντος αὐτῷ Καλλιστράτου, ὅσπερ ἐδήμευσε τὰ Ἀντιμάχου, ὥστε μηδὲν ἐναντιοῦσθαι. ὥστε τί ἄν ποτε βουλόμενος ὁ πατὴρ ἠβούλετο Τιμόθεον χρήστην ἐγγράψας ἡμῖν καταλιπεῖν, εἴπερ μὴ ὤφειλεν τοῦτο τὸ ἀργύριον, μᾶλλον ἢ οὐκ ἐκ τῶν Ἀντιμάχου δημευθέντων ἐνεπισκηψάμενος κομίσασθαι;

48. Περὶ δὲ τῶν χιλίων δραχμῶν, ἃς ἐδανείσατο παρὰ τοῦ Ἀντιφάνους ἐν Καλαυρείᾳ, ἵνα διαδοίη τοῖς Βοιωτίοις τριηράρχοις, μέλλων καταπλεῖν ἐπὶ τὴν κρίσιν, ἃς καὶ ἀπέδωκε Φιλίππῳ τῷ ναυκλήρῳ ἐνθάδε λαβὼν παρὰ τοῦ πατρὸς τοῦ ἐμοῦ, τὸν Βοιώτιον ναύαρχόν φησι δανείσασθαι, καὶ ὑποθεῖναι τούτου τοῦ ἀργυρίου τῷ πατρὶ τῷ ἐμῷ χαλκόν.

49. ὡς δ' οὐκ ἀληθῆ λέγει, μέγα ὑμῖν ἐρῶ τεκμήριον. πρῶτον μὲν γὰρ ἐν Καλαυρείᾳ οὗτος φαίνεται δανεισάμενος τὰς χιλίας δραχμὰς καὶ οὐχ ὁ Βοιώτιος ναύαρχος, ἔπειτ'

45 ἐνεπισκήψασθαι Harp. ε 51

1 τοῦτο om. A 2 ἐναγωγὴν A ἂν om. A 8 ἐπισκηψάμενός A 11 ὅ τι] ὅτ' A ἐκελεύσατε A : κελεύσαιτε F[c] 13 μηδὲν] μὴ δ' F : μηδ S 14 ποτε post βουλόμενος S : ποτε om. F[a] 15 καταλείπειν S 16 ἢ οὐκ] πουκ S[a] 17 ἐπισκηψάμενος A 20 ἃς om. A 21 <τῷ> φιλίππῳ A λαβὼν] βαλὼν A 25 φαίνεται οὗτος A

ἀπαιτῶν ὁ Φίλιππος ἐνθάδε τοῦτον τὰς χιλίας δραχμὰς καὶ οὐ τὸν Βοιώτιον ναύαρχον, καὶ ἀποδοὺς οὗτος, ἀλλ' οὐχ ὁ Βοιώτιος ναύαρχος· προσῆκε γὰρ τῷ μὲν Βοιωτίῳ ἄρχοντι παρὰ τούτου τὴν τροφὴν τοῖς ἐν ταῖς ναυσὶ λαμβάνειν· ἐκ γὰρ τῶν κοινῶν συντάξεων ἡ μισθοφορία ἦν τῷ στρατεύματι· τὰ δὲ χρήματα σὺ ἅπαντα ἐξέλεξας ἐκ τῶν συμμάχων, καὶ σὲ ἔδει αὐτῶν λόγον ἀποδοῦναι. **(50)** *εἶτα καταλυθεισῶν τῶν Βοιωτίων νεῶν καὶ διαπελθόντων τῶν στρατιωτῶν τῷ μὲν Βοιωτίῳ ναυάρχῳ οὐδεὶς κίνδυνος ὑπ' Ἀθηναίων ἦν, οὐδ' ἐν ἀγῶνι καθειστήκει οὐδενί· σὺ δ' ἐν τῷ μεγίστῳ· περίφοβος δὲ ὢν ἡγοῦ σοι μεγάλην ἐπικουρίαν ἀπολογίας ἔσεσθαι, ἐὰν παραμένωσιν αἱ Βοιώτιαι τριήρεις, ἕως ἂν σοι ἡ κρίσις γένηται. ἔπειτα καὶ ἐκ τίνος ἂν φιλίας ποτὲ ἐδάνεισεν ὁ πατὴρ ὁ ἐμὸς τῷ Βοιωτίῳ ναυάρχῳ τὰς χιλίας δραχμάς, ὃν οὐκ ἐγίγνωσκεν;* **(51)** *ἀλλὰ γὰρ ὑποθέσθαι φησὶν αὐτὸν χαλκόν. πόσον τινὰ καὶ ποδαπόν; καὶ πόθεν γενόμενον τὸν χαλκὸν τοῦτον τῷ Βοιωτίῳ ναυάρχῳ; πότερα κατ' ἐμπορίαν ἀχθέντα ἢ ἀπ' αἰχμαλώτων γενόμενον; εἶτα τίνες ἦσαν οἱ ἐνέγκαντες τὸν χαλκὸν ὡς τὸν πατέρα τὸν ἐμόν; μισθωτοὶ ἢ οἰκέται; ἢ τίς ὁ παραλαβὼν τῶν οἰκετῶν τῶν ἡμετέρων;* **(52)** *χρῆν γὰρ αὐτόν, εἰ μὲν οἰκέται ἤνεγκαν, τοὺς κομίσαντας παραδιδόναι, εἰ δὲ μισθωτοί, τὸν ὑποδεξάμενον καὶ ἀποστησάμενον τὸν χαλκὸν τῶν οἰκετῶν τῶν ἡμετέρων, τοῦτον ἐξαιτεῖν· οὐ γὰρ δήπου ἄνευ γε σταθμοῦ ἤμελλεν οὔθ' ὁ ὑποτιθέμενος <παραλήψεσθαι> οὔθ' ὁ ὑποτιθεὶς τὸν χαλκὸν παραδώσειν, οὐδ' αὖ ὁ πατὴρ ἤμελλεν αὐτὸς οὔτε οἴσειν τὸν χαλκὸν οὔτε στήσεσθαι,*

52 *ἀποστησάμενον* Harp. α 205 Lex. Vind. 8.10 Σ[b] α 1962 Sud. α 3558

4 *παραλαμβάνειν* A 6 *σὺ ἅπαντα*] *σύμπαντα* SF *ἐξέλεγξας* F *τῶν* om. A 11 *ἐπικουρίαν* om. A 12 *παραμείνωσιν* A : corr. Gernet : *περιμένωσιν* SF 13 *φιλίας ἂν* A 14 *τὰς* - 17 *ναυάρχῳ* (ὁμ.) om. F[a] 15 *αὐτόν φησιν* AF[c] 16 *πόσον* Dobree : *ὁπόσον* SAF[c] *καὶ*[2] om. A 17 *πότερον* A 18 *ἐνεγκόντες* A 19 <*πότερα*> *μισθωτοὶ* AF 20 *ἡμετέρων*] *ἐμῶν* SF 22 *ἀποδεξάμενον* S 23 *δὴ* A 24 *γε* om. A *ἔμελλον* A : *ἤμελλον* F[C] 24–5 add. Reiske

ἀλλ' οἰκέται ἦσαν αὐτῷ, οἳ τὰ ἐνέχυρα τῶν δανεισμάτων παρελάμβανον. (53) θαυμάζω δ' ἔγωγε καὶ τίνος ἕνεκ' ἄν ποτε ὑπετίθει τὸν χαλκὸν τῷ πατρὶ τῷ ἐμῷ ὁ Βοιώτιος ναύαρχος, Φιλίππῳ ὀφείλων χιλίας δραχμάς. πότερον ὡς Φίλιππος οὐκ ἂν ἡδέως τόκον ἐλάμβανεν, εἴπερ ἀσφαλῶς ἦν αὐτῷ τὸ ἀργύριον δεδανεισμένον καὶ ἐπ' ἐνεχύρῳ; ἢ ὡς οὐκ ἦν τῷ Φιλίππῳ ἀργύριον; ὥστε τί ἔδει τοῦ πατρὸς τοῦ ἐμοῦ δεηθῆναι δανεῖσαι τὰς χιλίας δραχμὰς τὸν Βοιώτιον ναύαρχον καὶ ἀποδοῦναι Φιλίππῳ μᾶλλον ἢ οὐ τὸν χαλκὸν ὑποθεῖναι τῷ Φιλίππῳ; (54) ἀλλ' οὔτε ὁ χαλκὸς ὑπετέθη, ὦ ἄνδρες δικασταί, οὔτε ὁ Βοιώτιος ναύαρχος ἐδανείσατο τὰς χιλίας δραχμὰς παρὰ τοῦ πατρὸς τοῦ ἐμοῦ, ἀλλὰ Τιμόθεος οὑτοσὶ ἐν ἀπορίᾳ ὢν πολλῇ· τὴν δὲ χρείαν, εἰς ἣν κατεχρήσατο τῷ ἀργυρίῳ, εἴρηκα ὑμῖν. ἀντὶ δὲ τοῦ χάριν ἀποδοῦναι ὧν ἐπιστεύθη καὶ ἔλαβεν παρὰ τοῦ πατρὸς τοῦ ἐμοῦ, οἴεται δεῖν καὶ τὰ ἀρχαῖα, ἂν δύνηται, ἀποστερῆσαι.

55. Περὶ μὲν τοίνυν τῶν φιαλῶν καὶ τῆς μνᾶς τοῦ ἀργυρίου, ἣν ἐδανείσατο παρὰ τοῦ πατρὸς πέμψας τὸν ἀκόλουθον τὸν ἑαυτοῦ Αἰσχρίωνα τῆς νυκτὸς ὡς τὸν πατέρα τὸν ἐμόν, ἠρόμην αὐτὸν πρὸς τῷ διαιτητῇ εἰ ἔτι δοῦλος εἴη ὁ Αἰσχρίων, καὶ ἠξίουν αὐτὸν ἐν τῷ δέρματι τὸν ἔλεγχον διδόναι. ἀποκριναμένου δέ μοι τούτου ὅτι ἐλεύθερος εἴη, τῆς μὲν ἐξαιτήσεως ἐπέσχον, μαρτυρίαν δ' αὐτὸν ἠξίουν ἐμβαλέσθαι τοῦ Αἰσχρίωνος ὡς ἐλευθέρου ὄντος. (56) ὁ δὲ οὔτε ὡς ἐλευθέρου ὄντος τοῦ Αἰσχρίωνος μαρτυρίαν παρέσχετο, οὔθ' ὡς δοῦλον τὸν Αἰσχρίωνα παραδοὺς ἐκ τοῦ σώματος τὸν ἔλεγχον ἠξίου γενέσθαι, φοβούμενος, ἐὰν μὲν μαρτυρίαν παράσχηται ὡς

1 τὰ - δανεισμάτων om. S 2 ἕνεκ' ἄν ποτε cod. D : οὕνεκα ἄν ποτε SF : ἄν ποτε εἵνεκα A 4 ὀφείλων φιλίππῳ A <ὁ> φίλιππος A 5 ἦν ἀσφαλῶς A 6 ἐνεχύρων A 9 καὶ om. S 17 μὲν om. A 19 τὸν (ante ἑαυτοῦ) om. A 20 αἰσχρίων <αὐτοῦ> SF[a] 21 <αὐτοῦ> δέρματι SF 23 ἐπέσχον <αὐτὸν> SF 24 ὡς - ὄντος om. F ὁ δὲ οὔτε om. F[a] : ὅ γε οὔτε cod. D[γρ] ὡς - Αἰσχρίωνος om. AF 25 παρέχεται SF 27 παρέχηται A

ἐλευθέρου ὄντος, μὴ ἐπισκηψάμενος ἐγὼ τῶν ψευδομαρτυρίων καὶ ἐξελέγξας τὰ ψευδῆ μεμαρτυρηκότα τὸν Αἰσχρίωνα ἐπὶ τόνδε τῶν κακοτεχνιῶν ἔλθοιμι κατὰ τὸν νόμον, εἰ δ' αὖ βασανίζειν παραδοίη, μὴ τὰς ἀληθείας κατείποι ὁ Αἰσχρίων. (57) *καίτοι καλὸν ἦν αὐτῷ, εἰ τῶν ἄλλων λημμάτων τοῦ ἀργυρίου μάρτυρας μὴ εἶχεν παρασχέσθαι, τοῦτό γ' ἐξελέγξαι ἐκ τοῦ Αἰσχρίωνος, ὡς οὐκ ἐλήφθησαν αἱ φιάλαι οὐδ' ἡ μνᾶ τοῦ ἀργυρίου, οὐδ' ἐπέμφθη ὁ Αἰσχρίων ὑπὸ τούτου ὡς τὸν πατέρα τὸν ἐμόν, καὶ τεκμηρίῳ τούτῳ καταχρήσασθαι πρὸς ὑμᾶς ὅτι ἐγὼ καὶ τἄλλα ψεύδομαι περὶ ὧν ἐγκαλῶ αὐτῷ, ὅπου γε ὅν φημι λαβεῖν οἰκέτην ὄντα τούτου τὰς φιάλας καὶ τὴν μνᾶν τοῦ ἀργυρίου, οὗτος βασανιζόμενος οὐ φαίνεται λαβών.* (58) *εἰ τοίνυν τοῦτο ἰσχυρὸν ἦν ἂν τούτῳ πρὸς ὑμᾶς τεκμήριον ὅτι ἐξεδίδου τὸν Αἰσχρίωνα, ὃν πεμφθῆναί φημι ὑπὸ τούτου καὶ λαβεῖν τὰς φιάλας παρὰ τοῦ πατρὸς τοῦ ἐμοῦ καὶ τὴν μνᾶν τοῦ ἀργυρίου δανείσασθαι, κἀμοὶ γενέσθω τεκμήριον πρὸς ὑμᾶς ὅτι συνειδώς με ἀληθῆ ἐγκαλοῦντα οὐ τολμᾷ τὸν Αἰσχρίωνα παραδοῦναι.*

59. *Ἀπολογίαν τοίνυν ποιήσεται ὅτι ἐν τοῖς γράμμασιν τοῖς τραπεζιτικοῖς ἐπὶ Ἀλκισθένους ἄρχοντος ἦν ἐγγεγραμμένος τό τε ναῦλον τῶν ξύλων εἰληφὼς καὶ τὴν τιμὴν τῶν φιαλῶν, ὃ ἀπέτεισεν Τιμοσθένει ὑπὲρ τούτου ὁ πατήρ, καὶ ὅτι αὐτὸς ἐν τούτῳ τῷ χρόνῳ οὐκ ἐπεδήμει, ἀλλὰ παρὰ βασιλεῖ ἦν. περὶ δὴ τούτου σαφῶς ὑμᾶς βούλομαι διδάξαι, ἵν' ἀκριβῶς εἰδῆτε ὃν τρόπον ἔχει τὰ γράμματα τὰ ἀπὸ τῆς τραπέζης.* (60) *οὗτος {μὲν} γὰρ ἐν μὲν τῷ Θαργηλιῶνι μηνὶ ἐπ' Ἀστείου ἄρχοντος, μέλλων ἀνάγεσθαι ὡς βασιλέα, συνέστησε τὸν Φιλώνδαν τῷ*

56 *κακοτεχνιῶν* Harp. *κ* 10

1 *ἐγὼ* <*αὐτῷ*> SF 4 *παραδώσει* SF *ὁ* om. A 9 *τεκμήριον* SF *πρὸς* om. S^{a} 10 *καὶ* - *ψεύδομαι*] *καταψεύδομαι* A 16 *καί μοι* S *γενέσθαι* A 17 *ἀληθῆ με* A 20 *γεγραμμένος* A 22 *ὃ* Blass : *ὧν* SAF : *ἧν* Seager *ἀπέτισε* A : corr. Blass : *ἀπαίτησεν* S : *ἀπῄτησε* F 23 *δὴ*] *δὲ* A 25 *ἔχῃ* S : *εἶχε* F *ἀπὸ*] *ἐπὶ* A 26 del. Schaefer *μὲν* om. A *αργηλιωνι* S

πατρὶ τῷ ἐμῷ· τοῦ δ' ὑστέρου ἐνιαυτοῦ, ἐπὶ Ἀλκισθένους ἄρχοντος, ἀφικνεῖται ὁ Φιλώνδας ἄγων τὰ ξύλα ἐκ τῆς Μακεδονίας, καὶ ἔλαβεν τὸ ναῦλον τῶν ξύλων παρὰ τοῦ πατρὸς τοῦ ἐμοῦ, ἀποδημοῦντος τούτου παρὰ βασιλεῖ. ἐγράψαντο οὖν, ὅτε ἐδίδοσαν τὸ ἀργύριον, ὀφείλοντα τοῦτον, οὐχ ὅτε συνέστησε τὸν Φιλώνδαν τῷ πατρὶ τῷ ἐμῷ ἐπιδημῶν. **(61)** ὅτε μὲν γὰρ συνέστησεν, οὐδέπω τὰ ξύλα ἧκεν, ἀλλ' ἤμελλεν ἐπ' αὐτὰ ὁ Φιλώνδας τὴν πορείαν ποιεῖσθαι· ὅτε δὲ ἦλθε τὰ ξύλα ἄγων, οὗτος μὲν ἀπεδήμει, ὁ δὲ Φιλώνδας ἔλαβε τὸ ναῦλον τῶν ξύλων καθάπερ οὗτος ἐκέλευσε, καὶ ἀνεκομίσθη εἰς τὴν οἰκίαν τὴν ἐν Πειραιεῖ τὴν τούτου τὰ ξύλα. ὅτι δὲ οὐκ εὐπορῶν οὗτος ἐξέπλει ἐνθένδε, ἴστε μὲν καὶ αὐτοὶ ὅσοις αὐτοῦ ἡ οὐσία ὡρισμένη ἦν, οὓς νῦν ἀποστερεῖ· ἵνα δ' εἰδῆτε ὅτι καὶ ἄνευ ἐνεχύρων ὤφειλέ τισι τῶν πολιτῶν, οὐκ ἔχων ὑποθεῖναι τὰ ἄξια, ἀνάγνωθί μοι τὴν μαρτυρίαν.

ΜΑΡΤΥΡΙΑ

62. Περὶ δὲ τῶν φιαλῶν, ἃς ᾐτήσατο μὲν ἐν τῷ Μαιμακτηριῶνι μηνὶ ὁ Αἰσχρίων ὁ ἀκόλουθος <ὁ> τούτου ἐπ' Ἀστείου ἄρχοντος, ἐπιδημοῦντος τούτου, ὅτε ὑπεδέξατο Ἀλκέτην καὶ Ἰάσονα, γεγραμμένου δὲ τὴν τιμὴν ὀφείλοντος τούτου ἐπὶ Ἀλκισθένους ἄρχοντος, τέως μὲν ᾤετο αὐτὸν ἀποίσειν τὰς φιάλας, ἃς ᾐτήσατο, ὁ πατήρ· ἐπειδὴ δ' οὗτος μὲν ἀπῆλθε, τὰς δὲ φιάλας οὐκ ἀπενηνόχει, οὐδ' ἦσαν αἱ φιάλαι τοῦ Τιμοσθένους κείμεναι παρὰ τῷ Φορμίωνι, ἥκων δ' ἀπῄτει τὰς φιάλας ὁ θέμενος, ἀπέτεισε τιμὴν τῶν φιαλῶν τῷ Τιμοσθένει, ἐγράψατο δὲ ὁ πατὴρ αὐτῷ τοῦτον ὀφείλοντα πρὸς τὸ ἄλλο χρέως.

2 τῆς om. A   3 τῶν ξύλων τὸ ναῦλον A   5 ἀργύριον <ἀπὸ τῆς τραπέζης> $\mathrm{AF}^{\gamma\rho}$ 9 ἦλθε] ἧκε A   12 οὗτος om. A   13 <καὶ> ὅσοις Gernet   ἀφωρισμένη SF   17 μὲν om. AF   18 ὁ om. A   add. Dindorf   18–19 ἐπ' - τούτου (ὁμ.) om. A   19 ἀπεδέξατο SF   20 γεγραμένων A   22 ἀπῆλθε] ἀπεδήμει A   25 ὁ θέμενος Blass : τότε μὲν SAF   ἀπαίτησε S   <τὴν> τιμὴν A   26 χρέος F

(63) ὥστ᾽ ἐὰν ταύτῃ ἀπολογίᾳ καταχρῆται, ὅτι οὐκ ἐπεδήμει ἐν τοῖς χρόνοις ἐν οἷς γέγραπται τὴν τιμὴν τῶν φιαλῶν ὀφείλων, ὑποβάλλετε αὐτῷ ὅτι 'ἔλαβες μὲν ἐπιδημῶν· ἐπειδὴ δ᾽ οὐκ ἀπέφερες, ἀπεδήμεις δέ, οὐκ ἦσαν δ᾽ αἱ φιάλαι ἃς ὁ θέμενος ἀπῄτει, ἐγράφης τὴν τιμὴν αὐτῶν ὀφείλων, ὃ ἀπετείσθη τῶν φιαλῶν.' **(64)** ἀλλὰ νὴ Δία, φήσει ἴσως, ἔδει τὸν πατέρα τὸν ἐμὸν ἀπαιτεῖν αὐτὸν τὰς φιάλας. ἀλλ᾽ ἑώρα σε ὡς ἠπόρου. κᾆτα περὶ μὲν τοῦ ἄλλου χρέως σοι ἐπίστευεν, καὶ ἡγεῖτο, ἐπειδὰν ἔλθῃς, ἀπολήψεσθαι παρὰ σοῦ εὐπορήσαντος, περὶ δὲ τῶν φιαλῶν σοι ἀπιστήσειν ἤμελλεν; καὶ ὑπέσχετο μὲν δεομένου σου τὸ ναῦλον τῶν ξύλων παρασχήσειν, ὅτε ἀνήγου πρὸς βασιλέα· ἕνεκα δὲ τῶν φιαλῶν, δυοῖν οὐσῶν, ἀπιστήσειν σοι ἤμελλε; καὶ τὸ μὲν ἄλλο χρέως σε οὐκ ἀπῄτει, ἀπορούμενον ὁρῶν, τὰς δὲ φιάλας ἤμελλεν;

65. *Βούλομαι* τοίνυν ὑμῖν καὶ περὶ τῆς προκλήσεως τοῦ ὅρκου εἰπεῖν, ἣν ἐγὼ τοῦτον προὐκαλεσάμην καὶ οὗτος ἐμέ. ἐμβαλομένου γὰρ ἐμοῦ ὅρκον εἰς τὸν ἐχῖνον, ἠξίου οὗτος καὶ αὐτὸς ὀμόσας ἀπηλλάχθαι. ἐγὼ δ᾽ εἰ μὲν μὴ περιφανῶς αὐτὸν ᾔδη πολλοὺς καὶ μεγάλους ὅρκους ἐπιωρκηκότα καὶ πόλεσι καὶ ἰδιώταις, ἔδωκ᾽ ἂν αὐτῷ τόνδε τὸν ὅρκον· νῦν δέ μοι ἐδόκει, μαρτύρων μὲν ὄντων ἐμοὶ ὡς ἔλαβον τὸ ἀργύριον ἀπὸ τῆς τραπέζης οἷς οὗτος ἐκέλευσεν δοῦναι, περιφανῶν δὲ τεκμηρίων, δεινὸν εἶναι τὸν ὅρκον δοῦναι τούτῳ, ὃς οὐχ ὅπως

65 ἐχῖνον Harp. ε 177 Sud. ε 4012

1 ταύτῃ <τῇ> A 2 χρόνοις <ἐκείνοις> S ἐν οἷς] ἐκείνοις S : ἐκείνοις οἷς Schaefer 3 ὑπολάβετε S 5 ἐγράφη A ὃ] ὅτε SF ἀπετίσθη F 6 φησει ἴσως] φησὶν A 7 κᾆτα Schaefer : κατὰ S : καὶ AF 8 σοι χρέως A 10 ἀπιστήσειν σοι A 11 πρὸς] ὡς <τὸν> A 15 ὑμῖν om. A 16 ἐγώ <τε> A οὗτος] αὐτὸς SF 17 μοῦ S ἐχῖνον] αγχεινον S οὗτος - αὐτὸς] καὶ αὐτὸς A : καὶ αὐτὸς οὗτος F 18 μὲν om. A μὴ <ιδειν> S[a] : ᾔδειν Dindorf 19 ᾔδη] ᾔδειν AF 20 τόνδε om. AF 21 δοκεῖ SAF : corr. Blass μὲν om. SF ἐμοῦ SF ἔλαβε A 22 ἐκέλευε A <καὶ> περιφανῶν A 23 τὸν om. A : τὸ Reiske ὃς] ὡς F

εὐορκήσει πρόνοιαν ποιήσεται, ἀλλ' οὐδὲ τῶν ἱερῶν αὐτῶν ἕνεκα τοῦ πλεονεκτήματος ἀπέσχηται. (66) *τὰ μὲν οὖν καθ' ἕκαστα πόλλ' ἂν εἴη λέγειν, ὧν ἐπιώρκηκεν οὗτος ῥᾳδίως· οὓς δὲ περιφανέστατα καὶ ὑμεῖς αὐτῷ πάντες σύνιστε ὅρκους ἐπιωρκηκότι, τούτους ἀναμνήσω ὑμᾶς. ἴστε γὰρ τοῦτον ἐν τῷ δήμῳ ὀμόσαντα καὶ ἐπαρασάμενον αὑτῷ ἐξώλειαν, εἰ μὴ γράψαιτο Ἰφικράτην ξενίας, καὶ καθιερώσαντα τὴν οὐσίαν τὴν ἑαυτοῦ. ὀμόσας δὲ ταῦτα καὶ ὑποσχόμενος ἐν τῷ δήμῳ, οὐ πολλῷ χρόνῳ ὕστερον ἕνεκα τοῦ συμφέροντος αὑτῷ ἔδωκε τῷ υἱεῖ τῷ ἐκείνου τὴν θυγατέρα.* (67) *ὃς οὖν οὔθ' ὑμᾶς ᾐσχύνθη ἐξαπατῆσαι ὑποσχόμενος, νόμων ὄντων, ἐάν τις τὸν δῆμον ὑποσχόμενος ἐξαπατήσῃ, εἰσαγγελίαν εἶναι περὶ αὐτοῦ, οὔτε τοὺς θεοὺς ὀμόσας καὶ ἐπαρασάμενος ἑαυτῷ ἔδεισεν, οὓς ἐπιώρκησεν, πῶς οὐκ εἰκὸς ἐμὲ τούτῳ μὴ ἐθέλειν ὅρκον δοῦναι; οὔπω τοίνυν πολὺς χρόνος ἐστὶν ἐξ οὗ ἐν τῷ δήμῳ πάλιν διωμόσατο μὴ εἶναι αὑτῷ ἐφόδια τῷ γήρᾳ ἱκανά, τοσαύτην οὐσίαν κεκτημένος· οὕτως ἄπληστος καὶ αἰσχροκερδὴς ὁ τρόπος αὐτοῦ ἐστιν.* (68) *ἡδέως δ' ἂν ἔγωγε πυθοίμην ὑμῶν εἰ ὀργίζεσθε τοῖς ἀνεσκευασμένοις τῶν τραπεζιτῶν. εἰ γὰρ ἐκείνοις ὀργίζεσθε δικαίως ὅτι ἀδικοῦσιν ὑμᾶς, πῶς οὐκ εἰκός ἐστιν βοηθεῖν τοῖς μηδὲν ἀδικοῦσιν; καὶ μὴν διὰ τούτους τοὺς ἄνδρας αἱ τράπεζαι ἀνασκευάζονται, ὅταν ἀπορούμενοι μὲν δανείζωνται καὶ οἴωνται διὰ τὴν δόξαν πιστεύεσθαι δεῖν, εὐπορήσαντες δὲ μὴ ἀποδιδῶσιν, ἀλλ' ἀποστερῶσιν.*

69. *Ὅσων μὲν τοίνυν, ὦ ἄνδρες δικασταί, ἠδυνάμην ὑμῖν μάρτυρας παρασχέσθαι, μεμαρτυρήκασί μοι· ἔτι δὲ καὶ ἐκ*

1 *εὐορκήσῃ* A *πεποίηται* Dobree 4 *ἴστε* A 7 *γράψοιτο* Cobet 9 *αὑτῷ* om. A 10 *υἱῷ* S 11 *τὸν δῆμον* om. A 14 *εἰκός* <*ἐστι*> SF 15 *οὗ*] *ὅτου* SF 16 *αὑτῷ* om. A 19 *ὀργίζοισθε* (*ἐκείνοις* om.) SF 20 *ὅτι*] *διότι* A 21 *ὑμᾶς* om. A <*ὑμᾶς*> *βοηθεῖν* AF 23 *ὅταν*] *οἳ ἂν* Blass 24 *δεῖν* ante *διὰ* A

τεκμηρίων δεδήλωκα ὑμῖν ὡς ὀφείλει Τιμόθεος τὸ ἀργύριον τῷ πατρὶ τῷ ἐμῷ. δέομαι οὖν ὑμῶν συνεισπρᾶξαί μοι τοὺς ὀφείλοντας, ἅ μοι ὁ πατὴρ κατέλιπεν.

Subscriptum in S *προς τιμοθεον*, in AF *προς τιμοθεον υπερ χρεως*

L

[ΔΗΜΟΣΘΕΝΟΥΣ] ΠΡΟΣ ΠΟΛΥΚΛΕΑ ΠΕΡΙ ΤΟΥ ΕΠΙΤΡΙΗΡΑΡΧΗΜΑΤΟΣ

1. *Τοῖς* τοιούτοις τῶν ἀγώνων, ὦ ἄνδρες δικασταί, {καὶ} τοὺς διαγνωσομένους προσήκει μάλιστα προσέχειν τὸν νοῦν. οὐ γὰρ ἐμὸς καὶ Πολυκλέους ἴδιός ἐστιν ὁ ἀγὼν μόνον, ἀλλὰ καὶ τῆς πόλεως κοινός. ὧν γὰρ τὰ μὲν ἐγκλήματα ἴδιά ἐστιν, αἱ δὲ βλάβαι κοιναί, πῶς οὐχ ὑπὲρ τούτων εἰκός ἐστιν ἀκούσαντας ὑμᾶς ὀρθῶς διαγνῶναι; εἰ μὲν γὰρ περὶ ἄλλου τινὸς συμβολαίου ἐγὼ διαφερόμενος πρὸς Πολυκλέα εἰσῄειν εἰς ὑμᾶς, ἐμὸς ἂν ἦν καὶ Πολυκλέους ὁ ἀγών· νῦν δὲ περί τε διαδοχῆς νεώς ἐστιν ὁ λόγος καὶ ἐπιτριηραρχήματος πέντε μηνῶν καὶ ἓξ ἡμερῶν ἀνηλωμένου, καὶ περὶ τῶν νόμων, πότερα κύριοί εἰσιν ἢ οὔ. (2) ἀναγκαῖον δή μοι δοκεῖ εἶναι ἅπαντα ἐξ ἀρχῆς διηγήσασθαι πρὸς ὑμᾶς. καὶ πρὸς θεῶν, ἄνδρες δικασταί, δέομαι ὑμῶν, μή με ἡγήσησθε ἀδολεσχεῖν, ἐὰν διὰ μακροτέρων διηγῶμαι τά τε ἀναλώματα καὶ τὰς πράξεις, ὡς ἐν καιρῷ τε ἕκασται καὶ χρήσιμοι τῇ πόλει ἐδιακονήθησαν. εἰ μὲν γάρ τις ἔχει με ἐπιδεῖξαι ὡς ψεύδομαι, ἀναστὰς ἐν τῷ ἐμῷ ὕδατι ἐξελεγξάτω, ὅ τι ἂν μὴ φῇ με ἀληθῆ λέγειν πρὸς ὑμᾶς· εἰ δ' ἐστὶν ἀληθῆ καὶ μηδεὶς ἄν μοι ἀντείποι ἄλλος ἢ οὗτος, δέομαι ὑμῶν ἁπάντων δικαίαν δέησιν· (3) ὅσοι μὲν τῶν στρατιωτῶν ἐστε καὶ παρῆτε ἐκεῖ, αὐτοί τε ἀναμνήσθητε καὶ τοῖς παρακαθημένοις φράζετε τήν τ' ἐμὴν προθυμίαν καὶ τὰ

tit. *προς πολυκλεα α περι του τριηαρχηματος* SAF (*α* om. AF : *περι*] *υπερ* A)
1 del. Schaefer   3 *μόνων* Bake   8 *ἐμός* <*γ'*>A : <*τε*> Reiske   *τε* om. F
11 *ἐξ ἀρχῆς ἅπαντα* A   12 <*ὦ*> *ἄνδρες* A   14 *μικροτέρων* S[a]
15 *ἕκαστα* SF   *χρήσιμαι* A : *χρήσιμα* F   <*δ'*> *ἐδιακονήθησαν* S : *διεκονήθησαν* A   17 *ἀληθὲς λέγειν* AF   18 *οὗτος ἢ ἄλλος* S   20 *ἦστε* Cobet : *ἦτε* Rennie   21 *παρακαθεζομένοις* S

συμβάντα ἐν τῷ τότε καιρῷ τῇ πόλει πράγματα καὶ τὰς ἀπορίας, ἵνα ἐκ τούτων εἰδῆτε ὁποῖός τίς εἰμι περὶ ἃ ἂν προστάξητε ὑμεῖς. ὅσοι δὲ αὐτοῦ ἐπεδημεῖτε, σιγῇ μου ἀκοῦσαι διηγουμένου ἅπαντα πρὸς ὑμᾶς, καὶ ἐπὶ τούτων ἑκάστῳ, οἷς ἂν λέγω, τούς τε νόμους παρεχομένου καὶ τὰ ψηφίσματα, τά τε τῆς βουλῆς καὶ τὰ τοῦ δήμου, καὶ τὰς μαρτυρίας.

4. *Ἑβδόμῃ γὰρ φθίνοντος Μεταγειτνιῶνος μηνὸς ἐπὶ Μόλωνος ἄρχοντος, ἐκκλησίας γενομένης καὶ εἰσαγγελθέντων ὑμῖν πολλῶν καὶ μεγάλων πραγμάτων, ἐψηφίσασθε τὰς ναῦς καθέλκειν τοὺς τριηράρχους· ὧν καὶ ἐγὼ ἦν. καὶ τὸν μὲν καιρὸν τὸν συμβεβηκότα τῇ πόλει τότε οὐκ ἐμὲ δεῖ διεξελθεῖν, ἀλλ' ὑμᾶς αὐτοὺς ἀναμνησθῆναι, ὅτι Τῆνος μὲν καταληφθεῖσα ὑπ' Ἀλεξάνδρου ἐξηνδραποδίσθη,* (5) *Μιλτοκύθης δὲ ἀφειστήκει ἀπὸ Κότυος καὶ πρέσβεις ἐπεπόμφει περὶ συμμαχίας, βοηθεῖν κελεύων καὶ τὴν Χερρόνησον ἀποδιδούς, Προκοννήσιοι δὲ σύμμαχοι ὄντες ἱκέτευον ὑμᾶς ἐν τῷ δήμῳ βοηθῆσαι αὐτοῖς, λέγοντες ὅτι ὑπὸ Κυζικηνῶν κατέχονται τῷ πολέμῳ καὶ κατὰ γῆν καὶ κατὰ θάλατταν, καὶ μὴ περιιδεῖν ἀπολομένους·* (6) *ὧν ἀκούοντες τότε ὑμεῖς ἐν τῷ δήμῳ αὐτῶν τε λεγόντων καὶ τῶν συναγορευόντων αὐτοῖς, ἔτι δὲ τῶν ἐμπόρων καὶ τῶν ναυκλήρων περὶ ἔκπλουν ὄντων ἐκ τοῦ Πόντου, καὶ Βυζαντίων καὶ Καλχηδονίων καὶ Κυζικηνῶν καταγόντων τὰ πλοῖα ἕνεκα τῆς ἰδίας χρείας τοῦ σίτου, καὶ ὁρῶντες ἐν τῷ Πειραιεῖ τὸν σῖτον ἐπιτιμώμενον καὶ οὐκ ὄντα ἄφθονον ὠνεῖσθαι, ἐψηφίσασθε τάς τε ναῦς καθέλκειν τοὺς τριηράρχους καὶ παρακομίζειν ἐπὶ τὸ χῶμα, καὶ τοὺς βουλευτὰς καὶ τοὺς δημάρχους καταλόγους ποιεῖσθαι τῶν*

3 <*τέ*> *μου* A 6 *τὰ* (ante *τοῦ*) om. AF *τοὺς μάρτυρας* AF 7 *μεταγιτνιῶντος* S *μωλονος* S^{a} 9 <*καὶ*> *πολλῶν* A *μεγάλων*] *δεινῶν* A 12 *αὐτοὺς ὑμᾶς* AF 15 *προκονήσιοι* AF 17 *αὐτοῖς* om. A 19 *ἀπολουμένους* F^{a} *ὧν* - 20 *αὐτοῖς* huc transposuit Sauppe : post 25 *ὠνεῖσθαι* SAF *ὑμεῖς τότε* AF 20 *τε λεγόντων* om. F 22 *καλκηδονίων* S^{a} : *χαλκηδονίων* A

δημοτῶν καὶ ἀποφέρειν ναύτας, καὶ διὰ τάχους τὸν ἀπόστολον ποιεῖσθαι καὶ βοηθεῖν ἑκασταχοῖ. καὶ ἐνίκησε τὸ Ἀριστοφῶντος ψήφισμα τουτί.

ΨΗΦΙΣΜΑ

7. Τοῦ μὲν ψηφίσματος τοίνυν ἀκηκόατε, ὦ ἄνδρες δικασταί. ἐγὼ δ' ἐπειδή μοι οὐκ ἦλθον οἱ ναῦται οἱ καταλεγέντες ὑπὸ τῶν δημοτῶν, ἀλλ' ἢ ὀλίγοι καὶ οὗτοι ἀδύνατοι, τούτους μὲν ἀφῆκα, ὑποθεὶς δὲ τὴν οὐσίαν τὴν ἐμαυτοῦ καὶ δανεισάμενος ἀργύριον πρῶτος ἐπληρωσάμην τὴν ναῦν, μισθωσάμενος ναύτας ὡς οἷόν τ' ἦν ἀρίστους, δωρεὰς καὶ προδόσεις δοὺς ἑκάστῳ αὐτῶν μεγάλας. ἔτι δὲ σκεύεσιν ἰδίοις τὴν ναῦν ἅπασι κατεσκεύασα, καὶ τῶν δημοσίων ἔλαβον οὐδέν, καὶ κόσμῳ ὡς οἷόν τ' ἦν κάλλιστα καὶ διαπρεπέστατα τῶν τριηράρχων. ὑπηρεσίαν τοίνυν ἣν ἐδυνάμην κρατίστην ἐμισθωσάμην. (8) οὐ μόνον τοίνυν, ὦ ἄνδρες δικασταί, τὰ κατὰ τὴν τριηραρχίαν ἀνήλισκον τότε οὕτω πολυτελῆ ὄντα, ἀλλὰ καὶ τῶν χρημάτων ὧν εἰς τὸν ἔκπλουν ἐψηφίσασθε εἰσενεχθῆναι μέρος οὐκ ἐλάχιστον ἐγὼ ὑμῖν προεισήνεγκα. δόξαν γὰρ ὑμῖν ὑπὲρ τῶν δημοτῶν τοὺς βουλευτὰς ἀπενεγκεῖν τοὺς προεισοίσοντας τῶν τε δημοτῶν καὶ τῶν ἐγκεκτημένων, προσαπηνέχθη μου τοὔνομα ἐν τριττοῖς δήμοις διὰ τὸ φανερὰν εἶναί μου τὴν οὐσίαν. (9) καὶ τούτων ἐγώ, οὐδεμίαν πρόφασιν ποιησάμενος, ὅτι {οὔτε} τριηραρχῶ καὶ οὐκ ἂν δυναίμην δύο λειτουργίας λειτουργεῖν οὐδὲ οἱ νόμοι ἐῶσιν, ἔθηκα τὰς προεισφορὰς πρῶτος. καὶ οὐκ εἰσεπραξάμην διὰ τὸ τότε μὲν ἀποδημεῖν ὑπὲρ ὑμῶν τριηραρχῶν, ὕστερον δὲ καταπλεύσας καταλαβεῖν

7 ὑποθεὶς—ἑαυτοῦ Z. 1782

2 ἑκασταχοῦ cod. D 5 τοίνυν om. A 7 δημοτῶν] δημάρχων Dobree 11 ἅπασαν SF 14–15 οὐ - τοίνυν] καὶ οὐ μόνον A 18 ἐγὼ om. A προσήνεγκα A 19 δημοτῶν ... προεισοίσοντας] δήμων ... προσοίσοντας A <τοὺς δημάρχους καὶ> τοὺς Meier 20 κεκτημένων ... 21 τρίτοις A μοι F 23 del. Dobree 26 τριήαρχος A

τὰ μὲν εὔπορα ὑφ' ἑτέρων προεξειλεγμένα, τὰ δ' ἄπορα ὑπόλοιπα. (10) καὶ ταῦτα ὅτι ἀληθῆ λέγω πρὸς ὑμᾶς, τούτων ὑμῖν ἀναγνώσεται τὰς μαρτυρίας τῶν τε τὰ στρατιωτικὰ τότε εἰσπραττόντων καὶ τῶν ἀποστολέων, καὶ τοὺς μισθοὺς οὓς ταῖς ὑπηρεσίαις καὶ τοῖς ἐπιβάταις κατὰ μῆνα ἐδίδουν, παρὰ τῶν στρατηγῶν σιτηρέσιον μόνον λαμβάνων, πλὴν δυοῖν μηνοῖν μόνον μισθὸν ἐν πέντε μησὶν καὶ ἐνιαυτῷ, καὶ τοὺς ναύτας τοὺς μισθωθέντας, {καὶ} ὅσον ἕκαστος ἔλαβεν ἀργύριον, ἵν' ἐκ τούτων εἰδῆτε τὴν ἐμὴν προθυμίαν, καὶ οὗτος δι' ὅ τι παραλαβεῖν παρ' ἐμοῦ τὴν ναῦν οὐκ ἤθελεν, ἐπειδή μοι ὁ χρόνος ἐξῆλθεν τῆς τριηραρχίας.

ΜΑΡΤΥΡΙΑΙ

11. Ὅτι μὲν τοίνυν οὐ ψεύδομαι πρὸς ὑμᾶς περὶ ὧν εἶπον, ὦ ἄνδρες δικασταί, τῶν μαρτυριῶν ἀναγιγνωσκομένων ἀκηκόατε. ἔτι δὲ περὶ ὧν μέλλω λέγειν, ἅπαντές μοι ὁμολογήσετε ὅτι ἀληθῆ ἐστιν. τριήρους γὰρ ὁμολογεῖται κατάλυσις εἶναι, πρῶτον μέν, ἐὰν μὴ μισθόν τις διδῷ, δεύτερον δέ, ἐὰν εἰς τὸν Πειραιᾶ μεταξὺ καταπλεύσῃ· ἀπόλειψίς τε γὰρ πλείστη γίγνεται, οἵ τε παραμένοντες τῶν ναυτῶν οὐκ ἐθέλουσι πάλιν ἐμβαίνειν, ἐὰν μή τις αὐτοῖς ἕτερον ἀργύριον διδῷ ὥστε τὰ οἰκεῖα διοικήσασθαι. ἃ ἐμοὶ ἀμφότερα συνέβη, ὦ ἄνδρες δικασταί, ὥστε πολυτελεστέραν μοι γενέσθαι τὴν τριηραρχίαν. (12) καὶ γὰρ μισθὸν οὐδένα λαβὼν παρὰ τοῦ στρατηγοῦ ὀκτὼ μηνῶν, κατέπλευσα τοὺς πρέσβεις ἄγων διὰ τὸ ἄριστά μοι πλεῖν τὴν ναῦν, καὶ ἐνθένδε πάλιν, προσταχθέν μοι ὑπὸ τοῦ δήμου Μένωνα τὸν στρατηγὸν ἄγειν εἰς Ἑλλήσποντον ἀντὶ Αὐτοκλέους ἀποχειροτονηθέντος, ᾠχόμην

10 ἐπιβάταις Harp. ε 83 Lex. Vind. 83.19 σιτηρέσιον Harp. σ 17

1 ἐξειλεγμένα A 5 ἐδίδου F 8 del. Boeckmeijer 10 ἠθέλησεν A 11 τῆς om. A 16 ὁμολογεῖται] ὁμολογεῖτε S 17 πρώτη SF 18 δευτέρα F

ἀναγόμενος διὰ τάχους. καὶ ἀντὶ τῶν ἀπολιπόντων μὲν ναυτῶν ἑτέρους ἐμισθωσάμην ναύτας, δωρεὰς καὶ προδόσεις αὐτοῖς διδοὺς μεγάλας, τοῖς δὲ παραμείνασι τῶν ἀρχαίων ναυτῶν ἔδωκά τι εἰς διοίκησιν τῶν οἰκείων καταλιπεῖν πρὸς ᾧ πρότερον εἶχον, οὐκ ἀγνοῶν τὴν παροῦσαν χρείαν, ὡς ἀναγκαία ἦν ἑκάστῳ. (13) *ἀπορῶν δὲ αὐτὸς ὡς μὰ τὸν Δία καὶ τὸν Ἀπόλλω οὐδεὶς ἄν μοι πιστεύσειεν, ὅστις μὴ ἀληθῶς παρηκολούθηκε τοῖς ἐμοῖς πράγμασιν, ὑποθεὶς τὸ χωρίον Θρασυλόχῳ καὶ Ἀρχένεῳ, καὶ δανεισάμενος τριάκοντα μνᾶς παρ' αὐτῶν καὶ διαδοὺς τοῖς ναύταις, ᾠχόμην ἀναγόμενος, ἵνα μηδὲν ἐλλείποι τῷ δήμῳ ὧν προσέταξε τὸ κατ' ἐμέ. καὶ ὁ δῆμος ἀκούσας ταῦτα ἐπῄνεσέν τέ με, καὶ ἐπὶ δεῖπνον εἰς τὸ πρυτανεῖον ἐκάλεσεν. καὶ ὡς ταῦτ' ἀληθῆ λέγω, τούτων ὑμῖν ἀναγνώσεται τὴν μαρτυρίαν καὶ τὸ ψήφισμα τὸ τοῦ δήμου.*

ΜΑΡΤΥΡΙΑ. ΨΗΦΙΣΜΑ

14. *Ἐπειδὴ τοίνυν εἰς Ἑλλήσποντον ἤλθομεν, καὶ ὅ τε χρόνος ἐξεληλύθει μοι τῆς τριηραρχίας, καὶ μισθὸς οὐκ ἀπεδόθη τοῖς στρατιώταις ἀλλ' ἢ δυοῖν μηνοῖν, ἕτερός τε στρατηγὸς ἧκεν Τιμόμαχος, καὶ οὗτος διαδόχους οὐκ ἄγων ἐπὶ τὰς ναῦς, ἀθυμήσαντές μοι πολλοὶ τοῦ πληρώματος ᾤχοντο λείποντες τὴν ναῦν, οἱ μὲν εἰς τὴν ἤπειρον στρατευσόμενοι, οἱ δ' εἰς τὰς Θασίων καὶ Μαρωνιτῶν ναῦς, μισθῷ μεγάλῳ πεισθέντες καὶ ἀργύριον πολὺ προλαβόντες* (15) *καὶ τὰ μὲν παρ' ἐμοῦ ἐξανηλωμένα ἤδη ὁρῶντες, τὰ δὲ τῆς πόλεως ἀμελῆ, τὰ δὲ τῶν συμμάχων ἄπορα, τὰ δὲ τῶν στρατηγῶν ἄπιστα καὶ ὑπὸ πολλῶν αὖ τῷ λόγῳ ἐξηπατημένοι, καὶ τὸν χρόνον ἐξήκοντα*

1 *ἀντὶ <μὲν>* A *ἀπολειπόντων* S *μὲν ναυτῶν*] *με αὐτῶν* S : *με ναυτῶν* A : *μὲν αὐτῶν* F[a] 4 *ᾧ*] *τῶ* S 7 *μοι*] *ὑμῶν* AF : del. Blass *ἀληθῶς*] *ἀκριβῶς* van Herwerden 8 *ὑποθεὶς <δὲ>* SF 11 *ἐλλίποι* cod. Q *προσετάξατε* SF *τὸ* om. SF 12 *τ' ἐμὲ* F 14 *τὸ* (ante *τοῦ*) om. F 16 *τε* om. F 18 *τε*] *δὲ* A 18–19 *τιμόμαχος ἧκεν* F 20 *μοι*] *οἱ* A- *ἀπολιπόντες* AF 22 *μαρωνητῶν* F 23 *καὶ* - *ἐξηπατημένοι* transp. post 23 *προλαβόντες* Dobree 26 *αὖ τῷ*] *αὐτῶν* A

τῆς τριηραρχίας καὶ τὸν πλοῦν οὐκέτ' ὄντα οἴκαδε, οὐδὲ διάδοχον ἥκοντα ἐπὶ τὴν ναῦν, παρ' οὗ ἄν τις ἠξίωσεν ὠφεληθῆναι. ὅσῳ γὰρ φιλοτιμούμενος ἄμεινον ἐπληρωσάμην τὴν ναῦν ἐρετῶν ἀγαθῶν, τοσούτῳ μοι πλείστη ἀπόλειψις ἐγένετο τῶν ἄλλων τριηράρχων. **(16)** *τοῖς μὲν γὰρ ἄλλοις, εἰ μή τι ἄλλο, οἵ γε ἐκ καταλόγου ἐλθόντες ἐπὶ τὴν ναῦν παρέμενον τηροῦντες τὴν οἴκαδε σωτηρίαν, ὁπότε αὐτοὺς ἀφήσει ὁ στρατηγός· οἱ δ' ἐμοὶ ναῦται πιστεύοντες αὑτοῖς ἐπὶ τῷ δύνασθαι ἐλαύνειν, ὅπου ἤμελλον ἀργύριον πάλιν πλεῖστον λήψεσθαι, ἐνταῦθ' ἀπῇσαν, ἡγούμενοι τὴν ἐν τῷ παρόντι εὐπορίαν κρείττω εἶναι αὑτοῖς τοῦ μέλλοντος φόβου, εἴ ποτε ληφθείησαν ὑπ' ἐμοῦ.* **(17)** *τοιούτων τοίνυν μοι τῶν πραγμάτων συμβεβηκότων, καὶ τοῦ στρατηγοῦ ἅμα Τιμομάχου προστάξαντος πλεῖν ἐφ' Ἱερὸν ἐπὶ τὴν παραπομπὴν τοῦ σίτου καὶ μισθὸν οὐ διδόντος, εἰσαγγελθέντων δὲ ὅτι Βυζάντιοι καὶ Καλχηδόνιοι πάλιν κατάγουσι τὰ πλοῖα καὶ ἀναγκάζουσι τὸν σῖτον ἐξαιρεῖσθαι, δανεισάμενος ἐγὼ ἀργύριον παρ' Ἀρχεδήμου μὲν τοῦ Ἀναφλυστίου πεντεκαίδεκα μνᾶς ἐπίτοκον, ὀκτακοσίας δὲ δραχμὰς παρὰ Νικίππου τοῦ ναυκλήρου ναυτικὸν ἀνειλόμην, ὃς ἔτυχεν ὢν ἐν Σηστῷ, ἐπόγδοον, σωθέντος δὲ τοῦ πλοίου Ἀθήναζε ἀποδοῦναι αὐτὸ καὶ τοὺς τόκους,* **(18)** *καὶ πέμψας Εὐκτήμονα τὸν πεντηκόνταρχον εἰς Λάμψακον, δοὺς αὐτῷ ἀργύριον καὶ γράμματα πρὸς τοὺς ξένους τοῦ πατρὸς τοῦ ἐμοῦ, ἐκέλευσά μοι αὐτὸν ναύτας μισθώσασθαι ὡς ἂν δύνηται ἀρίστους· αὐτὸς δ' ὑπομείνας ἐν Σηστῷ τοῖς τε παραμείνασι τῶν ἀρχαίων ναυτῶν ἔδωκά τι, ὅσον εἶχον, ἐπειδή μοι ὁ χρόνος ἐξῆκε τῆς τριηραρχίας, καὶ ἑτέρους ναύτας ἐντελομίσθους προσέλαβον,*

17 *ἐφ' Ἱερὸν* Harp. ε 174 Sud. ε 3913   *ἐπόγδοον* Harp. ε 124

---

1 *οὐκέτ'*] *οὐκ* AF   4 *ἐρετῶν*] *ἀρετῶν* S   9 *πλεῖστον πάλιν* AF   10 *ἀπέησαν* SAF : corr. Dindorf (1885)   *κρείττων* F   11 *λειφθείησαν* S   13 *ἐφ'*] *ἀφ'* S   15 *χαλκηδόνιοι* SAF : corr. Dindorf   17 *Ἀρχεδήμου*] *χαιρεδήμου* AF[a]   18 *ἐπὶ τόκον* SAF : corr. Schaefer : *ἐπιδεκάτων τόπων* Sauppe   *ἑπτακοσίας* F   20 *ἐπόγδοον*] *ἔτος ὄγδοον* A   25 *τε* om. AF   26 *ὅσον*] *ὁπόσον* F   <*δέ*> *μοι* A

ἐν ὅσῳ ὁ στρατηγὸς τὸν ἀνάπλουν τὸν ἐφ' Ἱερὸν παρεσκευάζετο. **(19)** ἐπειδὴ δ' ὅ τε Εὐκτήμων ἧκεν ἐκ τῆς Λαμψάκου ἄγων τοὺς ναύτας οὓς ἐμισθώσατο, καὶ ὁ στρατηγὸς παρήγγειλεν ἀνάγεσθαι, τῷ μὲν Εὐκτήμονι ἀσθενῆσαι ἐξαίφνης συνέβη, καὶ πάνυ πονήρως διετέθη· τούτῳ μὲν οὖν ἀποδοὺς τὸν μισθὸν καὶ ἐφόδια προσθεὶς ἀπέπεμψα οἴκαδε· αὐτὸς δὲ πεντηκόνταρχον ἕτερον λαβὼν ἀνηγόμην ἐπὶ τὴν παραπομπὴν τοῦ σίτου, καὶ ἐκεῖ περιέμεινα πέντε καὶ τετταράκοντα ἡμεράς, ἕως ὁ ἔκπλους τῶν πλοίων τῶν μετ' Ἀρκτοῦρον ἐκ τοῦ Πόντου ἐγένετο. **(20)** ἀφικόμενος δὲ εἰς Σηστὸν ἐγὼ μὲν ᾤμην οἴκαδε καταπλεύσεσθαι, τοῦ τε χρόνου μοι ἐξήκοντος καὶ ἐπιτετριηραρχημένων ἤδη μοι δυοῖν μηνοῖν καὶ διαδόχου οὐχ ἥκοντος ἐπὶ τὴν ναῦν· ὁ δὲ στρατηγὸς Τιμόμαχος, ἀφικομένων ὡς αὐτὸν πρέσβεων Μαρωνιτῶν καὶ δεομένων αὑτοῖς τὰ πλοῖα παραπέμψαι τὰ σιτηγά, προσέταξεν ἡμῖν τοῖς τριηράρχοις ἀναδησαμένοις τὰ πλοῖα ἕλκειν εἰς Μαρώνειαν, πλοῦν καὶ πολὺν καὶ πελάγιον. **(21)** καὶ ταῦτα ὑμῖν διὰ τοῦτο ἅπαντα διηγησάμην ἐξ ἀρχῆς, ἵνα εἰδῆτε ὅσα ἀνηλωκὼς αὐτὸς καὶ ἡλίκης μοι γεγενημένης τῆς λειτουργίας ὕστερον ὅσα ἀναλώματα ὑπὲρ τούτου ἀνήλωσα ἐπιτριηραρχῶν, οὐχ ἥκοντος τούτου ἐπὶ τὴν ναῦν, καὶ κινδύνους ὅσους ἐκινδύνευσα αὐτὸς πρός τε χειμῶνα καὶ πολεμίους. μετὰ γὰρ τὴν παραπομπὴν τῶν πλοίων τῶν εἰς Μαρώνειαν καὶ τὴν ἄφιξιν τὴν εἰς Θάσον, ἀφικόμενος παρέπεμπε πάλιν ὁ Τιμόμαχος μετὰ τῶν Θασίων εἰς {τὴν} Στρύμην σῖτον καὶ πελταστάς, ὡς παραληψόμενος αὐτὸς τὸ χωρίον. **(22)** παραταξαμένων δὲ Μαρωνιτῶν ἡμῖν ταῖς ναυσὶν ὑπὲρ τοῦ χωρίου

20 *Μαρωνιτῶν* Harp. μ 7 **21** *Στρύμην* Harp. σ 49

1 ἀπόπλουν A ἐφ'] ἀφ' S 4 ἀνήγγειλεν S 7 λαβον S 9 <τε> πλοίων A 11 οἴκαδε] ὧδε A καταπλευσεῖσθαι SF 12 μοι ἤδη A 17 μαρωνίαν (hic et 23) S 18 διὰ - ἅπαντα om. S τοῦτο Rennie : ταῦτα SAF 20 ἀνήλωσα] ἐποίησα A 22 χειμῶνας AF <πρὸς> πολεμίους SF 23 τῶν εἰς] τὴν εἰς Reiske 24–5 ὁ τιμόμαχος παρέπεμπε πάλιν A 25 del. Blass στρύμνην A 26 αὐτὸ A

τούτου καὶ μελλόντων ναυμαχήσειν, καὶ τῶν στρατιωτῶν ἀπειρηκότων, πλοῦν πολὺν πεπλευκότων καὶ πλοῖα ἑλκόντων ἐκ Θάσου εἰς Στρύμην, ἔτι δὲ χειμῶνος ὄντος καὶ τοῦ χωρίου ἀλιμένου, καὶ ἐκβῆναι οὐκ ὂν οὐδὲ δειπνοποιήσασθαι πολεμίας τῆς χώρας οὔσης καὶ περικαθημένων κύκλῳ τὸ τεῖχος καὶ ξένων μισθοφόρων καὶ βαρβάρων προσοίκων, ἀναγκαῖον ἦν ἐπ' ἀγκύρας ἀποσαλεύειν τὴν νύκτα μετεώρους, ἀσίτους καὶ ἀγρύπνους, φυλαττομένους μὴ τῆς νυκτὸς ἡμῖν ἐπιθῶνται αἱ Μαρωνιτῶν τριήρεις. (23) *ἔτι δὲ συνέβη τῆς νυκτὸς ὥρᾳ ἔτους ὕδωρ καὶ βροντὰς καὶ ἄνεμον μέγαν γενέσθαι (ὑπ' αὐτὰς γὰρ Πλειάδων δύσεις οἱ χρόνοι οὗτοι ἦσαν), ἐξ ὧν τίνα οὐκ οἴεσθε, ὦ ἄνδρες δικασταί, τοῖς στρατιώταις ἀθυμίαν ἐμπεσεῖν; πόσην δέ μοι μετὰ ταῦτα ἀπόλειψιν γενέσθαι πάλιν, τῶν ἀρχαίων ναυτῶν ταλαιπωρουμένων μὲν πολλά, ὠφελουμένων δὲ βραχέα, ὅσα ἐγὼ δυναίμην ἑκάστῳ δανειζόμενος ἐπαρκέσαι πρὸς ᾧ πρότερον εἶχον παρ' ἐμοῦ, ἐπεὶ ὅ γε στρατηγὸς οὐδὲ τὸ ἐφ' ἡμέραν αὐτοῖς τροφὴν διαρκῆ ἐδίδου. καὶ ἤδη τρεῖς μῆνες ἐπετετριηράρχητό μοι, καὶ οὐδέπω οὗτος ἧκεν ἐπὶ τὴν ναῦν, ἀλλ' ἐμισθούμην ναύτας ἀντὶ τῶν ἀπολιπόντων, δανειζόμενος ἀργύριον.*

24. *Μόνῳ τοίνυν τούτῳ τῶν ἄλλων διαδόχων οὐκ ἔστι πρόφασις ὑπολειπομένη, δι' ὅ τι οὐ πάλαι ἧκεν ἐπὶ τὴν ναῦν. ὁ γὰρ Εὐκτήμων ὁ πεντηκόνταρχος, ὡς ἐκ τοῦ Ἑλλησπόντου ἀπεστάλη οἴκαδε ἀσθενήσας, ἐπειδὴ κατέπλευσε καὶ ἤκουσε τοῦτον ἐμοὶ διάδοχον καθεστηκότα, εἰδὼς τόν τε χρόνον ἐξήκοντά μοι τῆς τριηραρχίας καὶ ἤδη ἐπιτριηραρχοῦντά με, παραλαβὼν Δεινίαν τὸν κηδεστὴν τὸν ἐμὸν προσέρχεται αὐτῷ*

2 *καὶ πλοῖα ἑλκόντων* om. S   3 *στρύμνην* A   4 *ἀλιμένου*] *διοιμένου* A   *ὂν*] *ἦν* A   6 *καὶ*[1] om. A   8 *ἐπίθωνται* F   9 *ἔτι*] *ἐπεὶ* SF   10 *ἔτους*] *ἐπ' αὐτοὺς* A   11 *γὰρ* <*τὰς*> A   *πληιάδων* A   15 *ὀφελουμένων* S   17 *οὐδὲ*] *οὔτε* F   *τὸ*] *τὴν* F   20 *ἀπολειπόντων* S   25 *καθεστηκότα* om. A

ἐν τῷ δείγματι, καὶ ἐκέλευεν αὐτὸν ὡς τάχιστα ἐπὶ τὴν ναῦν ἀποπλεῖν, ὡς τῶν ἀναλωμάτων πολλῶν ὄντων ἃ καθ' ἡμέραν ἑκάστην πρὸς τῷ παρὰ τοῦ στρατηγοῦ σιτηρεσίῳ εἰς τὴν ναῦν διδομένῳ ἀνηλίσκετο, **(25)** καθ' ἕκαστον αὐτῷ διεξιὼν τούς τε μισθοὺς τοὺς τῇ ὑπηρεσίᾳ καὶ τοῖς ἐπιβάταις κατὰ μῆνα διδομένους, τοῖς τε ναύταις οὓς αὐτὸς ἐκ τῆς Λαμψάκου ἐμισθώσατο, καὶ τοῖς ὕστερον ἐπεμβᾶσιν ἀντὶ τῶν ἀπολιπόντων, ἔτι δὲ ὃ τῶν ἀρχαίων ναυτῶν ἑκάστῳ προσέθηκα δεηθέντι, ἐπειδή μοι ὁ χρόνος ἐξῆκε τῆς τριηραρχίας, καὶ τἄλλα ὅσα ἦν τὰ καθ' ἡμέραν ἑκάστην ἀναλισκόμενα εἰς τὴν ναῦν, οὐκ ἀπείρως ἔχων· διὰ γὰρ ἐκείνου πεντηκονταρχοῦντος καὶ ἠγοράζετο καὶ ἀνηλίσκετο. **(26)** καὶ περὶ τῶν σκευῶν ἔφραζεν αὐτῷ ὅτι ἴδια ἔχοιμι καὶ δημόσιον οὐδέν· 'ὡς οὖν', ἔφη, '{ἢ} πείσων ἐκεῖνον διανοοῦ, ἢ σκεύη ἔχων σαυτῷ ἀνάπλει. οἶμαι δέ σοι', ἔφη, 'αὐτὸν οὐδὲν διοίσεσθαι· ὀφείλει γὰρ ἀργύριον ἐκεῖ, ὃ διαλῦσαι βουλήσεται ἐκ τῆς τιμῆς τῶν σκευῶν.' ἀκούσας δ' οὗτος ταῦτα τοῦ τ' Εὐκτήμονος καὶ τοῦ Δεινίου τοῦ κηδεστοῦ τοῦ ἐμοῦ, περὶ μὲν ὧν ἔλεγον αὐτῷ οὐδὲν αὐτοῖς ἀποκρίνεται, γελάσαντα δ' ἔφασαν αὐτὸν εἰπεῖν 'ἄρτι μῦς πίττης γεύεται· ἐβούλετο γὰρ Ἀθηναῖος εἶναι'. **(27)** ἐπειδὴ τοίνυν τοῦ Εὐκτήμονος καὶ τοῦ Δεινίου ἀκούσας οὐδὲν ἐφρόντιζε, πάλιν αὐτῷ προσέρχονται ὕστερον Πυθόδωρός τε ὁ Ἀχαρνεὺς καὶ Ἀπολλόδωρος ὁ Λευκονοεύς, ἐπιτήδειοι ὄντες ἐμοὶ καὶ φίλοι, καὶ ἐκέλευον αὐτὸν ἐπί τε τὴν ναῦν ἀπιέναι ὡς διάδοχον ὄντα, καὶ περὶ τῶν σκευῶν ἔφραζον αὐτῷ, ὅτι ἴδια ἔχοιμι ἅπαντα καὶ δημόσιον οὐδέν· **(28)** 'εἰ μὲν οὖν ἐκείνοις ἐθέλεις χρῆσθαι, κατάλιπε' ἔφασαν 'ἀργύριον αὐτοῦ, καὶ μὴ

24 δείγματι Harp. δ 9 ἐπὶ τ]ὴν–25 ἐκ Λαμψ]άκου Π 29816b σιτηρεσίῳ Harp. σ 17 **25** πεντηκονταρχοῦντος Harp. π 49

1 ἐκέλευσεν S[a] 2 ἃ om. F[a] 2–3 ἑκάστην ἡμέραν F 7 ἀπολειπόντων S 8 ὃ om. cod. D 9 μου S 14 del. Rennie 22 ἐφρόντισε A 23 ὁ[1] om. A : ὁ <τε> F ὁ[2] om. AF 27 θέλεις S[a] : ἐθέλει F χρήσασθαι A κατάλειπε A

διακινδύνευε ἐκεῖσε ἄγων, ἵνα λύσωνταί μοι τὸ χωρίον, ἀποδόντες Ἀρχένεῳ καὶ Θρασυλόχῳ <τὰς> τριάκοντα μνᾶς. περὶ δ᾽ ἀποτριβῆς τῶν σκευῶν, ἤθελον αὐτῷ γράμματα γράφειν, καὶ ἐγγυηταὶ αὐτοὶ γίγνεσθαι ὑπὲρ ἐμοῦ ἦ μὴν ἔσεσθαι αὐτῷ ὅ τι ἂν καὶ τοῖς ἄλλοις τριηράρχοις πρὸς τοὺς διαδόχους ᾖ. ὡς οὖν πάντα ταῦτ᾽ ἀληθῆ λέγω, τούτων ὑμῖν ἀναγνώσεται τὰς μαρτυρίας.

ΜΑΡΤΥΡΙΑΙ

29. *Ἐκ πολλῶν μὲν τοίνυν τεκμηρίων οἶμαι ὑμῖν ἐπιδείξειν Πολυκλέα ὅτι οὔτε αὐτόθεν διενοεῖτο παραλαμβάνειν παρ᾽ ἐμοῦ τὴν ναῦν, οὔτε, ἐπειδὴ ὑφ᾽ ὑμῶν καὶ τοῦ ψηφίσματος τοῦ ὑμετέρου ἠναγκάσθη ἐπὶ τὴν ναῦν ἀπιέναι, ἐλθὼν ἠθέλησέ μοι διαδέξασθαι αὐτήν. οὗτος γὰρ ἐπειδὴ ἀφίκετο εἰς Θάσον ἤδη μου τέταρτον μῆνα ἐπιτριηραρχοῦντος, παραλαβὼν ἐγὼ μάρτυρας τῶν τε πολιτῶν ὡς ἐδυνάμην πλείστους καὶ τοὺς ἐπιβάτας καὶ τὴν ὑπηρεσίαν προσέρχομαι αὐτῷ ἐν Θάσῳ ἐν τῇ ἀγορᾷ, καὶ ἐκέλευον αὐτὸν τήν τε ναῦν παραλαμβάνειν παρ᾽ ἐμοῦ ὡς διάδοχον ὄντα, καὶ τοῦ ἐπιτετριηραρχημένου χρόνου ἀποδιδόναι μοι τἀναλώματα.* (30) *λογίσασθαι δ᾽ ἤθελον αὐτῷ καθ᾽ ἕκαστον, ἕως μοι μάρτυρες παρῆσαν τῶν ἀνηλωμένων οἵ τε ναῦται καὶ οἱ ἐπιβάται καὶ ἡ ὑπηρεσία, ἵν᾽ εἴ τι ἀντιλέγοι εὐθὺς ἐξελέγχοιμι. οὕτω γάρ μοι ἀκριβῶς ἐγέγραπτο, ὥστ᾽ οὐ μόνον αὐτά μοι τἀναλώματα ἐγέγραπτο, ἀλλὰ καὶ ὅποι ἀνηλώθη καὶ ὅ τι ποιούντων, καὶ ἡ τιμὴ τίς ἦν καὶ νόμισμα ποδαπόν, καὶ ὁπόσου ἡ καταλλαγὴ ἦν τῷ ἀργυρίῳ, ἵν᾽ εἴη ἀκριβῶς ἐξελέγξαι με τῷ διαδόχῳ, εἴ τι ἡγοῖτο ψεῦδος αὐτῷ λογίζεσθαι.* (31) *ἔτι δὲ καὶ πίστιν αὐτῷ ἐπιθεὶς ἠθέλησα*

1 *μοι λύσωνται* F 2 add. Bockmeijer 4 *αὐτοὶ*] *οὗτοι* A 6 *ᾖ* om. A *πάντα* om. F *ταῦτ᾽* om. S 17 *αὐτὸν*] *αὐτῷ* F 20 <*οἱ*> *μάρτυρες* A 24 *ὅ τι*] *τί* A *τιμὴ* <*καὶ ὁπόσου*> F 25 *ὁποδαπόν* A <*ἐκ*> *πόσου* A 27 *ἐπιτιθεὶς* A

λογίσασθαι τὰ ἀνηλωμένα. προκαλουμένου δέ μου ταῦτα, ἀπεκρίνατό μοι ὅτι οὐδὲν αὐτῷ μέλοι ὧν λέγοιμι. ἐν δὲ τούτῳ ὑπηρέτης ἥκων παρὰ τοῦ στρατηγοῦ ἐμοὶ παρήγγελλεν ἀνάγεσθαι, οὐ τούτῳ τῷ διαδόχῳ, οὗ ἡ λειτουργία ἤδη ἐγίγνετο· τούτου δὲ τὸ αἴτιον ἐγὼ ὑμᾶς προϊόντος τοῦ λόγου διδάξω. τότε μὲν οὖν μοι ἐδόκει ἀνάγεσθαι καὶ πλεῖν οἷ ἐκέλευεν· (32) ἐπειδὴ δὲ κατέπλευσα πάλιν εἰς Θάσον, ἑλκύσας τὰ πλοῖα εἰς Στρύμην, οἷ προσέταξεν ὁ στρατηγός, κελεύσας τοὺς ναύτας ἐν τῇ νηῒ μένειν καὶ τοὺς ἐπιβάτας καὶ τὴν ὑπηρεσίαν, ἐκβὰς αὐτὸς πορεύομαι ἐπὶ τὴν οἰκίαν οὗ κατήγετο Τιμόμαχος ὁ στρατηγός, βουλόμενος κἀκείνου ἐναντίον παραδιδόναι τὴν ναῦν Πολυκλεῖ τουτῳὶ πλήρη. (33) καταλαμβάνω οὖν καὶ τοῦτον ἐκεῖ καὶ τοὺς τριηράρχους καὶ τοὺς διαδόχους καὶ ἄλλους τινὰς τῶν πολιτῶν, καὶ εἰσελθὼν εὐθὺς ἐναντίον τοῦ στρατηγοῦ λόγους πρὸς αὐτὸν ἐποιούμην, καὶ ἠξίουν αὐτὸν τήν τε ναῦν μοι παραλαμβάνειν καὶ τοῦ ἐπιτετριηραρχημένου χρόνου ἀποδιδόναι μοι τἀναλώματα, καὶ περὶ τῶν σκευῶν ἠρώτων αὐτόν, πότερα παραλήψεται ἢ ἴδια σκεύη ἔχων ἥκοι ἐπὶ τὴν ναῦν. (34) ταῦτα δέ μου προκαλουμένου αὐτόν, ἠρώτα με δι' ὅ τι σκεύη τε ἴδια μόνος ἔχοιμι τῶν τριηράρχων, καὶ πότερα ἡ πόλις οὐκ εἰδείη τινὰς δυναμένους σκεύη παρασχεῖν ταῖς ναυσίν, ὥστε αὐτὴ μὴ παρέχειν. 'ἢ σὺ τοσοῦτον' ἔφη 'ὑπερπέπαικας πλούτῳ τοὺς ἄλλους, ὥστε καὶ σκεύη ἴδια ἔχειν καὶ κόσμον χρυσόπαστον μόνος τῶν τριηράρχων; (35) τίς ἂν οὖν δύναιτ'' ἔφη 'τὴν σὴν μανίαν καὶ πολυτέλειαν ὑπομεῖναι, διεφθαρμένον μὲν πλήρωμα καὶ εἰωθὸς ἀργύριον πολὺ προλαμβάνειν καὶ ἀτελείας ἄγειν τῶν νομιζομένων ἐν τῇ νηῒ λειτουργιῶν καὶ λοῦσθαι ἐν βαλανείῳ,

1 τἀναλώματα A προσκαλουμένου S ταῦτα] αὐτὸν A 2 μέλει F λέγοιμι] λέγε μοι F 7 ἐκέλευον A 8 στρύμνην A 12 <τῷ> πολυκλεῖ A τούτῳ SAF : corr. Cobet 13 τοὺς[2] om. A 14 εὐθὺς om. S[a] 17 ἀποδοῦναι A 19 προκαλεσαμένου A 20 ἔχοιμι μόνος A 21 οὐκ del. Dobree 23 ἔφη om. S 26 μὲν om. F

τρυφῶντας δ' ἐπιβάτας καὶ ὑπηρεσίαν ὑπὸ μισθοῦ πολλοῦ καὶ ἐντελοῦς; κακῶν δ',' ἔφη, 'διδάσκαλος γέγονας ἐν τῷ στρατεύματι, καὶ αἴτιος εἶ μέρος τι καὶ τοῖς ἄλλοις τριηράρχοις πονηροτέρους εἶναι τοὺς στρατιώτας, ζητοῦντας ταὐτὰ τοῖς παρὰ σοί· ἔδει γὰρ σὲ ταὐτὰ ποιεῖν τοῖς ἄλλοις τριηράρχοις.' (36) *λέγοντος δὲ αὐτοῦ ταῦτ', ἀπεκρινάμην αὐτῷ ὅτι σκεύη μὲν διὰ τοῦτο οὐ λάβοιμι ἐκ τοῦ νεωρίου, 'ὅτι σὺ ἀδόκιμα* <*ἂν*> *ποιήσας αὐτά. ἀλλ' εἰ μὲν βούλει, ταῦτα παράλαβε· εἰ δὲ μή, σκεύη σαυτῷ παρασκεύαζε. περὶ δὲ τῶν ναυτῶν καὶ τῶν ἐπιβατῶν καὶ τῆς ὑπηρεσίας, εἰ φὴς ὑπ' ἐμοῦ αὐτοὺς διεφθάρθαι, παραλαβὼν τὴν τριήρη αὐτὸς σαυτῷ κατασκεύασαι καὶ ναύτας καὶ ἐπιβάτας καὶ ὑπηρεσίαν, οἵτινές σοι μηδὲν λαβόντες συμπλεύσονται. τὴν δὲ ναῦν παράλαβε· οὐ γὰρ ἔτι μοι προσήκει τριηραρχεῖν· ὅ τε γὰρ χρόνος ἐξήκει μοι τῆς τριηραρχίας, καὶ ἐπιτετριηράρχηκα τέτταρας μῆνας.'* (37) *λέγοντος δέ μου ταῦτα, ἀποκρίνεταί μοι ὅτι ὁ συντριήραρχος αὐτῷ οὐχ ἥκοι ἐπὶ τὴν ναῦν· 'οὔκουν παραλήψομαι μόνος τὴν τριήρη.'*

Ὡς οὖν ἀληθῆ ταῦτα λέγω πρὸς ὑμᾶς, καὶ ἐν μὲν τῇ ἀγορᾷ ἀπεκρίνατό μοι τὰ πρότερον, ὅτι οὐδὲν αὐτῷ μέλοι ὧν λέγοιμι, ἐν δὲ τῇ οἰκίᾳ οὗ ὁ Τιμόμαχος κατήγετο, ὅτι μόνος οὐ παραλήψεται τὴν ναῦν, τούτων ὑμῖν ἀναγνώσεται τὰς μαρτυρίας.

ΜΑΡΤΥΡΙΑΙ

38. *Μετὰ ταῦτα τοίνυν, ὦ ἄνδρες δικασταί, ὡς οὔτε οὗτος ἤθελέ μοι τὴν ναῦν διαδέχεσθαι, οὔτε τ' ἀναλώματα ἀπεδίδου τοῦ ἐπιτετριηραρχημένου χρόνου, ὅ τε στρατηγὸς προσέταττέ μοι ἀνάγεσθαι, προσελθὼν αὐτῷ ἐν Θάσῳ ἐν τῷ λιμένι*

1 *δ'*] *τ'* A 4 <*τοῦ*> *πονηροτέρους* A 8 <*ἂν*> *ποιήσας* Robertson: *ἐποίησας* SA[F] 11 *αὐτοὺς*] *αὐτὸς* S *ἑαυτῷ* F 13 *σοι*] *ποι* A : om. F 14 *προσήκει* A 15 *τεσσαρας* S 17 *παραληψόμενος* (*μόνος* om.) A 19 *λέγω ταῦτα* F 21 *οὗ*] *ἐν ᾗ* A 22 *τοὺς μάρτυρας* A 27 *ἐπέταττέ* SF

ἐναντίον τοῦ στρατηγοῦ, πλήρους οὔσης τῆς τριήρους, ἔλεγον ἃ δίκαια μὲν οὐκ ἦν, ἀλλὰ πλεονεκτήματα τούτου, ἀναγκαῖα δέ μοι ἐκ τῶν παρόντων εἰπεῖν, (39) *'ἐπειδή σοι φής, ὦ Πολύκλεις, τὸν συντριήραρχον οὐχ ἥκειν, τοῦ μὲν ἐπιτετριηραρχημένου χρόνου ἐκεῖνον ἐγὼ πράξομαι τὰ ἀναλώματ', ἂν δύνωμαι, τῶν τεττάρων μηνῶν· σὺ δὲ παραλαβὼν τὴν ναῦν πρῶτον μὲν τὸν ὑπὲρ σεαυτοῦ χρόνον τριηράρχησον, τοὺς ἓξ μῆνας· ἔπειτ' ἐὰν μέν σοι ἔλθῃ ἐν τούτῳ ὁ συντριήραρχος, ἐκείνῳ παραδώσεις λειτουργήσας, ἐὰν δὲ μή, οὐδὲν δεινὸν πείσει δύο μῆνας ἐπιτριηραρχήσας.* (40) *ἢ ἐγὼ μὲν ὁ τόν τε ὑπὲρ ἐμαυτοῦ χρόνον καὶ τοῦ συντριηράρχου λελειτουργηκὼς ἐπετριηράρχησα ὑπὲρ ὑμῶν, σὺ δ' οὐδὲν ἀνηλωκὼς οὐκ ἀξιοῖς οὐδὲ τὸν ὑπὲρ σεαυτοῦ χρόνον, παραλαβὼν τὴν ναῦν, λειτουργῆσαι, οὐδὲ τὰ ἀναλώματ' ἀποδοῦναι;' λέγοντος δέ μου ταῦτα, ἀπεκρίνατό μοι ὅτι μύθους λέγοιμι. ὁ δὲ στρατηγὸς ἐμβαίνειν με ἐκέλευεν εἰς τὴν ναῦν καὶ ἀνάγεσθαι μεθ' ἑαυτοῦ. ὡς οὖν ταῦτ' ἀπεκρίνατο, ἀνάγνωθί μοι τὴν μαρτυρίαν.*

ΜΑΡΤΥΡΙΑ

41. *Βούλομαι δ' ὑμῖν καὶ τεκμήριόν τι εἰπεῖν, ἵν' εἰδῆθ' ὅτι περιφανῶς ἠδίκημαι. Ἁγνίᾳ γὰρ καὶ Πραξικλεῖ ὑπὸ τὸν αὐτὸν χρόνον κατέστησαν διάδοχοι Μνησίλοχός τε ὁ Περιθοίδης καὶ Φρασιηρίδης ὁ Ἀναφλύστιος. οὐκ ἀφικομένου δὲ τοῦ Φρασιηρίδου ἐπὶ τὴν ναῦν, ὁ Μνησίλοχος ἐλθὼν εἰς τὴν Θάσον παρέλαβέ τε παρὰ τοῦ Ἁγνίου τὴν τριήρη,* (42) *καὶ τὸ ἐπιτριηράρχημα ἀπέδωκε τῷ Ἁγνίᾳ τοῦ χρόνου οὗ ἐπανήλωσεν ὑπὲρ αὐτῶν, ὅσον ἔπεισεν, καὶ τὰ σκεύη παρὰ τοῦ Ἁγνίου ἐμισθώσατο, καὶ αὐτὸς ἐτριηράρχει. ὕστερον δ' οἱ παρὰ τοῦ Φρασιηρίδου ἐλθόντες τῶν τε ἀνηλωμένων τὸ μέρος ἀπέδοσαν*

3 *εἰπεῖν*] *ποιεῖν* A *σοι*] *σὺ* A 5 *ἐγὼ ἐκεῖνον* F 12 *οὐκ*] *οὐδ'* S 13 *λειτουργήσας* S 22 *φρασικρίδης* . . . *φρασικρίδου* F *αναφαυστιος* S *ἀφικνουμένου* A 24 *τὸ* om. S 25 *ἐπανάλωσεν* A 27–8 *παρὰ* . . . *ἐλθόντος* (*οἱ* om.) SF

τῷ Μνησιλόχῳ, καὶ τοῦ λοιποῦ χρόνου ὅσα ἐδεῖτο εἰς τὴν ναῦν συνανήλισκον. καί μοι τούτων ἀνάγνωθι τὴν μαρτυρίαν.

ΜΑΡΤΥΡΙΑ

43. Ἴσως οὖν, ὦ ἄνδρες δικασταί, ποθεῖτε ἀκοῦσαι, διὰ τί ποτε ὁ στρατηγὸς οὐκ ἠνάγκαζε τοῦτον παραλαμβάνειν τὴν ναῦν, διάδοχον ἥκοντα ἐπ᾽ αὐτήν, τῶν νόμων οὕτως ἰσχυρῶν ὄντων. περὶ δὴ τούτων βούλομαι ὑμᾶς σαφῶς διδάξαι τὸ αἴτιον. Τιμόμαχος γάρ, ὦ ἄνδρες δικασταί, πρῶτον μὲν ἐβούλετο εὖ κατεσκευασμένῃ τῇ τριήρει πρὸς ἅπαντα χρῆσθαι. (44) ᾔδειν οὖν ὅτι οὗτος μὲν παραλαβὼν αὐτὴν κακῶς ἤμελλε τριηραρχήσειν· οὔτε γὰρ τῷ τριηραρχήματι οὔτε τοῖς ἐπιβάταις καὶ τῇ ὑπηρεσίᾳ χρήσοιτο· οὐδεὶς γὰρ αὐτῷ παραμενεῖ. ἔτι δὲ πρὸς τούτοις, ὁπότε μὴ διδοὺς ἀργύριον προστάττοι πλεῖν, οὐκ ἤμελλεν αὐτῷ ἀνάξεσθαι ὥσπερ ἐγώ, ἀλλὰ πράγματα παρέξειν. πρὸς δὲ τούτῳ δανείζεται παρ᾽ αὐτοῦ τριάκοντα μνᾶς, ὥστε μὴ ἀναγκάσαι παραλαβεῖν τὴν ναῦν.

45. Ἐξ ὧν δὲ μάλιστά μοι ὀργισθεὶς ἐπηρέαζε καὶ οὐδὲ λόγον ἑκάστοτε ἐδίδου οὐδὲ περὶ ἑνός, βούλομαι ὑμῖν σαφῶς διηγήσασθαι, ἵν᾽ εἰδῆτε ὅτι οὐ περὶ πλείονος ἐποιούμην οὔτε τὴν ἐμαυτοῦ ῥᾳστώνην ἐν ἐκείνῳ τῷ χρόνῳ οὔτε τὴν ἐκείνου ῥώμην τοῦ δήμου τοῦ Ἀθηναίων καὶ τῶν νόμων, ἀλλ᾽ ἠνειχόμην καὶ ἔργῳ ἀδικούμενος καὶ λόγῳ προπηλακιζόμενος, ἃ πολλῷ μοι βαρύτερα ἦν τῶν ἀναλωμάτων. (46) ὡς γὰρ ἐν Θάσῳ διατριβαὶ τοῦ ναυτικοῦ ἐγίγνοντο, ἀφικνεῖται ἐκ Μεθώνης τῆς Μακεδονίας ὑπηρετικὸν εἰς Θάσον ἄγον ἄνδρα καὶ ἐπιστολὰς παρὰ Καλλιστράτου ὡς Τιμόμαχον, ἐν αἷς ἦν,

44 τριηραρχήματι Harp. τ 26 Lex. Vind. 173.14

2 συναναλισκον S^a 5 τότε F 9 ἐγκατασκευασμένῃ (εὖ om.) A 10 ᾔδει AF μὲν om. F^a 11 ἐπιτριηραρχήματι A : πληρώματι Reiske 12 χρήσαιτο A 13 παραμένει AF 18 δὲ om. SF μοι μάλιστα AF 22 τοῦ² Dindorf : τῶν SAF 27 ἐνῆν A

ὡς ὕστερον ἐγὼ ταῦτ' ἐπυθόμην, ἀποπέμψαι αὐτῷ τριήρη τὴν ἄριστα πλέουσαν, ἵν' ἀφίκηται ὡς αὐτόν. εὐθὺς οὖν τῇ ὑστεραίᾳ ἅμα τῇ ἡμέρᾳ ὁ ὑπηρέτης ἐλθὼν ἐκέλευέ με καλεῖν εἰς τὴν ναῦν τοὺς ναύτας. **(47)** ἐπεὶ δὲ πλήρης ἦν, ἀναβαίνει Κάλλιππος ὁ Φίλωνος ὁ Αἰξωνεύς, καὶ φράζει πρὸς τὸν κυβερνήτην τὸν ἐπὶ Μακεδονίας πλοῦν πλεῖν. ἐπειδὴ δ' ἀφικόμεθα εἰς χωρίον τι ἐν τῇ ἀπαντικρὺ ἠπείρῳ, Θασίων ἐμπόριον, καὶ ἐκβάντες ἠριστοποιούμεθα, προσέρχεταί μοι τῶν ναυτῶν Καλλικλῆς Ἐπιτρέφους Θριάσιος, λέγων ὅτι βούλοιτό μοι διαλεχθῆναι ἐμόν τι πρᾶγμα. κελεύσαντος δέ μου, λέγει ὅτι βούλοιτό μοι χάριν ἀποδοῦναι καθ' ὅ τι δύναται ὧν αὐτῷ ἀπορηθέντι ἔδωκα· **(48)** 'σὺ οὖν', ἔφη, 'τὸν πλοῦν τοῦτον οἶσθα ἐφ' ὅ τι πλεῖς ἢ ποῖ;' ἀποκριναμένου δέ μου ὅτι οὐκ εἰδείην, 'ἀλλ' ἐγώ σοι', ἔφη, 'ἐρῶ· δεῖ γάρ σε ἀκούσαντα ὀρθῶς βουλεύσασθαι. μέλλεις γάρ', ἔφη, 'ἄγειν ἄνδρα φυγάδα, οὗ Ἀθηναῖοι θάνατον δὶς κατεψηφίσαντο, Καλλίστρατον ἐκ Μεθώνης εἰς Θάσον ὡς Τιμόμαχον τὸν κηδεστήν, ὡς ἐγώ', ἔφη, 'πέπυσμαι τῶν παίδων τῶν Καλλίππου. σὺ οὖν, ἐὰν σωφρονῇς, οὐδένα τῶν φευγόντων ἐάσεις ἐπὶ τὴν ναῦν ἀναβαίνειν· οὐ γὰρ ἐῶσιν οἱ νόμοι.' **(49)** ἀκούσας δ' ἐγὼ ταῦτα τοῦ Καλλικλέους προσέρχομαι τῷ Καλλίππῳ, καὶ ἐρωτῶ αὐτὸν ὅποι τε τὸν πλοῦν ποιεῖται καὶ ἐπὶ τίνα. διαχλευάσαντος δ' αὐτοῦ με καὶ ἀπειλήσαντος ἃ οὐδ' ἂν ὑμεῖς ἀγνοήσαιτε (τοῦ γὰρ τρόπου τοῦ Καλλίππου οὐκ ἀπείρως ἔχετε), λέγω αὐτῷ ὅτι 'ἀκούω σε πλεῖν ἐπὶ Καλλίστρατον. ἐγὼ οὖν τῶν φευγόντων οὐδένα ἄξω, οὐδὲ πλεύσομαι ἐπ' αὐτόν· οἱ γὰρ νόμοι οὐκ ἐῶσιν ὑποδέχεσθαι τῶν φευγόντων οὐδένα, ἢ ἐν τοῖς αὐτοῖς κελεύουσιν ἐνέχεσθαι τὸν ὑποδεχόμενον τοὺς

1 ταῦτ'] τούτων Dobree 2 εὐθὺς] ὅτι δ' S : ἔτι δ' A : τότε δ' Sauppe 3 ἐκέλευσε Blass 6 ἐπὶ] τῆς A 7 ἐμπορεῖον S 9 <ὁ> καλλικλῆς F 10 λέγων A 13 ὅποι A μου <αὐτῷ> S : <αὐτῷ> ἐμοῦ F 18 <γ'> οὖν A 19 ἐπὶ] εἰς F 22 ὅπου A 23 ἀγνοήσητε S 25 <δ'> αὐτῷ S 28 κελεύουσιν del. Hirschig

φεύγοντας. ἀποπλεύσομαι οὖν πάλιν ὡς τὸν στρατηγὸν εἰς Θάσον.’ (50) *καὶ ἐπειδὴ ἐνέβησαν οἱ ναῦται, λέγω τῷ κυβερνήτῃ ἀποπλεῖν εἰς τὴν Θάσον. ἀντιλέγοντος δὲ τοῦ Καλλίππου καὶ κελεύοντος πλεῖν εἰς τὴν Μακεδονίαν, οἷ προσέταξεν ὁ στρατηγός, ἀποκρίνεται αὐτῷ Ποσείδιππος ὁ κυβερνήτης ὅτι τριήραρχός τε ἐγὼ τῆς νεὼς εἴην καὶ ὑπεύθυνος, καὶ τὸν μισθὸν παρ’ ἐμοῦ λαμβάνοι· πλεύσοιτο οὖν οἷ ἐγὼ κελεύω, εἰς Θάσον ὡς τὸν στρατηγόν.* (51) *ἀφικομένων δ’ ἡμῶν τῇ ὑστεραίᾳ εἰς τὴν Θάσον, μεταπέμπεταί με ὁ Τιμόμαχος, οὗ κατήγετο ἔξω τείχους. φοβούμενος δ’ ἐγὼ μὴ δεθείην διαβληθεὶς ὑπὸ τοῦ Καλλίππου, αὐτὸς μὲν οὐχ ὑπακούω, ἀλλὰ λέγω τῷ ὑπηρέτῃ ὅτι εἴ τι βούλοιτό μοι διαλέγεσθαι, ἐν τῇ ἀγορᾷ ἔσομαι, τὸν δὲ παῖδα συμπέμπω αὐτῷ, ἵν’ εἴ τί μοι προστάττοι, ἀκούσας ἀπαγγείλαι μοι.* (52) *διὰ μὲν ταύτας τὰς αἰτίας, ὦ ἄνδρες δικασταί, ἃς εἴρηκα πρὸς ὑμᾶς, ὁ Τιμόμαχος οὐκ ἠνάγκαζε παραλαμβάνειν τοῦτον τὴν ναῦν, ἔτι δὲ καὶ βουλόμενος αὐτὸς χρῆσθαι τῇ νηῒ ὡς ἄριστα πλεούσῃ. τὴν μὲν γὰρ {τοῦ} Θρασυλόχου τοῦ Ἀναγυρασίου τριήρη, ἐφ’ ἧς αὐτὸς ἔπλει, τὸν Θρασύλοχον τῷ Καλλίππῳ μισθῶσαι τὴν τριηραρχίαν ἔπεισεν, ἵν’ αὐτοκράτωρ ὢν ὁ Κάλλιππος τῆς νεὼς ἄγοι τὸν Καλλίστρατον· αὐτὸς δ’ ἀναβὰς ἐπὶ τὴν ἐμὴν ναῦν περιέπλει πανταχοῖ, ἕως ἀφίκετο εἰς Ἑλλήσποντον.*

53. *Ἐπειδὴ δ’ οὐκέτι χρεία ἦν αὐτῷ τριήρων, ἐμβιβάσας μοι Λυκῖνον τὸν Παλληνέα ἄρχοντα εἰς τὴν ναῦν, καὶ προστάξας αὐτῷ καθ’ ἡμέραν ἀργύριον διδόναι τοῖς ναύταις, ἀποπλεῖν οἴκαδέ με ἐκέλευσεν. ἐπειδὴ τοίνυν καταπλέοντες οἴκαδε ἦμεν*

1 *ἀποπλευσοῦμαι* SAF : corr. Dindorf 4 *οἷ*] *οὗ* A 5 *ποσίδιππος* A 6 *τε* om. S 7 *λαμβάνει* A 8 *οἷ* om. S[a] *εἰς - στρατηγόν* del. van Herwerden 12 *βούλεταί* AF 14 *ἀπαγγείλῃ* AF[c] 16 *ὁ* om. A 18 del. Blass *θρασυμάχου* A 19 <*πείθει*> *τῷ* F 21 *περιάγοι* SAF : corr. van Herwerden 22 *ἐμὴν* om. A 26 *ἀργύριον*] *μισθὸν* A 27 *ἐμὲ* A *ἐκέλευεν* SAF : corr. Blass

ἐν Τενέδῳ, καὶ οὔτε ὁ Λυκῖνος, ᾧ προσέταξεν ὁ Τιμόμαχος, ἐδίδου τοῖς ναύταις σιτηρέσιον (οὐ γὰρ ἔφη ἔχειν, ἀλλ᾽ ἐκ Μυτιλήνης λήψεσθαι), οἵ τε στρατιῶται εἶχον οὐδὲν ὅτου ἂν ἐπεσιτίσαντο, ἄσιτοι δὲ οὐκ ἂν ἠδύναντο ἐλαύνειν **(54)** *πάλιν παραλαβὼν ἐγὼ μάρτυρας τῶν πολιτῶν, προσελθὼν Πολυκλεῖ τουτῳὶ ἐν Τενέδῳ, ἐκέλευον αὐτὸν τήν τε ναῦν παραλαμβάνειν ὡς διάδοχον ὄντα, καὶ τὸ ἐπιτριηράρχημα ἀποδιδόναι τοῦ χρόνου οὗ ἐπανήλωσα ὑπὲρ τούτου ἐπιτριηραρχῶν, ἵνα μὴ πρόφασις αὐτῷ γένοιτο ἀπολογίας πρὸς ὑμᾶς, ὡς ἐγὼ διὰ τοῦτο οὐκ ἤθελον αὐτῷ παραδοῦναι τὴν ναῦν φιλοτιμούμενος, ἵνα καταπλεύσαιμι οἴκαδε ἐπὶ νεὼς εὖ πλεούσης καὶ ἐνδειξαίμην ὑμῖν τὰ ἀναλώματα.* **(55)** *οὐκ ἐθέλοντος δ᾽ αὐτοῦ παραλαμβάνειν, τῶν δὲ ναυτῶν ἀργύριον αἰτούντων ἵνα ἀγοράσωνται τὰ ἐπιτήδεια, πάλιν αὐτῷ προσέρχομαι μάρτυρας ἔχων, καὶ ἠρώτων αὐτὸν εἰ ἀναπλεύσειεν ἔχων ἀργύριον ὡς διαδεξόμενός μοι τὴν ναῦν, ἢ οὔ. ἀποκριναμένου δ᾽ αὐτοῦ ὅτι ἔχων ἀργύριον ἥκοι, ἐκέλευον αὐτόν μοι δανεῖσαι ὑποθέμενον τὰ σκεύη τῆς νεώς, ἵν᾽ ἔχοιμι διαδοῦναι τοῖς ναύταις καὶ κατακομίσαι τὴν ναῦν, ἐπειδὴ οὐ βούλεται παραλαβεῖν διάδοχος ὤν.* **(56)** *δεομένου δέ μου ταῦτα, ἀπεκρίνατό μοι ὅτι οὐδ᾽ ἀκαρῆ δανείσοι. ἐγὼ μὲν οὖν παρὰ ξένων Τενεδίων τοῦ πατρός, Κλεάνακτος καὶ Ἐπηράτου, ἐδανεισάμην καὶ ἔδωκα τοῖς ναύταις τὸ σιτηρέσιον· διὰ γὰρ τὸ Πασίωνος εἶναι καὶ ἐκεῖνον ἐπεξενῶσθαι πολλοῖς καὶ πιστευθῆναι ἐν τῇ Ἑλλάδι οὐκ ἠπόρουν, ὅπου δεηθείην, δανείσασθαι. ὡς οὖν ταῦτα ἀληθῆ πρὸς ὑμᾶς λέγω, τούτων ὑμῖν τὰς μαρτυρίας παρέξομαι.*

2 *οὐ* - 23 *σιτηρέσιον* hab. A[c] (rec.) : om. A (spatio 17 versuum relicto) 4 *ἐπισιτίσαιντο* SAF : corr. Blass *ἐδύνατο* A 6 *τούτῳ* SAF : corr. Blass 16 *διαδεξάμενός* cod. D 19 *κατακομίσαιμι* S 24 *ἐξενῶσθαι* A[a] 26 *τὰς μαρτυρίας ὑμῖν* F

ΜΑΡΤΥΡΙΑΙ

57. Ὅσων μὲν τοίνυν ὑμῖν ἠδυνάμην τὰς μαρτυρίας παρασχέσθαι τῶν παραγενομένων, ὡς παρεδίδουν τὴν ναῦν Πολυκλεῖ πολλάκις, οὗτος δ' οὐκ ἤθελεν παραλαβεῖν, ἀνέγνωκεν ὑμῖν· ἔτι δὲ καὶ ἐκ τεκμηρίων ἱκανῶν δεδήλωκα ὑμῖν, δι' ὅ τι οὐκ ἤθελεν παραλαβεῖν τὴν ναῦν. βούλομαι δ' ὑμῖν καὶ τὸν νόμον ἀναγνωσθῆναι τὸν περὶ τῶν διαδόχων, ἵν' εἰδῆτε ἡλίκων τῶν ἐπιτιμίων ὄντων, ἐάν τις μὴ διαδέξηται τὴν ναῦν ἐν τῷ χρόνῳ τῷ εἰρημένῳ, κατεφρόνησεν οὐκ ἐμοῦ μόνον, ἀλλὰ καὶ ὑμῶν καὶ τῶν νόμων. (58) καὶ διὰ μὲν τοῦτον πάντα τῇ πόλει ἄπρακτα γέγονεν καὶ τοῖς συμμάχοις· οὔτε γὰρ ἀφίκετο ἐπὶ τὴν ναῦν κατὰ τὸν νόμον, οὔτ' ἐπειδὴ ἦλθεν ἠθέλησε διαδέξασθαι· ἐγὼ δὲ καὶ τὸν ὑπὲρ ἐμαυτοῦ ὑμῖν χρόνον καὶ τὸν ὑπὲρ τοῦ συντριηράρχου ἐλειτούργησα, καὶ ἐπειδὴ ἐξῆλθέ μοι ὁ χρόνος τῆς τριηραρχίας, προστάττοντός μοι τοῦ στρατηγοῦ πλεῖν ἐφ' Ἱερὸν παρέπεμψα τῷ δήμῳ τὸν σῖτον, (59) ἵν' ἔχητε ἄφθονον ὠνεῖσθαι καὶ μηδὲν ὑμῖν <τὸ> κατ' ἐμὲ ἐλλείπηται, καὶ ἄλλα ὅσα ἢ ἐμοὶ ἢ τῇ τριήρει ἐβουλήθη ὁ στρατηγὸς χρῆσθαι, παρέσχον αὐτῷ, οὐ μόνον τὴν οὐσίαν ἀναλίσκων, ἀλλὰ καὶ τῷ σώματι κινδυνεύων συνεπιπλέων, τῶν οἰκείων μοι πραγμάτων τοιούτων συμβεβηκότων ἐν τῷ τότε καιρῷ, ὥστε ὑμᾶς ἂν ἀκούσαντας ἐλεῆσαι. (60) ἡ μέν γε μήτηρ ἔκαμνε καὶ ἐπιθάνατος ἦν ἐμοῦ ἀποδημοῦντος, ὥστε μὴ δύνασθαι {ἂν} ἔτι αὐτὴν βοηθῆσαι τοῖς ἐμοῖς πράγμασιν ἀνηλωμένοις ἀλλ' ἢ βραχέα. ἑκταῖος γὰρ ἥκων ἐτύγχανον, καὶ ἐκείνη ἰδοῦσά με καὶ προσειποῦσα τὴν ψυχὴν ἀφῆκεν, οὐκέτι τῶν ὄντων κυρία οὖσα ὥστε δοῦναι ὅσα ἐβούλετό μοι. πολλάκις δὲ πρότερον μετεπέμπετό με,

3 τῶν] τούτων S   4 ἠθέλησε A   ἀνέγνωμεν SF   13 ὑπὲρ (ante ἐμαυτοῦ) om. A   17 ἔχῃ (-ῃ in rasura) S : ἔχει A   add. Hertlein   22 <ἡμᾶς> ἐλεῆσαι F   24 del. Schaefer   26 προσείπασα SA   28 δὲ <καὶ> F

ἀφικέσθαι δεομένη αὐτόν, εἰ μὴ τῇ τριήρει οἷόν τε εἴη. (61) ἡ δὲ γυνή, ἣν ἐγὼ περὶ πλείστου ποιοῦμαι, ἀσθενῶς διέκειτο πολὺν χρόνον ἐν τῇ ἐμῇ ἀποδημίᾳ· τὰ δὲ παιδία μικρά, ἡ δ' οὐσία ὑπόχρεως· ἡ δὲ γῆ οὐχ ὅπως τινὰ καρπὸν ἤνεγκεν, ἀλλὰ καὶ τὸ ὕδωρ ἐν ἐκείνῳ τῷ ἐνιαυτῷ, ὡς πάντες ἴστε, ἐκ τῶν φρεάτων ἐπέλιπεν, ὥστε μηδὲ λάχανον γενέσθαι ἐν τῷ κήπῳ· οἱ δὲ δεδανεικότες ἧκον ἐπὶ τοὺς τόκους, ἐπειδὴ ὁ ἐνιαυτὸς ἐξῆλθεν, εἰ μή τις ἀποδοίη αὐτοῖς κατὰ τὰς συγγραφάς. (62) ὧν ἀκούοντά με καὶ παρὰ τῶν ἀφικνουμένων λόγῳ, τὰ δὲ καὶ δι' ἐπιστολῶν παρὰ τῶν οἰκείων, τίνα με οἴεσθε ψυχὴν ἔχειν ἢ πόσα δάκρυα ἀφιέναι, τὰ μὲν ἐκλογιζόμενον περὶ τῶν παρόντων, τὰ δὲ καὶ ποθοῦντα ἰδεῖν παιδία καὶ γυναῖκα καὶ μητέρα, ἣν ἐγὼ οὐ πολλὰς ἐλπίδας εἶχον ζῶσαν καταλήψεσθαι; ὧν τί ἥδιόν ἐστιν ἀνθρώπῳ, ἢ τοῦ ἕνεκ' ἄν τις εὔξαιτο τούτων στερηθεὶς ζῆν;

63. Τοιούτων τοίνυν μοι συμβεβηκότων τῶν πραγμάτων, οὐ περὶ πλείονος ἐποιησάμην τὰ ἐμαυτοῦ ἴδια ἢ τὰ ὑμέτερα, ἀλλ' ἡγούμην δεῖν καὶ χρημάτων ἀναλισκομένων κρείττων εἶναι καὶ τῶν οἴκοι ἀμελουμένων καὶ γυναικὸς καὶ μητρὸς νοσούσης, ὥστε μήτε τὴν τάξιν αἰτιᾶσθαί μέ τινα λιπεῖν μήτε τὴν τριήρη τῇ πόλει ἄχρηστον γενέσθαι. (64) ἀνθ' ὧν ἁπάντων νῦν ὑμῶν δέομαι, ὥσπερ ἐγὼ ὑμῖν εὔτακτον καὶ χρήσιμον ἐμαυτὸν παρέσχον, οὕτω καὶ ὑμᾶς νυνὶ περὶ ἐμοῦ πρόνοιαν ποιησαμένους, καὶ ἀναμνησθέντας ἁπάντων ὧν τε διηγησάμην πρὸς ὑμᾶς, τῶν τε μαρτυριῶν ὧν παρεσχόμην καὶ τῶν ψηφισμάτων, βοηθῆσαι μὲν ἐμοὶ ἀδικουμένῳ, τιμωρήσασθαι δ' ὑπὲρ ἡμῶν, εἰσπρᾶξαι δὲ τὰ ὑπὲρ τούτου ἀνηλωμένα. ἢ τίς ἐθελήσει φιλοτιμεῖσθαι πρὸς ὑμᾶς, ὅταν ὁρῶσι μήτε τοῖς

63 οὐ—ὑμέτερα Prisc. II 173.2

6 ἐπέλειπεν A 7 δεδανεικότες δὲ F^{c} 8 ἀποδιδοίη S 13 ζῶσαν <ἂν> A 16 συμβεβηκότων μοι F τῶν om. S 20 αἰτιάσασθαί A 22 νῦν om. A 23 νυνὶ] νῦν AF 24 διηγησαίμην S 27 ὑμῶν <αὐτῶν> Blass 28 ἢ] εἰ SF

χρηστοῖς καὶ εὐτάκτοις χάριν οὖσαν, μήτε τοῖς πονηροῖς καὶ ἀκοσμοῦσιν τιμωρίαν παρ' ὑμῶν; **(65)** ἀναγνώσεται δὲ καὶ τὸν νόμον ὑμῖν καὶ τὰ ἀναλώματα τοῦ χρόνου οὗ ἐπετριηράρχησα ὑπὲρ τούτου, καθ' ἕκαστον, καὶ τοὺς λιπόνεως, ὅσον ἕκαστος ἔχων ἀργύριον ἀπέδρα καὶ ὅπου, ἵνα εἰδῆτε ὅτι οὔτε νῦν πρὸς ὑμᾶς ψεῦδος οὐδὲν λέγω οὔτε ἐν τῷ πρόσθεν χρόνῳ, ἡγοῦμαί τε δεῖν τὸν μὲν ὑπὸ τῶν νόμων χρόνον ὡρισμένον ἀμέμπτως ὑμῖν λειτουργεῖν, τοὺς δὲ καταφρονοῦντας καὶ ὑμῶν καὶ τῶν νόμων καὶ οὐκ ἐθέλοντας πείθεσθαι τοῖς νόμοις ἐξελέγξας ἀδικοῦντας ἐν ὑμῖν τιμωρήσασθαι. **(66)** εὖ δ' ἴστε ὅτι οὐ περὶ τῶν ἐμῶν ἰδίων μᾶλλον τιμωρήσεσθε Πολυκλέα ἢ οὐχ ὑπὲρ ὑμῶν αὐτῶν, οὐδὲ περὶ τῶν παρεληλυθότων τριηράρχων ἐπιμέλειαν ποιήσεσθε μόνον, ἀλλὰ καὶ περὶ τῶν μελλόντων πρόνοιαν, ὥστε μήτε τοὺς λειτουργοῦντας ἀθυμεῖν, μήτε τοὺς διαδόχους καταφρονεῖν τῶν νόμων, ἀλλ' ἀπιέναι ἐπὶ τὰς ναῦς, ὅταν κατασταθῶσιν. ἃ προσήκει ὑμᾶς ἐνθυμηθέντας ὀρθῶς καὶ δικαίως διαγνῶναι περὶ ἁπάντων.

67. Ἡδέως δ' ἂν ὑμῶν πυθοίμην, ὦ ἄνδρες δικασταί, τίν' ἄν ποτε γνώμην περὶ ἐμοῦ εἴχετε, εἰ τοῦ τε χρόνου ἐξήκοντος καὶ τούτου μὴ ἥκοντος ἐπὶ τὴν ναῦν μὴ ἐπετριηράρχησα κελεύοντος τοῦ στρατηγοῦ, ἀλλὰ πλέων ᾠχόμην. ἆρ' οὐκ ἂν ὠργίζεσθέ μοι καὶ ἡγεῖσθε ἂν ἀδικεῖν με; εἰ τοίνυν ἂν ἐμοὶ τότε ὠργίζεσθε, ὅτι οὐκ ἐπετριηράρχησα, πῶς οὐχὶ νῦν προσήκει ὑμᾶς τοῦτον εἰσπρᾶξαί μοι τὰ ἀναλώματα, ἃ ἐγὼ ὑπὲρ τούτου ἀνήλωσα, τὸν οὐ διαδεξάμενον τὴν ναῦν;

68. Ὅτι δ' οὐκ ἐμοὶ μόνῳ οὐ διεδέξατο τὴν ναῦν, ἀλλὰ καὶ πρότερον Εὐριπίδῃ συντριήραρχος ὢν καὶ συνθηκῶν οὐσῶν

66 οὐ—αὐτῶν Prisc. II 172.16

1 τοῖς πονηροῖς καὶ om. A　3 τὸ ἀνάλωμα A　4 τούτου] τοῦ F　λειπόνεως SA　5 ἀργύριον ἔχων A　10 ἐν ὑμῖν ἀδικοῦντας F　14 <διαδόχους> λειτουργοῦντας A　14–15 τοὺς διαδόχους] τούτους A　15 ἐπιέναι A　16 ὅταν] ἐπειδὰν A　21 κελεύσαντος F　22 με del. Blass　23 ὀργίζοισθε F　25 ἀνάλωσα S

αὐτοῖς τοὺς ἕξ μῆνας ἑκάτερον πλεῖν, ἐπειδὴ Εὐριπίδης ἐξέπλευσε καὶ ὁ χρόνος ἐξῆκεν, οὐ διεδέξατο τὴν ναῦν αὐτῷ, ἀναγνώσεται τὴν μαρτυρίαν.

ΜΑΡΤΥΡΙΑ

1 ἕκαστον A ἐπειδὴ <δὲ> A 4 μαρτυρία om. A : <νόμος ἀναλώματα> μαρτυρία Schaefer : <νόμος> Blass Subscriptum in SA προς πολυκλεα περι του τριηραρχηματος (περι] υπερ A), in F προς πολυκλεα περι του επιτριηραρχηματος

LI

ΔΗΜΟΣΘΕΝΟΥΣ ΠΕΡΙ ΤΟΥ ΣΤΕΦΑΝΟΥ ΤΗΣ ΤΡΙΗΡΑΡΧΙΑΣ

1. *Εἰ* μὲν ὅτῳ πλεῖστοι συνείποιεν, ὦ βουλή, τὸ ψήφισμα ἐκέλευε δοῦναι τὸν στέφανον, κἂν ἀνόητος ἦν εἰ λαβεῖν αὐτὸν ἠξίουν, Κηφισοδότου μόνου μοι συνειρηκότος, τούτοις δὲ παμπόλλων. νῦν δὲ τῷ πρώτῳ παρασκευάσαντι τὴν τριήρη τὸν ταμίαν προσέταξεν ὁ δῆμος δοῦναι, πεποίηκα δὲ τοῦτ' ἐγώ· διό φημι δεῖν αὐτὸς στεφανοῦσθαι. (2) θαυμάζω δὲ καὶ τούτων, ὅτι τῆς τριήρους ἀμελήσαντες τοὺς ῥήτορας παρεσκεύασαν, καὶ δοκοῦσί μοι παντὸς διημαρτηκέναι τοῦ πράγματος, καὶ νομίζειν οὐχὶ τοῖς ποιοῦσιν ἃ δεῖ χάριν ὑμᾶς ἔχειν, ἀλλὰ τοῖς φάσκουσιν, οὐ τὸν αὐτὸν τρόπον ἐγνωκότες ὅνπερ ἐγὼ περὶ ὑμῶν. καὶ κατ' αὐτὸ δὴ τοῦτο δικαίως ἂν ἔχοιτε εὐνοϊκωτέρως ἐμοί· φαίνομαι γὰρ βελτίους ὑμᾶς ὑπολαμβάνων ἢ οὗτοι. (3) ἐχρῆν μὲν οὖν, ὦ ἄνδρες Ἀθηναῖοι, καὶ δίκαιον ἦν τοὺς τὸν στέφανον οἰομένους δεῖν παρ' ὑμῶν λαβεῖν αὐτοὺς ἀξίους ἐπιδεικνύναι τούτου, μὴ ἐμὲ κακῶς λέγειν. ἐπειδὴ δὲ τοῦτο παρέντες ἐκεῖνο ποιοῦσιν, ἀμφότερα αὐτοὺς ἐπιδείξω ψευδομένους, ἅ τε αὐτοὺς ἐνεκωμίασαν καὶ ὅσα εἰς ἡμᾶς ἐβλασφήμησαν, ἐξ αὐτῶν τῶν πεπραγμένων ἑκατέροις.

4. Ψήφισμα γὰρ ὑμῶν ποιησαμένων, ὃς ἂν μὴ πρὸ τῆς

1 εἰ–βουλή Caecil. 10.22

---

hanc orationem bis exhibet A, et inter orr. 17 et 43 (A^1) et post or. 50 (A^2)   tit. περι του στεφανου της τριηραρχιας SAF   1 μὲν <οὖν> A^1 ὅτῳ] οὕτως Caecil.   τὸ ψήφισμα om. S   2 ἐκέλευσε F   εἰ] ἢ S^a 6 αὐτὸν A^1 8 πάντες A^2 11 ὅπερ A^2 καὶ - δὴ] διὸ καὶ κατ' αὐτὸ A^1 12 εὐνοϊκώτερον A^1 13 χρὴ A^2 15 λαμβάνειν A^2 19 ἑκάτερος A^1

ἕνης καὶ νέας ἐπὶ χῶμα τὴν ναῦν περιορμίσῃ, δῆσαι καὶ δικαστηρίῳ παραδοῦναι, καὶ ταῦτα κυρωσάντων, ἐγὼ μὲν περιώρμισα <πρῶτος> καὶ στέφανον διὰ ταῦτα παρ᾽ ὑμῶν ἔλαβον, οὗτοι δ᾽ οὐδὲ καθείλκυσαν, ὥστ᾽ ἔνοχοι δεσμῷ γεγόνασιν. πῶς οὖν οὐκ ἀτοπώτατον ἂν διαπράξαισθε ἔργον, εἰ τοὺς καθ᾽ ἑαυτῶν ἐάσαντας τίμημα τοιοῦτον ἐπαχθῆναι, τούτους στεφανώσαντες ὑμεῖς φαίνοισθε; (5) τὰ σκεύη τοίνυν, ὅσα δεῖ παρέχειν τὴν πόλιν τοῖς τριηράρχοις, ἐγὼ μὲν ἐκ τῶν ἰδίων ἀνήλωσα καὶ τῶν δημοσίων ἔλαβον οὐδέν, οὗτοι δ᾽ ὑμετέροις κέχρηνται καὶ τῶν σφετέρων οὐδὲν εἰς ταῦτα προεῖνται. καὶ μὴν οὐδ᾽ ἂν ἐκεῖνό γ᾽ ἔχοιεν εἰπεῖν, ὡς ἀνεπειρῶντο ἐμοῦ πρότεροι· πρὶν γὰρ ἧφθαι μόνον τῆς τριήρους τούτους ἐπεπλήρωτό μοι, καὶ πάντες ἑωρᾶθ᾽ ὑμεῖς ἀναπειρωμένην τὴν ναῦν. (6) ἔτι τοίνυν ὑπηρεσίαν τὴν κρατίστην ἔλαβον, πολλῷ πλεῖστον ἀργύριον δούς. οὗτοι δ᾽ εἰ μὲν εἶχον χεῖρον᾽ ἡμῶν, οὐδὲν ἂν ἦν δεινόν· νῦν δ᾽ οὐδ᾽ ὁποιαντινοῦν μεμίσθωνται, περὶ τοῦ πλείονος ἀντιλέγοντες. καίτοι πῶς εἰσιν δίκαιοι ταῦτα μὲν ὕστερον ἐξαναπληροῦν, νῦν δ᾽ ὡς πρῶτοι παρασκευασάμενοι τὸν στέφανον λαβεῖν;

7. Ἡγοῦμαι τοίνυν, ὅτι μὲν δικαιότατ᾽ ἂν στεφανώσαιτε ἐμέ, καὶ μηδὲν εἰπόντος ἐμοῦ γιγνώσκειν ὑμᾶς· ὅτι δ᾽ οὐκ ἔνεστι μόνοις τούτοις περὶ τοῦ στεφάνου λόγος, τοῦτ᾽ ἐπιδεῖξαι βούλομαι. πόθεν οὖν τοῦτο μάλιστ᾽ ἔσται δῆλον; ἀφ᾽ ὧν αὐτοὶ πεποιήκασιν· σκεψάμενοι γὰρ τὸν ἐξ ἐλαχίστου τριηραρχεῖν βουλόμενον, μεμισθώκασι τὴν λειτουργίαν.

4 *ἐπὶ* Poll. 1.122

---

1 *ἐπὶ*] *περὶ* Poll. *περιωρμήσῃ* SA^{1} 3 *περιώρμησα* SA^{c} add. van Herwerden 4 *οὐδὲ*] *οὐ* SA^{2}F *δεσμῶν* A^{1} : *δεσμοῦ* F^{c} 5 *διαπράξεσθε* A^{1} 8 *ἔδει τὴν πόλιν παρέχειν* A^{1} *ἐγὼ μὲν* om. A^{2} 10 <*τοῖς*> *ὑμετέροις* A^{1} 11 *ἂν* om. A^{1} *εἰπεῖν ἔχοιμεν* A^{1} *ἂν ἐπειρῶντο* A^{1} 12 *πρότερον* A^{2} 15 *χεῖρον* <*ἂν*> A^{1} : *χείρον᾽* <*ἂν*> F 16 <*πω*> *μεμίσθωνται* A^{1} : <*οὔπω*> A^{2} 18 <*ἐξ ἀνάγκης*> *πληροῦν* A^{2} 20 *ἂν δικαιότερον* A^{2} *ἂν* - 21 *μηδὲν*] *στεφανώσετέ με καὶ οὐδὲν* A^{1} 21 *οὐκ ἔνεστι* Huettner : *οὐ μέτεστι* SAF : *οὐδ᾽ ἔνεστι* Rueger 22 *τούτοις μόνοις* A^{1} 25 *λειτουργίαν*] *τριηραρχίαν* A^{1}

καίτοι πῶς οὐκ ἄδικον τῶν μὲν ἀναλωμάτων ἀφεστηκέναι, τῶν δὲ γιγνομένων δι᾽ ἐκεῖνα τιμῶν ἀξιοῦν αὑτοῖς μετεῖναι; καὶ τοῦ μὲν μὴ περιορμίσαι τὴν ναῦν τότε τὸν μεμισθωμένον αἰτιᾶσθαι, τῶν δὲ καλῶς δεδιακονημένων νῦν αὑτοῖς κελεύειν χάριν ὑμᾶς ἔχειν; (8) δεῖ τοίνυν ὑμᾶς, ὦ ἄνδρες Ἀθηναῖοι, μὴ μόνον ἐκ τούτων σκοπεῖν τὸ δίκαιον, ἀλλὰ καὶ ἐξ ὧν αὐτοὶ πρότερον πεποιήκατε ταὐτὰ τινῶν διαπραξαμένων τούτοις. ὅτε γὰρ τῇ ναυμαχίᾳ τῇ πρὸς Ἀλέξανδρον ἐνικήθητε, τότε τῶν τριηράρχων τοὺς μεμισθωκότος τὰς τριηραρχίας αἰτιωτάτους τοῦ γεγενημένου νομίζοντες παρεδώκατε εἰς τὸ δεσμωτήριον, καταχειροτονήσαντες προδεδωκέναι τὰς ναῦς καὶ λελοιπέναι τὴν τάξιν. (9) καὶ κατηγόρει μὲν Ἀριστοφῶν, ἐδικάζετε δ᾽ ὑμεῖς· εἰ δὲ μὴ μετριωτέραν ἔσχετε τὴν ὀργὴν τῆς ἐκείνων πονηρίας, οὐδὲν ἂν αὐτοὺς ἐκώλυε τεθνάναι. ταὐτὰ τοίνυν εἰδότες οὗτοι πεπραγμέν᾽ αὑτοῖς καὶ ἐκείνοις, οὐχὶ φρίττουσιν ἐν ὑμῖν ὑπὲρ ὧν προσήκει παθεῖν αὐτούς, ἀλλὰ δημηγοροῦσι κατ᾽ ἄλλων καὶ στεφανοῦν κελεύουσιν αὑτούς. καίτοι σκέψασθε τίν᾽ ἄν ποτε δόξαιτε βεβουλεῦσθαι τρόπον, εἰ διὰ τὴν αὐτὴν πρόφασιν τοὺς μὲν θανάτου κρίναντες, τοὺς δὲ στεφανώσαντες φανείητε. (10) καὶ μὴν οὐ μόνον εἰ τοῦτο ποιήσαιτε, δοκεῖτ᾽ ἂν ἁμαρτεῖν, ἀλλ᾽ εἰ μὴ καὶ κολάσαιτε τοὺς τὰ τοιαῦτα ποιοῦντας, ἔχοντες. οὐ γὰρ ἐπειδὰν ἐάσητέ τι τῶν ὑμετέρων ἀπολέσθαι, τότε χρὴ χαλεπαίνειν, ἀλλ᾽ ἐν ᾧ τὰ μὲν ὑμέτερ᾽ ἐστὶν σᾶ, καθορᾶτε δὲ τοὺς ἐφεστηκότας δι᾽

7 τῶν μ]ὲν–ἐ]αυτοῖς PSI VI 721 **8** Ἀλέξανδρον–δεσμωτή[ριον PSI VI 721 **9** αὑ]τοῖς–σ]κέψ[ασθε PSI VI 721

---

1 ἄδικον] ἄτοπον A^1 2 δι᾽ ἐκεῖνα] παρ᾽ ἐκεῖνα Rueger 3 περιορμῆσαι SA^{1}F μισθωσάμενον A^2 4 δεδηκονημένων A^{1C} : διακεκονημένων A^2 5 ὦ - ἀθηναῖοι om. SA^{2}F 6 μόνον om. A^1 αὐτοὶ - 7 πεποιήκατε] πρότεροι οὗτοι πεποιήκασι A^1 9 τὰς τριηραρχίας om. A^1 10 δεσμωτήριον] δικαστήριον SA^{1}F Π721 14 ἂν om. S 15 οὗτοι om. S^a 17 ἀλλήλων A^2 21 δοκοῖτ᾽ SA^{2}F καὶ μὴ AF κολάσετε S : κολάσητε A^1 23 χρὴ] δὴ S : δεῖ Baiter 24 σῶα vel σῷα SAF Π721 : corr. Dindorf

αἰσχροκερδίαν οὐχὶ προσήκουσαν πρόνοιαν περὶ σωτηρίας αὐτῶν ποιουμένους. καὶ μηδεὶς ὑμῶν ἐπιτιμήσῃ τῷ λόγῳ, πικρὸν εἶναι νομίσας, ἀλλὰ τοῖς τὸ ἔργον αὐτὸ πεποιηκόσιν· διὰ γὰρ τούτους τοιοῦτός ἐστιν. **(11)** θαυμάζω δ' ἔγωγε, τί δή ποτε τῶν μὲν ναυτῶν τοὺς ἀπολειπομένους, ὧν τριάκοντα δραχμὰς ἕκαστος ἔχει μόνας, δοῦσι καὶ κολάζουσιν οὗτοι· τῶν δὲ τριηράρχων τοὺς μὴ συμπλέοντας, ὧν τριάκοντα μνᾶς εἰς ἔκπλουν εἴληφεν ἕκαστος, οὐ ταὐτὰ ποιεῖθ' ὑμεῖς· ἀλλ' ἐὰν μὲν πένης ὤν τις δι' ἔνδειαν ἁμάρτῃ, τοῖς ἐσχάτοις ἐπιτιμίοις ἐνέξεται, ἐὰν δὲ πλούσιος ὢν δι' αἰσχροκερδίαν ταὐτὰ ποιήσῃ, συγγνώμης τεύξεται; καὶ ποῦ τὸ πάντας ἔχειν ἴσον καὶ δημοκρατεῖσθαι φαίνεται, τοῦτον τὸν τρόπον ὑμῶν ταῦτα βραβευόντων; **(12)** ἔτι τοίνυν ἔμοιγε δοκεῖ κἀκεῖνο ἀλόγως ἔχειν, τὸν μὲν εἰπόντα τι μὴ κατὰ τοὺς νόμους, ἐὰν ἁλῷ τὸ τρίτον, μέρος ἠτιμῶσθαι τοῦ σώματος, τοὺς δὲ μὴ λόγον, ἀλλ' ἔργον παράνομον πεποιηκότας μηδεμίαν δοῦναι δίκην. καὶ μήν, ὦ ἄνδρες Ἀθηναῖοι, πάντες ὑμεῖς φήσετε τὸ πρὸς τὰ τοιαῦτα πράως ἔχειν προδιδάσκειν ἑτέρους ἀδίκους εἶναι.

13. Βούλομαι τοίνυν, ἐπειδήπερ παρῆλθον, καὶ τὰ συμβαίνοντα ἀπὸ τῶν τοιούτων ὑμῖν διεξελθεῖν. ἐπειδὰν γάρ τις μισθωσάμενος τριηραρχίαν ἐκπλεύσῃ, πάντας ἀνθρώπους ἄγει καὶ φέρει, καὶ τὰς μὲν ὠφελίας ἰδίᾳ καρποῦται, τὰς δὲ δίκας τούτων ὁ τυχὼν δίδωσιν ὑμῶν, καὶ μόνοις ὑμῖν οὐδαμόσε ἔστιν ἄνευ κηρυκείου βαδίσαι διὰ τὰς ὑπὸ τούτων ἀνδροληψίας καὶ σύλας κατεσκευασμένας· **(14)** ὥστε τῇ γ'

10 ἐά]σητε—προσή[κουσαν PSI VI 721 **13** σύλας Harp. s 52

1 αἰσχροκέρδειαν AF^{C} : [Π721] 2 αὐτῶν S 4 τούτους τοιοῦτός] τοὺς τοιούτους τοῦτ' SA^{2}F 6 ἔχει ἕκαστος A^{1} δοῦσι Blass : δέουσι SAF 8 ἐπίπλουν SAF : corr. Reiske ταῦτα A^{1} : ταυτὰ A^{2} 9 ἐπιτιμίοις om. A 10 ἐὰν - 11 τεύξεται (ὁμ.) om. A^{1} ταῦτα A^{1}F : [S] 12 φανεῖται A^{2} 13 ἐμοὶ A^{2} 15 μέρος del. Kassel 17 πάντες <ἂν> ... φήσαιτε A^{2}F 18 πράως] ῥαδίως A^{1} ἀδίκους] ἀδικεῖν Cobet coll. 24.218 19 ἐπειδήπερ <εἰς τούτους τοὺς λόγους> A^{2} 22 ὠφελείας A 23 ἡμῖν οὐδαμοῦ A^{2} 24 κηρυκίου SA^{1} 25 γ' om. A^{1}

ἀληθείᾳ σκοπῶν ἄν τις εὕροι τὰς τοιαύτας τριήρεις οὐχ ὑπὲρ ὑμῶν, ἀλλὰ καθ' ὑμῶν ἐκπεπλευκυίας. τὸν γὰρ ὑπὲρ τῆς πόλεως τριήραρχον οὐκ ἀπὸ τῶν κοινῶν προσδοκᾶν χρὴ πλουτήσειν, ἀλλ' ἀπὸ τῶν ἰδίων τὰ τῆς πόλεως ἐπανορθώσειν, εἴπερ ἔσται τι τῶν δεόντων ὑμῖν. τούτων δὲ τἀναντία ἕκαστος ἐγνωκὼς ἐκπλεῖ· καὶ γάρ τοι τὰ τῶν αὐτῶν τρόπων ἁμαρτήματα ταῖς ὑμετέραις βλάβαις ἐπανορθοῦνται. **(15)** καὶ τούτων οὐδέν ἐστιν ἄλογον. δεδώκατε γὰρ τοῖς βουλομένοις ἀδικεῖν, ἂν μὲν λάθωσιν, ἔχειν, ἐὰν δὲ ληφθῶσι, συγγνώμης τυχεῖν· τοῖς οὖν ἠμεληκόσι δόξης ἄδεια ποιεῖν ὅ τι ἂν βούλωνται γέγονεν. τῶν μὲν τοίνυν ἰδιωτῶν τοὺς μετὰ τοῦ παθεῖν μανθάνοντας ἀπροσκέπτους ὀνομάζομεν· ὑμᾶς δ', οἵτινες οὐδὲ πεπονθότες πολλάκις ἤδη φυλάττεσθε, τί τις καλέσειεν ἄν;

16. Ἄξιον τοίνυν καὶ περὶ τῶν συνειρηκότων εἰπεῖν. οὕτως γὰρ ἡγοῦνταί τινες ἐξουσίαν εἶναι σφίσιν καὶ ποιεῖν ὅ τι βούλονται καὶ λέγειν παρ' ὑμῖν, ὥστε τῶν τότε συγκατηγορούντων μετὰ Ἀριστοφῶντος καὶ πικρῶν ὄντων τοῖς μεμισθωκόσι τὰς τριηραρχίας νῦν κελεύουσί τινες τούτους στεφανῶσαι, καὶ δυοῖν θάτερον ἐξελέγχουσιν αὑτούς, ἢ τότε ἐκείνους ἀδίκως συκοφαντοῦντες, ἢ νῦν τοῖσδ' ἐπὶ μισθῷ συνηγοροῦντες. καὶ χαρίσασθαι κελεύουσιν ὑμᾶς, **(17)** ὥσπερ περὶ δωρεᾶς, ἀλλ' οὐ περὶ νικητηρίων τῶν λόγων ὄντων, ἢ καὶ χάριν τιθεμένων διὰ τῶν τοιούτων τοῖς ἀμελοῦσιν ὑμῶν, ἀλλ' οὐ διὰ τῶν βελτιόνων τοῖς ὑπηρετοῦσιν ἃ δεῖ χαρίζεσθαι προσῆκον. ἔπειθ' οὕτως ὀλιγωροῦσιν τοῦ δοκεῖν ἐπιεικεῖς εἶναι, καὶ παντελῶς τἄλλα πάρεργα πρὸς τὸ λαβεῖν νομίζουσιν, ὥστ' οὐ μόνον τοῖς πρότερον ῥηθεῖσιν ὑφ' αὑτῶν ἐναντία τολμῶσιν δημηγορεῖν, ἀλλὰ καὶ νῦν οὐ ταὐτὰ

3 χρὴ προσδοκᾶν A[2] 6 τοι] τι F 7 ἐπανορθοῦται SA[2]F 9 ἐὰν μὲν A λανθάνωσι A[2] 10 ἄδειαν SF[a] 11 τοῦ] τὸ A[1]F[c] 12 ἀπροσκέπτους] ἃ προσήκει ἀνοήτους A[1] 13 ἄν om. A[2] : ante τις A[1] 16 ποτε SF 20 ἐπὶ μισθῷ τοῖσδε A[2] 21 ὥσπερ] ὡς A[1] 23 τοῖς] οἵ γ' *A*[2] 25 προσῆκεν A[1] 26 πάρεργον A[1] : περίεργα F

λέγουσιν ἑαυτοῖς, οἵτινες τοὺς μὲν ναύτας φασὶ δεῖν οἰκείους εἶναι τῆς τριήρους τῆς ληψομένης τὸν στέφανον, τῶν δὲ τριηράρχων τοὺς ἠλλοτριωκότας αὑτοὺς ἀπὸ τῆς λειτουργίας, τούτους στεφανῶσαι κελεύουσι. **(18)** *καὶ φασὶ μὲν οὐδένα τούτων πρότερον παρασκευάσασθαι, κελεύουσι δὲ κοινῇ στεφανοῦν ἡμᾶς, τοῦ ψηφίσματος οὐ ταῦτα λέγοντος. ἐγὼ δὲ τοσούτου δέω τοῦτο συγχωρεῖν ὅσουπερ καὶ μεμισθωκέναι τὴν τριηραρχίαν· οὔτε γὰρ τοῦθ᾽ ὑπομείναιμ᾽ ἂν οὔτ᾽ ἐκεῖν᾽ ἐποίησα. προσποιοῦνται μὲν τοίνυν ὑπὲρ τοῦ δικαίου συνηγορεῖν, σπουδάζουσιν δὲ μᾶλλον ἢ προῖκ᾽ ἄν τις ὑμῶν πράττων, ὥσπερ ἄξια τοῦ μισθοῦ ποιῆσαι προσῆκον ἑαυτοῖς, ἀλλ᾽ οὐ γνώμην ἀποφήνασθαι.* **(19)** *εἶθ᾽ ὥσπερ οὐχὶ πολιτείας κοινῆς μετέχοντες καὶ διὰ ταῦτα τῷ βουλομένῳ λέγειν ἐξόν, ἀλλ᾽ ἱερωσύνην ἰδίαν αὐτοί τινα ταύτην ἔχοντες, ἐὰν ὑπὲρ τῶν δικαίων ἐν ὑμῖν τις εἴπῃ, δεινὰ πάσχουσιν καὶ θρασὺν εἶναί φασιν. καὶ εἰς τοσοῦτον ἀναισθησίας προήκουσιν, ὥστ᾽ οἴονται τὸν ἅπαξ εἰρηκότα ἂν καλέσωσιν ἀναιδῆ, σφᾶς αὐτοὺς πάντ᾽ <ἂν> τὸν βίον καλοὺς κἀγαθοὺς νομίζεσθαι.* **(20)** *καίτοι διὰ μὲν τὰς τούτων δημηγορίας πολλὰ χεῖρον ἔχει, διὰ τοὺς δ᾽ οἰομένους δεῖν τὰ δίκαια ἀντιλέγειν οὐ πάντ᾽ ἀπόλωλεν. τοιούτους τοίνυν τοὺς συνηγοροῦντας αὑτοῖς παρεσκευασμένοι, καὶ τοσαύτην βλασφημίαν εἰδότες οὖσαν καθ᾽ ἑαυτῶν τοῖς βουλομένοις τι λέγειν φλαῦρον, ὅμως εἰς λόγον ἠξίωσαν καταστῆναι καὶ κακῶς τιν᾽ ἐτόλμησαν εἰπεῖν, οἷς ἀγαπητὸν ἦν μὴ πάσχουσιν κακῶς αὐτοῖς.*

21. *Τοῦ τοίνυν τούτους ἀδίκους εἶναι καὶ θρασεῖς οὐδένες ὑμῶν εἰσιν αἰτιώτεροι· παρὰ γὰρ τῶν λεγόντων, οὓς ἴστε ἐπὶ*

1 *μὲν* om. S^a *δεῖν*] *δοκεῖν* A^2 5 *παρεσκευάσθαι* A^1 6 *ὑμᾶς* S^a (?) 7 *τοῦτο*] *τούτους* A^1F *καὶ* om. A^1 8 *ἐκεῖνο ποιήσαιμι* A^1 11 *αὐτοῖς* A 14 *τινα*] *τινες* A^2 16 *ἥκουσιν* A^1 17 *ἀναιδῆ*] *ἀνάγκη δὴ* $F^{γρ}$ 18 add. Stahl 19 *τοὺς δ᾽*] *δὲ τοὺς* A 21 *συνεροῦντας* A^1 22 *τοσαύτην*] *τοὺς αὐτὴν* S^a *αὑτῶν* F : [A] 24 *τιν᾽*] *τι* A^1 *ἦν*] *ἣν* Schaefer 25 *αὐτοί* A^1 et Schaefer 27 *γὰρ* om. SF^a *οὓς*] *ὡς* A^2

μισθῷ τοῦτο πράττοντας, πυνθάνεσθε ποῖόν τιν' ἕκαστον δεῖ νομίζειν, οὐκ αὐτοὶ θεωρεῖτε. καίτοι πῶς οὐκ ἄτοπον τούτους μὲν αὐτοὺς πονηροτάτους τῶν πολιτῶν νομίζειν, τοὺς δ' ὑπὸ τούτων ἐπαινουμένους χρηστοὺς ἡγεῖσθαι; (22) καὶ γάρ τοι πάντα δι' αὐτῶν ποιοῦνται, καὶ μόνον οὐχ ὑπὸ κήρυκος πωλοῦσι τὰ κοινά, καὶ στεφανοῦν, ὃν ἂν αὐτοῖς δοκῇ, καὶ μὴ στεφανοῦν κελεύουσι, κυριωτέρους αὑτοὺς τῶν ὑμετέρων δογμάτων καθιστάντες. ἐγὼ δ' ὑμῖν, ὦ ἄνδρες Ἀθηναῖοι, παραινῶ μὴ ποιεῖν τὴν τῶν ἀναλίσκειν ἐθελόντων φιλοτιμίαν ἐπὶ τῇ τῶν λεγόντων πλεονεξίᾳ. εἰ δὲ μή, διδάξετε πάντας τὰ μὲν ὑφ' ὑμῶν προσταττόμενα ὡς εὐτελέστατα διοικεῖν, τοὺς δ' ὑπὲρ τούτων ἀναιδῶς εἰς ὑμᾶς ψευδομένους ὡς πλείστου μισθοῦσθαι.

3 ὑπὸ] ἀπὸ A^{2} 4 ἐπαινομένους S 5 δι' αὐτῶν πάντα ποιοῦνται A^{1} οὐχὶ A^{2}F 6 <καὶ> πωλοῦσι A^{2} 11 ὑφ'] ἀφ' A^{2} 12 πλείστους A^{2}
Subscriptum est in SA περι του στεφανου της τριηραρχιας Η Η Π Η (numeros om. A) : subscriptionem om. F

LII

ΔΗΜΟΣΘΕΝΟΥΣ ΠΡΟΣ ΚΑΛΛΙΠΠΟΝ

1. *Οὐκ ἔστιν χαλεπώτερον οὐδέν, ὦ ἄνδρες δικασταί, ἢ ὅταν ἄνθρωπος δόξαν ἔχων καὶ δυνάμενος εἰπεῖν τολμᾷ ψεύδεσθαι καὶ μαρτύρων εὐπορῇ. ἀνάγκη γάρ ἐστιν τῷ φεύγοντι μηκέτι περὶ τοῦ πράγματος μόνον λέγειν, ἀλλὰ καὶ περὶ αὐτοῦ τοῦ λέγοντος, ὡς οὐκ εἰκὸς αὐτῷ διὰ τὴν δόξαν πιστεύειν.* (2) *εἰ γὰρ ἔθος καταστήσετε τοῖς δυναμένοις εἰπεῖν καὶ δόξαν ἔχουσι μᾶλλον πιστεύειν ἢ τοῖς ἀδυνατωτέροις, ἐφ' ὑμῖν αὐτοῖς ἔσεσθε τὸ ἔθος τοῦτο κατεσκευακότες. δέομαι οὖν ὑμῶν, εἴπερ τι καὶ ἄλλο πώποτε πρᾶγμα αὐτὸ καθ' αὐτὸ ἐδικάσατε, μηδὲ μεθ' ἑτέρων τὴν γνώμην γενόμενοι, μήτε μετὰ τῶν διωκόντων μήτε μετὰ τῶν φευγόντων, ἀλλὰ τὸ δίκαιον σκεψάμενοι, οὕτω καὶ νῦν διαγνῶναι. ἐξ ἀρχῆς δ' ὑμῖν διηγήσομαι.*

3. *Λύκων γὰρ ὁ Ἡρακλεώτης, ὦ ἄνδρες δικασταί, οὗτος ὃν καὶ αὐτὸς λέγει, τῇ τραπέζῃ τῇ τοῦ πατρὸς ἐχρῆτο, ὥσπερ καὶ οἱ ἄλλοι ἔμποροι, ξένος μὲν ὢν Ἀριστόνῳ τῷ Δεκελεῖ καὶ Ἀρχεβιάδῃ τῷ Λαμπτρεῖ, ἄνθρωπος δέ τις σώφρων. οὗτος ἐπειδὴ ἐκπλεῖν ἤμελλεν εἰς τὴν Λιβύην, διαλογισάμενος πρὸς τὸν πατέρα τὸν ἐμὸν ἐναντίον Ἀρχεβιάδου καὶ Φρασίου προσέταξεν τὸ ἀργύριον ὃ κατέλειπεν (ἦν δὲ τοῦτο ἑκκαίδεκα μναῖ καὶ τετταράκοντα δραχμαί, ὡς ἐγὼ ὑμῖν πάνυ ἀκριβῶς ἐπιδείξω) Κηφισιάδῃ ἀποδοῦναι, λέγων ὅτι κοινωνὸς εἴη αὐτοῦ*

3 *Λαμπτρεῖ* Harp. *λ* 4

oratio deest in A tit. *προς καλλιπον* SF 3 *γὰρ* <*ἤδη*> F 13 *οὗτος* - *αὐτὸς*] *ὃν καὶ οὗτος αὐτὸς* Reiske et (*αὐτὸς* deleto) Schaefer : *ὃ καὶ αὐτὸς* Dobree 15 *οἱ* del. Schaefer *ἀριστονέῳ* S 16 *αλκιβιαδη* S : inter *ἀλχιβ.* *ἀλχεβ.* *ἀρχεβ.* mira infra inconstantia F *λαμπρεῖ* SF hic et infra : corr. Harp. et Baiter Sauppe 19 *κατέλιπεν* SF : corr. Blass 21 *αὐτοῦ εἴη* F

ὁ Κηφισιάδης οὗτος, οἰκήτωρ μὲν ὢν ἐν Σκίρῳ, ἐν δὲ τῷ παρόντι ἐφ' ἑτέρᾳ ἀποδημῶν ἐμπορίᾳ. (4) δεῖξαι δ' {ἂν} αὐτὸν τῷ πατρὶ τῷ ἐμῷ καὶ συστῆσαι τῷ Ἀρχεβιάδῃ καὶ τῷ Φρασίᾳ προσέταξεν, ἐπειδὴ ἥκοι ἐκ τῆς ἀποδημίας. εἰώθασι δὲ πάντες οἱ τραπεζῖται, ὅταν τις ἀργύριον τιθεὶς ἰδιώτης ἀποδοῦναί τῳ προστάττῃ, πρῶτον τοῦ θέντος τοὔνομα γράφειν καὶ τὸ κεφάλαιον τοῦ ἀργυρίου, ἔπειτα παραγράφειν 'τῷ δεῖνι ἀποδοῦναι δεῖ', καὶ ἐὰν μὲν γιγνώσκωσι τὴν ὄψιν τοῦ ἀνθρώπου ᾧ ἂν δέῃ ἀποδοῦναι, τοσοῦτο μόνον ποιεῖν, γράψαι ᾧ δεῖ ἀποδοῦναι, ἐὰν δὲ μὴ γιγνώσκωσι, καὶ τούτου τοὔνομα προσπαραγράφειν ὃς ἂν μέλλῃ συστήσειν καὶ δείξειν τὸν ἄνθρωπον, ὃν ἂν δέῃ κομίσασθαι τὸ ἀργύριον. (5) τύχης δὲ συμβάσης τοιαύτης τῷ Λύκωνι τούτῳ ὥστε εὐθὺς ἐκπλέοντα αὐτὸν περὶ τὸν Ἀργολικὸν κόλπον ὑπὸ λῃστρίδων νεῶν τά τε χρήματα καταχθῆναι εἰς Ἄργος καὶ αὐτὸν τοξευθέντα ἀποθανεῖν, ἔρχεται ἐπὶ τὴν τράπεζαν Κάλλιππος οὑτοσὶ εὐθὺς ἐρωτῶν, Λύκωνα Ἡρακλεώτην εἰ γιγνώσκοιεν. ἀποκριναμένου δὲ Φορμίωνος τουτουὶ ὅτι γιγνώσκοιεν, 'ἆρα καὶ ἐχρῆτο ὑμῖν'; ἔφη ὁ Φορμίων· 'ἀλλὰ πρὸς τί ἐρωτᾷς'; 'πρὸς τί'; ἔφη· 'ἐγώ σοι ἐρῶ. ἐκεῖνος μὲν τετελεύτηκεν, ἐγὼ δὲ προξενῶν τυγχάνω τῶν Ἡρακλεωτῶν. ἀξιῶ δή σε δεῖξαί μοι τὰ γράμματα, ἵν' εἰδῶ εἴ τι καταλέλοιπεν ἀργύριον· ἐξ ἀνάγκης γάρ μοί ἐστιν ἁπάντων Ἡρακλεωτῶν ἐπιμελεῖσθαι.' (6) ἀκούσας δ' αὐτοῦ ὁ Φορμίων, ὦ ἄνδρες δικασταί, ἔδειξεν εὐθέως παραχρῆμα. δείξαντος δὲ αὐτοῦ τὸ γραμματεῖον, ἀναγνοὺς αὐτὸς καὶ ἄλλος οὐδείς, καὶ ἰδὼν γεγραμμένον ἐν αὐτῷ 'Λύκων Ἡρακλεώτης χιλίας ἑξακοσίας τετταράκοντα· Κηφισιάδῃ ἀποδοῦναι δεῖ· Ἀρχεβιάδης Λαμπτρεὺς δείξει τὸν Κηφισιάδην', ᾤχετο ἀπιὼν σιωπῇ, καὶ πλέον ἢ πέντε μηνῶν οὐδένα λόγον ἐποιήσατο. (7) ἐπιδημήσαντος δὲ τοῦ Κηφισιάδου

1 σκύρῳ S : corr. Scherling : κύρῳ F 2 del. Schaefer 3 φρασιαδη S[a]
9 ἂν Blass : ἐὰν SF 28 τὸν om. S[a] 30 ἐποίησα S

μετὰ ταῦτα καὶ προσελθόντος πρὸς τὴν τράπεζαν καὶ ἀπαιτοῦντος τὰ χρήματα, παρόντος δέ, ὦ ἄνδρες δικασταί, Ἀρχεβιάδου καὶ τοῦ Φρασίου, οὓς ὁ Λύκων τῷ πατρὶ συνέστησεν καὶ ἐκέλευσε τὸν Κηφισιάδην δεῖξαι ὃς εἴη, ἐπειδὴ ἔλθοι, παρόντων <δὲ> καὶ ἄλλων, ἐξαριθμήσας αὐτῷ τὰς ἑκκαίδεκα μνᾶς καὶ τετταράκοντα δραχμὰς ἀπέδωκε Φορμίων οὑτοσί. ὡς δὲ ἀληθῆ λέγω, τούτων ἁπάντων ὑμῖν τὰς μαρτυρίας ἀναγνώσεται.

ΜΑΡΤΥΡΙΑΙ

8. Ὅτι μὲν ἀληθῆ ἅπαντα εἶπον πρὸς ὑμᾶς, ὦ ἄνδρες δικασταί, τῶν μαρτυριῶν ἀκηκόατε. προσελθὼν δὲ συχνῷ χρόνῳ ὕστερον πρὸς τὸν πατέρα Κάλλιππος οὑτοσὶ ἐν ἄστει, ἤρετο αὐτὸν εἰ ἤδη ἐπιδεδημηκὼς εἴη ὁ Κηφισιάδης, ὅτῳ γεγραμμένον εἴη ἀποδοῦναι τὸ ἀργύριον τὸ ὑπὸ τοῦ Λύκωνος τοῦ Ἡρακλεώτου καταλειφθέν. ἀποκριναμένου δὲ τοῦ πατρὸς ὅτι οἴοιτο μέν, εἰ μέντοι βούλοιτο εἰς Πειραιᾶ καταβῆναι, τὴν ἀκρίβειαν εἴσοιτο, 'οἶσθά τοι' ἔφη, 'ὅ τι ἔστιν, ὦ Πασίων, ὅ σε ἐρωτῶ'; **(9)** (καὶ μὰ τὸν Δία καὶ τὸν Ἀπόλλω καὶ τὴν Δήμητρα, οὐ ψεύσομαι πρὸς ὑμᾶς, ὦ ἄνδρες δικασταί, ἀλλ' ἃ τοῦ πατρὸς ἤκουον, διηγήσομαι ὑμῖν.) 'ἔξεστί σοι' ἔφη 'ἐμέ τε εὖ ποιῆσαι καὶ αὐτὸν μηδὲν βλαβῆναι. προξενῶν μὲν γὰρ τυγχάνω τῶν Ἡρακλεωτῶν, βούλοιο δ' ἄν, ὡς οἶμαι ἐγώ, ἐμὲ μᾶλλον τὸ ἀργύριον λαβεῖν ἢ τὸν μέτοικον ἄνθρωπον καὶ ἐν Σκίρῳ κατοικοῦντα καὶ οὐδενὸς ἄξιον. συμβέβηκεν δὲ τοιοῦτόν τι· ὁ Λύκων τυγχάνει ὢν καὶ ἄπαις καὶ κληρονόμον οὐδένα οἴκοι καταλιπών, ὡς ἐγὼ πυνθάνομαι. **(10)** πρὸς δὲ τούτῳ, ἐπειδὴ εἰς Ἄργος κατήχθη τετρωμένος, τῷ προξένῳ

5 add. Reiske 14 ἐπιγεγραμμένον SF 17 ὦ] ὁ S 18 ὅ] διό $F^{\gamma\rho}$ 19 δήμητραν SF : corr. Reiske 21 σεαυτὸν SF : corr. Blass : αὐτῷ van Herwerden 22 ὡς οἶμαι] ωσομαι S 23 τὸν del. Dobree 24 σκύρῳ SF : corr. Sherling 27 τετρωμένος] προ μεν S

τῶν Ἡρακλεωτῶν τῷ Ἀργείῳ Στραμμένῳ τὰ χρήματα δέδωκεν ἃ κατήχθη μετ' αὐτοῦ. οἷος οὖν εἰμι καὶ ἐγὼ τὰ ἐνθάδε αὐτὸς ἀξιοῦν λαμβάνειν· ἡγοῦμαι γὰρ δίκαιος εἶναι ἔχειν. σὺ οὖν, εἰ ἄρα μὴ ἀπείληφεν, λέγε ὅτι ἐγὼ ἀμφισβητῶ, ἂν ἄρα ἔλθῃ ὁ Κηφισιάδης. εἰ δ' ἄρα ἀπείληφεν, λέγε ὅτι ἐγὼ μάρτυρας ἔχων ἠξίουν ἐμφανῆ καταστῆσαι τὰ χρήματα ἢ τὸν κεκομισμένον, καὶ εἴ τίς με βούλεται ἀφελέσθαι, πρόξενον ὄντα ἀφαιρεθῆναι.' (11) *ἐπειδὴ δὲ αὐτῷ εἴρητο, 'ἐγώ', ἔφη ὁ πατήρ, 'ὦ Κάλλιππε, χαρίζεσθαι μέν σοι βούλομαι (καὶ γὰρ ἂν καὶ μαινοίμην, εἰ μή), οὕτω μέντοι ὅπως {ἂν} αὐτός τε μὴ χείρων δόξω εἶναι καὶ ἐκ τοῦ πράγματος μηδὲν ζημιώσομαι. εἰπεῖν μὲν οὖν μοι ταῦτα πρὸς τὸν Ἀρχεβιάδην καὶ τὸν Ἀριστόνουν καὶ πρὸς αὐτὸν δὲ τὸν Κηφισιάδην οὐδὲν διαφέρει· ἐὰν μέντοι μὴ 'θέλωσι ταῦτα ποιεῖν εἰπόντος ἐμοῦ, αὐτὸς ἤδη διαλέγου αὐτοῖς.' 'ἀμέλει,' ἔφη οὗτος, 'ὦ Πασίων, ἐὰν βούλῃ σύ, ἀναγκάσεις αὐτοὺς ταῦτα ποιῆσαι'.*

12. *Ἃ μὲν διελέχθη, ὦ ἄνδρες δικασταί, οὗτος μὲν τῷ πατρί, ἐκεῖνος δὲ τῷ Ἀρχεβιάδῃ καὶ τῷ Κηφισιάδῃ τούτου δεηθέντος καὶ τούτῳ χαριζόμενος, ταῦτ' ἔστιν, ἐξ ὧν κατὰ μικρὸν ἡ δίκη αὕτη πέπλασται· ὧν ἐγὼ ἤθελον τούτῳ ταύτην ἥτις εἴη μεγίστη πίστις δοῦναι, ἦ μὴν ἐγὼ τοῦ πατρὸς ἀκούειν.* (13) *οὗτος δὲ ὁ ἀξιῶν ὑφ' ὑμῶν πιστεύεσθαι ὡς ἀληθῆ λέγων, τρία ἔτη διαλιπὼν ἐπειδὴ τὸ πρῶτον διαλεχθέντος τοῦ πατρὸς τῷ Ἀρχεβιάδῃ καὶ τοῖς ἄλλοις τοῖς Κηφισιάδου ἐπιτηδείοις οὐκ ἔφασαν Καλλίππῳ προσέχειν τὸν νοῦν οὐδὲ οἷς λέγει,* (14) *ἐπειδὴ ᾔσθετο ἀδυνάτως ἤδη ἔχοντα τὸν πατέρα καὶ μόγις εἰς ἄστυ ἀναβαίνοντα καὶ τὸν ὀφθαλμὸν αὐτὸν προδιδόντα, λαγχάνει αὐτῷ δίκην, οὐ μὰ Δί' οὐχ ὥσπερ νῦν ἀργυρίου, ἀλλὰ βλάβης, ἐγκαλέσας βλάπτειν ἑαυτὸν ἀποδιδόντα Κηφισιάδῃ τὸ ἀργύριον, ὃ κατέλιπε Λύκων ὁ Ἡρακλεώτης*

1 *στραμμένῳ* om. F   7 *τί* F   10 del. Schaefer   15 *αμελι* S *ὦ*] *ὁ* S[c] *βουλει* S   17 *μὲν* <*οὖν*> F   23 *διαλείπων* S   25 *οὐδὲ* Wolf : *οὐδὲν* S : *οὐδ' ἓν* F   26 *ἐπειδὴ* <*δὲ*> F

παρ' αὐτῷ, ἄνευ αὐτοῦ ὁμολογήσαντα μὴ ἀποδώσειν. λαχὼν δὲ παρὰ μὲν τοῦ διαιτητοῦ ἀνείλετο τὸ γραμματεῖον, προὐκαλέσατο δ' αὐτὸν ἐπιτρέψαι Λυσιθείδῃ, αὑτοῦ μὲν καὶ Ἰσοκράτους καὶ Ἀφαρέως ἑταίρῳ, γνωρίμῳ δὲ τοῦ πατρός. **(15)** ἐπιτρέψαντος δὲ τοῦ πατρός, ὃν μὲν χρόνον ἔζη ὁ πατήρ, ὅμως καίπερ οἰκείως ἔχων τούτοις ὁ Λυσιθείδης οὐκ ἐτόλμα οὐδὲν εἰς ἡμᾶς ἐξαμαρτάνειν. καίτοι οὕτω τινὲς ἀναίσχυντοι τῶν οἰκείων τῶν τουτουί, ὥστε ἐτόλμησαν μαρτυρῆσαι ὡς ὁ μὲν Κάλλιππος ὅρκον τῷ πατρὶ δοίη, ὁ δὲ πατὴρ οὐκ ἐθέλοι ὀμόσαι παρὰ τῷ Λυσιθείδῃ, καὶ οἴονται ὑμᾶς πείσειν ὡς ὁ Λυσιθείδης, οἰκεῖος μὲν ὢν τῷ Καλλίππῳ διαιτῶν δὲ τὴν δίαιταν, ἀπέσχετ' ἂν μὴ οὐκ εὐθὺς τοῦ πατρὸς καταδιαιτῆσαι, {δι'} αὐτοῦ γε ἑαυτῷ μὴ 'θέλοντος δικαστοῦ γενέσθαι τοῦ πατρός. **(16)** ὡς δὲ ἐγὼ μὲν ἀληθῆ λέγω, οὗτοι δὲ ψεύδονται, πρῶτον μὲν αὐτὸ ὑμῖν τοῦτο γενέσθω τεκμήριον, ὅτι κατεγνώκει ἂν αὐτοῦ ὁ Λυσιθείδης, καὶ ὅτι ἐγὼ ἐξούλης ἂν ἔφευγον νῦν, ἀλλ' οὐκ ἀργυρίου δίκην· πρὸς δὲ τούτῳ ἐγὼ ὑμῖν τοὺς παρόντας ἑκάστοτε τῷ πατρὶ ἐν ταῖς συνόδοις ταῖς πρὸς τοῦτον, αἳ παρὰ τῷ Λυσιθείδῃ ἐγίγνοντο, μάρτυρας παρέξομαι.

ΜΑΡΤΥΡΕΣ

17. Ὅτι μὲν οὐ προκαλεσάμενος εἰς ὅρκον τὸν πατέρα τότε, νυνὶ ἐκείνου τετελευτηκότος καταψεύδεται, καὶ κατ' ἐμοῦ ῥᾳδίως τὰ ψευδῆ μαρτυροῦντας τοὺς οἰκείους τοὺς ἑαυτοῦ παρέχεται, ἔκ τε τῶν τεκμηρίων καὶ ἐκ τῆς μαρτυρίας ταύτης ῥᾴδιον ὑμῖν εἰδέναι. ὅτι δὲ ἐγὼ ὑπὲρ τοῦ πατρὸς ἠθέλησα αὐτῷ πίστιν δοῦναι ἥνπερ ὁ νόμος κελεύει, ἐάν τις τεθνεῶτι ἐπικαλῶν δικάζηται τῷ κληρονόμῳ, **(18)** μὴ δοκεῖν μοι μήτε

4 ἑταίρων S   7 ἀναίσχυντοί <εἰσι> F   13 del. Dobree   ἑαυτοῦ S[a] ut videtur   θέλων SF : corr. cod. D et Wolf   16 ἔφυγον S   17 τούτῳ Lamb.[c] : τοῦτο SF   22 οὐ cod. D et Bk. : οὖν SF : οὖν οὐ Reiske   προκαλεσαμένου S

ὁμολογῆσαι τὸν πατέρα τούτῳ ἀποδώσειν τὸ ἀργύριον ὃ κατέλιπε Λύκων, μήτε συσταθῆναι αὐτὸν τῷ πατρὶ ὑπὸ τοῦ Λύκωνος, καὶ Φορμίων, ἦ μὴν διαλογίσασθαί τε ἐναντίον Ἀρχεβιάδου τῷ Λύκωνι αὐτὸς καὶ προσταχθῆναι αὐτῷ Κηφισιάδῃ ἀποδοῦναι τὸ ἀργύριον, τὸν δὲ Κηφισιάδην δεῖξαι αὐτῷ τὸν Ἀρχεβιάδην, (19) *καὶ ὅτε Κάλλιππος προσῆλθεν τὸ πρῶτον πρὸς τὴν τράπεζαν, λέγων ὅτι τετελευτηκὼς εἴη ὁ Λύκων καὶ αὐτὸς ἀξιοίη τὰ γράμματα ἰδεῖν, εἴ τι καταλελοιπὼς εἴη ὁ ξένος ἀργύριον, ἦ μὴν δείξαντος ἑαυτοῦ εὐθὺς αὐτῷ τὰ γράμματα, ἰδόντα αὐτὸν τῷ Κηφισιάδῃ γεγραμμένον ἀποδοῦναι, σιωπῇ οἴχεσθαι ἀπιόντα, οὐδὲν οὔτε ἀμφισβητήσαντα οὔτ' ἀπειπόνθ' αὐτῷ περὶ τοῦ ἀργυρίου, τούτων ὑμῖν τάς τε μαρτυρίας ἀμφοτέρας καὶ τὸν νόμον ἀναγνώσεται.*

ΜΑΡΤΥΡΙΑΙ. ΝΟΜΟΣ

20. *Φέρε δὴ ὑμῖν, ὦ ἄνδρες δικασταί, ὡς οὐδ' ἐχρῆτο Λύκων τῷ Καλλίππῳ ἐπιδείξω· οἶμαι γάρ τί μοι καὶ τοῦτο εἶναι πρὸς τὴν ἀλαζονείαν τὴν τουτουὶ τοῦ φάσκοντος αὐτῷ δωρεὰν δοθῆναι τὸ ἀργύριον τοῦτο παρὰ τοῦ Λύκωνος. ἐκεῖνος γὰρ τετταράκοντα μνᾶς ἔκδοσιν ἐκδοὺς εἰς Ἄκην Μεγακλείδῃ τῷ Ἐλευσινίῳ καὶ Θρασύλλῳ τῷ ἀδελφῷ αὐτοῦ, μεταδόξαν αὐτῷ μὴ ἐκεῖσε πλεῖν μηδὲ κινδυνεύειν, ἐγκαλέσας τι τῷ Μεγακλείδῃ περὶ τῶν τόκων ὡς ἐξηπατημένος διεφέρετο καὶ ἐδικάζετο, βουλόμενος τὴν ἔκδοσιν κομίσασθαι.* (21) *συχνῆς δὲ πάνυ πραγματείας περὶ τοσαῦτα χρήματα γενομένης, τὸν μὲν Κάλλιππον ὁ Λύκων οὐδαμοῖ πώποτε παρεκάλεσεν, τὸν δὲ Ἀρχεβιάδην καὶ τοὺς τοῦ Ἀρχεβιάδου φίλους· καὶ ὁ διαλλάξας*

20 *Ἄκην* Harp. α 60

---

6 *αὐτῷ* SF : corr. Bekker (ed. Berol.) 8 *εἴ* cod. D et Lamb. : *ἤ* SF 12 *ἀμφισβητήσοντα* SF : corr. Lamb.[c] *αὐτῷ* Schaefer : *αὐτὸν* F : *αυτον* S 20 *Ἄκην* Valesius coll. Harp. : *θρᾴκην* SF 22 *αὐτῷ*] *αὐτοῖς* Wolf 26 *οὐδαμοῦ* F

αὐτοὺς Ἀρχεβιάδης ἦν. ὡς δὲ ἀληθῆ λέγω, τούτων ὑμῖν αὐτὸν τὸν Μεγακλείδην μάρτυρα παρέξομαι.

ΜΑΡΤΥΡΙΑ

22. Οὑτωσὶ μὲν οἰκείως φαίνεται χρώμενος, ὦ ἄνδρες δικασταί, ὁ Λύκων τῷ Καλλίππῳ, ὥστε μήτε παρακαλεῖν αὐτὸν ἐπὶ τὰ αὑτοῦ πράγματα μήτε κατάγεσθαι ὡς τοῦτον μηδεπώποτε· καὶ αὐτό γε τοῦτο μόνον οὐ τετολμήκασιν οἱ οἰκεῖοι <οἵ> τούτου μαρτυρῆσαι, ὡς κατήγετο παρὰ τούτῳ ἐκεῖνος, εὖ εἰδότες ὅτι διὰ βασάνου ἐκ τῶν οἰκετῶν ὁ ἔλεγχος ἤδη ἔσοιτο, εἴ τι τοιοῦτο ψεύσοιντο. (23) βούλομαι δ' ὑμῖν καὶ τεκμήριόν τι εἰπεῖν τηλικοῦτον, ᾧ δῆλον ὑμῖν ἔσται, ὡς ἐγὼ οἴομαι, ὅτι πάντα πρὸς ὑμᾶς ἔψευσται. τῷ γὰρ Λύκωνι, ὦ ἄνδρες δικασταί, εἴπερ ἠσπάζετο μὲν τουτονὶ καὶ οἰκείως εἶχεν, ὥσπερ οὗτός φησιν, ἐβούλετο δὲ δωρεὰν δοῦναι αὐτῷ, εἴ τι πάθοι, τὸ ἀργύριον, (24) πότερον κάλλιον ἦν ἄντικρυς παρὰ τῷ Καλλίππῳ καταλιπεῖν τὸ ἀργύριον, ὃ ἤμελλε σωθεὶς μὲν ὀρθῶς καὶ δικαίως ἀπολήψεσθαι παρὰ φίλου γε ὄντος αὐτῷ καὶ προξένου, εἰ δέ τι πάθοι, ἄντικρυς ἔσεσθαι δεδωκώς, ὥσπερ καὶ ἠβούλετο, ἢ ἐπὶ τῇ τραπέζῃ καταλιπεῖν; ἐγὼ μὲν γὰρ οἶμαι ἐκεῖνο καὶ δικαιότερον καὶ μεγαλοπρεπέστερον εἶναι. οὐ τοίνυν φαίνεται τούτων οὐδὲν ποιήσας, ὥστε καὶ ταῦτα ὑμῖν τεκμήρια ἔστω, ἀλλὰ τῷ Κηφισιάδῃ καὶ γράψας καὶ προστάξας ἀποδοῦναι.

25. Ἔτι τοίνυν καὶ τοδὶ σκέψασθε, ὦ ἄνδρες δικασταί, ὅτι Κάλλιππος μὲν ἦν πολίτης ἡμέτερος καὶ οὐκ ἀδύνατος οὐδέτερα ποιῆσαι, οὔτε κακῶς οὔτε εὖ, ὁ δὲ Κηφισιάδης καὶ μέτοικος καὶ οὐδὲν δυνάμενος, ὥστε μὴ προσθέσθαι ἂν παρὰ

4 χρώμενος φαίνεται F 8 add. Baiter Sauppe 9 βασάνων S[a] ut videtur 10 ψεύσαιντο F 11 ἔγωγε F 12 οἶμαι F 13 <καὶ> τοῦτον καὶ F 15 πρότερον S 19 μὲν om. S[a] 24 τοδὲ σκέψασθε] τὸ διασκέψασθαι S[a] 25 ὑμέτερος Blass 27 προσθέσθαι] προελέσθαι van Herwerden

τὸ δίκαιον τῷ Κηφισιάδῃ μᾶλλον τὸν πατέρα ἢ τούτῳ τὰ δίκαια ποιῆσαι. (26) ἀλλὰ νὴ Δία, ἴσως ἂν εἴποι, κερδαίνων τι ἰδίᾳ ὁ πατὴρ ἀπὸ τοῦ ἀργυρίου {διὸ} ἐκείνῳ μᾶλλον προσετίθετο τὴν γνώμην ἢ τούτῳ. εἶτα πρῶτον μὲν τὸν δυνησόμενον διπλάσιον τοῦ λήμματος κακὸν ποιῆσαι ἠδίκει, ἔπειτα ἐνταῦθα μὲν αἰσχροκερδὴς ἦν, εἰς δὲ τὰς εἰσφορὰς καὶ λειτουργίας καὶ δωρεὰς τῇ πόλει οὔ; (27) καὶ τῶν μὲν ξένων οὐδένα ἠδίκει, Κάλλιππον δέ; καὶ οὗτος, ὡς χρηστῷ μὲν αὐτῷ ὄντι καὶ οὐδὲν ψευσομένῳ ὅρκον ἐδίδου, ὥς φησιν, ὡς περὶ πονηροῦ δὲ καὶ ἀπαλείφοντος ἀπὸ τῶν παρακαταθηκῶν νυνὶ διαλέγεται; κἀκεῖνος οὔτ᾽ ὀμόσαι ᾽θέλων, ὡς οὗτός φησιν, οὔτ᾽ ἀποδιδοὺς οὐκ εὐθὺς ἂν ὠφλήκει; τῷ ταῦτα πιστά, ὦ ἄνδρες δικασταί; ἐγὼ μὲν γὰρ οὐδενὶ οἴομαι.

28. Καὶ ὁ Ἀρχεβιάδης εἰς τοῦτο φαυλότητος ἥκει, ὥστε τοῦ Καλλίππου δημότου ὄντος αὐτῷ καὶ πολιτευομένου καὶ οὐκ ἰδιώτου ὄντος καταμαρτυρεῖ, καί φησιν ἡμᾶς μὲν ἀληθῆ λέγειν, τοῦτον δὲ ψεύδεσθαι, καὶ ταῦτα εἰδὼς ὅτι, ἂν οὗτος βούληται ἐπισκήψασθαι αὐτῷ τῶν ψευδομαρτυρίων καὶ ἄλλο μηδὲν ποιῆσαι ἢ ἐξορκῶσαι, ἀνάγκη αὐτῷ ἔσται πίστιν ἐπιθεῖναι ἣν ἂν κελεύῃ οὗτος. (29) ἔπειτα ἵνα ὁ Κηφισιάδης ἔχῃ τὸ ἀργύριον, ἄνθρωπος μέτοικος, ἢ Φορμίων, ὅν φησιν ἀπαληλιφέναι τι οὗτος τοῦ ἀργυρίου, πεισθήσεσθε ὑμεῖς ὡς ἐπιορκήσειεν <ἂν> ὁ Ἀρχεβιάδης; οὐκ ἔκ γε τῶν εἰκότων, ὦ ἄνδρες δικασταί. οὐ γὰρ ἄξιον οὔτε Ἀρχεβιάδου κακίαν οὐδεμίαν καταγνῶναι οὔτε τοῦ πατρὸς τοῦ ἡμετέρου· πολὺ γὰρ αὐτὸν φιλότιμον ἴστε μᾶλλον ὄντα ἢ κακόν τι ἢ αἰσχρὸν ἐπιτηδεύοντα, καὶ πρὸς Κάλλιππον οὐχ οὕτως ἔχοντα ὥστε καταφρονήσαντα τούτου ἀδικῆσαι ἄν τι αὐτόν. (30) οὐ γὰρ

2 τι ἰδίᾳ] τὰ ἴδια ὅτι S 3 del. Reiske 9 ψευσομένῳ] ψευσαμένῳ SF : <ἂν> ψευσομένῳ Wolf ὥς φησιν ante 8 ὡς χρήστῳ SF : transposiut Gebauer 17 ἡμᾶς μὲν om. S^{a} 21 κελεύει S 23 ἀπαληλιφέναι cod. D et Bekker : ἀπαληλειφέναι S : ἀπηλειφέναι F : ἀπειληφένει codd. Q et $D^{\gamma\rho}$ 24 add. Reiske 26 πολὺ] πολλὰ F 27 ἢ αἰσχρὸν <ἢ> S 29 ἄν del. Stahl

οὕτω μοι δοκεῖ δύνασθαι ὥστ' εὐκαταφρόνητος εἶναι, ὃς οὕτως ἐρρωμένος ἐστίν, ὥστε πέρυσί μοι λαχὼν τὴν δίκην ταυτηνὶ καὶ προκαλεσάμενος τῷ Λυσιθείδῃ ἐπιτρέψαι, ἐγὼ μὲν καίπερ καταπεφρονημένος ὑπ' αὐτοῦ τοῦτό γε ὀρθῶς ἐβουλευσάμην (κατὰ τοὺς νόμους γὰρ ἐπέτρεψα καὶ ἀπήνεγκα πρὸς τὴν ἀρχήν), οὗτος δὲ τὸν κατὰ τοὺς νόμους ἀπενηνεγμένον διαιτητὴν ἔπεισεν ἀνώμοτον διαιτῆσαι, ἐμοῦ διαμαρτυρομένου κατὰ τοὺς νόμους ὀμόσαντα διαιτᾶν, ἵνα αὐτῷ ᾖ πρὸς ὑμᾶς λέγειν ὅτι καὶ Λυσιθείδης, ἀνὴρ καλὸς κἀγαθός, ἔγνω περὶ αὐτῶν. **(31)** Λυσιθείδης γάρ, ὦ ἄνδρες δικασταί, ἕως μὲν ὁ πατὴρ ἔζη, καὶ ἄνευ ὅρκου καὶ μεθ' ὅρκου ἴσως ἂν οὐκ ἠδίκησεν ἐκεῖνον· ἔμελε γὰρ αὐτῷ ἐκείνου. ἐμοῦ δὲ ἄνευ μὲν ὅρκου οὐδὲν αὐτῷ ἔμελεν, μεθ' ὅρκου δὲ ἴσως ἂν οὐκ ἠδίκησεν διὰ τὸ αὑτοῦ ἴδιον· διόπερ ἀνώμοτος ἀπεφήνατο. ὡς δὲ ἀληθῆ λέγω, καὶ τούτων ὑμῖν τοὺς παραγενομένους μάρτυρας παρέξομαι.

ΜΑΡΤΥΡΕΣ.

32. Ὅ τι μὲν καὶ παρὰ τοὺς νόμους καὶ παρὰ τὸ δίκαιον δύναται διαπράττεσθαι Κάλλιππος, ὦ ἄνδρες δικασταί, τῆς μαρτυρίας ἀκηκόατε. δέομαι δὲ ὑμῶν αὐτός τε ὑπὲρ ἐμαυτοῦ καὶ ὑπὲρ τοῦ πατρός, ἀναμνησθέντας ὅτι πάντων μὲν ὑμῖν καὶ μάρτυρας καὶ τεκμήρια καὶ νόμους καὶ πίστεις παρεσχόμην ὧν εἴρηκα, τοῦτον δὲ ἐπιδείκνυμι ὅτι ἐξόν, εἴπερ τι αὐτῷ προσῆκεν τοῦ ἀργυρίου, ἐπὶ τὸν Κηφισιάδην βαδίζειν τὸν ὁμολογοῦντα κεκομίσθαι καὶ ἔχειν τὸ ἀργύριον, καὶ ταῦτα μηδὲν ἧττον τὰ πιστὰ παρ' ἡμῶν λαβόντα, οὐκ ἔρχεται, εἰδὼς ὅτι οὐκ ἔστιν παρ' ἡμῖν τὸ ἀργύριον, δέομαι ὑμῶν ἀποψηφίσασθαί μου. **(33)** καὶ ταῦτα ποιοῦντες πρῶτον μὲν τὰ δίκαια

3 προσκαλεσάμενος SF : corr. Feliciana 5 τοὺς om. S[a] 8 διαμαρτυραμένου F 12 ἔμελε … 1 ἔμελεν] ἔμελλε … ἔμελλεν F 16 μάρτυρας παραγομένους S 18 μὲν <οὖν> F 23 τούτῳ] τοῦτον Lamb.[c] 27 ἀποψηφίσασθέ F[a]

καὶ κατὰ τοὺς νόμους ἔσεσθε ἐψηφισμένοι, ἔπειτα ἄξια μὲν αὐτῶν ὑμῶν, ἄξια δὲ τοῦ πατρὸς τοῦ ἐμοῦ· ὡς ἐγὼ ὑμᾶς ἂν δεξαίμην ἅπαντα τὰ ἐμαυτοῦ λαβεῖν μᾶλλον ἢ ἀδίκως τι συκοφαντούμενος ἀποτεῖσαι.

2 ὑμῶν αὐτῶν F 4 ἀποτῖσαι SF : corr. Rennie Subscriptum est in S πρὸς κάλλιππον Η Η Η Δ Δ Ι Ι Ι, in F προς καλιππον

LIII

[ΔΗΜΟΣΘΕΝΟΥΣ] ΠΡΟΣ ΝΙΚΟΣΤΡΑΤΟΝ ΠΕΡΙ ΑΝΔΡΑΠΟΔΩΝ ΑΠΟΓΡΑΦΗΣ ΑΡΕΘΟΥΣΙΟΥ

1. Ὅτι μὲν οὐ συκοφαντῶν, ἀλλ' ἀδικούμενος καὶ ὑβριζόμενος ὑπὸ τούτων καὶ οἰόμενος δεῖν τιμωρεῖσθαι τὴν ἀπογραφὴν ἐποιησάμην, μέγιστον ὑμῖν ἔστω τεκμήριον, ὦ ἄνδρες δικασταί, τό τε μέγεθος τῆς ἀπογραφῆς, καὶ ὅτι αὐτὸς ἐγὼ ἀπέγραψα. οὐ γὰρ δήπου συκοφαντεῖν γε βουλόμενος ἀπέγραψα <μὲν> ἂν πένθ' ἡμιμναίων ἄξια ἀνδράποδα, ὡς αὐτὸς ὁ ἀμφισβητῶν τετίμηται αὐτά, ἐκινδύνευον δ' ἂν περί τε χιλίων δραχμῶν καὶ τοῦ μηδέποτε μηδένα αὖθις ὑπὲρ ἐμαυτοῦ γράψασθαι· **(2)** οὐδ' αὖ οὕτως ἄπορος ἦν οὐδ' ἄφιλος ὥστ' οὐκ ἂν ἐξευρεῖν τὸν ἀπογράψοντα· ἀλλὰ τῶν ἐν ἀνθρώποις ἁπάντων ἡγησάμενος δεινότατον εἶναι ἀδικεῖσθαι μὲν αὐτός, ἕτερον δ' ὑπὲρ ἐμοῦ τοῦ ἀδικουμένου τοὔνομα παρέχειν, καὶ εἶναι ἄν τι τούτοις τοῦτο τεκμήριον, ὁπότε ἐγὼ λέγοιμι τὴν ἔχθραν πρὸς ὑμᾶς, ὡς ψεύδομαι (οὐ γὰρ ἄν ποτε ἕτερον ἀπογράψαι, εἴπερ ἐγὼ αὐτὸς ἠδικούμην), διὰ μὲν ταῦτα ἀπέγραψα. ἀπογράψας δὲ ἐὰν ἀποδείξω τὰ ἀνδράποδα Ἀρεθουσίου ὄντα, οὗπερ ἐγέγραπτο εἶναι, τὰ μὲν τρία μέρη, ἃ ἐκ τῶν νόμων τῷ ἰδιώτῃ τῷ ἀπογράψαντι γίγνεται, τῇ πόλει ἀφίημι, αὐτῷ δ' ἐμοὶ τετιμωρῆσθαι ἀρκεῖ μόνον. **(3)** εἰ μὲν οὖν μοι ἦν ἱκανὸν τὸ ὕδωρ

1 ἀπογραφὴν Harp. α 183

tit. *προς νικοστρατον περι ανδραποδων απογραφης αρεθουσιου* SAF 3 ὑμῖν om A 5 ἀπεγραψάμην F 6 ἀπεγραψάμην SF add. Reiske 7 <ὁ> αὐτὸς ὁ S 8 τοῦ] τῷ S : τὸ F αὖθις μηδένα F 9 αὖ om. A οὐδ' ἄφιλος om. S 10 ἐξηῦρον Richards ἀπογράψαντα A 12 ἐμοῦ τοῦ] ἐμαυτοῦ A 13 τοῦτο om. A 17 ἀπεγέγραπτο A 18 ἄφημι A (sic) δέ μοι AF : [S] : corr. Reiske 19 ἦν μοι F

διηγήσασθαι πρὸς ὑμᾶς τὰ ἐξ ἀρχῆς, ὅσ᾽ ἀγαθὰ πεπονθότες ὑπ᾽ ἐμοῦ οἷά με εἰργασμένοι εἰσίν, εὖ οἶδ᾽ ὅτι ὑμεῖς τ᾽ ἄν μοι ἔτι μᾶλλον συγγνώμην εἴχετε τοῦ ὀργίζεσθαι αὐτοῖς, τούτους τ᾽ ἀνοσιωτάτους ἀνθρώπων ἡγήσασθε εἶναι· νῦν δ᾽ οὐδὲ διπλάσιόν μοι τούτου ὕδωρ ἱκανὸν ἂν γένοιτο. τὰ μὲν οὖν μέγιστα καὶ περιφανῆ τῶν ἀδικημάτων, καὶ ὁπόθεν ἡ ἀπογραφὴ αὕτη γέγονεν, ἐρῶ πρὸς ὑμᾶς, τὰ δὲ πολλὰ ἐάσω.

4. Νικόστρατος γὰρ οὑτοσί, ὦ ἄνδρες δικασταί, γείτων μοι ὢν ἐν ἀγρῷ καὶ ἡλικιώτης, γνωρίμως μέν μοι εἶχεν καὶ πάλαι, ἐπειδὴ δὲ ἐτελεύτησεν ὁ πατὴρ καὶ ἐγὼ ἐν ἀγρῷ κατῴκουν, οὗπερ καὶ νῦν οἰκῶ, καὶ μᾶλλον ἀλλήλοις ἤδη ἐχρώμεθα διὰ τὸ γείτονές τε εἶναι καὶ ἡλικιῶται. χρόνου δὲ προβαίνοντος καὶ πάνυ οἰκείως διεκείμεθα, καὶ ἐγώ θ᾽ οὕτως οἰκείως διεκείμην πρὸς τοῦτον, ὥστ᾽ οὐδενὸς πώποτε ὧν ἐδεήθη οὗτος ἐμοῦ ἀπέτυχεν, οὗτός τ᾽ αὖ ἐμοὶ οὐκ ἄχρηστος ἦν πρὸς τὸ ἐπιμεληθῆναι καὶ διοικῆσαι, καὶ ὁπότ᾽ ἐγὼ ἀποδημοίην ἢ δημοσίᾳ τριηραρχῶν ἢ ἰδίᾳ κατ᾽ ἄλλο τι, κύριον τῶν ἐν ἀγρῷ τοῦτον ἁπάντων κατέλειπον. (5) συμβαίνει δή μοι τριηραρχία περὶ Πελοπόννησον, ἐκεῖθεν δὲ εἰς Σικελίαν ἔδει τοὺς πρέσβεις ἄγειν, οὓς ὁ δῆμος ἐχειροτόνησεν. ἡ οὖν ἀναγωγὴ διὰ ταχέων ἐγίγνετό μοι. ἐπιστέλλω δὴ αὐτῷ ὅτι αὐτὸς μὲν ἀνῆγμαι καὶ οὐχ οἷός τ᾽ ἦν οἴκαδε ἀφικέσθαι, ἵνα μὴ κατακωλύοιμι τοὺς πρέσβεις· τούτῳ δὲ προσέταξα ἐπιμελεῖσθαί τε τῶν οἴκοι καὶ διοικεῖν, ὥσπερ καὶ ἐν τῷ ἔμπροσθεν χρόνῳ. (6) ἐν δὲ τῇ ἐμῇ ἀποδημίᾳ ἀποδιδράσκουσιν αὐτὸν οἰκέται τρεῖς ἐξ ἀγροῦ παρὰ τούτου, οἱ μὲν δύο ὧν ἐγὼ ἔδωκα αὐτῷ, ὁ δὲ εἷς ὧν αὐτὸς ἐκτήσατο. διώκων οὖν ἁλίσκεται ὑπὸ τριήρους καὶ κατήχθη εἰς Αἴγιναν, καὶ ἐκεῖ ἐπράθη. ἐπειδὴ δὲ

3 ἀπογραφὴ Harp. α 183

---

1 τὰ om. A   5 ἂν om. SF   8 οὑτοσὶ om. S : οὗτος A   11 νυνὶ F   13 οἰκείως del. van Herwerden   14–15 μοῦ οὗτος A   18 κατέλιπον AF'   19 δὲ] τε A   <οἱ> ἔδει van Herwerden   21 μοι ἐγίγνετο A   22 ἦν] εἴην F   24 τε om. A   25 δὲ] οὖν A   27 <ἂν> ἁλίσκεται F[a]

κατέπλευσα ἐγὼ τριηραρχῶν, προσέρχεταί μοι Δείνων ὁ ἀδελφὸς ὁ τούτου, λέγων τήν τε τούτου συμφοράν, αὐτός θ' ὅτι δι' ἀπορίαν ἐφοδίων οὐ πεπορευμένος εἴη ἐπὶ τοῦτον πέμποντος τούτου αὐτῷ ἐπιστολάς, καὶ ἅμα λέγων πρὸς ἐμὲ ὡς ἀκούοι αὐτὸν δεινῶς διακεῖσθαι. (7) ἀκούσας δ' ἐγὼ ταῦτα καὶ συναχθεσθεὶς ἐπὶ τῇ ἀτυχίᾳ τῇ τούτου, ἀποστέλλω τὸν Δείνωνα τὸν ἀδελφὸν αὐτοῦ εὐθὺς ἐπὶ τοῦτον, δοὺς ἐφόδιον αὐτῷ τριακοσίας δραχμάς. ἀφικόμενος δ' οὗτος καὶ ἐλθὼν ὡς ἐμὲ πρῶτον μὲν ἠσπάζετο καὶ ἐπῄνει ὅτι παρέσχον τὰ ἐφόδια τῷ ἀδελφῷ αὐτοῦ, καὶ ὠδύρετο τὴν αὑτοῦ συμφοράν, καὶ κατηγορῶν ἅμα τῶν ἑαυτοῦ οἰκείων ἐδεῖτό μου βοηθῆσαι αὑτῷ, ὥσπερ καὶ ἐν τῷ ἔμπροσθεν χρόνῳ ἦν περὶ αὐτὸν ἀληθινὸς φίλος· καὶ κλάων ἅμα, καὶ λέγων ὅτι ἓξ καὶ εἴκοσι μνῶν λελυμένος εἴη, εἰσενεγκεῖν αὑτῷ τι ἐκέλευέ με εἰς τὰ λύτρα. (8) ταῦτα δ' ἐγὼ ἀκούων καὶ ἐλεήσας τοῦτον, καὶ ἅμα ὁρῶν κακῶς διακείμενον καὶ δεικνύοντα ἕλκη ἐν ταῖς κνήμαις ὑπὸ δεσμῶν, ὧν ἔτι τὰς οὐλὰς ἔχει, καὶ ἐὰν κελεύσητε αὐτὸν δεῖξαι, οὐ μὴ 'θελήσῃ, ἀπεκρινάμην αὐτῷ ὅτι καὶ ἐν τῷ ἔμπροσθεν χρόνῳ εἴην αὐτῷ φίλος ἀληθινός, καὶ νῦν ἐν τῇ συμφορᾷ βοηθήσοιμι αὐτῷ, καὶ τάς τε τριακοσίας, ἃς τῷ ἀδελφῷ αὐτοῦ ἔδωκα ἐφόδιον ὅτε ἐπορεύετο ἐπὶ τοῦτον, ἀφιείην αὐτῷ, χιλίας τε δραχμὰς ἔρανον αὐτῷ εἰς τὰ λύτρα εἰσοίσοιμι. (9) καὶ τοῦτο οὐ λόγῳ μὲν ὑπεσχόμην, ἔργῳ δ' οὐκ ἐποίησα, ἀλλ' ἐπειδὴ οὐκ ηὐπόρουν ἀργυρίου διὰ τὸ διαφόρως ἔχειν τῷ Φορμίωνι καὶ ἀποστερεῖσθαι ὑπ' αὐτοῦ τὴν οὐσίαν ἥν μοι ὁ πατὴρ κατέλιπεν, κομίσας ὡς Θεοκλέα τὸν τότε τραπεζιτεύοντα ἐκπώματα καὶ στέφανον χρυσοῦν, ἃ παρ' ἐμοὶ ἐκ

2 ὁ om. SF τήν τε] τήνδε S 3 ὅτι] ὡς A εἴη] ἤιει A 4 με A : ὑμᾶς F 6 ἀποστέλλω] πέμπω SF 7 αὐτοῦ] τούτου SF 9 με S μὲν om. A 10 διωδύρετο A 13 κλαίων SF 14 τι om. A ἐκέλευσέ A 16 ἐπιδεικνύοντα AF 17 ὑπὸ <τῶν> F 19 ἐν om. A 20 βοηθήσαιμι SAF : corr. Schaefer 21 αὐτοῦ om. A ἐφόδια A 22 ἀφίην SF : corr. Blass : ἀφείην A 23 εἰσοίσομαι A ὑπισχνούμην A 27 ἃ παρ'] ἅπερ A

τῶν πατρῴων ὄντα ἐτύγχανεν, ἐκέλευσα δοῦναι τούτῳ χιλίας δραχμάς, καὶ τοῦτο ἔδωκα δωρεὰν αὐτῷ τὸ ἀργύριον, καὶ ὁμολογῶ δεδωκέναι. **(10)** *ἡμέραις δ' οὐ πολλαῖς ὕστερον προσελθών μοι κλάων ἔλεγεν, ὅτι οἱ ξένοι ἀπαιτοῖεν αὐτόν, οἱ δανείσαντες τὰ λύτρα, τὸ λοιπὸν ἀργύριον, καὶ ἐν ταῖς συγγραφαῖς εἴη τριάκονθ' ἡμερῶν αὐτὸν ἀποδοῦναι ἢ διπλάσιον ὀφείλειν, καὶ ὅτι τὸ χωρίον τὸ ἐν γειτόνων μοι τοῦτο οὐδεὶς ἐθέλοι οὔτε πρίασθαι οὔτε θέσθαι· ὁ γὰρ ἀδελφὸς ὁ Ἀρεθούσιος, οὗ τἀνδράποδ' ἐστὶ ταῦτα ἃ νῦν ἀπογέγραπται, οὐδένα ἐῴη οὔτε ὠνεῖσθαι οὔτε τίθεσθαι, ὡς ἐνοφειλομένου αὐτῷ ἀργυρίου.* **(11)** *'σὺ οὖν μοι,' ἔφη, 'πόρισον τὸ ἐλλεῖπον τοῦ ἀργυρίου, πρὶν τὰς τριάκονθ' ἡμέρας παρελθεῖν, ἵνα μὴ ὅ τ' ἀποδέδωκα,' ἔφη, 'τὰς χιλίας δραχμάς, ἀπόληται, καὶ αὐτὸς ἀγώγιμος γένωμαι. συλλέξας δ',' ἔφη, 'τὸν ἔρανον, ἐπειδὰν τοὺς ξένους ἀπαλλάξω, σοὶ ἀποδώσω ὃ ἄν μοι χρήσῃς. οἶσθα δ',' ἔφη, 'ὅτι καὶ οἱ νόμοι κελεύουσι τοῦ λυσαμένου ἐκ τῶν πολεμίων εἶναι τὸν λυθέντα, ἐὰν μὴ ἀποδιδῷ τὰ λύτρα.'* **(12)** *ἀκούων δ' αὐτοῦ ταῦτα καὶ δοκῶν οὐ ψεύδεσθαι, ἀπεκρινάμην αὐτῷ ἅπερ ἂν νέος τε ἄνθρωπος καὶ οἰκείως χρώμενος, οὐκ ἂν νομίσας ἀδικηθῆναι, ὅτι 'ὦ Νικόστρατε, καὶ ἐν τῷ πρὸ τοῦ σοι χρόνῳ φίλος ἦν ἀληθινός, καὶ νῦν ἐν ταῖς συμφοραῖς σου, καθ' ὅσον ἐγὼ ἐδυνάμην, βεβοήθηκα. ἐπειδὴ δὲ ἐν τῷ παρόντι οὐ δύνασαι πορίσαι ἅπαντα τὰ χρήματα, ἀργύριον μὲν ἐμοὶ οὐ πάρεστιν, οὐδ' ἔχω οὐδ' αὐτός, τῶν δὲ κτημάτων σοι τῶν ἐμῶν κίχρημι ὅ τι βούλει, θέντα τοῦ ἐπιλοίπου ἀργυρίου ὅσου ἐνδεῖ σοι, ἐνιαυτὸν ἀτόκῳ χρῆσθαι τῷ ἀργυρίῳ καὶ ἀποδοῦναι τοῖς ξένοις. συλλέξας δὲ ἔρανον, ὥσπερ αὐτὸς φής, λῦσαί μοι.'*

1 *ὄντα* ante (205.27) *ἐκ* A   4 *κλαίων* S[C]F : *καλῶν* S   6 *αὐτὸν*] *ἀγρὸν* A   7 *ἐν γειτόνων*] *ἐγγειτόνων* SA (*ἐγ-* om. A)   7–8 *μου οὐδεὶς ἐθέλει* A   8 *τίθεσθαι* SAF : corr. Naber   12 *ὅ τε*] *ᾧ τε* F   13 *ἀπόλωνται* A   20 *τοῦ*] *τούτου* SF   21 *νῦν* om. F   *σου*] *οὐ* S : *σοι* A   23 *μοι* A   24 *κτημάτων*] *χρημάτων* SF[a]   25 *βούλει θέντα*] *βουληθέντα* F   *λοιποῦ* A   *ὅσον* SAF : corr. Blass   26 *ἐνιαυτὸν ἀτόκῳ*] *ἐνιαυτῶν ἀτόκως* F   27 *μοι* <*τὰ κτήματα*> A

(13) ἀκούσας δ' οὗτος ταῦτα καὶ ἐπαινέσας με, ἐκέλευσε τὴν ταχίστην πρᾶξαι, πρὶν ἐξήκειν τὰς ἡμέρας ἐν αἷς ἔφη δεῖν τὰ λύτρα καταθεῖναι. τίθημι οὖν τὴν συνοικίαν ἑκκαίδεκα μνῶν Ἀρκέσαντι Παμβωτάδῃ, ὃν αὐτὸς οὗτος προὐξένησεν, ἐπὶ ὀκτὼ ὀβολοῖς τὴν μνᾶν δανείσαντι τοῦ μηνὸς ἑκάστου. λαβὼν δὲ τὸ ἀργύριον οὐχ ὅπως χάριν τινά μοι ἀποδίδωσιν ὧν εὖ ἔπαθεν, ἀλλ' εὐθέως ἐπεβούλευέ μοι, ἵνα ἀποστερήσειε τὸ ἀργύριον καὶ εἰς ἔχθραν κατασταίη, καὶ ἀπορούμενος ἐγὼ τοῖς πράγμασιν νέος ὢν ὅ τι χρησαίμην καὶ ἄπειρος πραγμάτων, ὅπως μὴ εἰσπράττοιμι αὐτὸν τὸ ἀργύριον οὗ ἡ συνοικία ἐτέθη, ἀλλ' ἀφείην αὐτῷ. (14) πρῶτον μὲν οὖν ἐπιβουλεύει μοι μετὰ τῶν ἀντιδίκων, καὶ πίστιν αὐτοῖς δίδωσιν· ἔπειτ' ἀγώνων μοι συνεστηκότων πρὸς αὐτούς, τούς τε λόγους ἐκφέρει μου εἰδώς, καὶ ἐγγράφει τῷ δημοσίῳ ἀπρόσκλητον ἐξ ἐμφανῶν καταστάσεως ἐπιβολὴν ἑξακοσίας καὶ δέκα δραχμάς, διὰ Λυκίδου τοῦ μυλωθροῦ ποιησάμενος τὴν δίκην. κλητῆρα δὲ κατ' ἐμοῦ τόν τε ἀδελφὸν τὸν αὑτοῦ τὸν Ἀρεθούσιον τοῦτον ἐπιγράφεται, οὗπέρ ἐστιν τὰ ἀνδράποδα ταῦτα, καὶ ἄλλον τινά· καὶ παρεσκευάζοντο, εἰ ἀνακρινοίμην κατὰ τῶν οἰκείων τῶν ἀδικούντων με τὰς δίκας ἃς εἰλήχειν αὐτοῖς, ἐνδεικνύναι με ὡς ὀφείλοντα τῷ δημοσίῳ καὶ ἐμβάλλειν εἰς τὸ δεσμωτήριον. (15) ἔτι δὲ πρὸς τούτοις ὁ {Ἀρεθούσιος} ἀπρόσκλητόν μου <ἑξακοσίων καὶ> δέκα δραχμῶν δίκην καταδικασάμενος <καὶ ψευδεῖς> κλητῆρας ἐπιγραψάμενος, {καὶ} εἰσελθὼν εἰς τὴν οἰκίαν βίᾳ τὰ σκεύη πάντα ἐξεφόρησεν, πλέον ἢ εἴκοσι

13 Παμβωτάδῃ Harp. π 8

3 <συνθήκην> συνοικίαν S[a] 4 ἀρκέσωντι A παμβωτίδῃ A προεξέν S[C]AF 6 εὖ om. A 7 ἐπεβούλευσε SF 9 νέος ὢν transp. post χρησαίμην van Herwerden 11 ἀφείην <ἂν> SF 14 καὶ ἐγγράφει om. S : καὶ ἐκγράφει F ἀπρόσκλητον] ἀπόκληρον SF 15 ἐπιβουλὴν SAF : corr. Valesius 17 τε om. S[a] τὸν (post αὑτοῦ) om. A 21 ὡς - δημοσίῳ (ὡς om. S) post 23 καταδικασάμενος SAF : transp. Sauppe 22 del. Blass : ὁ Ἀρεθούσιος del. Sauppe 23 add. Platner 24 add. Reiske del. Lipsius

μνῶν ἄξια, καὶ οὐδ' ὁτιοῦν κατέλιπεν. ὅτε δὲ τιμωρεῖσθαι ᾤμην δεῖν, καὶ ἐκτείσας τῷ δημοσίῳ τὸ ὄφλημα, ἐπειδὴ ἐπυθόμην τὴν ἐπιβουλήν, ἐβάδιζον ἐπὶ τὸν κλητῆρα τὸν ὁμολογοῦντα κεκλητευκέναι, τὸν Ἀρεθούσιον, τῆς ψευδοκλητείας κατὰ τὸν νόμον, ἐλθὼν εἰς τὸ χωρίον τῆς νυκτός, ὅσα ἐνῆν φυτὰ ἀκροδρύων γενναίων ἐμβεβλημένα καὶ τὰς ἀναδενδράδας ἐξέκοψε, καὶ φυτευτήρια ἐλαῶν περιστοίχων κατέκλασεν, οὕτω δεινῶς ὡς οὐδ' ἂν οἱ πολέμιοι διαθεῖεν. **(16)** πρὸς δὲ τούτοις μεθ' ἡμέραν παιδάριον ἀστὸν εἰσπέμψαντες διὰ τὸ γείτονες εἶναι καὶ ὅμορον τὸ χωρίον, ἐκέλευον τὴν ῥοδωνιὰν βλαστάνουσαν ἐκτίλλειν, ἵν', εἰ καταλαβὼν αὐτὸν ἐγὼ δήσαιμι ἢ κατάξαιμι ὡς δοῦλον ὄντα, γραφήν με γράψαιντο ὕβρεως. ὡς δὲ τούτου διήμαρτον, καὶ ἐγὼ μάρτυρας μὲν ὧν ἔπασχον ἐποιούμην, αὐτὸς δ' οὐδὲν ἐξημάρτανον εἰς αὐτούς, ἐνταῦθα δή μοι ἐπιβουλεύουσι τὴν μεγίστην ἐπιβουλήν· **(17)** ἀνακεκριμένου γὰρ ἤδη μου κατ' αὐτοῦ τὴν τῆς ψευδοκλητείας γραφὴν καὶ μέλλοντος εἰσιέναι εἰς τὸ δικαστήριον, τηρήσας με ἀνιόντα ἐκ Πειραιῶς ὀψὲ περὶ τὰς λιθοτομίας παίει τε πὺξ καὶ ἁρπάζει μέσον καὶ ἐώθει με εἰς τὰς λιθοτομίας, εἰ μή τινες προσιόντες, βοῶντός μου ἀκούσαντες, παρεγένοντο καὶ ἐβοήθησαν. ἡμέραις δ' οὐ πολλαῖς ὕστερον εἰσελθὼν εἰς τὸ δικαστήριον πρὸς ἡμέραν διαμεμετρημένην, καὶ ἐξελέγξας αὐτὸν τὰ ψευδῆ κεκλητευκότα καὶ τὰ ἄλλα ὅσα εἴρηκα ἠδικηκότα, εἷλον. **(18)** καὶ ἐν τῇ τιμήσει βουλομένων τῶν δικαστῶν θανάτου τιμῆσαι αὐτῷ, ἐδεήθην ἐγὼ τῶν

15 ἐμβεβλημένα Harp. ε 41 φυτευτήρια—κατέκλασεν Harp. π 63 Sud. π 1313 **16** τὴν—ἐκτίλλειν Hermog. 324.16 R. ῥωδωνιὰν Harp. ρ 6

---

3 ἐπιβολήν Reiske <καὶ> ἐβάδιζον A 4 τὸν] τόνδ' S 5 ἦν A 6 γενναῖα SF 7 ἐλαιῶν SF 10 γείτονες <τε> F 11 βλαστάνουσαν om. Hermog. εἴπερ A 12 <πρὸς ὀργὴν> δήσαιμι A γράψωνται S[c] 13 τοῦτο S 15 δὴ] ἤδη SF 18 ἀπιόντα SF <καὶ> περὶ S 19 τε] με A ὠθεῖ SAF : corr. Blass : κἂν ἐώθει Hirschig 23 ἐλέγξας *A* 25 ἐδεήθην <μὲν> SF

δικαστῶν μηδὲν δι' ἐμοῦ τοιοῦτον πρᾶξαι, ἀλλὰ συνεχώρησα ὅσουπερ αὐτοὶ ἐτιμῶντο, ταλάντου, οὐχ ἵνα μὴ ἀποθάνῃ ὁ Ἀρεθούσιος (ἄξια γὰρ αὐτῷ θανάτου εἴργαστο εἰς ἐμέ), ἀλλ' ἵν' ἐγὼ Πασίωνος ὢν καὶ κατὰ ψήφισμα πολίτης μηδένα Ἀθηναίων ἀπεκτονὼς εἴην. ὡς δ' ἀληθῆ εἴρηκα πρὸς ὑμᾶς, τούτων ὑμῖν πάντων τοὺς μάρτυρας παρέξομαι.

ΜΑΡΤΥΡΕΣ

19. Ἃ μὲν τοίνυν ἀδικούμενος, ὦ ἄνδρες δικασταί, ὑπ' αὐτῶν τὴν ἀπογραφὴν ἐποιησάμην, δεδήλωκα ὑμῖν· ὡς δ' ἔστιν Ἀρεθουσίου τὰ ἀνδράποδα ταῦτα καὶ ὄντα ἐν τῇ οὐσίᾳ τῇ ἐκείνου ἀπέγραψα, ἐπιδείξω ὑμῖν. τὸν μὲν γὰρ Κέρδωνα ἐκ μικροῦ παιδαρίου ἐξεθρέψατο· καὶ ὡς ἦν Ἀρεθουσίου, τούτων ὑμῖν τοὺς εἰδότας μάρτυρας παρέξομαι.

ΜΑΡΤΥΡΕΣ

20. Παρ' οἷς τοίνυν ἠργάσατο πώποτε, ὡς τοὺς μισθοὺς Ἀρεθούσιος ἐκομίζετο ὑπὲρ αὐτοῦ, καὶ δίκας ἐλάμβανε καὶ ἐδίδου, ὁπότε κακόν τι ἐργάσαιτο, ὡς δεσπότης ὤν, τούτων ὑμῖν τοὺς εἰδότας μάρτυρας παρέξομαι.

ΜΑΡΤΥΡΕΣ

Τὸν δὲ Μάνην, δανείσας ἀργύριον Ἀρχεπόλιδι τῷ Πειραιεῖ, ἐπειδὴ οὐχ οἷός τ' ἦν αὐτῷ ἀποδοῦναι ὁ Ἀρχέπολις οὔτε τὸν τόκον οὔτε τὸ ἀρχαῖον ἅπαν, ἐναπετίμησεν αὐτῷ. καὶ ὅτι ἀληθῆ λέγω, τούτων ὑμῖν τοὺς μάρτυρας παρέξομαι.

20 δανείσας—ἀρχαῖον Sud. α 4072 (= Caecil. 148.9)

1 τοιοῦτο A συγχωρῆσαι SAF : corr. Blass 2 ἀποθάνοι Schaefer 3 εἰργάσατο A 4 <τὸ> ψήφισμα F 6 πάντων τοὺς μάρτυρας] μάρτυρας πάντων S : ἁπάντων μάρτυρας A 8 ὑπ' αὐτῶν ante ὦ AF 11 <ἃ> ἀπέγραψα SF 15 εἰργάσατο SAF : corr. Rennie 16 <τοὺς> ὑπὲρ AF <καὶ> ἐλάμβανε A 17 εἰργάσαιντο S 18 εἰδότας om. A 21 Ἀρχεπόλιδι - ἐπειδὴ] Ἄρχιππον Sud. 21 αὐτῷ - Ἀρχέπολις] αὐτὸ ἀπολαβεῖν Sud.

ΜΑΡΤΥΡΕΣ

21. Ἔτι τοίνυν καὶ ἐκ τῶνδε γνώσεσθε, ὦ ἄνδρες δικασταί, ὅτι εἰσὶν Ἀρεθουσίου οἱ ἄνθρωποι. ὁπότε γὰρ οἱ ἄνθρωποι οὗτοι ἢ ὀπώραν πρίαιντο ἢ θέρος μισθοῖντο ἐκθερίσαι ἢ ἄλλο τι τῶν περὶ γεωργίαν ἔργων ἀναιροῖντο, Ἀρεθούσιος ἦν ὁ ὠνούμενος καὶ μισθούμενος ὑπὲρ αὐτῶν. ὡς δ᾽ ἀληθῆ λέγω, καὶ τούτων ὑμῖν τοὺς μάρτυρας παρέξομαι.

ΜΑΡΤΥΡΕΣ

22. Ὅσας μὲν τοίνυν μαρτυρίας παρασχέσθαι εἶχον ὑμῖν, ὡς ἔστιν Ἀρεθουσίου τὰ ἀνδράποδα, δεδήλωκα ὑμῖν. βούλομαι δὲ καὶ περὶ τῆς προκλήσεως εἰπεῖν, ἣν οὗτοί με προὐκαλέσαντο καὶ ἐγὼ τούτους. οὗτοι μὲν γάρ με προὐκαλέσαντο, ὅτε ἡ πρώτη ἀνάκρισις ἦν, φάσκοντες ἕτοιμοι εἶναι παραδιδόναι ἐμοὶ αὐτῷ τὰ ἀνδράποδα βασανίσαι, βουλόμενοι μαρτυρίαν τινὰ αὑτοῖς ταύτην γενέσθαι. (23) ἐγὼ δ᾽ ἀπεκρινάμην αὐτοῖς ἐναντίον μαρτύρων, ὅτι ἕτοιμός εἰμι ἰέναι εἰς τὴν βουλὴν μετ᾽ αὐτῶν καὶ παραλαμβάνειν μετ᾽ ἐκείνης ἢ μετὰ τῶν ἕνδεκα, λέγων ὅτι, εἰ μὲν ἰδίαν δίκην ἐδικαζόμην αὐτοῖς, εἰ ἐμοὶ ἐξεδίδοσαν, παρελάμβανον ἄν, νῦν δὲ τῆς πόλεως εἴη τὰ ἀνδράποδα καὶ ἡ ἀπογραφή· δεῖν οὖν δημοσίᾳ βασανίζεσθαι. (24) ἡγούμην γὰρ οὐ προσήκειν ἐμοὶ ἰδιώτῃ ὄντι τοὺς δημοσίους βασανίζειν· οὔτε γὰρ τῆς βασάνου κύριος ἐγιγνόμην, οὔτε καλῶς εἶχεν τὰ λεγόμενα ὑπὸ τῶν ἀνθρώπων ἐμὲ κρίνειν, ἡγούμην τε δεῖν τὴν ἀρχὴν ἢ τοὺς ᾑρημένους ὑπὸ τῆς βουλῆς γράφεσθαι, καὶ κατασημηναμένους τὰς βασάνους, ὅ τι εἴποιεν οἱ ἄνθρωποι, παρέχειν εἰς τὸ δικαστήριον, ἵν᾽ ἀκούσαντες ἐκ τούτων ἐψηφίσασθε ὁποῖόν τι ὑμῖν ἐδόκει. (25) ἰδίᾳ μὲν γὰρ

3 ἀρεθούσιοι A ὁπότε – ἄνθρωποι (ὁμ.) om. F : οἱ om. A 5 ἀνέροιντο S : ἂν ἔροιντο F 9 ὅσα . . . μαρτύρια SF (-ρίαι F) 11 εἰπεῖν om. S^a ἐμὲ A 14 αὐτῷ ἐμοὶ A 19 νυνὶ F 20 βασανίζεσθαι S 23 εἶχεν Madvig : ἔχειν SF : ἕξοι A τὸ λεγόμενον F ἐμὲ κρίνειν om. F 24 τε om. F δεῖν – ἀρχὴν] μὴ οὐ τὴν ἄλλην F 25 εἶπεν S : εἴπαιεν F

βασανιζομένων τῶν ἀνθρώπων ὑπ᾽ ἐμοῦ ἀντελέγετ᾽ ἂν ἅπαντα ὑπὸ τούτων, εἰ δὲ δημοσίᾳ, ἡμεῖς μὲν ἂν ἐσιωπῶμεν, οἱ δ᾽ ἄρχοντες ἢ οἱ ᾑρημένοι ὑπὸ τῆς βουλῆς ἐβασάνιζον ἂν μέχρι οὗ αὐτοῖς ἐδόκει. ταῦτα δ᾽ ἐμοῦ ἐθέλοντος, οὐκ ἂν ἔφασαν τῇ ἀρχῇ παραδοῦναι, οὐδ᾽ εἰς τὴν βουλὴν ἤθελον ἀκολουθεῖν. ὡς οὖν ἀληθῆ λέγω, κάλει μοι τούτων τοὺς μάρτυρας.

ΜΑΡΤΥΡΕΣ

26. *Κατὰ* πολλὰ μὲν οὖν ἔμοιγε δοκοῦσιν εἶναι ἀναίσχυντοι ἀμφισβητοῦντες τῶν ὑμετέρων, οὐχ ἥκιστα δὲ ὑμῖν αὐτοὺς ἐπιδείξω ἐκ τῶν νόμων τῶν ὑμετέρων. οὗτοι γάρ, ὅτε οἱ δικασταὶ ἠβούλοντο θανάτου τιμῆσαι τῷ Ἀρεθουσίῳ, ἐδέοντο τῶν δικαστῶν χρημάτων τιμῆσαι καὶ ἐμοῦ συγχωρῆσαι, καὶ ὡμολόγησαν αὐτοὶ συνεκτείσειν. **(27)** τοσούτου δὴ δέουσιν ἐκτίνειν καθ᾽ ἃ ἠγγυήσαντο, ὥστε καὶ τῶν ὑμετέρων ἀμφισβητοῦσι. καίτοι οἵ γε νόμοι κελεύουσι τὴν οὐσίαν εἶναι δημοσίαν, ὃς ἂν ἐγγυησάμενός τι τῶν τῆς πόλεως μὴ ἀποδιδῷ τὴν ἐγγύην· ὥστε καὶ εἰ τούτων ἦν τὰ ἀνδράποδα, προσῆκεν αὐτὰ δημόσια εἶναι, εἴπερ τι τῶν νόμων ὄφελος. **(28)** καὶ πρὶν μὲν ὀφείλειν τῷ δημοσίῳ, ὁ Ἀρεθούσιος ὡμολογεῖτο τῶν ἀδελφῶν εὐπορώτατος εἶναι· ἐπειδὴ δ᾽ οἱ νόμοι κελεύουσιν τἀκείνου ὑμέτερα εἶναι, τηνικαῦτα πένης ὢν φαίνεται ὁ Ἀρεθούσιος, καὶ τῶν μὲν ἡ μήτηρ ἀμφισβητεῖ, τῶν δὲ οἱ ἀδελφοί. χρῆν δ᾽ αὐτούς, εἴπερ ἠβούλοντο δικαίως προσφέρεσθαι πρὸς ὑμᾶς, ἀποδείξαντας ἅπασαν τὴν οὐσίαν τὴν ἐκείνου, τὰ τούτων αὐτῶν εἴ τις ἀπέγραφεν, ἀμφισβητεῖν. **(29)** ἐὰν οὖν ἐνθυμηθῆτε, ὅτι οὐδέποτε ἔσται ἀπορία τῶν

3 ἢ om. AF   4 δέ μου A : [S]   5 τὴν ἀρχὴν Naber   παραδοῦναι τῇ ἀρχῇ F   6 τοὺς τούτων SF : τοὺς μάρτυρας τούτων Reiske   9 οὐχ – 10 ὑμετέρων (ὁμ.) om. A   11 ἐβούλοντο SF   13 ἐκτίσειν A   <δὲ> δὴ Hirschig   14 ἐνεγυήσαντο AF   15 οἵ - νόμοι] οἱ γενόμενοι A   15–16 δημοσίαν εἶναι AF   19–20 ὡμολόγητο ... εὐπορώτερος A   23 ἐβούλοντο SF   25 ἀπέγραψεν F   26 ἐὰν <μὲν> F

ἀμφισβητησόντων ὑμῖν περὶ τῶν ὑμετέρων (ἢ γὰρ ὀρφανοὺς ἢ ἐπικλήρους κατασκευάσαντες ἀξιώσουσιν ἐλεεῖσθαι ὑφ᾽ ὑμῶν, ἢ γῆρας καὶ ἀπορίας καὶ τροφὰς μητρὶ λέγοντες, καὶ ὀδυρόμενοι δι᾽ ὧν μάλιστ᾽ ἐλπίζουσιν ἐξαπατήσειν ὑμᾶς, πειράσονται ἀποστερῆσαι τὴν πόλιν τοῦ ὀφλήματος), ἐὰν οὖν ταῦτα παριδόντες πάντα καταψηφίσησθε, ὀρθῶς βουλεύσεσθε.

3 ἀποδυρόμενοι A 5 <καὶ> ἀποστερῆσαι S : <καὶ> ἀποστερήσειν F 6 περιδόντες S ἐβουλεύσησθε F Subscriptum est in S *προς νικοστρατον Η Η Π Ι δ̣* : in A *προς νικοστρατον περι ανδραποδων* : in F *προς νικοστρατον περι των αρεθουσιου ανδραποδων* : Η Η <Η> *Π Ι* post Sauppium add. Burger

LIV

ΔΗΜΟΣΘΕΝΟΥΣ ΚΑΤΑ ΚΟΝΩΝΟΣ ΑΙΚΕΙΑΣ

1. Ὑβρισθείς, ὦ ἄνδρες δικασταί, καὶ παθὼν ὑπὸ Κόνωνος τουτουὶ τοιαῦτα, ὥστε πολὺν χρόνον πάνυ μήτε τοὺς οἰκείους μήτε τῶν ἰατρῶν μηδένα προσδοκᾶν περιφεύξεσθαί με, ὑγιάνας καὶ σωθεὶς ἀπροσδοκήτως ἔλαχον αὐτῷ τὴν δίκην τῆς ᾀκείας ταυτηνί. πάντων δὲ τῶν φίλων καὶ τῶν οἰκείων, οἷς συνεβουλευόμην, ἔνοχον μὲν φασκόντων αὐτὸν ἐκ τῶν πεπραγμένων εἶναι καὶ τῇ τῶν λωποδυτῶν ἀπαγωγῇ καὶ ταῖς τῆς ὕβρεως γραφαῖς, συμβουλευόντων δέ μοι καὶ παραινούντων μὴ μείζω πράγματα ἢ δυνήσομαι φέρειν ἐπάγεσθαι, μηδ' ὑπὲρ τὴν ἡλικίαν ὧν ἐπεπόνθειν ἐγκαλοῦντα φαίνεσθαι, οὕτως ἐποίησα καὶ δι' ἐκείνους ἰδίαν ἔλαχον δίκην, ἥδιστ' ἄν, ὦ ἄνδρες Ἀθηναῖοι, θανάτου κρίνας τουτονί. (2) καὶ τούτου συγγνώμην ἕξετε, εὖ οἶδ' ὅτι, πάντες, ἐπειδὰν ἃ πέπονθ' ἀκούσητε· δεινῆς γὰρ οὔσης τῆς τότε συμβάσης ὕβρεως οὐκ ἐλάττων ἡ μετὰ ταῦτ' ἀσέλγεια ἐστὶ τουτουί. ἀξιῶ δὴ καὶ δέομαι πάντων ὁμοίως ὑμῶν πρῶτον μὲν εὐνοϊκῶς ἀκοῦσαί μου περὶ ὧν πέπονθα λέγοντος, εἶτα, ἐὰν ἠδικῆσθαι καὶ παρανενομῆσθαι δοκῶ, βοηθῆσαί μοι τὰ δίκαια. ἐξ ἀρχῆς δ'

1 ὑβρισθεὶς—δικασταί Caecil. 11.5 —τοιαῦτα Hermog. 228.13 R. —περιφεύξεσθαι Aristid. 28.1 ἀπαγωγῇ Lex. Vind. 8.6 ὕβρεως Caecil. 10.17 γραφαῖς Harp. γ 17 δίκην Harp. δ 67 Sud. δ 1090

---

tit. περι κονωνος αικιας SF : corr. Blass : ιδιωτικοι κατα κονωνος A 2 τούτου <γε> Aristid. πολυχρονον S <εἰ> μήτε A 3 περιφευξεῖσθαι A Aristid. 5 αἰκίας : corr. Blass οἰκείων . . . φίλων F 6 μὲν] με F 10 ὧν] ἣν ἔχων F : <περὶ> ὧν Rauchenstein 13 ἃ - τουτουί om. S[a] 15 ἔλαττον S[c]A τούτου A δὴ] δὲ F 17 ἀδικῆσθαι S

ὡς ἕκαστα πέπρακται διηγήσομαι πρὸς ὑμᾶς, ὡς ἂν οἷός τε ὦ διὰ βραχυτάτων.

3. Ἐξῆλθον ἔτος τουτὶ τρίτον εἰς Πάνακτον φρουρᾶς ἡμῖν προγραφείσης. ἐσκήνωσαν οὖν οἱ υἱεῖς οἱ Κόνωνος τουτουὶ ἐγγὺς ἡμῶν, ὡς οὐκ ἂν ἠβουλόμην· ἡ γὰρ ἐξ ἀρχῆς ἔχθρα καὶ τὰ προσκρούματ' ἐκεῖθεν ἡμῖν συνέβη· ἐξ ὧν δέ, ἀκούσεσθε. ἔπινον ἑκάστοτε οὗτοι τὴν ἡμέραν, ἐπειδὴ τάχιστα ἀριστήσαιεν, ὅλην, καὶ τοῦτο, ἕως περ ἦμεν ἐν τῇ φρουρᾷ, διετέλουν ποιοῦντες. ἡμεῖς δ' ὥσπερ ἐνθάδ' εἰώθειμεν, οὕτω διήγομεν καὶ ἔξω. (4) ἣν οὖν δειπνοποιεῖσθαι τοῖς ἄλλοις ὥραν συμβαίνοι, ταύτην ἂν ἤδη ἐπαρῴνουν οὗτοι, τὰ μὲν πολλὰ εἰς τοὺς παῖδας ἡμῶν τοὺς ἀκολούθους, τελευτῶντες δὲ καὶ εἰς ἡμᾶς αὐτούς. φήσαντες γὰρ καπνίζειν αὐτοὺς ὀψοποιουμένους τοὺς παῖδας ἢ κακῶς λέγειν, ὅ τι τύχοιεν, ἔτυπτον καὶ τὰς ἁμίδας κατεσκεδάννυον καὶ προσεούρουν, καὶ ἀσελγείας καὶ ὕβρεως οὐδ' ὁτιοῦν ἀπέλειπον. ὁρῶντες δ' ἡμεῖς ταῦτα καὶ λυπούμενοι τὸ μὲν πρῶτον ἀπεπεμψάμεθα, ὡς δ' ἐχλεύαζον ἡμᾶς καὶ οὐκ ἐπαύοντο, τῷ στρατηγῷ τὸ πρᾶγμα εἴπομεν

3 *ἐξῆλθον*–**9** *πλευράς* D.H. 1.152.11 –*Πάνακτον* Hermog. 123.13 R. Anon. Schol. in Inv. 7.732.3 W. Anon. Schol. in Id. 7.924.27 W. *Πάνακτον* Harp. π 15 *οἱ*[1]–*Κόνωνος* Tz. 166.29 *πλευράς* D.H. 1.152.1 **4** *ἀκολούθους* Σ[b] 742 *καὶ τῆς*–*προσεούρουν* Hermog. 123.15 R. Anon. Schol. in Inv. 7.732.4 W. Eust. 1828.32 *ἁμίδας* Caecil. 141.4

---

1 *πέπρακται ἕκαστα* F　3 *ἐξήλθομεν* D.H. Hermog.　*ἔτος - τρίτον* post *Πάνακτον* Hermog. Anon. in Inv.　4 *οἱ*[2] om. F　*κόνωνος τουτουὶ* SAF D.H. (cod. M[c]) : *τουτουὶ Κόνωνος* D.H.　6 *προσκρούσματα* SAF : corr. D.H.　*ἐξ ὧν*] *ἑξῆς* D.H.　*δέ* om. F　7 *ἐπειδὰν* D.H.　*ἀριστήσειαν* D.H.　8 *ὅλην* post 7 *ἡμέραν* D.H.　*ἐν* D.H. : *ἐπὶ* SAF　9 *εἰώθαμεν* SF : *εἰώθημεν* D.H.　10 *ἣν οὖν*] *καὶ ἣν* D.H.　11 *ἤδη - οὗτοι*] *οὗτοι ἐπαρῴνουν ἤδη* D.H. *ἐπαροίνουν* F　12 *ἡμῶν - ἀκολούθους*] *τοὺς ἀκολούθους ἡμῶν* D.H.　13 *αὑτοὺς* om. Poll. : *αὐτοὺς* F D.H. : [S]　14 *καὶ* - 15 *προσεούρουν*] *προσεούρουν <τε ἡμῖν> καὶ τὰς ἀμίδας* F[γρ]　15 *ἀμίδας* F[γρ] D.H. Eust. : corr. F : [SA] *κατεσκεδάννυον* SAF : *κατεσκεδάννυσαν* D.H. : *κατερρήγνυον* F[γρ] Hermog. Eust. *προσούρουν* A　16 *ἀπέλιπον* SF　*ταῦτα*] *αὐτὰ* A　17 *ἐπεμψάμεθα* Hirschig : *κατεπεμψάμεθα* Naber　18 *οὐκ*] *οὐδ'* AF : *οὐδὲν* Dobree

κοινῇ πάντες οἱ σύσσιτοι προσελθόντες, οὐκ ἐγὼ τῶν ἄλλων ἔξω. (5) *λοιδορηθέντος δ' αὐτοῖς ἐκείνου καὶ κακίσαντος αὐτοὺς οὐ μόνον περὶ ὧν εἰς ἡμᾶς ἠσέλγαινον, ἀλλὰ καὶ περὶ ὧν ὅλως ἐποίουν ἐν τῷ στρατοπέδῳ, τοσούτου ἐδέησαν παύσασθαι ἢ αἰσχυνθῆναι, ὥστ' ἐπειδὴ θᾶττον συνεσκότασεν, εὐθὺς ὡς ἡμᾶς εἰσεπήδησαν ταύτῃ τῇ ἑσπέρᾳ, καὶ τὸ μὲν πρῶτον κακῶς ἔλεγον, τελευτῶντες δὲ καὶ πληγὰς ἐνέτειναν ἐμοί, καὶ τοσαύτην κραυγὴν καὶ θόρυβον περὶ τὴν σκηνὴν ἐποίησαν ὥστε καὶ τὸν στρατηγὸν καὶ τοὺς ταξιάρχους ἐλθεῖν καὶ τῶν ἄλλων στρατιωτῶν τινας, οἵπερ ἐκώλυσαν μηδὲν ἡμᾶς ἀνήκεστον παθεῖν μηδ' αὐτοὺς ποιῆσαι παροινουμένους ὑπὸ τούτων.* (6) *τοῦ δὲ πράγματος εἰς τοῦτο προελθόντος, ὡς δεῦρο ἐπανήλθομεν, ἦν ἡμῖν, οἷον εἰκός, ἐκ τούτων ὀργὴ καὶ ἔχθρα πρὸς ἀλλήλους. οὐ μὴν ἔγωγε μὰ τοὺς θεοὺς ᾤμην δεῖν οὔτε δίκην λαχεῖν αὐτοῖς οὔτε λόγον ποιεῖσθαι τῶν συμβάντων οὐδένα, ἀλλ' ἐκεῖν' ἁπλῶς ἐγνώκειν τὸ λοιπὸν εὐλαβεῖσθαι καὶ φυλάττεσθαι μὴ πλησιάζειν τοῖς τοιούτοις. πρῶτον μὲν οὖν ὧν εἴρηκα τούτων βούλομαι τὰς μαρτυρίας παρασχόμενος, μετὰ ταῦτα οἷα ὑπὸ {αὐτοῦ} τούτου πέπονθ' ἐπιδεῖξαι, ἵν' εἰδῆτε ὅτι ᾧ προσῆκεν τοῖς τὸ πρῶτον ἁμαρτηθεῖσιν ἐπιτιμᾶν, οὗτος αὐτὸς πρότερος πολλῷ δεινότερ' εἴργασται.*

5 *καὶ τὸ – ἐποίησαν* Aristid. 28.17

---

1 *οὐκ*] *οὐδὲν* D.H. 3–4 *ἐποίουν ὅλως* D.H. 5 *συνεσκόταζεν* D.H. (codd. B Pv) 7 *τελευτῶντες*] *ἔπειτα* D.H. *καὶ*[2] – *θόρυβον* om. Aristid. 10 *τινὰς στρατιωτῶν* D.H. *οἳ διεκώλυσαν* D.H. *ἀνήκεστον ἡμᾶς* A 11 *μήθ' αὐτοὺς* A *τουτωνί* S 12 *παρελθόντος* D. H. 13 *ἀνήλθομεν* D.H. 14 *μὰ - θεοὺς* om. D.H. : del. Dindorf : post *ἔγωγε* transp. Reiske : ante *οὐ* SAF *ᾠόμην* SF 16 *οὐδένα* om. D.H. *ἁπλῶς ἐκεῖνο* F : *ἐκεῖνα ἁπλῶς* D.H. 17 *τοῖς*] *ὡς* A : <*ὡς*> *τοὺς τοιούτους* D.H. 18 *τούτων ὧν εἴρηκα* SAF : corr. D.H. : *τούτων* del. Gernet 19 *οἷα*] *ὅσα* D.H. *αὐτοῦ* om. D.H. : del. Gernet 20 *ᾧ* om. D.H. 21 *αὐτὸς οὗτος* Gernet *πρότερος*] *πρὸς τούτοις* D.H. : *ὕστερον* <*οὐ*> Richards *εἴργασται*] *διαπέπρακται* D.H.

ΜΑΡΤΥΡΙΑΙ

7. *Ὧν μὲν τοίνυν οὐδέν᾽ ᾤμην δεῖν λόγον ποιεῖσθαι, ταῦτ᾽ ἐστίν. χρόνῳ δ᾽ ὕστερον οὐ πολλῷ περιπατοῦντος, ὥσπερ εἰώθειν, ἑσπέρας ἐν ἀγορᾷ μου μετὰ Φανοστράτου τοῦ Κηφισιέως, τῶν ἡλικιωτῶν τινος, παρέρχεται Κτησίας ὁ υἱὸς ὁ τούτου, μεθύων, κατὰ τὸ Λεωκόριον, ἐγγὺς τῶν Πυθοδώρου. κατιδὼν δ᾽ ἡμᾶς καὶ κραυγάσας, καὶ διαλεχθείς τι πρὸς αὑτὸν οὕτως ὡς ἂν μεθύων, ὥστε μὴ μαθεῖν ὅ τι λέγοι, παρῆλθε πρὸς Μελίτην ἄνω. ἔπινον δ᾽ ἄρ᾽ ἐνταῦθα (ταῦτα γὰρ ὕστερον ἐπυθόμεθα) παρὰ Παμφίλῳ τῷ κναφεῖ Κόνων οὑτοσί, Διότιμός τις, Ἀρχεβιάδης, Σπίνθαρος ὁ Εὐβούλου, Θεογένης ὁ Ἀνδρομένους, πολλοί τινες, οὓς ἐξαναστήσας ὁ Κτησίας ἐπορεύετο εἰς τὴν ἀγοράν.* **(8)** *καὶ ἡμῖν συμβαίνει ἀναστρέφουσιν ἀπὸ τοῦ Φερρεφαττίου καὶ περιπατοῦσιν πάλιν κατ᾽ αὐτό πως τὸ Λεωκόριον εἶναι, καὶ τούτοις περιτυγχάνομεν. ὡς δ᾽ ἀνεμείχθημεν, εἷς μὲν αὐτῶν, ἀγνώς τις, τῷ Φανοστράτῳ προσπίπτει καὶ κατεῖχεν ἐκεῖνον, Κόνων δ᾽ οὑτοσὶ καὶ ὁ υἱὸς αὐτοῦ καὶ ὁ Ἀνδρομένους υἱὸς ἐμοὶ προσπεσόντες τὸ μὲν πρῶτον ἐξέδυσαν, εἶθ᾽ ὑποσκελίσαντες καὶ ῥάξαντες εἰς τὸν βόρβορον οὕτω διέθηκαν ἐναλλόμενοι καὶ ὑβρίζοντες, ὥστε τὸ μὲν χεῖλος διακόψαι, τοὺς δ᾽ ὀφθαλμοὺς συγκλεῖσαι· οὕτω δὲ κακῶς ἔχοντα κατέλιπον, ὥστε μήτ᾽*

7 *Λεωκόριον* Harp. λ 16 *Μελίτην* Harp. μ 20 Sud. μ 521 **8** *συγκλεῖσαι* Poll. 2.67 *οὕτω—διακόψαι* Aristid. 29.2

---

1 *μαρτυρία* A : *μάρτυρες* D.H. 2 *ποιήσασθαι* F 4 *ἑσπέρας* om. D.H. *τοῦ* om. S *κηφισέως* SAF D.H. : corr. Palmer 5 *ὁ* (ante *τούτου*) om. D.H. 6 *τῶν*] *ἰὼν* D.H. 7 *αὐτὸν* A D.H. 8 *λέγει* D.H. 9 *δ᾽ ἄρ᾽*] *γὰρ* SF *ταῦτα* - 10 *ἐπυθόμεθα* (*ὁμ.*) om. A D.H. 10 *γναφεῖ* D.H. *Διότιμός* Mensching : *θεότιμός* SAF : *Θεόδωρός* D.H. 11 *Ἀρχεβιάδης*] *Ἀλκιβιάδης* D.H. 13 *τὴν* om. A *συμβαίνειν* A 14 *ἀπὸ*] *ἐκ* D.H. *φερεφαττίου* A D.H. 16 *ἀνεμίχθεμεν* SF : *ἀνεμίχθημεν* D.H. *τι* A 17 *τῷ* om. S *κατεῖχεν*] *καθεῖλκεν* A 19 *περιπεσόντες* SAF D.H. : corr. Blass *ἐξέδυον* A D.H. *ὑποσκελλίσαντες* S[a] 20 *οὕτω*] *κακῶς γε* Aristid. 21 *ὑβρίζοντες*] *παίοντες* Aristid. 22 *συγκλεῖσαι*] *συγκλάσαι* Naber *καταλιπεῖν* SF : corr. D.H. (cod. M) et Bekker : *καταλείπειν* A

ἀναστῆναι μήτε φθέγξασθαι δύνασθαι. κείμενος δ᾽ αὐτῶν ἤκουον πολλὰ καὶ δεινὰ λεγόντων. (9) καὶ τὰ μὲν ἄλλα καὶ βλασφημίαν ἔχει τινὰ καὶ ὀνομάζειν ὀκνήσαιμ᾽ ἂν ἐν ὑμῖν ἔνια, ὃ δὲ τῆς ὕβρεώς ἐστι τῆς τούτου σημεῖον καὶ τεκμήριον τοῦ πᾶν τὸ πρᾶγμ᾽ ὑπὸ τούτου γεγενῆσθαι, τοῦθ᾽ ὑμῖν ἐρῶ· ᾖδε γὰρ τοὺς ἀλεκτρυόνας μιμούμενος τοὺς νενικηκότας, οἱ δὲ κροτεῖν τοῖς ἀγκῶσιν αὐτὸν ἠξίουν ἀντὶ πτερύγων τὰς πλευράς. καὶ μετὰ ταῦτα ἐγὼ μὲν ἀπεκομίσθην ὑπὸ τῶν παρατυχόντων γυμνός, οὗτοι δ᾽ ᾤχοντο θοἰμάτιον λαβόντες μου. ὡς δ᾽ ἐπὶ τὴν θύραν ἦλθον, κραυγὴ καὶ βοὴ τῆς μητρὸς καὶ τῶν θεραπαινίδων ἦν, καὶ μόγις ποτ᾽ εἰς βαλανεῖον ἐνεγκόντες με καὶ περιπλύναντες ἔδειξαν τοῖς ἰατροῖς. ὡς οὖν ταῦτ᾽ ἀληθῆ λέγω, τούτων ὑμῖν τοὺς μάρτυρας παρέξομαι.

ΜΑΡΤΥΡΕΣ

10. *Συνέβη τοίνυν, ὦ ἄνδρες δικασταί, καὶ Εὐξίθεον τουτονὶ τὸν Χολλῄδην, ὄνθ᾽ ἡμῖν συγγενῆ, καὶ Μειδίαν μετὰ τούτου ἀπὸ δείπνου ποθὲν ἀπιόντας περιτυχεῖν πλησίον ὄντι μοι τῆς οἰκίας ἤδη, καὶ εἴς τε τὸ βαλανεῖον φερομένῳ παρακολουθῆσαι, καὶ ἰατρὸν ἄγουσιν παραγενέσθαι. οὕτω δ᾽ εἶχον ἀσθενῶς ὥσθ᾽, ἵνα μὴ μακρὰν φεροίμην οἴκαδε ἐκ τοῦ βαλανείου, ἐδόκει τοῖς παροῦσιν ὡς τὸν Μειδίαν ἐκείνην τὴν ἑσπέραν κομίσαι, καὶ ἐποίησαν οὕτω. λαβὲ οὖν καὶ τὰς τούτων μαρτυρίας, ἵν᾽ εἰδῆθ᾽ ὅτι πολλοὶ συνίσασιν ὡς ὑπὸ τούτων ὑβρίσθην.*

ΜΑΡΤΥΡΙΑΙ

Λαβὲ δὴ καὶ τὴν τοῦ ἰατροῦ μαρτυρίαν.

2–3 *καὶ* (post *ἄλλα*) om. F D.H. *βλασφημίας* D.H. *τινὰ* <*ἃ*> *καὶ* A : *τινὰς* <*ἃς*> *κἂν* D.H. *ὀνομάζειν*] *λέγειν* A *ἂν* - *ἔνια* om. D.H. 5 *τοῦ* . . . *γεγενῆσθαι*] *ὡς* . . . *γενόμενον* D.H. 6 *τοὺς* om. D.H. 7 *αὐτὸν ἠξίουν τοῖς ἀγκῶσιν* D.H. 11 *μόλις* AF 15 *δικασταί*] *ἀθηναῖοι* A 16 *χολλίδην* SAF : corr. Rennie 16–17 *ἀπὸ δείπνου μετὰ τούτου* F 18 *τε* om. AF 22 *κομίσαι* <*μὲ*> AF 23 *συνίασιν* S 25 *μαρτύρια* SA

ΜΑΡΤΥΡΙΑ

11. *Τότε μὲν τοίνυν παραχρῆμα ὑπὸ τῶν πληγῶν ἃς ἔλαβον καὶ τῆς ὕβρεως οὕτω διετέθην, ὡς ἀκούετε καὶ μεμαρτύρηται παρὰ πάντων ὑμῖν τῶν εὐθὺς ἰδόντων. μετὰ δὲ ταῦτα τῶν μὲν οἰδημάτων τῶν ἐν τῷ προσώπῳ καὶ τῶν ἑλκῶν οὐδὲν ἔφη φοβεῖσθαι λίαν ὁ ἰατρός, πυρετοὶ δὲ παρηκολούθουν μοι συνεχεῖς καὶ ἀλγήματα, ὅλου μὲν τοῦ σώματος πάνυ σφοδρὰ καὶ δεινά, μάλιστα δὲ τῶν πλευρῶν καὶ τοῦ ἤτρου, καὶ τῶν σιτίων ἀπεκεκλείμην.* (12) *καὶ ὡς μὲν ὁ ἰατρὸς ἔφη, εἰ μὴ κάθαρσις αἵματος αὐτομάτη μοι πάνυ πολλὴ συνέβη περιωδύνῳ ὄντι καὶ ἀπορουμένῳ ἤδη, κἂν ἔμπυος γενόμενος διεφθάρην· νῦν δὲ τοῦτ' ἔσῳσεν τὸ αἷμα ἀποχωρῆσαν. ὡς οὖν καὶ ταῦτ' ἀληθῆ λέγω, καὶ παρηκολούθησέ μοι τοιαύτη νόσος ἐξ ἧς εἰς τοὔσχατον ἦλθον, ἐξ ὧν ὑπὸ τούτων ἔλαβον πληγῶν, λέγε τὴν τοῦ ἰατροῦ μαρτυρίαν καὶ τὴν τῶν ἐπισκοπούντων.*

ΜΑΡΤΥΡΙΑΙ

13. *Ὅτι μὲν τοίνυν οὐ μετρίας τινὰς καὶ φαύλας λαβὼν πληγάς, ἀλλ' εἰς πᾶν ἐλθὼν διὰ τὴν ὕβριν καὶ τὴν ἀσέλγειαν τὴν τούτων πολὺ τῆς προσηκούσης ἐλάττω δίκην εἴληχα, πολλαχόθεν νομίζω δῆλον ὑμῖν γεγενῆσθαι. οἴομαι δ' ὑμῶν ἐνίους θαυμάζειν, τί ποτ' ἐστὶν ἃ πρὸς ταῦτα τολμήσει Κόνων λέγειν. βούλομαι δὴ προειπεῖν ὑμῖν ἃ ἐγὼ πέπυσμαι λέγειν αὐτὸν παρεσκευάσθαι, ἀπὸ τῆς ὕβρεως καὶ τῶν πεπραγμένων τὸ πρᾶγμ' ἄγοντα εἰς γέλωτα καὶ σκώμματα ἐμβαλεῖν*

13 *ὅτι–πληγὰς* Sud. φ 141 (= Caecil. 191.10) *–γεγενῆσθαι* Aristid. 33.4 et 33.14

2 *ἃς*] *ὧν* F 4 *εἰδότων* S 6 *πυρετοὶ δὲ* om. F 7 *σφόδρα* S 9 *ἀπεκλείσμην* S : *ἀπεκεκλεισμένην* F *ὁ* om. S[a] 10 *πάνυ πολλὴ* om. A 11 *περιοδύνῳ* SA <*τ'*> *ὄντι* Blass <*ὄντι*> *ἤδη* S[a] 12 *νυνὶ* AF 13 *καί*[1] om. F 15 *ἐπισκοπουμένων* F 17 *τινὰς* om. A 19 *πολὺ*] *πολλῷ* Aristid. *πολλαχόθεν* om. S Aristid. (20) 21 *τί*] *τίνα* A 22 *ἐγὼ ἃ* F *ἃ*] *ὃ* Lamb.[c] 24 *ἀπαγαγόντα* AF

πειράσεσθαι, (14) *καὶ ἐρεῖν ὡς εἰσὶν ἐν τῇ πόλει πολλοί, καλῶν κἀγαθῶν ἀνδρῶν υἱεῖς, οἳ παίζοντες οἷα ἄνθρωποι νέοι σφίσιν αὑτοῖς ἐπωνυμίας πεποίηνται, καὶ καλοῦσι τοὺς μὲν ἰθυφάλλους, τοὺς δ' αὐτοληκύθους, ἐρῶσι δ' ἐκ τούτων ἑταιρῶν τινες, καὶ δὴ καὶ τὸν υἱὸν τὸν ἑαυτοῦ εἶναι τούτων ἕνα, καὶ πολλάκις περὶ ἑταίρας καὶ εἰληφέναι καὶ δεδωκέναι πληγάς, καὶ ταῦτ' εἶναι νέων ἀνθρώπων. ἡμᾶς δὲ πάντας τοὺς ἀδελφοὺς παροίνους μέν τινας καὶ ὑβριστὰς κατασκευάσει, ἀγνώμονας δὲ καὶ πικρούς.* (15) *ἐγὼ δ', ὦ ἄνδρες δικασταί, χαλεπῶς ἐφ' οἷς πέπονθα ἐνηνοχώς, οὐχ ἧττον τοῦτ' ἀγανακτήσαιμ' ἂν καὶ ὑβρισθῆναι νομίσαιμι, εἰ οἷόν τ' εἰπεῖν, εἰ ταῦτ' ἀληθῆ δόξει Κόνων οὑτοσὶ λέγειν περὶ ἡμῶν, καὶ τοσαύτη τις ἄγνοια παρ' ὑμῖν ἐστιν, ὥσθ', ὁποῖος ἄν τις ἕκαστος εἶναι φῇ ἢ ὁ πλησίον αὐτὸν αἰτιάσηται, τοιοῦτος νομισθήσεται, τοῦ δὲ καθ' ἡμέραν βίου καὶ τῶν ἐπιτηδευμάτων μηδ' ὁτιοῦν ἔσται τοῖς μετρίοις ὄφελος.* (16) *ἡμεῖς γὰρ οὔτε παροινοῦντες οὔθ' ὑβρίζοντες ὑπ' οὐδενὸς ἀνθρώπων ἑωράμεθα, οὐδ' ἄγνωμον οὐδὲν ἡγούμεθα ποιεῖν, εἰ περὶ ὧν ἠδικήμεθ' ἀξιοῦμεν κατὰ τοὺς νόμους δίκην λαβεῖν. ἰθυφάλλοις δὲ καὶ αὐτοληκύθοις συγχωροῦμεν εἶναι τοῖς υἱέσι τοῖς τούτου, καὶ ἔγωγ' εὔχομαι τοῖς θεοῖς εἰς Κόνωνα καὶ τοὺς υἱεῖς τοὺς τούτου καὶ ταῦτα καὶ τὰ τοιαῦθ' ἅπαντα τρέπεσθαι.* (17) *οὗτοι γάρ εἰσιν οἱ τελοῦντες ἀλλήλους τῷ ἰθυφάλλῳ, καὶ τοιαῦτα ποιοῦντες ἃ πολλὴν αἰσχύνην ἔχει καὶ λέγειν, μή τί γε δὴ ποιεῖν ἀνθρώπους μετρίους. ἀλλὰ τί ταῦτ' ἐμοί; θαυμάζω γὰρ ἔγωγε, εἴ τίς ἐστιν πρόφασις παρ' ὑμῖν*

14 *ἰθυφάλλους* Harp. *ι* 10 *αὐτοληκύθους* Harp. *α* 269 Sud. *α* 4705
16 *ἰθυφάλλοις* Harp. *ι* 10 *αὐτοληκύθοις* Harp. *α* 269

---

1 *πειρᾶσθαι* A 6 *πολλάκις* <*καὶ*> S 8 *τινας* om. F *παρασκευάσειν* S : *κατεσκευάκασι* F 9 *ἀθηναῖοι* A 10 *χαλεποῖς* S *τοῦτ'*] *τούτου* A 11 *ὑβρίσθαι* S 12 *δόξῃ* A 13 *τις ἂν* F : *ἄν* om. A 17 *οὔθ'*] *οὐδ'* Baiter 18 *οὐδ'* Bekker (1855) : *οὔτ'* SAF *εἰ*] *ἢ* F 19 *λαμβάνειν* F 24 *φαλλῷ* A <*τὰ*> *τοιαῦτα* S 25 *τί* Schaefer : *ὅτι* SAF *δὴ*] *δεῖ* F

ἢ σκῆψις ηὑρημένη δι' ἥν, ἂν ὑβρίζων τις ἐξελέγχηται καὶ τύπτων, δίκην οὐ δώσει. οἱ μὲν γὰρ νόμοι πολὺ τἀναντία καὶ τὰς ἀναγκαίας προφάσεις, ὅπως μὴ μείζους γίγνωνται, προείδοντο, οἷον (ἀνάγκη γάρ μοι ταῦτα καὶ ζητεῖν καὶ πυνθάνεσθαι διὰ τοῦτον γέγονεν) εἰσὶ κακηγορίας δίκαι· **(18)** φασὶ τοίνυν ταύτας διὰ τοῦτο γίγνεσθαι, ἵνα μὴ λοιδορούμενοι τύπτειν ἀλλήλους προάγωνται. πάλιν ᾀκείας εἰσί· καὶ ταύτας ἀκούω διὰ τοῦτ' εἶναι τὰς δίκας, ἵνα μηδείς, ὅταν ἥττων ᾖ, λίθῳ μηδὲ τῶν τοιούτων ἀμύνηται μηδενί, ἀλλὰ τὴν ἐκ τοῦ νόμου δίκην ἀναμένῃ. τραύματος πάλιν εἰσὶν γραφαὶ τοῦ μὴ τιτρωσκομένων τινῶν φόνους γίγνεσθαι. **(19)** τὸ φαυλότατον, οἶμαι, τὸ τῆς λοιδορίας, πρὸ τοῦ τελευταίου καὶ δεινοτάτου προεώραται, τοῦ μὴ φόνον γίγνεσθαι, μηδὲ κατὰ μικρὸν ὑπάγεσθαι ἐκ μὲν λοιδορίας εἰς πληγάς, ἐκ δὲ πληγῶν εἰς τραύματα, ἐκ δὲ τραυμάτων εἰς θάνατον, ἀλλ' ἐν τοῖς νόμοις εἶναι τούτων ἑκάστου τὴν δίκην, μὴ τῇ τοῦ προστυχόντος ὀργῇ μηδὲ βουλήσει ταῦτα κρίνεσθαι. **(20)** εἶτ' ἐν μὲν τοῖς νόμοις οὕτως· ἂν δ' εἴπῃ Κόνων 'ἰθύφαλλοί τινές ἐσμεν ἡμεῖς συνειλεγμένοι, καὶ ἐρῶντες οὓς ἂν ἡμῖν δόξῃ παίομεν καὶ ἄγχομεν', εἶτα γελάσαντες ὑμεῖς ἀφήσετε; οὐκ οἴομαί γε. οὐ γὰρ ἂν γέλως ὑμῶν ἔλαβεν οὐδένα, εἰ παρὼν ἐτύγχανεν ἡνίκα εἱλκόμην καὶ ἐξεδυόμην καὶ ὑβριζόμην, καὶ ὑγιὴς ἐξελθὼν φοράδην ἦλθον οἴκαδε, ἐξεπεπηδήκει δὲ μετὰ ταῦθ' ἡ μήτηρ, καὶ κραυγὴ καὶ βοὴ τῶν γυναικῶν τοσαύτη παρ' ἡμῖν ἦν ὡσπερανεὶ τεθνεῶτός τινος, ὥστε τῶν γειτόνων τινὰς πέμψαι

18 γραφαὶ Harp. γ 17 **20** ἰθύφαλλοί Harp. ι 10 εἱλκόμην—μήτηρ Aristid. 46.8

1 <οὕτως ὡς> ηὑρημένη Boeckmeijer 3 γένωνται A 4 προίδοντο A 5 διὰ] δι' ἃ AF 6 ταύτας] ταῦτα F ταῦτα γενέσθαι A 7 αἰκίας SAF : corr. Blass 8 ἀκούσω S[a] ταῦτ' A τὰς δίκας del. van Herwerden 9 μηδὲ] ἢ F 10 ἀναμείνῃ F τοῦ] τῷ A 16 εἶναι om. S 19 συνειλεγμένοι] συνηγμένοι F[a] ἔρωτες S : <παιδιᾶς> ἐρῶντες Richards 20 οἶμαι F 22 καὶ ὑβριζόμην om. Aristid. 23 μετὰ ταῦθ' om. Aristid. : del. Blass

πρὸς ἡμᾶς ἐρησομένους ὅ τι ἐστὶν τὸ συμβεβηκός. (21) *ὅλως δ', ὦ ἄνδρες δικασταί, δίκαιον μὲν οὐδενὶ δήπου σκῆψιν οὐδεμίαν τοιαύτην οὐδ' ἄδειαν ὑπάρχειν παρ' ὑμῖν, δι' ἣν ὑβρίζειν ἐξέσται· εἰ δ' ἄρ' ἐστίν τῳ, τοῖς δι' ἡλικίαν {ἢ νεότατα} τούτων τι πράττουσιν, τούτοις ἀποκεῖσθαι προσήκει τὰς τοιαύτας καταφυγάς, καὶ ἐκείνοις οὐκ εἰς τὸ μὴ δοῦναι δίκην, ἀλλ' εἰς τὸ τῆς προσηκούσης ἐλάττω.* (22) *ὅστις δ' ἐτῶν μέν ἐστιν πλειόνων ἢ πεντήκοντα, παρὼν δὲ νεωτέροις ἀνθρώποις καὶ τούτοις υἱέσιν, οὐχ ὅπως ἀπέτρεψεν ἢ διεκώλυσεν, ἀλλ' αὐτὸς ἡγεμὼν καὶ πρῶτος καὶ πάντων βδελυρώτατος γεγένηται, τίν' ἂν οὗτος ἀξίαν τῶν πεπραγμένων ὑπόσχοι δίκην; ἐγὼ μὲν γὰρ οὐδ' ἀποθανόντα οἴομαι. καὶ γὰρ εἰ μηδὲν αὐτὸς εἴργαστο τῶν πεπραγμένων, ἀλλ' εἰ παρεστηκότος τούτου Κτησίας ὁ υἱὸς ὁ τούτου ταὔθ' ἅπερ οὗτος νυνὶ πεποιηκὼς ἐφαίνετο, τοῦτον ἐμισεῖτ' ἂν δικαίως.* (23) *εἰ γὰρ οὕτω τοὺς ἑαυτοῦ προῆκται παῖδας ὥστ' ἐναντίον ἐξαμαρτάνοντας ἑαυτοῦ, καὶ ταῦτ' ἐφ' ὧν ἐνίοις θάνατος ἡ ζημία κεῖται, μήτε φοβεῖσθαι μήτ' αἰσχύνεσθαι, τί τοῦτον οὐκ ἂν εἰκότως παθεῖν οἴεσθε; ἐγὼ μὲν γὰρ ἡγοῦμαι ταῦτ' εἶναι σημεῖα τοῦ μηδὲ τοῦτον τὸν ἑαυτοῦ πατέρα αἰσχύνεσθαι· εἰ γὰρ ἐκεῖνον αὐτὸς ἐτίμα καὶ ἐδεδίει, κἂν τούτους ἑαυτὸν ἠξίου.*

24. *Λαβὲ δή μοι καὶ τοὺς νόμους, τόν τε τῆς ὕβρεως καὶ τὸν περὶ τῶν λωποδυτῶν· καὶ γὰρ τούτοις ἀμφοτέροις ἐνόχους τούτους ὄψεσθε. λέγε.*

ΝΟΜΟΙ

Τούτοις τοῖς νόμοις ἀμφοτέροις ἐκ τῶν πεπραγμένων ἔνοχος Κόνων ἐστὶν οὑτοσί· καὶ γὰρ ὕβριζεν καὶ ἐλωποδύτει. εἰ δὲ μὴ κατὰ τούτους προειλόμεθ' ἡμεῖς δίκην λαμβάνειν,

2 *δικασταί*] *ἀθηναῖοι* A 3 *ὑμῶν* SAF : corr. cod. R 4 del. Reiske 6 *κἀκείνοις* A 12 *αὐτὸς*] *αὐτῷ* F[c] 14 *δ'*[2] om. A *ταῦθ'* SAF : corr. Rennie *οὗτος* om. SF 16 *ἑαυτοῦ*] *αὐτοὺς* A 21 *κἂν τούτοις* <*ἂν*> A *ἑαυτὸν*] *αὐτὸν* F : [S] 22 *δή*] *δέ* A *τόν τε* Dindorf : *τούς* A : om. SF 25 *νόμος* F

ἡμεῖς μὲν ἀπράγμονες καὶ μέτριοι φαινοίμεθ᾽ ἂν εἰκότως, οὗτος δ᾽ ὁμοίως πονηρός. (25) *καὶ μὴν εἰ παθεῖν τί μοι συνέβη, φόνου καὶ τῶν δεινοτάτων ἂν ἦν ὑπόδικος. τὸν γοῦν τῆς Βραυρωνόθεν ἱερείας πατέρα ὁμολογουμένως οὐχ ἁψάμενον τοῦ τελευτήσαντος, ὅτι τῷ πατάξαντι τύπτειν παρεκελεύσατο, ἐξέβαλεν ἡ βουλὴ ἡ ἐξ Ἀρείου πάγου, δικαίως· εἰ γὰρ οἱ παρόντες ἀντὶ τοῦ κωλύειν τοὺς ἢ δι᾽ οἶνον ἢ δι᾽ ὀργὴν ἤ τιν᾽ ἄλλην αἰτίαν ἐξαμαρτάνειν ἐπιχειροῦντας αὐτοὶ παροξυνοῦσιν, οὐδεμί᾽ ἐστὶν ἐλπὶς σωτηρίας τῷ περιπίπτοντι τοῖς ἀσελγαίνουσιν, ἀλλ᾽ ἕως ἂν ἀπείπωσιν, ὑβρίζεσθαι ὑπάρξει· ὅπερ ἐμοὶ συνέβη.*

26. *Ἃ τοίνυν, ὅτε ἡ δίαιτα ἐγίγνετο, ἐποίουν, βούλομαι πρὸς ὑμᾶς εἰπεῖν· καὶ γὰρ ἐκ τούτων τὴν ἀσέλγειαν θεάσεσθε αὐτῶν. ἐποίησαν μὲν γὰρ ἔξω μέσων νυκτῶν τὴν ὥραν, οὔτε τὰς μαρτυρίας ἀναγιγνώσκειν ἐθέλοντες οὔτ᾽ ἀντίγραφα διδόναι, τῶν τε παρόντων ἡμῖν καθ᾽ ἕνα οὑτωσὶ πρὸς τὸν λίθον ἄγοντες καὶ ἐξορκοῦντες, καὶ γράφοντες μαρτυρίας οὐδὲν πρὸς τὸ πρᾶγμα, ἀλλ᾽ ἐξ ἑταίρας εἶναι παιδίον αὐτῷ τοῦτο καὶ πεπονθέναι τὰ καὶ τά, ἃ μὰ τοὺς θεούς, ἄνδρες δικασταί, οὐδεὶς ὅστις οὐκ ἐπετίμα τῶν παρόντων καὶ ἐμίσει, τελευτῶντες δὲ καὶ αὐτοὶ οὗτοι ἑαυτούς.* (27) *ἐπειδὴ δ᾽ οὖν ποτ᾽ ἀπεῖπον καὶ ἐνεπλήσθησαν ταῦτα ποιοῦντες, προκαλοῦνται ἐπὶ διακρούσει καὶ τῷ μὴ σημανθῆναι τοὺς ἐχίνους ἐθέλειν ἐκδοῦναι περὶ τῶν πληγῶν παῖδας, ὀνόματα γράψαντες. καὶ νῦν οἶμαι περὶ τοῦτ᾽ ἔσεσθαι τοὺς πολλοὺς τῶν λόγων αὐτοῖς. ἐγὼ δ᾽ οἶμαι δεῖν πάντας ὑμᾶς ἐκεῖνο σκοπεῖν, ὅτι οὗτοι, εἰ*

26 *τῶν τε—ἐξορκοῦντες* Harp. λ 20 Sud. λ 523

---

1 *φανοίμεθ᾽* F　5 *παρεκελεύσατο*] *ἐπέταξεν* A　6 *ἐξέβαλεν* <*αὐτὸν*> F　8 *παροξύνουσιν* AF　9 *ἐλπίς ἐστι* A　13 *θεάσασθε* SA　14 *γὰρ* om. A　16 *ἡμῖν - πρὸς*] *καθ᾽ ἕνα ἡμῖν* (*ἡμῶν* Sud.) *οὑτωσὶ* <*καὶ*> *πρὸς* Harp. Sud.　*λίθον* Harp. : *βωμὸν* SAF　17 *ἐξορκίζοντες* SAF : corr. Harp.　18 *καὶ τοῦτο* Robertson : *τοῦτο δὲ* Schaefer　19 <*ὦ*> *ἄνδρες* F　20 *οὐδείς* <*ἐστιν*> F　21 *οὗτοι* om. A, del. Voemel　*δ᾽ οὖν*] *γοῦν* A　25 *τοῦτ᾽*] *τούτων* A　26 *οἴομαι* A　*ἅπαντας* A

τοῦ γενέσθαι τὴν βάσανον ἕνεκα προὐκαλοῦντο καὶ ἐπίστευον τῷ δικαίῳ τούτῳ, οὐκ ἂν ἤδη τῆς διαίτης ἀποφαινομένης, νυκτός, οὐδεμιᾶς ὑπολοίπου σκήψεως οὔσης, προὐκαλοῦντο, **(28)** *ἀλλὰ πρῶτον μὲν πρὸ τοῦ τὴν δίκην ληχθῆναι, ἡνίκ' ἀσθενῶν ἐγὼ κατεκείμην, καὶ οὐκ εἰδὼς εἰ περιφεύξομαι, πρὸς ἅπαντας τοὺς εἰσιόντας τοῦτον ἀπέφαινον τὸν πρῶτον πατάξαντα καὶ τὰ πλεῖσθ' ὧν ὑβρίσμην διαπεπραγμένον, τότ' ἂν εὐθέως ἧκεν ἔχων μάρτυρας πολλοὺς ἐπὶ τὴν οἰκίαν, τότ' ἂν τοὺς οἰκέτας παρεδίδου καὶ τῶν ἐξ Ἀρείου πάγου τινὰς παρεκάλει· εἰ γὰρ ἀπέθανον, παρ' ἐκείνοις ἂν ἦν ἡ δίκη.* **(29)** *εἰ δ' ἄρ' ἠγνόησε ταῦτα, καὶ τοῦτο τὸ δίκαιον ἔχων, ὡς νῦν φήσει, οὐ παρεσκευάσατο ὑπὲρ τηλικούτου κινδύνου, ἐπειδή γ' ἀνεστηκὼς ἤδη προσεκαλεσάμην αὐτόν, ἐν τῇ πρώτῃ συνόδῳ πρὸς τῷ διαιτητῇ παραδιδοὺς ἐφαίνετ' ἄν· ὧν οὐδὲν πέπρακται τούτῳ. ὅτι δ' ἀληθῆ λέγω καὶ διακρούσεως ἕνεκα ἡ πρόκλησις ἦν, λέγε ταύτην τὴν μαρτυρίαν· ἔσται γὰρ ἐκ ταύτης φανερόν.*

ΜΑΡΤΥΡΙΑ

30. *Περὶ μὲν τοίνυν τῆς βασάνου ταῦτα μέμνησθε, τὴν ὥραν ἡνίκα προὐκαλεῖτο, ὧν ἕνεκ' ἐκκρούων ταῦτ' ἐποίει, τοὺς χρόνους τοὺς πρώτους, ἐν οἷς οὐδαμοῦ τοῦτο βουληθεὶς τὸ δίκαιον αὐτῷ γενέσθαι φαίνεται, οὐδὲ προκαλεσάμενος, οὐδ' ἀξιώσας. ἐπειδὴ τοίνυν ταῦτα πάντ' ἠλέγχετο ἅπερ καὶ νῦν, πρὸς τῷ διαιτητῇ, καὶ φανερῶς ἐδείκνυτο πᾶσιν ὢν ἔνοχος τοῖς ἐγκεκλημένοις,* **(31)** *ἐμβάλλεται μαρτυρίαν ψευδῆ καὶ*

2 *ἤδη*] *ἔτι* F[γρ] 3 *σκήψεως οὔσης ὑπολοίπου* A 4 *πρῶτον*] *τοῦτο* A et Blass *ληχθῆναι* A et Wolf : *λεχθῆναι* A[c]F : *δειχθῆναι* SF[γρ] 5 *περιφευξοῦμαι* A 6 *τὸν*] *τὸ* F 12 *φησὶν* A *οὐ*] *μὴ* *A* 13 *προεκαλεσάμην* A 16 *ταύτην*] *αὐτὴν* cod. D *μαρτυρίαι* SA 19–20 *ἡνίκα τὴν ὥραν* S[a] 20 *<καὶ> ὧν* A *ἐκκρούων* del. van Herwerden 22 *αὐτῷ* F : corr. Reiske : *αὐτοῦ* A : [S] 23 *ταὐτὰ* Rennie : [S] : *πάντα ταῦτα* AF *καὶ νῦν*] *παρ' ὑμῖν* SF : *καὶ νυνὶ* Gernet

ἐπιγράφεται μάρτυρας ἀνθρώπους οὓς οὐδ' ὑμᾶς ἀγνοήσειν οἴομαι, ἐὰν ἀκούσητε, Διότιμος Διοτίμου Ἰκαριεύς, Ἀρχεβιάδης Δημοτέλους Ἁλαιεύς, Χαιρήτιος Χαιριμένους Πιθεὺς μαρτυροῦσιν ἀπιέναι ἀπὸ δείπνου μετὰ Κόνωνος, καὶ προσελθεῖν ἐν ἀγορᾷ μαχομένοις Ἀρίστωνι καὶ τῷ υἱεῖ τῷ Κόνωνος, καὶ μὴ πατάξαι Κόνωνα Ἀρίστωνα', (32) *ὡς ὑμᾶς εὐθέως πιστεύσοντας, τὸ δ' ἀληθὲς οὐ λογιουμένους, ὅτι πρῶτον μὲν οὐδέποτ' ἂν οὔθ' ὁ Λυσίστρατος οὔθ' ὁ Πασέας οὔθ' ὁ Νικήρατος οὔθ' ὁ Διόδωρος, οἳ διαρρήδην μεμαρτυρήκασιν ὁρᾶν ὑπὸ Κόνωνος τυπτόμενον ἐμὲ καὶ θοἰμάτιον ἐκδυόμενον καὶ τἄλλα ὅσα ἔπασχον ὑβριζόμενον, ἀγνῶτες ὄντες κἀπὸ ταὐτομάτου παραγενόμενοι τῷ πράγματι τὰ ψευδῆ μαρτυρεῖν ἠθέλησαν, εἰ μὴ ταῦθ' ἑώρων πεπονθότα· ἔπειτ' αὐτὸς ἐγὼ οὐδέποτ' ἄν, μὴ παθὼν ὑπὸ τούτου ταῦτα, ἀφεὶς τοὺς καὶ παρ' αὐτῶν τούτων ὁμολογουμένους τύπτειν ἐμὲ πρὸς τὸν οὐδ' ἁψάμενον πρῶτον εἰσιέναι προειλόμην.* (33) *τί γὰρ ἄν {ἢ διὰ τί}; ἀλλ' ὑφ' οὗ γε πρώτου ἐπλήγην καὶ μάλισθ' ὑβρίσθην, τούτῳ καὶ δικάζομαι καὶ μισῶ καὶ ἐπεξέρχομαι. καὶ τὰ μὲν παρ' ἐμοῦ πάνθ' οὕτως ἐστὶν ἀληθῆ καὶ φαίνεται· τούτῳ δὲ μὴ παρασχομένῳ τούτους μάρτυρας ἦν δήπου λόγος οὐδείς, ἀλλ' ἑαλωκέναι παραχρῆμα ὑπῆρχε σιωπῇ. συμπόται δ' ὄντες τούτου καὶ πολλῶν τοιούτων ἔργων κοινωνοὶ εἰκότως τὰ ψευδῆ μεμαρτυρήκασιν. εἰ δ' ἔσται τὸ πρᾶγμα τοιοῦτον, ἐὰν ἅπαξ ἀπαναισχυντήσωσίν τινες καὶ τὰ ψευδῆ φανερῶς τολμήσωσι μαρτυρεῖν, οὐδὲν δὲ τῆς ἀληθείας ὄφελος, πάνδεινον ἔσται πρᾶγμα.* (34) *ἀλλὰ νὴ Δία οὐκ εἰσὶ τοιοῦτοι. ἀλλ' ἴσασιν ὑμῶν, ὡς ἐγὼ νομίζω, πολλοὶ καὶ τὸν Διότιμον καὶ τὸν Ἀρχεβιάδην καὶ τὸν Χαιρήτιον τὸν*

1 *ἀγνοεῖν* A 2–3 *αρχιβιαδης … αδαινευς* S 3 *χαιρέτιμος* A *χαριμένους* F *πιτθεύς* AF Harp. 7 *πιστεύοντας* A <*οὔθ'*> *ὅτι* A 8 *πασαίας* A 9 *νικορατος* S : *νιρατος* S[c] 14 *ἔπειτ' … ἐγὼ*] *οὔτ' … ἔγωγε* A 15 <*τῶν*> *αὐτῶν* F 17 del. Schaefer *γε*] *τε* AF *πρῶτον* S[a] <*τ'*> *ἐπλήγην* Blass 19 *ὑπεξέρχομαι* SF 20 *παρεχομένῳ* A 24–5 *φανερῶς τὰ ψευδῆ* F 28 *χαιρέτιμον* A

ἐπιπόλιον τουτονί, οἳ μεθ' ἡμέραν μὲν ἐσκυθρωπάκασιν καὶ λακωνίζειν φασὶ καὶ τρίβωνας ἔχουσιν καὶ ἁπλᾶς ὑποδέδενται, ἐπειδὰν δὲ συλλεγῶσιν καὶ μετ' ἀλλήλων γένωνται, κακῶν καὶ αἰσχρῶν οὐδὲν ἐλλείπουσι. (35) καὶ ταῦτα τὰ λαμπρὰ καὶ νεανικά ἐστιν αὐτῶν 'οὐ γὰρ ἡμεῖς μαρτυρήσομεν ἀλλήλοις; οὐ γὰρ ταῦθ' ἑταίρων ἐστὶ καὶ φίλων; τί δὲ καὶ δεινόν ἐστιν ὧν παρέξεται κατὰ σοῦ; τυπτόμενόν φασί τινες ὁρᾶν; ἡμεῖς δὲ μηδ' ἧφθαι τὸ παράπαν μαρτυρήσομεν. ἐκδεδύσθαι θοἰμάτιον; τοῦτ' ἐκείνους προτέρους πεποιηκέναι ἡμεῖς μαρτυρήσομεν. τὸ χεῖλος ἐρράφθαι; τὴν κεφαλὴν δέ γ' ἡμεῖς ἢ ἕτερόν τι κατεαγέναι φήσομεν.' (36) ἀλλὰ καὶ μάρτυρας ἰατροὺς παρέχομαι. τοῦτ' οὐκ ἔστιν, ὦ ἄνδρες δικασταί, παρὰ τούτοις· ὅσα γὰρ μὴ δι' αὐτῶν, οὐδενὸς μάρτυρος καθ' ἡμῶν εὐπορήσουσιν. ἡ δ' ἀπ' αὐτῶν ἑτοιμότης οὐδ' ἂν εἰπεῖν μὰ τοὺς θεοὺς δυναίμην ὅση καὶ οἵα πρὸς τὸ ποιεῖν ὁτιοῦν ὑπάρχει. ἵνα δ' εἰδῆτε οἷα καὶ διαπραττόμενοι περιέρχονται, λέγε αὐτοῖς ταυτασὶ τὰς μαρτυρίας, σὺ δ' ἐπίλαβε τὸ ὕδωρ.

ΜΑΡΤΥΡΙΑΙ

37. Τοίχους τοίνυν διορύττοντες καὶ παίοντες τοὺς ἀπαντῶντας, ἆρ' ἂν ὑμῖν ὀκνῆσαι δοκοῦσιν ἐν γραμματειδίῳ τὰ ψευδῆ μαρτυρεῖν ἀλλήλοις οἱ κεκοινωνηκότες τοσαύτης καὶ τοιαύτης φιλαπεχθημοσύνης καὶ πονηρίας καὶ ἀναιδείας καὶ ὕβρεως; πάντα γὰρ ταῦτ' ἔμοιγε ἐν τοῖς ὑπὸ τούτων πραττομένοις ἐνεῖναι δοκεῖ. καίτοι καὶ τούτων ἕτερ' ἐστὶν πεπραγμένα τούτοις δεινότερα, ἀλλ' ἡμεῖς οὐχ οἷοί τε γενοίμεθ' ἂν πάντας ἐξευρεῖν τοὺς ἠδικημένους.

34 ἁπλᾶς cit. Harp. α 381

1 ὑποπόλιον van Herwerden 5 αὐτῶν ἐστίν F ἀλλήλους A 6 ἑτέρων S 9 πρότερον SAF : corr. Blass 12 δικασταί] ἀθηναῖοι A 16 οἷα καὶ] ἃ A 17 ταύτας A μαρτύρια A 20 γραμματιδίῳ A 21 ἀλλήλοις om. S[a] οἱ] οὐ F : utrum del. Rosenberg 24 καὶ om. F 25–6 γενοίμεθ' ἂν] ἐγενόμεθα A

38. Ὁ τοίνυν πάντων ἀναιδέστατον μέλλειν αὐτὸν ἀκούω ποιεῖν, βέλτιον νομίζω προειπεῖν ὑμῖν εἶναι. φασὶ γὰρ παραστησάμενον τοὺς παῖδας αὐτὸν κατὰ τούτων ὀμεῖσθαι, καὶ ἀράς τινας δεινὰς καὶ χαλεπὰς ἐπαράσεσθαι καὶ τοιαύτας οἵας ἀκηκοώς γέ τις θαυμάσας ἀπήγγελλεν ἡμῖν. ἔστι δ', ὦ ἄνδρες δικασταί, ἀνυπόστατα μὲν τὰ τοιαῦτα τολμήματα· οἱ γὰρ οἶμαι βέλτιστοι καὶ ἥκιστ' ἂν αὐτοί τι ψευσάμενοι μάλισθ' ὑπὸ τῶν τοιούτων ἐξαπατῶνται· οὐ μὴν ἀλλὰ δεῖ πρὸς τὸν βίον καὶ τὸν τρόπον ἀποβλέποντας πιστεύειν. **(39)** τὴν δὲ τούτου πρὸς τὰ τοιαῦτ' ὀλιγωρίαν ἐγὼ πρὸς ὑμᾶς ἐρῶ· πέπυσμαι γὰρ ἐξ ἀνάγκης. ἀκούω γάρ, ὦ ἄνδρες δικασταί, Βάκχιόν τέ τινα, ὃς παρ' ὑμῖν ἀπέθανε, καὶ Ἀριστοκράτην τὸν τοὺς ὀφθαλμοὺς διεφθαρμένον καὶ τοιούτους ἑτέρους καὶ Κόνωνα τουτονὶ ἑταίρους εἶναι μειράκια ὄντας καὶ Τριβαλλοὺς ἐπωνυμίαν ἔχειν· τούτους τά τε Ἑκαταῖα κατεσθίειν, καὶ τοὺς ὄρχεις τοὺς ἐκ τῶν χοίρων, οἷς καθαίρουσιν ὅταν εἰσιέναι μέλλωσιν, συλλέγοντας ἑκάστοτε συνδειπνεῖν ἀλλήλοις, καὶ ῥᾷον ὀμνύναι καὶ ἐπιορκεῖν ἢ ὁτιοῦν. **(40)** οὐ δὴ Κόνων ὁ τοιοῦτος πιστός ἐστιν ὀμνύων, οὐδὲ πολλοῦ δεῖ, ἀλλ' ὁ μηδ' εὔορκον μηδὲν ἂν ὀμόσας, κατὰ δὲ δὴ παίδων ὧν μὴ νομίζετε <μηδὲν> μηδ' ἂν μελλήσας, ἀλλὰ κἂν ὁτιοῦν παθὼν πρότερον, εἰ δ' ἄρ' ἀναγκαῖον, ὀμνύων ὡς νόμιμον, ἀξιοπιστότερος τοῦ κατὰ τῶν παίδων ὀμνύοντος καὶ διὰ

39–40 τά τε—ἀξιοπιστότερος cf. Prol. 444.13 R.

4 ἐπαράσασθαι S[a]AF 5 ἀπήγγειλεν AF 6 δικασταί] ἀθηναῖοι A 9 ἀποβλέποντα A 11 δικασταί] ἀθηναῖοι *A* 13 ἑτέρους <τινὰς> A 15 τά om. A τε om. Prol. κατεσθίειν A : del. Baiter : κατακαίειν SF : κατήσθιε Prol. : κλέπτειν Westermann 16 τοὺς - οἷς Hemsterhuis : τὰς ὄρνεις (ὄρνις A[c]) τὰς ἐκ τῶν χωρῶν (χορῶν A) αἷς SAF 17 μέλλουσιν S 18 ἢ om. F 20 εὔορκον <ἑκὼν> Rennie ὧν - 21 νομίζετε transp. post 20 ὀμόσας Dobree 21 νομίζεται A add. Schaefer μηδ' ἂν] μηδὲν SF κἂν] καὶ A 22 ἄρ' om. SF <ὁ> ὀμνύων SF : ὀμνύω Prol. νόμιμον] νομίζεται Schaefer νόμιμον <κατ' ἐξωλείας αὑτοῦ καὶ γένους καὶ οἰκίας> add. Blass ex Prol. 23 ὀμνύντος A

τοῦ πυρός <ἰόντος>. ἐγὼ τοίνυν ὁ δικαιότερόν σου πιστευθεὶς ἂν κατὰ πάντα, ὦ Κόνων, ἠθέλησα ὀμόσαι ταυτί, οὐχ ὑπὲρ τοῦ μὴ δοῦναι δίκην ὧν ἠδίκηκα, καὶ ὁτιοῦν ποιῶν, ὥσπερ σύ, ἀλλ' ὑπὲρ τῆς ἀληθείας καὶ ὑπὲρ τοῦ μὴ προσυβρισθῆναι, ὡς οὐ κατεπιορκησόμενος τὸ πρᾶγμα. λέγε τὴν πρόκλησιν.

ΠΡΟΚΛΗΣΙΣ

41. *Ταῦτ' ἐγὼ καὶ τότ' ἠθέλησα ὀμόσαι, καὶ νῦν ὀμνύω τοὺς θεοὺς καὶ τὰς θεὰς ἅπαντας καὶ πάσας ὑμῶν ἕνεκα, ὦ ἄνδρες δικασταί, καὶ τῶν περιεστηκότων, ἦ μὴν παθὼν ὑπὸ Κόνωνος ταῦτα ὧν δικάζομαι, καὶ λαβὼν πληγάς, καὶ τὸ χεῖλος διακοπεὶς οὕτως ὥστε καὶ ῥαφῆναι, καὶ ὑβρισθεὶς τὴν δίκην διώκειν. καὶ εἰ μὲν εὐορκῶ, πολλά μοι ἀγαθὰ γένοιτο καὶ μηδέποτ' αὖθις τοιοῦτο μηδὲν πάθοιμι, εἰ δ' ἐπιορκῶ, ἐξώλης ἀπολοίμην αὐτὸς καὶ εἴ τί μοι ἔστιν ἢ μέλλει ἔσεσθαι. ἀλλ' οὐκ ἐπιορκῶ, οὐδ' ἂν Κόνων διαρραγῇ.* **(42)** *ἀξιῶ τοίνυν ὑμᾶς, ὦ ἄνδρες δικασταί, πάνθ' ὅσα ἐστὶν δίκαια ἐπιδείξαντος ἐμοῦ καὶ πίστιν προσθέντος ὑμῖν, ὥσπερ ἂν αὐτὸς ἕκαστος παθὼν τὸν πεποιηκότα ἐμίσει, οὕτως ὑπὲρ ἐμοῦ πρὸς Κόνωνα τουτονὶ τὴν ὀργὴν ἔχειν, καὶ μὴ νομίζειν ἴδιον τῶν τοιούτων μηδὲν ὃ κἂν ἄλλῳ τυχὸν συμβαίη, ἀλλ' ἐφ' ὅτου ποτ' ἂν συμβῇ, βοηθεῖν καὶ τὰ δίκαια ἀποδιδόναι, καὶ μισεῖν τοὺς πρὸ μὲν τῶν ἁμαρτημάτων θρασεῖς καὶ προπετεῖς, ἐν δὲ τῷ δίκην ὑπέχειν ἀναισχύντους καὶ πονηροὺς καὶ μήτε δόξης μήτε ἔθους μήτ' ἄλλου μηδενὸς φροντίζοντας πρὸς τὸ μὴ δοῦναι δίκην.* **(43)** *ἀλλὰ δεήσεται Κόνων καὶ κλαιήσει. σκοπεῖτε δὴ*

41 *καὶ εἰ—ἔσεσθαι* Aristid. 36.24

1 add. Sandys 2 *ἂν* om. A 3 *καὶ* om. A 4 *τῆς - ὑπὲρ* (*ὀμ.*) om. F^{a} 5 *κατεπιορκηθησόμενος* Dobree 7 *ὀμόσαι*] *ὁμολογῆσαι* S 8 *καὶ τὰς θεὰς* om. A 9 *δικασταί*] *ἀθηναῖοι* A 12 *γένοιτο ἀγαθὰ* A Aristid. : *γένοιτο <καὶ> ἀγαθὰ* Aristid. (cod. P) 13 *τοιοῦτον* A Aristid. 14 *αὐτός <γε>* SF : *αὐτός <τε>* Aristid. 15 *διαρπαγῇ* S^{a} *ἀξιῶ*] *ἄξιον* A 16 *δικασταί*] *ἀθηναῖοι* A 18 *μισεῖ* A 20 *ὅτου ποτ'*] *ὁ τοῦτ'* A 22 *ἁμαρτημάτων*] *αἰτημάτων* S 25 *σκοπεῖν <τε>* A

πότερός ἐστιν ἐλεινότερος, ὁ πεπονθὼς οἷα ἐγὼ πέπονθα ὑπὸ τούτου, εἰ προσυβρισθεὶς ἄπειμι καὶ δίκης μὴ τυχών, ἢ Κόνων, εἰ δώσει δίκην; πότερον δ' ὑμῶν ἑκάστῳ συμφέρει ἐξεῖναι τύπτειν καὶ ὑβρίζειν ἢ μή; ἐγὼ μὲν οἴομαι μή. οὐκοῦν, ἂν μὲν ἀφιῆτε, ἔσονται πολλοί, ἐὰν δὲ κολάζητε, ἐλάττους.

44. Πόλλ' ἂν εἰπεῖν ἔχοιμι, ὦ ἄνδρες δικασταί, καὶ ὡς ἡμεῖς χρήσιμοι, καὶ αὐτοὶ καὶ ὁ πατήρ, ἕως ἔζη, καὶ τριηραρχοῦντες καὶ στρατευόμενοι καὶ τὸ προσταττόμενον ποιοῦντες, καὶ ὡς οὐδὲν οὔθ' οὗτος οὔτε τῶν τούτου οὐδείς· ἀλλ' οὔτε τὸ ὕδωρ ἱκανὸν οὔτε νῦν περὶ τούτων ὁ λόγος ἐστίν. εἰ γὰρ δὴ ὁμολογουμένως ἔτι τούτων καὶ ἀχρηστοτέροις καὶ πονηροτέροις ἡμῖν εἶναι συνέβαινεν, οὐ τυπτητέοι, οὐδ' ὑβριστέοι δήπου ἐσμέν.

Οὐκ οἶδ' ὅ τι δεῖ πλείω λέγειν· οἶμαι γὰρ ὑμᾶς οὐδὲν ἀγνοεῖν τῶν εἰρημένων.

44 οὐκ—εἰρημένων 36.62

1 ἐλεεινότερος SAF : corr. Blass 4 οἶμαι A 5 ἀφίητε A : corr. Bekker : ἀφῆτε SF 6 ἂν <ἔτι> Naber δικασταί] ἀθηναῖοι A 7 καὶ αὐτοὶ om. SF 9 οὔθ' om. SF 12 συμβαίνει εἶναι A 13 δήπουθεν A 14 μηδὲν SF 15 Subscriptum est in S κατα κονωνος αικιας *Η Η ΗΗ Γ*; in A κατα κονωνος; in F κατα κονωνος αικιας.

LV

ΔΗΜΟΣΘΕΝΟΥΣ ΠΡΟΣ ΚΑΛΛΙΚΛΕΑ ΠΕΡΙ ΧΩΡΙΟΥ ΒΛΑΒΗΣ

1. *Οὐκ ἦν ἄρ', ὦ ἄνδρες Ἀθηναῖοι, χαλεπώτερον οὐδὲν ἢ γείτονος πονηροῦ καὶ πλεονέκτου τυχεῖν, ὅπερ ἐμοὶ νυνὶ συμβέβηκεν. ἐπιθυμήσας γὰρ τῶν χωρίων μου Καλλικλῆς οὕτω διατέθηκέν με συκοφαντῶν, ὥστε πρῶτον μὲν τὸν ἀνεψιὸν τὸν ἑαυτοῦ κατεσκεύασεν ἀμφισβητεῖν μοι τῶν χωρίων,* (2) *ἐξελεγχθεὶς δὲ φανερῶς καὶ περιγενομένου μου τῆς τούτων σκευωρίας πάλιν δύο δίκας ἐρήμους μου κατεδιῃτήσατο, τὴν μὲν αὐτὸς χιλίων δραχμῶν, τὴν δὲ τὸν ἀδελφὸν τουτονὶ πείσας Καλλικράτην. δέομαι δὴ πάντων ὑμῶν ἀκοῦσαί μου καὶ προσέχειν τὸν νοῦν, οὐχ ὡς αὐτὸς δυνησόμενος εἰπεῖν, ἀλλ' ἵν' ὑμεῖς ἐξ αὐτῶν τῶν πραγμάτων καταμάθητε, ὅτι φανερῶς συκοφαντοῦμαι.*

3. *Ἓν μὲν οὖν, ὦ ἄνδρες Ἀθηναῖοι, πρὸς ἅπαντας τοὺς τούτων λόγους ὑπάρχει μοι δίκαιον. τὸ γὰρ χωρίον τοῦτο περιῳκοδόμησεν ὁ πατὴρ μικροῦ δεῖν πρὶν ἐμὲ γενέσθαι, ζῶντος μὲν ἔτι Καλλιππίδου τοῦ τούτων πατρὸς καὶ γειτνιῶντος, ὃς ἀκριβέστερον ᾔδει δήπου τούτων, ὄντος δὲ Καλλικλέους ἀνδρὸς ἤδη καὶ ἐπιδημοῦντος Ἀθήνησιν.* (4) *ἐν δὲ τούτοις τοῖς ἔτεσιν ἅπασιν οὔτ' ἐγκαλῶν οὐδεὶς πώποτ' ἦλθεν οὔτε μεμφόμενος (καίτοι δῆλον ὅτι καὶ τόθ' ὕδατα πολλάκις*

1 *χαλεπώτερον—συκοφαντῶν* cf. Plan. 5.369.9 W.

tit. *προς καλλικλεα* S : *προς καλλικλεα περι χωριον* (sic) *A* : *προς καλλικλεα* F : *περι χωριου βλαβης* Harp. 2 *πονηροῦ*] *φθονεροῦ* Plan. *συνέβη* A 3 *τοῦ χωρίου* Plan. 4 *διατέθεικέν* SAF : corr. Aldina 5 *τὸν* (post *ἀνεψιὸν*) om. A 6 *τούτου* A 9 *καλλικρατίτην* SF[a] 13 *Ἀθηναῖοι*] *δικασταί* F[γρ] 14 *τούτων*] *τούτου* A *ὑπάρχει μοι*] *παρέχομαι* SF[a] 16 *τοῦ τούτων*] *τούτου τοῦ* S 17 *δήπου*] *που* A

ἐγένετο), οὐδ᾿ ἐκώλυσεν ἐξ ἀρχῆς, εἴπερ ἠδίκει τινὰ περιοικοδομῶν ὁ πατὴρ τὸ ἡμέτερον χωρίον, ἀλλ᾿ οὐδ᾿ ἀπηγόρευσεν οὐδὲ διεμαρτύρατο, πλέον μὲν ἢ πεντεκαιδέκ᾿ ἔτη τοῦ πατρὸς ἐπιβιόντος, οὐκ ἔλαττω δὲ τοῦ τούτων πατρὸς Καλλιππίδου. (5) καίτοι, ὦ Καλλίκλεις, ἐξῆν δήπου τόθ᾿ ὑμῖν, ὁρῶσιν ἀποικοδομουμένην τὴν χαράδραν, ἐλθοῦσιν εὐθὺς ἀγανακτεῖν καὶ λέγειν πρὸς τὸν πατέρα 'Τεισία, τί ταῦτα ποιεῖς; ἀποικοδομεῖς τὴν χαράδραν; εἶτ᾿ ἐμπεσεῖται τὸ ὕδωρ εἰς τὸ χωρίον τὸ ἡμέτερον', ἵν᾿ εἰ μὲν ἐβούλετο παύσασθαι, μηδὲν ἡμῖν ἦν δυσχερὲς πρὸς ἀλλήλους, εἰ δ᾿ ὠλιγώρησεν καὶ συνέβη τι τοιοῦτον, μάρτυσιν εἶχες τοῖς τότε παραγενομένοις χρῆσθαι. (6) καὶ νὴ Δι᾿ ἐπιδεῖξαί γέ σ᾿ ἔδει πᾶσιν ἀνθρώποις χαράδραν οὖσαν, ἵνα μὴ λόγῳ μόνον, ὥσπερ νῦν, ἀλλ᾿ ἔργῳ τὸν πατέρ᾿ ἀδικοῦντ᾿ ἀπέφαινες. τούτων τοίνυν οὐδὲν πώποτ᾿ οὐδεὶς ποιεῖν ἠξίωσεν. οὐ γὰρ ἂν οὔτ᾿ ἐρήμην, ὥσπερ ἐμοῦ νῦν, κατεδιῃτήσασθε, (7) οὔτε πλέον ἂν ἦν ὑμῖν συκοφαντοῦσιν οὐδέν, ἀλλ᾿ ἀπέφαινεν ἂν ἐκεῖνος εἰδὼς ἀκριβῶς ὅπως εἶχεν ἕκαστα τούτων, καὶ τοὺς ῥᾳδίως τούτους μαρτυροῦντας ἐξήλεγχεν. ἀνθρώπου δ᾿ οἶμαι τηλικούτου καὶ ἀπείρου {τῶν} πραγμάτων ἅπαντες καταπεφρονήκατέ μου. ἀλλ᾿ ἐγὼ πρὸς ἅπαντας τούτους, ὦ ἄνδρες Ἀθηναῖοι, τὰς αὐτῶν πράξεις ἰσχυροτάτας μαρτυρίας παρέχομαι. διὰ τί γὰρ οὐδεὶς οὔτ᾿ ἐπεμαρτύρατ᾿ οὔτ᾿ ἐνεκάλεσεν, ἀλλ᾿ οὐδ᾿ ἐμέμψατο πώποτε, ἀλλ᾿ ἐξήρκει ταῦτ᾿ αὐτοῖς ἠδικημένοις περιορᾶν;

5 ἀποικοδομεῖς Harp. α 187 S[b] 1846 Sud. α 3714

---

1 ἐγίνετο A   οὐδ᾿ Blass : οὔτ᾿ SF : <καὶ> οὔτ᾿ A   2 ἡμέτερον om. A   4 ἐπιβιοῦντος SAF : corr. Blass   5 <καὶ> τόθ᾿ ὑμῖν A : τοῦθ᾿ ὑμῖν F   7 τισεια S : corr. Blass : τισία AF   9 ὑμῖν S   10 ἦν Baiter Sauppe : η S : ᾗ (post ἀλλήλους) A : ᾗ) F   11 εἶχε A   χρήσασθαι A   12 σέ γε A : corr. Dobree : σε SF   πᾶσιν ἔδει A[a]   15 ἐμοῦ νυνὶ A : νῦν ἐμοῦ cod. D : νῦν, ἐμοῦ Schaefer   17 ἀλλ᾿ <εἰ ἠνέγκατε τότε μάρτυρα καὶ ἐπεμαρτύρασθε νῦν> F, quod del. Baiter Sauppe   ἀπέφηνεν A   18 τοὺς - μαρτυροῦντας] τοὺς μισθοῦ μαρτυροῦντας εὐχερῶς τούτοις F[γρ]   τούτους] τούτοις S   19 del. van Herwerden   21 αὐτῶν Baiter Sauppe : [S]   22 παρέξομαι A   24 ἀδικουμένοις A

8. Ἐγὼ τοίνυν ἱκανὰ μὲν ἡγοῦμαι καὶ ταῦτ' εἶναι πρὸς τὴν τούτων κατηγορίαν· ἵνα δ' εἰδῆτ', ὦ ἄνδρες Ἀθηναῖοι, καὶ περὶ τῶν ἄλλων, ὡς οὔθ' ὁ πατὴρ οὐδὲν ἠδίκει περιοικοδομῶν τὸ χωρίον οὗτοί τε κατεψευσμένοι πάντ' εἰσὶν ἡμῶν, ἔτι σαφέστερον ὑμᾶς πειράσομαι διδάσκειν. **(9)** τὸ μὲν γὰρ χωρίον ὁμολογεῖται καὶ παρ' αὐτῶν τούτων ἡμέτερον ἴδιον εἶναι· τούτου δ' ὑπάρχοντος, ὦ ἄνδρες Ἀθηναῖοι, μάλιστα μὲν ᾔδειτ' ἂν ἰδόντες τὸ χωρίον ὅτι συκοφαντοῦμαι. διὸ καὶ τοῖς εἰδόσιν ἐπιτρέπειν ἐβουλόμην ἐγώ, τοῖς ἴσοις. ἀλλ' οὐχ οὗτοι, καθάπερ νυνὶ λέγειν ἐπιχειροῦσιν· δῆλον δ' ὑμῖν καὶ τοῦτ' αὐτίκ' ἔσται πᾶσιν. ἀλλὰ προσέχετε, ὦ ἄνδρὲς Ἀθηναῖοι, πρὸς Διὸς καὶ θεῶν τὸν νοῦν. **(10)** τοῦ γὰρ χωρίου τοῦ τ' ἐμοῦ καὶ τοῦ τούτων τὸ μέσον ὁδός ἐστιν, ὄρους δὲ περιέχοντος κύκλῳ τοῖς χωρίοις τὸ καταρρέον ὕδωρ τῇ μὲν εἰς τὴν ὁδόν, τῇ δ' εἰς τὰ χωρία συμβαίνει φέρεσθαι. καὶ δὴ καὶ τούτου <τὸ> εἰσπῖπτον εἰς τὴν ὁδόν, ᾗ μὲν ἂν εὐοδῇ, φέρεται κάτω κατὰ τὴν ὁδόν, ᾗ δ' ἂν ἐνστῇ τι, τηνικαῦτα τοῦτ' εἰς τὰ χωρία ὑπεραίρειν ἀναγκαῖον ἤδη. **(11)** καὶ δὴ κατὰ τοῦτο τὸ χωρίον, ὦ ἄνδρες δικασταί, γενομένης ἐπομβρίας συνέβη τὸ ὕδωρ ἐμβαλεῖν· ἀμεληθὲν δὲ οὔπω τοῦ πατρὸς ἔχοντος αὐτό, ἀλλ' ἀνθρώπου δυσχεραίνοντος ὅλως τοῖς τόποις καὶ μᾶλλον ἀστικοῦ, δὶς καὶ τρὶς ἐμβαλὸν τὸ ὕδωρ τά τε χωρία ἐλυμήνατο καὶ μᾶλλον ὡδοποίει. διὸ δὴ ταῦθ' ὁ πατὴρ ὁρῶν, ὡς ἐγὼ τῶν εἰδότων ἀκούω, καὶ τῶν γειτόνων ἐπινεμόντων ἅμα καὶ βαδιζόντων διὰ τοῦ χωρίου, τὴν αἱμασιὰν περιῳκοδόμησεν ταύτην. **(12)** καὶ ὡς ταῦτ' ἀληθῆ λέγω, παρέξομαι μὲν καὶ μάρτυρας ὑμῖν τοὺς εἰδότας, πολὺ δέ, ὦ ἄνδρες Ἀθηναῖοι, τῶν

2 *κατηγορίαν*] *ἀναίδειαν* A 4 *καταψευσάμενοι* A 7 *ᾔδειτ' ἂν*] *εἰδεῖεν οἱ* A 9 *ἴσοις* <*καὶ κοινοῖς*> Naber coll. 35 13 *τὸ* om. S[a] 14 *τοῖς χωρίοις* deletum voluit Rennie : <*περὶ*> *τοῖς χωρίοις* Naber *πῇ μὲν . . . πῇ δὲ* A 15 *τούτου* Rennie : *τοῦτο* SAF add. Blass 16 <*ἐνίοτ'εἰς* A *κάτω* om. A 17 *ᾗ*] *εἰ*) F *τι* om. A *τοῦτ'*om. A 18 *καὶ* (ante *κατὰ*) om. SF *κατὰ*] *εἰς* Hirschig 24 *εἰδότων*] *εἰκότων* F

μαρτύρων ἰσχυρότερα τεκμήρια. Καλλικλῆς μὲν γάρ φησιν τὴν χαράδραν ἀποικοδομήσαντα βλάπτειν ἐμὲ αὐτόν· ἐγὼ δ' ἀποδείξω χωρίον ὂν τοῦτο, ἀλλ' οὐ χαράδραν. (13) εἰ μὲν οὖν μὴ συνεχωρεῖτο ἡμέτερον ἴδιον εἶναι, τάχ' ἂν τοῦτο ἠδικοῦμεν, εἴ τι τῶν δημοσίων ᾠκοδομοῦμεν· νῦν δ' οὔτε τοῦτο ἀμφισβητοῦσιν, ἔστιν τ' ἐν τῷ χωρίῳ δένδρα πεφυτευμένα, ἄμπελοι καὶ συκαῖ. καίτοι τίς ἂν ἐν χαράδρᾳ ταῦτα φυτεύειν ἀξιώσειεν; οὐδείς γε. τίς δὲ πάλιν τοὺς αὑτοῦ προγόνους θάπτειν; οὐδὲ τοῦτ' οἶμαι. (14) ταῦτα τοίνυν ἀμφότερ', ὦ ἄνδρες δικασταί, συμβέβηκεν· καὶ γὰρ τὰ δένδρα πεφύτευται πρότερον ἢ τὸν πατέρα περιοικοδομῆσαι τὴν αἱμασιάν, καὶ τὰ μνήματα παλαιὰ καὶ πρὶν ἡμᾶς κτήσασθαι τὸ χωρίον γεγενημένα ἐστί. καίτοι τούτων ὑπαρχόντων τίς ἂν ἔτι λόγος ἰσχυρότερος, ὦ ἄνδρες Ἀθηναῖοι, γένοιτο; τὰ γὰρ ἔργα φανερῶς ἐξελέγχει. καί μοι λαβὲ πάσας νυνὶ τὰς μαρτυρίας, καὶ λέγε.

ΜΑΡΤΥΡΙΑΙ

15. Ἀκούετε, ὦ ἄνδρες Ἀθηναῖοι, τῶν μαρτυριῶν. ἆρ' ὑμῖν δοκοῦσι διαρρήδην μαρτυρεῖν, καὶ χωρίον εἶναι δένδρων μεστὸν καὶ μνήματ' ἔχειν τινὰ καὶ τἄλλα ἅπερ καὶ τοῖς ἄλλοις χωρίοις συμβέβηκεν, καὶ πάλιν ὅτι περιῳκοδομήθη τὸ χωρίον ζῶντος μὲν ἔτι τοῦ τούτων πατρός, οὐκ ἀμφισβητούντων δ' οὔτε τούτων οὔτ' ἄλλου τῶν γειτόνων οὐδενός;

16. Ἄξιον δ', ὦ ἄνδρες δικασταί, καὶ περὶ τῶν ἄλλων ὧν εἴρηκεν Καλλικλῆς ἀκοῦσαι. καὶ σκέψασθε πρῶτον μέν, εἴ τις ὑμῶν ἑώρακεν ἢ ἀκήκοεν πώποτε παρ' ὁδὸν χαράδραν οὖσαν. οἶμαι γὰρ ἐν πάσῃ τῇ χώρᾳ μηδεμίαν εἶναι· τοῦ γὰρ ἕνεκ'

2 αὐτὸν SAF : corr. Blass 7 τίς ἂν ... ταῦτα] τίς ... ταῦτ' ἂν SF 14 γένοιτο ante ὦ A 15 νυνὶ πάσας <ἤδη> τὰς A 19 <τὸ> χωρίον A 20 ἔχον A ἄλλοις] πλείστοις A 22 τῶν τούτου S : τοῦ τούτου F οὔτε] οὐδὲ SF 25 σκέψασθαι SA 27 add. Blass

<ἄν>, ὃ διὰ τῆς ὁδοῦ τῆς δημοσίας ἔμελλεν βαδιεῖσθαι φερόμενον, τούτῳ διὰ τῶν ἰδίων χωρίων χαράδραν ἐποίησέ τις; **(17)** ἔπειτα τίς ἂν ὑμῶν εἴτ' ἐν ἀγρῷ νὴ Δί' εἴτ' ἐν ἄστει τὸ διὰ τῆς ὁδοῦ ῥέον ὕδωρ εἰς τὸ χωρίον ἢ τὴν οἰκίαν δέξαιτ' ἂν <τὴν> αὑτοῦ; ἀλλ' οὐκ αὐτὸ τοὐναντίον, κἂν βιάσηταί ποτε, ἀποφράττειν ἅπαντες καὶ παροικοδομεῖν εἰώθαμεν; οὗτος τοίνυν ἀξιοῖ με ἐκ τῆς ὁδοῦ τὸ ὕδωρ εἰσδεξάμενον εἰς τὸ ἐμαυτοῦ χωρίον, ὅταν τὸ τούτου παραλλάξῃ χωρνίον, πάλιν εἰς τὴν ὁδὸν ἐξαγαγεῖν. οὐκοῦν πάλιν ὁ μετὰ τοῦτόν μοι γεωργῶν τῶν γειτόνων ἐγκαλεῖ· τὸ γὰρ ὑπὲρ τούτου δίκαιον δῆλον ὅτι κἀκείνοις ὑπάρξει πᾶσι λέγειν. **(18)** ἀλλὰ μὴν εἴ γε εἰς τὴν ὁδὸν ὀκνήσω τὸ ὕδωρ ἐξάγειν, ἦ που σφόδρα θαρρῶν εἰς τὸ τοῦ πλησίον χωρίον ἀφιείην ἄν. ὅπου γὰρ δίκας ἀτιμήτους φεύγω διότι τὸ ἐκ τῆς ὁδοῦ ῥέον ὕδωρ εἰς τὸ τούτου χωρίον διέπεσεν, τί πείσομαι πρὸς Διὸς ὑπὸ τῶν ἐκ τοῦ χωρίου τοὐμοῦ τοῦ ὕδατος εἰσπεσόντος βλαπτομένων; ὅπου δὲ μήτ' εἰς τὴν ὁδὸν μήτ' εἰς τὰ χωρία ἀφιέναι μοι τὸ ὕδωρ ἐξέσται δεξαμένῳ, τί λοιπόν, ὦ ἄνδρες δικασταί, πρὸς θεῶν; οὐ γὰρ ἐκπιεῖν γε δήπου με Καλλικλῆς αὐτὸ προσαναγκάσει. **(19)** ταῦτα τοίνυν ἐγὼ πάσχων ὑπὸ τούτων καὶ πολλὰ ἕτερα καὶ δεινά, μὴ ὅτι δίκην λαβεῖν, ἀλλὰ μὴ προσοφλεῖν ἀγαπήσαιμ' ἄν. εἰ μὲν γὰρ ἦν, ὦ ἄνδρες δικασταί, χαράδρα πάλιν ὑποδεχομένη, τάχα ἂν ἠδίκουν ἐγὼ μὴ δεχόμενος, ὥσπερ ἀν' ἕτερ' ἄττα τῶν χωρίων εἰσὶν ὁμολογούμεναι χαράδραι· καὶ ταύταις

18 οὐ—προσαναγκάσει Aristid. 17.12

---

1 add. Blass   2 τούτῳ] τοῦτο SA   3 ἂν et νὴ δί' om. A   4 ὕδωρ ῥέον A   5 add. Baiter Sauppe : αὑτοῦ del. Blass   αὐτὸ] ἂν SF   9 ἐξάγειν A   τοῦτόν] τούτων F   11 ὑπάρχει A   13 ἀφείην SAF : corr. Blass   γὰρ <νυνὶ> A   ἀτιμήτους φεύγω δίκας A   15 εἰσέπεσε A   πείσομαι] ποιήσομαι A   17 ἀφειέναι S : ἀφεῖναι A   ἔξεστι SF   18 γὰρ <δὴ> Aristid.   19 γε - προσαναγκάσει] με αὐτὸ καλλικλῆς ἀναγκάσει Aristid.   με om. A   21 λαβὼν Rennie   προσοφείλειν A : προσοφλὼν Rennie   22 <ὕδωρ> ὑποδεχομένη Naber   23 ὡσπερεὶ A[c]   ἂν ἕτερ' Wolf : ἂν (ἀνὰ A) θάτερα SAF : ἀνὰ χἄτερα Dobree   24 ἄττα om. A   ταύταις Blass : ταύτας SAF

δέχονται μὲν οἱ πρῶτοι, καθάπερ τοὺς ἐκ τῶν οἰκιῶν χειμάρρους, παρὰ τούτων δ' ἕτεροι παραλαμβάνουσιν ὡσαύτως· ταύτῃ δ' οὔτε παραδίδωσιν οὐδεὶς οὔτε παρ' ἐμοῦ παραλαμβάνει. (20) *πῶς ἂν οὖν εἴη τοῦτο χαράδρα; τὸ δ' εἰσπεσὸν ὕδωρ ἔβλαψεν οἶμαι πολλάκις ἤδη πολλοὺς μὴ φυλαξαμένους, ἔβλαψε δὲ καὶ νῦν τουτονί. ὃ καὶ πάντων ἐστὶν δεινότατον, εἰ Καλλικλῆς μὲν εἰς τὸ χωρίον εἰσπεσόντος τοῦ ὕδατος ἁμαξιαίους λίθους προσκομίσας ἀποικοδομεῖ, τοῦ δὲ πατρός, ὅτι τοῦτο παθόντος τοῦ χωρίου περιῳκοδόμησεν, ὡς ἀδικοῦντος ἐμοὶ βλάβης εἴληχε δίκην. καίτοι εἰ ὅσοι κακῶς πεπόνθασιν ὑπὸ τῶν ὑδάτων τῶν ταύτῃ ῥεόντων ἐμοὶ λήξονται δίκας, οὐδὲ πολλαπλάσια γενόμενα τὰ ὄντ' ἐξαρκέσειεν ἄν μοι.* (21) *τοσοῦτον τοίνυν διαφέρουσιν οὗτοι τῶν ἄλλων, ὥστε πεπονθότες μὲν οὐδέν, ὡς αὐτίκα ὑμῖν ἐγὼ σαφῶς ἐπιδείξω, πολλῶν δὲ πολλὰ καὶ μεγάλα βεβλαμμένων, μόνοι δικάζεσθαι τετολμήκασιν οὗτοί μοι. καίτοι πᾶσι μᾶλλον ἐνεχώρει τοῦτο πράττειν. οὗτοι μὲν γάρ, εἰ καί τι πεπόνθασιν, αὐτοὶ δι' αὑτοὺς βεβλαμμένοι συκοφαντοῦσιν· ἐκεῖνοι δέ, εἰ καὶ μηδὲν ἄλλο, τοιαύτην γ' οὐδεμίαν αἰτίαν ἔχουσιν. ἀλλ' ἵνα μὴ πάντα ἅμα συνταράξας λέγω, λαβέ μοι τὰς τῶν γειτόνων μαρτυρίας.*

ΜΑΡΤΥΡΙΑΙ

22. *Οὔκουν δεινόν, ὦ ἄνδρες δικασταί, τούτους μὲν μηδὲν ἐγκαλεῖν μοι τοσαῦτα βεβλαμμένους, μηδ' ἄλλον μηδένα τῶν ἠτυχηκότων, ἀλλὰ τὴν τύχην στέργειν, τουτονὶ δὲ συκοφαντεῖν; ὃν ὅτι μὲν αὐτὸς ἐξημάρτηκεν πρῶτον μὲν τὴν ὁδὸν στενοτέραν ποιήσας, ἐξαγαγὼν ἔξω τὴν αἱμασιάν, ἵνα τὰ*

20 *ἀποικοδομεῖ* Lex. Vind. 8.7

1 *οἰκιῶν*] *χωρίων* A 3 *ταύτην* SAF : corr. Blass 5 *ἔβλαψε* <*μὲν*> A 6 *νῦν καὶ* SF *τοῦτον* Blass 7 *ἐμεσόντος* F[a] 14 *ἐγὼ σαφῶς ὑμῖν* A 16 *ἐχώρει* S[C] 20 *συνταράξας*] *συντάξας* A 25 *ὅς* A *ἐξήμαρτεν* A 26 *στενωτέραν* A (etiam infra) Harp.

δένδρα τῆς ὁδοῦ ποιήσειεν εἴσω, ἔπειτα δὲ τὸν χλῆδον ἐκβαλὼν εἰς τὴν ὁδόν, ἐξ ὧν ὑψηλοτέραν τὴν <αὐτὴν> καὶ στενοτέραν πεποιῆσθαι συμβέβηκεν, ἐκ τῶν μαρτυριῶν αὐτίκ' εἴσεσθε σαφέστερον, (23) ὅτι δ' οὐδὲν ἀπολωλεκὼς οὐδὲ καταβεβλαμμένος ἄξιον λόγου τηλικαύτην μοι δίκην εἴληχεν, τοῦθ' ὑμᾶς ἤδη πειράσομαι διδάσκειν. τῆς γὰρ μητρὸς τῆς ἐμῆς χρωμένης τῇ τούτων μητρὶ πρὶν τούτους ἐπιχειρῆσαι με συκοφαντεῖν, καὶ πρὸς ἀλλήλας ἀφικνουμένων, οἷον εἰκὸς ἅμα μὲν ἀμφοτέρων οἰκουσῶν ἐν ἀγρῷ καὶ γειτνιωσῶν, ἅμα δὲ τῶν ἀνδρῶν χρωμένων ἀλλήλοις ἕως ἔζων, (24) ἐλθούσης δὲ τῆς ἐμῆς μητρὸς ὡς τὴν τούτων καὶ ἀποδυραμένης ἐκείνης τὰ συμβάντα καὶ δεικνυούσης, οὕτως ἐπυθόμεθα πάντα ἡμεῖς, ὦ ἄνδρες δικασταί· καὶ λέγω μὲν ἅπερ ἤκουσα τῆς μητρός, οὕτω μοι πόλλ' ἀγαθὰ γένοιτο, εἰ δὲ ψεύδομαι, τἀναντία τούτων· ἦ μὴν ὁρᾶν καὶ τῆς τούτων μητρὸς ἀκούειν ἔφη, κριθῶν μὲν βρεχθῆναι, καὶ ξηραινομένους ἰδεῖν αὐτήν, μηδὲ τρεῖς μεδίμνους, ἀλεύρων δ' ὡς ἡμιμέδιμνον· ἐλαίου δ' ἀποκλιθῆναι μὲν κεράμιον φάσκειν, οὐ μέντοι παθεῖν γ' οὐδέν. (25) τοσαῦτα, ὦ ἄνδρες δικασταί, τὰ συμβάντ' ἦν τούτοις, ἀνθ' ὧν ἐγὼ χιλίων δραχμῶν δίκην ἀτίμητον φεύγω. οὐ γὰρ δὴ τειχίον γ' εἰ παλαιὸν ἐπῳκοδόμησεν, ἐμοὶ καὶ τοῦτο λογιστέον ἐστίν, ὃ μήτ' ἔπεσεν μήτ' ἄλλο δεινὸν μηδὲν ἔπαθεν. ὥστ' εἰ συνεχώρουν αὐτοῖς ἁπάντων αἴτιος εἶναι τῶν συμβεβηκότων, τά γε βρεχθέντα ταῦτ' ἦν. (26) ὁπότε δὲ μήτε ἐξ ἀρχῆς ὁ

22 ἔπειτα—χλῆδον Harp. χ 8 Σ^b 158 —ὁδόν Sud. χ 342 24 κριθῶν—οὐδέν Aristid. 2.112.18

1 <τὰ> τῆς ὁδοῦ Dobree 2 ἐμβάλλων SF[a] : ἐμβαλὼν A 3 <τ'εἶναι> τὴν A : τὴν <αὐτὴν> Blass coll. Harp., qui praeb. τὴν αὐτὴν <ὁδὸν> post καὶ στενωτέραν 9 οἰκουσῶν ἀμφοτέρων A γειτνιουσῶν S[a] (?) 11 ἀποδυρομένης A 12 πάντες SF 13 <εἰ> λέγω A[C] et Naber 14 οὕτως ἐμοὶ SF <κ>ἀγαθὰ Blass 16 βρεχῆναι S αὐτήν SAF : corr. Schaefer 17 ἀποκληθῆναι S : ἀποκλινθῆναι A 18 μὲν om. Aristid. μέντοι <γε> S <ταῦτα> παθεῖν Aristid. 19 ἦν] ἐστὶ A τούτοις] τούτῳ SF 21 τειχίον γ' εἰ (εἰ om S[a]) S : εἰ τειχίον γε A : τειχίον εἰ F 22 μηδὲν δεινὸν A 24 γε om. A : τε S[a] ὁπότε] ὅπου Hirschig

πατὴρ ἠδίκει τὸ χωρίον περιοικοδομῶν, μήθ' οὗτοι πώποτ' ἐνεκάλεσαν τοσούτου χρόνου διελθόντος, οἵ τ' ἄλλοι πολλὰ καὶ δεινὰ πεπονθότες μηδὲν μᾶλλον ἐγκαλοῦσιν ἐμοί, πάντες τε ὑμεῖς τὸ ἐκ τῶν οἰκιῶν καὶ τὸ ἐκ τῶν χωρίων ὕδωρ εἰς τὴν ὁδὸν ἐξάγειν εἰώθατε, ἀλλ' οὐ μὰ Δί' εἴσω τὸ ἐκ τῆς ὁδοῦ δέχεσθαι, τί δεῖ πλείω λέγειν; οὐδὲ γὰρ ἐκ τούτων ἄδηλον ὅτι φανερῶς συκοφαντοῦμαι, οὔτ' ἀδικῶν οὐδὲν οὔτε βεβλαμμένων ἅ φασιν. (27) ἵνα δ' εἰδῆτε ὅτι καὶ τὸν χλῆδον εἰς τὴν ὁδὸν ἐκβεβλήκασιν, καὶ τὴν αἱμασιὰν προαγαγόντες στενοτέραν τὴν ὁδὸν πεποιήκασιν, ἔτι δ' ὡς ὅρκον ἐδίδουν ἐγὼ τῇ τούτων μητρί, καὶ τὴν ἐμαυτοῦ τὸν αὐτὸν ὀμόσαι προὐκαλούμην, λαβέ μοι τάς τε μαρτυρίας καὶ τὴν πρόκλησιν.

ΜΑΡΤΥΡΙΑΙ. ΠΡΟΚΛΗΣΙΣ

28. Εἶτα τούτων ἀναισχυντότεροι γένοιντ' ἂν ἄνθρωποι ἢ περιφανέστερον συκοφαντοῦντες, οἵτινες αὐτοὶ τὴν αἱμασιὰν προαγαγόντες καὶ τὴν ὁδὸν ἀνακεχωκότες ἑτέροις βλάβης δικάζονται, καὶ ταῦτα χιλίων δραχμῶν ἀτίμητον, οἵ γ' οὐδὲ πεντήκοντα δραχμῶν τὸ παράπαν ἅπαντα ἀπολωλέκασιν; καίτοι σκοπεῖτ', ὦ ἄνδρες δικασταί, πόσους ὑπὸ τῶν ὑδάτων ἐν τοῖς ἀγροῖς βεβλάφθαι συμβέβηκεν, τὰ μὲν Ἐλευσῖνι, τὰ δ' ἐν τοῖς ἄλλοις τόποις. ἀλλ' οὐ δήπου τούτων, ὦ γῆ καὶ θεοί, παρὰ τῶν γειτόνων ἕκαστος ἀξιώσει τὰς βλάβας κομίζεσθαι. (29) καὶ ἐγὼ μέν, ὃν προσῆκεν ἀγανακτεῖν τῆς ὁδοῦ στενοτέρας καὶ μετεωροτέρας γεγενημένης, ἡσυχίαν ἔχω· τούτοις δὲ τοσοῦτον περίεστιν ὡς ἔοικεν, ὥστε τοὺς ἠδικημένους πρὸς συκοφαντοῦσιν. καίτοι, ὦ Καλλίκλεις, εἰ καὶ ὑμῖν περιοικοδομεῖν ἔξεστιν τὸ ὑμέτερον αὐτῶν χωρίον, καὶ ἡμῖν δήπου τὸ ἡμέτερον ἐξῆν. εἰ δ' ὁ πατὴρ ὁ ἐμὸς ἠδίκει περιοικοδομῶν

27 χλῆδον Harp. χ 8

---

8 εἰς τὴν ὁδὸν τὸν χλῆδον A 12 τάς τε] καὶ τὰς A μαρτύρια S 17 ταῦτα] ταύτην 18 πεντήκοντα] πέντε καὶ δέκα Colardeau ἅπαντα S[a] 20 μὲν <ἐν> A 24 γεγενημένης post 23 στενοτέρας A

ὑμᾶς, καὶ νῦν ὑμεῖς ἐμὲ ἀδικεῖτε περιοικοδομοῦντες οὕτως· (30) *δῆλον γὰρ ὅτι μεγάλοις λίθοις ἀποικοδομηθὲν πάλιν τὸ ὕδωρ εἰς τὸ ἐμὸν ἥξει χωρίον, εἶθ' ὅταν τύχῃ καταβαλεῖ τὴν αἱμασιὰν ἀπροσδοκήτως. ἀλλ' οὐδὲν μᾶλλον ἐγκαλῶ τούτοις ἐγὼ διὰ τοῦτο, ἀλλὰ στέργω τὴν τύχην καὶ τἀμαυτοῦ φυλάττειν πειράσομαι. καὶ γὰρ τοῦτον φράττοντα μὲν τὰ ἑαυτοῦ σωφρονεῖν ἡγοῦμαι, δικαζόμενον δέ μοι πονηρότατόν τ' εἶναι καὶ διεφθαρμένον ὑπὸ νόσου νομίζω.*

31. *Μὴ θαυμάζετε δ', ὦ ἄνδρες δικασταί, τὴν τούτου προθυμίαν, μηδ' εἰ τὰ ψευδῆ κατηγορεῖν νῦν τετόλμηκεν. καὶ γὰρ τὸ πρότερον πείσας τὸν ἀνεψιὸν ἀμφισβητεῖν μοι τοῦ χωρίου, συνθήκας οὐ γενομένας ἀπήνεγκεν, καὶ νῦν αὐτὸς ἐρήμην μου καταδεδιῄτηται τοιαύτην ἑτέραν δίκην, Κάλλαρον ἐπιγραψάμενος τῶν ἐμῶν δούλων. πρὸς γὰρ τοῖς ἄλλοις κακοῖς καὶ τοῦτο ηὕρηνται σόφισμα· Καλλάρῳ τὴν αὐτὴν δίκην δικάζονται.* (32) *καίτοι τίς ἂν οἰκέτης τὸ τοῦ δεσπότου χωρίον περιοικοδομήσειεν μὴ προστάξαντος τοῦ δεσπότου; Καλλάρῳ δὲ ἕτερον ἐγκαλεῖν οὐδὲν ἔχοντες, ὑπὲρ ὧν ὁ πατὴρ πλέον ἢ πεντεκαίδεκα ἔτη φράξας ἐπεβίω δικάζονται. κἂν μὲν ἐγὼ τῶν χωρίων ἀποστῶ τούτοις ἀποδόμενος ἢ πρὸς ἕτερα χωρία ἀλλαξάμενος, οὐδὲν ἀδικεῖ Κάλλαρος· ἂν δ' ἐγὼ μὴ βούλωμαι τἀμαυτοῦ τούτοις προέσθαι, πάντα τὰ δεινότατα ὑπὸ Καλλάρου πάσχουσιν οὗτοι, καὶ ζητοῦσιν καὶ διαιτητὴν ὅστις αὐτοῖς τὰ χωρία προσκαταγνώσεται, καὶ διαλύσεις τοιαύτας ἐξ ὧν τὰ χωρί' ἕξουσιν.* (33) *εἰ μὲν οὖν, ὦ ἄνδρες δικασταί, τοὺς ἐπιβουλεύοντας καὶ συκοφαντοῦντας δεῖ πλέον ἔχειν, οὐδὲν ἂν ὄφελος εἴη τῶν εἰρημένων· εἰ δ' ὑμεῖς τοὺς μὲν*

1 *ἀδικεῖτε ἐμὲ* A 2 *ἀποικοδομηθέντος* SAF : corr. Dobree 3 *εἶθ'-τύχῃ*] *ὅταν τύχῃ καὶ* A *καταβάλλει* S : *καταβαλεῖται* A 7 *πονηρότερόν* A 10 *κατηγορεῖν νῦν*] *μαρτυρεῖν* SF 11 *τὸ*] *τὸν* S 13 *μοῦ* om. A 15 *εὕρηνται* A <*τὸ*> *σόφισμα* Sauppe 17 *περιοικοδομήσειεν* <*ἂν*> A 18 *ἕτερον* <*τινα ἄλλον*> S : <*τι ἄλλο*> A 18–19 *πλέον ἢ* om. A 19 *ἔτη* om. S 21 *ἂν δ'*] *ἐὰν* A 22 *πάντα πρόεσθαι* S[a] 24 *διαδύσεις* A

τοιούτους μισεῖτε, τὰ δὲ δίκαια ψηφίζεσθε, μήτ᾽ ἀπολωλεκότος Καλλικλέους μηδὲν μήτ᾽ ἠδικημένου μήθ᾽ ὑπὸ Καλλάρου μήθ᾽ ὑπὸ τοῦ πατρός, οὐκ οἶδ᾽ ὅ τι δεῖ πλείω λέγειν. (34) *ἵνα δ᾽ εἰδῆτε ὅτι καὶ πρότερον ἐπιβουλεύων μου τοῖς χωρίοις τὸν ἀνεψιὸν κατεσκεύασεν, καὶ νῦν τὴν ἑτέραν αὐτὸς κατεδιῃτήσατο Καλλάρου ταύτην τὴν δίκην, ἐπηρεάζων ἐμοὶ διότι τὸν ἄνθρωπον περὶ πολλοῦ ποιοῦμαι, καὶ <Καλλικράτης> Καλλάρῳ πάλιν εἴληχεν ἑτέραν, ἁπάντων ὑμῖν ἀναγνώσεται τὰς μαρτυρίας.*

ΜΑΡΤΥΡΙΑΙ

35. *Μὴ οὖν πρὸς Διὸς καὶ θεῶν, ὦ ἄνδρες δικασταί, προῆσθέ με τούτοις μηδὲν ἀδικοῦντα. οὐ γὰρ τῆς ζημίας τοσοῦτόν τί μοι μέλει, χαλεπὸν ὂν πᾶσι τοῖς μικρὰν οὐσίαν ἔχουσιν· ἀλλ᾽ ἐκβάλλουσιν ὅλως ἐκ τοῦ δήμου μ᾽ ἐλαύνοντες καὶ συκοφαντοῦντες. ὅτι δ᾽ οὐκ ἀδικοῦμεν οὐδέν, ἕτοιμοι μὲν ἦμεν ἐπιτρέπειν τοῖς εἰδόσιν, <τοῖς> ἴσοις καὶ κοινοῖς, ἕτοιμοι δ᾽ ὀμνύναι τὸν νόμιμον ὅρκον· ταῦτα γὰρ ᾠόμεθα ἰσχυρότατ᾽ <ἂν> παρασχέσθαι τοῖς αὐτοῖς ὑμῖν ὀμωμοκόσιν. καί μοι λαβὲ τήν τε πρόκλησιν καὶ τὰς ὑπολοίπους ἔτι μαρτυρίας.*

ΠΡΟΚΛΗΣΙΣ. ΜΑΡΤΥΡΙΑΙ

4 *μοι* F <*καὶ*> *τοῖς* A 5–6 *τὴν ἑτέραν … ταύτην τὴν*] *ἑτέραν … τοιαύτην* Blass 8 add. Lipsius : longiorem quandam lacunam post *ποιοῦμαι* statuerat Blass coll. 55.2 12 *με*] *μοῦ* F 13 *μακρὰν* A 15 *μὲν ἦμεν*] *μηδενὶ μὲν* F[C] 16 add. Blass coll. 55.9 17 *ἰσχυρότερα* A 18 add. Dobree *παρέχεσθαι* A 19 *τε* om. A 20 *πρόκλησις μαρτυρίαι* om. AF

LVI

ΔΗΜΟΣΘΕΝΟΥΣ ΚΑΤΑ ΔΙΟΝΥΣΟΔΩΡΟΥ ΒΛΑΒΗΣ

1. *Κοινωνός* εἰμι τοῦ δανείσματος τούτου, ἄνδρες δικασταί. συμβαίνει δ᾽ ἡμῖν τοῖς τὴν κατὰ θάλατταν ἐργασίαν προῃρημένοις καὶ τὰ ἡμέτερ᾽ αὐτῶν ἐγχειρίζουσιν ἑτέροις ἐκεῖνο μὲν σαφῶς εἰδέναι, ὅτι ὁ δανειζόμενος ἐν παντὶ προέχει ἡμῶν. λαβὼν γὰρ ἀργύριον φανερὸν καὶ ὁμολογούμενον, ἐν γραμματειδίῳ δυοῖν χαλκοῖν ἐωνημένῳ καὶ βυβλιδίῳ μικρῷ πάνυ τὴν ὁμολογίαν καταλέλοιπε τοῦ ποιήσειν τὰ δίκαια. ἡμεῖς δ᾽ οὐ φαμεν δώσειν, ἀλλ᾽ εὐθὺς τῷ δανειζομένῳ δίδομεν τὸ ἀργύριον. (2) τῷ οὖν ποτε πιστεύοντες καὶ τί λαβόντες τὸ βέβαιον, προϊέμεθα; ὑμῖν, ὦ ἄνδρες δικασταί, καὶ τοῖς νόμοις τοῖς ὑμετέροις, οἳ κελεύουσιν, ὅσα ἄν τις ἑκὼν ἕτερος ἑτέρῳ ὁμολογήσῃ, κύρια εἶναι. ἀλλά μοι δοκεῖ οὔτε τῶν νόμων οὔτε συγγραφῆς οὐδεμιᾶς ὄφελος εἶναι οὐδέν, ἂν ὁ λαμβάνων τὰ χρήματα μὴ πάνυ δίκαιος ᾖ τὸν τρόπον, καὶ δυοῖν θάτερον, ἢ ὑμᾶς δεδιὼς ἢ τὸν συμβαλόντα αἰσχυνόμενος. (3) ὧν οὐδέτερον πρόσεστι Διονυσοδώρῳ τουτῳί, ἀλλ᾽ εἰς τοσοῦτον ἥκει τόλμης, ὥστε δανεισάμενος παρ᾽ ἡμῶν ἐπὶ τῇ νηῒ τρισχιλίας δραχμὰς ἐφ᾽ ᾧ τε τὴν ναῦν καταπλεῖν Ἀθήναζε, καὶ δέον ἡμᾶς ἐν τῇ πέρυσιν ὥρᾳ κεκομίσθαι τὰ χρήματα, τὴν μὲν

1 *κοινωνός—εἰμι* Plan. 5.363.25 W. *—δικασταί* Hermog. 227.16 R. *—δανείσματος* Doxopatr. 2.192.10 W. Io. Sic. in Id. 6.149.15 W. Anon. Schol. in Id. 7.916.4 W.

---

tit. *κατα διονυσοδωρου* SA Harp. *α* 102 : *κατα διονυσοδωρου βλαβης* F 1 *ἄνδρες δικασταί*] <*ὦ*> *ἄνδρες* A : *ὦ ἀθηναῖοι* Hermog. 2 *κατὰ θάλατταν τὴν* SAF : corr. Schaefer 3 *μὲν* om. A 4 *προσέχει* SF 6 *βιβλιδίῳ* A 9 *τὸ* om. S[a] *τότε* SF 11 <*ἑκόντι*> *ἑτέρῳ* Hirschig 12 <*ταῦτα*> *κυρία* A 14 *καὶ* del. Dobree 16 *τούτῳ* SAF : corr. Blass 19 *μὲν* om. A

ναῦν εἰς Ῥόδον κατεκόμισε καὶ τὸν γόμον ἐκεῖσε ἐξελόμενος ἀπέδοτο παρὰ τὴν συγγραφὴν καὶ τοὺς νόμους τοὺς ὑμετέρους, ἐκ δὲ τῆς Ῥόδου πάλιν ἀπέστειλε τὴν ναῦν εἰς Αἴγυπτον κἀκεῖθεν εἰς Ῥόδον, ἡμῖν δὲ τοῖς Ἀθήνησι δανείσασιν οὐδέπω καὶ νῦν οὔτε τὰ χρήματα ἀποδίδωσιν οὔτε τὸ ἐνέχυρον καθίστησιν εἰς τὸ ἐμφανές, **(4)** *ἀλλὰ δεύτερον ἔτος τουτὶ καρπούμενος τὰ ἡμέτερα, καὶ ἔχων τό τε δάνειον καὶ τὴν ἐργασίαν καὶ τὴν ναῦν τὴν ὑποκειμένην ἡμῖν, οὐδὲν ἧττον εἰσελήλυθεν πρὸς ὑμᾶς, δῆλον ὡς ζημιώσων ἡμᾶς τῇ ἐπωβελίᾳ καὶ καταθησόμενος εἰς τὸ οἴκημα πρὸς τῷ ἀποστερεῖν τὰ χρήματα. ὑμῶν οὖν, ὦ ἄνδρες Ἀθηναῖοι, ὁμοίως ἁπάντων δεόμεθα καὶ ἱκετεύομεν βοηθῆσαι ἡμῖν, ἂν δοκῶμεν ἀδικεῖσθαι. τὴν δὲ ἀρχὴν τοῦ συμβολαίου διεξελθεῖν ὑμῖν πρῶτον βούλομαι· οὕτως γὰρ καὶ ὑμεῖς ῥᾷστα παρακολουθήσετε.*

5. *Διονυσόδωρος γὰρ οὑτοσί, ὦ ἄνδρες Ἀθηναῖοι, καὶ ὁ κοινωνὸς αὐτοῦ Παρμενίσκος προσελθόντες ἡμῖν πέρυσιν τοῦ Μεταγειτνιῶνος μηνὸς ἔλεγον ὅτι βούλονται δανείσασθαι ἐπὶ τῇ νηΐ, ἐφ' ᾧ τε πλεῦσαι εἰς Αἴγυπτον καὶ ἐξ Αἰγύπτου εἰς Ῥόδον ἢ εἰς Ἀθήνας, διομολογησάμενοι τοὺς τόκους* <*τοὺς*> *εἰς ἑκάτερον τῶν ἐμπορίων τούτων.* **(6)** *ἀποκριναμένων δ' ἡμῶν, ὦ ἄνδρες δικασταί, ὅτι οὐκ ἂν δανείσαιμεν εἰς ἕτερον ἐμπόριον οὐδὲν ἀλλ' ἢ εἰς Ἀθήνας, οὕτω προσομολογοῦσι πλεύσεσθαι δεῦρο, καὶ ἐπὶ ταύταις ταῖς ὁμολογίαις δανείζονται παρ' ἡμῶν ἐπὶ τῇ νηῒ τρισχιλίας δραχμὰς ἀμφοτερόπλουν, καὶ συγγραφὴν ἐγράψαντο ὑπὲρ τούτων. ἐν μὲν οὖν ταῖς συνθήκαις δανειστὴς ἐγράφη Πάμφιλος οὑτοσί· ἐγὼ δ' ἔξωθεν μετεῖχον αὐτῷ τοῦ δανείσματος. καὶ πρῶτον ὑμῖν ἀναγνώσεται αὐτὴν τὴν συγγραφήν.*

6 *ἀμφοτερόπλουν* Harp. α 102 —*τούτων* Lex. Pat. s.v.

---

2 *τοὺς*[1] om. SF 5 *τὰ* om. A 9 *δῆλον* <*ὅτι*> S[C]AF 14 *οὕτω* AF 20 *τοὺς* om. A 21 add. Blass 23 *ἐμπορείων* S, qui scribit et alias *ἐμπόρειον* 29 <*μὲν*> *ὑμῖν* A

ΣΥΓΓΡΑΦΗ

7. *Κατὰ ταύτην τὴν συγγραφήν, ὦ ἄνδρες δικασταί, λαβόντες παρ᾽ ἡμῶν τὰ χρήματα Διονυσόδωρός τε οὑτοσὶ καὶ ὁ κοινωνὸς αὐτοῦ Παρμενίσκος ἀπέστελλον τὴν ναῦν εἰς τὴν Αἴγυπτον ἐνθένδε. καὶ ὁ μὲν Παρμενίσκος ἐπέπλει ἐπὶ τῆς νεώς, οὑτοσὶ δὲ αὐτοῦ κατέμενεν. ἦσαν γάρ, ὦ ἄνδρες δικασταί, ἵνα μηδὲ τοῦτ᾽ ἀγνοῆτε, ὑπηρέται καὶ συνεργοὶ πάντες οὗτοι Κλεομένους τοῦ ἐν τῇ Αἰγύπτῳ ἄρξαντος, ὃς ἐξ οὗ τὴν ἀρχὴν παρέλαβεν οὐκ ὀλίγα κακὰ ἠργάσατο τὴν πόλιν τὴν ὑμετέραν, μᾶλλον δὲ καὶ τοὺς ἄλλους Ἕλληνας, παλιγκαπηλεύων καὶ συνιστὰς τὰς τιμὰς τοῦ σίτου καὶ αὐτὸς καὶ οὗτοι μετ᾽ αὐτοῦ.* (8) *οἱ μὲν γὰρ αὐτῶν ἀπέστελλον ἐκ τῆς Αἰγύπτου τὰ χρήματα, οἱ δ᾽ ἐπέπλεον ταῖς ἐμπορίαις, οἱ δ᾽ ἐνθάδε μένοντες διετίθεντο τὰ ἀποστελλόμενα· εἶτα πρὸς τὰς καθεστηκυίας τιμὰς ἔπεμπον γράμματα οἱ ἐπιδημοῦντες τοῖς ἀποδημοῦσιν, ἵνα ἐὰν μὲν παρ᾽ ὑμῖν τίμιος ᾖ ὁ σῖτος, δεῦρο αὐτὸν κομίσωσιν, ἐὰν δ᾽ εὐωνότερος γένηται, εἰς ἄλλο τι καταπλεύσωσιν ἐμπόριον. ὅθεν περ οὐχ ἥκιστα, ὦ ἄνδρες δικασταί, συνετιμήθη τὰ περὶ τὸν σῖτον ἐκ τῶν τοιούτων ἐπιστολῶν καὶ συνεργιῶν.* (9) *ὅτε μὲν οὖν ἐνθένδε ἀπέστελλον οὗτοι τὴν ναῦν, ἐπιεικῶς ἔντιμον κατέλιπον τὸν σῖτον διὸ καὶ ὑπέμειναν ἐν τῇ συγγραφῇ γράψασθαι εἰς Ἀθήνας πλεῖν, εἰς δ᾽ ἄλλο μηδὲν ἐμπόριον. μετὰ δὲ ταῦτα, ὦ ἄνδρες δικασταί, ἐπειδὴ ὁ Σικελικὸς κατάπλους ἐγένετο καὶ αἱ τιμαὶ τοῦ σίτου ἐπ᾽ ἔλαττον ἐβάδιζον καὶ ἡ ναῦς ἡ τούτων ἀνῆκτο εἰς Αἴγυπτον, εὐθέως οὗτος ἀποστέλλει τινὰ εἰς τὴν Ῥόδον ἀπαγγελοῦντα τῷ Παρμενίσκῳ τῷ κοινωνῷ τὰ ἐνθένδε*

8 *οἱ—ἀντιστελλόμενα* Suda σ 1517

---

3 *τε* om. S[a] 4 *ἀπέστελλον* - 5 *καὶ* om. A 5 *παρμενίσκος* om. A 8 *πάντες*] *πάντων* Rennie 9 *ἔλαβεν* A *εἰργάσατο* AF 12–13 *εἰς τὴν Αἴγυπτον* Suda 13 *ἔπλεον* Suda *τοῖς ἐμπορίοις* Suda 14 *διετέθεντο* S[a] : *συνετίμων* Suda 25 *ἐπ᾽*] *ἐπὶ* <*τὸ*> *A* : om. S *τούτου* A 27 *τἀνθάδε* A

καθεστηκότα, ἀκριβῶς εἰδὼς ὅτι ἀναγκαῖον εἴη τῇ νηῒ προσσχεῖν εἰς Ῥόδον. **(10)** πέρας δ᾽ οὖν, λαβὼν γὰρ ὁ Παρμενίσκος ὁ τουτουὶ κοινωνὸς τὰ γράμματα τὰ παρὰ τούτου ἀποσταλέντα, καὶ πυθόμενος τὰς τιμὰς τὰς ἐνθάδε {τοῦ σίτου} καθεστηκυίας, ἐξαιρεῖται τὸν σῖτον ἐν τῇ Ῥόδῳ κἀκεῖ ἀποδίδοται, καταφρονήσαντες μὲν τῆς συγγραφῆς, ὦ ἄνδρες δικασταί, καὶ τῶν ἐπιτιμίων, ἃ συνεγράψαντο αὐτοὶ οὗτοι καθ᾽ αὑτῶν, ἐάν τι παραβαίνωσιν, καταφρονήσαντες δὲ τῶν νόμων τῶν ὑμετέρων, οἳ κελεύουσι τοὺς ναυκλήρους καὶ τοὺς ἐπιβάτας πλεῖν εἰς ὅ τι ἂν συνθῶνται ἐμπόριον, εἰ δὲ μή, ταῖς μεγίσταις ζημίαις εἶναι ἐνόχους.

11. καὶ ἡμεῖς ἐπειδὴ τάχιστα ἐπυθόμεθα τὸ γεγονός, ἐκπεπληγμένοι τῷ πράγματι προσῆμεν τούτῳ τῷ ἀρχιτέκτονι τῆς ὅλης ἐπιβουλῆς, ἀγανακτοῦντες, οἷον εἰκός, καὶ ἐγκαλοῦντες ὅτι διαρρήδην ἡμῶν διορισαμένων ἐν ταῖς συνθήκαις ὅπως ἡ ναῦς μηδαμόσε καταπλεύσεται ἀλλ᾽ ἢ εἰς Ἀθήνας, {ὅτι} καὶ ἐπὶ ταύταις ταῖς ὁμολογίαις δανεισάντων τὸ ἀργύριον, ἡμᾶς μὲν ἐν ὑποψίᾳ καταλέλοιπεν τοῖς βουλομένοις αἰτιᾶσθαι καὶ λέγειν, ὡς ἄρα καὶ ἡμεῖς κεκοινωνήκαμεν τῆς σιτηγίας τῆς εἰς τὴν Ῥόδον, αὐτοὶ δὲ οὐδὲν μᾶλλον τὴν ναῦν ἥκουσι κατακομίζοντες εἰς τὸ ὑμέτερον ἐμπόριον εἰς ὃ συνεγράψαντο. **(12)** ἐπειδὴ δ᾽ οὐδὲν ἐπεραίνομεν ὑπὲρ τῆς συγγραφῆς καὶ τῶν δικαίων διαλεγόμενοι, ἀλλὰ τό γε δάνειον καὶ τοὺς τόκους ἠξιοῦμεν ἀπολαβεῖν τοὺς ἐξ ἀρχῆς ὁμολογηθέντας. οὗτος δὲ οὕτως ὑβριστικῶς ἐχρήσατο ἡμῖν, ὥστε τοὺς μὲν τόκους τοὺς ἐν τῇ συγγραφῇ γεγραμμένους οὐκ ἔφη δώσειν· 'εἰ δὲ βούλεσθε,' ἔφη, 'κομίζεσθαι τὸ πρὸς μέρος τοῦ πλοῦ τοῦ

11 τούτῳ—ἐπιβουλῆς Σ^{b} α 2204

1 καθεστηκότα del. Blass 2 προσέχειν SF δ᾽ et γὰρ om. A 3 τούτου A τὰ[2] om. A 4 del. Richards 6 καταφρονήσας A 13 προσήειμεν A 14 ἐπιβουλῆς] ἐπιστολῆς AB οἷον] ὡς A 16 μηδαμοῦ SAF : corr. Dobree καταπλευσεῖται SAF : corr. Dindorf del. Reiske 22 ἐπεὶ A 27 πρὸς om. A

πεπλευσμένου, δώσω ὑμῖν' φησὶν 'τοὺς εἰς Ῥόδον τόκους· πλείους δ' οὐκ ἂν δοίην', αὐτὸς ἑαυτῷ νομοθετῶν καὶ οὐχὶ τοῖς ἐκ τῆς συγγραφῆς δικαίοις πειθόμενος. (13) *ὡς δ' ἡμεῖς οὐκ ἂν ἔφαμεν συγχωρῆσαι οὐδὲν τούτων, λογιζόμενοι ὅτι, ὁπότε τοῦτο πράξομεν, ὁμολογοῦμεν καὶ αὐτοὶ εἰς 'Ρόδον σεσιτηγηκέναι, ἔτι μᾶλλον ἐπέτεινεν οὗτος καὶ μάρτυρας πολλοὺς παραλαβὼν προσῄει, φάσκων ἕτοιμος εἶναι ἀποδιδόναι τὸ δάνειον καὶ τοὺς τόκους τοὺς εἰς Ῥόδον, οὐδὲν μᾶλλον, ὦ ἄνδρες δικασταί, ἀποδοῦναι διανοούμενος, ἀλλ' ἡμᾶς ὑπολαμβάνων οὐκ ἂν ἐθελῆσαι λαβεῖν τὸ ἀργύριον διὰ τὰς ὑπούσας αἰτίας. ἐδήλωσε δ' αὐτὸ τὸ ἔργον.* (14) *ἐπειδὴ γάρ, ὦ ἄνδρες Ἀθηναῖοι, τῶν ὑμετέρων πολιτῶν τινὲς παραγενόμενοι ἀπὸ ταὐτομάτου συνεβούλευον ἡμῖν τὸ μὲν διδόμενον λαμβάνειν, περὶ δὲ τῶν ἀντιλεγομένων κρίνεσθαι, τοὺς δ' εἰς Ῥόδον τόκους μὴ καθομολογεῖν τέως ἂν κριθῶμεν, ἡμεῖς μὲν ταῦτα συνεχωροῦμεν, οὐκ ἀγνοοῦντες, ὦ ἄνδρες δικασταί, τὸ ἐκ τῆς συγγραφῆς δίκαιον, ἀλλ' ἡγούμενοι δεῖν ἐλαττοῦσθαί τι καὶ συγχωρεῖν ὥστε μὴ δοκεῖν φιλόδικοι εἶναι, οὗτος δ' ὡς ἑώρα ἡμᾶς ὁμόσε πορευομένους, 'ἀναιρεῖσθε' φησὶ 'τοίνυν τὴν συγγραφήν.'* (15) *'ἡμεῖς ἀναιρώμεθα; οὐδέν γε μᾶλλον ἢ ὁτιοῦν· ἀλλὰ κατὰ μὲν τἀργύριον ὃ ἂν ἀποδῷς, ὁμολογήσομεν ἐναντίον τοῦ τραπεζίτου ἄκυρον ποιεῖν τὴν συγγραφήν, τὸ μέντοι σύνολον οὐκ ἂν ἀνελοίμεθα, ἕως ἂν περὶ τῶν ἀντιλεγομένων κριθῶμεν. τί γὰρ ἔχοντες δίκαιον ἢ τί τὸ ἰσχυρὸν ἀντιδικήσομεν, ἐάν τε πρὸς διαιτητὴν ἐάν τε εἰς δικαστήριον δέῃ βαδίζειν, ἀνελόμενοι τὴν συγγραφήν, ἐν ᾗ τὴν ὑπὲρ τῶν δικαίων βοήθειαν ἔχομεν;'* (16) *ταῦτα δ' ἡμῶν λεγόντων, ὦ*

14 *τοὺς—κριθῶμεν* Sud. *τ* 322 (= Caecil. 187.13) *οὗτος—πορευομένους* Schol. Pl. (Arethae) Euthphr. 3c

---

7 *εἰσῄει* A 10 *ἀπολαβεῖν* SF 12 *ἡμετέρων* A 15 *τέως*] *ἕως* A *διακριθῶμεν* Suda (4.524.25) 18 *οὗτος*] *αὐτὸς* Schol. Pl. 19 *ὁμόσε*] *ὀμόσαι* SF *φήσει* SF[a] 20 *γραφήν* A *ἀναιρούμεθα* A 21 *ὃ* om. A *ἀποδίδως* A *ὁμολογήσωμεν* A 23 *ἂν*[1] om. A

ἄνδρες δικασταί, καὶ ἀξιούντων Διονυσόδωρον τουτονὶ τὴν μὲν συγγραφὴν μὴ κινεῖν μηδ᾽ ἄκυρον ποιεῖν τὴν ὁμολογουμένην καὶ ὑπ᾽ αὐτῶν τούτων κυρίαν εἶναι, τῶν δὲ χρημάτων ὅσα μὲν αὐτὸς ὁμολογεῖ, ἀποδοῦναι ἡμῖν, περὶ δὲ τῶν ἀντιλεγομένων {ὡς} ἑτοίμων ὄντων κριθῆναι, εἴτε βούλοιντο ἐφ᾽ ἑνὸς εἴτε κἂν πλείοσι τῶν ἐκ τοῦ ἐμπορίου, οὐκ ἔφη προσέχειν Διονυσόδωρος τούτων οὐδενί, ἀλλ᾽ ὅτι τὴν συγγραφὴν ὅλως οὐκ ἀνῃρούμεθα ἀπολαμβάνοντες ἃ οὗτος ἐπέταττεν, ἔχει δεύτερον ἔτος τὰ ἡμέτερα καὶ χρῆται τοῖς χρήμασιν· (17) καὶ ὃ πάντων ἐστὶ δεινότατον, ὦ ἄνδρες δικασταί, ὅτι αὐτὸς μὲν οὗτος παρ᾽ ἑτέρων εἰσπράττει ναυτικοὺς τόκους ἀπὸ τῶν ἡμετέρων χρημάτων, οὐκ Ἀθήνησι δανείσας οὐδ᾽ εἰς Ἀθήνας, ἀλλ᾽ εἰς Ῥόδον καὶ Αἴγυπτον, ἡμῖν δὲ τοῖς δανείσασιν εἰς τὸ ὑμέτερον ἐμπόριον οὐκ οἴεται δεῖν τῶν δικαίων οὐδὲν ποιεῖν. ὅτι δ᾽ ἀληθῆ λέγω, ἀναγνώσεται ὑμῖν τὴν πρόκλησιν ἣν ὑπὲρ τούτων προὐκαλεσάμεθ᾽ αὐτόν.

ΠΡΟΚΛΗΣΙΣ

18. Ταῦτα τοίνυν, ὦ ἄνδρες δικασταί, προκαλεσαμένων ἡμῶν Διονυσόδωρον τουτονὶ πολλάκις, καὶ ἐπὶ πολλὰς ἡμέρας ἐκτιθέντων τὴν πρόκλησιν, εὐήθεις ἔφη παντελῶς ἡμᾶς εἶναι, εἰ ὑπολαμβάνομεν αὐτὸν οὕτως ἀλογίστως ἔχειν ὥστ᾽ ἐπὶ διαιτητὴν βαδίζειν, προδήλου ὄντος ὅτι καταγνώσεται αὐτοῦ ἀποτεῖσαι τὰ χρήματα, ἐξὸν αὐτῷ ἐπὶ τὸ δικαστήριον ἥκειν φέροντα τὸ ἀργύριον, εἶτ᾽ ἐὰν μὲν δύνηται ὑμᾶς παρακρούσασθαι, ἀπιέναι τἀλλότρια ἔχοντα, εἰ δὲ μή, τηνικαῦτα καταθεῖναι τὰ χρήματα, ὡς <ἂν> ἄνθρωπος οὐ τῷ δικαίῳ πιστεύων, ἀλλὰ διάπειραν ὑμῶν λαμβάνειν βουλόμενος.

19. Τὰ μὲν τοίνυν πεπραγμένα Διονυσοδώρῳ ἀκηκόατε,

3 τούτων om. SF 5 del. Bekker 6 ἑνὶ A κἂν Schaefer : καὶ SAF τῶν ἐμπορίων A 9 καὶ χρῆται] κέχρηται SF 14 ἡμέτερον A 21 οὕτω <παντελῶς> A 26 add. Dobree

ὦ ἄνδρες δικασταί· οἴομαι δ᾿ ὑμᾶς θαυμάζειν ἀκούοντας πάλαι τὴν τόλμαν αὐτοῦ, καὶ τῷ ποτε πιστεύων εἰσελήλυθε δευρί. πῶς γὰρ οὐ τολμηρόν, εἴ τις ἄνθρωπος δανεισάμενος χρήματα ἐκ τοῦ ἐμπορίου τοῦ Ἀθηναίων, **(20)** καὶ συγγραφὴν διαρρήδην γραψάμενος ἐφ᾿ ᾧ τε καταπλεῖν τὴν ναῦν εἰς τὸ ὑμέτερον ἐμπόριον, εἰ δὲ μή, ἀποτίνειν διπλάσια τὰ χρήματα, μήτε τὴν ναῦν κατακεκόμικεν εἰς τὸν Πειραιᾶ μήτε τὰ χρήματ᾿ ἀποδίδωσι τοῖς δανείσασιν, τόν τε σῖτον ἐξελόμενος ἐν Ῥόδῳ ἀπέδοτο, καὶ ταῦτα διαπεπραγμένος μηδὲν ἧττον τολμᾷ βλέπειν εἰς τὰ ὑμέτερα πρόσωπα; **(21)** ἃ δὴ λέγει πρὸς ταῦτα ἀκούσατε. φησὶ γὰρ τὴν ναῦν πλέουσαν ἐξ Αἰγύπτου ῥαγῆναι, καὶ διὰ ταῦτ᾿ ἀναγκασθῆναι καὶ προσσχεῖν εἰς τὴν Ῥόδον κἀκεῖ ἐξελέσθαι τὸν σῖτον. καὶ τούτου τεκμήριον λέγει, ὡς ἄρ᾿ ἐκ τῆς Ῥόδου μισθώσαιτο πλοῖα καὶ δεῦρο ἀποστείλειε τῶν χρημάτων ἔνια. ἓν μὲν τοῦτό ἐστιν αὐτῷ μέρος τῆς ἀπολογίας, δεύτερον δ᾿ ἐκεῖνο· **(22)** φησὶ γὰρ ἑτέρους τινὰς δανειστὰς συγκεχωρηκέναι αὐτῷ τοὺς τόκους τοὺς εἰς Ῥόδον· δεινὸν οὖν, εἰ ἡμεῖς μὴ συγχωρήσομεν ταὐτὰ ἐκείνοις. τρίτον πρὸς τούτοις τὴν συγγραφὴν κελεύειν φησὶν αὐτὸν σωθείσης τῆς νεὼς ἀποδοῦναι τὰ χρήματα, τὴν δὲ ναῦν οὐ σεσῷσθαι εἰς τὸν Πειραιᾶ. πρὸς ἕκαστον δὴ τούτων, ὦ ἄνδρες δικασταί, ἀκούσατε ἃ λέγομεν δίκαια.

23. *Πρῶτον* μὲν τὸ ῥαγῆναι τὴν ναῦν ὅταν λέγῃ, οἶμαι πᾶσιν ὑμῖν φανερὸν εἶναι ὅτι ψεύδεται. εἰ γὰρ τοῦτο συνέβη παθεῖν τῇ νηΐ, οὔτ᾿ ἂν εἰς τὴν Ῥόδον ἐσώθη οὔτ᾿ ἂν ὕστερον πλόϊμος ἦν. νῦν δὲ φαίνεται εἰς τὴν Ῥόδον σωθεῖσα καὶ πάλιν ἐκεῖθεν ἀποσταλεῖσα εἰς Αἴγυπτον καὶ ἔτι καὶ νῦν πλέουσα παν-

22 δεινὸν–συγχωρήσομεν AB 144.16

---

1 ἀκούοντας θαυμάζειν A 2 πάλαι post αὐτοῦ A αὐτοῦ om. S[a] 6 ἀποτείνειν S ut saepius infra 9 εἰς ῥόδον A μηδὲν] οὐδὲν SF 12 καὶ (ante προσσχεῖν) om. A προσχεῖν S : προσέχειν F 15 ἔνια] ἕνεκα A 18 μὴ ἡμεῖς AB ταυτα SF 19 κελεύειν om. S 22 ἀκούσατε <ὦ ἄνδρες> A 23 οἶμαι -ὑμῖν] πᾶσιν οἶμαι A 24 τοῦτο] τοσοῦτο A

ταχόσε, πλὴν οὐκ εἰς Ἀθήνας. καίτοι πῶς οὐκ ἄτοπον, ὅταν μὲν εἰς τὸ Ἀθηναίων ἐμπόριον δεήσῃ κατάγειν τὴν ναῦν, ῥαγῆναι φάσκειν, ὅταν δὲ εἰς τὴν Ῥόδον τὸν σῖτον ἐξελέσθαι, τηνικαῦτα δὲ πλόϊμον οὖσαν φαίνεσθαι τὴν αὐτὴν ναῦν;

24. *'Διὰ τί οὖν', φησίν, 'ἐμισθωσάμην ἕτερα πλοῖα καὶ μετεξειλόμην τὸν γόμον καὶ δεῦρ' ἀπέστειλα'; ὅτι, ὦ ἄνδρες Ἀθηναῖοι, οὐ τῶν ἁπάντων ἀγωγίμων οὔθ' οὗτος ἦν κύριος οὔθ' ὁ κοινωνὸς αὐτοῦ, ἀλλ' οἱ ἐπιβάται τὰ ἑαυτῶν χρήματ' ἀπέστελλον οἶμαι δεῦρο ἐν ἑτέροις πλοίοις ἐξ ἀνάγκης, ἐπειδὴ προκατέλυσαν οὗτοι τὸν πλοῦν· ὧν μέντοι αὐτοὶ ἦσαν κύριοι, οὐδὲ ταῦτα ἀπέστελλον πάντα δεῦρο, ἀλλ' ἐκλεγόμενοί τιν' ὧν αἱ τιμαὶ ἐπετέταντο.* (25) *ἐπεὶ τί δήποτε μισθούμενοι ἕτερα πλοῖα, ὥς φατε, οὐχ ἅπαντα τὸν γόμον τῆς νεὼς μετενέθεσθε, ἀλλὰ τὸν σῖτον αὐτοῦ ἐν τῇ Ῥόδῳ κατελίπετε; ὅτι, ὦ ἄνδρες δικασταί, τοῦτον μὲν συνέφερεν αὐτοῖς ἐκεῖσε πωλεῖν (τὰς γὰρ τιμὰς τὰς ἐνθάδε ἀνεικέναι ἤκουον)· τὰ δ' ἄλλ' ἀγώγιμα ὡς ὑμᾶς ἀπέστελλον, ἀφ' ὧν κερδανεῖν ἤλπιζον. ὥστε τὴν μίσθωσιν τῶν πλοίων ὅταν λέγῃς, οὐ τοῦ ῥαγῆναι τὴν ναῦν τεκμήριον λέγεις, ἀλλὰ τοῦ συμφέροντος ὑμῖν.*

26. *Περὶ μὲν οὖν τούτων ἱκανά μοι τὰ εἰρημένα· περὶ δὲ τῶν δανειστῶν, οὕς φασι συγκεχωρηκέναι λαβεῖν παρ' αὑτῶν τοὺς εἰς Ῥόδον τόκους, ἔστι μὲν οὐδὲν πρὸς ἡμᾶς τοῦτο. εἰ γάρ τις ὑμῖν ἀφῆκέν τι τῶν αὑτοῦ, οὐδὲν ἀδικεῖται οὔθ' ὁ δοὺς οὔθ' ὁ πείσας· ἀλλ' ἡμεῖς οὔτ' ἀφείκαμέν σοι οὐδὲν οὔτε συγκεχωρήκαμεν τῷ πλῷ τῷ εἰς Ῥόδον, οὐδ' ἐστὶν ἡμῖν οὐδὲν κυριώτερον τῆς συγγραφῆς.* (27) *αὕτη δὲ τί λέγει καὶ ποῖ*

3 *τὴν* om. A 5 *φασίν* F^{a} 10 *ἦσαν κύριοι οὗτοι* A 11 *οὐδὲ ταῦτα*] *αὐτοὶ δὲ οὐ ταῦτα* SF : *ταῦτα δ' οὐκ* Blass : *οὐ ταῦτα* Dindorf *τιν' ὧν* Madvig : *τινῶν* SAF : <*εἴ*> *τινων* Dobree 12 *επεταντο* S *ἐπεὶ τί δήποτε*] *ἐπειδή ποτε* S 14 *αὐτοῦ*] *αὐτὸν* Gernet *καταλείπετε* S 16 *τὰς* om. SF 17 *κερδαίνειν* A *ἤλπιζον*] *ἔμελλον* A 21 *σεσυγχωρηκέναι* S 23 *οὔθ' ὁ δοὺς οὔθ' ὁ πείσθεις* $\mathrm{F}^{\gamma\rho}$: *ὁ πείσας ἢ ὁ πείσας* SF : *ὁ πεισθεὶς* Bekker : *οὔθ' ὁ δοὺς οὔθ' ὁ πεισθεὶς* Reiske 24 *ἀφήκαμέν* AF 26 *κυριώτερον οὐδὲν* A

προστάττει τὸν πλοῦν ποιεῖσθαι; Ἀθήνηθεν εἰς Αἴγυπτον καὶ ἐξ Αἰγύπτου εἰς Ἀθήνας· εἰ δὲ μή, ἀποτίνειν κελεύει διπλάσια τὰ χρήματα. ταῦτ᾽ εἰ μὲν πεποίηκας, οὐδὲν ἀδικεῖς, εἰ δὲ μὴ πεποίηκας μηδὲ κατακεκόμικας τὴν ναῦν Ἀθήναζε, προσήκει σε ζημιοῦσθαι τῷ ἐπιτιμίῳ τῷ ἐκ τῆς συγγραφῆς· τοῦτο γὰρ τὸ δίκαιον οὐκ ἄλλος οὐδείς, ἀλλ᾽ αὐτὸς σὺ σαυτῷ ὥρισας. δεῖξον οὖν τοῖς δικασταῖς δυοῖν θάτερον, ἢ τὴν συγγραφήν, ὡς οὐκ ἔστιν ἡμῖν κυρία, ἢ ὡς οὐ δίκαιος εἶ πάντα κατὰ ταύτην πράττειν. (28) εἰ δέ τινες ἀφείκασίν τί σοι καὶ συγκεχωρήκασιν τοὺς εἰς Ῥόδον τόκους ὁτῳδήποτε τρόπῳ πεισθέντες, διὰ ταῦτα οὐδὲν ἀδικεῖς ἡμᾶς, οὓς παρασυγγεγράφηκας εἰς Ῥόδον καταγαγὼν τὴν ναῦν; οὐκ οἴομαί γε· οὐ γὰρ τὰ ὑφ᾽ ἑτέρων συγκεχωρημένα δικάζουσιν οὗτοι νῦν, ἀλλὰ τὰ ὑπ᾽ αὐτοῦ σοῦ πρὸς ἡμᾶς συγγεγραμμένα. ἐπεὶ ὅτι γε καὶ τὸ περὶ τὴν ἄφεσιν τῶν τόκων, εἰ ἄρα γέγονεν ὡς οὗτοι λέγουσιν, μετὰ τοῦ συμφέροντος τοῦ τῶν δανειστῶν γέγονε, πᾶσιν ὑμῖν φανερόν ἐστιν. (29) οἱ γὰρ ἐκ τῆς Αἰγύπτου δανείσαντες τούτοις ἑτερόπλουν τἀργύριον εἰς Ἀθήνας, ὡς ἀφίκοντο εἰς τὴν Ῥόδον καὶ τὴν ναῦν ἐκεῖσε οὗτοι κατεκόμισαν, οὐδὲν οἶμαι διέφερεν αὐτοῖς ἀφεμένοις τῶν τόκων καὶ κομισαμένοις τὸ δάνειον ἐν τῇ Ῥόδῳ πάλιν ἐνεργὸν ποιεῖν εἰς τὴν Αἴγυπτον, ἀλλ᾽ ἐλυσιτέλει πολλῷ μᾶλλον τοῦτο ἢ δεῦρ᾽ ἐπαναπλεῖν. (30) ἐκεῖσε μέν γε ἀκαριαῖος ὁ πλοῦς, καὶ δὶς ἢ τρὶς ὑπῆρχεν αὐτοῖς ἐργάσασθαι τῷ αὐτῷ ἀργυρίῳ· ἐνταῦθα δ᾽ ἐπιδημήσαντας παραχειμάζειν ἔδει καὶ περιμένειν τὴν ὡραίαν. ὥστ᾽ ἐκεῖνοι μὲν οἱ δανεισταὶ προσκεκερδάγκασιν καὶ οὐκ ἀφείκασι τούτοις οὐδέν· ἡμῖν δ᾽ οὐχ ὅπως περὶ τοῦ τόκου ὁ λόγος ἐστίν, ἀλλ᾽ οὐδὲ τἀρχαῖα ἀπολαβεῖν δυνάμεθα.

6 σὺ om. A 8 ὑμῖν A οὐκ εἶ δίκαιος A 9 ἀφήκασίν SAF : corr. Blass 11 <εἰς> οὓς Reiske παραγεγράφηκας A 12 κατάγων A 14 τὸ om. A 20 ἀφιμένοις S : ἀφειμένοις F τὸν τόκον A 23 γε] γὰρ SF ἀκέραιος SF : ἀεὶ ὡραῖος Sandys 25 παραμένειν A 26 προσκεκερδήκασι SF ἀφήκασι SAF : corr. Blass

31. *Μὴ οὖν ἀποδέχεσθε τούτου φενακίζοντος ὑμᾶς καὶ τὰ πρὸς τοὺς ἄλλους δανειστὰς πεπραγμένα παραβάλλοντος, ἀλλ' ἐπὶ τὴν συγγραφὴν ἀνάγετ' αὐτὸν καὶ τὰ ἐκ τῆς συγγραφῆς δίκαια. ἔστι γὰρ ἐμοί τε λοιπὸν διδάξαι ὑμᾶς τοῦτο, καὶ οὗτος ἰσχυρίζεται τῷ αὐτῷ τούτῳ, φάσκων τὴν συγγραφὴν κελεύειν σωθείσης τῆς νεὼς ἀποδιδόναι τὸ δάνειον.* (32) *καὶ ἡμεῖς ταῦτα οὕτω φαμὲν δεῖν ἔχειν. ἡδέως δ' ἂν πυθοίμην αὐτοῦ σοῦ, πότερον ὡς ὑπὲρ διεφθαρμένης τῆς νεὼς διαλέγει, ἢ ὡς ὑπὲρ σεσῳσμένης. εἰ μὲν γὰρ διέφθαρται ἡ ναῦς καὶ ἀπόλωλεν, τί περὶ τῶν τόκων διαφέρει καὶ ἀξιοῖς ἡμᾶς κομίζεσθαι τοὺς εἰς Ῥόδον τόκους; οὔτε γὰρ τοὺς τόκους οὔτε τἀρχαῖα προσήκει ἡμᾶς ἀπολαβεῖν. εἰ δ' ἐστὶν ἡ ναῦς σῶς καὶ μὴ διέφθαρται, διὰ τί ἡμῖν οὐκ ἀποδίδως τὰ χρήματα ἃ συνεγράψω;* (33) *πόθεν οὖν ἀκριβέστατα ἂν μάθοιτε, ἄνδρες Ἀθηναῖοι, ὅτι σέσῳσται ἡ ναῦς; μάλιστα μὲν ἐξ αὐτοῦ τοῦ εἶναι τὴν ναῦν ἐν πλῷ, οὐχ ἧττον δὲ καὶ ἐξ ὧν αὐτοὶ οὗτοι λέγουσιν. ἀξιοῦσι γὰρ ἡμᾶς τά τε ἀρχαῖα ἀπολαβεῖν καὶ μέρος τι τῶν τόκων, ὡς σεσῳσμένης μὲν τῆς νεώς, οὐ πεπλευκυίας δὲ πάντα τὸν πλοῦν.* (34) *σκοπεῖτε δέ, ὦ ἄνδρες Ἀθηναῖοι, πότερον ἡμεῖς τοῖς ἐκ τῆς συγγραφῆς δικαίοις χρώμεθα ἢ οὗτοι, οἳ οὔτε εἰς τὸ συγκείμενον ἐμπόριον πεπλεύκασιν, ἀλλ' εἰς Ῥόδον καὶ Αἴγυπτον, σωθείσης τε τῆς νεὼς καὶ οὐ διεφθαρμένης ἄφεσιν οἴονται δεῖν εὑρίσκεσθαι τῶν τόκων παρασυγγεγραφηκότες, καὶ αὐτοὶ μὲν πολλὰ χρήματα εἰργασμένοι παρὰ τὴν σιτηγίαν τὴν εἰς Ῥόδον, τὰ δ' ἡμέτερα χρήματα ἔχοντες καὶ καρπούμενοι δεύτερον ἔτος τουτί.* (35) *καινότατον δ' ἐστὶ πάντων τὸ γιγνόμενον· τὸ μὲν γὰρ δάνειον τὸ ἀρχαῖον ἀποδιδόασιν ἡμῖν ὡς σεσῳσμένης τῆς νεώς, τοὺς τόκους δ' ἀποστερῆσαι οἴονται δεῖν ὡς διεφθαρμένης. καίτοι ἡ*

2 *παρεμβάλλοντος* Wolf 3 *ἀναγάγετε* A *αὐτὸν*] *αὐτὴν* S 4 *ἔμοιγε* SF 5 *καὶ* <*ὧ*> F *διισχυρίζεται* A 9 *ὑπὲρ*] *περὶ* A 11 *οὔτε – τόκους* (*ὁμ.*) om. A 12 *σώα* vel *σῴα* SAF : corr. Dindorf 13 *δίδως* SF 16 <*τῷ*> *πλῷ* A 22 *καὶ* <*εἰς*> A 23 *οιοντε* S 28 *τὸ ἀρχαῖον* del. Schaefer

συγγραφὴ οὐχ ἕτερα μὲν λέγει περὶ τῶν τόκων, ἕτερα δὲ περὶ τοῦ ἀρχαίου δανείσματος, ἀλλὰ τὰ δίκαια ταὐτὰ περὶ ἀμφοῖν ἐστιν καὶ ἡ πρᾶξις ἡ αὐτή. (36) *ἀνάγνωθι δέ μοι πάλιν τὴν συγγραφήν.*

ΣΥΓΓΡΑΦΗ

. . . *Ἀθήνηθεν εἰς Αἴγυπτον καὶ ἐξ Αἰγύπτου Ἀθήναζε.*

Ἀκούετε, ὦ ἄνδρες Ἀθηναῖοι· ‘Ἀθήνηθεν,’ φησίν, ‘εἰς Αἴγυπτον καὶ ἐξ Αἰγύπτου Ἀθήναζε.’ λέγε τὰ λοιπά.

ΣΥΓΓΡΑΦΗ

Σωθείσης δὲ τῆς νεὼς εἰς Πειραιᾶ . . .

37. *Ἄνδρες Ἀθηναῖοι, πάνυ ἁπλοῦν ἐστιν διαγνῶναι ὑμῖν ὑπὲρ ταύτης τῆς δίκης, καὶ οὐδὲν δεῖ λόγων πολλῶν. ἡ ναῦς ὅτι μὲν σέσῳσται καὶ ἔστιν σῶς, καὶ παρ’ αὐτῶν τούτων ὁμολογεῖται (οὐ γὰρ ἂν ἀπεδίδοσαν τό τε ἀρχαῖον δάνειον καὶ τῶν τόκων μέρος τι), οὐ κατακεκόμισται δ’ εἰς τὸν Πειραιᾶ. διὰ τοῦτο ἡμεῖς μὲν οἱ δανείσαντες ἀδικεῖσθαί φαμεν, καὶ ὑπὲρ τούτου δικαζόμεθα, ὅτι οὐ κατέπλευσεν εἰς τὸ συγκείμενον ἐμπόριον.* (38) *Διονυσόδωρος δ’ οὔ φησιν ἀδικεῖν δ’ αὐτὸ τοῦτο· οὐ γὰρ δεῖν αὐτὸν ἀποδοῦναι πάντας τοὺς τόκους, ἐπειδὴ ἡ ναῦς οὐ κατέπλευσεν εἰς τὸν Πειραιᾶ. ἡ δὲ συγγραφὴ τί λέγει; οὐ μὰ Δί’ οὐ ταῦθ’ ἃ σὺ λέγεις, ὦ Διονυσόδωρε· ἀλλ’ ἐὰν μὴ ἀποδῷς τὸ δάνειον καὶ τοὺς τόκους ἢ μὴ παράσχῃς τὰ ὑποκείμενα ἐμφανῆ καὶ ἀνέπαφα, ἢ ἄλλο τι παρὰ τὴν συγγραφὴν ποιήσῃς, ἀποτίνειν κελεύει σε διπλάσια τὰ χρήματα. καί μοι λέγε αὐτὸ τοῦτο τῆς συγγραφῆς.*

2 *ἀρχαίου* del. Schaefer <*κοινὰ*> *τὰ* A   6 formulae verba utrobique del. Dobree   7 *ὦ* om. A   10 *εἰς* <*τὸν*> A   11 *Ἀθηναῖοι*] *δικασταί* A   12 *ταυτησὶ* A   *ἡ* <*γὰρ*> A   13 *σώα* vel *σῴα* SAF : corr. Dindorf   18 *αὐτὸ* om. A   21 *οὐ*[2] om. A   <*διὰ*> *ταῦδ’* SF (-*τα* F)   22 *ἀποδίδως* SAF : corr. Blass   24 *ποιῇς* (-*εῖς* A) SAF : corr. Blass   *ἀποτείνειν* SA[a]   25 <*τὸ*> *τῆς* SF

ΣΥΓΓΡΑΦΗ

Ἐὰν δὲ <***> *μὴ παράσχωσι τὰ ὑποκείμενα ἐμφανῆ καὶ ἀνέπαφα, ἢ ποιήσωσίν τι παρὰ τὴν συγγραφήν, ἀποδιδότωσαν διπλάσια τὰ χρήματα.*

39. Ἔστιν οὖν ὅποι παρέσχηκας ἐμφανῆ τὴν ναῦν, ἀφ' οὗ τὰ χρήματα ἔλαβες παρ' ἡμῶν, ὁμολογῶν σῶν εἶναι αὐτός; ἢ καταπέπλευκας ἐξ ἐκείνου τοῦ χρόνου εἰς τὸ Ἀθηναίων ἐμπόριον, τῆς συγγραφῆς διαρρήδην λεγούσης εἰς τὸν Πειραιᾶ κατάγειν τὴν ναῦν καὶ ἐμφανῆ παρέχειν τοῖς δανείσασιν; (40) καὶ γὰρ τοῦτο, ἄνδρες Ἀθηναῖοι. θεάσασθε τὴν ὑπερβολήν. ἐρράγη ἡ ναῦς, ὥς φησιν οὗτος, καὶ διὰ τοῦτο εἰς Ῥόδον κατήγαγεν αὐτήν. οὐκοῦν τὸ μετὰ τοῦτο ἐπεσκευάσθη καὶ πλόϊμος ἐγένετο. διὰ τί οὖν, ὦ βέλτιστε, εἰς μὲν τὴν Αἴγυπτον καὶ τἆλλα ἐμπόρια ἀπέστελλες αὐτήν, Ἀθήναζε δ' οὐκ ἀπέσταλκας οὐδέπω καὶ νῦν πρὸς ἡμᾶς τοὺς δανείσαντας, οἷς ἡ συγγραφὴ κελεύει σε ἐμφανῆ καὶ ἀνέπαφον τὴν ναῦν παρέχειν, καὶ ταῦτ' ἀξιούντων ἡμῶν καὶ προκαλεσαμένων σε πολλάκις; (41) ἀλλ' οὕτως ἀνδρεῖος εἶ, μᾶλλον δὲ ἀναίσχυντος, ὥστ' ἐκ τῆς συγγραφῆς ὀφείλων ἡμῖν διπλάσια τὰ χρήματα, οὐκ οἴει δεῖν οὐδὲ τοὺς τόκους τοὺς γιγνομένους ἀποδοῦναι, ἀλλὰ τοὺς εἰς Ῥόδον προστάττεις ἀπολαβεῖν, ὥσπερ τὸ σὸν πρόσταγμα τῆς συγγραφῆς δέον κυριώτερον γενέσθαι, καὶ τολμᾷς λέγειν ὡς οὐκ ἐσώθη ἡ ναῦς εἰς τὸν Πειραιᾶ· ἐφ' ᾧ δικαίως ἂν ἀποθάνοις ὑπὸ τῶν δικαστῶν. (42) διὰ τίνα γὰρ {ἄλλον}, ὦ ἄνδρες δικασταί, οὐ σέσῳσται ἡ ναῦς εἰς τὸν Πειραιᾶ; πότερον δ' ἡμᾶς τοὺς διαρρήδην δανείσαντας εἰς Αἴγυπτον καὶ εἰς Ἀθήνας, ἢ διὰ τοῦτον καὶ τὸν κοινωνὸν αὐτοῦ, οἳ ἐπὶ

2 formulae lacunam posuit Blass *ἐμφανῆ τὰ ὑποκείμενα* A 3 *ἀποδιδόντων* malit Rennie 5 *ὅπου* A 6 *σώαν* vel *σῶαν* codd. : corr. Dindorf 10 <*ὦ*> *ἄνδρες δικασταί* A 11 *εἰς* <*τὴν*> A 14 *ἀπέσταλκας*] *ἀπέστειλας* SF 15 *νυνὶ* SF *οἷς*] *οὓς* F 16 *ἀνέπαφον καὶ ἐμφανῆ* A 17 *προσκαλεσαμένων* SF 20 *τοὺς*[2] om. A 24 del. Blass : *μᾶλλον* Rennie 25 *δικασταί*] *ἀθηναῖοι* *A* 27 *αὐτοῦ*] *αὐτὸν* S[C]

ταύταις ταῖς ὁμολογίαις δανεισάμενοι, ἐφ' ᾧ τε καταπλεῖν Ἀθήναζε, εἰς Ῥόδον κατήγαγον τὴν ναῦν; ὅτι δ' ἑκόντες καὶ οὐκ ἐξ ἀνάγκης ταῦτ' ἔπραξαν, ἐκ πολλῶν δῆλον. **(43)** *εἰ γὰρ ὡς ἀληθῶς ἀκούσιον τὸ συμβὰν ἐγένετο καὶ ἡ ναῦς ἐρράγη, τὸ μετὰ τοῦτ' ἐπειδὴ ἐπεσκεύασαν τὴν ναῦν, οὐκ ἂν εἰς ἕτερα δήπου ἐμπόρια ἐμίσθουν αὐτήν, ἀλλ' ὡς ὑμᾶς ἀπέστελλον, ἐπανορθούμενοι τὸ ἀκούσιον σύμπτωμα. νῦν δ' οὐχ ὅπως ἐπηνωρθώσαντο, ἀλλὰ πρὸς τοῖς ἐξ ἀρχῆς ἀδικήμασι πολλῷ μείζω προσεξημαρτήκασιν, καὶ ὥσπερ ἐπὶ καταγέλωτι ἀντιδικοῦντες εἰσεληλύθασιν, ὡς ἐπ' αὐτοῖς ἐσόμενον, ἐὰν καταψηφίσησθε αὐτῶν, τὰ ἀρχαῖα μόνον ἀποδοῦναι καὶ τοὺς τόκους.* **(44)** *ὑμεῖς οὖν, ὦ ἄνδρες Ἀθηναῖοι, μὴ ἐπιτρέπετε τούτοις οὕτως ἔχουσι, μηδ' ἐπὶ δυοῖν ἀγκύραιν ὁρμεῖν αὐτοὺς ἐᾶτε, ὡς, ἐὰν μὲν κατορθώσωσι, τἀλλότρια ἕξοντας, ἐὰν δὲ μὴ δύνωνται ἐξαπατῆσαι ὑμᾶς, αὐτὰ τὰ ὀφειλόμενα ἀποδώσοντας· ἀλλὰ τοῖς ἐπιτιμίοις ζημιοῦτε τοῖς ἐκ τῆς συγγραφῆς. καὶ γὰρ ἂν δεινὸν εἴη, αὐτοὺς μὲν τούτους διπλασίαν καθ' αὑτῶν τὴν ζημίαν γράψασθαι, ἐάν τι παραβαίνωσι τῶν ἐν τῇ συγγραφῇ, ὑμᾶς δ' ἠπιωτέρως ἔχειν πρὸς αὐτούς, καὶ ταῦτ' οὐχ ἧττον ἡμῶν συνηδικημένους.*

45. *Τὰ μὲν οὖν περὶ τοῦ πράγματος δίκαια βραχέα ἐστὶ καὶ εὐμνημόνευτα. ἐδανείσαμεν Διονυσοδώρῳ τουτῳὶ καὶ τῷ κοινωνῷ αὐτοῦ τρισχιλίας δραχμὰς Ἀθήνηθεν εἰς Αἴγυπτον καὶ ἐξ Αἰγύπτου Ἀθήναζε· οὐκ ἀπειλήφαμεν τὰ χρήματα οὐδὲ τοὺς τόκους, ἀλλ' ἔχουσι τὰ ἡμέτερα καὶ χρῶνται δεύτερον ἔτος· οὐ κατακεκομίκασιν τὴν ναῦν εἰς τὸ ὑμέτερον ἐμπόριον οὐδέπω καὶ νῦν, οὐδ' ἡμῖν παρεσχήκασιν ἐμφανῆ· ἡ δὲ συγγραφὴ κελεύει, ἐὰν μὴ παρέχωσιν ἐμφανῆ τὴν ναῦν, ἀποτίνειν αὐτοὺς διπλάσια τὰ χρήματα, τὴν δὲ πρᾶξιν εἶναι καὶ ἐξ ἑνὸς*

3 *δῆλον ἐκ πολλῶν* A 6 *ἐμίσθωσαν* SF 10 <*καὶ*> *ὡς* A 13 *τούτοις*] *τοῖς* A 14 *κατορθῶσι* SF 18 *τι* om. A 22 *τούτῳ* SAF : corr. Blass 26 *ἡμέτερον* A 27 *ἡ* - 28 *ἐμφανῆ* (*ὁμ.*) om. A 29 *διπλασίονα* A

καὶ ἐξ ἀμφοῖν. (46) ταῦτ᾽ ἔχοντες τὰ δίκαια εἰσεληλύθαμεν πρὸς ὑμᾶς, ἀξιοῦντες τὰ ἡμέτερα αὐτῶν ἀπολαβεῖν δι᾽ ὑμῶν, ἐπειδὴ παρ᾽ αὐτῶν τούτων οὐ δυνάμεθα. ὁ μὲν παρ᾽ ἡμῶν λόγος οὗτός ἐστιν. οὗτοι δὲ δανείσασθαι μὲν ὁμολογοῦσιν καὶ μὴ ἀποδεδωκέναι, διαφέρονται δ᾽ ὡς οὐ δεῖ τελεῖν αὐτοὺς τοὺς τόκους τοὺς ἐν τῇ συγγραφῇ, ἀλλὰ τοὺς εἰς Ῥόδον, οὓς οὔτε συνεγράψαντο οὔτ᾽ ἔπεισαν ἡμᾶς. (47) εἰ μὲν οὖν, ὦ ἄνδρες Ἀθηναῖοι, ἐν τῷ Ῥοδίων δικαστηρίῳ ἐκρινόμεθα, ἴσως ἂν οὗτοι ἐπλεονέκτουν ἡμῶν, σεσιτηγηκότες πρὸς αὐτοὺς καὶ καταπεπλευκότες τῇ νηῒ εἰς τὸ ἐκείνων ἐμπόριον· νῦν δ᾽ εἰς Ἀθηναίους εἰσεληλυθότες καὶ συγγραψάμενοι εἰς τὸ ὑμέτερον ἐμπόριον, οὐκ ἀξιοῦμεν ἐλαττωθῆναι ὑπὸ τῶν καὶ ἡμᾶς καὶ ὑμᾶς ἠδικηκότων.

48. Χωρὶς δὲ τούτων, ἄνδρες Ἀθηναῖοι, μὴ ἀγνοεῖτε, ὅτι νυνὶ μίαν δίκην δικάζοντες νομοθετεῖτε ὑπὲρ ὅλου τοῦ ἐμπορίου, καὶ παρεστᾶσι πολλοὶ τῶν κατὰ θάλατταν ἐργάζεσθαι προαιρουμένων ὑμᾶς θεωροῦντες, πῶς τὸ πρᾶγμα τουτὶ κρίνετε. εἰ μὲν γὰρ ὑμεῖς τὰς συγγραφὰς καὶ τὰς ὁμολογίας τὰς πρὸς ἀλλήλους γιγνομένας ἰσχυρὰς οἴεσθε δεῖν εἶναι καὶ τοῖς παραβαίνουσιν αὐτὰς μηδεμίαν συγγνώμην ἕξετε, ἑτοιμότερον προήσονται τὰ ἑαυτῶν οἱ ἐπὶ τοῦ δανείζειν ὄντες, ἐκ δὲ τούτων αὐξηθήσεται ὑμῖν τὸ ἐμπόριον. (49) εἰ μέντοι ἐξέσται τοῖς ναυκλήροις, συγγραφὴν γραψαμένοις ἐφ᾽ ᾧ τε καταπλεῖν εἰς Ἀθήνας, ἔπειτα κατάγειν τὴν ναῦν εἰς ἕτερα ἐμπόρια, φάσκοντας ῥαγῆναι καὶ τοιαύτας προφάσεις ποριζομένους οἵαισπερ καὶ Διονυσόδωρος οὑτοσὶ χρῆται, καὶ τοὺς τόκους μερίζειν πρὸς τὸν πλοῦν ὃν ἂν φήσωσι πεπλευκέναι,

47 καταπεπλ]ευκότες Π234 48 ἰσχυρὰς—49 Διονυσόδωρος Π234

7 ἄνδρες] δικασταὶ A 9 ἐπλεονέκτουν οὗτοι A 14 Ἀθηναῖοι] <ὦ> δικασταί A 17 πῶς ... τουτὶ] πρὸς ... τοῦτο A κρινεῖτε Lamb.[C] 18 συγγραφὰς] συνθήκας A 19 οἰήσεσθε A 21 προήσονται] ποιήσονται F δανείζειν ὄντες] ἐμπορίου δανείζοντες A 23 συνναυκλήροις ... συγγραψαμένοις A 24 καταπλεῖν] πλεῖν SF 26 οἵαπερ A καὶ (ante διονυσόδωρος) om. A 27 μερίζεται A

καὶ μὴ πρὸς τὴν συγγραφήν, οὐδὲν κωλύσει ἅπαντα τὰ συμβόλαια διαλύεσθαι. (50) τίς γὰρ ἐθελήσει τὰ ἑαυτοῦ προέσθαι, ὅταν ὁρᾷ τὰς μὲν συγγραφὰς ἀκύρους, ἰσχύοντας δὲ τοὺς τοιούτους λόγους, καὶ τὰς αἰτίας τῶν ἠδικηκότων ἔμπροσθεν οὔσας τοῦ δικαίου; μηδαμῶς, ὦ ἄνδρες δικασταί· οὔτε γὰρ τῷ πλήθει τῷ ὑμετέρῳ συμφέρει τοῦτο οὔτε τοῖς ἐργάζεσθαι προῃρημένοις, οἵπερ χρησιμώτατοί εἰσιν καὶ κοινῇ πᾶσιν ὑμῖν καὶ ἰδίᾳ τῷ ἐντυγχάνοντι. διόπερ δεῖ ὑμᾶς αὐτῶν ἐπιμέλειαν ποιεῖσθαι.

Ἐγὼ μὲν οὖν ὅσαπερ οἷός τ᾽ ἦν, εἴρηκα· ἀξιῶ δὲ καὶ τῶν φίλων μοί τινα συνειπεῖν. δεῦρο Δημόσθενες.

50 ο[ὔτε τοῖς—συνει[πεῖν Π234

---

1 κωλύει πάντα A 2 <ἂν> ἐθελήσῃ A 3 μὲν om. SF 6 ταῦτα A 7 ὑμῖν om. A 11 δημόσθενες] ὁ δεῖνα Blass Subscriptum in S δαρειω καὶ παμφιλω κατα διονυσοδωρου δ̣; in A κατα διονυσοδωρου περι της ραγεισης νεως; in F δαρειω και παμφιλῳ κατα διονυσιοδωρου

LVII

ΔΗΜΟΣΘΕΝΟΥΣ ΕΦΕΣΙΣ ΠΡΟΣ ΕΥΒΟΥΛΙΔΗΝ

1. *Πολλὰ καὶ ψευδῆ κατηγορηκότος ἡμων Εὐβουλίδου, καὶ βλασφημίας οὔτε προσηκούσας οὔτε δικαίας πεποιημένου, πειράσομαι τἀληθῆ καὶ τὰ δίκαια λέγων, ὦ ἄνδρες δικασταί, δεῖξαι καὶ μετὸν τῆς πόλεως ἡμῖν καὶ πεπονθότα ἐμαυτὸν οὐχὶ προσήκοντα ὑπὸ τούτου. δέομαι δ' ἁπάντων ὑμῶν, ὦ ἄνδρες δικασταί, καὶ ἱκετεύω καὶ ἀντιβολῶ, λογισαμένους τό τε μέγεθος τοῦ παρόντος ἀγῶνος καὶ τὴν αἰσχύνην μεθ' ἧς ὑπάρχει τοῖς ἁλισκομένοις ἀπολωλέναι, ἀκοῦσαι καὶ ἐμοῦ σιωπῇ, μάλιστα μέν, εἰ δυνατόν, μετὰ πλείονος εὐνοίας ἢ τούτου (τοῖς γὰρ ἐν κινδύνῳ καθεστηκόσιν εἰκὸς εὐνοϊκωτέρους ὑμᾶς ὑπάρχειν), εἰ δὲ μή, μετά γε τῆς ἴσης.* (2) *συμβαίνει δέ μοι τὸ μὲν καθ' ἡμᾶς, ὦ ἄνδρες δικασταί, καὶ τὸ προσήκειν μοι τῆς πόλεως, θαρρεῖν καὶ πολλὰς ἔχειν ἐλπίδας καλῶς ἀγωνιεῖσθαι, τὸν καιρὸν δὲ καὶ τὸ παρωξύνθαι τὴν πόλιν πρὸς τὰς ἀποψηφίσεις φοβεῖσθαι· πολλῶν γὰρ ἐξεληλαμένων δικαίως ἐκ πάντων τῶν δήμων, συγκεκοινωνήκαμεν τῆς δόξης ταύτης οἱ κατεστασιασμένοι, καὶ πρὸς τὴν κατ' ἐκείνων αἰτίαν, οὐ πρὸς τὸ καθ' αὑτὸν ἕκαστος ἀγωνιζόμεθα, ὥστ' ἐξ ἀνάγκης μέγαν ἡμῖν εἶναι τὸν φόβον.* (3) *οὐ μὴν ἀλλὰ καίπερ τούτων οὕτως ἐχόντων, ἃ νομίζω περὶ τούτων αὐτῶν πρῶτον εἶναι δίκαια, ἐρῶ πρὸς ὑμᾶς. ἐγὼ γὰρ οἴομαι δεῖν ὑμᾶς τοῖς μὲν ἐξελεγχομένοις ξένοις οὖσιν χαλεπαίνειν, εἰ μήτε πείσαντες μήτε δεηθέντες ὑμῶν λάθρᾳ καὶ βίᾳ τῶν*

2 *ἀποψηφήσεις* Harp. α 215 S[b] α 2043 Sud. α 3656

tit. *εφεσις προς ευβουλιδην* SAF 11 *ὑμᾶς* om. S 12 *ὑμᾶς* SAF : corr. Schaefer 14 *παροξύνθαι* S

ὑμετέρων ἱερῶν καὶ κοινῶν μετεῖχον, τοῖς δ' ἠτυχηκόσι καὶ δεικνύουσι πολίτας ὄντας αὑτοὺς βοηθεῖν καὶ σῴζειν, ἐνθυμουμένους ὅτι πάντων οἰκτρότατον πάθος ἡμῖν ἂν συμβαίη τοῖς ἠδικημένοις, εἰ τῶν λαμβανόντων δίκην ὄντες ἂν δικαίως μεθ' ὑμῶν, ἐν τοῖς διδοῦσι γενοίμεθα καὶ συναδικηθείημεν διὰ τὴν τοῦ πράγματος ὀργήν. (4) ᾤμην μὲν οὖν ἔγωγε, ὦ ἄνδρες δικασταί, προσήκειν Εὐβουλίδῃ, καὶ πᾶσιν δὲ ὅσοι νῦν ἐπὶ ταῖς ἀποψηφίσεσιν κατηγοροῦσιν, ὅσα ἴσασιν ἀκριβῶς λέγειν καὶ μηδεμίαν προσάγειν ἀκοὴν πρὸς τὸν τοιοῦτον ἀγῶνα. οὕτω γὰρ τοῦτο ἄδικον καὶ σφόδρα πάλαι κέκριται, ὥστε οὐδὲ μαρτυρεῖν ἀκοὴν ἐῶσιν οἱ νόμοι, οὐδ' ἐπὶ τοῖς πάνυ φαύλοις ἐγκλήμασιν, εἰκότως· ὅπου γὰρ εἰδέναι τινὲς ἤδη φήσαντες ψευδεῖς ἐφάνησαν, πῶς ἅ γε μηδ' αὐτὸς οἶδεν ὁ λέγων, προσήκει πιστεύεσθαι; (5) ἀλλὰ μὴν ὅπου γε μηδ' ὑπεύθυνον καθιστάντα ἑαυτὸν ἔξεστιν, δι' ὧν ἂν ἀκοῦσαι τις φῇ, βλάπτειν μηδένα, πῶς ἀνυπευθύνῳ γε λέγοντι προσήκει πιστεύειν ὑμᾶς; ἐπειδὴ τοίνυν οὗτος εἰδὼς τοὺς νόμους καὶ μᾶλλον ἢ προσῆκεν, ἀδίκως καὶ πλεονεκτικῶς τὴν κατηγορίαν πεποίηται, ἀναγκαῖον ἐμοὶ περὶ ὧν ἐν τοῖς δημόταις ὑβρίσθην πρῶτον εἰπεῖν. (6) ἀξιῶ δ', ὦ ἄνδρες Ἀθηναῖοι, μηδέπω τὴν τῶν δημοτῶν ἀποψήφισιν ποιεῖσθαι τεκμήριον ὑμᾶς, ὡς ἄρ' οὐχὶ προσήκει μοι τῆς πόλεως. εἰ γὰρ πάντ' ἐνομίζετε τὰ δίκαια δυνήσεσθαι τοὺς δημότας διακρῖναι, οὐκ ἂν ἐδώκατε τὴν εἰς ὑμᾶς ἔφεσιν· νῦν δὲ καὶ διὰ φιλονικίαν καὶ διὰ φθόνον καὶ δι' ἔχθραν καὶ δι' ἄλλας προφάσεις ἔσεσθαί τι τοιοῦτον ἡγούμενοι, τὴν εἰς ὑμᾶς τοῖς ἀδικηθεῖσιν ἐποιήσατε καταφυγήν, δι' ἣν καλῶς ποιοῦντες, ὦ ἄνδρες Ἀθηναῖοι, τοὺς ἠδικημένους ἅπαντας σεσῴκατε. (7) πρῶτον

3 εἰ[2]–γενοίμεθα AB 128.18 **6** ἔφεσιν Harp. ε 171

1 ἱερῶν] ιε (ras. iv litt) S κοινῶν] ὁσίων Schaefer 4 τοῖς ἠδικημένοις del. Rosenberg ὄντες] ὅτε SF 5 δικαίως ἂν AB γενώμεθα A 8 ἐπὶ] ἐν A ἀποψηφήσεσιν S 16 τις] τι A γε λέγοντι] γ' ὄντι A 18 καὶ post νόμους om. A 24 καὶ διὰ φθόνον om. F 28 ἅπαντες S

μὲν οὖν ὃν τρόπον ἐν τοῖς δημόταις συνέβη τὴν διαψήφισιν γενέσθαι, φράσω πρὸς ὑμᾶς· τὸ γὰρ εἰς αὐτὸ τὸ πρᾶγμα πάντα λέγειν τοῦτ' ἐγὼ ὑπολαμβάνω, ὅσα τις παρὰ τὸ ψήφισμα πέπονθεν ἀδίκως καταστασιασθείς, ἐπιδεῖξαι.

8. *Εὐβουλίδης γὰρ οὑτοσί, ὦ ἄνδρες Ἀθηναῖοι, ὡς ὑμῶν ἴσασι πολλοί, γραψάμενος ἀσεβείας τὴν ἀδελφὴν τὴν Λακεδαιμονίου τὸ πέμπτον μέρος τῶν ψήφων οὐ μετέλαβεν. ὅτι δὴ ἐν ἐκείνῳ τῷ ἀγῶνι τὰ δίκαια, τούτῳ δὲ τἀναντία ἐμαρτύρησα, διὰ ταύτην τὴν ἔχθραν ἐπιτίθεταί μοι. καὶ βουλεύων, ὦ ἄνδρες δικασταί, καὶ κύριος ὢν τοῦ θ' ὅρκου καὶ τῶν γραμμάτων ἐξ ὧν ἀνεκάλει τοὺς δημότας, τί ποιεῖ;* **(9)** *πρῶτον μέν, ἐπειδὴ συνελέγησαν οἱ δημόται, κατέτριψεν τὴν ἡμέραν δημηγορῶν καὶ ψηφίσματα γράφων. τοῦτο δ' ἦν οὐκ ἀπὸ τοῦ αὐτομάτου, ἀλλ' ἐπιβουλεύων ἐμοί, ὅπως ὡς ὀψιαίταθ' ἡ διαψήφισις ἡ περὶ ἐμοῦ γένοιτο· καὶ διεπράξατο τοῦτο. καὶ τῶν μὲν δημοτῶν οἱ ὀμόσαντες ἐγενόμεθα τρεῖς καὶ ἑβδομήκοντα, ἠρξάμεθα δὲ τοῦ διαψηφίζεσθαι δείλης ὀψίας, ὥστε συνέβη, ἡνίκα τοὐμὸν ὄνομ' ἐκαλεῖτο, σκότος εἶναι ἤδη·* **(10)** *καὶ γὰρ ἦν περὶ ἑξηκοστόν, καὶ ἐκλήθην ὕστατος ἁπάντων τῶν ἐν ἐκείνῃ τῇ ἡμέρᾳ κληθέντων, ἡνίκα οἱ μὲν πρεσβύτεροι τῶν δημοτῶν ἀπεληλύθεσαν εἰς τοὺς ἀγρούς· τοῦ γὰρ δήμου ἡμῖν, ὦ ἄνδρες δικασταί, πέντε καὶ τριάκοντα στάδια τοῦ ἄστεως ἀπέχοντος καὶ τῶν πλείστων ἐκεῖ οἰκούντων, ἀπεληλύθεσαν οἱ πολλοί· οἱ δὲ κατάλοιποι ἦσαν οὐ πλείους ἢ τριάκοντα. ἐν δὲ τούτοις ἦσαν ἅπαντες οἱ τούτῳ παρεσκευασμένοι.* **(11)** *ἐπειδὴ δ' ἐκλήθη τοὐμὸν ὄνομα, ἀναπηδήσας οὗτος ἐβλασφήμει κατ' ἐμοῦ ταχὺ καὶ πολλὰ καὶ μεγάλῃ τῇ φωνῇ, ὥσπερ καὶ νῦν,*

10 *οὐ–τριάκοντα* Prisc. 348.1

---

2 *τὸ γὰρ*] *τοῦ γὰρ* Richards 3 *ἔγωγε* A 5 *οὗτος* SAF : corr. Rennie 8 *δὴ*] *δ'*A 11 *γραμματείων* SF *ἂν ἐκάλει* S : *ἐνεκάλει* F[C] 13 *ἦν* del. van Herwerden : *ἦγεν* Thalheim 14 *ἐμοί*] *ὑμῖν* cod. D *ὡς* om. A 21 *ἀπελύθησαν* A 22 *ἄστεος* AF *ἔχοντος* A 23 *ἐκεῖ οἰκούντων* om. S 24 *οὐ - ἦσαν* (*ὁμ.*) om. S[a] *οὐ*] *οἱ* S[C] 27 *μεγάλα* A

μάρτυρα μὲν ὧν κατηγόρησεν οὐδένα παρασχόμενος οὔτε τῶν δημοτῶν οὔτε τῶν ἄλλων πολιτῶν, παρεκελεύετο δὲ τοῖς δημόταις ἀποψηφίζεσθαι. **(12)** *ἀξιοῦντος δέ μου ἀναβαλέσθαι εἰς τὴν ὑστεραίαν διά τε τὴν ὥραν καὶ τὸ μηδένα μοι παρεῖναι τό τε πρᾶγμα ἄφνω προσπεπτωκέναι, ἵνα τούτῳ τ' ἐξουσία γένοιτο ὁπόσα βούλοιτο κατηγορῆσαι καὶ μάρτυρας εἴ τινας ἔχοι παρασχέσθαι, ἐμοί τε ἐκγένοιτο ἀπολογήσασθαι ἐν ἅπασι τοῖς δημόταις καὶ τοὺς οἰκείους μάρτυρας παρασχέσθαι· καὶ ὅ τι γνοίησαν περὶ ἐμοῦ, τούτοις ἤθελον ἐμμένειν·* **(13)** *οὗτος ὧν μὲν ἐγὼ προὐκαλούμην οὐδὲν ἐφρόντισεν, τὴν δὲ ψῆφον εὐθὺς ἐδίδου τοῖς παροῦσι τῶν δημοτῶν, οὔτ' ἀπολογίαν οὐδεμίαν ἐμοὶ δοὺς οὔτ' ἔλεγχον οὐδέν' ἀκριβῆ ποιήσας. οἱ δὲ τούτῳ συνεστῶτες ἀναπηδήσαντες ἐψηφίζοντο. καὶ ἦν μὲν σκότος, οἱ δὲ λαμβάνοντες δύο καὶ τρεῖς ψήφους ἕκαστος παρὰ τούτου ἐνέβαλλον εἰς τὸν καδίσκον. σημεῖον δέ· οἱ μὲν γὰρ ψηφισάμενοι οὐ πλείους ἢ τριάκοντ' ἦσαν, αἱ δὲ ψῆφοι ἠριθμήθησαν πλείους ἢ ἑξήκοντα, ὥστε πάντας ἡμᾶς ἐκπλαγῆναι.* **(14)** *καὶ ταῦθ' ὡς ἀληθῆ λέγω, καὶ ὅτι οὔτ' ἐδόθη ἡ ψῆφος ἐν ἅπασιν πλείους τ' ἐγένοντο τῶν ψηφισαμένων, μάρτυρας ὑμῖν παρέξομαι. συμβαίνει δέ μοι περὶ τούτων τῶν μὲν φίλων ἢ τῶν ἄλλων Ἀθηναίων μηδένα μάρτυρα παρεῖναι διά τε τὴν ὥραν καὶ διὰ τὸ μηδένα παρακαλέσαι, αὐτοῖς δὲ τοῖς ἠδικηκόσιν με χρῆσθαι μάρτυσιν. ἃ οὖν οὐ δυνήσονται ἔξαρνοι γενέσθαι, ταῦτα γέγραφα αὐτοῖς. λέγε.*

ΜΑΡΤΥΡΙΑ

15. *Εἰ μὲν τοίνυν, ὦ ἄνδρες δικασταί, συνέβαινε τοῖς Ἁλιμουσίοις περὶ ἁπάντων τῶν δημοτῶν διαψηφίσασθαι ἐν*

15 *Ἁλιμουσίοις* Harp. α 72

6 *γένοιτο*] *προσγένοιτο* S[a]F *κατηγορῆσαι ὁπόσα βούλοιτο* A 11 *οὐδεμίαν* <*ἄν*> *μοι δοὺς* A : *ἐμοὶ δοὺς οὐδεμίαν* cod. Q 12 *ἐνέβαλον* A 19 *τ'* om. A *ἐψηφισμένων* A 23 *χρήσασθαι* SF

ἐκείνῃ τῇ ἡμέρᾳ, εἰκὸς ἦν καὶ εἰς ὀψὲ ψηφίζεσθαι, ἵν᾽ ἀπηλλαγμένοι ἦσαν ποιήσαντες τὰ ὑμῖν ἐψηφισμένα. εἰ δὲ πλείους ἢ εἴκοσιν ὑπόλοιποι ἦσαν τῶν δημοτῶν, περὶ ὧν ἔδει τῇ ὑστεραίᾳ διαψηφίσασθαι, καὶ ὁμοίως ἦν ἀνάγκη συλλέγεσθαι τοὺς δημότας, τί ποτ᾽ ἦν τὸ δυσχερὲς Εὐβουλίδῃ ἀναβαλέσθαι εἰς τὴν ὑστεραίαν καὶ περὶ ἐμοῦ πρώτου τὴν ψῆφον διδόναι τοῖς δημόταις; (16) διότι, ὦ ἄνδρες δικασταί, οὐκ ἠγνόει Εὐβουλίδης ὅτι, εἰ λόγος ἀποδοθήσοιτο καὶ παραγένοιντό μοι πάντες οἱ δημόται καὶ ἡ ψῆφος δικαίως δοθείη, οὐδαμοῦ γενήσονται οἱ μετὰ τούτου συνεστηκότες. ὅθεν δ᾽ οὗτοι συνέστησαν, ταῦτα, ἐπειδὰν περὶ τοῦ γένους εἴπω, τότε, ἂν βούλησθε ἀκούειν, ἐρῶ. (17) νῦν δὲ τί δίκαιον νομίζω καὶ τί παρεσκεύασμαι ποιεῖν, ἄνδρες δικασταί; δεῖξαι πρὸς ὑμᾶς ἐμαυτὸν Ἀθηναῖον ὄντα καὶ τὰ πρὸς πατρὸς καὶ τὰ πρὸς μητρός, καὶ μάρτυρας τούτων, οὓς ὑμεῖς ἀληθεῖς φήσετε εἶναι, παρασχέσθαι, τὰς δὲ λοιδορίας καὶ τὰς αἰτίας ἀνελεῖν· ὑμᾶς δ᾽ ἀκούσαντας τούτων, ἐὰν μὲν ὑμῖν πολίτης ὢν κατεστασιάσθαι δοκῶ, σῴζειν, εἰ δὲ μή, πράττειν ὁποῖον ἄν τι ὑμῖν εὐσεβὲς εἶναι δοκῇ. ἄρξομαι δ᾽ ἐντεῦθεν.

18. Διαβεβλήκασι γάρ μου τὸν πατέρα, ὡς ἐξένιζεν· καὶ ὅτι μὲν ἁλοὺς ὑπὸ τῶν πολεμίων ὑπὸ τὸν Δεκελεικὸν πόλεμον καὶ πραθεὶς εἰς Λευκάδα, Κλεάνδρῳ περιτυχὼν τῷ ὑποκριτῇ πρὸς τοὺς οἰκείους ἐσώθη δεῦρο πολλοστῷ χρόνῳ, παραλελοίπασιν, ὥσπερ δὲ δέον ἡμᾶς δι᾽ ἐκείνας τὰς ἀτυχίας ἀπολέσθαι, τὸ ξενίζειν αὐτοῦ κατηγορήκασιν. (19) ἐγὼ δ᾽ ἐξ αὐτῶν τούτων μάλιστα {ἂν} οἶμαι ὑμῖν ἐμαυτὸν Ἀθηναῖον ὄντ᾽ ἐπιδείξειν. καὶ πρῶτον μὲν ὡς ἑάλω καὶ ἐσώθη, μάρτυρας

18 διαβεβλήκασι—ἐξένιζεν Harp. ε 66 ἐξένιζεν Harp. ξ 1 Ammon. 339

2 ἦσαν Westermann : εἴεσαν S : εἴησαν A : ἤεσαν F et Schaefer ἡμῖν SAF : corr. Wolf 8 <ὁ> εὐβουλίδης A 9 ἡ om. A 12 τί <καὶ> S[a] 14 ἐμαυτὸν] αὐτὸν A 20 ἐξένισεν SAF : corr. Harp. 21 δεκελικὸν S 23 διεσώθη A 25 αὐτοῦ] αὐτοὺς A 26 τούτων <πραγμάτων> S[a] del. Madvig

ὑμῖν παρέξομαι, ἔπειθ' ὅτι ἀφικόμενος τῆς οὐσίας παρὰ τῶν θείων τὸ μέρος μετέλαβεν, εἶθ' ὅτι οὔτ' ἐν τοῖς δημόταις οὔτ' ἐν τοῖς φράτερσιν οὔτ' ἄλλοθι οὐδαμοῦ τὸν ξενίζοντα οὐδεὶς πώποτ' ᾐτιάσατο ὡς εἴη ξένος. καί μοι λαβὲ τὰς μαρτυρίας.

ΜΑΡΤΥΡΙΑΙ

20. *Περὶ μὲν τοίνυν τῆς ἁλώσεως καὶ τῆς σωτηρίας, ἣν συνέβη γενέσθαι τῷ πατρὶ δεῦρο, ἀκηκόατε. ὡς δ' ὑμέτερος ἦν πολίτης, ὦ ἄνδρες δικασταί (τὸ γὰρ ὂν καὶ ἀληθὲς οὕτως ὑπάρχει), μάρτυρας καλῶ τοὺς ζῶντας ἡμῖν τῶν συγγενῶν τῶν πρὸς πατρός. κάλει δή μοι πρῶτον μὲν Θουκριτίδην καὶ Χαρισιάδην· ὁ γὰρ τούτων πατὴρ Χαρίσιος ἀδελφὸς ἦν τοῦ πάππου τοῦ ἐμοῦ Θουκριτίδου καὶ Λυσαρέτης τῆς ἐμῆς τήθης (ἀδελφὴν γὰρ ὁ πάππος οὑμὸς ἔγημεν οὐχ ὁμομητρίαν), θεῖος δὲ τοῦ πατρὸς τοῦ ἐμοῦ· ἔπειτα Νικιάδην·* **(21)** *καὶ γὰρ ὁ τούτου πατὴρ Λυσανίας ἀδελφὸς ἦν τοῦ Θουκριτίδου καὶ τῆς Λυσαρέτης, θεῖος δὲ τοῦ πατρὸς τοῦ ἐμοῦ· ἔπειτα Νικόστρατον· καὶ γὰρ ὁ τούτου πατὴρ Νικιάδης ἀδελφιδοῦς ἦν τῷ πάππῳ τῷ ἐμῷ καὶ τῇ τήθῃ, ἀνεψιὸς δὲ τῷ πατρί. καί μοι κάλει τούτους πάντας. σὺ δ' ἐπίλαβε τὸ ὕδωρ.*

ΜΑΡΤΥΡΕΣ

22. *Τῶν μὲν τοίνυν πρὸς ἀνδρῶν τῷ πατρὶ συγγενῶν ἀκηκόατε, ὦ ἄνδρες Ἀθηναῖοι, καὶ μαρτυρούντων καὶ διομνυμένων <Ἀθηναῖον> εἶναι καὶ συγγενῆ τὸν ἐμὸν πατέρα αὑτοῖς· ὧν οὐδεὶς δήπου, παραστησάμενος τοὺς συνει-*

19 *ξενίζοντα* Harp. ξ 1 Ammon. 339

2 *οὔτ'* (post *ὅτι*) om. F   3 *φράτορσι* SAF : corr. Dindorf   6 *τοίνυν* om. SF   *ἦν*] *ἧς* A   9 *ὑμῖν* F   10 *δή*] *δέ* SF   11 *χαρσιάδην* A   12 <*τῆς*> *λυσαρέτης* SF   *τήθης* <*μάμμης*> A^{c} : *τίτθης* F *ἀδελφὴν* - *ὁμομητρίαν* transp. huc Rennie: post 14 *ἐμοῦ* SAF   14 *πατρὸς* <*ἦν*> A   17 <*ὁ*> *νικιάδης* A   18 post *πατρί* lacunam statuit Westermann   19 *ὑπόλαβε* S^{c}AF : corr. Lamb.^{c} : *ὑπόλαβε* S^{a} 23 add. Dobree   *καὶ* om. A

σομένους αὐτῷ τὰ ψευδῆ μαρτυροῦντι, κατ᾿ ἐξωλείας ἐπιορκεῖ. λαβὲ δὴ καὶ τὰς τῶν πρὸς γυναικῶν τῷ πατρὶ συγγενῶν μαρτυρίας.

ΜΑΡΤΥΡΙΑΙ

23. *Οἱ μὲν τοίνυν ζῶντες οὗτοι τῶν συγγενῶν τοῦ πατρὸς καὶ πρὸς ἀνδρῶν καὶ πρὸς γυναικῶν μεμαρτυρήκασιν, ὡς ἦν ἀμφοτέρωθεν Ἀθηναῖος καὶ μετῆν τῆς πόλεως αὐτῷ δικαίως. κάλει δή μοι καὶ τοὺς φράτερας, ἔπειτα τοὺς γεννήτας.*

ΜΑΡΤΥΡΕΣ

Λαβὲ δὴ καὶ τὰς τῶν δημοτῶν μαρτυρίας, καὶ τὰς τῶν συγγενῶν περὶ τῶν φρατέρων, ὡς εἵλοντό με φρατρίαρχον.

ΜΑΡΤΥΡΙΑΙ

24. *Τὰ μὲν τοίνυν ὑπὸ τῶν συγγενῶν καὶ φρατέρων καὶ δημοτῶν καὶ γεννητῶν, ὧν προσήκει, μαρτυρούμενα ἀκηκόατε. ἐξ ὧν ἔστιν ὑμῖν εἰδέναι, πότερόν ποτ᾿ ἀστὸς ἢ ξένος ἦν ᾧ ταῦθ᾿ ὑπῆρχεν. καὶ γὰρ εἰ μὲν εἰς ἕν᾿ ἢ δύο ἀνθρώπους κατεφεύγομεν, εἴχομεν ἄν τιν᾿ ὑποψίαν παρεσκευάσθαι τούτους· εἰ δ᾿ ἐν ἅπασιν, ὅσοισπερ ἕκαστος ὑμῶν, ἐξητασμένος φαίνεται καὶ ζῶν ὁ πατὴρ καὶ νῦν ἐγώ, λέγω φράτερσι, συγγενέσι, δημόταις, γεννήταις, πῶς ἔνεστιν ἢ πῶς δυνατὸν τούτους ἅπαντας μὴ μετ᾿ ἀληθείας ὑπάρχοντας κατεσκευάσθαι;* (25) *εἰ μὲν τοίνυν εὔπορος ὢν ὁ πατὴρ χρήματα δοὺς τούτοις ἐφαίνετο πείσας συγγενεῖς αὑτοὺς ἑαυτοῦ φάσκειν εἶναι, λόγον εἶχεν <ἂν> ὑποψίαν τιν᾿ ἔχειν ὡς οὐκ ἦν ἀστός· εἰ δὲ πένης ὢν ἅμα συγγενεῖς τε παρείχετο τοὺς*

23 *γεννήτας* Harp. *γ* 5

1 *δὴ*] *δὲ* A 2 *τῶν* om. SF 7 *φράτορας* SAF : corr. Dindorf 9 *μάρτυρες* – 10 *φρατρίαρχον* om. F[a] 10 *συγγε* in ras. S *φρατόρων* SAF : corr. Dindorf *φατρίαχον* F[C] 12 *τὰ*] *ἃ* A <*ζώντων*> *συγγενῶν* A 13 *καὶ γεννητῶν ὧν* om. A *μαρτυροῦμεν ἃ* A 18 *φράτορσι* SAF : corr. Dindorf 23 add. Schaefer 24 *παρέσχετο* SF

αὐτοὺς καὶ μεταδιδόντας τῶν ὄντων ἐπεδείκνυε, πῶς οὐκ εὔδηλον ὅτι τῇ ἀληθείᾳ προσῆκε τούτοις; οὐ γὰρ ἂν δήπου, εἴ γε μηδενὶ ἦν οἰκεῖος, χρήματ' αὐτῷ προστιθέντες οὗτοι τοῦ γένους μετεδίδοσαν. ἀλλ' ἦν, ὡς τό τ' ἔργον ἐδήλωσεν καὶ ὑμῖν μεμαρτύρηται. ἔτι τοίνυν ἀρχὰς ἔλαχεν καὶ ἦρξεν δοκιμασθείς. καί μοι λαβὲ τὴν μαρτυρίαν.

ΜΑΡΤΥΡΙΑ

26. *Οἴεταί τις οὖν ὑμῶν ἐᾶσαί ποτ' ἂν τοὺς δημότας ἐκεῖνον ξένον καὶ μὴ πολίτην ἄρχειν παρ' αὑτοῖς, ἀλλ' οὐκ ἂν κατηγορεῖν; οὐ τοίνυν κατηγόρησεν οὐδὲ εἷς, οὐδ' ᾐτιάσατο. ἀλλὰ μὴν καὶ διαψηφίσεις ἐξ ἀνάγκης ἐγένοντο τοῖς δημόταις ὀμόσασιν καθ' ἱερῶν, ὅτ' ἀπώλετο αὐτοῖς τὸ ληξιαρχικὸν γραμματεῖον δημαρχοῦντος Ἀντιφίλου τοῦ πατρὸς τοῦ Εὐβουλίδου, καί τινας ἀπήλασαν αὑτῶν· περὶ ἐκείνου δ' οὐδεὶς οὔτ' εἶπεν οὔτ' ᾐτιάσατο τοιοῦτον οὐδέν.* (27) *καίτοι πᾶσίν ἐστιν ἀνθρώποις τέλος τοῦ βίου θάνατος, καὶ περὶ ὧν μὲν ἄν τις ζῶν αἰτίαν σχῇ {περὶ τοῦ γένους}, δίκαιον τοὺς παῖδας τὴν ἀειλογίαν παρέχειν· περὶ ὧν δ' ἂν μηδεὶς αὐτὸν ζῶντα καταιτιάσηται, πῶς οὐ δεινὸν εἰ τοὺς παῖδας ὁ βουλόμενος κρινεῖ; εἰ μὲν τοίνυν περὶ τούτων μηδεὶς λόγος ἐξητάσθη, δῶμεν τοῦτο λεληθέναι· εἰ δ' ἐδόθη καὶ διεψηφίσαντο καὶ μηδὲν ᾐτιάσατο πώποτε μηδείς, πῶς οὐ δικαίως ἂν ἐγὼ κατ' ἐκεῖνον Ἀθηναῖος εἴην, τὸν τελευτήσαντα πρὶν ἀμφισβητηθῆναι τοῦ γένους αὐτῷ; ὡς δὴ ταῦτ' ἀληθῆ λέγω, καλῶ καὶ τούτων μάρτυρας.*

ΜΑΡΤΥΡΕΣ

28. *Ἔτι τοίνυν παίδων αὐτῷ τεττάρων γενομένων ὁμομητρίων ἐμοὶ καὶ τελευτησάντων, ἔθαψε τούτους εἰς τὰ πατρῷα*

25 *δοκιμασθείς* Harp. δ 74 Sud. δ 1328 **27** *ἀειλογίαν* Harp. α 37

2 *προσήκει* SAF : corr. Schaefer 3 *γε*] *δὲ* S 9 <*τὸν*> *ξένον* A 15 *ἠτιάσατο* <*πώποτε μηδεὶς*> A 17 del. Taylor 19 *κρίνει* AF : [S] : corr. Bekker 22 *ἔγωγε* A 24 *δὴ*] *δὲ* A *κάλει* SF 26 *αὐτῷ παίδων* A

μνήματα, ὧν ὅσοιπέρ εἰσι τοῦ γένους κοινωνοῦσι· καὶ τούτων οὐδεὶς οὐκ ἀπεῖπεν πώποτε, οὐκ ἐκώλυσεν, οὐ δίκην ἔλαχεν. καίτοι τίς ἔστιν ὅστις ἂν εἰς τὰ πατρῷα μνήματα τοὺς μηδὲν ἐν γένει τιθέναι ἐάσαι; ὡς τοίνυν καὶ ταῦτ' ἀληθῆ λέγω, λαβὲ τὴν μαρτυρίαν.

ΜΑΡΤΥΡΙΑ

29. *Περὶ μὲν τοίνυν τοῦ πατρός, ὡς Ἀθηναῖος ἦν, ταῦτ' ἔχω λέγειν, καὶ μάρτυρας παρέσχημαι τοὺς ὑπ' αὐτῶν τούτων ἐψηφισμένους εἶναι πολίτας, μαρτυροῦντας ἐκεῖνον ἑαυτοῖς ἀνεψιὸν εἶναι. φαίνεται δὲ βιοὺς ἔτη τόσα καὶ τόσα ἐνθάδε, καὶ οὐδαμοῦ πώποτε ὡς ξένος ἐξετασθείς, ἀλλὰ πρὸς τούτους ὄντας συγγενεῖς καταφεύγων, οὗτοι δὲ καὶ προσδεχόμενοι καὶ τῆς οὐσίας μεταδιδόντες ὡς αὑτῶν ἑνί.* **(30)** *τοῖς χρόνοις τοίνυν οὕτω φαίνεται γεγονὼς ὥστε, εἰ καὶ κατὰ θάτερα ἀστὸς ἦν, εἶναι πολίτην προσήκειν αὐτόν· γέγονε γὰρ πρὸ Εὐκλείδου. περὶ δὲ τῆς μητρὸς (καὶ γὰρ ταύτην διαβεβλήκασί μου) λέξω, καὶ μάρτυρας ὧν ἂν λέγω, καλῶ. καίτοι, ὦ ἄνδρες Ἀθηναῖοι, οὐ μόνον παρὰ τὸ ψήφισμα τὰ περὶ τὴν ἀγορὰν διέβαλλεν ἡμᾶς Εὐβουλίδης, ἀλλὰ καὶ παρὰ τοὺς νόμους, οἳ κελεύουσιν ἔνοχον εἶναι τῇ κακηγορίᾳ τὸν τὴν ἐργασίαν τὴν ἐν τῇ ἀγορᾷ ἢ τῶν πολιτῶν ἢ τῶν πολιτίδων ὀνειδίζοντά τινι.* **(31)** *ἡμεῖς δ' ὁμολογοῦμεν καὶ ταινίας πωλεῖν καὶ ζῆν οὐχ ὅντινα τρόπον βουλόμεθα. καὶ εἴ σοί ἐστιν τοῦτο σημεῖον, ὦ Εὐβουλίδη, τοῦ μὴ Ἀθηναίους εἶναι ἡμᾶς, ἐγώ σοι τούτου ὅλως τοὐναντίον*

31 *ταινίας πωλεῖν* cf. Hermog. 324.17 R.

---

2 *οὐκ ἀπεῖπε*] *οὐ κατεῖπε* A 3 *πατρῷα* <*αὐτῶν*> SA 4 *ἐν* del. Gernet *τιθέναι ἐάσαι* Bekker : *τιθέντας ἐάσαι* SF : <*προσήκοντας*> *τιθέναι εἴασεν* A *λαβὲ*] *λέγε* AF[c] 6 *μαρτυρία* om. A 10 *καὶ* (ante *οὐδαμοῦ*) del. Rosenberg 11 *οὐδαμῶς* A 15 *προσήκει* A : *προσῆκε* Schaefer 16 <*καὶ*> *ταύτην* A *μοι* cod. D 18 *τὰ ψηφίσματα* SAF : corr. Blass *διέβαλεν* cod. D 20 *κακηγορίᾳ* Wolf : *κατηγορίᾳ* SAF *ἢ* om. A[a] 21 *ὀνειδίζοντί* S 23 *τοῦ* om. A 24 *ἡμᾶς εἶναι* A

ἐπιδείξω, ὅτι οὐκ ἔξεστιν ξένῳ ἐν τῇ ἀγορᾷ ἐργάζεσθαι. καί μοι λαβὼν ἀνάγνωθι πρῶτον τὸν Σόλωνος νόμον.

ΝΟΜΟΣ

32. Λαβὲ δὴ καὶ τὸν Ἀριστοφῶντος· οὕτω γάρ, ὦ ἄνδρες Ἀθηναῖοι, τοῦτον ἔδοξεν ἐκεῖνος καλῶς καὶ δημοτικῶς νομοθετῆσαι, ὥστ᾽ ἐψηφίσασθε πάλιν τὸν αὐτὸν ἀνανεώσασθαι.

ΝΟΜΟΣ

Προσήκει τοίνυν ὑμῖν βοηθοῦσι τοῖς νόμοις μὴ τοὺς ἐργαζομένους ξένους νομίζειν, ἀλλὰ τοὺς συκοφαντοῦντας πονηρούς. ἐπεί, ὦ Εὐβουλίδη, ἔστι καὶ ἕτερος περὶ τῆς ἀργίας νόμος, ᾧ αὐτὸς ἔνοχος ὢν ἡμᾶς τοὺς ἐργαζομένους διαβάλλεις. (33) ἀλλὰ γὰρ τοσαύτη τις ἀτυχία ἐστὶν περὶ ἡμᾶς νῦν, ὥστε τούτῳ μὲν ἔξεστιν ἔξω τοῦ πράγματος βλασφημεῖν καὶ πάντα ποιεῖν, ὅπως μηδενὸς τῶν δικαίων ἐγὼ τύχω· ἐμοὶ δ᾽ ἐπιτιμήσετε ἴσως, ἐὰν λέγω ὃν τρόπον οὗτος ἐργάζεται περιὼν ἐν τῇ πόλει, καὶ εἰκότως· ἃ γὰρ ὑμεῖς ἴστε, τί δεῖ λέγειν; σκοπεῖτε δή· νομίζω γὰρ ἔγωγε τὸ ἐν τῇ ἀγορᾷ ἡμᾶς ἐργάζεσθαι μέγιστον εἶναι σημεῖον τοῦ ψευδεῖς ἡμῖν αἰτίας τοῦτον ἐπιφέρειν. (34) ἣν γάρ φησιν ταινιόπωλιν εἶναι καὶ φανερὰν πᾶσιν, προσῆκεν δήπουθεν εἰδότας αὐτὴν πολλοὺς ἥτις ἐστὶ μαρτυρεῖν, καὶ μὴ μόνον ἀκοήν, ἀλλ᾽ εἰ μὲν ξένη ἦν, τὰ τέλη ἐξετάσαντας τὰ ἐν τῇ ἀγορᾷ, εἰ ξενικὰ ἐτέλει, καὶ ποδαπὴ ἦν ἐπιδεικνύντας· εἰ δὲ δούλη, μάλιστα μὲν τὸν πριάμενον, εἰ δὲ μή, τὸν ἀποδόμενον ἥκειν καταμαρτυροῦντα, εἰ δὲ μή, τῶν ἄλλων τινά, ἢ ὡς ἐδούλευσεν ἢ ὡς ἀφείθη ἐλευθέρα. νῦν δὲ τούτων μὲν ἀπέδειξεν οὐδέν, λελοιδόρηκεν δέ, ὡς ἐμοὶ δοκεῖ, οὐδὲν ὅ τι οὔ. τοῦτο γάρ ἐστιν ὁ συκοφάντης,

1 ἐξέσται F 6 ψηφίσασθαι SF τὸν αὐτὸν om. SF[a] 10 αρτιας S
14 ἐγὼ post μηδενὸς A 19 εἶναι ταινιόπωλιν A 20 προσήκει A[a]
21 μὲν om. A[a] 22 ἐξετάσαντες S 25 ἀφέθη S 26 μὲν om. A[a]
27 ὅ τι οὔ] τι SF

αἰτιάσασθαι μὲν πάντα, ἐξελέγξαι δὲ μηδέν. (35) *ἔπειτα κἀκεῖνο περὶ τῆς μητρὸς εἴρηκεν, ὅτι ἐτίτθευσεν. ἡμεῖς δέ, ὅτε ἡ πόλις ἠτύχει καὶ πάντες κακῶς ἔπραττον, οὐκ ἀρνούμεθα τοῦτο γενέσθαι· ὃν δὲ τρόπον καὶ ὧν ἕνεκα ἐτίτθευσεν, ἐγὼ σαφῶς ὑμῖν ἐπιδείξω. μηδεὶς δ᾽ ὑμῶν, ὦ ἄνδρες Ἀθηναῖοι, δυσχερῶς ὑπολάβῃ· καὶ γὰρ νῦν ἀστὰς γυναῖκας πολλὰς εὑρήσετε τιτθευούσας, ἃς ὑμῖν καὶ κατ᾽ ὄνομα, ἐὰν βούλησθε, ἐροῦμεν. εἰ δέ γε πλούσιοι ἦμεν, οὔτ᾽ ἂν τὰς ταινίας ἐπωλοῦμεν οὔτ᾽ ἂν ὅλως ἦμεν ἄποροι. ἀλλὰ τί ταῦτα κοινωνεῖ τῷ γένει; ἐγὼ μὲν οὐδὲν οἶμαι.* (36) *μηδαμῶς, ὦ ἄνδρες δικασταί, τοὺς πένητας ἀτιμάζετε (ἱκανὸν γὰρ αὐτοῖς τὸ πένεσθαι κακόν), μηδέ γε τοὺς ἐργάζεσθαι καὶ ζῆν ἐκ τοῦ δικαίου προαιρουμένους· ἀλλ᾽ ἀκούσαντες, ἐὰν ὑμῖν ἐπιδεικνύω τῆς μητρὸς τοὺς οἰκείους οἵους προσήκει εἶναι ἀνθρώποις ἐλευθέροις, ἃ οὗτος καταιτιᾶται περὶ αὐτῆς, ταύτας τὰς διαβολὰς ἐξομνυμένους, καὶ μαρτυροῦντας αὐτὴν ἀστὴν οὖσαν εἰδέναι, οὓς ὑμεῖς φήσετε πιστοὺς εἶναι, δικαίαν ἡμῖν θέσθε τὴν ψῆφον.* (37) *ἐμοὶ γὰρ ἦν πάππος, ὦ ἄνδρες Ἀθηναῖοι, τῆς μητρὸς πατήρ, Δαμόστρατος Μελιτεύς. τούτῳ γίγνονται τέτταρες παῖδες, ἐκ μὲν ἧς τὸ πρῶτον ἔσχεν γυναικὸς θυγάτηρ καὶ υἱὸς ᾧ ὄνομ᾽ Ἀμυθέων, ἐκ δὲ τῆς ὕστερον, Χαιρεστράτης, ἡ μήτηρ ἡ ἐμὴ καὶ Τιμοκράτης. τούτοις δὲ γίγνονται παῖδες, τῷ μὲν Ἀμυθέωνι Δαμόστρατος, τοῦ πάππου τοὔνομ᾽ ἔχων, καὶ Καλλίστρατος καὶ Δεξίθεος. καὶ ὁ μὲν Ἀμυθέων ὁ τῆς μητρὸς ἀδελφὸς τῶν ἐν Σικελίᾳ στρατευσαμένων καὶ τελευτησάντων ἐστίν, καὶ τέθαπται ἐν τοῖς δημοσίοις μνήμασιν· καὶ ταῦτα μαρτυρήσεται.* (38) *τῇ δ᾽ ἀδελφῇ αὐτοῦ συνοικησάσῃ Διοδώρῳ Ἁλαιεῖ υἱὸς γίγνεται Κτησίβιος. καὶ οὗτος μὲν ἐτελεύτησεν ἐν Ἀβύδῳ μετὰ*

1 *αἰτιᾶσθαι* A　*πάντας* A[a]　*ἐπεὶ* A　6 *πολλὰς* om. A　8 *γε* om. A[a]
11 *αὐτοῖς* <*ἔστι*> A　14 *προσῆκεν* SF　15 *ἃ* Reiske : *ἐὰν* SF : *ἂν* A : *ἂν* Schaefer　*οὗτος* om. SF　16 *ταύτας* - *διαβολὰς* del. Dobree
18 *θέσθαι* SA　23 *ἀμυνθέωνι* et sic deinceps S　25 *εἰς σικελίαν ἐστρατευμένων* A

Θρασυβούλου στρατευόμενος, ζῇ δὲ τούτων ὁ Δαμόστρατος ὁ τοῦ Ἀμυθέωνος, τῆς μητρὸς ἀδελφιδοῦς τῆς ἐμῆς. τῆς δὲ Χαιρεστράτης τῆς ἐμῆς τήθης τὴν ἀδελφὴν λαμβάνει Ἀπολλόδωρος Πλωθεύς· τούτων γίγνεται Ὀλύμπιχος, τοῦ δ᾽ Ὀλυμπίχου Ἀπολλόδωρος, καὶ οὗτος ζῇ. καί μοι κάλει αὐτούς.

ΜΑΡΤΥΡΕΣ

39. Τούτων μὲν τοίνυν ἀκηκόατε μαρτυρούντων καὶ διομνυμένων· τὸν δὲ {καὶ ὁμομήτριον} καὶ κατ᾽ ἀμφότερ᾽ ἡμῖν συγγενῆ καλῶ, καὶ τοὺς υἱεῖς αὐτοῦ. τῷ γὰρ Τιμοκράτει τῷ τῆς μητρὸς ἀδελφῷ τῆς ἐμῆς <τῷ> ὁμοπατρίῳ καὶ ὁμομητρίῳ γίγνεται Εὐξίθεος, τοῦ δ᾽ Εὐξιθέου τρεῖς υἱεῖς· οὗτοι πάντες ζῶσιν. καί μοι κάλει τοὺς ἐπιδημοῦντας αὐτῶν.

ΜΑΡΤΥΡΕΣ

40. Λαβὲ δή μοι καὶ τὰς τῶν φρατέρων τῶν συγγενῶν τῶν τῆς μητρὸς καὶ δημοτῶν μαρτυρίας, καὶ ὧν τὰ μνήματα ταὐτά.

ΜΑΡΤΥΡΙΑΙ

Τὰ μὲν τοίνυν τοῦ γένους τοῦ τῆς μητρὸς οὕτως ὑμῖν ἐπιδεικνύω, καὶ πρὸς ἀνδρῶν καὶ πρὸς γυναικῶν ἀστήν. τῇ δὲ μητρὶ τῇ ἐμῇ γίγνεται, ὦ ἄνδρες δικασταί, τὸ μὲν πρῶτον ἐκ Πρωτομάχου, ᾧ αὐτὴν ὁ Τιμοκράτης ὁμομήτριος καὶ ὁμοπάτριος ὢν ἀδελφὸς ἔδωκεν, θυγάτηρ, εἶτα ἐκ τοῦ πατρὸς τοῦ ἐμοῦ ἐγώ. ὃν δὲ τρόπον τῷ πατρὶ τῷ ἐμῷ συνῴκησεν, ταῦθ᾽ ὑμᾶς ἀκοῦσαι δεῖ· καὶ γὰρ ἃ περὶ τὸν Κλεινίαν αἰτιᾶται καὶ τὸ τιτθεῦσαι τὴν μητέρα καὶ ταῦτα πάντα ἐγὼ σαφῶς ὑμῖν

38 *Πλωθεύς* Harp. π 74 Lex. Pat. s.v.

---

1 *στρατευσάμενος* S[a] 3 *τίτθης* F 9 del. Blass 11 add. Blass *ὁμομητρίῳ κ. ὁμοπατρίω* A 15 *φρατέρων τῶν* Sauppe : *φρατόρων καὶ* SAF 16 *μαρτυρίας* ante 15 *τῶν φρατέρων* F : utrobique S *τα αυτα* S : *ταῦτα* AF : corr. Reiske 21 *καὶ ὁμοπάτριος* om. A 24 *κλινίαν* S hic et infra

διηγήσομαι. (41) ὁ Πρωτόμαχος πένης ἦν· ἐπικλήρου δὲ κληρονομήσας εὐπόρου, τὴν μητέρα βουληθεὶς ἐκδοῦναι πείθει λαβεῖν αὐτὴν Θούκριτον τὸν πατέρα τὸν ἐμόν, ὄνθ' ἑαυτοῦ γνώριμον, καὶ ἐγγυᾶται ὁ πατὴρ τὴν μητέρα τὴν ἐμὴν παρὰ τοῦ ἀδελφοῦ αὐτῆς Τιμοκράτους Μελιτέως, παρόντων τῶν τε θείων ἀμφοτέρων τῶν ἑαυτοῦ καὶ ἄλλων μαρτύρων· καὶ τούτων ὅσοι ζῶσι, μαρτυρήσουσιν ἡμῖν. (42) μετὰ δὲ ταῦτα χρόνῳ ὕστερον παιδίων αὐτῇ δυοῖν ἤδη γεγενημένων, καὶ τοῦ μὲν πατρὸς στρατευομένου καὶ ἀποδημοῦντος μετὰ Θρασυβούλου, αὐτὴ δ' οὖσα ἐν ἀπορίαις ἠναγκάσθη τὸν Κλεινίαν τὸν τοῦ Κλειδίκου τιτθεῦσαι, τῷ μὲν εἰς ἐμὲ ἥκοντι κινδύνῳ νῦν μὰ τὸν Δία οὐχὶ συμφέρον πρᾶγμα ποιήσασα (ἀπὸ γὰρ ταύτης τῆς τιτθείας ἅπασα ἡ περὶ ἡμᾶς γέγονεν βλασφημία), τῇ μέντοι ὑπαρχούσῃ πενίᾳ ἴσως καὶ ἀναγκαῖα καὶ ἁρμόττοντα ποιοῦσα. (43) φαίνεται τοίνυν οὐχ ὁ ἐμὸς πατὴρ πρῶτος, ὦ ἄνδρες Ἀθηναῖοι, λαβὼν τὴν ἐμὴν μητέρα, ἀλλ' ὁ Πρωτόμαχος, καὶ παῖδας ποιησάμενος καὶ θυγατέρα ἐκδούς· ὃς καὶ τετελευτηκὼς ὅμως μαρτυρεῖ τοῖς ἔργοις ἀστὴν ταύτην καὶ πολῖτιν εἶναι. ὡς οὖν ταῦτ' ἀληθῆ λέγω, κάλει μοι πρῶτον μὲν τοὺς τοῦ Πρωτομάχου υἱεῖς, ἔπειτα τοὺς ἐγγυωμένῳ παρόντας τῷ πατρὶ καὶ τῶν φρατέρων τοὺς οἰκείους, οἷς τὴν γαμηλίαν εἰσήνεγκεν ὑπὲρ τῆς μητρὸς ὁ πατήρ, εἶτα Εὔνικον Χολαργέα τὸν τὴν ἀδελφὴν λαβόντα τὴν ἐμὴν παρὰ τοῦ Πρωτομάχου, εἶτα τὸν υἱὸν τῆς ἀδελφῆς. κάλει τούτους.

ΜΑΡΤΥΡΕΣ

44. Πῶς οὖν οὐκ ἂν οἰκτρότατα, ὦ ἄνδρες Ἀθηναῖοι, πάντων ἐγὼ πεπονθὼς εἴην, εἰ τῶν συγγενῶν ὄντων τοσούτων

43 γαμηλίαν Harp. γ 2 Lex. Pat. s.v. Sud. γ 48

3 <τὸν> θούκριτον τὸν SF 4 εγγυταται S[a] 6 τε om. F 7 ὑμῖν cod. B 8 παίδων A 10 αὕτη A τὸν[2] om. A 12 σύμφορον A 13 τιτθίας S 18 ταύτην AF : τ' αὐτὴν Blass : [S] 21 φρατόρων SAF : corr. Dindorf 23 τὸν (post χολαργέα) om. F

τουτωνὶ καὶ μαρτυρούντων καὶ διομνυμένων ἐμοὶ προσήκειν, μηδεὶς μηδενὶ τούτων ἀμφισβητῶν ὡς οὐκ εἰσὶ πολῖται, ἐμὲ ψηφίσαισθ' εἶναι ξένον; λαβὲ δή μοι καὶ τὴν τοῦ Κλεινίου καὶ τὴν τῶν συγγενῶν αὐτοῦ μαρτυρίαν· οἳ ἴσασιν δήπου τίς οὖσά ποτε ἡ ἐμὴ μήτηρ ἐτίτθευσεν αὐτόν. οὐ γὰρ ἃ τήμερον ἡμεῖς φαμέν, εὔορκον αὐτοῖς μαρτυρεῖν, ἀλλ' ἃ πάντα τὸν χρόνον ᾔδεσαν τὴν ἡμετέραν μὲν μητέρα, τιτθὴν δὲ τούτου νομιζομένην. **(45)** *καὶ γὰρ εἰ ταπεινὸν ἡ τιτθή, τὴν ἀλήθειαν οὐ φεύγω· οὐ γὰρ εἰ πένητες ἦμεν, ἠδικήκαμεν, ἀλλ' εἰ μὴ πολῖται· οὐδὲ περὶ τύχης οὐδὲ περὶ χρημάτων ἡμῖν ἐστιν ὁ παρὼν ἀγών, ἀλλ' ὑπὲρ γένους. πολλὰ δουλικὰ καὶ ταπεινὰ πράγματα τοὺς ἐλευθέρους ἡ πενία βιάζεται ποιεῖν, ἐφ' οἷς ἐλεοῖντ' ἄν, ὦ ἄνδρες Ἀθηναῖοι, δικαιότερον ἢ προσαπολλύοιντο. ὡς γὰρ ἐγὼ ἀκούω, πολλαὶ καὶ τιτθαὶ καὶ ἔριθοι καὶ τρυγήτριαι γεγόνασιν ὑπὸ τῶν τῆς πόλεως κατ' ἐκείνους τοὺς χρόνους συμφορῶν ἀσταὶ γυναῖκες, πολλαὶ δ' ἐκ πενήτων πλούσιαι νῦν. ἀλλ' αὐτίχ' ὑπὲρ τούτων. νῦν δὲ τοὺς μάρτυρας κάλει.*

ΜΑΡΤΥΡΕΣ

46. *Οὐκοῦν ὅτι μὲν καὶ τὰ πρὸς μητρός εἰμι ἀστὸς καὶ τὰ πρὸς πατρός, τὰ μὲν ἐξ ὧν ἄρτι μεμαρτύρηται μεμαθήκατε πάντες, τὰ δ' ἐξ ὧν πρότερον περὶ τοῦ πατρός. λοιπὸν δέ μοι περὶ ἐμαυτοῦ πρὸς ὑμᾶς εἰπεῖν, τὸ μὲν ἁπλούστατον οἶμαι καὶ δικαιότατον, ἐξ ἀμφοτέρων ἀστῶν ὄντα με, κεκληρονομηκότα καὶ τῆς οὐσίας καὶ τοῦ γένους, εἶναι πολίτην· οὐ μὴν ἀλλὰ καὶ τὰ προσήκοντα πάντα ἐπιδείξω μάρτυρας παρεχόμενος, ὡς εἰσήχθην εἰς τοὺς φράτερας, ὡς ἐνεγράφην εἰς τοὺς δημότας,*

45 *πολλὰ—προσαπολλύοιντο* Stob. 4.5.72

1 *τουτωνὶ*] *τούτων* SF   3 *ψηφίσαιντο* SF : corr. Lambinus : *ψηφίσαιτο* A et Schaefer   4 *αὐτοῦ* iterat S[a]   6 *ἀλλ' ἃ*] *ἀλλὰ A*   7 *τὴν* Reiske : *αὐτὴν* SAF   10 *τύχης*] *ψυχῆς* SF[a]   11 *δουλικὰ - ταπεινὰ*] *κακὰ* Stob. *καὶ ταπεινὰ* del. Blass coll. Stob.   12 *ἂν ἐλεοῖντ'* Stob.   22 *ἐμαυτοῦ*] *αὐτοῦ* A   23 <*τὸ*> *ἐξ* A   *ἀστῶν* cod. D[a] : *ἀστὸν* SAF cod. D[C]   *με*] *καὶ* A   26 *φρατόρας* SAF : corr. Dindorf

ὡς ὑπ᾽ αὐτῶν τούτων προεκρίθην ἐν τοῖς εὐγενεστάτοις κληροῦσθαι τῆς ἱερωσύνης τῷ Ἡρακλεῖ, ὡς ἦρχον ἀρχὰς δοκιμασθείς. καί μοι κάλει αὐτούς.

ΜΑΡΤΥΡΕΣ

47. *Οὔκουν δεινόν, ὦ ἄνδρες δικασταί, εἰ μὲν ἔλαχον ἱερεύς, ὥσπερ προεκρίθην, δεῖν ἄν με καὶ αὐτὸν θύειν ὑπὲρ τούτων καὶ τοῦτον μετ᾽ ἐμοῦ συνθύειν, νῦν δὲ τοὺς αὐτοὺς τούτους ἐμὲ μεθ᾽ αὐτῶν μηδὲ συνθύειν ἐᾶν; φαίνομαι τοίνυν, ὦ ἄνδρες Ἀθηναῖοι, τὸν μὲν ἄλλον χρόνον ἅπαντα παρὰ πᾶσιν τοῖς νῦν κατηγοροῦσι πολίτης ὡμολογημένος·* **(48)** *οὐ γὰρ ἂν δήπου τόν γε ξένον καὶ μέτοικον, ὡς νῦν φησιν Εὐβουλίδης, οὔτ᾽ ἀρχὰς ἄρχειν οὔθ᾽ ἱερωσύνην κληροῦσθαι μεθ᾽ ἑαυτοῦ προκριθέντα εἴασεν· καὶ γὰρ οὗτος ἦν τῶν κληρουμένων καὶ προκριθέντων. οὐδέ γ᾽ ἄν, ὦ ἄνδρες Ἀθηναῖοι, παλαιὸς ὢν ἐχθρὸς ἐμοὶ τοῦτον τὸν καιρὸν περιέμενεν, ὃν οὐδεὶς ᾔδει γενησόμενον, εἴπερ τι συνῄδει τοιοῦτον.* **(49)** *ἀλλ᾽ οὐ συνῄδει· διόπερ τὸν μὲν ἄλλον ἅπαντα χρόνον δημοτευόμενος μετ᾽ ἐμοῦ καὶ κληρούμενος οὐδὲν ἑώρα τούτων, ἐπειδὴ δ᾽ ἡ πόλις πᾶσα τοῖς ἀσελγῶς εἰσπεπηδηκόσιν εἰς τοὺς δήμους ὀργιζομένη παρώξυντο, τηνικαῦτα μοι ἐπεβούλευσεν. ἦν δ᾽ ἐκεῖνος μὲν ὁ καιρὸς τοῦ συνειδότος αὐτῷ τἀληθῆ λέγειν, ὁ δὲ νυνὶ παρὼν ἐχθροῦ καὶ συκοφαντεῖν βουλομένου.* **(50)** *ἐγὼ δ᾽, ὦ ἄνδρες δικασταί (καί μοι πρὸς Διὸς καὶ θεῶν μηδεὶς θορυβήσῃ, μηδ᾽ ἐφ᾽ ᾧ μέλλω λέγειν ἀχθεσθῇ), ἐμαυτὸν Ἀθηναῖον ὑπείληφα ὥσπερ ὑμῶν ἕκαστος ἑαυτόν, μητέρ᾽ ἐξ ἀρχῆς νομίζων ἥνπερ εἰς ὑμᾶς ἀποφαίνω, καὶ οὐχ ἑτέρας μὲν ὢν ταύτης δὲ προσποιούμενος· πατέρα πάλιν, ὦ ἄνδρες Ἀθηναῖοι, τὸν αὐτὸν τρόπον.* **(51)**

49 *δημοτευόμενος* Sud. δ 465

---

6 *δεῖν* Jurinus : *ἔδει* SAF 7 *τούτους* om. A 14 *γ᾽ ἄν*] *γάρ* A 19 *εἰσπεπηδῶσιν* S : *εἰσπηδῶσιν* cod. D[a] *παρωξύνετο* SF 24 <*εἰ*> *ἐμαυτὸν* SF

καίτοι εἰ τοῖς ἐξελεγχομένοις ὧν μέν εἰσιν ἀποκρυπτομένοις, ὧν δ᾽ οὐκ εἰσὶν προσποιουμένοις, δίκαιον ὑπάρχειν παρ᾽ ὑμῖν τοῦτο σημεῖον ὡς εἰσὶ ξένοι, ἐμοὶ δήπου τοὐναντίον ὡς εἰμὶ πολίτης. οὐ γὰρ ἂν ξένην καὶ ξένον τοὺς ἐμαυτοῦ γονέας ἐπιγραψάμενος μετέχειν ἠξίουν τῆς πόλεως· ἀλλ᾽ εἴ τι τοιοῦτον συνῄδειν, ἐζήτησ᾽ ἂν ὧν φήσω γονέων εἶναι. ἀλλ᾽ οὐ συνῄδειν, διόπερ μένων ἐπὶ τοῖς οὖσιν δικαίως γονεῦσιν ἐμαυτῷ τῆς πόλεως μετέχειν ἀξιῶ.

52. Ἔτι τοίνυν ὀρφανὸς κατελείφθην, καὶ φασίν με εὔπορον εἶναι καὶ τῶν μαρτύρων ἐνίους ὠφελουμένους μοι μαρτυρεῖν συγγενεῖς εἶναι. καὶ ἅμα μὲν κατ᾽ ἐμοῦ λέγουσιν τὰς ἐκ τῆς πενίας ἀδοξίας καὶ περὶ τὸ γένος διαβάλλουσιν, ἅμα δὲ δι᾽ εὐπορίαν φασὶ πάντα με ὠνεῖσθαι. (53) ὥστε πότερα χρὴ αὐτοῖς πιστεύειν; ἐξῆν δὲ δήπου τούτοις, εἰ νόθος ἢ ξένος ἦν ἐγώ, κληρονόμοις εἶναι τῶν ἐμῶν πάντων. εἶθ᾽ οὗτοι μικρὰ λαμβάνειν καὶ κινδυνεύειν ἐν ψευδομαρτυρίοις καὶ ἐπιορκεῖν μᾶλλον αἱροῦνται ἢ πάντ᾽ ἔχειν, καὶ ταῦτ᾽ ἀσφαλῶς, καὶ μηδεμιᾶς ἐξωλείας ὑπόχους ἑαυτοὺς ποιεῖν; οὐκ ἔστι ταῦτα, ἀλλ᾽ οἶμαι συγγενεῖς ὄντες τὰ δίκαια ποιοῦσι, βοηθοῦντες αὑτῶν ἑνί. (54) καὶ ταῦτ᾽ οὐχὶ νῦν πεπεισμένοι ποιοῦσιν, ἀλλὰ παιδίον ὄντα με εὐθέως ἦγον εἰς τοὺς φράτερας, εἰς Ἀπόλλωνος πατρῴου {ἦγον}, εἰς τἆλλα ἱερά. καίτοι οὐ δήπου παῖς ὢν ἐγὼ ταῦτ᾽ ἔπειθον αὐτοὺς ἀργύριον διδούς. ἀλλὰ μὴν ὁ πατὴρ αὐτὸς ζῶν ὀμόσας τὸν νόμιμον τοῖς φράτερσιν ὅρκον εἰσήγαγέν με, ἀστὸν ἐξ ἀστῆς ἐγγυητῆς αὑτῷ γεγενημένον εἰδώς, καὶ ταῦτα μεμαρτύρηται. (55) εἶτα ἐγὼ ξένος; ποῦ μετοίκιον καταθείς; ἢ τίς τῶν ἐμῶν πώποτε; ποῦ πρὸς ἄλλους δημότας ἐλθών, καὶ οὐ δυνηθεὶς ἐκείνους πεῖσαι δεῦρ᾽ ἐμαυτὸν

4 et 6 ἂν om. SF 4 ξένον ... ξένην S[a] : ξένον ... ξένον A 14 εἰ] ἢ S 15 κληρονόμους F 16 ψευδομαρτυρίαις SAF : corr. Cobet 21 φράτορας SAF : corr. Dindorf 22 del. Schaefer 24 φράτορσιν SAF : corr. Dindorf 25 με ἀστὸν] ἐμὲ A 26 ποῦ] <οὐ> δήπου: <ποῖον> A

ἐνέγραψα; ποῦ τί ποιήσας ὧν ὅσοι μὴ καθαρῶς ἦσαν πολῖται πεποιηκότες φαίνονται; οὐδαμοῦ, ἀλλ' ἁπλῶς, ἐν οἷς ὁ πάππος ὁ τοῦ πατρός, ὁ ἐμός, <ὁ> πατήρ, ἐνταῦθα καὶ αὐτὸς φαίνομαι δημοτευόμενος. καὶ νῦν πῶς ἄν τις ὑμῖν σαφέστερον ἐπιδείξειεν μετὸν τῆς πόλεως αὑτῷ; **(56)** ἐνθυμείσθω γὰρ ἕκαστος ὑμῶν, ὦ ἄνδρες Ἀθηναῖοι, τοὺς ἑαυτῷ προσήκοντας τίν' ἄλλον ἂν δύναιτο ἐπιδεῖξαι τρόπον ἢ τὸν αὐτὸν ἐμοί, μαρτυροῦντας, ὀμνύντας, πάλαι τοὺς αὐτοὺς ἀπὸ τῆς ἀρχῆς ὄντας;

Διὰ ταῦτα τοίνυν ἐγὼ πιστεύων ἐμαυτῷ κατέφυγον εἰς ὑμᾶς. ὁρῶ γάρ, ὦ ἄνδρες Ἀθηναῖοι, οὐ μόνον τῶν ἀποψηφισαμένων Ἁλιμουσίων ἐμοῦ κυριώτερ' ὄντα τὰ δικαστήρια, ἀλλὰ καὶ τῆς βουλῆς καὶ τοῦ δήμου, δικαίως· κατὰ γὰρ πάντα αἱ παρ' ὑμῖν εἰσι κρίσεις δικαιόταται.

57. Ἐνθυμεῖσθε τοίνυν κἀκεῖνο, ὅσοι τῶν μεγάλων δήμων ἐστέ, ὡς οὐδέν' ἀπεστερεῖτε οὔτε κατηγορίας οὔτ' ἀπολογίας. καὶ πολλὰ ἀγαθὰ γένοιτο πᾶσιν ὑμῖν τοῖς δικαίως τούτῳ τῷ πράγματι χρησαμένοις, ὅτι καὶ τῶν ἀναβαλέσθαι δεομένων οὐκ ἀφῄρησθε τὸ παρασκευάσασθαι· ᾧ καὶ τοὺς συκοφαντοῦντας καὶ δι' ἔχθραν ἐπιβουλεύοντας ἐξηλέγχετε. **(58)** καὶ ὑμᾶς μὲν ἄξιον ἐπαινεῖν, ὦ ἄνδρες Ἀθηναῖοι, τοὺς δὲ καλῷ καὶ δικαίῳ πράγματι μὴ καλῶς χρησαμένους ψέγειν. ἐν οὐδενὶ τοίνυν εὑρήσετε τῶν δήμων δεινότερα γεγενημένα τῶν παρ' ἡμῖν. οὗτοι γὰρ ἀδελφῶν ὁμομητρίων καὶ ὁμοπατρίων τῶν μέν εἰσιν ἀπεψηφισμένοι, τῶν δ' οὔ, καὶ πρεσβυτέρων ἀνθρώπων ἀπόρων, ὧν τοὺς υἱεῖς ἐγκαταλελοίπασιν· καὶ τούτων ἂν βούλησθε, μάρτυρας παρέξομαι. **(59)** ὃ δὲ πάντων δεινότατον οἱ συνεστηκότες πεποιήκασιν (καί μοι πρὸς Διὸς

56 Ἁλιμουσίων Harp. α 72

1 ποῦ] ποῖ A 2 ἀλλ' ἁπλῶς] ἀλλὰ πῶς SF 3 τοῦ] πρὸς Valkenaer add. Reiske 4 ὑμῶν A 7 ἂν post 6 τίν' A 8 ὀμνύοντας SF 10 ὁρῶν A ἀπεψηφισμένων A 11 Ἁλιμουσίων del. Naber 13 ὑμῶν SF 15 ἀποστερεῖτε A 17 ἀναβάλλεσθαι A 18 ᾧ Bodl. : ὃ SF : om. A 19 ἐξελέγχετε Aldina 20 ἐπαινεῖν ἄξιον F

καὶ θεῶν μηδεὶς ὑπολάβῃ δυσκόλως, ἐὰν τοὺς ἠδικηκότας ἐμαυτὸν πονηροὺς ὄντας ἐπιδεικνύω· νομίζω γὰρ ὑμῖν τὴν τούτων πονηρίαν δεικνὺς <εἰς> αὐτὸ τὸ πρᾶγμα λέγειν τὸ γενόμενόν μοι)· οὗτοι γάρ, ὦ ἄνδρες Ἀθηναῖοι, βουλομένους τινὰς ἀνθρώπους ξένους πολίτας γενέσθαι, Ἀναξιμένην καὶ Νικόστρατον, κοινῇ διανειμάμενοι πέντε δραχμὰς ἕκαστος προσεδέξαντο. καὶ ταῦτ᾽ οὐκ ἂν ἐξομόσαιτο Εὐβουλίδης οὐδ᾽ οἱ μετ᾽ αὐτοῦ μὴ οὐκ εἰδέναι. καὶ νῦν τούτων οὐκ ἀπεψηφίσαντο. τί οὖν οὐκ ἂν οἴεσθε τούτους ἰδίᾳ ποιῆσαι, οἳ κοινῇ ταῦτ᾽ ἐτόλμων; **(60)** πολλούς, ὦ ἄνδρες δικασταί, οἱ μετ᾽ Εὐβουλίδου συνεστῶτες καὶ ἀπολωλέκασιν καὶ σεσῴκασιν ἕνεκ᾽ ἀργυρίου. ἐπεὶ καὶ τὸ πρότερον (ἐρῶ δ᾽ εἰς αὐτὸ τὸ πρᾶγμα, ὦ ἄνδρες Ἀθηναῖοι) δημαρχῶν ὁ Εὐβουλίδου πατήρ, ὥσπερ εἶπον, Ἀντίφιλος, τεχνάζει βουλόμενος παρά τινων λαβεῖν ἀργύριον, καὶ ἔφη τὸ κοινὸν γραμματεῖον ἀπολωλέναι, ὥστ᾽ ἔπεισε διαψηφίσασθαι τοὺς Ἁλιμουσίους περὶ αὑτῶν, καὶ κατηγορῶν δέκα τῶν δημοτῶν ἐξέβαλεν, οὓς ἅπαντας πλὴν ἑνὸς κατεδέξατο τὸ δικαστήριον. καὶ ταῦτα πάντες ἴσασιν οἱ πρεσβύτεροι. **(61)** πολλοῦ γ᾽ ἔδεόν τινας ἐγκαταλιπεῖν τῶν μὴ Ἀθηναίων, ὅπου καὶ τοὺς ὄντας πολίτας συνιστάμενοι ἐξέβαλον, οὓς τὸ δικαστήριον κατεδέξατο. καὶ ὢν ἐχθρὸς τῷ ἐμῷ πατρὶ τότε οὐ μόνον οὐ κατηγόρησεν, ἀλλ᾽ οὐδὲ τὴν ψῆφον ἤνεγκεν ὡς οὐκ ἦν Ἀθηναῖος. τῷ τοῦτο δῆλον; ὅτι ἁπάσαις ἔδοξεν δημότης εἶναι. καὶ τί δεῖ περὶ τῶν πατέρων λέγειν; ἀλλ᾽ Εὐβουλίδης αὐτὸς οὑτοσί, ἡνίκα ἐνεγράφην ἐγὼ καὶ ὀμόσαντες οἱ δημόται δικαίως πάντες περὶ ἐμοῦ τὴν ψῆφον ἔφερον, οὔτε κατηγόρησεν οὔτ᾽ ἐναντίαν τὴν ψῆφον ἤνεγκεν· καὶ γὰρ ἐνταῦθα πάλιν ἐμὲ πάντες ἐψηφίσαντο δημότην. καὶ εἴ φασίν με τοῦτο ψεύδεσθαι, ἐπὶ τοῦ ἐμοῦ

3 add. Blass : <δὶς> cod. D 9 τί] τίν᾽ A οἳ] ἃ F 14 ἐτέχναζε Hirschig 16 διαψηφίσασθαι om. S 17 κατηγορῶν om. A 19 γε δέον SF : corr. Reiske : γε δέουσί A τινας] τας S^a 24 ἅπασιν Taylor 27 οὔτ᾽<ἔστ᾽> S^c

ὕδατος ὅστις βούλεται τούτων τἀναντία μαρτυρησάτω. (62) *εἰ τοίνυν, ὦ ἄνδρες Ἀθηναῖοι, τοῦτο δοκοῦσιν οὗτοι λέγειν μάλιστ᾽ ἰσχυρόν, ὡς ἀπεψηφίσαντό μου νῦν οἱ δημόται, ἐγὼ τετράκις ἐπιδεικνύω πρότερον, ὅτε ὁσίως ἄνευ συστάσεως ἐψηφίσαντο, καὶ ἐμὲ καὶ τὸν πατέρα δημότας αὐτῶν εἶναι ψηφισαμένους, πρῶτον μέν γε τοῦ πατρὸς δοκιμασθέντος, εἶτ᾽ ἐμοῦ, εἶτ᾽ ἐν τῇ προτέρᾳ διαψηφίσει, ὅτε ἠφάνισαν οὗτοι τὸ γραμματεῖον· τὸ δὲ τελευταῖον προκρίναντες ἐμὲ ἐψηφίσαντο ἐν τοῖς εὐγενεστάτοις κληροῦσθαι τῆς ἱερωσύνης τῷ Ἡρακλεῖ. καὶ ταῦτα πάντα μεμαρτύρηται.*

63. *Εἰ δὲ δεῖ τὴν δημαρχίαν λέγειν, δι᾽ ἣν ὠργίζοντό μοί τινες, ἐν ᾗ διάφορος ἐγενόμην εἰσπράττων ὀφείλοντας πολλοὺς αὐτῶν μισθώσεις τεμενῶν καὶ ἕτερ᾽ ἃ τῶν κοινῶν διηρπάκεσαν, ἐγὼ μὲν ἂν βουλοίμην ὑμᾶς ἀκούειν, ἀλλ᾽ ἴσως ἔξω τοῦ πράγματος ὑπολήψεσθε ταῦτ᾽ εἶναι. ἐπεὶ καὶ τοῦτ᾽ ἔχω δεικνύναι τεκμήριον ὡς συνέστησαν· ἔκ τε γὰρ τοῦ ὅρκου ἐξήλειψαν τὸ ψηφιεῖσθαι γνώμῃ τῇ δικαιοτάτῃ καὶ οὔτε χάριτος ἕνεκ᾽ οὔτ᾽ ἔχθρας·* (64) *καὶ γὰρ τοῦτο φανερὸν ἐγένετο καὶ ὅτι γ᾽ ἱεροσυλήσαντες τὰ ὅπλα (εἰρήσεται γάρ), ἃ ἐγὼ ἀνέθηκα τῇ Ἀθηνᾷ, καὶ τὸ ψήφισμα ἐκκολάψαντες ὃ ἐμοὶ ἐψηφίσαντο οἱ δημόται, συνώμνυον οὗτοι ἐπ᾽ ἐμὲ οἱ ὑπ᾽ ἐμοῦ τὰ κοινὰ εἰσπραχθέντες. καὶ εἰς τοσοῦτ᾽ ἀναιδείας ἐληλύθασιν, ὥστ᾽ ἔλεγον περιόντες ἐμὲ τῆς ἀπολογίας ἕνεκα ταῦτα ποιῆσαι. καὶ τίς ὑμῶν ἂν καταγνοίη μου τοσαύτην μανίαν, ὦ ἄνδρες δικασταί, ὥστε τηλικούτων ἕνεκα πρὸς τὸ πρᾶγμα τεκμηρίων ἄξια θανάτου διαπράξασθαι, καὶ ἃ ἐμοὶ φιλοτιμίαν ἔφερεν, ταῦτ᾽ ἀφανίζειν;* (65) *τὸ δὲ πάντων δεινότατον οὐ δήπου γε φήσαιεν ἂν ἐμὲ κατασκευάσαι. οὐ γὰρ ἔφθη μοι συμβᾶσ᾽ ἡ ἀτυχία καὶ εὐθύς, ὥσπερ φυγάδος ἤδη μου ὄντος*

4 *στάσεως* 7 *διαψηφίσει* Wolf : *διαδικασίᾳ* SF : *δοκιμασίᾳ* A 14 *διηρπάκεισαν* SAF : corr. Dobree 19 *γ᾽* om. SF 20 *ἐκκόψαντες* A 27 *ἀφανίσειν* A 28 *φήσειεν* cod. F

καὶ ἀπολωλότος, τούτων τινὲς ἐπὶ τὸ οἰκίδιον ἐλθόντες <τὸ> ἐν ἀγρῷ νύκτωρ ἐπεχείρησαν διαφορῆσαι τὰ ἔνδοθεν· οὕτω σφόδρ' ὑμῶν καὶ τῶν νόμων κατεφρόνησαν. καὶ ταῦτα τοὺς εἰδότας, ἐὰν βούλησθε, καλοῦμεν.

66. *Πολλὰ δ' ἔχων καὶ ἄλλ' ἐπιδεῖξαι, ἃ τούτοις ἐστὶν διαπεπραγμένα καὶ ἅ εἰσιν ἐψευσμένοι, ἡδέως μὲν ἂν ὑμῖν λέγοιμι, ἐπειδὴ δὲ ἔξω τοῦ πράγματος νομίζετ' εἶναι, ἐάσω. ἀναμνήσθητε δ' ἐκείνων καὶ θεάσασθε, ὡς πολλὰ καὶ δίκαια ἔχων πρὸς ὑμᾶς ἥκω. ὥσπερ γὰρ τοὺς θεσμοθέτας ἀνακρίνετε, ἐγὼ τὸν αὐτὸν τρόπον ἐμαυτὸν ὑμῖν ἀνακρινῶ. 'ὦ ἄνθρωπε, τίς ἦν σοι πατήρ;' ἐμοί; Θούκριτος.* **(67)** *'οἰκεῖοί τινες εἶναι μαρτυροῦσιν αὐτῷ;' πάνυ γε, πρῶτον μέν γε τέτταρες ἀνεψιοί, εἶτ' ἀνεψιαδοῦς, εἶθ' οἱ τὰς ἀνεψιὰς λαβόντες αὐτῷ, εἶτα φράτερες, εἶτ' Ἀπόλλωνος πατρῴου καὶ Διὸς ἑρκείου γεννῆται, εἶθ' οἷς ἠρία ταὐτά, εἶθ' οἱ δημόται πολλάκις αὐτὸν δεδοκιμάσθαι καὶ ἀρχὰς ἄρξαι, καὶ αὐτοὶ διεψηφισμένοι φαίνονται. τὰ μὲν τοίνυν περὶ τοῦ πατρὸς πῶς ἂν ὑμῖν δικαιότερον ἢ καθαρώτερον ἐπιδείξαιμι; καλῶ δ' ὑμῖν τοὺς οἰκείους, εἰ βούλεσθε. τὰ δὲ περὶ τῆς μητρὸς ἀκούσατε.* **(68)** *ἐμοὶ γάρ ἐστιν μήτηρ Νικαρέτη Δαμοστράτου θυγάτηρ Μελιτέως. ταύτης τίνες οἰκεῖοι μαρτυροῦσιν; πρῶτον μὲν ἀδελφιδοῦς, εἶτα τοῦ ἑτέρου ἀδελφιδοῦ δύο υἱοί, εἶτ' ἀνεψιαδοῦς, εἶθ' οἱ Πρωτομάχου υἱεῖς τοῦ λαβόντος τὴν ἐμὴν μητέρα πρότερον, εἶθ' ὁ τὴν ἀδελφὴν τὴν ἐμὴν τὴν ἐκ τοῦ*

66 *πολλὰ–ἐάσω* Aristid. 30.8

1 add. Blass 6 *πεπραγμένα* Aristid. *ἃ* (ante *εἰσιν* om. Aristid. 7 *νομίζετ'*] *ὑπολαμβάνετε* Aristid. *ἐάσωμεν* A 9 *γὰρ* om. A 10 *ἀνακρίνω* AF : corr. Dobree : [S] 12 *τέτταρες*] 'Theocritides, Charisiades, Niciades; quartum adhuc quaeso' Reiske coll. 57.20 13 *αὐτῷ*] *αὐτῶν* SF 14 *φράτορες* SAF : corr. Dindorf 15 *ταὐτά* cod. D[a] et Lamb.[C] : *ταῦτά* AF : [S] 20 *δημοστράτου* SAF : corr. Dindorf 21 *μελιτιέως* A *τινὲς* F 22 *ἀδελφιδοῦς - υἱοί* Westermann (post Reiske) : *ἀδελφιδοῦ δύο υἱοί* SF : *ἀδελφοὶ δύο εἶτα τοῦ ἑτέρου ἀδελφιδοῦ δύο υἱοί A* 23 *ἀνεψιαδοῦς* Westermann: *ἀνεψιοὶ αὐτῆς* SAF

Πρωτομάχου γήμας Εὔνικος Χολαργεύς, εἶθ' υἱὸς τῆς ἀδελφῆς. **(69)** *ἀλλὰ μὴν καὶ φράτερες τῶν οἰκείων αὐτῆς καὶ δημόται ταῦτα μεμαρτυρήκασι. τίνος οὖν ἂν προσδέοισθε; καὶ γὰρ ὅτι κατὰ τοὺς νόμους ὁ πατὴρ ἔγημεν καὶ γαμηλίαν τοῖς φράτερσιν εἰσήνεγκεν μεμαρτύρηται. πρὸς δὲ τούτοις καὶ ἐμαυτὸν ἐπέδειξα πάντων μετειληφότα ὅσων προσήκει τοὺς ἐλευθέρους. ὥστε πανταχῇ δικαίως καὶ προσηκόντως ἡμῖν ἂν προσθέμενοι τὴν ψῆφον εὐορκοίητε.* **(70)** *ἔτι τοίνυν, ὦ ἄνδρες δικασταί, τοὺς ἐννέα ἄρχοντας ἀνακρίνετε, εἰ γονέας εὖ ποιοῦσιν. ἐγὼ δὲ τοῦ μὲν πατρὸς ὀρφανὸς κατελείφθην, τὴν δὲ μητέρ' ἱκετεύω ὑμᾶς καὶ ἀντιβολῶ διὰ τοῦτον τὸν ἀγῶνα ἀπόδοτέ μοι θάψαι εἰς τὰ πατρῷα μνήματα καὶ μή με κωλύσητε, μηδ' ἄπολιν ποιήσητε, μηδὲ τῶν οἰκείων ἀποστερήσητε τοσούτων ὄντων τὸ πλῆθος, καὶ ὅλως ἀπολέσητε. πρότερον γὰρ ἢ προλείπειν τούτους, εἰ μὴ δυνατὸν ὑπ' αὐτῶν εἴη σωθῆναι, ἀποκτείναιμ' ἂν ἐμαυτόν, ὥστ' ἐν τῇ πατρίδι γ' ὑπὸ τούτων ταφῆναι.*

69 *καὶ γὰρ—μεμαρτύρηται* Caecil. 151.12

2 *φράτορες* SAF : corr. Dindorf 3 *ἂν* om. A 4 *πατήρ <μου> κατὰ τοὺς νόμους* Caecil. 5 *φράτορσι* SAF : corr. Dindorf 13 *μηδ'* - *ποιήσητε* om. A 14 *ὄντων* om. A 15 *ἢ*] *εἰ* A *προλιπεῖν* A 17 *ταφῆναι*] *σωθῆναι* S Subscriptum in SAF *εφεσις προς ευβουλιδην* 𐅅 𐅄 ΔΔΔΔ : numeros om. AF

LVIII

ΔΗΜΟΣΘΕΝΟΥΣ ΕΝΔΕΙΞΙΣ ΚΑΤΑ ΘΕΟΚΡΙΝΟΥ

1. Τοῦ πατρὸς ἡμῶν, ὦ ἄνδρες δικασταί, διὰ τουτονὶ Θεοκρίνην ἀτυχήσαντος πρὸς τὴν πόλιν καὶ ὀφλόντος δέκα τάλαντα, καὶ τούτου διπλοῦ γεγενημένου ὥστε μηδ᾽ ἐλπίδα ἡμῖν εἶναι σωτηρίας μηδεμίαν, ἡγησάμην δεῖν ἐπὶ τῷ τιμωρεῖσθαι μεθ᾽ ὑμῶν τοῦτον μήθ᾽ ἡλικίαν μήτ᾽ ἄλλο μηδὲν ὑπολογισάμενος δοῦναι τὴν ἔνδειξιν ταύτην. (2) καὶ γὰρ ὁ πατήρ, ὦ ἄνδρες δικασταί, ᾧπερ πάντα πειθόμενος πεποίηκα, πρὸς ἅπαντας ὠδύρετο τοὺς γνωρίμους, εἰ παραλιπὼν ἐγὼ τὸν καιρὸν ἐν ᾧ διὰ τὸ τὸν πατέρα ζῆν ἔξεστί μοι τοῦτον ἀμύνασθαι, τὴν ἀπειρίαν καὶ τὴν ἡλικίαν προφασιζόμενος αὐτὸν μὲν περιόψομαι πάντων ἀπεστερημένον, Θεοκρίνην δὲ παρὰ τοὺς νόμους γραφὰς γραφόμενον καὶ συκοφαντοῦντα πολλοὺς τῶν πολιτῶν, οὐκ ἐξὸν αὐτῷ. (3) δέομαι οὖν ὑμῶν ἁπάντων, ὦ ἄνδρες Ἀθηναῖοι, καὶ ἱκετεύω μετ᾽ εὐνοίας ἀκοῦσαί μου, πρῶτον μὲν ὅτι τῷ πατρὶ βοηθῶν καὶ πειθόμενος ἀγωνίζομαι, ἔπειθ᾽ ὅτι καὶ νέος ὢν καὶ ἄπειρος, ὥστ᾽ ἀγαπητὸν εἶναί μοι, ἐὰν ὑπαρξάσης τῆς παρ᾽ ὑμῶν εὐνοίας δυνηθῶ δηλῶσαι τὰ πεπραγμένα τούτῳ· (4) πρὸς δὲ τούτοις, ὅτι, ὦ ἄνδρες δικασταί, προδέδομαι (τὰ γὰρ ἀληθῆ πρὸς ὑμᾶς εἰρήσεται) ὑπ᾽ ἀνθρώπων, οἳ πιστευθέντες ὑφ᾽ ἡμῶν διὰ τὴν πρὸς τοῦτον ἔχθραν, καὶ πυθόμενοι τὰ πράγματα καὶ φήσαντες ἐμοὶ συναγωνιεῖσθαι, ἐγκαταλελοίπασι νυνί με καὶ διαλέλυνται πρὸς τοῦτον ἐν τοῖς ἐμοῖς πράγμασιν, ὥστε μοι

tit. ενδειξις κατα θεοκρινου SF : κατα θεοκρινους A 1 ἡμῶν om. A 2 ὀφείλοντος A 5 τιμωρήσασθαι A 14 Ἀθηναῖοι] δικασταί A 17 ὑπαρξάσης post ὑμῶν SAF (ὑπαρχούσης A) : transp. Stahl 19 προσδέδομαι S[a]

μηδὲ τὸν συνεροῦντα εἶναι, ἐὰν μή τις ἄρα μοι τῶν οἰκείων βοηθήσῃ.

5. *Πολλαῖς μὲν οὖν ἐνδείξεσιν ἦν ἔνοχος οὑτοσί, καὶ ἅπαντας τοὺς περὶ ταῦτα νόμους ἐφαίνετο παραβεβηκώς· καινότατον δὲ τῶν ἔργων τῶν τούτου τὴν περὶ τὸ πλοῖον φάσιν ηὑρίσκομεν γεγονυῖαν, διόπερ ταῦτα γράψας εἰς τὴν ἔνδειξιν ἔδωκεν ὁ πατήρ μοι. πρῶτον μὲν οὖν τὸν νόμον ὑμῖν ἀναγνώσεται τὸν περὶ τῶν φαινόντων καὶ οὐκ ἐπεξιόντων, ἀλλὰ διαλυομένων παρὰ τοὺς νόμους (ἐντεῦθεν γὰρ οἶμαι προσήκειν μοι ποιήσασθαι τὴν ἀρχὴν τοῦ λόγου), εἶτα τὴν φάσιν αὐτὴν ἣν οὗτος ἐποιήσατο κατὰ τοῦ Μίκωνος. λέγε.*

ΝΟΜΟΣ

6. *Ὁ νόμος οὑτοσί, ὦ ἄνδρες δικασταί, τοῖς προαιρουμένοις ἢ γράφεσθαι γραφὰς ἢ φαίνειν ἢ ἄλλο τι ποιεῖν τῶν ἐν τῷ νόμῳ τούτῳ γεγραμμένων προλέγει διαρρήδην, ἐφ᾽ οἷς ἕκαστόν ἐστιν τούτων ποιητέον. ἔστι δὲ ταῦτα, ὥσπερ ἠκούσατε ἐξ αὐτοῦ τοῦ νόμου, ἐὰν ἐπεξιών τις μὴ μεταλάβῃ τὸ πέμπτον μέρος τῶν ψήφων, χιλίας ἀποτίνειν, κἂν μὴ ἐπεξίῃ* <*γ᾽*>, *ὦ Θεοκρίνη, χιλίας ἑτέρας, ἵνα μήτε συκοφαντῇ μηδείς, μήτ᾽ ἄδειαν ἔχων ἐργολαβῇ καὶ καθυφιῇ τὰ τῆς πόλεως. φημὶ δὴ κατὰ ταύτην τὴν ἔνδειξιν ἔνοχον εἶναι Θεοκρίνην τῷ φήναντα Μίκωνα Χολλῄδην μὴ ἐπεξελθεῖν, ἀλλ᾽ ἀργύριον λαβόντα ἀποδόσθαι τὸ πρᾶγμα.* (7) *καὶ τοῦτο ἀποδείξω σαφῶς, ὡς ἐγὼ νομίζω. καίτοι Θεοκρίνης γε, ὦ ἄνδρες δικασταί, καὶ οἱ μετὰ τούτου οὐδὲν ὅ τι οὐ πεποιήκασι προσιόντες τοῖς μάρτυσι καὶ τὰ μὲν ἀπειλοῦντες αὐτοῖς, τὰ*

1 *μοι* om. A 4 *φαίνεται* A 6 *εὑρίσκομεν* SAF : corr. Blass 7 *μου* A *ὑμῖν τὸν νόμον* A 10 *τὴν ἀρχὴν ποιήσασθαι* A 11 *μικίωνος* et sic deinceps A 12 *νόμος* <*φάσις*> SF 13 *δικασταί*] *ἀθηναῖοι* A *τοὺς προαιρουμένους* A 16 *τούτων*] *τούτῳ* S 18 *κἂν*] *ἢ ἐὰν* A 19 add. Blass 20 *καθυφείη* SAF : corr. Bekker 22 *φήναντι* SF : corr. Lamb^{C} : *φήσαντι* A *χολλίδην* SAF : corr. Rennie 25 *τούτου*] *αὐτοῦ* A 26 *καὶ* om. A

δὲ πείθοντες μὴ μαρτυρεῖν. ἀλλ' ὅμως ἐὰν ὑμεῖς βούλησθε τὰ δίκαια βοηθεῖν μοι, καὶ κελεύητ' αὐτούς, μᾶλλον δὲ ἀναγκάζοντος ἐμοῦ συναναγκάζητε, ἤτοι μαρτυρεῖν ἢ ἐξόμνυσθαι, καὶ μὴ ἐᾶτε λόγους λέγειν, εὑρεθήσεται τἀληθές. λέγε οὖν πρῶτον μὲν τὴν φάσιν, εἶτα τὰς μαρτυρίας.

ΦΑΣΙΣ

8. Ταύτην τὴν φάσιν, ὦ ἄνδρες δικασταί, ἔδωκεν μὲν οὑτοσὶ προσκαλεσάμενος τὸν Μίκωνα, ἔλαβεν δ' ὁ γραμματεὺς ὁ τῶν τοῦ ἐμπορίου ἐπιμελητῶν, Εὐθύφημος. ἐξέκειτο δὲ πολὺν χρόνον ἔμπροσθεν τοῦ συνεδρίου ἡ φάσις, ἕως λαβὼν ἀργύριον οὗτος εἴασε διαγραφῆναι καλούντων αὐτὸν εἰς τὴν ἀνάκρισιν τῶν ἀρχόντων. ὅτι δὲ ταῦτ' ἀληθῆ λέγω, πρῶτον μὲν κάλει ὃς ἐγραμμάτευε τῇ ἀρχῇ, Εὐθύφημον.

ΜΑΡΤΥΡΙΑ

9. Λέγε δὴ καὶ τὴν τῶν ἰδόντων ἐκκειμένην τὴν φάσιν μαρτυρίαν.

ΜΑΡΤΥΡΙΑ

Κάλει δὲ καὶ τοὺς τοῦ ἐμπορίου ἐπιμελητάς, καὶ αὐτὸν τὸν Μίκων' οὗ ἔφηνε τὸ πλοῖον· καὶ τὰς μαρτυρίας ἀναγίγνωσκε.

ΜΑΡΤΥΡΙΑΙ

10. Ὡς μὲν τοίνυν, ὦ ἄνδρες δικασταί, ἔφηνε Θεοκρίνης τὸ τοῦ Μίκωνος πλοῖον, καὶ ὡς ἐξέκειτο πολὺν χρόνον ἡ φάσις, καὶ ὡς εἰς τὴν ἀνάκρισιν καλούμενος οὐχ ὑπήκουσεν οὐδ' ἐπεξῆλθεν, ἀκηκόατε μαρτυρούντων οὓς εἰδέναι μάλιστα προσήκει. ὅτι δ' οὐ ταῖς χιλίαις μόνον ἔνοχός ἐστιν, ἀλλὰ καὶ

3 ἐξομνύεσθαι SF[a] 4 μὴ] μὴ δ' F <αὐτοὺς> λέγειν A εὑρήσετε τἀληθῆ A 7 οὗτος προκαλεσάμενος A 10 ἕως <ἂν> A 14 μαρτυρία om. A 15 δὴ] δὲ A 16 μαρτυρίαν <λέγε> SF 18 δὲ] δὴ A 21 τοῦ om. A 23 οὐχ. . .οὐδ'] οὔθ' ... οὔτ' A 24 μαρτυρούντων <τούτων> SF 25 προσῆκεν SAF : corr. cod. D et Thalheim

ἀπαγωγῇ καὶ τοῖς ἄλλοις ὅσα κελεύει πάσχειν ὁ νόμος οὑτοσὶ τὸν συκοφαντοῦντα τοὺς ἐμπόρους καὶ τοὺς ναυκλήρους, ῥᾳδίως ἐξ αὐτοῦ τοῦ νόμου γνώσεσθε. (11) *βουλόμενος γὰρ ὁ τὸν νόμον τιθεὶς μήτε τοὺς ἀδικοῦντας τῶν ἐμπόρων ἀθῴους εἶναι, μήτε τοὺς ἄλλους πράγματ᾽ ἔχειν, ἁπλῶς ἀπεῖπε τοῖς τοιούτοις τῶν ἀνθρώπων μὴ φαίνειν, εἰ μὴ πιστεύει τις αὑτῷ δείξειν ἐν ὑμῖν {τὰ} γεγενημένα περὶ ὧν ποιεῖται τὴν φάσιν· ἐὰν δέ τις παρὰ ταῦτα ποιῇ τῶν συκοφαντούντων, ἔνδειξιν αὐτῶν εἶναι καὶ ἀπαγωγήν. μᾶλλον δὲ λέγε τὸν νόμον αὐτόν· πολὺ γὰρ ἐμοῦ σαφέστερον διδάξει.*

ΝΟΜΟΣ

12. *Ἀκούετε τοῦ νόμου ἃ κελεύει πάσχειν, ὦ ἄνδρες δικασταί, τὸν συκοφάντην. οὐκοῦν εἰ μέν τι πεποιηκότα τούτων ὧν ἔγραψεν ἐν τῇ φάσει Θεοκρίνης πεποιηκέναι τὸν Μίκωνα, καθυφεῖκε τὸ πρᾶγμα καὶ διαλέλυται πρὸς τὸν ἄνθρωπον, ἀδικεῖ πάντας ὑμᾶς καὶ δικαίως ὀφείλει τὰς χιλίας. εἰ δὲ πλεύσαντα αὐτὸν δικαίως οἷ προσῆκεν (ἔστω γὰρ ὁπότερον οὗτος βούλεται) φαίνει καὶ προσκαλεῖται, συκοφαντεῖ τοὺς ναυκλήρους, καὶ τὸν νόμον οὐ μόνον τὸν πρότερον, ἀλλὰ καὶ τὸν ἀρτίως ἀναγνωσθέντα παραβέβηκεν, καὶ καταμεμαρτύρηκεν αὑτοῦ μηδὲν ὑγιὲς μήτε λέγειν μήτε πράττειν.* (13) *τίς γὰρ ἂν παρεὶς τὸ δικαίως πράττοντα λαβεῖν τὸ μέρος τῶν χρημάτων κατὰ τὸν νόμον, διαλυσάμενος ἠβουλήθη μικρὰ κερδᾶναι καὶ τούτοις ἔνοχον αὑτὸν καταστῆσαι τοῖς νόμοις, ἐξόν, ὅπερ ἀρτίως εἶπον, τὰ ἡμίσεα τῶν φανθέντων*

1 *ὅσα*] *ἃ* A 6 *τοὺς τοιούτους* Taylor 7 del. Dobree : *ταῦτα* A 8 *ταῦτα*] *αὐτὰ* SF *ποιεῖ* SF 9 *εἶναι αὐτῶν* A 10 *σαφέστερον ἐμοῦ* A 12 *τῶν νόμων ἃ κελεύουσι* A 13 *τι* (*τις* A) *πεποιηκότα*] *τι πεπεικὼς* <*αὑτὸν*> Dobree : *εἰδώς τι πεποιηκότα* Hertlein *πεποιηκότι* Foertsch 14 *ἔγραφεν* A 16 *ἀδικεῖται* cod. Q <*ἂν*> *ὀφείλοι* A 17 *δικαίως αὐτὸν* A *οἷ*] *οὐ* A 18 <*τοῦθ᾽*> *ὁπότερον* SF *φαίνειν* A <*καὶ*> *συκοφαντεῖ* SF 21 <*αὑτὸς*> *αὑτοῦ* Boeckmeijer 22 *πράττων* Wolf 24 *τούτοις*] *τοῦτο* SF *καταστήσας* A 25 *εξων* S : *ἐξ ὧν* F *ἡμίση* S

λαβεῖν; οὐδ᾽ ἂν εἷς, ὦ ἄνδρες δικασταί, μὴ οὐ συνειδὼς ἑαυτῷ συκοφαντοῦντι.

14. *Δύο μὲν τοίνυν οὗτοι νόμοι εἰσὶν οὓς παραβέβηκεν ὁ τοὺς ἄλλους παρανόμων γραφόμενος· ἕτερον δὲ τρίτον, ὃς ὁμοίως κελεύει κατά τε τῶν ὀφειλόντων τῷ δημοσίῳ τὰς ἐνδείξεις τὸν βουλόμενον ποιεῖσθαι τῶν πολιτῶν, καὶ ἐάν τις ὀφείλῃ τῇ Ἀθηνᾷ ἢ τῶν ἄλλων θεῶν ἢ τῶν ἐπωνύμων <τῳ>. ὃ φανήσεται οὗτος, ὀφείλων καὶ οὐκ ἐκτετεικὼς ἑπτακοσίας δραχμάς, ἃς ὦφλεν ἐν ταῖς εὐθύναις τῷ ἐπωνύμῳ τῆς αὑτοῦ φυλῆς. καί μοι λέγε τοῦτου αὐτὸ τοῦ νόμου.*

ΝΟΜΟΣ

15. *Ἐπίσχες. ἀκούεις, οὑτοσί, τί λέγει; 'ἢ τῶν ἐπωνύμων τῳ'. λέγε δὴ τὴν τῶν φυλετῶν μαρτυρίαν.*

ΜΑΡΤΥΡΙΑ

Ταχύ γ᾽ ἂν οὗτος, ὦ ἄνδρες δικασταί, ἀνθρώπων ὀλίγων φροντίσειεν ἢ τῶν τὸν πλεῖστον τοῦ χρόνου πλεόντων, ὥσπερ ὁ Μίκων, ὅστις τοὺς φυλέτας παρόντας οὔτ᾽ ἔδεισεν οὔτ᾽ ᾐσχύνθη, τοῦτο μὲν οὕτως αὐτῶν τὰ κοινὰ διοικήσας ὥστ᾽ ἐκείνους κλοπὴν αὐτοῦ καταγνῶναι, τοῦτο δὲ ὀφλὼν καὶ τοὺς νόμους ἀκριβῶς εἰδὼς ὅτι κωλύουσιν αὐτὸν γράφεσθαι γραφὰς ἕως ἂν ἐκτείσῃ, βιαζόμενος καὶ νομίζων δεῖν τοὺς μὲν ἄλλους τοὺς ὀφείλοντας μηδενὸς μετέχειν τῶν κοινῶν, αὑτον δὲ κρείττω τῶν νόμων εἶναι. **(16)** *φήσει τοίνυν τὸν πάππον, οὐχ αὑτὸν εἶναι τὸν ἐν τῷ γραμματείῳ γεγραμμένον, καὶ περὶ τούτου πολλοὺς ἐρεῖ λόγους, ὡς ἐκεῖνός ἐστιν. ἐγὼ δὲ τὸ μὲν*

15 *νο]μίζων*—18 *ἐλθ[ὼν* P. Ryl. iii 550

---

4 *<τὸν> τρίτον* SF 5 *τε* om. A 6 *ὀφείλει* A 7 *θεῶν <τινὶ>* A add. Aldina *ὃ* et 8 *οὗτος* om. A 12 *ἢ*] *ἣν* F : [S] 13 *τῳ* om. A 15 *οὗτος* om. S[a] *ὀλίγον* schol. Lamb. : *ὀθνείων* van Herwerden : *ἀλλοτρίων* Dobree 16 *τὸν*] *τὸ* F 20 *κωλύσουσιν* SAF : corr. cod. D et Lamb.[C] 24 *αὑτὸν* F : [SA Π550] 25 *λόγους ἐρεῖ* A

ἀκριβές, ὁπότερός ἐστιν, οὐκ ἔχω λέγειν· εἰ δ' οὖν ἐστιν ὡς οὗτος ἐρεῖ, πολὺ δικαιότερον εἶναι νομίζω καταψηφίσασθαι ὑμᾶς αὐτοῦ, εἰ ταῦθ' οὕτως ἐστίν. (17) εἰ γὰρ ὀφείλοντος αὐτῷ τοῦ πάππου πάλαι, καὶ τοῦ νόμου κελεύοντος κληρονομεῖν τοῦτον τῶν ἐκείνου, προσῆκον αὐτῷ μηδὲ πάλαι γράφεσθαι ἐγράφετο, καὶ διὰ τοῦτο οἰήσεται δεῖν ἀποφεύγειν ὅτι πονηρὸς ἐκ τριγονίας ἐστίν, οὐ δίκαια ἐρεῖ, ὦ ἄνδρες δικασταί. ὡς οὖν καὶ παρ' αὐτοῦ Θεοκρίνου ὁμολογεῖται τοῦτ' εἶναι τὸ ὄφλημα καὶ κατετάξατο τοῖς φυλέταις ὑπὲρ αὑτοῦ καὶ τοῦ ἀδελφοῦ, καὶ τοῖς βουλομένοις εὐορκεῖν οὐ καλῶς ἔχει ταύτην ἀπογιγνώσκειν τὴν ἔνδειξιν, λαβέ μοι τὸ ψήφισμα ὃ εἶπεν ἐν τοῖς φυλέταις Σκιρωνίδης. (18) προσελθὼν δὲ οὑτοσὶ Θεοκρίνης ὡμολόγησεν ὀφείλειν καὶ ἐκτείσειν ἐναντίον τῶν φυλετῶν, ἐπειδὴ προσιόντας ἡμᾶς ᾔσθετο καὶ βουλομένους ἀντίγραφα τῶν ἐν τῷ γραμματείῳ γεγραμμένων λαβεῖν.

ΨΗΦΙΣΜΑ

Πολύ γ' ἄν, ὦ ἄνδρες Ἀθηναῖοι, Λεωντίδαι, τοὺς ἀναγκάσαντας ἀποδοῦναι Θεοκρίνην τὰς ἑπτὰ μνᾶς ἐπῃνέσατ' ἂν μᾶλλον ἢ τοῦτον.

19. Τέταρτος τοίνυν νόμος ἐστίν (ὁμολογῶ γὰρ τῶν τούτῳ πεπραγμένων τὰ πλεῖστα ἐξητακέναι) καθ' ὃν ὀφείλει πεντακοσίας δραχμὰς Θεοκρίνης οὑτοσί, οὐκ ἐκτετεικότος αὐτῷ τοῦ πατρὸς ἃς προσῶφλεν ἀφελόμενος τὴν Κηφισοδώρου θεράπαιναν εἰς ἐλευθερίαν, ἀλλὰ διοικησαμένου πρὸς Κτησικλέα τὸν λογογράφον, ὃς ἦν ἐπὶ τοῖς τῶν ἀντιδίκων πράγμασιν, ὥστε μήτ' ἐκτεῖσαι μήτ' εἰς ἀκρόπολιν ἀνενεχ-

3 τοῦθ' cod. D   6 ἐγράφετε SF : γράφεται Lamb.[c] : <ἔτι> ἐγράφεται Taylor   7 ἐστίν; Gernet   8 θεοκρίνους A   τοῦτ'] τούτου A   9 ἐτάξατο van Herwerden   10 ἔχειν S[a]   12 σκιρωνίδης <ψήφισμα> F : κριτωνίδης. <ψήφισμα> A   ἐλθ[ὼν Π550   οὑτοσὶ] οὗτος <ὁ> A   13 ἐκτίσειν AF   14 ἡμᾶς om. A   16 ψήφισμα <β'>S   17 Ἀθηναῖοι del. Rennie   λεωντίδας SAF : corr. Rennie   18 ἐπῃνέσετ' A   20 <ἕτερος> νόμος AF   22 ἐκτετικότος AF   23 προσώφειλεν A   κηφισοδότου A

θῆναι. (20) *ἃς οὐδὲν {μὲν} ἧττον οἶμαι Θεοκρίνης ὀφείλει νυνὶ κατὰ τὸν νόμον. οὐ γὰρ ἐὰν Κτησικλῆς ὁ μέτοικος συγχωρήσῃ τούτῳ, πονηρὸς πονηρῷ, μὴ παραδοθῆναι τοῖς πράκτορσιν τὸν προσοφλόντα κατὰ τὸν νόμον, διὰ τοῦτο δεῖ τὴν πόλιν ἀπεστερῆσθαι τῶν ἐκ τῶν νόμων ἐπικειμένων ζημιῶν, ἀλλὰ προσήκει τοὺς ἀντιδίκους ὑπὲρ μὲν τῶν ἰδίων, ὅπως ἂν αὐτοὺς πείθωσιν, διοικεῖσθαι πρὸς ἀλλήλους, ὑπὲρ δὲ τῶν πρὸς τὸ δημόσιον, ὅπως ἂν οἱ νόμοι κελεύωσιν.* (21) *καί μοι λέγε τόν τε νόμον, ὃς κελεύει τὸ ἥμισυ τοῦ τιμήματος ὀφείλειν τῷ δημοσίῳ ὃς ἂν δόξῃ μὴ δικαίως εἰς τὴν ἐλευθερίαν ἀφελέσθαι, καὶ τὴν τοῦ Κηφισοδώρου μαρτυρίαν.*

ΝΟΜΟΣ. ΜΑΡΤΥΡΙΑ

Λέγε δὴ κἀκεῖνον τὸν νόμον τὸν ἀπ᾽ ἐκείνης κελεύοντα τῆς ἡμέρας ὀφείλειν ἀφ᾽ ἧς ἂν ὄφλῃ, ἐάν τε ἐγγεγραμμένος ᾖ, ἐάν τε μή.

ΝΟΜΟΣ

22. *Πῶς οὖν ἄλλως, ὦ ἄνδρες δικασταί, προσήκει τὸν δικαίως κατηγοροῦντα ἀποφαίνειν ὀρθῶς ἐνδεδειγμένον Θεοκρίνην τουτονί, καὶ μὴ μόνον ἔνοχον ὄντα τῇ ἐνδείξει κατὰ τὰς χιλίας ἐφ᾽ αἷς ἐνδέδεικται, ἀλλὰ καὶ πολλοῖς ἄλλοις ὀφλήμασιν; ἐγὼ μὲν οὐδαμῶς νομίζω. οὐ γὰρ δὴ προσδοκᾶν γε δεῖ Θεοκρίνην αὐτὸν ὁμολογήσειν ὀφείλειν ὑμῖν τῷ δημοσίῳ καὶ δικαίως ἐνδεδεῖχθαι φήσειν, ἀλλὰ τοὐναντίον πάντα λόγον μᾶλλον ἐρεῖν καὶ πάσας αἰτίας οἴσειν, ὡς καταστασιάζεται, ὡς διὰ τὰς τῶν παρανόμων γραφὰς εἰς ταῦθ᾽ ἥκει.* (23) *λοιπὸν γάρ ἐστιν τοῦτο τοῖς ἐν αὐτοῖς τοῖς πράγμασιν ἐξελεγχομένοις, αἰτίας καὶ προφάσεις εὑρίσκειν αἵτινες τοῦ παρόντος ὑμᾶς*

1 del. Reiske 4 *προσοφείλοντα* A 5 *ἀλλὰ* <*καὶ*> A 8 *τε* om. SF 13–14 *ὀφείλειν τῆς ἡμέρας* A 14 *ὄφλῃ* <*ἢ τὸν νόμον παραβῇ*> 49 18 *ἐπιδεδειγμμένον* A 20 *ἄλλοις* om. A 21 *γε προσδοκᾶν* SF 22 *ὑμῖν ὀφείλειν* A 23 *ἀλλὰ*] *ἀλλ᾽ οὐ* A 24 *ὡς*] *καὶ* Naber

ποιήσουσι πράγματος ἐπιλαθομένους τοῖς ἔξω τῆς κατηγορίας λόγοις προσέχειν. ἐγὼ δέ, ὦ ἄνδρες δικασταί, εἰ μὲν ἑώρων ἐν τοῖς ἀνεγνωσμένοις νόμοις γεγραμμένον 'ταῦτα δ' εἶναι κύρια περὶ τῶν συκοφαντούντων, ἂν μὴ Θεοκρίνης ἐνδειχθεὶς αἰτιᾶσθαι βούληται Θουκυδίδην ἢ Δημοσθένην ἢ καὶ τῶν πολιτευομένων ἄλλον τινά', ἡσυχίαν ἂν ἦγον. νῦν δὲ τούτων οὐδεμίαν ὁρῶ τῶν σκήψεων ὑπόλογον οὖσαν ἐν τοῖς νόμοις, οὐδὲ καινήν, ὥστε προσέχειν νῦν πρῶτον ἀκούσαντας, ἀλλὰ μυριάκις παρὰ τῶν κρινομένων εἰρημένην. **(24)** ἀκούω δὲ καὶ παρὰ τῶν πρεσβυτέρων, ὦ ἄνδρες δικασταί, ὡς ἄρα προσῆκόν ἐστιν ὅλως μὲν μηδενὶ μηδεμίαν συγγνώμην ὑπάρχειν παραβαίνοντι τοὺς νόμους, εἰ δ' ἄρα δεῖ, μὴ τοῖς συνεχῶς οὖσι πονηροῖς μηδὲ τοῖς ἐπ' ἀργυρίῳ τοὺς νόμους προϊεμένοις (οὐ γὰρ εἰκός), ἀλλ' οἵτινες ἂν διὰ τὴν αὐτῶν ἀπραγμοσύνην ἄκοντές τι τῶν γεγραμμένων παραβῶσιν. ὧν οὐδεὶς ἂν δήπου Θεοκρίνην τουτονὶ φήσειεν εἶναι, ἀλλὰ τοὐναντίον οὐδενὸς τῶν ἐν τοῖς νόμοις ἄπειρον. **(25)** διὸ καὶ δεῖ φυλάττειν αὐτόν, μὴ πρὸς τοὺς ἐμοὺς λόγους μηδὲ τοὺς ὑπὸ τούτου ῥηθησομένους ἀποβλέποντας. οὐ γὰρ δίκαιον τοὺς ὑπὲρ τῶν νόμων καθημένους μακροῖς λόγοις καὶ κατηγορίαις προσέχειν, ἀλλ' οἷς ἅπαντες ῥᾳδίως ἐπακολουθήσετε, καὶ δι' ὧν δόξετε πᾶσι τοῖς ἐν τῇ πόλει τῶν νόμων ἀξίως ταύτην τὴν ἔνδειξιν δικάσαι, σαφῶς ἐρωτῶντας 'τί λέγεις, Θεοκρίνη καὶ πάντες οἱ τῶν αὐτῶν τούτῳ μετέχοντες; ἀξιοῦθ' ἡμᾶς, κατὰ τοὺς νόμους ὀμωμοκότας δικάσειν, παρὰ τούτους διὰ τοὺς ὑμετέρους λόγους ψηφίζεσθαι; **(26)** μεμαρτυρηκότος μὲν ἡμῖν τοῦ Μίκωνος, καθ' οὗ δοὺς Θεοκρίνης οὑτοσὶ τὴν φάσιν οὐκ

4 ἂν μὴ] ἐὰν A 5 αἰτιάσασθαι A 6 ἂν om. A 7 ὑπόλογον] ὑπόλοιπον A 8 καινήν - προσέχειν] ἐκείνῃ προσέχειν ὥσπερ A 9 εἰρημένη A 10 παρὰ post καὶ om. A 14 προϊεμένους SA[a]F 15 παραβαίνωσιν A 17 δεῖ φυλάττειν ... μὴ] ἀεὶ φυλάττειν ... οὐ A 18 τοὺς ὑπὸ] τοῖς ὑπὸ S 19 τούτου] τούτων A 20 λόγοις μακροῖς A 21 οἷς <ἂν> SF ἐπακολουθήσαιτε Bekker 23 ἐρωτῶντες A

ἐπεξῆλθε, καὶ πεποιηκότος αὐτὸν τούτων ὑπόδικον, ὁμολογοῦντος δὲ τοῦ γραμματέως λαβεῖν τὴν φάσιν παρὰ τούτου, καὶ πεποιηκότος καὶ τούτου διὰ τῆς μαρτυρίας τῆς ὀλίγον τι πρότερον ἀναγνωσθείσης αὐτὸν ὑπόδικον; ἔτι δὲ τῶν τοῦ ἐμπορίου ἐπιμελητῶν μόλις μέν, ἀλλ' οὖν ταὐτὰ τούτοις μεμαρτυρηκότων; πρὸς δὲ τούτοις τῶν ἰδόντων ἐκκειμένην τὴν φάσιν καὶ προσελθόντων τοῖς ἄρχουσι μαρτυρούντων, ὥσπερ ὀλίγον πρότερον ἠκούσατε; ‘ ἀλλ' οὐ δίκαιον, ὦ ἄνδρες δικασταί.

27. *Οὐ* γὰρ δὴ διὰ τὸν τρόπον γε τὸν τοῦ φεύγοντος καὶ τὸν βίον ψευδεῖς ὑπολήψεσθε τὰς μαρτυρίας τὰς ἀνεγνωσμένας εἶναι. πολὺ γὰρ ἐκ τοῦ τρόπου σαφέστερον ἐπιδείκνυται Θεοκρίνης τοιοῦτος ὢν ἢ διὰ τῶν εἰρημένων. τί γὰρ οὐ πεποίηκεν οὗτος ὧν ἂν πονηρὸς καὶ συκοφάντης ἄνθρωπος ποιήσειεν; οὐ διὰ μὲν τὴν τούτου πονηρίαν ἁδελφὸς αὐτοῦ θεσμοθετῶν καὶ τούτῳ χρώμενος συμβούλῳ τοιοῦτος ἔδοξε παρ' ὑμῖν ἄνθρωπος εἶναι, ὥστ' οὐ μόνον αὐτὸς ἀπεχειροτονήθη τῶν ἐπιχειροτονιῶν οὐσῶν, ἀλλὰ καὶ τὴν ἀρχὴν ἅπασαν ἐποίησεν; καὶ εἰ μὴ δεομένων αὐτῶν καὶ ἱκετευόντων, καὶ λεγόντων ὡς οὐκέτι πρόσεισι Θεοκρίνης πρὸς τὴν ἀρχήν, ἐπείσθηθ' ὑμεῖς καὶ πάλιν ἀπέδοτε τοὺς στεφάνους αὐτοῖς, πάντων ἂν αἴσχιστα οἱ συνάρχοντες ἐπεπόνθεσαν; (28) καὶ τούτων οὐδέν με δεῖ μάρτυρας ὑμῖν παρασχέσθαι· πάντες γὰρ ἴστε τοὺς ἐπὶ Λυκίσκου ἄρχοντος θεσμοθέτας ἀποχειροτονηθέντας ἐν τῷ δήμῳ διὰ τοῦτον. ὧν ἀναμιμνῃσκομένους ὑμᾶς χρὴ τὸν αὐτὸν ὑπολαμβάνειν εἶναι τοῦτον καὶ πρότερον καὶ νῦν.

1 *τούτων* Dobree : *τούτοις* SAF 3 *πεποιηκότος*] *πεποιηκυίας* SF *καὶ* - *διὰ* om. SF 4 *αὐτὸν* Taylor : *αὑτὸν* F : [SA] 5 *ταυτα* SF 7 <*καὶ*> *μαρτυρούντων* A 8 *ὀλίγον* <*τι*> A 10 *δὴ*] *δεῖ* A *τὸν*² om. A 12 *εἶναι* om. cod. D 15 *μὲν* om. A : del. Schaefer *ἀδελφὸς* F : corr. Bekker : [SA] 17 *ἄνθρωπος παρ' ὑμῖν* A 18 *οὐσῶν* om. SF 20 *πρόεισι* SF 21 *ἐπείσθηθ'*] *ἔπειθ'* F *αὐτοῖς* post *πάλιν* A 23 *δεῖ με* A 25 *ἐπιχειροτονηθέντας* A *ἀναμνησκομένους* S 26 *τοῦτον εἶναι* A

Οὐ πολλῷ τοίνυν χρόνῳ, ὕστερον τῆς ἀποχειροτονίας, τελευτήσαντος αὐτῷ τοῦ ἀδελφοῦ βιαίῳ θανάτῳ, τοιοῦτος ἐγένετο περὶ αὐτὸν οὗτος, ὥστε ζητήσας τοὺς δράσαντας καὶ πυθόμενος οἵτινες ἦσαν, ἀργύριον λαβὼν ἀπηλλάγη. **(29)** καὶ τὴν μὲν ἀρχὴν ἣν ἐκεῖνος ἄρχων ἐτελεύτησεν, ἱεροποιὸς ὤν, παρὰ τοὺς νόμους ἦρχεν οὗτος, οὔτε λαχὼν οὔτ᾽ ἐπιλαχών· ὑπὲρ ὧν δ᾽ ἔπαθεν ἐκεῖνος, μέχρι τούτου σχετλιάζων περιῄει καὶ φάσκων εἰς Ἄρειον πάγον Δημοχάρην προσκαλεῖσθαι, ἕως διελύσατο πρὸς τοὺς τὴν αἰτίαν ἔχοντας. χρηστός γ᾽ ἐστὶ καὶ πιστὸς καὶ κρείττων χρημάτων. οὐδ᾽ ἂν αὐτὸς φήσειεν. οὐ γὰρ τοσούτων δεῖσθαί φασι δεῖν τὸν δικαίως καὶ μετρίως τῶν κοινῶν ἐπιμελησόμενον, ἀλλὰ πάντων τούτων εἶναι κρείττω δι᾽ ὧν ἀναλίσκουσιν εἰς ἑαυτοὺς ἃ λαμβάνουσιν. **(30)** καὶ τὰ μὲν πρὸς τὸν ἀδελφὸν αὐτῷ πεπραγμένα τοιαῦτ᾽ ἐστιν· ἃ δὲ πρὸς τὴν πόλιν προσελθὼν διῴκηται (δευτέρους γὰρ ὑμᾶς φήσει φιλεῖν μετὰ τοὺς οἰκείους) ἄξιον ἀκοῦσαι. ἄρξομαι δ᾽ ἀπὸ τῶν πρὸς ἡμᾶς αὐτῷ πεπραγμένων. τοῦ γὰρ πατρὸς κατηγορῶν, ὦ ἄνδρες δικασταί, ὅτε τὴν τῶν παρανόμων αὐτὸν ἐδίωκε γραφήν, ἔλεγεν ὡς ἐπιβεβουλευμένος ὁ παῖς εἴη περὶ οὗ τὸ ψήφισμα γεγραμμένον ἦν, ἐν ᾧ τὴν σίτησιν ἔγραψεν Χαριδήμῳ ὁ πατὴρ τῷ Ἰσχομάχου υἱῷ, **(31)** λέγων ὡς, ἐὰν ἐπανέλθῃ εἰς τὸν πατρῷον οἶκον ὁ παῖς, ἀπολωλεκὼς ἔσται τὴν οὐσίαν ἅπασαν ἣν Αἰσχύλος ὁ ποιησάμενος αὐτὸν υἱὸν ἔδωκεν αὐτῷ, ψευδόμενος· οὐδενὶ γὰρ πώποτε, ὦ ἄνδρες δικασταί, τοῦτο τῶν εἰσποιηθέντων συνέβη. καὶ τούτων πάντων αἴτιον ἔφη Πολύευκτον γεγενῆσθαι τὸν ἔχοντα τὴν μητέρα τοῦ παιδός, βουλόμενον ἔχειν αὐτὸν τὴν τοῦ παιδὸς οὐσίαν. ὀργισθέντων δὲ τῶν δικαστῶν ἐπὶ τοῖς λεγομένοις, καὶ νομισάντων αὐτὸ

3 ζητῆσαι SF : corr. Baiter Sauppe : ἀναζητήσας A 6 ἦρχεν om. S <ἐκεῖνος> οὗτος A 8 προκαλεῖσθαι SF 9 γ᾽ om. A 12 εἶναι κρείττω τούτων A 15 φησι A 18 τῶν om. S γραφὴν ἐδίωκεν αὐτόν A 19 ἐπιβουλευόμενος SF 20 ὁ πατὴρ χαριδήμῳ A 21 υἱεῖ A 23 υἱὸν αὐτὸν A 24 τῶν εἰσποιηθέντων τοῦτο A

μὲν τὸ ψήφισμα καὶ τὴν δωρεὰν κατὰ τοὺς νόμους εἶναι, τῷ δ' ὄντι τὸν παῖδα μέλλειν ἀποστερεῖσθαι τῶν χρημάτων, τῷ μὲν πατρὶ δέκα ταλάντων ἐτίμησαν ὡς μετὰ τοῦ Πολυεύκτου ταῦτα πράττοντι, τούτῳ δ' ἐπίστευσαν ὡς δὴ βοηθήσαντι τῷ παιδί. (32) *καὶ τὰ μὲν ἐπὶ τοῦ δικαστηρίου γενόμενα τοιαῦτα καὶ παραπλήσια τούτοις ἦν· ὡς δ' ὁ χρηστὸς οὗτος ὠργισμένους ᾔσθετο τοὺς ἀνθρώπους καὶ πεπιστευμένον αὐτὸν ὡς οὐ παντάπασιν ἀνόσιον ὄντα, προσκαλεσάμενος τὸν Πολύευκτον ἀποφέρει γραφὴν κατ' αὐτοῦ κακώσεως πρὸς τὸν ἄρχοντα καὶ δίδωσι τὴν λῆξιν Μνησαρχίδῃ τῷ παρέδρῳ· λαβὼν δὲ διακοσίας δραχμὰς παρὰ τοῦ Πολυεύκτου, καὶ τὰ δεινὰ ταῦτ' ἀποδόμενος μικροῦ λήμματος ἐφ' οἷς τῷ πατρὶ ἐτιμήσατο δέκα ταλάντων, ἀπηλλάγη καὶ τὴν γραφὴν ἀνείλετο προδοὺς τὸν ὀρφανόν. καί μοι κάλει τούτων τοὺς μάρτυρας.*

ΜΑΡΤΥΡΕΣ

33. *Εἰ τοίνυν εὔπορος ἦν ὁ πατήρ, ὦ ἄνδρες δικασταί, καὶ δυνατὸς πορίσαι χιλίας δραχμάς, ὅλως ἂν ἀπηλλάγη τῆς γραφῆς τῆς τῶν παρανόμων· τοσοῦτον γὰρ αὐτὸν ᾔτει οὑτοσί· καί μοι κάλει Φιλιππίδην τὸν Παιανιέα, πρὸς ὃν ἔλεγε ταῦτα Θεοκρίνης οὑτοσί, καὶ τοὺς ἄλλους οἳ συνίσασιν τούτῳ ταῦτα λέγοντι.*

ΜΑΡΤΥΡΕΣ

34. *Ὅτι μὲν τοίνυν, ὦ ἄνδρες δικασταί, Θεοκρίνης, εἴ τις αὐτῷ τὰς χιλίας δραχμὰς ἐδίδου, τὴν γραφὴν <ἂν> ἀνείλετο τὴν κατὰ τοῦ πατρός, ἡγοῦμαι πάντας ὑμᾶς πιστεύειν, καὶ εἰ μηδεὶς ἐμαρτύρησεν. ὅτι δὲ πολλὰς ἑτέρας προσκαλεσάμενος καὶ γραψάμενος καθυφεῖκεν, καὶ μικρὸν ἀργύριον λαμβάνων*

3 *τοῦ* om. SF 10 *<πρὸς> τὴν* SF 11 *διακοσίας] <τὰς> τριακοσίας* SF 18 *ᾔτει οὗτος αὐτόν* A 19 *τὸν* om. A *πεανιέα* S 20 *θεοκρίνης οὑτοσὶ τοῦτα* A *ταῦτα τούτῳ* A 22 *μαρτυρίαι* A 24 add. Taylor 25 *εἴ <μοι>* A 26 *προκαλεσάμενος* A

ἀπαλλάττεται, τοὺς δόντας ὑμῖν αὐτοὺς καλῶ, ἵνα μὴ πιστεύητ᾽ αὐτῷ λέγοντι ὡς αὐτὸς φυλάττει τοὺς παράνομα γράφοντας, καὶ ὡς, ὅταν αἱ τῶν παρανόμων γραφαὶ ἀναιρεθῶσιν, ὁ δῆμος καταλύεται· ταῦτα γὰρ οἱ πάντα πωλοῦντες λέγειν εἰθισμένοι εἰσίν· (35) κάλει μοι Ἀριστόμαχον Κριτοδήμου Ἀλωπεκῆθεν. οὗτος γὰρ ἔδωκεν, μᾶλλον δ᾽ ἐν τῇ τούτου οἰκίᾳ ἐδόθη τρί᾽ ἡμίμναια τούτῳ τῷ ἀδωροδοκήτῳ ὑπὲρ τοῦ ψηφίσματος ὃ Ἀντιμέδων ἔγραψε τοῖς Τενεδίοις.

ΜΑΡΤΥΡΙΑ

Λέγε δὴ καὶ τὰς τῶν ἄλλων ἐφεξῆς τὰς τοιαύτας μαρτυρίας, καὶ τὴν Ὑπερείδου καὶ τὴν Δημοσθένους. τοῦτο γάρ ἐστιν ὑπερβολή, τὸ παρ᾽ ὧν οὐδ᾽ ἂν εἷς ἀξιώσαι λαβεῖν, τοῦτον παρὰ τούτων ἥδιστα λαμβάνειν πωλοῦντα τὰς γραφάς.

ΜΑΡΤΥΡΙΑΙ

36. *Οὗτος* τοίνυν αὐτίκα φήσει διὰ τοῦτο τὴν ἔνδειξιν καθ᾽ αὑτοῦ γεγονέναι, ἵνα Δημοσθένει μὴ ἐπεξέλθῃ τὴν γραφὴν ἣν ἐγράψατ᾽ αὐτόν, μηδὲ Θουκυδίδῃ· δεινὸς γάρ ἐστι ψεύσασθαι καὶ μηδὲν ὑγιὲς εἰπεῖν. ἡμεῖς δ᾽, ὦ ἄνδρες δικασταί, καὶ τοῦτ᾽ ἐπεσκεψάμεθα, καὶ δείξομεν ὑμῖν οὐδὲν τὴν πόλιν βλαπτομένην, οὔτε μὰ τὸν Δία ἐὰν κύριον γένηται τὸ ψήφισμα τὸ Θουκυδίδου οὔτ᾽ ἐὰν ἄκυρον. καίτοι τάς γε τοιαύτας ἀπολογίας οὐ δίκαιόν ἐστι προσφέρειν τοῖς κατὰ τοὺς νόμους ὀμωμοκόσιν δικάσειν· ἀλλ᾽ ὅμως ἐξ αὐτῆς τῆς γραφῆς αὐτίκα γνώσεσθε διότι πρόφασίς ἐστιν τῆς ἐνδείξεως ἡ γραφή. λέγε δὴ τὰς γραφὰς αὐτάς.

5 <πάντες> εἰσίν A μοι] σοι S Ἀριστόμαχον Κριτοδήμου] ἀριστοκράτην δήμου A 8 αὐτομέδων AF 9 μαρτυρίαι SF 10 τῶν ἄλλων] ἄλλας A 11 τὴν] τὰς A τὴν[2] om. F 12 παρ᾽ – ἀξιώσαι] παρὸν οὐδ᾽ ἂν ἀξιῶσε λαβεῖν <οὐδεὶς> cod. Q[γρ] 17 μηδὲ om. S[a] 19 ἐσκεψάμεθα A 21 ἐὰν] ἂν SF γε τὰς SF 23 ἀπολογίας] πολιτείας A προφέρειν SF 25 δὴ om. SF αὐτάς] ταύτας SF

ΓΡΑΦΑΙ

37. *Τούτων τῶν ψηφισμάτων, ὦ ἄνδρες δικασταί, ἢ μενόντων κατὰ χώραν ἢ ἁλόντων (οὐδὲν γὰρ ἔμοιγε διαφέρει) τί ἡ πόλις ἢ κερδαίνει ἢ βλάπτεται; ἐγὼ μὲν γὰρ οὐδὲν οἶμαι. τοὺς γὰρ Αἰνίους φασὶν οὐδὲ προσέχειν τῇ πόλει, τοῦτο δὲ γεγονέναι διὰ Θεοκρίνην τουτονί. συκοφαντούμενοι γὰρ ἐν ἐκείνοις τοῖς χρόνοις ὑπὸ τούτου, ἐν οἷς οἱ μὲν ἐφιλίππιζον, οἱ δ' ἠττίκιζον αὐτῶν, καὶ πυνθανόμενοι γεγράφθαι τὸ ψήφισμα παρανόμων ὃ Χαρῖνος πρότερον ἐγράψατο, τοῦτο τὸ περὶ τῆς συντάξεως, ὃ Θουκυδίδης εἶπε, καὶ πέρας τῶν πραγμάτων οὐδὲν γιγνόμενον,* (38) *ἀλλὰ τὸν μὲν δῆμον συγχωροῦντα τὴν σύνταξιν διδόναι τοὺς Αἰνίους ὅσην Χάρητι τῷ στρατηγῷ συνεχώρησαν, τοῦτον δὲ τὸν μιαρὸν παραδεξάμενον Χαρίνῳ τῷ προδότῃ τὰ αὐτὰ πράττειν, ὅπερ ἦν ἀναγκαῖον αὐτοῖς, τοῦτ' ἔπραξαν· εἵλοντο γὰρ τῶν παρόντων κακῶν τὰ ἐλάχιστα. καίτοι τί χρὴ νομίζειν αὐτοὺς πάσχειν ὑπὸ τῶν ἐνθάδε γραφομένων, οἷς ἦν αἱρετώτερον φρουρὰν ὑποδέχεσθαι καὶ βαρβάρων ἀκούειν, ὑμῶν ἀποστάντας; ἀλλ' οἶμαι τὴν τούτων πονηρίαν ὑμεῖς μόνοι δύνασθε φέρειν, ἄλλος δ' οὐδεὶς τῶν Ἑλλήνων.*

39. *Ὅτι μὲν οὖν οὔτε διὰ τὰς γραφὰς τὰς ἀνεγνωσμένας οὔτε δι' ἄλλην αἰτίαν οὐδεμίαν ἄξιόν ἐστιν παρὰ πάντας τοὺς νόμους τοὺς περὶ τῶν ἐνδείξεων ἀφεῖναι Θεοκρίνην, σχεδὸν καὶ διὰ τῶν εἰρημένων φανερόν ἐστιν. ἐγὼ δὲ τὰς μὲν τούτων προφάσεις, ὦ ἄνδρες δικασταί, καὶ τὰς κατηγορίας καὶ τὰς προσποιήτους ταύτας ἔχθρας οὐ λανθάνειν ὑμᾶς νομίζω.* (40) *οὐ γὰρ ὀλιγάκις ἑωράκατ' αὐτοὺς ἐπὶ μὲν τῶν δικαστηρίων καὶ τοῦ βήματος ἐχθροὺς εἶναι φάσκοντας*

1 <*ψήφισμα*> *γραφαί* SF 5 *ἢ* (ante *κερδαίνει*) om. SF 5 *Αἰνίους*] *ἐνίους* AF *οὐδὲ* Dobree : *οὔτε* SF : *οὐ* A *τοῦτο δὲ*] *καὶ τοῦτο* A 8 *αὐτῶν* post 9 *ἐφιλίππιζον* A 9 *τὸ* om. SF 12 *Αἰνίους* Reiske : *ἐνίους* SAF 14 *τὰ αὐτὰ*] *ταῦτα* F : [S] 17 *φρουρὰς* F 18 *τούτων*] *τούτου* F 19 *δ'* om. SF 20 *μὲν* <*τοίνυν*> A 21 *παρὰ πάντας*] *παραβάντας* SF 24 *καὶ τὰς κατηγορίας* om. A 25 *ταυτασὶ* S^{C}F 26–7 *τοῦ δικαστηρίου* SF

ἀλλήλοις, ἰδίᾳ δὲ ταὐτὰ πράττοντας καὶ μετέχοντας τῶν λημμάτων, καὶ τοτὲ μὲν λοιδορουμένους καὶ πλύνοντας αὑτοὺς τἀπόρρητα, μικρὸν δὲ διαλιπόντας τοῖς αὐτοῖς τούτοις συνδεκαδίζοντας καὶ τῶν αὐτῶν ἱερῶν κοινωνοῦντας. καὶ τούτων οὐδὲν ἴσως θαυμάσαι ἄξιόν ἐστιν· φύσει τε γάρ εἰσι πονηροί, καὶ τὰς τοιαύτας προφάσεις ὁρῶσιν ὑμᾶς ἀποδεχομένους, ὥστε τί κωλύει ταύταις αὐτοὺς χρωμένους ἐξαπατᾶν ὑμᾶς πειρᾶσθαι; **(41)** ὅλως δ' ἔγωγε οἶμαι δεῖν ὑμᾶς, ὦ ἄνδρες δικασταί, ὑπὲρ αὐτοῦ τοῦ πράγματος σκεψαμένους, εἰ μὲν δίκαια λέγω καὶ κατὰ τοὺς νόμους, βοηθεῖν μοι, μηδὲν ὑπολογισαμένους εἰ μὴ Δημοσθένης ἐστὶν ὁ κατηγορῶν, ἀλλὰ μειράκιον, μηδὲ νομίζειν κυριωτέρους δεῖν εἶναι τοὺς νόμους, ἂν εὖ τις τοῖς ὀνόμασι συμπλέξας αὐτοὺς {τούτους} ὑμῖν παράσχηται, τῶν ὅπως ἔτυχεν λεγόντων, ἀλλὰ τοὺς αὐτούς, καὶ τοσούτῳ μᾶλλον τοῖς ἀπείροις καὶ νέοις βοηθεῖν, ὅσῳπερ ἂν ἧττον ἐξαπατήσειαν ὑμᾶς. **(42)** ἐπεὶ διότι τοὐναντίον ἐστίν, καὶ οὐχ οὗτος, ἀλλ' ἐγὼ κατεστασίασμαι, καὶ φησάντων τινῶν μοι συναγωνιεῖσθαι προδέδομαι διὰ τὰς τούτων ἑταιρείας, ἐκείνως δῆλον ὑμῖν ἔσται. καλείτω ὁ κῆρυξ οὗτος τὸν Δημοσθένην· οὐκ ἀναβήσεται. τὸ δ' αἴτιόν ἐστιν {τούτου}, οὐ τὸ ἐμὲ ὑπό τινων πεπεισμένον ἐνδεῖξαι τουτονί, ἀλλὰ τοῦτον καὶ τὸν ἄρτι καλούμενον διαλελύσθαι. καὶ τοῦθ' ὅτι ἐστὶν ἀληθές, ἀναγκάσω μὲν μαρτυρεῖν καὶ Κλεινόμαχον τὸν συναγαγόντ' αὐτοὺς καὶ Εὐβουλίδην τὸν ἐν Κυνοσάργει παραγενόμενον· **(43)** οὐ μὴν ἔλαττόν γε τούτου σημεῖον ὑμῖν,

40 συνδεκαδίζοντας cf. Harp. ε 49 Sud. ε 1157

1 ταῦτα A : corr. Reiske : [SF] 2 τότε S 3 διαλείποντας SF[a] 4 συνενδεκατίζοντας A : corr. Rennie : συνδεκατίζοντας Taylor : ἐνδικάζοντας SF : ἐνδεκάζοντας Harp. Sud. 5 ἄξιον θαυμάζειν A 9 αὐτοῦ] τούτου A 11 ὑπολογιζομένους A μὴ om. S 12 δεῖν del. Hirschig 13 συμπέξας S αὐτοὺς - ὑμῖν] <τοὺς> αὐτοὺς ὑμῖν τούτους A del. Schaefer 14 <ἢ ἄν τις> τῶν Madvig 15 <τοῖς> νέοις SF 18 προδέδοται A 19 ἑταιρίαις SA ὑμῖν δῆλον A οὑτοσὶ A 20 τὸ - τούτου] τούτου δ' αἴτιόν ἐστιν S del. Blass 22 <τὸ> τουτονί A 25 ὑμῖν post 288.1 μεῖζον A

ἀλλὰ μεῖζον παρασχήσομαι διότι τοῦτ᾽ ἔστιν ἀληθές, ὃ πάντες ἀκούσαντες ὁμολογήσετε. Θεοκρίνης γὰρ οὑτοσὶ τοῦτον διώκων παρανόμων, τὸν μιαρόν, ὡς αὐτίκα φήσει, καὶ τῶν νῦν αὐτῷ κακῶν αἴτιον, φανερῶς ἀφῆκε τῆς γραφῆς, ἐφ᾽ ᾗ δέκα τάλαντα ἐπεγράψατο τίμημα. πῶς; οὐδὲν καινὸν διαπραξάμενος, ἀλλ᾽ ὅπερ ἕτεροί τινες τῶν ὁμοίων τούτῳ. τὸν μὲν Δημοσθένην τις ὑπωμόσατο καλουμένης τῆς γραφῆς ὡς νοσοῦντα, τὸν περιόντα καὶ λοιδορούμενον Αἰσχίνῃ· τοῦτον δ᾽ οὗτος τὸν ἐχθρὸν εἴασεν, καὶ οὔτε τότε ἀνθυπωμόσατο οὔθ᾽ ὕστερον ἐπήγγελκεν. ἆρ᾽ οὐ περιφανῶς οὗτοι φενακίζουσιν ὑμᾶς τοὺς προσέχοντας τούτοις ὡς ἐχθροῖς; λέγε τὰς μαρτυρίας.

ΜΑΡΤΥΡΙΑΙ

44. *Οὐκοῦν* δίκαιόν ἐστιν, ὦ ἄνδρες δικασταί, μηδ᾽ ὑμᾶς τῶν φησόντων Θεοκρίνῃ διὰ τὴν πρὸς Δημοσθένην ἔχθραν συνερεῖν ἐθέλειν ἀκούειν, ἀλλὰ κελεύειν αὐτούς, εἴπερ ὡς ἀληθῶς ἐχθροί εἰσιν τοῦ Δημοσθένους, αὐτὸν ἐκεῖνον γράφεσθαι καὶ μὴ ἐπιτρέπειν αὐτῷ παράνομα γράφειν. εἰσὶ δέ γε δεινοὶ καὶ οὗτοι, καὶ πιστεύονται μᾶλλον παρ᾽ ὑμῖν. ἀλλ᾽ οὐ ποιήσουσι τοῦτο. διὰ τί; ὅτι φασὶ πολεμεῖν ἀλλήλοις οὐ πολεμοῦντες.

45. *Περὶ* μὲν οὖν τῆς τούτων ἔχθρας ὑμεῖς ἂν ἀκριβέστερον ἐμοὶ διεξέλθοιτε ἢ ἐγὼ ὑμῖν. ἡδέως δ᾽ ἂν ἠρόμην Θεοκρίνην ἐναντίον ὑμῶν, εἴ μοι ἤμελλεν ἀποκρινεῖσθαι δικαίως, τί ποτ᾽ ἂν ἐποίησεν, ἐπειδή φησιν ἐπὶ τῷ κωλύειν τετάχθαι τοὺς παράνομα γράφοντας, εἴ τις ἐν τῷ δήμῳ διαλεχθεὶς ἅπασι τοῖς πολίταις καὶ πείσας ἔγραψεν ἐξεῖναι τοῖς ἀτίμοις καὶ τοῖς ὀφείλουσι τῷ δημοσίῳ γράφεσθαι, φαίνειν, ἐνδεικνύειν,

1 ἀλλὰ] ἄλλο SF 5 ἐπεγράψαντο S 7 ὡς] τιως S : om. A 8 τὸν om. SF περιιόντα S 9 εἴακε A 10 ἐπήγγειλεν A 11 ὑμᾶς om. A 15 θεοκρίνει A 17 ἐκεῖνον αὐτοὺς SF 19 γε om. S 23 ἐμοῦ SAF$^{\gamma\rho}$ ἐροίμην SF 24 ἀποκρίνεσθαι F 26 <τὰ> παράνομα F <ἐπειδὰν> εἴ SF 28 ἐνδεικνύναι F^{C}

ἁπλῶς ποιεῖν ὅσαπερ νῦν ὁ νόμος κωλύει πράττειν, (46) πότερον ἐγράψατο ἂν παρανόμων τὸν ταῦτ᾽ εἰπόντα, ἢ οὔ; εἰ μὲν γὰρ μή {φήσει ἂν γράψασθαι}, πῶς χρὴ πιστεύειν αὐτῷ λέγοντι, ὡς φυλάττει τοὺς παράνομα γράφοντας; εἰ δ᾽ ἐγράψατ᾽ ἄν, πῶς οὐ δεινόν ἐστιν ἑτέρου μὲν γράψαντος κωλύειν ἂν τέλος ἔχειν τὸ ψήφισμα, ἵνα μὴ πάντες τοῦτο ποιῶσι, καὶ γραφὴν ἀπενεγκόντα παραγραψάμενον σαφῶς τοὺς νόμους {κωλύειν τὸ πρᾶγμα}, (47) νυνὶ δ᾽ αὐτὸν τοῦτον, μήτε πείσαντα τὸν δῆμον μήτε κοινὸν καταστήσαντα τὸ πρᾶγμα, γράφεσθαι τῶν νόμων αὐτῷ ἀπαγορευόντων (καὶ δεινὰ φήσει αὐτίκα δὴ μάλα πάσχειν, εἰ μὴ ταῦτ᾽ ἐξέσται ποιεῖν αὐτῷ, καὶ διέξεισι τὰς ἐκ τῶν νόμων ζημίας, αἷς ἔνοχος ἐὰν ἁλῷ γενήσεται), τῶν δὲ νόμων μὴ φροντίζειν, ἀλλ᾽ ἀξιοῦν αὑτῷ τηλικαύτην δωρεὰν δεδόσθαι παρ᾽ ὑμῶν, ὅσην οὐδ᾽ αἰτῆσαι τετόλμηκεν οὐδείς;

48. Ὅτι μὲν οὖν περὶ τῆς ἐνδείξεως οὐδὲν ἕξει δίκαιον λέγειν οὔτε Θεοκρίνης οὔτε τῶν ὑπὲρ τούτου λεγόντων οὐδείς, σχεδὸν εἰδέναι πάντας ὑμᾶς νομίζω. οἶμαι δ᾽ αὐτοὺς ἐπιχειρήσειν λέγειν, ὡς οὐδ᾽ ἔστιν ἔνδειξις τούτων ὅσοι μὴ ἐν ἀκροπόλει ἐγγεγραμμένοι εἰσίν, οὐδ᾽ ἐστὶ δίκαιον τούτους ὑπολαμβάνειν ὀφείλειν ὧν οὐδεὶς παρέδωκε τοῖς πράκτορσι τὰ ὀνόματα, (49) ὥσπερ ὑμᾶς ἀγνοήσοντας τὸν νόμον, ὃς ὀφείλειν κελεύει ἀπ᾽ ἐκείνης τῆς ἡμέρας, ἀφ᾽ ἧς ἂν ὄφλῃ ἢ παραβῇ τὸν νόμον ἢ τὸ ψήφισμα, ἢ οὐ πᾶσι δῆλον <ὂν> ὅτι πολλαχῶς

2 πότερον] ὁπότερ᾽ <οὖν> S 3 del. Blass : φήσει (φησὶ S) μὴ γράφεσθαι SF 4 <τὰ> παράνομα A εἰ - γράψαντος om. S 5 ἔγράψατ᾽ Lamb.[C] : γράψαιτ᾽SAF 6 κωλύειν - ψήφισμα del. Dobree ἂν om. S μὴ om. F[a] 7 <καὶ> παραγραψάμενον A et Madvig 8 del. Schaefer 9 <εἰς> κοινὸν S τὸ πρᾶγμα καταστήσαντα AF 10 γράψασθαι F 12 αὐτῷ ποιεῖν S ζημίας] τιμωρίας AF 14 δίδοσθαι AF 16 λέγειν δίκαιον AF 18 εἰδέναι post ὑμᾶς F 19 ἔστιν] εἰσιν SF[a] ἐνδείξεις F[a] 20 ἐπιγραμμένοι S : γεγραμμένοι A : ἐπιγεγραμένοι F[C] 21 παραδέδωκε F 23 ἀπ᾽ ἐκείνης κελεύει AF ὀφείλῃ F 24 add. Bekker

καὶ ὀφείλουσι τῷ δημοσίῳ καὶ ἐκτίνουσιν οἱ βουλόμενοι τοῖς νόμοις πείθεσθαι, καὶ τοῦτ᾽ ἐξ αὐτοῦ τοῦ νόμου δῆλον. καί μοι πάλιν λαβὲ τὸν νόμον τοῦτον.

ΝΟΜΟΣ

Ἀκούεις, ὦ μιαρὸν σὺ θηρίον, ὅ τι κελεύει; 'ἀφ᾽ ἧς ἂν ὄφλῃ ἢ τὸν νόμον παραβῇ.'

50. Ἀκούω τοίνυν αὐτοὺς κἀκεῖνον ὑμῖν μέλλειν δεικνύναι τὸν νόμον, ὃς ἀπαλείφειν κελεύει τοῖς ἐγγεγραμμένοις ἀπὸ τοῦ ὀφλήματος καθ᾽ ὅ τι ἂν ἐκτίνῃ, καὶ ἐρήσεσθαι πῶς ἀπὸ τοῦ μηδ᾽ ἐγγεγραμμένου ἀπαλείψουσιν, ὥσπερ οὐ περὶ μὲν τῶν ἐγγεγραμμένων τοῦτον κείμενον, περὶ δὲ τῶν μὴ ἐγγεγραμμένων ὀφειλόντων δ᾽ ἐκεῖνον, ὃς κελεύει ἀπ᾽ ἐκείνης ὀφείλειν τῆς ἡμέρας, ἀφ᾽ ἧς ἂν ὄφλῃ ἢ παραβῇ τὸν νόμον ἢ τὸ ψήφισμα. **(51)** τί οὖν οὐκ ἀγραφίου με, φήσει, γράφει, τὸν ὀφείλοντα καὶ μὴ ἐγγεγραμμένον; ὅτι ὁ νόμος οὐ κατὰ τῶν ὀφειλόντων καὶ μὴ ἐγγραφέντων κελεύει τὰς γραφὰς τοῦ ἀγραφίου εἶναι, ἀλλ᾽ οἵτινες ἂν ἐγγραφέντες καὶ μὴ ἐκτείσαντες τῇ πόλει τὸ ὄφλημα ἐξαλειφθῶσι. καί μοι λαβὲ τὸν νόμον καὶ ἀνάγνωθι.

ΝΟΜΟΣ

52. Ἀκούετε τοῦ νόμου, ὦ ἄνδρες δικασταί, ὅτι διαρρήδην λέγει, ἐάν τις τῶν ὀφειλόντων τῷ δημοσίῳ μὴ ἐκτείσας τὸ ὄφλημα τῇ πόλει ἐξαλειφθῇ, εἶναι κατ᾽ αὐτοῦ τὰς γραφὰς πρὸς τοὺς θεσμοθέτας τοῦ ἀγραφίου, καὶ οὐ κατὰ τοῦ ὀφείλοντος καὶ μὴ ἐγγεγραμμένου, ἀλλ᾽ ἔνδειξιν κελεύει καὶ ἄλλας τιμωρίας κατὰ τούτων εἶναι. ἀλλὰ σὺ τί διδάσκεις με πάντας

51, 52 ἀγραφίου Harp. α 19 S^{b} α 197

1 ἐκτίσουσιν F^{C} 2 δῆλον <ὄν> A 3 πάλιν post τοῦτον AF 5–6 παραβῇ τὸν νόμον A 8 τοὺς ἐγγεγραμένους SAF (γεγρ. A) : corr. Blass 9 τοῦ] τούτου SF 10 ἀπαλείφουσιν SAF : corr. Dobree 14 φησὶ AF γράφει om. S 16 ἐγγραφὰς A 17 καὶ - ἐκτείσαντες om. S τὸ om. A 21–2 τῇ πόλει τὸ ὄφλημα A 25 κατὰ τούτων] κατ᾽αὐτοῦ AF

τοὺς τρόπους οὓς δεῖ με τιμωρήσασθαι τοὺς ἐχθρούς, ἀλλ᾽ οὐ καθ᾽ ὃν εἰσελήλυθα, τοῦτον ἀπολογεῖ;

53. Μοιροκλῆς τοίνυν, ὦ ἄνδρες δικασταί, ὁ τὸ ψήφισμα γράψας κατὰ τῶν τοὺς ἐμπόρους ἀδικούντων, καὶ πείσας οὐ μόνον ὑμᾶς ἀλλὰ καὶ τοὺς συμμάχους φυλακήν τινα τῶν κακουργούντων ποιήσασθαι, οὐκ αἰσχυνεῖται αὐτίκα μάλα λέγων ὑπὲρ Θεοκρίνου ἐναντία τοῖς ἑαυτοῦ ψηφίσμασιν, (54) ἀλλὰ τολμήσει πείθειν ὑμᾶς ὡς χρὴ τὸν οὕτως φανερῶς ἐξεληλεγμένον φάσεις ποιούμενον ἀδίκους κατὰ τῶν ἐμπόρων ἀφεῖναι καὶ μὴ τιμωρήσασθαι, ὥσπερ ἕνεκα τούτου γράψας καθαρὰν εἶναι τὴν θάλατταν, ἵνα σωθέντες οἱ πλέοντες ἐκ τοῦ πελάγους ἐν τῷ λιμένι χρήματα τούτοις ἀποτίνωσιν, ἢ διαφέρον τι τοῖς ἐμπόροις, ἂν μακρὸν διαφυγόντες πλοῦν Θεοκρίνῃ περιπέσωσιν. (55) ἐγὼ δ᾽ οἶμαι τῶν μὲν κατὰ πλοῦν γιγνομένων οὐχ ὑμᾶς, ἀλλὰ τοὺς στρατηγοὺς καὶ τοὺς ἐπὶ τοῖς μακροῖς πλοίοις αἰτίους εἶναι, τῶν δ᾽ ἐν τῷ Πειραιεῖ καὶ πρὸς ταῖς ἀρχαῖς ὑμᾶς, οἳ τούτων κύριοι πάντων ἐστέ. διὸ καὶ μᾶλλόν ἐστι τηρητέον τοὺς ἐνθάδε παραβαίνοντας τοὺς νόμους τῶν ἔξω τοῖς ψηφίσμασιν οὐκ ἐμμενόντων, ἵνα μὴ δοκῆτε αὐτοὶ πράως ἐπὶ τοῖς γιγνομένοις φέρειν καὶ συνειδέναι τι τούτοις ὧν πράττουσιν. (56) οὐ γὰρ δήπου Μηλίους μέν, ὦ Μοιρόκλεις, κατὰ τὸ σὸν ψήφισμα δέκα τάλαντα νῦν εἰσεπράξαμεν, ὅτι τοὺς λῃστὰς ὑπεδέξαντο, τουτονὶ δ᾽ ἀφήσομεν, ὃς καὶ τὸ σὸν ψήφισμα καὶ τοὺς νόμους, δι᾽ οὓς οἰκοῦμεν τὴν πόλιν, παραβέβηκεν· καὶ τοὺς μὲν τὰς νήσους οἰκοῦντας κωλύσομεν ἀδικεῖν, ἐφ᾽ οὓς τριήρεις δεῖ πληρώσαν-

55 τ]ῶν δ᾽ἐν—**56** οἷς α]ὐτοῦ P. Colon. vii 310

1 οἷς SF[γρ] δεῖ με τιωρήσασθαι] ἔξεστι τιμωρεῖσθαι AF[a] 3 ὁ om. A γράψας τὸ ψήφισμα AF 6 κακούργων SF αἰσχύνεται SF 9 ἀδίκως F 12 τούτοις χρήματα AF προτείνωσιν A 13 μικρὰν F[a] 17 ἁπάντων SF 18 τηρητέον ἐστὶ A 20 καὶ] μηδὲ A 21 τι om. SF ὧν πράττουσιν om. A δήπου Μηλίους] που τηνίους A 22 ὦ Μοιρόκλεις] ὁ μϋροκλεῖς S 23 εἰσεπράξαμεν AF[C] : εἰσπράξαμεν cod. Q[C] 26 δεῖν F

τας ἀναγκάσαι τὰ δίκαια ποιεῖν, ὑμᾶς δὲ τοὺς μιαρούς, οἷς αὐτοῦ δεῖ καθημένους τουτουσὶ κατὰ τοὺς νόμους ἐπιθεῖναι δίκην, ἐάσομεν; οὔκ, ἄν γε σωφρονῆτε. λέγε τὴν στήλην.

ΣΤΗΛΗ

57. *Περὶ μὲν οὖν τῶν νόμων καὶ τοῦ πράγματος οὐκ οἶδ' ὅ τι δεῖ πλείω λέγειν· ἱκανῶς γάρ μοι δοκεῖτε μεμαθηκέναι. βούλομαι δὲ δεηθεὶς ὑμῶν τὰ δίκαι' ὑπὲρ ἐμαυτοῦ καὶ τοῦ πατρὸς καταβαίνειν καὶ μὴ ἐνοχλεῖν ὑμῖν. ἐγὼ γάρ, ὦ ἄνδρες δικασταί, βοηθεῖν οἰόμενος δεῖν τῷ πατρὶ καὶ τοῦτο δίκαιον εἶναι νομίζων, τὴν ἔνδειξιν ταύτην ἐποιησάμην,* **(58)** *ὥσπερ ἐξ ἀρχῆς εἶπον, οὐκ ἀγνοῶν οὔτε τοὺς βλασφημεῖν βουλομένους, ὅτι λόγους εὑρήσουσι τοὺς διαβαλοῦντας τὴν ἐμὴν ἡλικίαν, οὔτε τοὺς ἐπαινεσομένους καὶ σωφρονεῖν με νομιοῦντας, εἰ τὸν ἐχθρὸν τοῦ πατρὸς τιμωρεῖσθαι προαιροῦμαι, ἀλλ' ἡγούμενος ταῦτα μὲν οὕτως ὅπως ἂν τύχῃ παρὰ τοῖς ἀκροωμένοις συμβήσεσθαι, ἐμοὶ δὲ τὸ προσταχθὲν ὑπὸ τοῦ πατρός, ἄλλως τε καὶ δίκαιον ὄν, τοῦτ' εἶναι ποιητέον.* **(59)** *πότε γάρ με καὶ δεῖ βοηθεῖν αὐτῷ; οὐχ ὅταν ἡ μὲν τιμωρία κατὰ τοὺς νόμους ᾖ, μετέχων δ' αὐτὸς τυγχάνω τῆς τοῦ πατρὸς ἀτυχίας, μόνος δὲ καταλελειμμένος ὁ πατήρ; ὅπερ νῦν συμβέβηκεν. πρὸς γὰρ τοῖς ἄλλοις ἀτυχήμασι καὶ τοῦθ' ἡμῖν, ὦ ἄνδρες δικασταί, συμβέβηκεν· παροξύνουσι μὲν ἡμᾶς ἅπαντες καὶ συνάχθεσθαί φασι τοῖς γεγενημένοις καὶ δεινὰ πεπονθέναι λέγουσι καὶ τοῦτον εἶναι ἔνοχον τῇ ἐνδείξει, συμπράττειν δ' οὐδεὶς ἐθέλει τῶν εἰπόντων, οὐδέ φησιν ἀπεχθάνεσθαι βούλεσθαι φανερῶς· οὕτως ἔλαττον παρά τισιν τὸ δίκαιον*

1 *ποιεῖν τὰ δίκαια ὑμεῖς* A *ὑμεῖς*... 3 *ἐάσατε* Thalheim 3 *ἐάσομεν* Muenscher : *ἐᾶσαι* SF : *ἐάσουσιν* AF$^{\gamma\rho}$ 7 *βούλομαι* - 8 *ὑμῖν* om. A 10 *νομίζων εἶναι* F 11 *βλασφημεῖν* <*με*> AF 13 *ἐπαινέσοντας* AF 15 *οὕτως* om. A 16 *ἐμοῦ* F *προσταχθὲν*] *πραχθὲν* SF$^{\gamma\rho}$ 17–18 *δεῖ με καὶ* A 19 <*οὕτω*> *τυγχάνω* Gernet 20 *δὲ*] *δ' ᾗ* A *νῦν* om. A 24 *ἔνοχον εἶναι* A

ἰσχύει τῆς παρρησίας. (60) πολλῶν δ᾽ ἡμῖν, ὦ ἄνδρες δικασταί, διὰ τουτονὶ Θεοκρίνην ἀτυχημάτων ἐν οὐκ ὀλίγῳ χρόνῳ συμβεβηκότων, οὐδενὸς ἔλαττόν ἐστιν τὸ νῦν συμβαῖνον, ὅτι τὰ δεινὰ καὶ τὰ παρὰ τοὺς νόμους πεπραγμένα Θεοκρίνῃ τῷ μὲν πατρὶ τῷ πεπονθότι καὶ δυναμένῳ ἂν δηλῶσαι πρὸς ὑμᾶς ἐξ ἀνάγκης ἡσυχίαν ἑκτέον ἐστίν (οἱ γὰρ νόμοι ταῦτα κελεύουσιν), ἐμοὶ δὲ τῷ πάντων τούτων ὑστερίζοντι λεκτέον, καὶ τοῖς μὲν ἄλλοις τοῖς τηλικούτοις οἱ πατέρες βοηθοῦσιν, οὗτος δ᾽ ἐν ἐμοὶ νῦν ἔχει τὰς ἐλπίδας. (61) τοιοῦτον οὖν ἀγωνιζόμενοι ἀγῶνα δεόμεθ᾽ ὑμῶν ἐπικουρεῖν ἡμῖν, καὶ δεῖξαι πᾶσιν ὅτι, κἂν παῖς κἂν γέρων κἂν ἡντινοῦν ἡλικίαν ἔχων ἥκῃ πρὸς ὑμᾶς κατὰ τοὺς νόμους, οὗτος τεύξεται πάντων τῶν δικαίων. καλὸν γάρ, ὦ ἄνδρες δικασταί, μήτε τοὺς νόμους μήθ᾽ ὑμᾶς αὐτοὺς ἐπὶ τοῖς λέγουσι ποιεῖν, ἀλλ᾽ ἐκείνους ἐφ᾽ ὑμῖν, καὶ χωρὶς κρίνειν τούς τ᾽ εὖ καὶ σοφῶς καὶ τοὺς τὰ δίκαια λέγοντας· περὶ γὰρ τούτου τὴν ψῆφον ὀμωμόκατ᾽ οἴσειν. (62) οὐ γὰρ δὴ πείσει γ᾽ ὑμᾶς οὐδεὶς ὡς ἐπιλείψουσιν οἱ τοιοῦτοι ῥήτορες, οὐδ᾽ ὡς διὰ τοῦτο χεῖρον ἡ πόλις οἰκήσεται. τοὐναντίον γάρ ἐστιν, ὡς ἐγὼ τῶν πρεσβυτέρων ἀκούω· τότε γάρ φασιν ἄριστα πρᾶξαι τὴν πόλιν, ὅτε μέτριοι καὶ σώφρονες ἄνδρες ἐπολιτεύοντο. πότερον γὰρ συμβούλους εὕροι τις ἂν τούτους ἀγαθούς; ἀλλ᾽ οὐδὲν ἐν τῷ δήμῳ λέγουσιν, ἀλλὰ τοὺς ἐκεῖθεν γραφόμενοι χρήματα λαμβάνουσιν. (63) ὃ καὶ θαυμάσιόν ἐστιν, ὅτι ζῶντες ἐκ τοῦ συκοφαντεῖν οὔ φασι λαμβάνειν ἀπὸ τῆς πόλεως· καὶ πρὶν προσελθεῖν πρὸς ὑμᾶς οὐδὲν ἔχοντες, νῦν εὐποροῦντες οὐδὲ χάριν ὑμῖν ἔχουσιν, ἀλλὰ περιόντες λέγουσιν ὡς ἀβέβαιός

1 ἰσχύει <τῶν ἀποβησομένων ἀπὸ> Richards 2 παρρησίας] ὀρρωδίας van Herwerden 4 οὐκ om. A τὰ om. A πεπραγμένα] γεγραμμένα A 11 κἂν[3] <ἄλλην> SF 12 κατὰ] καὶ F 14 λέγουσι] λειτουργοῦσι A 15 σοφῶς Taylor : σαφῶς SAF : καὶ σαφῶς del. Gernet 17 ἐπιλείψουσιν <ὑμᾶς> S : <ἡμᾶς> F[γρ] οἱ τοιοῦτοι] οὗτοι οἱ F 18 ἐστιν et 19 γάρ om. AF 20 ἐμπολιτεύονται A 21 πότερα AF[a] 22 οὐδὲν ἐν] οὐδὲν τῷ F : οὐδένα τῷ F[C] ἀλλὰ - λαμβάνωσι om. S[a] ἐκεῖθεν] λέγοντας ἀεὶ S[C]F[γρ] 23 θαυμαστόν F 24 ἐκ] ἀπὸ AF 26 ὡς <ἄρα> A

ἐστιν ὁ δῆμος, ὡς δυσχερής, ὡς ἀχάριστος, ὥσπερ ὑμᾶς διὰ τούτους εὐποροῦντας, οὐ τούτους διὰ τὸν δῆμον. ἀλλὰ γὰρ εἰκότως ταῦθ' οὗτοι λέγουσιν, ὁρῶντες τὴν ὑμετέραν ῥαθυμίαν. οὐδένα γὰρ ἀξίως αὐτῶν τῆς πονηρίας τετιμώρησθε, ἀλλ' ὑπομένετε λεγόντων αὐτῶν ὡς ἡ τοῦ δήμου σωτηρία διὰ τῶν γραφομένων καὶ συκοφαντούντων ἐστίν· ὧν γένος ἐξωλέστερον οὐδέν ἐστιν. (64) τί γὰρ ἄν τις τούτους εὕροι χρησίμους ὄντας τῇ πόλει; τοὺς ἀδικοῦντας νὴ Δί' οὗτοι κολάζουσιν, καὶ διὰ τούτους ἐλάττους εἰσὶν ἐκεῖνοι. οὐ δῆτα, ὦ ἄνδρες δικασταί, ἀλλὰ καὶ πλείους· εἰδότες γὰρ οἱ βουλόμενοι κακόν τι πράττειν ὅτι τούτοις ἐστὶν ἀπὸ τῶν λημμάτων τὸ μέρος δοτέον, ἐξ ἀνάγκης μείζω προαιροῦνται παρὰ τῶν ἄλλων ἁρπάζειν, ἵνα μὴ μόνον αὑτοῖς, ἀλλὰ καὶ τούτοις ἔχωσιν ἀναλίσκειν. (65) καὶ τοὺς μὲν ἄλλους ὅσοι κακουργοῦντες βλάπτουσί τι τοὺς ἐντυγχάνοντας, τοὺς μὲν τῶν οἴκοι φυλακὴν καταστήσαντας σῴζειν ἔστι, τοὺς δ' ἔνδον μένοντας τῆς νυκτὸς μηδὲν παθεῖν, τοὺς δ' ἑνί γέ τῳ τρόπῳ φυλαξαμένους ἔνεστι διώσασθαι τὴν τῶν κακόν τι ποιεῖν βουλομένων ἐπιβουλήν· τοὺς δὲ τοιουτουσὶ συκοφάντας, ποῖ χρὴ πορευθέντας ἀδείας παρὰ τούτων τυχεῖν; αἱ γὰρ τῶν ἄλλων ἀδικημάτων καταφυγαὶ τούτοις εἰσὶν ἐργασίαι, νόμοι, δικαστήρια, μάρτυρες, ἀγοραί· ἐν οἷς τὰς αὑτῶν ῥώμας ἐπιδείκνυνται, φίλους μὲν τοὺς διδόντας νομίζοντες, ἐχθροὺς δὲ τοὺς ἀπράγμονας καὶ πλουσίους.

66. Ἀναμνησθέντες οὖν, ὦ ἄνδρες δικασταί, καὶ τῆς τούτων πονηρίας καὶ τῶν προγόνων τῶν ἡμετέρων, ὧν Ἐπιχάρης μὲν ὁ πάππος ὁ ἐμὸς Ὀλυμπίασι νικήσας παῖδας στάδιον ἐστε-

1 *δύσχρηστος* AF *ὥσπερ* Baiter : *ὡς* SAF 2 *οὐ*] *οὐχὶ* AF 4 *αὐτῶν ἀξίως* (*ἄξιον* F) *τῆς* <*τούτων*> AF[a] 10–11 *κακόν τι βουλόμενοι* A 15 <*κλέπτουσιν ἢ*> *βλάπτουσί* Hirschig 16 *σῴζειν ἔστι* et *μηδὲν παθεῖν* del. Sauppe 17 *τῳ*] *δεν γε* S : *δ' ἑνί γε τῷ* F *φυλαξομένους* A 18 *διασώσαθαι* SF : corr. Rennie : *ἴσως ἰάσασθαι* A *βουλομένων ποιεῖν* AF 19 *τοιούτους συκοφαντοῦντας* AF *ποῖ*] *ποῦ* A 22 *ῥώμας*] *γνώμας* SF[c] 24 *πλουσίους*] *πράους* A 27 *ὀλύμπια* A

φάνωσε τὴν πόλιν, καὶ παρὰ τοῖς ὑμετέροις προγόνοις ἐπιεικῆ δόξαν ἔχων ἐτελεύτησεν· ἡμεῖς ἐ δὴ διὰ τοῦτον τὸν θεοῖς ἐχθρὸν ἀπεστερήμεθα ταύτης τῆς πόλεως, **(67)** *ὑπὲρ ἧς Ἀριστοκράτης ὁ Σκελίου, θεῖος ὢν Ἐπιχάρους τοῦ πάππου τοῦ ἐμοῦ, οὗ ἔχει ἀδελφὸς οὑτοσὶ τοὔνομα, πολλὰ καὶ καλὰ διαπραξάμενος ἔργα πολεμούσης τῆς πόλεως Λακεδαιμονίοις, κατασκάψας τὴν Ἠετιώνειαν, εἰς ἣν Λακεδαιμονίους ἤμελλον οἱ περὶ Κριτίαν ὑποδέχεσθαι, καθεῖλε μὲν τὸ ἐπιτείχισμα, κατήγαγε δὲ τὸν δῆμον κινδυνεύων αὐτὸς οὐ τοιούτους κινδύνους, ἀλλ' ἐν οἷς καὶ παθεῖν τι καλόν ἐστιν, ἔπαυσε δὲ τοὺς ἐπιβουλεύοντας ὑμῖν.* **(68)** *δι' ὅν, εἰ Θεοκρίνῃ τουτῳὶ ὅμοιοι ὄντες ἐτυγχάνομεν, εἰκότως ἐσῴζετ' ἂν ἡμᾶς, μὴ ὅτι βελτίους ὄντας τούτου καὶ δίκαια λέγοντας. οὐ γὰρ πολλάκις ὑμᾶς ταῦτα λέγοντες ἐνοχλήσομεν· οὕτως γὰρ ἡμᾶς οὗτος διατέθηκεν ὥστε, ὅπερ ἐξ ἀρχῆς εἶπον, μηδ' ἐλπίδ' ἡμῖν εἶναι μηδεμίαν τοῦ μετασχεῖν τῆς καὶ τοῖς ξένοις δεδομένης παρρησίας.* **(69)** *ἵν' οὖν, εἰ καὶ μηδὲν ἄλλο, ταύτην γε ἔχωμεν παραψυχήν, τὸ καὶ τοῦτον ὁρᾶν ἡσυχίαν ἄγοντα, βοηθήσαθ' ἡμῖν, ἐλεήσατε τοὺς ὑπὲρ τῆς πατρίδος ἡμῶν τετελευτηκότας, ἀναγκάσατ' αὐτὸν ὑπὲρ αὐτῆς τῆς ἐνδείξεως ἀπολογεῖσθαι, καὶ τοιοῦτοι γένεσθ' αὐτῷ δικασταὶ τῶν λεγομένων οἷος ἡμῶν οὗτος ἐγένετο κατήγορος,* **(70)** *ὃς ἐξαπατήσας τοὺς δικαστὰς οὐκ ἠθέλησε τιμήσασθαι μετρίου τινὸς τιμήματος τῷ πατρὶ τῷ ἐμῷ, πολλὰ ἐμοῦ δεηθέντος καὶ τοῦτον ἱκετεύσαντος πρὸς τῶν γονάτων, ἀλλ' ὥσπερ τὴν πόλιν προδεδωκότι τῷ πατρὶ*

2 *δὴ* om. SFd 4 *ἀριστοκράτης* <*μὲν*> SF *σκελλίου* SAF : corr. Kirchner 4–5 *τοῦ ἐμοῦ πάππου* A 5 *ἀδελφὸς* SAF : corr. Bekker 6 *λακεδαιμονίους* S[a] 7 *Ἠετιώνειαν*] *θηετιωνίαν* A <*τοὺς*> *λακεδαιμονίους* F 8 *ἀποδέχεσθαι* SF *τό* <*τε γιγνομένον*> A 8 *δὲ* om. A 11 *ὅν*] *οὕς* A 11 *εἰ* <*καὶ*> A *τούτῳ* SAF : corr. Blass 13 <*γε πρὸς*> *ὑμᾶς* A : <*τε πρὸς*> cod. Q[γρ] 14 *ταὐτὰ* cod. D *λέγοντας* SF[a] 15 *εἶναι ἡμῖν* F 16 *μεταδιδομένης* S 17 *καὶ* om. A *γε*] *τε* A 19 *ἡμῶν*] *ὑμῶν* A 20 *αὐτῆς* om. A 21 *γενέσθαι* S *αὐτῷ* om. S *οὗτος ἐγένετο ἡμῶν* AF 23 *τιμήματος* om. A 24 *τῷ ἐμῷ* om. AF

δέκα ταλάντων ἐτιμήσατο. δεόμεθ' οὖν ὑμῶν, ἀντιβολοῦμεν, τὰ δίκαια ψηφίζεσθε.

Βοήθησον ἡμῖν ὁ δεῖνα, εἴ τι ἔχεις, καὶ σύνειπε. ἀνάβηθι.

1 ὑμῶν <ὦ δικασταί> A 2 ψηφίσασθαι A 3 Subscriptum in S ενδειξις κατα θεοκρινου Δ; in A κατα θεοκρινους ενδειξις; in F ενδειξις κατα θεοκρινου

LIX

[ΔΗΜΟΣΘΕΝΟΥΣ] ΚΑΤΑ ΝΕΑΙΡΑΣ

1. *Πολλά με τὰ παρακαλοῦντα ἦν, ὦ ἄνδρες Ἀθηναῖοι, γράψασθαι Νέαιραν τὴν γραφὴν ταυτηνὶ καὶ εἰσελθεῖν εἰς ὑμᾶς. καὶ γὰρ ἠδικήμεθα ὑπὸ Στεφάνου μεγάλα, καὶ εἰς κινδύνους τοὺς ἐσχάτους κατέστημεν ὑπ᾽ αὐτοῦ, ὅ τε κηδεστὴς καὶ ἐγὼ καὶ ἡ ἀδελφὴ καὶ ἡ γυνὴ ἡ ἐμή, ὥστε οὐχ ὑπάρχων ἀλλὰ τιμωρούμενος ἀγωνιοῦμαι τὸν ἀγῶνα τουτονί· τῆς γὰρ ἔχθρας πρότερος οὗτος ὑπῆρξεν, οὐδὲν ὑφ᾽ ἡμῶν πώποτε οὔτε λόγῳ οὔτε ἔργῳ κακὸν παθών. βούλομαι δ᾽ ὑμῖν προδιηγήσασθαι πρῶτον ἃ πεπόνθαμεν ὑπ᾽ αὐτοῦ, ἵνα μᾶλλόν μοι συγγνώμην ἔχητε ἀμυνομένῳ, καὶ ὡς εἰς <τοὺς> ἐσχάτους κινδύνους κατέστημεν περί τε τῆς πατρίδος καὶ περὶ ἀτιμίας.*

2. *Ψηφισαμένου γὰρ τοῦ δήμου τοῦ Ἀθηναίων Ἀθηναῖον εἶναι Πασίωνα καὶ ἐκγόνους τοὺς ἐκείνου διὰ τὰς εὐεργεσίας τὰς εἰς τὴν πόλιν, ὁμογνώμων καὶ ὁ πατὴρ ἐγένετο ὁ ἐμὸς τῇ τοῦ δήμου δωρεᾷ, καὶ ἔδωκεν Ἀπολλοδώρῳ τῷ υἱεῖ τῷ ἐκείνου θυγατέρα μὲν αὑτοῦ, ἀδελφὴν δὲ ἐμήν, ἐξ ἧς Ἀπολλοδώρῳ οἱ παῖδές εἰσιν. ὄντος δὲ χρηστοῦ τοῦ Ἀπολλοδώρου περί τε τὴν ἀδελφὴν τὴν ἐμὴν καὶ περὶ ἡμᾶς ἅπαντας, καὶ ἡγουμένου τῇ ἀληθείᾳ οἰκείους ὄντας κοινωνεῖν πάντων τῶν ὄντων, ἔλαβον καὶ ἐγὼ γυναῖκα Ἀπολλοδώρου μὲν θυγατέρα, ἀδελφιδῆν δ᾽ ἐμαυτοῦ.* (3) *προεληλυθότος δὲ χρόνου λαγχάνει βουλεύειν*

1 *πολλὰ–παθὼν* Georg. Diaer. 6.535.5 W. *–ὑμᾶς* Ruf. 1.402.8 Ha. *ὥστε–τιμωρούμενος* Aristarchus TrGF 14 fr. 14 *ἑπτὰ–Νέαιραν ταυτηνί* cf. Ath. 13.586bc, 592bc, 593f–594b

---

tit. hab. SFY   1 *με*] *μὲν* S[a] Ruf. <*ἦν*> *τὰ* Ruf.   2 *ταύτην* Y[a]   10 add. Frohberger   19 *ἡγουμένους* F : *ἡγούμενος* Dobree   20 <*καὶ*> *κοινωνεῖν* SF : *κοινωνεῖν* <*δεῖν*> Dindorf

Ἀπολλόδωρος· δοκιμασθεὶς δὲ καὶ ὀμόσας τὸν νόμιμον ὅρκον, συμβάντος τῇ πόλει καιροῦ τοιούτου καὶ πολέμου, ἐν ᾧ ἦν ἢ κρατήσασιν ὑμῖν μεγίστοις τῶν Ἑλλήνων εἶναι καὶ ἀναμφισβητήτως τά τε ὑμέτερα αὐτῶν κεκομίσθαι καὶ καταπεπολεμηκέναι Φίλιππον, ἢ ὑστερίσασι τῇ βοηθείᾳ καὶ προεμένοις τοὺς συμμάχους, δι' ἀπορίαν χρημάτων καταλυθέντος τοῦ στρατοπέδου, τούτους τ' ἀπολέσαι καὶ τοῖς ἄλλοις Ἕλλησιν ἀπίστους εἶναι δοκεῖν, καὶ κινδυνεύειν περὶ τῶν ὑπολοίπων, περί τε Λήμνου καὶ Ἴμβρου καὶ Σκύρου καὶ Χερρονήσου, (4) *καὶ μελλόντων στρατεύεσθαι ὑμῶν πανδημεὶ εἴς τε Εὔβοιαν καὶ Ὄλυνθον, ἔγραψε ψήφισμα ἐν τῇ βουλῇ Ἀπολλόδωρος βουλεύων καὶ ἐξήνεγκε προβούλευμα εἰς τὸν δῆμον, λέγον διαχειροτονῆσαι τὸν δῆμον εἴτε δοκεῖ τὰ περιόντα χρήματα τῆς διοικήσεως στρατιωτικὰ εἶναι εἴτε θεωρικά, κελευόντων μὲν τῶν νόμων, ὅταν πόλεμος ᾖ, τὰ περιόντα χρήματα τῆς διοικήσεως στρατιωτικὰ εἶναι, κύριον δ' ἡγούμενος δεῖν τὸν δῆμον εἶναι περὶ τῶν αὑτοῦ ὅ τι ἂν βούληται πρᾶξαι, ὀμωμοκὼς δὲ τὰ βέλτιστα βουλεύσειν τῷ δήμῳ τῷ Ἀθηναίων, ὡς ὑμεῖς πάντες ἐμαρτυρήσατε ἐν ἐκείνῳ τῷ καιρῷ.* (5) *γενομένης γὰρ τῆς διαχειροτονίας, οὐδεὶς ἀντεχειροτόνησεν ὡς οὐ δεῖ τοῖς χρήμασι τούτοις στρατιωτικοῖς χρῆσθαι, ἀλλὰ καὶ νῦν ἔτι, ἄν που λόγος γένηται, παρὰ πάντων ὁμολογεῖται ὡς τὰ βέλτιστα εἴπας ἄδικα πάθοι. τῷ οὖν ἐξαπατήσαντι τῷ λόγῳ τοὺς δικαστὰς δίκαιον ὀργίζεσθαι, οὐ τοῖς ἐξαπατηθεῖσιν. γραψάμενος γὰρ παρανόμων τὸ ψήφισμα Στέφανος*

5 *διαχειροτονίας* Harp. δ 45 *μνῆσαι* Harp. δ 16

1 <*ὁ*> *ἀπολλόδωρος* Y 2 *καιροῦ τῇ πόλει τοιούτου* Y : *καιροῦ τοιούτου τῇ πόλει* cod. R 5 *ὑστερήσαι* S^{c}F *προεμένους* SF^{a} : *προθεμένους* cod. R : [Y^{a}] 7 *ἀπολέσθαι* cod. R 11 <*εἰς*> *ὄλυνθον* F 12 *βουλεύων* del. van Herwerden *λέγων* SF : corr. Y 14 *θεωρητικά* S 15 *ὁπόταν* F 16 *στρατιωτικὰ*] *θεωρικὰ* Naber 17 *βούλωνται* S 18 *τῷ*^{2}] *τῶν* F 20 *γενομένης – διαχειροτονίας*] *διαχειροτονίας γενομένης* cod. R *-ροτόνησεν - 21 χρῆσθαι* om. F 22 *ἔτι καὶ νῦν* Y 23 *εἰπὼν* F^{a} 24 *τοὺς - ὀργίζεσθαι* om. S in lacuna : *τοὺς δημοκρατουμένους δεῖν ὀργίζεσθαι* Y

οὑτοσὶ καὶ εἰσελθὼν εἰς τὸ δικαστήριον, ἐπὶ διαβολῇ ψευδεῖς μάρτυρας παρασχόμενος, καὶ ἔξω τῆς γραφῆς πολλὰ κατηγορῶν, εἷλε τὸ ψήφισμα. (6) *καὶ τοῦτο μὲν εἰ αὐτῷ ἐδόκει διαπράξασθαι, οὐ χαλεπῶς φέρομεν· ἀλλ' ἐπειδὴ περὶ τοῦ τιμήματος ἐλάμβανον τὴν ψῆφον οἱ δικασταί, δεομένων ἡμῶν συγχωρῆσαι οὐκ ἤθελεν, ἀλλὰ πεντεκαίδεκα ταλάντων ἐτιμᾶτο, ἵνα ἀτιμώσειεν αὐτὸν καὶ παῖδας τοὺς ἐκείνου, καὶ τὴν ἀδελφὴν τὴν ἐμὴν καὶ ἡμᾶς ἅπαντας εἰς τὴν ἐσχάτην ἀπορίαν καταστήσειεν καὶ ἔνδειαν ἁπάντων.* (7) *ἡ μὲν γὰρ οὐσία οὐδὲ τριῶν ταλάντων πάνυ τι ἦν, ὥστε δυνηθῆναι ἐκτεῖσαι τοσοῦτον ὄφλημα· μὴ ἐκτεισθέντος δὲ τοῦ ὀφλήματος ἐπὶ τῆς ἐνάτης πρυτανείας, διπλοῦν ἤμελλεν ἔσεσθαι τὸ ὄφλημα καὶ ἐγγραφήσεσθαι Ἀπολλόδωρος τριάκοντα τάλαντα ὀφείλων τῷ δημοσίῳ· ἐγγεγραμμένου δὲ τῷ δημοσίῳ, ἀπογραφήσεσθαι ἤμελλεν ἡ ὑπάρχουσα οὐσία Ἀπολλοδώρῳ δημοσία εἶναι, πραθείσης δ' αὐτῆς εἰς τὴν ἐσχάτην ἀπορίαν καταστήσεσθαι καὶ αὐτὸς καὶ παῖδες οἱ ἐκείνου καὶ γυνὴ καὶ ἡμεῖς ἅπαντες.* (8) *ἔτι δὲ καὶ ἡ ἑτέρα θυγάτηρ ἀνέκδοτος ἤμελλεν ἔσεσθαι· τίς γὰρ ἄν ποτε παρ' ὀφείλοντος τῷ δημοσίῳ καὶ ἀποροῦντος ἔλαβεν ἄπροικον; οὐκοῦν τηλικούτων κακῶν αἴτιος ἡμῖν πᾶσιν ἐγίγνετο, οὐδὲν πώποτε ὑφ' ἡμῶν ἠδικημένος. τοῖς μὲν οὖν δικασταῖς τοῖς τότε δικάσασι πολλὴν χάριν κατά γε τοῦτο ἔχω, ὅτι οὐ περιεῖδον αὐτὸν ἀναρπασθέντα, ἀλλ' ἐτίμησαν ταλάντου, ὥστε δυνηθῆναι {ἂν} ἐκτεῖσαι μόλις· τούτῳ δὲ δικαίως τὸν αὐτὸν ἔρανον ἐνεχειρήσαμεν ἀποδοῦναι.* (9) *καὶ γὰρ οὐ μόνον ταύτῃ ἐζήτησεν ἀνελεῖν ἡμᾶς, ἀλλὰ καὶ ἐκ τῆς πατρίδος αὐτὸν ἠβουλήθη ἐκβαλεῖν. ἐπενέγκας γὰρ αὐτῷ αἰτίαν ψευδῆ {ὡς ὦφλε τῷ δημοσίῳ ἐκ πέντε καὶ εἴκοσιν ἐτῶν}*

2 *μαρτυρίας* Y^a *ὑποσχόμενος* Y post *παρασχόμενος* : transp. *ὡς ὦφλε τῷ δημοσίῳ ἐκ πεντε καὶ εἴσοσι ἐτῶν* Sauppe   10 <*μὴ ἂν*> *δυνηθῆναι* Blass   24 *ὥστε* <*καὶ*> Y   del. Schaefer   *δίκαιον* F^C 28 *ὡς - ἐτῶν* del. Iurinus : transp. post 2 *παρασχόμενος* Sauppe

ὡς Ἀφίδναζέ ποτε ἀφικόμενος ἐπὶ δραπέτην αὑτοῦ {ζητῶν} πατάξειε γυναῖκα καὶ ἐκ τῆς πληγῆς τελευτήσειεν ἡ ἄνθρωπος, παρασκευασάμενος ἀνθρώπους δούλους καὶ κατασκευάσας ὡς Κυρηναῖοι εἴησαν, προεῖπεν αὐτῷ ἐπὶ Παλλαδίῳ φόνου. (10) καὶ ἔλεγεν τὴν δίκην Στέφανος οὑτοσί, διομοσάμενος ὡς ἔκτεινεν Ἀπολλόδωρος τὴν γυναῖκα αὐτοχειρίᾳ, {ἀρώμενος} ἐξώλειαν αὑτῷ καὶ γένει καὶ οἰκίᾳ ἐπαρασάμενος, ἃ οὔτ᾽ ἐγένετο οὔτ᾽ εἶδεν οὔτ᾽ ἤκουσεν οὐδενὸς πώποτε ἀνθρώπων. ἐξελεγχθεὶς δ᾽ ἐπιορκῶν καὶ ψευδῆ αἰτίαν ἐπιφέρων, καὶ καταφανὴς γενόμενος μεμισθωμένος ὑπὸ Κηφισοφῶντος καὶ Ἀπολλοφάνους ὥστ᾽ ἐξελάσαι Ἀπολλόδωρον ἢ ἀτιμῶσαι ἀργύριον εἰληφώς, ὀλίγας ψήφους μεταλαβὼν ἐκ πεντακοσίων {δραχμῶν}, ἀπῆλθεν ἐπιωρκηκὼς καὶ δόξας πονηρὸς εἶναι.

11. Σκοπεῖτε δὴ αὐτοί, ὦ ἄνδρες δικασταί, ἐκ τῶν εἰκότων λογιζόμενοι πρὸς ὑμᾶς αὐτούς, τί ἂν ἐχρησάμην ἐμαυτῷ καὶ τῇ γυναικὶ καὶ τῇ ἀδελφῇ, εἴ τι Ἀπολλοδώρῳ συνέβη παθεῖν ὧν Στέφανος οὑτοσὶ ἐπεβούλευσεν αὐτῷ, ἢ ἐν τῷ προτέρῳ ἢ ἐν τῷ ὑστέρῳ ἀγῶνι; ἢ ποίᾳ αἰσχύνῃ οὐκ ἂν καὶ συμφορᾷ περιπεπτωκὼς ἦν; (12) παρακαλούντων δή με ἁπάντων, ἰδίᾳ προσιόντων {τε} μοι, ἐπὶ τιμωρίαν τρέπεσθαι ὧν ἐπάθομεν ὑπ᾽ αὐτοῦ, καὶ ὀνειδιζόντων μοι ἀνανδρότατον ἀνθρώπων εἶναι, εἰ οὕτως οἰκείως ἔχων {τὰ} πρὸς τούτους μὴ λήψομαι δίκην ὑπὲρ ἀδελφῆς καὶ κηδεστοῦ καὶ ἀδελφιδῶν καὶ γυναικὸς ἐμαυτοῦ, μηδὲ τὴν περιφανῶς εἰς τοὺς θεοὺς ἀσεβοῦσαν καὶ εἰς τὴν πόλιν ὑβρίζουσαν καὶ τῶν νόμων καταφρονοῦσαν τῶν

2 del. Dobree 3 *παρασκευασάμενοι* cod. Q$^{\gamma\rho}$: *παρακελευσάμενος* F : *κατασκευάσαντες* F$^{\gamma\rho}$ 4 *ὡς - εἴησαν* om. S in lacuna : *ὡς κυρηναῖοι εἴ* om. Y^{a} : *ὡς κύριοι εἴησαν* Hude *προεῖπον* F^{C} 5 *παλλάδιον φόνον* F^{C} 6 *ἀπέκτεινεν* Y 7 del. Reiske 8 *εἶδεν*] *οἶδεν* SF *οὐδενὸς*] *οὐδεὶς* cod. Od 12 *ἀτιμῶσαι* del. Gernet 13 del. Reiske : *πεντήκοντα <καὶ ἑνὸς>* Harris (*δραχμῶν* deleto post Reiske) 15 *αὐτοί* om. S^{a} 20 *<ἂν> ἦν* SF^{C}Y 21 del. Taylor *ἐμοὶ* SY *τράπεσθαι* Y 22 *ὑπ᾽ αὐτοῦ* om. Y 23 del. Lamb. 24 *κηδεστῶν* SFY : corr. Reiske

ὑμετέρων εἰσαγαγὼν εἰς ὑμᾶς καὶ ἐξελέγξας τῷ λόγῳ ὡς ἀδικεῖ, κυρίους καταστήσω ὅ τι ἂν βούλησθε χρῆσθαι αὐτῇ, (13) ὥσπερ καὶ Στέφανος οὑτοσὶ ἐμὲ ἀφῃρεῖτο τοὺς οἰκείους παρὰ τοὺς νόμους καὶ τὰ ψηφίσματα τὰ ὑμέτερα, οὕτω καὶ ἐγὼ τοῦτον ἥκω ἐπιδείξων εἰς ὑμᾶς ξένῃ μὲν γυναικὶ συνοικοῦντα παρὰ τὸν νόμον, ἀλλοτρίους δὲ παῖδας εἰσαγαγόντα εἴς τε τοὺς φράτερας καὶ εἰς τοὺς δημότας, ἐγγυῶντα δὲ τὰς τῶν ἑταιρῶν θυγατέρας ὡς αὑτοῦ οὔσας, ἠσεβηκότα δ' εἰς τοὺς θεούς, ἄκυρον δὲ ποιοῦντα τὸν δῆμον τῶν αὑτοῦ, ἄν τινα βούληται πολίτην ποιήσασθαι· τίς γὰρ ἂν ἔτι παρὰ τοῦ δήμου ζητήσειεν λαβεῖν δωρεάν, μετὰ πολλῶν ἀναλωμάτων καὶ πραγματείας πολίτης μέλλων ἔσεσθαι, ἐξὸν παρὰ Στεφάνου ἀπ' ἐλάττονος ἀναλώματος, εἴ γε τὸ αὐτὸ τοῦτο γενήσεται αὐτῷ;

14. Ἃ μὲν οὖν ἀδικηθεὶς ἐγὼ ὑπὸ Στεφάνου πρότερος ἐγραψάμην τὴν γραφὴν ταύτην, εἴρηκα πρὸς ὑμᾶς· ὡς δ' ἐστὶν ξένη Νέαιρα αὑτηὶ καὶ συνοικεῖ Στεφάνῳ τουτῳὶ καὶ πολλὰ παρανενόμηκεν εἰς τὴν πόλιν, ταῦτ' ἤδη δεῖ μαθεῖν ὑμᾶς. δέομαι οὖν ὑμῶν, ὦ ἄνδρες δικασταί, ἅπερ ἡγοῦμαι προσήκειν δεηθῆναι νέον τε ὄντα καὶ ἀπείρως ἔχοντα τοῦ λέγειν, συνήγορόν με κελεῦσαι καλέσαι τῷ ἀγῶνι τούτῳ Ἀπολλόδωρον. (15) καὶ γὰρ πρεσβύτερός ἐστιν ἢ ἐγώ, καὶ ἐμπειροτέρως ἔχει τῶν νόμων, καὶ μεμέληκεν αὐτῷ περὶ τούτων ἁπάντων ἀκριβῶς, καὶ ἠδίκηται ὑπὸ Στεφάνου τουτουί, ὥστε καὶ ἀνεπίφθονον αὐτῷ τιμωρεῖσθαι τὸν ὑπάρξαντα. δεῖ δ' ὑμᾶς ἐξ αὐτῆς τῆς ἀληθείας, τὴν ἀκρίβειαν ἀκούσαντας τῆς τε κατηγορίας καὶ τῆς ἀπολογίας, οὕτως ἤδη τὴν ψῆφον φέρειν

13 ἐγγυῶντα—οὔσας AB 140.5

2 κυρίους <ὑμᾶς> van Herwerden　　3 καὶ ὥσπερ SFY : corr. Hude : καὶ om. cod. D : del. Jurinus　　ἀφήρητο SF　　7 φράτορας SFY : corr. Bekker　　8 ἑτέρων SF[a]　　9 τὸν δῆμον ποιοῦντα Y　　17 αὔτη. . .τούτῳ SFY : corr. Blass　　23 καὶ - 24 ἀκριβῶς ante 24 ὥστε SFY : transp. Schaefer　　24 τούτου SY : corr. F　　27 καὶ - ἀπολογίας om. S

ὑπέρ τε τῶν θεῶν καὶ τῶν νόμων καὶ τοῦ δικαίου καὶ ὑμῶν αὐτῶν.

ΣΥΝΗΓΟΡΙΑ

16. *Ἃ μὲν ἠδικημένος, ὦ ἄνδρες Ἀθηναῖοι, ὑπὸ Στεφάνου ἀναβέβηκα κατηγορήσων Νεαίρας ταυτησί, Θεόμνηστος εἴρηκεν πρὸς ὑμᾶς· ὡς δ᾽ ἐστὶ ξένη Νέαιρα καὶ παρὰ τοὺς νόμους συνοικεῖ Στεφάνῳ, τοῦτο ὑμῖν βούλομαι σαφῶς ἐπιδεῖξαι. πρῶτον μὲν οὖν τὸν νόμον ὑμῖν ἀναγνώσεται, καθ᾽ ὃν τήν τε γραφὴν ταυτηνὶ Θεόμνηστος ἐγράψατο καὶ ὁ ἀγὼν οὗτος εἰσέρχεται εἰς ὑμᾶς.*

ΝΟΜΟΣ

Ἐὰν δὲ ξένος ἀστῇ συνοικῇ τέχνῃ ᾗ μηχανῇ ᾑτινιοῦν, γραφέσθω πρὸς τοὺς θεσμοθέτας Ἀθηναίων ὁ βουλόμενος οἷς ἔξεστιν. ἐὰν δὲ ἁλῷ, πεπράσθω καὶ αὐτὸς καὶ ἡ οὐσία αὐτοῦ, καὶ τὸ τρίτον μέρος ἔστω τοῦ ἑλόντος. ἔστω δὲ καὶ ἐὰν ἡ ξένη τῷ ἀστῷ συνοικῇ κατὰ ταὐτά, καὶ ὁ συνοικῶν τῇ ξένῃ τῇ ἁλούσῃ ὀφειλέτω χιλίας δραχμάς.

17. *Τοῦ μὲν νόμου τοίνυν ἀκηκόατε, ὦ ἄνδρες δικασταί, ὃς οὐκ ἐᾷ τὴν ξένην τῷ ἀστῷ συνοικεῖν οὐδὲ τὴν ἀστὴν τῷ ξένῳ, οὐδὲ παιδοποιεῖσθαι, τέχνῃ οὐδὲ μηχανῇ οὐδεμιᾷ· ἐὰν δέ τις παρὰ ταῦτα ποιῇ, γραφὴν πεποίηκεν κατ᾽ αὐτῶν εἶναι πρὸς τοὺς θεσμοθέτας, κατά τε τοῦ ξένου καὶ τῆς ξένης, κἂν ἁλῷ, πεπρᾶσθαι κελεύει. ὡς οὖν ἐστι ξένη Νέαιρα αὑτηί, τοῦθ᾽ ὑμῖν βούλομαι ἐξ ἀρχῆς ἀκριβῶς ἐπιδεῖξαι.*

18. *Ἑπτὰ γὰρ ταύτας παιδίσκας ἐκ μικρῶν παιδίων ἐκτήσατο Νικαρέτη, Χαρισίου μὲν οὖσα τοῦ Ἠλείου ἀπελευθέρα, Ἱππίου δὲ τοῦ μαγείρου τοῦ ἐκείνου γυνή, δεινὴ δὲ {καὶ δυναμένη} φύσιν μικρῶν παιδίων συνιδεῖν εὐπρεπῆ, καὶ*

5 *ταυτη-* om. S[a] 7 *τοῦτο ὑμῖν*] *τούτῳ* Y 12 *συνοικεῖ* S 12–16 legem del. Es 13 *οἷς*] *οὓς* cod. R 15 *ἑλόντος*] *ἁλόντος* F *ἔστω*] *ὡσαύτως* F 16 *ὀφείλετο* S 22 *αὕτη* SFY : corr. Blass 24 *ταύτας* del. van Herwerden 25 *χαρισίου*] *κασίου* Ath. *ἡλίου* SY[a] 27 del. Auger

ταῦτα ἐπισταμένη θρέψαι καὶ παιδεῦσαι ἐμπείρως, τέχνην ταύτην κατεσκευασμένη καὶ ἀπὸ τούτων τὸν βίον συνειλεγμένη. **(19)** προσειποῦσα δ' αὐτὰς ὀνόματι θυγατέρας, ἵν' ὡς μεγίστους μισθοὺς πράττοιτο τοὺς βουλομένους πλησιάζειν αὐταῖς ὡς ἐλευθέραις οὔσαις, ἐπειδὴ τὴν ἡλικίαν ἐκαρπώσατο αὐτῶν ἑκάστης, συλλήβδην καὶ τὰ σώματα ἀπέδοτο ἁπασῶν ἑπτὰ οὐσῶν, Ἄντειαν καὶ Στρατόλαν καὶ Ἀριστόκλειαν καὶ Μετάνειραν καὶ Φίλαν καὶ Ἰσθμιάδα καὶ Νέαιραν ταυτηνί. **(20)** ἣν μὲν οὖν ἕκαστος αὐτῶν ἐκτήσατο καὶ ὡς ἠλευθερώθησαν παρὰ τῶν πριαμένων αὐτὰς παρὰ τῆς Νικαρέτης, προϊόντος τοῦ λόγου, ἂν βούλησθε ἀκούειν καί μοι περιουσία ᾖ τοῦ ὕδατος, δηλώσω ὑμῖν· ὡς δὲ Νέαιρα αὑτηὶ Νικαρέτης ἦν καὶ ἠργάζετο τῷ σώματι μισθαρνοῦσα τοῖς βουλομένοις αὐτῇ πλησιάζειν, τοῦθ' ὑμῖν βούλομαι πάλιν ἐπανελθεῖν.

21. Λυσίας γὰρ ὁ σοφιστὴς Μετανείρας ὢν ἐραστής, ἠβουλήθη πρὸς τοῖς ἄλλοις ἀναλώμασιν οἷς ἀνήλισκεν εἰς αὐτὴν καὶ μυῆσαι, ἡγούμενος τὰ μὲν ἄλλα ἀναλώματα τὴν κεκτημένην αὐτὴν λαμβάνειν, ἃ δ' ἂν εἰς τὴν ἑορτὴν καὶ τὰ μυστήρια ὑπὲρ αὐτῆς ἀναλώσῃ, πρὸς αὐτὴν τὴν ἄνθρωπον χάριν καταθήσεσθαι. ἐδεήθη οὖν τῆς Νικαρέτης ἐλθεῖν εἰς τὰ μυστήρια ἄγουσαν τὴν Μετάνειραν, ἵνα μυηθῇ, καὶ αὐτὸς ὑπέσχετο μυήσειν. **(22)** ἀφικομένας δ' αὐτὰς ὁ Λυσίας εἰς μὲν τὴν αὑτοῦ οἰκίαν οὐκ εἰσάγει, αἰσχυνόμενος τήν τε γυναῖκα ἣν εἶχε, Βραχύλλου μὲν θυγατέρα, ἀδελφιδῆν δὲ αὑτοῦ, καὶ τὴν μητέρα τὴν αὑτοῦ πρεσβυτέραν τε οὖσαν καὶ ἐν τῷ αὐτῷ διαιτωμένην· ὡς Φιλόστρατον δὲ τὸν Κολωνῆθεν, ἠΐθεον ἔτι ὄντα καὶ φίλον αὑτῷ, καθίστησιν ὁ Λυσίας αὐτάς, τήν τε Μετάνειραν καὶ τὴν Νικαρέτην. συνηκολούθει δὲ καὶ Νέαιρα

19–21 ἑπτὰ—Νέαιραν ταυτηνί cf. Ath. 13.593f–594b

7 ἀντίαν SF 9 ἠλευθέρωσιν SY 10 παρὰ] ὑπὸ F : ἀπὸ Blass 12 ante δηλώσω iv vel v litt. in S erasae δὲ] οὐδὲ S[a] αὕτη SFY : corr. Blass 13 εἰργάζετο FY 19 ἀναλώσῃ ὑπὲρ αὐτῆς Y 26 κωλωνηθεν S 27 ἑαυτῷ Y

αὑτηί, ἐργαζομένη μὲν ἤδη τῷ σώματι, νεωτέρα δὲ οὖσα διὰ τὸ μήπω τὴν ἡλικίαν αὐτῇ παρεῖναι. (23) *ὡς οὖν ἀληθῆ λέγω, ὅτι Νικαρέτης ἦν καὶ ἠκολούθει ἐκείνῃ καὶ ἐμισθάρνει τῷ βουλομένῳ ἀναλίσκειν, τούτων ὑμῖν αὐτὸν τὸν Φιλόστρατον μάρτυρα καλῶ.*

ΜΑΡΤΥΡΙΑ

{*Φιλόστρατος Διονυσίου Κολωνῆθεν μαρτυρεῖ εἰδέναι Νέαιραν Νικαρέτης οὖσαν, ἧσπερ καὶ Μετάνειρα ἐγένετο, καὶ κατάγεσθαι παρ' αὐτῷ, ὅτε εἰς τὰ μυστήρια ἐπεδήμησαν ἐν Κορίνθῳ οἰκοῦσαι· καταστῆσαι δὲ αὐτὰς ὡς αὐτὸν Λυσίαν τὸν Κεφάλου, φίλον ὄντα ἑαυτῷ καὶ ἐπιτήδειον.*}

24. *Πάλιν τοίνυν, ὦ ἄνδρες Ἀθηναῖοι, μετὰ ταῦτα Σῖμος ὁ Θετταλὸς ἔχων Νέαιραν ταυτηνὶ ἀφικνεῖται δεῦρο εἰς τὰ Παναθήναια τὰ μεγάλα. συνηκολούθει δὲ καὶ ἡ Νικαρέτη αὐτῇ, κατήγοντο δὲ παρὰ Κτησίππῳ τῷ Γλαυκωνίδου τῷ Κυδαντίδῃ, καὶ συνέπινεν καὶ συνεδείπνει ἐναντίον πολλῶν Νέαιρα αὑτηὶ ὡς* {*ἂν*} *ἑταίρα οὖσα. καὶ ὅτι ἀληθῆ λέγω, τούτων ὑμῖν τοὺς μάρτυρας καλῶ.* (25) *καί μοι κάλει Εὐφίλητον Σίμωνος Αἰξωνέα καὶ Ἀριστόμαχον Κριτοδήμου Ἀλωπεκῆθεν.*

ΜΑΡΤΥΡΕΣ

{*Εὐφίλητος Σίμωνος Αἰξωνεύς, Ἀριστόμαχος Κριτοδήμου Ἀλωπεκῆθεν, μαρτυροῦσιν εἰδέναι Σῖμον τὸν Θετταλὸν ἀφικόμενον Ἀθήναζε εἰς τὰ Παναθήναια τὰ μεγάλα, καὶ μετ' αὐτοῦ Νικαρέτην καὶ Νέαιραν τὴν νυνὶ ἀγωνιζομένην· καὶ κατάγεσθαι αὐτοὺς παρὰ Κτησίππῳ τῷ Γλαυκωνίδου, καὶ συμπίνειν μετ' αὐτῶν Νέαιραν ὡς*

1 *αὕτη* F : *αὐτῇ* Y : corr. van Herwerden : [S] *νεωτέρα*] *ἀωροτέρα* Thalheim : *ἀφανεστέρα* Blass : *εὐωτέρα* Reiske *δὲ*] *δ' ἔτι* van Herwerden *οὖσαν ὥστε μηδέπω τὴν ἡλικίαν* Jurinus 1–2 *διὰ - παρεῖναι* del. Baiter Sauppe 4 *τοῦτον* Y 7–11 del. Westermann 9 *ἐπεδημήσαμεν* SF 15 *αὕτη* F : [S] 17 *αὕτη* FY : corr. Blass : [S] del. Kapparis cf. 25, 28, 48 sq. *ἑτέρα* S[a] 19 *σήμωνος* SY 22 305.2 del. Westermann

ἑταίραν οὖσαν καὶ ἄλλων πολλῶν παρόντων καὶ συμπινόντων παρὰ Κτησίππῳ.}

26. *Μετὰ ταῦτα τοίνυν ἐν τῇ Κορίνθῳ αὐτῆς ἐπιφανῶς ἐργαζομένης καὶ οὔσης λαμπρᾶς ἄλλοι τε ἐρασταὶ γίγνονται καὶ Ξενοκλείδης ὁ ποιητὴς καὶ Ἵππαρχος ὁ ὑποκριτής, καὶ εἶχον αὐτὴν μεμισθωμένοι. καὶ ὅτι ἀληθῆ λέγω, τοῦ μὲν Ξενοκλείδου οὐκ ἂν δυναίμην ὑμῖν μαρτυρίαν παρασχέσθαι· οὐ γὰρ ἐῶσιν αὐτὸν οἱ νόμοι μαρτυρεῖν·* **(27)** *ὅτε γὰρ Λακεδαιμονίους ὑμεῖς ἐσῴζετε πεισθέντες ὑπὸ Καλλιστράτου, τότε ἀντειπὼν ἐν τῷ δήμῳ τῇ βοηθείᾳ, ἐωνημένος τὴν πεντηκοστὴν τοῦ σίτου ἐν εἰρήνῃ καὶ δέον αὐτὸν καταβάλλειν τὰς καταβολὰς εἰς τὸ βουλευτήριον κατὰ πρυτανείαν, καὶ οὔσης αὐτῷ ἀτελείας ἐκ τῶν νόμων οὐκ ἐξελθὼν ἐκείνην τὴν στρατείαν, γραφεὶς ὑπὸ Στεφάνου τουτουὶ ἀστρατείας καὶ διαβληθεὶς τῷ λόγῳ ἐν τῷ δικαστηρίῳ ἥλω καὶ ἠτιμώθη.* **(28)** *καίτοι πῶς οὐκ οἴεσθε δεινὸν εἶναι, εἰ τοὺς μὲν φύσει πολίτας καὶ γνησίως μετέχοντας τῆς πόλεως ἀπεστέρηκε τῆς παρρησίας Στέφανος οὑτοσί, τοὺς δὲ μηδὲν προσήκοντας βιάζεται Ἀθηναίους εἶναι παρὰ πάντας τοὺς νόμους; τὸν δ᾽ Ἵππαρχον αὐτὸν ὑμῖν καλῶ, καὶ ἀναγκάσω μαρτυρεῖν ἢ ἐξόμνυσθαι κατὰ τὸν νόμον, ἢ κλητεύσω αὐτόν. καί μοι κάλει Ἵππαρχον.*

ΜΑΡΤΥΡΙΑ

{Ἵππαρχος Ἀθμονεὺς μαρτυρεῖ Ξενοκλείδην καὶ αὐτὸν μισθώσασθαι Νέαιραν ἐν Κορίνθῳ τὴν νῦν ἀγωνιζομένην, ὡς ἑταίραν οὖσαν τῶν μισθαρνουσῶν, καὶ συμπίνειν ἐν Κορίνθῳ Νέαιραν μεθ᾽ αὑτοῦ καὶ Ξενοκλείδου τοῦ ποιητοῦ.}

29. *Μετὰ ταῦτα τοίνυν αὐτῆς γίγνονται ἐρασταὶ δύο, Τιμανορίδας τε ὁ Κορίνθιος καὶ Εὐκράτης ὁ Λευκάδιος, οἳ ἐπειδήπερ πολυτελὴς ἦν ἡ Νικαρέτη τοῖς ἐπιτάγμασιν,*

26. *Ἵππαρχος* Harp. ι 15

1 *ἑτέραν* S[a]   6 *μεμισθωμένην* Y   10 *ἀντείπας* SF[γρ]Y   <*τῇδε*> *τῇ* F
14 *τούτου* SF   *ἀστρατίας* F   15 *ἑάλω* Rennie   23–6 del. Westermann
24 *ἑτέραν* S[a]   25 *μετ᾽αὐτοῦ* SFY : corr. Schaefer   28 *τιμανορίδης* F[C]

ἀξιοῦσα τὰ καθ᾽ ἡμέραν ἀναλώματα ἅπαντα τῇ οἰκίᾳ παρ᾽ αὐτῶν λαμβάνειν, κατατιθέασιν αὐτῆς τιμὴν τριάκοντα μνᾶς τοῦ σώματος τῇ Νικαρέτῃ, καὶ ὠνοῦνται αὐτὴν παρ᾽ αὐτῆς νόμῳ πόλεως καθάπαξ αὐτῶν δούλην εἶναι. καὶ εἶχον καὶ ἐχρῶντο ὅσον ἠβούλοντο αὐτῇ χρόνον. (30) μέλλοντες δὲ γαμεῖν, προαγορεύουσιν αὐτῇ, ὅτι οὐ βούλονται αὐτὴν σφῶν αὐτῶν ἑταίραν γεγενημένην ὁρᾶν ἐν Κορίνθῳ ἐργαζομένην οὐδ᾽ ὑπὸ πορνοβοσκῷ οὖσαν, ἀλλ᾽ ἡδέως ἂν αὐτοῖς εἴη ἔλαττόν τε τἀργύριον κομίσασθαι παρ᾽ αὐτῆς ἢ κατέθεσαν, καὶ αὐτὴν ταύτην ὁρᾶν τι ἀγαθὸν ἔχουσαν. ἀφιέναι οὖν αὐτῇ ἔφασαν εἰς ἐλευθερίαν χιλίας δραχμάς, πεντακοσίας ἑκάτερος· τὰς δ᾽ εἴκοσι μνᾶς ἐκέλευον αὐτὴν ἐξευροῦσαν αὐτοῖς ἀποδοῦναι. ἀκούσασα δ᾽ αὕτη τοὺς λόγους τούτους τοῦ τε Εὐκράτους καὶ Τιμανορίδου, μεταπέμπεται εἰς τὴν Κόρινθον ἄλλους τε τῶν ἐραστῶν τῶν γεγενημένων αὐτῇ καὶ Φρυνίωνα τὸν Παιανιέα, Δήμωνος μὲν ὄντα υἱόν, Δημοχάρους δὲ ἀδελφόν, ἀσελγῶς δὲ καὶ πολυτελῶς διάγοντα τὸν βίον, ὡς ὑμῶν οἱ πρεσβύτεροι μνημονεύουσιν. (31) ἀφικομένου δ᾽ ὡς αὐτὴν τοῦ Φρυνίωνος, λέγει πρὸς αὐτὸν τοὺς λόγους οὓς εἶπον πρὸς αὐτὴν ὅ τε Εὐκράτης καὶ Τιμανορίδας, καὶ δίδωσιν αὐτῷ τὸ ἀργύριον ὃ παρὰ τῶν ἄλλων ἐραστῶν ἐδασμολόγησεν ἔρανον εἰς τὴν ἐλευθερίαν συλλέγουσα, καὶ εἴ τι ἄρα αὐτὴ περιεποιήσατο, καὶ δεῖται αὐτοῦ προσθέντα τὸ ἐπίλοιπον, οὗ προσέδει εἰς τὰς εἴκοσι μνᾶς, καταθεῖναι αὐτῆς τῷ τε Εὐκράτει καὶ τῷ Τιμανορίδᾳ ὥστε ἐλευθέραν εἶναι. (32) ἄσμενος δ᾽ ἀκούσας ἐκεῖνος τοὺς λόγους τούτους αὐτῆς, καὶ λαβὼν τἀργύριον ὃ παρὰ τῶν ἐραστῶν τῶν ἄλλων εἰσηνέχθη αὐτῇ, καὶ προσθεὶς

30 *Φρυνίωνα—ἀδελφὸν* cf. Ath. 13.593f

9 τἀργύρον cod. R : τε τἀργύριον SFY   10 ταύτην del. Schaefer   14 <τοῦ> τιμανορίδου cod. R   <καὶ> μεταπέμπεται S^{a} 16 ἀδελφιδοῦν Ath.   20 τιμανορίδης SY^{C} 22 συλλέγουσα] συνάγουσα Y   αὕτη SF   25 τιμανορίδη F^{C}Y^{C} 25–6 ἐκεῖνος ἀκούσας F^{a} 26 τούτους τοὺς λόγους cod. R

τὸ ἐπίλοιπον αὐτός, κατατίθησιν αὐτῆς τὰς εἴκοσι μνᾶς τῷ Εὐκράτει καὶ τῷ Τιμανορίδᾳ ἐπ' ἐλευθερίᾳ καὶ ἐφ' ᾧ ἐν Κορίνθῳ μὴ ἐργάζεσθαι. καὶ ὅτι ταῦτ' ἀληθῆ λέγω, τούτων ὑμῖν τὸν παραγενόμενον μάρτυρα καλῶ. καί μοι κάλει Φίλαγρον Μελιτέα.

ΜΑΡΤΥΡΙΑ

Φίλαγρος Μελιτεὺς μαρτυρεῖ παρεῖναι ἐν Κορίνθῳ, ὅτε Φρυνίων ὁ Δημοχάρους ἀδελφὸς κατετίθει εἴκοσι μνᾶς Νεαίρας τῆς νῦν ἀγωνιζομένης Τιμανορίδᾳ τῷ Κορινθίῳ καὶ Εὐκράτει τῷ Λευκαδίῳ, καὶ καταθεὶς τὸ ἀργύριον ᾤχετο ἀπάγων Ἀθήναζε Νέαιραν.

33. *Ἀφικόμενος τοίνυν δεῦρο ἔχων αὐτὴν ἀσελγῶς καὶ προπετῶς ἐχρῆτο αὐτῇ, καὶ ἐπὶ τὰ δεῖπνα ἔχων αὐτὴν πανταχοῖ ἐπορεύετο ὅπου πίνοι, ἐκώμαζέ τ' ἀεὶ μετ' αὐτοῦ, συνῆν τ' ἐμφανῶς ὁπότε βουληθείη πανταχοῦ, φιλοτιμίαν τὴν ἐξουσίαν πρὸς τοὺς ὁρῶντας ποιούμενος. καὶ ὡς ἄλλους τε πολλοὺς ἐπὶ κῶμον ἔχων ἦλθεν αὐτὴν καὶ ὡς Χαβρίαν τὸν Αἰξωνέα, ὅτε ἐνίκα ἐπὶ Σωκρατίδου ἄρχοντος τὰ Πύθια τῷ τεθρίππῳ ὃ ἐπρίατο παρὰ τῶν παίδων τῶν Μίτυος τοῦ Ἀργείου, καὶ ἥκων ἐκ Δελφῶν εἱστία τὰ ἐπινίκια ἐπὶ Κωλιάδι. καὶ ἐκεῖ ἄλλοι τε πολλοὶ συνεγίγνοντο αὐτῇ μεθυούσῃ καθεύδοντος τοῦ Φρυνίωνος, καὶ οἱ διάκονοι οἱ Χαβρίου τράπεζαν παραθέμενοι.* (34) *καὶ ὅτι ταῦτ' ἀληθῆ λέγω, τοὺς ὁρῶντας ὑμῖν καὶ παρόντας μάρτυρας παρέξομαι. καί μοι κάλει Χιωνίδην Ξυπεταιόνα καὶ Εὐθετίωνα Κυδαθηναιᾶ.*

32 *κατατίθησιν–Τιμανορίδᾳ* AB 151.30 **33** *Κωλιάδι* Harp. *κ* 103 **34** *καὶ ὅτι–παρέξομαι* Tib. fr. 47 *τοὺς ὁρῶντας–παρέξομαι* Caecil. Fr. 75 Zonae. 3.168.14 Sp. *–παρόντας* Alex. 3.34.15 Sp.

---

2 *τιμανορίδῃ* F[C] Y[C] AB 3 *τούτων*] *τοῦτον* SF[a]Y 4 *τῶν παραγενομένων* Reiske 7–10 del. Westermann 12–13; *πανταχοῦ. . .ὅποι* SFY : corr. Reiske 13 *αὐτοῦ*] *αὐτῆς* Wolf 16 *ἐξωνέα* SF[a] 18 *μίτιος* SF[C] 19 *ἵστια* S[a] 21 <*οἱ*> *τράπεζαν παραθέμενοι* Wolf : *τράπεζαν παραθέμενοι* del. Blass 22 *ἀληθῆ ταῦτα* Alex. *λέγομεν* Alex. *ὑμῖν* om. Zonae. *καὶ παρόντας* om. Caecil. Alex. Tib. Zonae. 23 *παρέξομαι* ante 22 *τοὺς ὁρῶντας* Zonae. *χιονίδην* Y 24 *ξυπεταιῶνα* SFY : corr. van Herwerden *κυδαθηναιέα* FY : *κυδαθηνέα* S[C]

ΜΑΡΤΥΡΙΑ

{*Χιωνίδης Ξυπεταιών, Εὐθετίων Κυδαθηναιεὺς μαρτυροῦσι κληθῆναι ὑπὸ Χαβρίου ἐπὶ δεῖπνον, ὅτε τὰ ἐπινίκια εἱστία Χαβρίας τῆς νίκης τοῦ ἅρματος, καὶ ἑστιᾶσθαι ἐπὶ Κωλιάδι, καὶ εἰδέναι Φρυνίωνα παρόντα ἐν τῷ δείπνῳ τούτῳ ἔχοντα Νέαιραν τὴν νυνὶ ἀγωνιζομένην, καὶ καθεύδειν σφᾶς αὐτοὺς καὶ Φρυνίωνα καὶ Νέαιραν, καὶ αἰσθάνεσθαι αὐτοὶ ἀνισταμένους τῆς νυκτὸς πρὸς Νέαιραν ἄλλους τε καὶ τῶν διακόνων τινάς, οἳ ἦσαν Χαβρίου οἰκέται.*}

35. *Ἐπειδὴ τοίνυν ἀσελγῶς προὐπηλακίζετο ὑπὸ τοῦ Φρυνίωνος καὶ οὐχ ὡς ᾤετο ἠγαπᾶτο, οὐδ᾽ ὑπηρέτει αὐτῇ ἃ ἐβούλετο, συσκευασαμένη αὐτοῦ τὰ ἐκ τῆς οἰκίας καὶ ὅσα ἦν αὐτῇ ὑπ᾽ ἐκείνου περὶ τὸ σῶμα κατεσκευασμένα ἱμάτια καὶ χρυσία, καὶ θεραπαίνας δύο, Θρᾷτταν καὶ Κοκκαλίνην, ἀποδιδράσκει εἰς Μέγαρα. ἦν δὲ ὁ χρόνος οὗτος ᾧ Ἀστεῖος μὲν ἦν ἄρχων Ἀθήνησιν, ὁ καιρὸς δ᾽ ἐν ᾧ ἐπολεμεῖθ᾽ ὑμεῖς πρὸς Λακεδαιμονίους τὸν ὕστερον πόλεμον.* **(36)** *διατρίψασα δ᾽ ἐν τοῖς Μεγάροις δύ᾽ ἔτη, τόν τ᾽ ἐπ᾽ Ἀστείου ἄρχοντος καὶ Ἀλκισθένους ἐνιαυτόν, ὡς αὐτῇ ἡ ἀπὸ τοῦ σώματος ἐργασία οὐχ ἱκανὴν εὐπορίαν παρεῖχεν ὥστε διοικεῖν τὴν οἰκίαν (πολυτελὴς δ᾽ ἦν, οἱ Μεγαρεῖς δ᾽ ἀνελεύθεροι καὶ μικρολόγοι, ξένων δὲ οὐ πάνυ ἐπιδημία ἦν αὐτόθι διὰ τὸ πόλεμον εἶναι καὶ τοὺς <μὲν> Μεγαρέας λακωνίζειν, τῆς δὲ θαλάττης ὑμᾶς ἄρχειν· εἰς δὲ τὴν Κόρινθον οὐκ ἐξῆν αὐτῇ ἐπανελθεῖν διὰ τὸ ἐπὶ τούτῳ ἀπηλλάχθαι ἀπὸ τοῦ Εὐκράτους καὶ τοῦ Τιμανορίδου, ὥστ᾽ ἐν Κορίνθῳ μὴ ἐργάζεσθαι),* **(37)** *ὡς οὖν γίγνεται ἡ εἰρήνη ἡ ἐπὶ Φρασικλείδου ἄρχοντος καὶ ἡ μάχη ἡ ἐν Λεύκτροις Θηβαίων καὶ Λακεδαιμονίων, τότε ἐπιδημήσαντα*

2–8 del. Westermann 2 *κυδαθηνεὺς* S 3 *ἵστια* S[a] 4 *εἱστιᾶσθαι* S[C]F(-*σθε* F)Y : *ἱστ-* S : corr. Hude 7 *πρὸς Νέαιραν*] *παρὰ Νεαίρας* Thalheim 11 *αὐτοῦ*] *τούτου* F *ἐκ*] *ἐπὶ* Y 16 <*τοὺς*> *λακεδαιμονίους* SF 17 *καὶ* <*τὸν ἐπ᾽*> van Herwerden 20 *μεγαρεῖς δ᾽ ἀνελεύθεροι* Lamb. : *μεγαρῆς δ᾽ ἀνελεύθεροι* Cobet : *μὲν γὰρ ἦσαν ἐλεύθεροι* SF (*ἐλεύθεροι* <*μεγαρεῖς*> F[C]) : *μὲν γὰρ μεγαρεῖς ἀνελεύθεροι* Y 22 add. Cobet *θαλάσσης* F

Στέφανον τουτονὶ εἰς τὰ Μέγαρα καὶ καταγαγόμενον ὡς αὐτὴν ἑταίραν οὖσαν καὶ πλησιάσαντα αὐτῇ, διηγησαμένη πάντα τὰ πεπραγμένα καὶ τὴν ὕβριν τοῦ Φρυνίωνος, καὶ ἐπιδοῦσα ἃ ἐξῆλθεν ἔχουσα παρ' αὐτοῦ, ἐπιθυμοῦσα μὲν τῆς ἐνθάδε οἰκήσεως, φοβουμένη δὲ τὸν Φρυνίωνα διὰ τὸ ἠδικηκέναι μὲν αὐτή, ἐκεῖνον δὲ ὀργίλως ἔχειν αὐτῇ, σοβαρὸν δὲ καὶ ὀλίγωρον εἰδυῖα αὐτοῦ τὸν τρόπον ὄντα, προΐσταται Στέφανον τουτονὶ αὐτῆς. **(38)** *ἐπάρας δὲ αὐτὴν οὗτος ἐν τοῖς Μεγάροις τῷ λόγῳ καὶ φυσήσας, ὡς κλαύσοιτο ὁ Φρυνίων εἰ ἅψοιτο αὐτῆς, αὐτὸς δὲ γυναῖκα αὐτὴν ἕξων, τούς τε παῖδας τοὺς ὄντας αὐτῇ τότε εἰσάξων εἰς τοὺς φράτερας ὡς αὐτοῦ ὄντας καὶ πολίτας ποιήσων, ἀδικήσοι δὲ οὐδεὶς ἀνθρώπων, ἀφικνεῖται αὐτὴν ἔχων δεῦρο ἐκ τῶν Μεγάρων, καὶ παιδία μετ' αὐτῆς τρία, Πρόξενον καὶ Ἀρίστωνα καὶ θυγατέρα, ἣν νυνὶ Φανὼ καλοῦσιν·* **(39)** *καὶ εἰσάγει αὐτὴν καὶ τὰ παιδία εἰς τὸ οἰκίδιον ὃ ἦν αὐτῷ παρὰ τὸν ψιθυριστὴν Ἑρμῆν, μεταξὺ τῆς Δωροθέου τοῦ Ἐλευσινίου οἰκίας καὶ τῆς Κλεινομάχου, ἣν νυνὶ Σπίνθαρος παρ' αὐτοῦ ἐώνηται ἑπτὰ μνῶν. ὥστε ἡ μὲν ὑπάρχουσα Στεφάνῳ οὐσία αὕτη ἦν καὶ ἄλλο οὐδέν· δυοῖν δ' ἕνεκα ἦλθεν ἔχων αὐτήν, ὡς ἐξ ἀτελείας τε ἕξων καλὴν ἑταίραν, καὶ τὰ ἐπιτήδεια ταύτην ἐργασομένην καὶ θρέψουσαν τὴν οἰκίαν· οὐ γὰρ ἦν αὐτῷ ἄλλη πρόσοδος, ὅ τι μὴ συκοφαντήσας τι λάβοι.* **(40)** *πυθόμενος δὲ ὁ Φρυνίων ἐπιδημοῦσαν αὐτὴν καὶ οὖσαν παρὰ τούτῳ, παραλαβὼν νεανίσκους μεθ' ἑαυτοῦ καὶ ἐλθὼν ἐπὶ τὴν οἰκίαν τὴν τοῦ Στεφάνου ἦγεν αὐτήν. ἀφαιρουμένου δὲ τοῦ Στεφάνου κατὰ τὸν νόμον εἰς ἐλευθερίαν, κατηγγύησεν αὐτὴν πρὸς τῷ πολεμάρχῳ. καὶ ὡς*

39 *ψιθυριστὴν Ἑρμῆν* Harp. *ψ* 3

---

1 *καταγόμενον* SFY : corr. Hude 2 *αὐτῇ*] *ταύτῃ* Y 6 *αὐτή* Hude : *αὐτήν* SFY 10 *ἅψαιτο* SAF : corr. Cobet 11 *φράτορας* SFY : corr. Bekker 12 *ἀδικήσει* SF[a] 16 *ὃ ἦν*] *ὃν* S 20 *οὕνεκα* SFY : corr. cod. v[C] : <*οὖν*> *ἕνεκα* Hude *ἐξὸν καλεῖν* cod. R 22 *ὅ τι*] *ὅτε* Blass 23 *τι*] *τινα* Reiske 25 *λαβὼν* Y 26 *αὐτὴν* corr. Kapparis : *ἀήτην* F : *διητὴν* S

ἀληθῆ λέγω, τούτων αὐτὸν μάρτυρα ὑμῖν τὸν τότε πολέμαρχον παρέξομαι. καί μοι κάλει Ἀέτην Κειριάδην.

ΜΑΡΤΥΡΙΑ

Ἀέτης Κειριάδης μαρτυρεῖ πολεμαρχοῦντος αὐτοῦ κατεγγυηθῆναι Νέαιραν τὴν νυνὶ ἀγωνιζομένην ὑπὸ Φρυνίωνος τοῦ Δημοχάρους ἀδελφοῦ, καὶ ἐγγυητὰς γενέσθαι Νεαίρας Στέφανον Ἐροιάδην, Γλαυκέτην Κηφισιέα, Ἀριστοκράτην Φαληρέα.

41. Διεγγυηθεῖσα δ᾽ ὑπὸ Στεφάνου καὶ οὖσα παρὰ τούτῳ τὴν μὲν αὐτὴν ἐργασίαν οὐδὲν ἧττον ἢ πρότερον ἠργάζετο, τοὺς δὲ μισθοὺς μείζους ἐπράττετο τοὺς βουλομένους αὐτῇ πλησιάζειν, ὡς ἐπὶ προσχήματος ἤδη τινὸς οὖσα καὶ ἀνδρὶ συνοικοῦσα. συνεσυκοφάντει δὲ καὶ οὗτος, εἴ τινα ξένον ἀγνῶτα πλούσιον λάβοι ἐραστὴν αὐτῆς, ὡς μοιχὸν ἐπ᾽ αὐτῇ ἔνδον ἀποκλείων καὶ ἀργύριον πραττόμενος πολύ, εἰκότως· **(42)** οὐσία μὲν γὰρ οὐχ ὑπῆρχεν Στεφάνῳ οὐδὲ Νεαίρᾳ, ὥστε τὰ καθ᾽ἡμέραν ἀναλώματα δύνασθαι ὑποφέρειν, ἡ δὲ διοίκησις συχνή, ὅπου γε δέοι τοῦτόν τε καὶ αὑτὴν τρέφειν καὶ παιδάρια τρία, ἃ ἦλθεν ἔχουσα ὡς αὐτόν, καὶ θεραπαίνας δύο καὶ οἰκέτην διάκονον, ἄλλως τε καὶ μεμαθηκυῖα μὴ κακῶς ἔχειν τὰ ἐπιτήδεια ἑτέρων ἀναλισκόντων αὐτῇ τὸ πρότερον. **(43)** οὐδὲ γὰρ ἀπὸ τῆς πολιτείας προσῄει Στεφάνῳ τότε τι ἄξιον λόγου· οὐ γάρ πω ἦν ῥήτωρ, ἀλλ᾽ ἔτι συκοφάντης τῶν παραβοώντων παρὰ τὸ βῆμα καὶ γραφομένων μισθοῦ καὶ

41 διεγγυηθεῖσα–Στεφάνου Harp. δ 55

---

2 ἀέτης SF : διήτην Y : Αἰήτην Reiske κιριάδην SFY : corr. Reiske 4 ἀήτης F : corr. Kapparis : διήτης SY : αἰήτης cod. v et Reiske κιριάδης SFY : corr. Reiske 6 εὐροιάδην SF 8 ἐγγυηθεῖσα (δ᾽ om.) Harp. <τοῦ> στεφάνου Harp. (cod. pl) 9 ἢ <τὸ> F εἰργάζετο FY 15 οὐδὲ Bekker : οὔτε SFY 17 ὅπου - δέοι Kapparis : ὑπό τε δέοι SFY : ὁπότ᾽ ἔδει Lorzing : ὅπου γ᾽ ἔδει Rennie αὐτὴν FY : corr. Taylor : [S] παιδία Y 19 μεμαθηκυῖαν cod. D 20 αὐτῇ codd. Q^c D : αὐτὴν SFY 21 οὐδὲ Hude : οὔτε SFY προσείη S <τι> Στεφάνῳ Kapparis τότε τι Hude : τούτῳ SFY 22 λόγου <οὐδὲν> cod. D

φαινόντων καὶ ἐπιγραφομένων ταῖς ἀλλοτρίαις γνώμαις, ἕως ὑπέπεσε Καλλιστράτῳ τῷ Ἀφιδναίῳ· ἐξ ὅτου δὲ τρόπου καὶ δι' ἣν αἰτίαν, ἐγὼ ὑμῖν καὶ περὶ τούτου διέξειμι, ἐπειδὰν περὶ ταυτησὶ Νεαίρας ἐπιδείξω ὡς ἔστι ξένη καὶ ὡς μεγάλα ὑμᾶς ἠδίκηκεν καὶ ὡς ἠσέβηκεν εἰς τοὺς θεούς, (44) *ἵν' εἰδῆτε ὅτι καὶ αὐτὸς οὗτος ἄξιός ἐστιν οὐκ ἐλάττω δοῦναι δίκην ἢ καὶ Νέαιρα αὑτηί, ἀλλὰ καὶ πολλῷ μείζω καὶ μᾶλλον, ὅσῳ Ἀθηναῖος φάσκων εἶναι οὕτω πολὺ τῶν νόμων καταπεφρόνηκεν καὶ ὑμῶν καὶ τῶν θεῶν, ὥστ' οὐδ' ὑπὲρ τῶν ἡμαρτημένων αὑτῷ αἰσχυνόμενος τολμᾷ ἡσυχίαν ἄγειν, ἀλλὰ συκοφαντῶν ἄλλους τε καὶ ἐμέ, τουτονὶ πεποίηκεν αὑτὸν καὶ ταύτην εἰς τηλικοῦτον ἀγῶνα καταστῆσαι, ὥστ' ἐξετασθῆναι μὲν ταύτην ἥτις ἐστίν, ἐξελεγχθῆναι δὲ τὴν αὑτοῦ πονηρίαν.*

45. *Λαχόντος τοίνυν αὐτῷ τοῦ Φρυνίωνος δίκην, ὅτι αὐτοῦ ἀφείλετο Νέαιραν ταυτηνὶ εἰς ἐλευθερίαν, καὶ ὅτι, ἃ ἐξῆλθεν ἔχουσα παρ' αὐτοῦ αὕτη, ὑπεδέξατο, συνῆγον αὐτοὺς οἱ ἐπιτήδειοι καὶ ἔπεισαν δίαιταν ἐπιτρέψαι αὑτοῖς. καὶ ὑπὲρ μὲν τοῦ Φρυνίωνος διαιτητὴς ἐκαθέζετο Σάτυρος Ἀλωπεκῆθεν ὁ Λακεδαιμονίου ἀδελφός, ὑπὲρ δὲ Στεφάνου τουτουὶ Σαυρίας Λαμπτρεύς· κοινὸν δὲ αὑτοῖς προσαιροῦνται Διογείτονα Ἀχαρνέα.* (46) *συνελθόντες δ' οὗτοι ἐν τῷ ἱερῷ, ἀκούσαντες ἀμφοτέρων καὶ αὐτῆς τῆς ἀνθρώπου τὰ πεπραγμένα, γνώμην ἀπεφήναντο, καὶ οὗτοι ἐνέμειναν αὐτῇ, τὴν μὲν ἄνθρωπον ἐλευθέραν εἶναι καὶ αὐτὴν αὑτῆς κυρίαν, ἃ δ' ἐξῆλθεν ἔχουσα Νέαιρα παρὰ Φρυνίωνος χωρὶς ἱματίων καὶ χρυσίων καὶ θεραπαινῶν, ἃ αὐτῇ τῇ ἀνθρώπῳ ἠγοράσθη, ἀποδοῦναι Φρυνίωνι πάντα· συνεῖναι δ' ἑκατέρῳ ἡμέραν παρ' ἡμέραν·*

46 *ἡμέραν παρ' ἡμέραν* Ath. 593f

3 *ὑμῖν* post *τούτου* (*περὶ* om.) cod. R 4 *ἡμᾶς* SFY : corr. cod. D et Schaefer 7 *αὕτη* F : corr. Blass : *αὐτὴ* Y : [S] 9 *καὶ ὑμῶν* om. F[a] 11 *αὐτὸν* SY 12 *καταστῆναι* SY 13 *αὐτοῦ* om. Y[a] : *αὑτοῦ* Baiter Sauppe : [S] 16 *οἱ* om. Y[a] 17 <*καὶ*> *δίαιταν* Y[a] 20 *λαμπρεύς* S[C]F 26 *αὐτῇ* fort. delendum

ἐὰν δὲ καὶ ἄλλως πως ἀλλήλους πείθωσι, ταῦτα κύρια εἶναι· τὰ δ' ἐπιτήδεια τῇ ἀνθρώπῳ τὸν ἔχοντα ἀεὶ παρέχειν, καὶ ἐκ τοῦ λοιποῦ χρόνου φίλους εἶναι ἀλλήλοις καὶ μὴ μνησικακεῖν. (47) ἡ μὲν οὖν γνωσθεῖσα διαλλαγὴ ὑπὸ τῶν διαιτητῶν Φρυνίωνι καὶ Στεφάνῳ περὶ Νεαίρας ταυτησὶ αὕτη ἐστίν. ὅτι δ' ἀληθῆ λέγω ταῦτα, τούτων ὑμῖν τὴν μαρτυρίαν ἀναγνώσεται. κάλει μοι Σάτυρον Ἀλωπεκῆθεν, Σαυρίαν Λαμπτρέα, Διογείτονα Ἀχαρνέα.

ΜΑΡΤΥΡΙΑ

Σάτυρος Ἀλωπεκῆθεν, Σαυρίας Λαμπτρεύς, Διογείτων Ἀχαρνεὺς μαρτυροῦσι διαλλάξαι διαιτηταὶ γενόμενοι περὶ Νεαίρας τῆς νυνὶ ἀγωνιζομένης Στέφανον καὶ Φρυνίωνα· τὰς δὲ διαλλαγὰς εἶναι, καθ' ἃς διήλλαξαν, οἵας παρέχεται Ἀπολλόδωρος.

ΔΙΑΛΛΑΓΑΙ

{Κατὰ τάδε διήλλαξαν Φρυνίωνα καὶ Στέφανον, χρῆσθαι ἑκάτερον Νεαίρᾳ τὰς ἴσας ἡμέρας τοῦ μηνὸς παρ' ἑαυτοῖς ἔχοντας, ἂν μή τι ἄλλο αὐτοὶ αὑτοῖς συγχωρήσωσιν.}

48. Ὡς δ' ἀπηλλαγμένοι ἦσαν, οἱ παρόντες ἑκατέρῳ ἐπὶ τῇ διαίτῃ καὶ τοῖς πράγμασιν, οἷον οἶμαι φιλεῖ γίγνεσθαι ἑκάστοτε, ἄλλως τε καὶ περὶ ἑταίρας οὔσης αὐτοῖς τῆς διαφορᾶς, ἐπὶ δεῖπνον ᾖσαν ὡς ἑκάτερον αὐτῶν, ὁπότε καὶ Νέαιραν ἔχοιεν, καὶ αὑτηὶ συνεδείπνει καὶ συνέπινεν ὡς ἑταίρα οὖσα. καὶ ὅτι ταῦτ' ἀληθῆ λέγω, κάλει μοι μάρτυρας τοὺς συνόντας αὐτοῖς, Εὔβουλον Προβαλίσιον, Διοπείθην Μελιτέα, Κτήσωνα ἐκ Κεραμέων.

48 ἀπηλλαγμένοι AB 415.1

4 οὖν] δὴ F[C] 8 λαμπρέα S[C]F hic et similiter 26 10–13 del. Westermann 13 διήλλαξαν <αὐτοὺς> Y 15–17 del. Westermann 21 ἤεσαν SFY : corr. Dindorf ὁπότεροι Reiske 22 αὐτὴ FY : corr. Blass : [S] 24 παρόντας F[γρ] προβαλείσιον SF

ΜΑΡΤΥΡΕΣ

Εὔβουλος Προβαλίσιος, Διοπείθης Μελιτεύς, Κτήσων ἐκ Κεραμέων μαρτυροῦσιν, ἐπειδὴ αἱ διαλλαγαὶ ἐγένοντο αἱ περὶ Νεαίρας Φρυνίωνι καὶ Στεφάνῳ, πολλάκις συνδειπνῆσαι αὐτοῖς καὶ συμπίνειν μετὰ Νεαίρας τῆς νυνὶ ἀγωνιζομένης, καὶ ὁπότε παρὰ Στεφάνῳ εἴη Νέαιρα καὶ ὁπότε παρὰ Φρυνίωνι.

49. Ὅτι μὲν τοίνυν ἐξ ἀρχῆς δούλη ἦν καὶ ἐπράθη δὶς καὶ ἠργάζετο τῷ σώματι ὡς ἑταίρα οὖσα, καὶ ἀπέδρα τὸν Φρυνίωνα εἰς Μέγαρα, καὶ ἥκουσα κατηγγυήθη ὡς ξένη οὖσα πρὸς τῷ πολεμάρχῳ, τῷ τε λόγῳ ἀποφαίνω ὑμῖν καὶ μεμαρτύρηται. βούλομαι δ᾽ ὑμῖν καὶ αὐτὸν Στέφανον τουτονὶ ἐπιδεῖξαι καταμεμαρτυρηκότ᾽ αὐτῆς ὡς ἔστι ξένη. **(50)** τὴν γὰρ θυγατέρα τὴν ταυτησὶ Νεαίρας, ἣν ἦλθεν ἔχουσα ὡς τουτονὶ παιδάριον μικρόν, ἣν τότε μὲν Στρυβήλην ἐκάλουν, νυνὶ δὲ Φανώ, ἐκδίδωσι Στέφανος οὑτοσὶ ὡς οὖσαν αὑτοῦ θυγατέρα ἀνδρὶ Ἀθηναίῳ Φράστορι Αἰγιλιεῖ, καὶ προῖκα ἐπ᾽ αὐτῇ δίδωσι τριάκοντα μνᾶς. ὡς δ᾽ ἦλθεν ὡς τὸν Φράστορα, ἄνδρα ἐργάτην καὶ ἀκριβῶς τὸν βίον συνειλεγμένον, οὐκ ἠπίστατο τοῖς τοῦ Φράστορος τρόποις ἀρέσκειν, ἀλλ᾽ ἐζήτει τὰ τῆς μητρὸς ἔθη καὶ τὴν παρ᾽ αὐτῇ ἀκολασίαν, ἐν τοιαύτῃ οἶμαι ἐξουσίᾳ τεθραμμένη. **(51)** ὁρῶν δὲ Φράστωρ αὐτὴν οὔτε κοσμίαν οὖσαν οὔτ᾽ ἐθέλουσαν αὑτοῦ ἀκροᾶσθαι, ἅμα δὲ καὶ πεπυσμένος σαφῶς ἤδη ὅτι Στεφάνου μὲν οὐκ εἴη θυγάτηρ, Νεαίρας δέ, τὸ δὲ πρῶτον ἐξηπατήθη, ὅτ᾽ ἠγγυᾶτο ὡς Στεφάνου θυγατέρα λαμβάνων καὶ οὐ Νεαίρας, ἀλλὰ τούτῳ ἐξ ἀστῆς αὐτὴν γυναικὸς οὖσαν πρότερον πρὶν ταύτῃ συνοικῆσαι, ὀργισθεὶς δ᾽ ἐπὶ τούτοις ἅπασιν, καὶ ὑβρίσθαι ἡγούμενος καὶ

50 *ἣν—Φανώ* Ath. 13.594a

1 *μαρτυρία* F 2–6 del. Westermann *προβαλείσιος* SF 4 *συμπιεῖν* Westermann 8 *εἰργάζετο* FY 11 *τουτονὶ* om. Y 14 *παιδίον* Y *Στρυμβλήθην* Athenaeus 15 *θυγατέρα αὑτοῦ* cod. R 17 *ὡς τὸν*] *εἰς τὸν* F *φράτορα* S[a] 19 *φράτορος* S[a] *ἐζήλου* Wolf 20 *παρὰ ταύτῃ* Y 21 *δ᾽*<*ὁ*> Y 24 *δὲ* Schaefer : *μὲν* SFY : <*καὶ*> *τὸ μὲν* Wolf *ἐνεγυᾶτο* F[γρ]Y[C] 25 post *θυγατέρα* viii litt. erasae in S 26 *αὐτὴν* del. Schaefer

ἐξηπατῆσθαι, ἐκβάλλει τὴν ἄνθρωπον ὡς ἐνιαυτὸν συνοικήσας αὐτῇ, κυοῦσαν, καὶ τὴν προῖκα οὐκ ἀποδίδωσιν. (52) *λαχόντος δὲ τοῦ Στεφάνου αὐτῷ δίκην σίτου εἰς Ὠιδεῖον {της προικὸς} κατὰ τὸν νόμον ὃς κελεύει, ἐὰν ἀποπέμπῃ τὴν γυναῖκα, ἀποδιδόναι τὴν προῖκα, ἐὰν δὲ μή, ἐπ' ἐννέ' ὀβολοῖς τοκοφορεῖν, καὶ σίτου εἰς Ὠιδεῖον εἶναι δικάσασθαι ὑπὲρ τῆς γυναικὸς τῷ κυρίῳ, γράφεται ὁ Φράστωρ Στέφανον τουτονὶ γραφὴν πρὸς τοὺς θεσμοθέτας, Ἀθηναίῳ ὄντι ξένης θυγατέρα αὐτῷ ἐγγυῆσαι ὡς αὐτῷ προσήκουσαν, κατὰ τὸν νόμον τουτονί. καί μοι ἀνάγνωθι αὐτόν.*

ΝΟΜΟΣ

Ἐὰν δέ τις ἐκδῷ ξένην γυναῖκα ἀνδρὶ Ἀθηναίῳ ὡς ἑαυτῷ προσήκουσαν, ἄτιμος ἔστω, καὶ ἡ οὐσία αὐτοῦ δημοσία ἔστω, καὶ τοῦ ἑλόντος τὸ τρίτον μέρος. γραφέσθων δὲ πρὸς τοὺς θεσμοθέτας οἷς ἔξεστιν, καθάπερ τῆς ξενίας.

53. *Τὸν μὲν τοίνυν νόμον ἀνέγνω ὑμῖν, καθ' ὃν ἐγράφη Στέφανος οὑτοσὶ ὑπὸ τοῦ Φράστορος πρὸς τοὺς θεσμοθέτας. γνοὺς δ' ὅτι κινδυνεύσει ἐξελεγχθεὶς ξένης θυγατέρα ἠγγυηκέναι {καὶ} ταῖς ἐσχάταις ζημίαις περιπεσεῖν, διαλλάττεται πρὸς τὸν Φράστορα καὶ ἀφίσταται τῆς προικός, καὶ τὴν δίκην τοῦ σίτου ἀνείλετο, καὶ ὁ Φράστωρ τὴν γραφὴν παρὰ τῶν θεσμοθετῶν. καὶ ὡς ἀληθῆ λέγω, τούτων ὑμῖν μάρτυρα αὐτὸν τὸν Φράστορα καλῶ, καὶ ἀναγκάσω μαρτυρεῖν κατὰ τὸν νόμον.* (54) *κάλει μοι Φράστορα Αἰγιλιέα.*

ΜΑΡΤΥΡΙΑ

Φράστωρ Αἰγιλιεὺς μαρτυρεῖ, ἐπειδὴ ᾔσθετο Νεαίρας θυγατέρα ἐγγυήσαντα αὐτῷ Στέφανον ὡς ἑαυτοῦ οὖσαν θυγατέρα, γράψασθαι αὐτὸν γραφὴν πρὸς τοὺς θεσμοθέτας κατὰ τὸν νόμον, καὶ τὴν ἄνθρ-

3 *σίτου* om. cod. R *εἰς Ὠιδεῖον*] *εις οδιον* S 4 *ἀποπέμπῃ* <*τις*> Schaefer 3 del. Salmasius 8 *ἀθηναῖον ὄντα* SFY : corr. Lamb.[C] 12–15 del. Es 12 *ἐκδιδῷ* F 19 *ἐγγεγυηκέναι* SFY : corr. Dindorf del. Reiske 23 *τὸν φράστορα αὐτὸν* F 26 - 315.4 del. Westermann

ωπον ἐκβαλεῖν ἐκ τῆς ἑαυτοῦ οἰκίας καὶ οὐκέτι συνοικεῖν αὐτῇ, καὶ λαχόντος αὐτῷ Στεφάνου εἰς Ὠιδεῖον σίτου διαλύσασθαι πρὸς αὐτὸν Στέφανον, ὥστε τὴν γραφὴν ἀναιρεθῆναι παρὰ τῶν θεσμοθετῶν καὶ τὴν δίκην τοῦ σίτου ἣν ἔλαχεν ἐμοὶ Στέφανος.

55. *Φέρε δὴ ὑμῖν καὶ ἑτέραν μαρτυρίαν παράσχωμαι τοῦ τε Φράστορος καὶ τῶν φρατέρων αὐτοῦ καὶ γεννητῶν, ὡς ἔστι ξένη Νέαιρα αὑτηί. οὐ πολλῷ χρόνῳ γὰρ ὕστερον ἢ ἐξέπεμψεν ὁ Φράστωρ τὴν τῆς Νεαίρας θυγατέρα, ἠσθένησε καὶ πάνυ πονήρως διετέθη καὶ εἰς πᾶσαν ἀπορίαν κατέστη. διαφορᾶς δ' οὔσης αὐτῷ παλαιᾶς πρὸς τοὺς οἰκείους τοὺς αὑτοῦ καὶ ὀργῆς καὶ μίσους, πρὸς δὲ καὶ ἄπαις ὤν, ψυχαγωγούμενος ἐν τῇ ἀσθενείᾳ ὑπό τε τῆς Νεαίρας καὶ τῆς θυγατρὸς αὐτῆς* (56) *(ἐβάδιζον γὰρ πρὸς αὐτόν, ὡς ἠσθένει καὶ ἔρημος ἦν τοῦ θεραπεύσοντος τὸ νόσημα, τὰ πρόσφορα τῇ νόσῳ φέρουσαι καὶ ἐπισκοπούμεναι· ἴστε δήπου καὶ αὐτοὶ ὅσου ἀξία ἐστὶν γυνὴ ἐν ταῖς νόσοις, παροῦσα κάμνοντι ἀνθρώπῳ) ἐπείσθη δὴ τὸ παιδίον, ὃ ἔτεκεν ἡ θυγάτηρ ἡ Νεαίρας ταυτησὶ ὅτ' ἐξεπέμφθη ὑπὸ τοῦ Φράστορος κυοῦσα, πυθομένου ὅτι οὐ Στεφάνου εἴη θυγάτηρ ἀλλὰ Νεαίρας, καὶ ὀργισθέντος ἐπὶ τῇ ἀπάτῃ, πάλιν λαβεῖν καὶ ποιήσασθαι υἱὸν αὑτοῦ,* (57) *λογισμὸν ἀνθρώπινον καὶ εἰκότα λογιζόμενος, ὅτι πονήρως μὲν ἔχοι καὶ οὐ πολλὴ ἐλπὶς εἴη αὐτὸν περιγενήσεσθαι, τοῦ δὲ μὴ λαβεῖν τοὺς συγγενεῖς τὰ αὑτοῦ μηδ' ἄπαις τετελευτηκέναι ἐποιήσατο τὸν παῖδα καὶ ἀνέλαβεν ὡς αὑτόν· ἐπεὶ ὅτι γε ὑγιαίνων οὐκ ἄν ποτε ἔπραξεν, μεγάλῳ τεκμηρίῳ καὶ περιφανεῖ ἐγὼ ὑμῖν ἐπιδείξω.* (58) *ὡς γὰρ ἀνέστη τάχιστα ἐξ ἐκείνης τῆς ἀσθενείας ὁ Φράστωρ καὶ ἀνέλαβεν αὑτὸν καὶ*

2 *εις οδιον* S   *αὐτὸν* FY : corr. Baiter Sauppe : [S] : *αὐτὸν {Στέφανον}* Blass   4 *ἐμοὶ*] *αὐτῷ* Westermann   6 *φράτορων* F[C]Y   7 *αὕτη* FY : corr. Blass : [S]   9 *πονηρῶς* FY   13 *ἀσθενείᾳ* <*τῇ θεραπείᾳ*> SFY : om cod. R : *τῇ θεραπείᾳ* <*τῇ*> Blass   14 *θεραπεύοντος* SFY : corr. Dobree (post Bekker)   15 <*δὲ*> *δήπου* F[γρ]   16–17 *ἐπείσθη δὴ*] *δὴ* om. F[γρ] : *ἔπειθ' ἤδη* SF   17 *ἡ*[2] om. Y[a]   22 *δὲ*] *δὴ* Reiske

ἔσχεν ἐπιεικῶς τὸ σῶμα, λαμβάνει γυναῖκα ἀστὴν κατὰ τοὺς νόμους, Σατύρου μὲν τοῦ Μελιτέως θυγατέρα γνησίαν, Διφίλου δὲ ἀδελφήν. ὥστε ὅτι μὲν οὐχ ἑκὼν ἀνεδέξατο τὸν παῖδα, ἀλλὰ βιασθεὶς ὑπὸ τῆς νόσου καὶ τῆς ἀπαιδίας καὶ τῆς <ὑπ> αὐτῶν θεραπείας καὶ τῆς ἔχθρας τῆς πρὸς τοὺς οἰκείους, ἵνα μὴ κληρονόμοι γένωνται τῶν αὑτοῦ, ἄν τι πάθῃ, ταῦτ' ἔστω ὑμῖν τεκμήρια· δηλώσει δὲ καὶ τἀκόλουθ' αὐτῶν ἔτι μᾶλλον. **(59)** *ὡς γὰρ εἰσῆγεν ὁ Φράστωρ εἰς τοὺς φράτερας τὸν παῖδα ἐν τῇ ἀσθενείᾳ ὢν τὸν ἐκ τῆς θυγατρὸς τῆς Νεαίρας, καὶ εἰς τοὺς Βρυτίδας ὧν καὶ αὐτός ἐστιν ὁ Φράστωρ γεννήτης, εἰδότες οἶμαι οἱ γεννῆται τὴν γυναῖκα ἥτις ἦν, ἣν ἔλαβεν ὁ Φράστωρ τὸ πρῶτον, τὴν τῆς Νεαίρας θυγατέρα, καὶ τὴν ἀπόπεμψιν τῆς ἀνθρώπου, καὶ διὰ τὴν ἀσθένειαν πεπεισμένον αὐτὸν πάλιν ἀναλαβεῖν τὸν παῖδα, ἀποψηφίζονται τοῦ παιδὸς καὶ οὐκ ἐνέγραφον αὐτὸν εἰς σφᾶς αὐτούς.* **(60)** *λαχόντος δὲ τοῦ Φράστορος αὐτοῖς δίκην, ὅτι οὐκ ἐνέγραφον αὑτοῦ υἱόν, προκαλοῦνται αὐτὸν οἱ γεννῆται πρὸς τῷ διαιτητῇ ὀμόσαι καθ' ἱερῶν τελείων ἦ μὴν νομίζειν εἶναι αὑτοῦ υἱὸν ἐξ ἀστῆς γυναικὸς καὶ ἐγγυητῆς κατὰ τὸν νόμον. προκαλουμένων δὲ ταῦτα τῶν γεννητῶν τὸν Φράστορα πρὸς τῷ διαιτητῇ, ἔλιπεν ὁ Φράστωρ τὸν ὅρκον καὶ οὐκ ὤμοσεν.* **(61)** *καὶ ὅτι ἀληθῆ ταῦτα λέγω, τούτων ὑμῖν μάρτυρας τοὺς παρόντας Βρυτιδῶν παρέξομαι.*

ΜΑΡΤΥΡΕΣ

Τιμόστρατος Ἑκάληθεν, Ξάνθιππος Ἐροιάδης, Εὔαλκος Φαληρεύς, Ἄνυτος Λακιάδης, Εὐφράνωρ Αἰγιλιεύς, Νίκιππος Κεφαλῆθεν μαρ-

59 *Βρυτίδας* Harp. *β* 26

1 *εἶχεν* Hude 3 *διφίλου* SFY : corr. Schaefer 4 *καὶ*[2] - *θεραπείας* del. Kapparis 5 add. Blass *αὐτῶν* del. Baiter Sauppe 7 *δηλώσω* SFY : corr. Wolf 8 *φράτορας* F[C]Y 9 *ὢν*] *ὡς* SFY[C] 11 *γεννητὸς* cod. R 17 <*τὸν*> *υἱόν* FY[C] 21 *καὶ* - *ὤμοσεν* del. van Herwerden 22 *τοὺς μάρτυρας* (*παρόντας* om.) SY[a] 23 <*ἐκ*> *βρυτιδῶν* Kapparis 25 *Εὔαλκος* Kirchner : *εὐάλκης* SFY

τυροῦσιν εἶναι καὶ αὐτοὺς καὶ Φράστορα τὸν Αἰγιλιέα τῶν γεννητῶν οἳ καλοῦνται Βρυτίδαι, καὶ ἀξιοῦντος Φράστορος εἰσάγειν τὸν υἱὸν αὐτοῦ εἰς τοὺς γεννήτας, εἰδότες αὐτοὶ ὅτι Φράστορος υἱὸς εἴη ἐκ τῆς θυγατρὸς τῆς Νεαίρας, κωλύειν εἰσάγειν Φράστορα τὸν υἱόν.

62. Οὐκοῦν περιφανῶς ἐπιδεικνύω ὑμῖν καὶ αὐτοὺς τοὺς οἰκειοτάτους Νεαίρας ταυτησὶ καταμεμαρτυρηκότας ὡς ἔστιν ξένη, Στέφανόν τε τουτονὶ τὸν ἔχοντα ταύτην νυνὶ καὶ συνοικοῦντ' αὐτῇ καὶ Φράστορα τὸν λαβόντα τὴν θυγατέρα, Στέφανον μὲν οὐκ ἐθελήσαντα ἀγωνίσασθαι ὑπὲρ τῆς θυγατρὸς τῆς ταύτης, γραφέντα ὑπὸ Φράστορος πρὸς τοὺς θεσμοθέτας ὡς Ἀθηναίῳ ὄντι ξένης θυγατέρα αὐτῷ ἠγγύησεν, ἀλλ' ἀποστάντα τῆς προικὸς καὶ οὐκ ἀπολαβόντα, (63) Φράστορα δ' ἐκβαλόντα τὴν θυγατέρα τὴν Νεαίρας ταυτησὶ {γήμαντά τε}, ἐπειδὴ ἐπύθετο οὐ Στεφάνου οὖσαν, καὶ τὴν προῖκα οὐκ ἀποδόντα, ἐπειδή τε ἐπείσθη ὕστερον διὰ τὴν ἀσθένειαν τὴν αὐτοῦ καὶ τὴν ἀπαιδίαν καὶ τὴν ἔχθραν τὴν πρὸς τοὺς οἰκείους ποιήσασθαι τὸν υἱόν, καὶ ἐπειδὴ εἰσῆγεν εἰς τοὺς γεννήτας, ἀποψηφισαμένων τῶν γεννητῶν καὶ διδόντων ὅρκον αὐτῷ οὐκ ἐθελήσαντα ὀμόσαι, ἀλλὰ μᾶλλον εὐορκεῖν προελόμενον, καὶ ἑτέραν ὕστερον γήμαντα γυναῖκα ἀστὴν κατὰ τὸν νόμον· αὗται γὰρ αἱ πράξεις περιφανεῖς οὖσαι μεγάλας μαρτυρίας δεδώκασι κατ' αὐτῶν, ὅτι ἔστι ξένη Νέαιρα αὑτηί.

64. Σκέψασθε δὲ καὶ τὴν αἰσχροκερδίαν τὴν Στεφάνου τουτουὶ καὶ τὴν πονηρίαν, ἵνα καὶ ἐκ ταύτης εἰδῆτε ὅτι οὐκ ἔστιν Νέαιρα αὑτηὶ ἀστή. Ἐπαίνετον γὰρ τὸν Ἄνδριον, ἐραστὴν ὄντα Νεαίρας ταυτησὶ παλαιὸν καὶ πολλὰ ἀνηλω-

3 τὸν del. Blass <τὸν> αὐτοῦ Baiter Sauppe 6 ὑποδεικνύω F 9 αὐτῇ] ταύτῃ Y 12 ἀθηναῖος ὢν SFY : corr. Blass ἐνεγύησεν SFY : corr. Dindorf 14 τῆς νεαίρας F 15 del. Diggle : τε post 14 ἐκβαλόντα Sauppe 18 ἐπειδὴ cod. R : ἐπεὶ SFY 23 ὅτι - αὑτηί del. van Herwerden 24 αὕτη SFY : corr. Blass 25 αἰσχροκέρδειαν F[C] 27 αὕτη FY : corr. Blass : [S] ἀνδρεῖον SF

κότα εἰς αὐτὴν καὶ καταγόμενον παρὰ τούτοις ὁπότε ἐπιδημήσειεν Ἀθήναζε διὰ τὴν φιλίαν τὴν Νεαίρας, **(65)** ἐπιβουλεύσας {ὁ} Στέφανος οὑτοσί, μεταπεμψάμενος εἰς ἀγρὸν ὡς θύων, λαμβάνει μοιχὸν ἐπὶ τῇ θυγατρὶ τῇ Νεαίρας ταυτησί, καὶ εἰς φόβον καταστήσας πράττεται μνᾶς τριάκοντα, καὶ λαβὼν ἐγγυητὰς τούτων Ἀριστόμαχόν τε τὸν θεσμοθετήσαντα καὶ Ναυσίφιλον τὸν Ναυσινίκου τοῦ ἄρξαντος υἱόν, ἀφίησιν ὡς ἀποδώσοντα αὑτῷ τὸ ἀργύριον. **(66)** ἐξελθὼν δὲ ὁ Ἐπαίνετος καὶ αὐτὸς αὑτοῦ κύριος γενόμενος γράφεται πρὸς τοὺς θεσμοθέτας γραφὴν Στέφανον τουτονί, ἀδίκως εἱρχθῆναι ὑπ' αὐτοῦ, κατὰ τὸν νόμον ὃς κελεύει, ἐάν τις ἀδίκως εἵρξῃ ὡς μοιχόν, γράψασθαι πρὸς τοὺς θεσμοθέτας ἀδίκως εἱρχθῆναι, καὶ ἐὰν μὲν ἕλῃ τὸν εἵρξαντα καὶ δόξῃ ἀδίκως ἐπιβεβουλεῦσθαι, ἀθῷον εἶναι αὐτὸν καὶ τοὺς ἐγγυητὰς ἀπηλλάχθαι τῆς ἐγγύης· ἐὰν δὲ δόξῃ μοιχὸς εἶναι, παραδοῦναι αὐτὸν κελεύει τοὺς ἐγγυητὰς τῷ ἑλόντι, ἐπὶ δὲ τοῦ δικαστηρίου ἄνευ ἐγχειριδίου χρῆσθαι ὅ τι ἂν βουληθῇ, ὡς μοιχῷ ὄντι. **(67)** κατὰ δὴ τοῦτον τὸν νόμον γράφεται αὐτὸν ὁ Ἐπαίνετος, καὶ ὡμολόγει μὲν χρῆσθαι τῇ ἀνθρώπῳ, οὐ μέντοι μοιχός γε εἶναι· οὔτε γὰρ Στεφάνου θυγατέρα αὐτὴν εἶναι ἀλλὰ Νεαίρας, τήν τε μητέρα αὐτῆς συνειδέναι πλησιάζουσαν αὐτῷ, ἀνηλωκέναι τε πολλὰ εἰς αὐτάς, τρέφειν τε ὁπότε ἐπιδημήσειεν τὴν οἰκίαν ὅλην· τόν τε νόμον <τὸν> ἐπὶ τούτοις παρεχόμενος, ὃς οὐκ ἐᾷ ἐπὶ ταύτῃσι μοιχὸν λαβεῖν ὁπόσαι ἂν ἐπ' ἐργαστηρίου καθῶνται {ἐν τῇ ἀγορᾷ} ἢ πωλῶνται ἀποπεφασμένως, ἐργαστήριον φάσκων

67 ὁπόσαι–ἀποπεφασμένως Harp. π 131   ἀποπεφασμένως Harp. α 198 Sud. α 3475 A. Ba. 1.130.14 S[b] 1925

---

3 del. Sauppe   θύσων Naber   4 τῆς νεαίρας SFY : corr. Schaefer   6 θεσμοθέτην Y   10 ἐρχθῆναι S et sic infra   13 μὲν om. Y[a]   ἀδίκως δόξῃ Y   20 αὐτὴν om. Y   23 τε (ante νόμον) del. Diggle   add. Hude   ταύτης S Harp. : corr. Blass : ταύταις FY   24–5 del. Francke   25 πωλῶνται Heraldus : πωλῶσί τι SFY Harp. Blass : πωλοῦνται Harp. α Lys. Plu. Sol. 23   ἀποπεφασμένως SFY Harp. (bis) Sud. : πεφασμένως Lys. Plu.   <καὶ> ἐργαστήριον Schaefer

καὶ τοῦτο εἶναι, τὴν Στεφάνου οἰκίαν, καὶ τὴν ἐργασίαν ταύτην εἶναι, καὶ ἀπὸ τούτων αὐτοὺς εὐπορεῖν μάλιστα. **(68)** τούτους δὲ τοὺς λόγους λέγοντος τοῦ Ἐπαινέτου καὶ τὴν γραφὴν γεγραμμένου, γνοὺς Στέφανος οὑτοσὶ ὅτι ἐξελεγχθήσεται πορνοβοσκῶν καὶ συκοφαντῶν, δίαιταν ἐπιτρέπει πρὸς τὸν Ἐπαίνετον αὐτοῖς τοῖς ἐγγυηταῖς, ὥστε τῆς μὲν ἐγγύης αὐτοὺς ἀφεῖσθαι, τὴν δὲ γραφὴν ἀνελέσθαι τὸν Ἐπαίνετον. **(69)** πεισθέντος δὲ τοῦ Ἐπαινέτου ἐπὶ τούτοις καὶ ἀνελομένου τὴν γραφὴν ἣν ἐδίωκε Στέφανον, γενομένης συνόδου αὐτοῖς καὶ καθεζομένων διαιτητῶν τῶν ἐγγυητῶν, δίκαιον μὲν οὐδὲν εἶχε λέγειν Στέφανος, εἰς ἔκδοσιν δ' ἠξίου τὸν Ἐπαίνετον τῇ τῆς Νεαίρας θυγατρὶ συμβαλέσθαι, λέγων τὴν ἀπορίαν τὴν αὑτοῦ καὶ τὴν ἀτυχίαν τὴν πρότερον γενομένην τῇ ἀνθρώπῳ πρὸς τὸν Φράστορα, καὶ ὅτι ἀπολωλεκὼς εἴη τὴν προῖκα, καὶ οὐκ ἂν δύναιτο πάλιν αὐτὴν ἐκδοῦναι· **(70)** 'σὺ δὲ καὶ κέχρησαι' ἔφη 'τῇ ἀνθρώπῳ, καὶ δίκαιος εἶ ἀγαθόν τι ποιῆσαι αὐτήν', καὶ ἄλλους ἐπαγωγοὺς λόγους, οὓς ἂν τις δεόμενος ἐκ πονηρῶν πραγμάτων εἴπειεν ἄν. ἀκούσαντες δ' ἀμφοτέρων αὐτῶν οἱ διαιτηταὶ διαλλάττουσιν αὐτούς, καὶ πείθουσι τὸν Ἐπαίνετον, χιλίας δραχμὰς εἰσενεγκεῖν εἰς τὴν ἔκδοσιν τῇ θυγατρὶ τῇ Νεαίρας. καὶ ὅτι πάντα ταῦτα ἀληθῆ λέγω, τούτων ὑμῖν μάρτυρας αὐτοὺς τοὺς ἐγγυητὰς καὶ διαιτητὰς γενομένους καλῶ.

ΜΑΡΤΥΡΕΣ

71. Ναυσίφιλος Κεφαλῆθεν, Ἀριστόμαχος Κεφαλῆθεν μαρτυροῦσιν ἐγγυηταὶ γενέσθαι Ἐπαινέτου τοῦ Ἀνδρίου, ὅτ' ἔφη Στέφανος μοιχὸν εἰληφέναι Ἐπαίνετον· καὶ ἐπειδὴ ἐξῆλθεν Ἐπαίνετος παρὰ Στεφάνου καὶ κύριος ἐγένετο αὑτοῦ, γράψασθαι γραφὴν Στέφανον πρὸς τοὺς

1 τὴν (ante ἐργασίαν) del. Dobree 2 αὐτοὺς Reiske : αὐτὸν SFY 7 αὐτοὺς Reiske : αὐτὸν SFY ἀνελέσθαι om. Y[a] 16 καὶ (post δὲ) om. S[a] 18 εἶπεν F : [Y[a]] : εἴποι cod. v 21 τῇ Bekker : τῆς SFY ταῦτα πάντα cod. R 26 ἀνδρείου SF 28 στέφανον γραφὴν cod. R

θεσμοθέτας, ὅτι αὐτὸν ἀδίκως εἶρξεν· καὶ αὐτοὶ διαλλακταὶ γενόμενοι διαλλάξαι Ἐπαίνετον καὶ Στέφανον· τὰς δὲ διαλλαγὰς εἶναι ἃς παρέχεται Ἀπολλόδωρος.

ΔΙΑΛΛΑΓΑΙ

{Ἐπὶ τοῖσδε διήλλαξαν Στέφανον καὶ Ἐπαίνετον οἱ διαλλακταί, τῶν μὲν γεγενημένων περὶ τὸν εἱργμὸν μηδεμίαν μνείαν ἔχειν, Ἐπαίνετον δὲ δοῦναι χιλίας δραχμὰς Φανοῖ εἰς ἔκδοσιν, ἐπειδὴ κέχρηται αὐτῇ πολλάκις· Στέφανον δὲ παρέχειν Φανὼ Ἐπαινέτῳ, ὁπόταν ἐπιδημῇ καὶ βούληται συνεῖναι αὐτῇ.}

72. *Τὴν τοίνυν περιφανῶς ἐγνωσμένην ξένην εἶναι καὶ ἐφ' ᾗ μοιχὸν οὗτος ἐτόλμησε λαβεῖν, εἰς τοσοῦτον ὕβρεως καὶ ἀναιδείας ἦλθεν Στέφανος οὑτοσὶ καὶ Νέαιρα αὑτηί, ὥστε ἐτόλμησαν μὴ ἀγαπᾶν εἰ ἔφασκον αὐτὴν ἀστὴν εἶναι, ἀλλὰ κατιδόντες Θεογένην Κοιρωνίδην λαχόντα βασιλέα, ἄνθρωπον εὐγενῆ μέν, πένητα δὲ καὶ ἄπειρον πραγμάτων, συμπαραγενόμενος αὐτῷ δοκιμαζομένῳ καὶ συνευπορήσας ἀναλωμάτων, ὅτε εἰσῄει εἰς τὴν ἀρχήν, Στέφανος οὑτοσί, καὶ ὑπελθὼν καὶ τὴν ἀρχὴν παρ' αὐτοῦ πριάμενος, πάρεδρος γενόμενος, δίδωσι τὴν ἄνθρωπον ταύτην γυναῖκα, τὴν τῆς Νεαίρας θυγατέρα, καὶ ἐγγυᾷ Στέφανος οὑτοσὶ ὡς αὑτοῦ θυγατέρα οὖσαν· οὕτω πολὺ τῶν νόμων καὶ ὑμῶν κατεφρόνησεν.* (73) *καὶ αὕτη ἡ γυνὴ ὑμῖν ἔθυε τὰ ἄρρητα ἱερὰ ὑπὲρ τῆς πόλεως, καὶ εἶδεν ἃ οὐ προσῆκεν αὐτὴν ὁρᾶν ξένην οὖσαν, καὶ τοιαύτη οὖσα εἰσῆλθεν οἷ οὐδεὶς ἄλλος Ἀθηναίων τοσούτων ὄντων εἰσέρχεται ἀλλ' ἢ ἡ τοῦ βασιλέως γυνή, ἐξώρκωσέν τε τὰς γεραίρας τὰς ὑπηρετούσας τοῖς ἱεροῖς, ἐξεδόθη δὲ τῷ Διονύσῳ γυνή, ἔπραξε δὲ ὑπὲρ τῆς πόλεως τὰ πάτρια τὰ πρὸς*

73 *γεραρὰς* Harp. *γ* 6 AB 231.32

4 *αλλαγαι* S 5–9 del. Westermann 11 <*οὐκ*> *ἐτόλμησα* cod. D et Reiske 12 *αὔτη* SFY : corr. Blass 13 *ἐτόλμησαν* del. Reiske <*μόνον*> *εἰ* F^{γρ} 14 *καθωκίδην* SFY : corr. Voemel 17 *Στέφανος οὑτοσί* del. Hude 18 <*τούτου*> *αὐτοῦ* F^{γρ} 19 *γενάμενος* S 25 *ἀλλ' ἢ* S : corr. Bekker : *ἀλλ' ἣ* F : *ἀλλ' ἡ* Y 26 *γεραιὰς* S Harp. AB : *γεραρὰς* Y

τοὺς θεούς, πολλὰ καὶ ἅγια καὶ ἀπόρρητα. ἃ δὲ μηδ' ἀκοῦσαι πᾶσιν οἷόν τ' ἐστίν, πῶς ποιῆσαί γε τῇ ἐπιτυχούσῃ εὐσεβῶς ἔχει, ἄλλως τε καὶ τοιαύτῃ γυναικὶ καὶ τοιαῦτα ἔργα διαπεπραγμένῃ;

74. Βούλομαι δ' ὑμῖν ἀκριβέστερον περὶ αὐτῶν ἄνωθεν διηγήσασθαι καθ' ἕκαστον, ἵνα μᾶλλον ἐπιμέλειαν ποιήσησθε τῆς τιμωρίας, καὶ εἰδῆτε ὅτι οὐ μόνον ὑπὲρ ὑμῶν αὐτῶν καὶ τῶν νόμων τὴν ψῆφον οἴσετε, ἀλλὰ καὶ τῆς πρὸς τοὺς θεοὺς εὐλαβείας, τιμωρίαν ὑπὲρ τῶν ἠσεβημένων ποιούμενοι καὶ κολάζοντες τοὺς ἠδικηκότας. τὸ γὰρ ἀρχαῖον, ὦ ἄνδρες Ἀθηναῖοι, δυναστεία ἐν τῇ πόλει ἦν καὶ ἡ βασιλεία τῶν ἀεὶ ὑπερεχόντων διὰ τὸ αὐτόχθονας εἶναι, τὰς δὲ θυσίας ἁπάσας ὁ βασιλεὺς ἔθυε, καὶ τὰς σεμνοτάτας καὶ ἀρρήτους ἡ γυνὴ αὐτοῦ ἐποίει, εἰκότως, βασίλιννα οὖσα. (75) ἐπειδὴ δὲ Θησεὺς συνῴκισεν αὐτοὺς καὶ δημοκρατίαν ἐποίησεν καὶ ἡ πόλις πολυάνθρωπος ἐγένετο, τὸν μὲν βασιλέα οὐδὲν ἧττον ὁ δῆμος ᾑρεῖτο ἐκ προκρίτων κατ' ἀνδραγαθίαν χειροτονῶν, τὴν δὲ γυναῖκα αὐτοῦ νόμον ἔθεντο ἀστὴν εἶναι καὶ μὴ ἐπιμεμειγμένην ἑτέρῳ ἀνδρὶ ἀλλὰ παρθένον γαμεῖν, ἵνα κατὰ τὰ πάτρια θύηται τὰ ἄρρητα ἱερὰ ὑπὲρ τῆς πόλεως, καὶ τὰ νομιζόμενα γίγνηται τοῖς θεοῖς εὐσεβῶς καὶ μηδὲν καταλύηται μηδὲ καινοτομῆται. (76) καὶ τοῦτον τὸν νόμον γράψαντες ἐν στήλῃ λιθίνῃ ἔστησαν ἐν τῷ ἱερῷ τοῦ Διονύσου παρὰ τὸν βωμὸν ἐν Λίμναις (καὶ αὕτη ἡ στήλη ἔτι καὶ νῦν ἕστηκεν, ἀμυδροῖς γράμμασιν Ἀττικοῖς δηλοῦσα τὰ γεγραμμένα), {ἣν} μαρτυρίαν ποιούμενος ὁ δῆμος ὑπὲρ τῆς αὑτοῦ εὐσεβείας πρὸς τὸν θεὸν καὶ παρακαταθήκην καταλείπων τοῖς ἐπιγιγνομένοις, ὅτι τήν

74 *βασίλιννα* cf. Phryn. 197 et 231 Fischer 76 *γράμμασιν* Harp. α 261 Sud. α 4360 AB 461.13 A. Ba. 1.161.22 *γράμμασιν Ἀττικοῖς* Harp. α 261 Sud. α 2867

2 *πᾶσιν* om. F 9 *εὐλαβείας*] *εὐσεβείας* cod. D[c] et Taylor 13 *σεμνότητας* SF 14 *βασίλισσα* F[a]Y[c] 15 *συνῴκησεν* S[c]F 19 *γαμεῖσθαι* Gernet 25 del. Dindorf : *τοιαύτην* Kapparis

γε <τῷ> θεῷ γυναῖκα δοθησομένην καὶ ποιήσουσαν τὰ ἱερὰ τοιαύτην ἀξιοῦμεν εἶναι. καὶ διὰ ταῦτα ἐν τῷ ἀρχαιοτάτῳ ἱερῷ τοῦ Διονύσου καὶ ἁγιωτάτῳ ἐν Λίμναις ἔστησαν, ἵνα μὴ πολλοὶ εἰδῶσιν τὰ γεγραμμένα· ἅπαξ γὰρ τοῦ ἐνιαυτοῦ ἑκάστου ἀνοίγεται, τῇ δωδεκάτῃ τοῦ Ἀνθεστηριῶνος μηνός. (77) ὑπὲρ τοίνυν ἁγίων καὶ σεμνῶν ἱερῶν, ὧν οἱ πρόγονοι ὑμῶν οὕτως καλῶς καὶ μεγαλοπρεπῶς ἐπεμελήθησαν, ἄξιον καὶ ὑμᾶς σπουδάσαι, ὦ ἄνδρες Ἀθηναῖοι, καὶ τοὺς ἀσελγῶς μὲν καταφρονοῦντας τῶν νόμων τῶν ὑμετέρων, ἀναιδῶς δ' ἠσεβηκότας εἰς τοὺς θεοὺς ἄξιον τιμωρήσασθαι δυεῖν ἕνεκα, ἵνα οὗτοί τε τῶν ἠδικημένων δίκην δῶσιν, οἵ τ' ἄλλοι πρόνοιαν ποιῶνται καὶ φοβῶνται μηδὲν εἰς τοὺς θεοὺς καὶ τὴν πόλιν ἁμαρτάνειν.

78. Βούλομαι δ' ὑμῖν καὶ τὸν ἱεροκήρυκα καλέσαι, ὃς ὑπηρετεῖ τῇ τοῦ βασιλέως γυναικί, ὅταν ἐξορκοῖ τὰς γεραίρας ἐν κανοῖς πρὸς τῷ βωμῷ, πρὶν ἅπτεσθαι τῶν ἱερῶν, ἵνα καὶ τοῦ ὅρκου καὶ τῶν λεγομένων ἀκούσητε, ὅσα οἷόν τ' ἐστὶν ἀκούειν, καὶ εἰδῆτε ὡς σεμνὰ καὶ ἅγια καὶ ἀρχαῖα τὰ νόμιμά ἐστιν.

ΟΡΚΟΣ ΓΕΡΑΙΡΩΝ

Ἁγιστεύω καὶ εἰμὶ καθαρὰ καὶ ἁγνὴ ἀπὸ τῶν ἄλλων τῶν οὐ καθαρευόντων καὶ ἀπ' ἀνδρὸς συνουσίας, καὶ τὰ θεοίνια καὶ τὰ ἰοβάκχεια γεραίρω τῷ Διονύσῳ κατὰ τὰ πάτρια καὶ ἐν τοῖς καθήκουσι χρόνοις.

79. Τοῦ μὲν ὅρκου τοίνυν καὶ τῶν νομιζομένων πατρίων, ὅσα οἷόν τ' ἐστὶν εἰπεῖν, ἀκηκόατε, καὶ ὡς ἣν Στέφανος ἠγγύησεν τῷ Θεογένει γυναῖκα βασιλεύοντι ὡς αὑτοῦ οὖσαν θυγατέρα, αὕτη ἐποίει τὰ ἱερὰ ταῦτα καὶ ἐξώρκου τὰς

78 γεραρὰς Harp. γ 6

1 add. Gernet θεῷ Schaefer : σοι SFY : διονύσῳ Taylor 10 δυοῖν cod. v 14 ιερον κηρυκα S 15 γεραρὰς Y <τὰς> ἐν Reiske 20 γεγαρῶν Y 21–4 del. Mommsen 21 ἀπό <τε> Schaefer 22 θεόγνια SF ἰοβακχεῖα Y 23 γεραρῶ Dobree τὰ om. S

γεραίρας, καὶ ὅτι οὐδ' αὐταῖς ταῖς δρώσαις τὰ ἱερὰ ταῦτα οἷόν τ' ἐστὶν λέγειν πρὸς ἄλλον οὐδένα. φέρε δὴ καὶ μαρτυρίαν παράσχωμαι ὑμῖν δι' ἀπορρήτου μὲν γεγενημένην, ὅμως δὲ αὐτοῖς τοῖς πεπραγμένοις ἐπιδείξω φανερὰν οὖσαν αὐτὴν καὶ ἀληθῆ. **(80)** ὡς γὰρ ἐγένετο τὰ ἱερὰ ταῦτα καὶ ἀνέβησαν εἰς Ἄρειον πάγον οἱ ἐννέα ἄρχοντες ἐν ταῖς καθηκούσαις ἡμέραις, εὐθὺς ἡ βουλὴ ἡ ἐν Ἀρείῳ πάγῳ, ὥσπερ καὶ τἄλλα πολλοῦ ἀξία ἐστὶν τῇ πόλει περὶ εὐσέβειαν, ἐζήτει τὴν γυναῖκα ταύτην τοῦ Θεογένους ἥτις ἦν, καὶ ἐξήλεγχεν, καὶ περὶ τῶν ἱερῶν πρόνοιαν ἐποιεῖτο, καὶ ἐζημίου τὸν Θεογένην ὅσα κυρία ἐστίν, ἐν ἀπορρήτῳ δὲ καὶ διὰ κοσμιότητος· οὐ γὰρ αὐτοκράτορές εἰσιν, ὡς ἂν βούλωνται, Ἀθηναίων τινὰ κολάσαι. **(81)** γενομένων δὲ λόγων, καὶ χαλεπῶς φερούσης τῆς ἐν Ἀρείῳ πάγῳ βουλῆς καὶ ζημιούσης τὸν Θεογένην ὅτι τοιαύτην ἔλαβεν γυναῖκα καὶ ταύτην εἴασε ποιῆσαι τὰ ἱερὰ τὰ ἄρρητα ὑπὲρ τῆς πόλεως, ἐδεῖτο ὁ Θεογένης ἱκετεύων καὶ ἀντιβολῶν, λέγων ὅτι οὐκ ᾔδει Νεαίρας αὐτὴν οὖσαν θυγατέρα, ἀλλ' ἐξαπατηθείη ὑπὸ Στεφάνου, ὡς αὐτοῦ θυγατέρα οὖσαν αὐτὴν λαμβάνων γνησίαν κατὰ τὸν νόμον, καὶ διὰ τὴν ἀπειρίαν τῶν πραγμάτων καὶ τὴν ἀκακίαν τὴν ἑαυτοῦ τοῦτον πάρεδρον ποιήσαιτο, ἵνα διοικήσῃ τὴν ἀρχήν, ὡς εὔνουν ὄντα, καὶ διὰ τοῦτο κηδεύσειεν αὐτῷ. **(82)** 'ὅτι δὲ' ἔφη 'οὐ ψεύδομαι, μεγάλῳ τεκμηρίῳ καὶ περιφανεῖ ἐπιδείξω ὑμῖν· τὴν γὰρ ἄνθρωπον ἀποπέμψω ἐκ τῆς οἰκίας, ἐπειδὴ οὐκ ἔστιν Στεφάνου θυγάτηρ ἀλλὰ Νεαίρας. κἂν μὲν ταῦτα ποιήσω, ἤδη πιστοὶ ὑμῖν ὄντων οἱ λόγοι οἱ παρ' ἐμοῦ λεγόμενοι, ὅτι ἐξηπατήθην· ἐὰν δὲ μὴ ποιήσω, τότ' ἤδη με κολάζετε ὡς πονηρὸν ὄντα καὶ εἰς τοὺς θεοὺς ἠσεβηκότα.' **(83)** ὑποσχομένου δὲ ταῦτα τοῦ Θεογένους καὶ δεομένου, ἅμα μὲν καὶ ἐλεήσασα αὐτὸν ἡ ἐν Ἀρείῳ πάγῳ βουλὴ διὰ τὴν

79 γεραράς Harp. γ 6

1 γεγαράς Y ὁρώσαις] δρώσαις Reiske 3 γεγενημένων S[a] 4 καὶ <οὐκ> F 6 ἐν om. SY 15 τὰ ἱερὰ ἄρρητα F 21 κελεύσειεν S 23 ἀποπέμψων S[a] 25 ἡμῖν F ὄντων Rennie: ἔστωσαν SFY

ἀκακίαν τοῦ τρόπου, ἅμα δὲ καὶ ἐξηπατῆσθαι τῇ ἀληθείᾳ ἡγουμένη ὑπὸ τοῦ Στεφάνου, ἐπέσχεν. ὡς δὲ κατέβη ἐξ Ἀρείου πάγου ὁ Θεογένης, εὐθὺς τήν τε ἄνθρωπον τὴν ταυτησὶ Νεαίρας θυγατέρα ἐκβάλλει ἐκ τῆς οἰκίας, τόν τε Στέφανον τὸν ἐξαπατήσαντα αὐτὸν τουτονὶ ἀπελαύνει ἀπὸ τοῦ συνεδρίου. καὶ οὕτως ἐπαύσαντο οἱ Ἀρεοπαγῖται κρίνοντες τὸν Θεογένην καὶ ὀργιζόμενοι αὐτῷ, καὶ συγγνώμην εἶχον ἐξαπατηθέντι. **(84)** *καὶ ὅτι ταῦτ᾽ ἀληθῆ λέγω, τούτων ὑμῖν μάρτυρα αὐτὸν τὸν Θεογένην καλῶ καὶ ἀναγκάσω μαρτυρεῖν. κάλει μοι Θεογένην Ἐρχιέα.*

ΜΑΡΤΥΡΙΑ

Θεογένης Ἐρχιεὺς μαρτυρεῖ, ὅτε αὐτὸς ἐβασίλευεν, γῆμαι Φανὼ ὡς Στεφάνου οὖσαν θυγατέρα, ἐπεὶ δὲ ᾔσθετο ἐξηπατημένος, τήν τε ἄνθρωπον ἐκβαλεῖν καὶ οὐκέτι συνοικεῖν αὐτῇ, καὶ Στέφανον ἀπελάσαι ἀπὸ τῆς παρεδρίας καὶ οὐκ ἐᾶν ἔτι παρεδρεύειν αὐτῷ.

85. *Λαβὲ δή μοι τὸν νόμον ἐπὶ τούτοις τουτονὶ καὶ ἀνάγνωθι, ἵν᾽ εἰδῆτε ὅτι οὐ μόνον προσῆκεν αὐτὴν ἀπέχεσθαι τῶν ἱερῶν τούτων τοιαύτην οὖσαν καὶ τοιαῦτα διαπεπραγμένην, τοῦ ὁρᾶν καὶ θύειν καὶ ποιεῖν τι τῶν νομιζομένων ὑπὲρ τῆς πόλεως πατρίων, ἀλλὰ καὶ τῶν ἄλλων τῶν Ἀθήνησιν ἁπάντων. ἐφ᾽ ᾗ γὰρ ἂν μοιχὸς ἁλῷ γυναικί, οὐκ ἔξεστιν αὐτῇ ἐλθεῖν εἰς οὐδὲν τῶν ἱερῶν τῶν δημοτελῶν, εἰς ἃ καὶ τὴν ξένην καὶ τὴν δούλην {ἐλθεῖν} ἐξουσίαν ἔδοσαν οἱ νόμοι καὶ θεασομένην καὶ ἱκετεύσουσαν εἰσιέναι·* **(86)** *ἀλλὰ μόναις ταύταις ἀπαγορεύουσιν οἱ νόμοι ταῖς γυναιξὶ μὴ εἰσιέναι εἰς τὰ ἱερὰ τὰ δημοτελῆ, ἐφ᾽ ᾗ ἂν μοιχὸς ἁλῷ, ἐὰν δ᾽ εἰσίωσι καὶ*

86 ἀλλὰ–ἱερὰ AB 123.29 ἀπαγορεύουσιν Sud. α 2867

---

4 τε om. S^a 6 post ἐπαύσατο verba βελτίους (89) usque ad ἀρίστους (107) hic inserta S^a ἀρεοπαγεῖται S^a 12–15 del. Westermann 13 <καὶ> ἐπεὶ S ἐξαπατημένος S 15 προεδρίας $F^{γρ}$ 16 <τὸν> ἐπὶ Rennie 19 τι τῶν νομιζομένων <τι> S 21 οὐκ] οὐκέτι FY 22 ὃ SFY : corr. Reiske 23 del. Hude 26 ἂν] ἐὰν SF

παρανομῶσι, νηποινεὶ πάσχειν ὑπὸ τοῦ βουλομένου ὅ τι ἂν πάσχῃ, πλὴν θανάτου, καὶ ἔδωκεν ὁ νόμος τὴν τιμωρίαν ὑπὲρ αὐτῶν τῷ ἐντυχόντι, διὰ τοῦτο δ' ἐποίησεν ὁ νόμος, πλὴν θανάτου, τἄλλα ὑβρισθεῖσαν αὐτὴν μηδαμοῦ λαβεῖν δίκην, ἵνα μὴ μιάσματα μηδ' ἀσεβήματα γίγνηται ἐν τοῖς ἱεροῖς, ἱκανὸν φόβον ταῖς γυναιξὶ παρασκευάζων τοῦ σωφρονεῖν καὶ μηδὲν ἁμαρτάνειν, ἀλλὰ δικαίως οἰκουρεῖν, διδάσκων ὡς, ἄν τι ἁμάρτῃ τοιοῦτον, ἅμα ἔκ τε τῆς οἰκίας τοῦ ἀνδρὸς ἐκβεβλημένη ἔσται καὶ ἐκ τῶν ἱερῶν τῶν τῆς πόλεως. **(87)** *καὶ ὅτι ταῦτα οὕτως ἔχει, τοῦ νόμου αὐτοῦ ἀκούσαντες ἀναγνωσθέντος εἴσεσθε. καί μοι λαβέ.*

ΝΟΜΟΣ ΜΟΙΧΕΙΑΣ

Ἐπειδὰν δὲ ἕλῃ τὸν μοιχόν, μὴ ἐξέστω τῷ ἑλόντι συνοικεῖν τῇ γυναικί· ἐὰν δὲ συνοικῇ, ἄτιμος ἔστω. μηδὲ τῇ γυναικὶ ἐξέστω εἰσιέναι εἰς τὰ ἱερὰ τὰ δημοτελῆ, ἐφ' ᾗ ἂν μοιχὸς ἁλῷ· ἐὰν δ' εἰσίῃ, νηποινεὶ πασχέτω ὅ τι ἂν πάσχῃ, πλὴν θανάτου.

88. *Βούλομαι τοίνυν ὑμῖν, ὦ ἄνδρες Ἀθηναῖοι, καὶ τοῦ δήμου τοῦ Ἀθηναίων μαρτυρίαν παρασχέσθαι, ὡς σπουδάζει περὶ τὰ ἱερὰ ταῦτα καὶ ὡς πολλὴν πρόνοιαν περὶ αὐτῶν πεποίηται. ὁ γὰρ δῆμος ὁ Ἀθηναίων κυριώτατος ὢν τῶν ἐν τῇ πόλει ἁπάντων, καὶ ἐξὸν αὐτῷ ποιεῖν ὅ τι ἂν βούληται, οὕτω καλὸν καὶ σεμνὸν ἡγήσατ' εἶναι δῶρον τὸ Ἀθηναῖον γενέσθαι, ὥστε νόμους ἔθετο αὐτῷ καθ' οὓς ποιεῖσθαι δεῖ, ἐάν τινα βούλωνται, πολίτην, οἳ νῦν προπεπηλακισμένοι εἰσὶν ὑπὸ Στεφάνου τουτουὶ καὶ τῶν οὕτω γεγαμηκότων.* **(89)** *ὑμεῖς δ'*

86 *μηδὲ–ἱερὰ* AB 140.2 **88** *ποιεῖσθαι* cf. Harp. δ 29

1 *νηποινη* S 3 *αὐτῶν*] *αὐτοῦ* F^{a} 4 *τἄλλα* om. S^{a} 8 *τοιοῦτον* cod. Q^{γρ} : *τούτων* SFY 9 *τῶν* om. cod. R 11 *λαβὲ* <*τὸν νόμον*> F 12 *μοιχ*(*εια* in ras.) S^{a} 13–16 del. Westermann 14 *δὲ* om. F^{a} 15 *ἱερὰ* <*ταῦτα*> AB *τὰ δημοτελῆ* - 19 *ἱερὰ* om. SY^{a} (*ὁμ.*) *εἰσίῃ*] *εἴῃ* F 18 *τῶν ἀθηναίων* F 20 *ὁ*^{2} om. F *ἀθηναῖος* S 25 *ὑμεῖς* Wolf : *ὅμως* SFY : <*ὑμᾶς μὲν οὖν οὐκ ἀγνοεῖν ταῦτα νομίζω*> *ὅμως* van Herwerden

ἀκούσαντες αὐτῶν βέλτιον εἴσεσθε, **(89)** *καὶ τὰ κάλλιστα καὶ τὰ σεμνότατα δῶρα τοῖς εὐεργετοῦσι τὴν πόλιν διδόμενα γνώσεσθε ὡς λελυμασμένοι εἰσίν.*

89. *Πρῶτον μὲν γὰρ νόμος ἐστὶ τῷ δήμῳ κείμενος μὴ ἐξεῖναι ποιήσασθαι Ἀθηναῖον, ὃν ἂν μὴ δι' ἀνδραγαθίαν εἰς τὸν δῆμον τὸν Ἀθηναίων ἄξιον ᾖ γενέσθαι πολίτην. ἔπειτ' ἐπειδὰν πεισθῇ ὁ δῆμος καὶ δῷ τὴν δωρεάν, οὐκ ἐᾷ κυρίαν γενέσθαι τὴν ποίησιν, ἐὰν μὴ τῇ ψήφῳ εἰς τὴν ἐπιοῦσαν ἐκκλησίαν ὑπερεξακισχίλιοι Ἀθηναίων ψηφίσωνται κρύβδην ψηφιζόμενοι.* **(90)** *τοὺς δὲ πρυτάνεις κελεύει τιθέναι τοὺς καδίσκους ὁ νόμος καὶ τὴν ψῆφον διδόναι προσιόντι τῷ δήμῳ πρὶν τοὺς ξένους εἰσιέναι καὶ τὰ γέρρα ἀναιρεῖν, ἵνα κύριος ὢν αὐτὸς αὑτοῦ ἕκαστος σκοπῆται πρὸς αὑτὸν ὅντινα μέλλει πολίτην ποιήσεσθαι, εἰ ἄξιός ἐστι τῆς δωρεᾶς ὁ μέλλων λήψεσθαι. ἔπειτα μετὰ ταῦτα παρανόμων γραφὴν ἐποίησε κατ' αὐτοῦ τῷ βουλομένῳ Ἀθηναίων, καὶ ἔστιν εἰσελθόντα εἰς τὸ δικαστήριον ἐξελέγξαι ὡς οὐκ ἄξιός ἐστι τῆς δωρεᾶς, ἀλλὰ παρὰ τοὺς νόμους Ἀθηναῖος γέγονεν.* **(91)** *καὶ ἤδη τισὶ τοῦ δήμου δόντος τὴν δωρεάν, λόγῳ ἐξαπατηθέντος ὑπὸ τῶν αἰτούντων, παρανόμων γραφῆς γενομένης καὶ εἰσελθούσης εἰς τὸ δικαστήριον, ἐξελεγχθῆναι συνέβη τὸν εἰληφότα τὴν δωρεὰν μὴ ἄξιον εἶναι αὐτῆς, καὶ ἀφείλετο τὸ δικαστήριον. καὶ τοὺς μὲν πολλοὺς καὶ παλαιοὺς ἔργον διηγήσασθαι· ἃ δὲ πάντες μνημονεύετε, Πειθόλαν τε τὸν Θετταλὸν καὶ Ἀπολλωνίδην τὸν Ὀλύνθιον πολίτας ὑπὸ τοῦ δήμου γενομένους ἀφείλετο τὸ δικαστήριον·* **(92)** *ταῦτα γὰρ οὐ πάλαι ἐστὶ γεγενημένα ὥστε ἀγνοεῖν ὑμᾶς. οὕτως τοίνυν καλῶς καὶ ἰσχυρῶς*

90 *γέρρα* Harp. *γ* 8 Anec. Bach. 2.339.24

1 *ἀκούσοντες* SF[a]Y *βελτίους* SFY : corr. Kapparis 4 *τῷ δήμῳ* om. Y[a] 6 *τῶν ἀθηναίων* F 7 *δῷ*] *δήμῳ* Y[a] ut videtur 9 *ἀθηναῖοι* F 12 *γέρα* SFY : corr. Harp. 14 *πολίτην* om. cod. D *ὁ - λήψεσθαι* del. Hude 17 *ἐξελέγξαι* om. Y : *ἐξελεγχθῆναι* Y[C] 23 *πολλοὺς καὶ* del. Reiske 26 <*εἰς*> *τὸ* SF : <*αὖ*> *τὸ* Hude

τῶν νόμων κειμένων ὑπὲρ τῆς πολιτείας, δι' ὧν δεῖ Ἀθηναῖον γενέσθαι, ἕτερός ἐστιν ἐφ' ἅπασι τούτοις κυριώτατος νόμος κείμενος· οὕτω πολλὴν ὁ δῆμος πρόνοιαν ἐποιεῖτο ὑπὲρ αὑτοῦ καὶ τῶν θεῶν ὥστε δι' εὐσεβείας τὰ ἱερὰ θύεσθαι ὑπὲρ τῆς πόλεως. ὅσους γὰρ ἂν ποιήσηται ὁ δῆμος ὁ Ἀθηναίων πολίτας, ὁ νόμος ἀπαγορεύει διαρρήδην μὴ ἐξεῖναι αὐτοῖς τῶν ἐννέα ἀρχόντων γενέσθαι, μηδὲ ἱερωσύνης μηδεμιᾶς μετασχεῖν· τοῖς δ' ἐκ τούτων μετέδωκεν ἤδη ὁ δῆμος ἁπάντων, καὶ προσέθηκεν 'ἐὰν ὦσιν ἐκ γυναικὸς ἀστῆς καὶ ἐγγυητῆς κατὰ τὸν νόμον.' (93) *καὶ ὅτι ταῦτ' ἀληθῆ λέγω, μεγάλῃ καὶ περιφανεῖ μαρτυρίᾳ ἐγὼ ὑμῖν δηλώσω. βούλομαι δ' ὑμῖν τὸν νόμον πόρρωθεν προδιηγήσασθαι, ὡς ἐτέθη καὶ πρὸς οὓς διωρίσθη ὡς ἄνδρας ἀγαθοὺς ὄντας καὶ βεβαίους φίλους περὶ τὸν δῆμον γεγονότας. ἐκ τούτων γὰρ ἁπάντων εἴσεσθε τήν τε τοῦ δήμου δωρεὰν τὴν ἀπόθετον τοῖς εὐεργέταις προπηλακιζομένην, καὶ ὅσων ὑμᾶς ἀγαθῶν κωλύουσι κυρίους εἶναι Στέφανός τε οὑτοσὶ καὶ οἱ τὸν αὐτὸν τρόπον τούτῳ γεγαμηκότες καὶ παιδοποιούμενοι.*

94. *Πλαταιῆς γάρ, ὦ ἄνδρες Ἀθηναῖοι, μόνοι τῶν Ἑλλήνων ὑμῖν ἐβοήθησαν Μαραθῶνάδε, ὅτε Δᾶτις ὁ βασιλέως Δαρείου στρατηγὸς ἀναχωρῶν ἐξ Ἐρετρίας Εὔβοιαν ὑφ' ἑαυτῷ ποιησάμενος, ἀπέβη εἰς τὴν χώραν πολλῇ δυνάμει καὶ ἐπόρθει. καὶ ἔτι καὶ νῦν τῆς ἀνδραγαθίας αὐτῶν ὑπομνήματα <ἡ> ἐν τῇ ποικίλῃ στοᾷ γραφὴ δεδήλωκεν· ὡς ἕκαστος γὰρ τάχους εἶχεν, εὐθὺς προσβοηθῶν γέγραπται, οἱ τὰς κυνᾶς τὰς Βοιωτίας ἔχοντες.* (95) *πάλιν δὲ Ξέρξου ἰόντος ἐπὶ τὴν*

94 *ἐν τῇ ποικίλῃ στοᾷ* cf. Harp. ο 13 Sud. ο 104 *οἱ—ἔχοντες* Sud. κ 2697 Ph. s.v. *κυνᾶς*

---

1 *κειμένων τῶν νόμων* cod. R 2 *ἐστιν*] *τις* F 5 *ὁ δῆμος ποιήσηται* F[a] 8 *ἤδη* om. cod. R 16 *τε* om. SY 19 *πλαταιεῖς* S[C]FY ante *μόνοι* duae litt. erasae in S (fort. *οἱ*) 20 *δάτης* SF 21 *ὑφ'*] *ἐφ'* F 23 *καὶ*[2] om. F 24 add. Jurinus *γραφῇ* Y 25 <***> *οἱ* Kapparis : <*ἄλλοι τε καὶ οἱ*> Diggle *κύνας* FY : corr. Sud. Ph. : *κοινας* S 26 *Βοιωτίας*] *σιωπὰς* Sud.

Ἑλλάδα, Θηβαίων μηδισάντων, οὐκ ἐτόλμησαν ἀποστῆναι τῆς ὑμετέρας φιλίας, ἀλλὰ μόνοι τῶν ἄλλων Βοιωτῶν οἱ μὲν ἡμίσεις αὐτῶν μετὰ Λακεδαιμονίων καὶ Λεωνίδου ἐν Θερμοπύλαις παραταξάμενοι τῷ βαρβάρῳ ἐπιόντι συναπώλοντο, οἱ δὲ λοιποὶ ἐμβάντες εἰς τὰς ὑμετέρας τριήρεις, ἐπειδὴ αὐτοῖς οἰκεῖα σκάφη οὐχ ὑπῆρχεν, συνεναυμάχουν ὑμῖν ἐπί τε Ἀρτεμισίῳ καὶ ἐν Σαλαμῖνι. **(96)** καὶ τὴν τελευταίαν μάχην Πλαταιᾶσι Μαρδονίῳ τῷ βασιλέως στρατηγῷ μεθ' ὑμῶν καὶ τῶν συνελευθερούντων τὴν Ἑλλάδα μαχεσάμενοι, εἰς κοινὸν τὴν ἐλευθερίαν τοῖς ἄλλοις Ἕλλησι κατέθηκαν. ἐπεὶ δὲ Παυσανίας ὁ Λακεδαιμονίων βασιλεὺς ὑβρίζειν ἐνεχείρει ὑμᾶς, καὶ οὐκ ἠγάπα ὅτι τῆς ἡγεμονίας μόνοι ἠξιώθησαν Λακεδαιμόνιοι ὑπὸ τῶν Ἑλλήνων, καὶ ἡ πόλις τῇ μὲν ἀληθείᾳ ἡγεῖτο τῆς ἐλευθερίας τοῖς Ἕλλησιν, τῇ δὲ φιλοτιμίᾳ οὐκ ἠναντιοῦτο τοῖς Λακεδαιμονίοις, ἵνα μὴ φθονηθῶσιν ὑπὸ τῶν συμμάχων—**(97)** ἐφ' οἷς φυσηθεὶς Παυσανίας ὁ τῶν Λακεδαιμονίων βασιλεὺς ἐπέγραψεν ἐπὶ τὸν τρίποδα ἐν Δελφοῖς, ὃν οἱ Ἕλληνες οἱ συμμαχεσάμενοι τὴν Πλαταιᾶσι μάχην καὶ τὴν ἐν Σαλαμῖνι ναυμαχίαν ναυμαχήσαντες κοινῇ ποιησάμενοι ἀνέθηκαν ἀριστεῖον τῷ Ἀπόλλωνι ἀπὸ τῶν βαρβάρων,

Ἑλλήνων ἀρχηγός, ἐπεὶ στρατὸν ὤλεσε Μήδων,
    Παυσανίας Φοίβῳ μνῆμ' ἀνέθηκε τόδε,

ὡς αὐτοῦ τοῦ ἔργου ὄντος καὶ τοῦ ἀναθήματος, ἀλλ' οὐ κοινοῦ τῶν συμμάχων· **(98)** ὀργισθέντων δὲ τῶν Ἑλλήνων, οἱ Πλαταιεῖς λαγχάνουσι δίκην τοῖς Λακεδαιμονίοις εἰς τοὺς Ἀμφικτύονας χιλίων ταλάντων ὑπὲρ τῶν συμμάχων, καὶ

96 Πλαταιᾶσι cf. Harp. ο 13

2 ἡμετέρας SFY : corr. Reiske   4 ἐπιόντι om. F[a]   5 ἡμετέρας F   7 ἀρτημησίω S   σαλαμήνι S[a]   8 πλαταιέσι SF   9 μαχησάμενοι Y   12 μόνον F[a] : del. Blass   13 καὶ del. Reiske   15 ὑπὸ] ἀπὸ cod. R   17 τριπόδα <τὸν> Blass   18 <ἐν> πλαταιᾶσι F (- έσι F[C])   19 σαλαμηνι S[a]   23 αὐτῶν F[C]   24 δὲ] δὴ Dobree

ἠνάγκασαν αὐτοὺς ἐκκολάψαντας τὰ ἐλεγεῖα ἐπιγράψαι τὰς πόλεις τὰς κοινωνούσας τοῦ ἔργου. δι' ὅπερ αὐτοῖς οὐχ ἥκιστα παρηκολούθει ἡ ἔχθρα παρὰ Λακεδαιμονίων καὶ ἐκ τοῦ γένους τοῦ βασιλείου. καὶ ἐν μὲν τῷ παρόντι οὐκ εἶχον αὐτοῖς ὅ τι χρήσωνται οἱ Λακεδαιμόνιοι, ὕστερον δὲ ὡς πεντήκοντα ἔτεσιν Ἀρχίδαμος ὁ Ζευξιδάμου Λακεδαιμονίων βασιλεὺς εἰρήνης οὔσης ἐνεχείρησεν αὐτῶν καταλαβεῖν τὴν πόλιν. **(99)** *ἔπραξε δὲ ταῦτ' ἐκ Θηβῶν δι' Εὐρυμάχου τοῦ Λεοντιάδου βοιωταρχοῦντος, ἀνοιξάντων τὰς πύλας τῆς νυκτὸς Ναυκλείδου καὶ ἄλλων τινῶν μετ' αὐτοῦ, πεισθέντων χρήμασιν. αἰσθόμενοι δ' οἱ Πλαταιεῖς ἔνδον ὄντας τοὺς Θηβαίους τῆς νυκτὸς καὶ ἐξαπίνης αὐτῶν τὴν πόλιν ἐν εἰρήνῃ κατειλημμένην, προσεβοήθουν καὶ αὐτοὶ καὶ συνετάττοντο. καὶ ἐπειδὴ ἡμέρα ἐγίγνετο καὶ εἶδον οὐ πολλοὺς ὄντας τοὺς Θηβαίους, ἀλλὰ τοὺς πρώτους αὐτῶν εἰσεληλυθότας (ὕδωρ γὰρ γενόμενον τῆς νυκτὸς πολὺ ἐκώλυσεν αὐτοὺς πάντας εἰσελθεῖν· ὁ γὰρ Ἀσωπὸς ποταμὸς μέγας ἐρρύη καὶ διαβῆναι οὐ ῥᾴδιον ἦν, ἄλλως τε καὶ νυκτός),* **(100)** *ὡς οὖν εἶδον οἱ Πλαταιεῖς τοὺς Θηβαίους ἐν τῇ πόλει καὶ ἔγνωσαν ὅτι οὐ πάντες πάρεισιν, ἐπιτίθενται καὶ εἰς μάχην ἐλθόντες κρατοῦσι καὶ φθάνουσιν ἀπολέσαντες αὐτοὺς πρὶν τοὺς ἄλλους προσβοηθῆσαι, καὶ ὡς ὑμᾶς πέμπουσιν εὐθὺς ἄγγελον τήν τε πρᾶξιν φράσοντα καὶ τὴν μάχην δηλώσοντα ὅτι νικῶσι, καὶ βοηθεῖν ἀξιοῦντες, ἂν οἱ Θηβαῖοι τὴν χώραν αὐτῶν δῃῶσιν. ἀκούσαντες δὲ οἱ Ἀθηναῖοι τὰ γεγονότα διὰ τάχους ἐβοήθουν εἰς τὰς Πλαταιάς· καὶ οἱ Θηβαῖοι ὡς ἑώρων τοὺς Ἀθηναίους βεβοηθηκότας τοῖς Πλαταιεῦσιν, ἀνεχώρησαν ἐπ' οἴκου.* **(101)** *ὡς οὖν ἀπέτυχον οἱ Θηβαῖοι τῆς πείρας καὶ οἱ Πλαταιεῖς τοὺς*

1 *ἐκκόψαντας* SF[a]Y *ἐγγράψαι* F[γρ] 3 *ἔχθρα* <*ἡ*> Blass 4 *αὐτοῖς*] *αὐτὸν* SY[a] : *αυτοι* S[C] 5 *χρήσονται* cod. R : *χρήσαιντο* van Herwerden *οἱ* om. Y 12 *τὴν αὑτῶν* Dryoff : *αὐτῶν* del. Rennie 14 *ἐγένετο* SY 16 *ἐπιγενόμενον* Naber 17 *μέγα* SF[a] : *ἐρρύη μέγας* Thuc. 2.5.2 21 *ἀπελάσαντες* Hude

ἄνδρας οὓς ἔλαβον αὐτῶν ἐν τῇ μάχῃ ζῶντας, ἀπέκτειναν, ὀργισθέντες οἱ Λακεδαιμόνιοι ἀπροφασίστως ἤδη στρατεύουσιν ἐπὶ τὰς Πλαταιάς, Πελοποννησίοις μὲν ἅπασι πλὴν Ἀργείων τὰ δύο μέρη τῆς στρατιᾶς ἀπὸ τῶν πόλεων ἑκάστων πέμπειν ἐπιτάξαντες, Βοιωτοῖς δὲ τοῖς ἄλλοις ἅπασι καὶ Λοκροῖς καὶ Φωκεῦσι καὶ Μαλιεῦσι καὶ Οἰταίοις καὶ Αἰνιᾶσιν πανδημεὶ ἐπαγγείλαντες στρατεύειν. (102) καὶ περικαθεζόμενοι αὐτῶν τὸ τεῖχος πολλῇ δυνάμει ἐπηγγέλλοντο, εἰ βούλοιντο τὴν μὲν πόλιν αὑτοῖς παραδοῦναι, τὴν δὲ χώραν ἔχειν καὶ καρποῦσθαι τὰ αὑτῶν, ἀφίστασθαι δὲ τῆς Ἀθηναίων συμμαχίας. οὐκ ἐθελησάντων δὲ τῶν Πλαταιέων, ἀλλ' ἀποκριναμένων ὅτι ἄνευ Ἀθηναίων οὐδὲν ἂν πράξειαν, ἐπολιόρκουν αὐτοὺς διπλῷ τείχει περιτειχίσαντες δύο ἔτη, πολλὰς καὶ παντοδαπὰς πείρας προσάγοντες. (103) ἐπεὶ δ' ἀπειρήκεσαν οἱ Πλαταιεῖς καὶ ἐνδεεῖς ἦσαν ἁπάντων καὶ ἠποροῦντο τῆς σωτηρίας, διακληρωσάμενοι πρὸς σφᾶς αὐτοὺς οἱ μὲν ὑπομείναντες ἐπολιορκοῦντο, οἱ δὲ τηρήσαντες νύκτα καὶ ὕδωρ καὶ ἄνεμον πολύν, ἐξελθόντες ἐκ τῆς πόλεως καὶ ὑπερβάντες τὸ περιτείχισμα τῶν πολεμίων λαθόντες τὴν στρατιάν, ἀποσφάξαντες τοὺς φύλακας διασῴζονται δεῦρο, δεινῶς διακείμενοι καὶ ἀπροσδοκήτως· οἱ δ' ὑπομείναντες αὐτῶν ἁλούσης τῆς πόλεως κατὰ κράτος ἀπεσφάγησαν πάντες οἱ ἡβῶντες, παῖδες δὲ καὶ γυναῖκες ἐξηνδραποδίσθησαν, ὅσοι μὴ προαισθόμενοι ἐπιόντας τοὺς Λακεδαιμονίους ὑπεξῆλθον Ἀθήναζε. (104) τοῖς οὖν οὕτω φανερῶς ἐνδεδειγμένοις τὴν εὔνοιαν τῷ δήμῳ, καὶ προειμένοις ἅπαντα τὰ αὑτῶν καὶ παῖδας καὶ γυναῖκας, πάλιν σκοπεῖτε πῶς μετέδοτε τῆς πολιτείας. ἐκ γὰρ τῶν ψηφισμάτων τῶν ὑμετέρων καταφανὴς

6 μιλιεῦσι Y 10 δὲ (ante τῆς) del. Rennie 11 δὲ om. SF[a]Y πλαταιῶν SY 13 δύο Palmer : δέκα SFY 19 τείχισμα cod. R 24 αἰσθανόμενοι SFY[a] : αἰσθόμενοι Blass 26 προεμένοις SFY : corr. Cobet

πᾶσιν ἔσται ὁ νόμος, καὶ γνώσεσθ' ὅτι ἀληθῆ λέγω. καί μοι λαβὲ τὸ ψήφισμα τοῦτο καὶ ἀνάγνωθι αὐτοῖς.

ΨΗΦΙΣΜΑ ΠΕΡΙ ΠΛΑΤΑΙΕΩΝ

Ἱπποκράτης εἶπεν, Πλαταιέας εἶναι Ἀθηναίους ἀπὸ τῆσδε τῆς ἡμέρας, ἐπιτίμους καθάπερ οἱ ἄλλοι Ἀθηναῖοι, καὶ μετεῖναι αὐτοῖς ὧνπερ Ἀθηναίοις μέτεστι πάντων, καὶ ἱερῶν καὶ ὁσίων, πλὴν εἴ τις ἱερωσύνη ἢ τελετή ἐστιν ἐκ γένους, μηδὲ τῶν ἐννέα ἀρχόντων, τοῖς δ' ἐκ τούτων. κατανεῖμαι δὲ τοὺς Πλαταιέας εἰς τοὺς δήμους καὶ τὰς φυλάς. ἐπειδὰν δὲ νεμηθῶσι, μὴ ἐξέστω ἔτι Ἀθηναίῳ μηδενὶ γίγνεσθαι Πλαταιέων, μὴ εὑρομένῳ παρὰ τοῦ δήμου τοῦ Ἀθηναίων.

105. *Ὁρᾶτε, ὦ ἄνδρες Ἀθηναῖοι, ὡς καλῶς καὶ δικαίως ἔγραψεν ὁ ῥήτωρ ὑπὲρ τοῦ δήμου τοῦ Ἀθηναίων, καὶ ἠξίωσε τοὺς Πλαταιέας λαμβάνοντας τὴν δωρεὰν πρῶτον μὲν δοκιμασθῆναι ἐν τῷ δικαστηρίῳ κατ' ἄνδρα ἕκαστον, εἰ ἔστιν Πλαταιεὺς καὶ εἰ τῶν φίλων τῶν τῆς πόλεως, ἵνα μὴ ἐπὶ ταύτῃ τῇ προφάσει πολλοὶ μεταλάβωσι τῆς πολιτείας· ἔπειτα τοὺς δοκιμασθέντας ἀναγραφῆναι ἐν στήλῃ λιθίνῃ, καὶ στῆσαι ἐν ἀκροπόλει παρὰ τῇ θεῷ, ἵνα σῴζηται ἡ δωρεὰ τοῖς ἐπιγιγνομένοις καὶ ᾖ ἐξελέγξαι ὅτου ἂν ἕκαστος ᾖ συγγενής.* **(106)** *καὶ ὕστερον οὐκ ἐᾷ γίγνεσθαι Ἀθηναῖον ἐξεῖναι ὃς ἂν μὴ νῦν γένηται καὶ δοκιμασθῇ ἐν τῷ δικαστηρίῳ, τοῦ μὴ πολλοὺς φάσκοντας Πλαταιέας εἶναι κατασκευάζειν αὑτοῖς πολιτείαν. ἔπειτα καὶ τὸν νόμον διωρίσατο ἐν τῷ ψηφίσματι πρὸς αὐτοὺς εὐθέως ὑπέρ τε τῆς πόλεως καὶ τῶν θεῶν, {καὶ} μὴ ἐξεῖναι αὐτῶν μηδενὶ τῶν ἐννέα ἀρχόντων λαχεῖν μηδὲ ἱερωσύνης*

1 *ἐστιν* SFY : corr. Hude   3 *ψήφισμα* om. S   5 *ἐντίμους* SFY : corr. Cobet   *καὶ* (ante *μετεῖναι*) om. S^{a} 6 <*ἀλλὰ μὴ τῶν ἱερωσυνῶν*> *πλὴν* Riehemann : idem add. Osborne ante *μηδὲ* : <***> *πλὴν* Carey   7 <*τούτων μὴ μετεῖναι αὐτοῖς*> *μηδὲ* Reiske   *ἀρχόντων* <*λαχεῖν*> vel <*γενέσθαι*> Reiske   8 *τούτων* <*ἐξ ἀστῆς γυναικὸς καὶ ἐγγυητῆς κατὰ τὸν νόμον*> Osborne : *τούτων* <***> Reiske   11 *ὁρᾶτε* <*δὴ*> FY^{C} 14 *ἐστι* Y   15 *εἰ τῶν*] *εἷς τῶν* FY^{γρ} 17 *ἀναγράφειν* cod. D   *στῆναι* Richards   18 *παρὰ*] *πρὸς* FY^{γρ} 24 del. Sauppe

μηδεμιᾶς, τοῖς δ' ἐκ τούτων, ἂν ὦσιν ἐξ ἀστῆς γυναικὸς καὶ ἐγγυητῆς κατὰ τὸν νόμον.

107. *Οὔκουν δεινόν; πρὸς μὲν τοὺς ἀστυγείτονας καὶ ὁμολογουμένως ἀρίστους τῶν Ἑλλήνων εἰς τὴν πόλιν γεγενημένους οὕτω καλῶς καὶ ἀκριβῶς διωρίσασθε περὶ ἑκάστου, ἐφ' οἷς δεῖ ἔχειν τὴν δωρεάν, τὴν δὲ περιφανῶς ἐν ἁπάσῃ τῇ Ἑλλάδι πεπορνευμένην οὕτως αἰσχρῶς καὶ ὀλιγώρως ἐάσετε ὑβρίζουσαν εἰς τὴν πόλιν καὶ ἀσεβοῦσαν εἰς τοὺς θεοὺς ἀτιμώρητον, ἣν οὔτε οἱ πρόγονοι ἀστὴν κατέλιπον οὔθ' ὁ δῆμος πολῖτιν ἐποιήσατο;* **(108)** *ποῦ γὰρ αὕτη οὐκ εἴργασται τῷ σώματι, ἢ ποῖ οὐκ ἐλήλυθεν ἐπὶ τῷ καθ' ἡμέραν μισθῷ; οὐκ ἐν Πελοποννήσῳ μὲν πάσῃ, ἐν Θετταλίᾳ δὲ καὶ Μαγνησίᾳ μετὰ Σίμου τοῦ Λαρισαίου καὶ Εὐρυδάμαντος τοῦ Μηδείου, ἐν Χίῳ δὲ καὶ ἐν Ἰωνίᾳ τῇ πλείστῃ μετὰ Σωτάδου τοῦ Κρητὸς ἀκολουθοῦσα, μισθωθεῖσα ὑπὸ τῆς Νικαρέτης, ὅτε ἔτι ἐκείνης ἦν; τὴν δὴ ὑφ' ἑτέροις οὖσαν καὶ ἀκολουθοῦσαν τῷ διδόντι τί οἴεσθε ποιεῖν; ἆρ' οὐχ ὑπηρετεῖν τοῖς χρωμένοις εἰς ἁπάσας ἡδονάς; εἶτα τὴν τοιαύτην καὶ περιφανῶς ἐγνωσμένην ὑπὸ πάντων γῆς περίοδον εἰργασμένην ψηφιεῖσθε ἀστὴν εἶναι;* **(109)** *καὶ τί καλὸν φήσετε πρὸς τοὺς ἐρωτῶντας διαπεπρᾶχθαι, ἢ ποίᾳ αἰσχύνῃ καὶ ἀσεβείᾳ οὐκ ἔνοχοι αὐτοὶ εἶναι; πρὶν μὲν γὰρ γραφῆναι ταύτην καὶ εἰς ἀγῶνα καταστῆναι καὶ πυθέσθαι πάντας ἥτις ἦν καὶ οἷα ἠσέβηκεν, τὰ μὲν ἀδικήματα ταύτης ἦν, ἡ δ' ἀμέλεια τῆς πόλεως· καὶ οἱ μὲν οὐκ ᾔδεσαν ὑμῶν, οἱ*

108 forte post (19) *πάντων <ἀπὸ τριῶν τρυπημάτων τὴν ἐργασίαν πεποιῆσθαι>* cf. Hermog. 325.18 R cf. D.H. fr. 23 U-S Greg. Cor. 7.1160.12 W. Tz.

3 *οὐκουν* S : *οὐκοῦν* AF : corr. Rennie   4 *ὁμολογουμένους* F   *τῶν* om. S   5 *διωρίσασθαι* S : corr. Reiske : *διορίσασθαι* FY   6 *τὴν δὲ* om. Y[a]   *περιφανῶς <καὶ ἀκριβῶς>* F   7 *ἐάσατε* S[a]   9 *ἀτιμώρητον <εἶναι>* F   10 *πολίτην* SF[a]   *αὐτῇ* F : [S]   11 *ποῦ* SFY : corr. Reiske   13 *μηδίου* S[a] : *μειδίου* Y[C] : *Μειδίου <υἱοῦ>* F   16 *δὴ*] *δὲ* F[C]   19 *πάντων <ἀπὸ τριῶν τρυπημάτων>* Blass coll. Hermog. fort. recte   20 *φήσετε καλὸν* cod. R   23 *ἠσεβήκει* Hude   24 *ἦν* cod. R : *ἦν <ἂν>* SFY

δὲ πυθόμενοι τῷ μὲν λόγῳ ἠγανάκτουν, τῷ δ᾽ ἔργῳ οὐκ εἶχον ὅ τι χρήσαιντο αὐτῇ, οὐδενὸς εἰς ἀγῶνα καθιστάντος οὐδὲ διδόντος περὶ αὐτῆς τὴν ψῆφον. ἐπειδὴ δὲ καὶ ἴστε πάντες καὶ ἔχετε ἐφ᾽ ὑμῖν αὐτοῖς καὶ κύριοί ἐστε κολάσαι, ὑμέτερον ἤδη τὸ ἀσέβημα γίγνεται τὸ πρὸς τοὺς θεούς, ἐὰν μὴ ταύτην κολάσητε. **(110)** *τί δὲ καὶ φήσειεν ἂν ὑμῶν ἕκαστος εἰσιὼν πρὸς τὴν ἑαυτοῦ γυναῖκ᾽ ἢ θυγατέρα ἢ μητέρα, ἀποψηφισάμενος ταύτης, ἐπειδὰν ἔρηται ὑμᾶς 'ποῦ ἦτε;' καὶ εἴπητε ὅτι 'ἐδικάζομεν;' 'τῷ; ἐρήσεται εὐθύς. 'Νεαίρᾳ' δῆλον ὅτι φήσετε (οὐ γάρ;) 'ὅτι ξένη οὖσα ἀστῷ συνοικεῖ παρὰ τὸν νόμον, καὶ ὅτι τὴν θυγατέρα μεμοιχευμένην ἐξέδωκεν Θεογένει τῷ βασιλεύσαντι, καὶ αὕτη ἔθυσε τὰ ἱερὰ τὰ ἄρρητα ὑπὲρ τῆς πόλεως καὶ τῷ Διονύσῳ γυνὴ ἐδόθη', καὶ τἄλλα διηγούμενοι τὴν κατηγορίαν αὐτῆς, ὡς εὖ καὶ μνημονικῶς καὶ ἐπιμελῶς περὶ ἑκάστου κατηγορήθη.* **(111)** *αἱ δὲ ἀκούσασαι ἐρήσονται 'τί οὖν ἐποιήσατε;' ὑμεῖς δὲ φήσετε 'ἀπεψηφίσμεθα.' οὐκοῦν ἤδη αἱ μὲν σωφρονέσταται τῶν γυναικῶν ὀργισθήσονται ὑμῖν, διότι ὁμοίως αὐταῖς ταύτην κατηξιοῦτε μετέχειν τῶν τῆς πόλεως καὶ τῶν ἱερῶν· ὅσαι δ᾽ ἀνόητοι, φανερῶς ἐπιδείκνυτε ποιεῖν ὅ τι ἂν βούλωνται, ὡς ἄδειαν ὑμῶν καὶ τῶν νόμων δεδωκότων· δόξετε γὰρ ὀλιγώρως καὶ ῥαθύμως φέροντες ὁμογνώμονες καὶ αὐτοὶ εἶναι τοῖς ταύτης τρόποις.* **(112)** *ὥστε πολὺ μᾶλλον ἐλυσιτέλει μὴ γενέσθαι τὸν ἀγῶνα τουτονὶ ἢ γενομένου ἀποψηφίσασθαι ὑμᾶς. κομιδῇ γὰρ ἤδη {παντελῶς} ἐξουσία ἔσται ταῖς πόρναις συνοικεῖν οἷς ἂν βούλωνται, καὶ τοὺς παῖδας φάσκειν οὗ ἂν τύχωσιν εἶναι· καὶ οἱ μὲν νόμοι ἄκυροι ὑμῖν ἔσονται, οἱ δὲ τρόποι τῶν ἑταιρῶν κύριοι ὅ τι ἂν βούλωνται διαπράττεσθαι. ὥστε καὶ ὑπὲρ τῶν πολιτίδων σκοπεῖτε,*

1 post *ἔργῳ* sex litt. erasae in S 2 *αὐτῇ*] *αὐτοὶ* cod. R 6 *ἀπιὼν* F^{a} 8 *ἔρητε* SF 12 *ὑπὲρ*] *περὶ* SY^{a} 14 *εὖ* om. SY *καὶ* om. cod. R 18 *τῶν τῆς πόλεως μετέχειν* cod. R 19 *ἀνόητοι*] *ἀναίσχυντοι* cod. $D^{\gamma\rho}$ *ἐπειδείκνυτε* <*ταύταις*> $F^{\gamma\rho}Y^{\gamma\rho}$ 23 *γενόμενον* SFY : corr. Schaefer 24 *ἤδη* om. SY^{a} del. Schaefer

τοῦ μὴ ἀνεκδότους γενέσθαι τὰς τῶν πενήτων θυγατέρας. **(113)** νῦν μὲν γάρ, κἂν ἀπορηθῇ τις, ἱκανὴν προῖκ᾽ αὐτῇ ὁ νόμος συμβάλλεται, ἂν καὶ ὁπωστιοῦν μετρίαν ἡ φύσις ὄψιν ἀποδῷ· προπηλακισθέντος δὲ τοῦ νόμου ὑφ᾽ ὑμῶν ἀποφυγούσης ταύτης, καὶ ἀκύρου γενομένου, παντελῶς ἤδη ἡ μὲν τῶν πορνῶν ἐργασία ἥξει εἰς τὰς τῶν πολιτῶν θυγατέρας, δι᾽ ἀπορίαν ὅσαι ἂν μὴ δύνωνται ἐκδοθῆναι, τὸ δὲ τῶν ἐλευθέρων γυναικῶν ἀξίωμα εἰς τὰς ἑταίρας, ἂν ἄδειαν λάβωσι τοῦ ἐξεῖναι αὐταῖς παιδοποιεῖσθαι ὡς ἂν βούλωνται καὶ τελετῶν καὶ ἱερῶν καὶ τιμῶν μετέχειν τῶν ἐν τῇ πόλει. **(114)** ὥστε εἷς ἕκαστος ὑμῶν νομιζέτω, ὁ μὲν ὑπὲρ γυναικός, ὁ δ᾽ ὑπὲρ θυγατρός, ὁ δ᾽ ὑπὲρ μητρός, ὁ δ᾽ ὑπὲρ τῆς πόλεως καὶ τῶν νόμων καὶ τῶν ἱερῶν τὴν ψῆφον φέρειν, τοῦ μὴ ἐξ ἴσου φανῆναι ἐκείνας τιμωμένας ταύτῃ τῇ πόρνῃ, μηδὲ τὰς μετὰ πολλῆς καὶ καλῆς σωφροσύνης καὶ ἐπιμελείας τραφείσας ὑπὸ τῶν προσηκόντων καὶ ἐκδοθείσας κατὰ τοὺς νόμους, ταύτας ἐν τῷ ἴσῳ φαίνεσθαι μετεχούσας τῇ μετὰ πολλῶν καὶ ἀσελγῶν τρόπων πολλάκις πολλοῖς ἑκάστης ἡμέρας συγγεγενημένῃ, ὡς ἕκαστος ἠβούλετο. **(115)** ἡγεῖσθε δὲ μήτ᾽ ἐμὲ τὸν λέγοντα {εἶναι Ἀπολλόδωρον} μήτε τοὺς ἀπολογησομένους καὶ συνεροῦντας πολίτας, ἀλλὰ τοὺς νόμους καὶ Νέαιραν ταυτηνὶ περὶ τῶν πεπραγμένων αὐτῇ πρὸς ἀλλήλους δικάζεσθαι. καὶ ὅταν μὲν ἐπὶ τῆς κατηγορίας γένησθε, τῶν νόμων αὐτῶν ἀκούετε, δι᾽ ὧν οἰκεῖται ἡ πόλις καὶ καθ᾽ οὓς ὀμωμόκατε δικάσειν, τί κελεύουσι καὶ τί παραβεβήκασιν· ὅταν δὲ ἐπὶ τῆς ἀπολογίας ἦτε, μνημονεύοντες τὴν τῶν νόμων κατηγορίαν καὶ τὸν ἔλεγχον <τὸν> τῶν εἰρημένων, τήν τε

1 γίνεσθαι F 3 ἐπιδῷ Reiske : παραδῷ Gernet 6 πολιτίδων SFY : corr. Reiske 9 ὡς] οἷς cod. D 12 post πόλεως iv litt. erasae in S 15 τραφείσας] τραφῆναι S[a] 17 ἐν - ἴσῳ] τῶν ἴσων Schaefer φαίνεσθαι <τῶν ἐν τῇ πόλει> Hude : post μετεχούσας eadem add. Gernet 20 del. van Herwerden 23 διαδικάζεσθαι FY[C] 25 παραβεβήκασιν <οὗτοι> Jurinus 27 add. Bekker : <τῶν> τῶν cod. Q

ὄψιν αὐτῆς ἰδόντες, ἐνθυμεῖσθε τοῦτο μόνον, εἰ Νέαιρα οὖσα ταῦτα διαπέπρακται.

116. Ἄξιον δὲ κἀκεῖνο ἐνθυμηθῆναι, ὦ ἄνδρες Ἀθηναῖοι, ὅτι Ἀρχίαν τὸν ἱεροφάντην γενόμενον, ἐξελεγχθέντα ἐν τῷ δικαστηρίῳ ἀσεβεῖν θύοντα παρὰ τὰ πάτρια τὰς θυσίας, ἐκολάσατε ὑμεῖς, καὶ ἄλλα τε κατηγορήθη αὐτοῦ καὶ ὅτι Σινώπῃ τῇ ἑταίρᾳ Ἁλῴοις ἐπὶ τῆς ἐσχάρας τῆς ἐν τῇ αὐλῇ Ἐλευσῖνι προσαγούσῃ ἱερεῖον θύσειεν, οὐ νομίμου ὄντος ἐν ταύτῃ τῇ ἡμέρᾳ ἱερεῖα θύειν, οὐδ' ἐκείνου οὔσης τῆς θυσίας ἀλλὰ τῆς ἱερείας. **(117)** οὔκουν δεινὸν τὸν μὲν καὶ ἐκ γένους ὄντα τοῦ Εὐμολπιδῶν καὶ προγόνων καλῶν κἀγαθῶν καὶ πολίτην τῆς πόλεως, ὅτι ἐδόκει τι παραβῆναι τῶν νομίμων, δοῦναι δίκην (καὶ οὔθ' ἡ τῶν συγγενῶν οὔθ' ἡ τῶν φίλων ἐξαίτησις ὠφέλησεν αὐτόν, οὔθ' αἱ λειτουργίαι ἃς ἐλειτούργησε τῇ πόλει αὐτὸς καὶ οἱ πρόγονοι αὐτοῦ, οὔτε τὸ ἱεροφάντην εἶναι, ἀλλ' ἐκολάσατε δόξαντα ἀδικεῖν)· Νέαιραν δὲ ταυτηνὶ εἴς τε τὸν αὐτὸν θεὸν τοῦτον ἠσεβηκυῖαν καὶ τοὺς νόμους, καὶ αὐτὴν καὶ τὴν θυγατέρα αὐτῆς, οὐ τιμωρήσεσθε;

118. Θαυμάζω δ' ἔγωγε τί ποτε καὶ ἐροῦσι πρὸς ὑμᾶς ἐν τῇ ἀπολογίᾳ. πότερον ὡς ἀστή ἐστιν Νέαιρα αὑτηὶ καὶ κατὰ τοὺς νόμους συνοικεῖ αὐτῷ; ἀλλὰ μεμαρτύρηται ἑταίρα οὖσα καὶ δούλη Νικαρέτης γεγενημένη. ἀλλ' οὐ γυναῖκα εἶναι αὐτοῦ, ἀλλὰ παλλακὴν ἔχειν ἔνδον; ἀλλ' οἱ παῖδες ταύτης ὄντες καὶ εἰσηγμένοι εἰς τοὺς φράτερας ὑπὸ Στεφάνου καὶ ἡ θυγάτηρ ἀνδρὶ Ἀθηναίῳ ἐκδοθεῖσα περιφανῶς αὐτὴν ἀποφαίνουσι γυναῖκα ἔχοντα. **(119)** ὡς μὲν τοίνυν οὐκ ἀληθῆ ἐστιν τὰ

116 ἄξιον—ἱερείας Ath. 13.594ab Ἀλοῴοις cit. Harp. α 83

1 αὐτὴν cod. R ἐνθυμεῖσθε <τὸν νόμον> F[γρ]Y[γρ] εἰ] ἡ S[a] Νέαιρα] ἑταίρα Hirschig 5 <ὡς> ἀσεβοῦντα <καὶ> θύοντα Ath. : ἀσεβοῦντα καὶ θύοντα Blass 7 Σινώπῃ - Ἁλῴοις] σινώπης τῆς ἑταίρας ἑάλω οἷς F[γρ]Y[γρ] Ἁλῴοις] ἁλῷ οἷς FY 9 ἐκείνου Ath. et cod. D : ἐκείνης SFY 11 τῶν εὐμολπιδῶν cod. R 12 νόμων F 20 αὕτη SFY : corr. Blass 24 φράτορας SFY : corr. Bekker

κατηγορημένα καὶ μεμαρτυρημένα, οὔτ' αὐτὸν Στέφανον οὔτ' ἄλλον ὑπὲρ τούτου οἶμαι ἐπιδείξειν, ὡς ἔστιν ἀστὴ Νέαιρα αὑτηί· ἀκούω δὲ αὐτὸν τοιοῦτόν τι μέλλειν ἀπολογεῖσθαι, ὡς οὐ γυναῖκα ἔχει αὐτὴν ἀλλ' ἑταίραν, καὶ οἱ παῖδες οὐκ εἰσὶν ταύτης ἀλλ' ἐξ ἑτέρας γυναικὸς αὐτῷ ἀστῆς, ἣν φήσει πρότερον γῆμαι συγγενῆ αὑτοῦ. **(120)** πρὸς δὴ τὴν ἀναίδειαν αὐτοῦ τοῦ λόγου καὶ τὴν παρασκευὴν τῆς ἀπολογίας καὶ τῶν μαρτυρεῖν αὐτῷ παρεσκευασμένων πρόκλησιν αὐτὸν προεκαλεσάμην ἀκριβῆ καὶ δικαίαν, δι' ἧς ἐξῆν ὑμῖν πάντα τἀληθῆ εἰδέναι, παραδοῦναι τὰς θεραπαίνας τὰς Νεαίρᾳ τότε προσκαρτερούσας ὅτ' ἦλθεν ὡς Στέφανον ἐκ Μεγάρων, Θρᾷτταν καὶ Κοκκαλίνην, καὶ ἃς ὕστερον παρὰ τούτῳ οὖσα ἐκτήσατο, Ξεννίδα καὶ Δροσίδα· **(121)** αἳ ἴσασιν ἀκριβῶς Πρόξενόν τε τὸν τελευτήσαντα καὶ Ἀρίστωνα τὸν νῦν ὄντα καὶ Ἀντιδωρίδην τὸν σταδιοδρομοῦντα καὶ Φανὼ {τὴν Στρυβήλην καλουμένην}, ἣ Θεογένει τῷ βασιλεύσαντι συνῴκησεν, Νεαίρας ὄντας. καὶ ἐὰν φαίνηται ἐκ τῆς βασάνου γήμας Στέφανος οὑτοσὶ ἀστὴν γυναῖκα καὶ ὄντες αὐτῷ οἱ παῖδες οὗτοι ἐξ ἑτέρας γυναικὸς ἀστῆς καὶ μὴ Νεαίρας, ἤθελον ἀφίστασθαι τοῦ ἀγῶνος καὶ μὴ εἰσιέναι τὴν γραφὴν ταύτην. **(122)** τὸ γὰρ συνοικεῖν τοῦτ' ἔστιν, ὃς ἂν παιδοποιῆται καὶ εἰσάγῃ εἴς τε τοὺς φράτερας καὶ δημότας τοὺς υἱεῖς, καὶ τὰς θυγατέρας ἐκδιδῷ ὡς αὑτοῦ οὔσας τοῖς ἀνδράσιν. τὰς μὲν γὰρ ἑταίρας ἡδονῆς ἕνεκ' ἔχομεν, τὰς δὲ παλλακὰς τῆς καθ' ἡμέραν θεραπείας τοῦ σώματος, τὰς δὲ γυναῖκας τοῦ παιδοποιεῖσθαι γνησίως καὶ τῶν ἔνδον φύλακα πιστὴν ἔχειν. ὥστ'

122 τὰς μὲν—ἔχειν Ath. 13 573b Stob. 4.22.19

2–3 ὡς - αὑτηί del. van Herwerden 3 αὕτη SFY : corr. Blass 4 ἔχειν S[a] 5 ἐξ om. cod. R φησι SFY : corr. Blass 9 προὐκαλεσάμην Rennie 12 θρετταν S 13 ἐκτήσατο om. cod. R 15 del. Kapparis : <πρότερον> καλουμένην vel Στρυβήλην τὴν Φανὼ καλουμένην Blass 16 θεογενη S 21–6 τὸ γὰρ - ἔχειν del. Naber 22 φράτορας SFY : corr. Bekker 24 παλλακὰς δὲ Stob. 25 θεραπείας - σώματος] παλλακείας Ath.

εἰ πρότερον ἔγημεν γυναῖκα ἀστὴν καὶ εἰσὶν οὗτοι οἱ παῖδες ἐξ ἐκείνης καὶ μὴ Νεαίρας, ἐξῆν αὐτῷ ἐκ τῆς ἀκριβεστάτης μαρτυρίας ἐπιδεῖξαι, παραδόντι τὰς θεραπαίνας ταύτας. **(123)** ὡς δὲ προεκαλεσάμην, τούτων ὑμῖν τήν τε μαρτυρίαν καὶ τὴν πρόκλησιν ἀναγνώσεται. λέγε τὴν μαρτυρίαν, ἔπειτα τὴν πρόκλησιν.

ΜΑΡΤΥΡΙΑ

Ἱπποκράτης Ἱπποκράτους Προβαλίσιος, Δημοσθένης Δημοσθένους Παιανιεύς, Διοφάνης Διοφάνους Ἀλωπεκῆθεν, Δεινομένης Ἀρχελάου Κυδαθηναιεύς, Δεινίας Φόρμου Κυδαντίδης. Λυσίμαχος Λυσίππου Αἰγιλιεὺς μαρτυροῦσι παρεῖναι ἐν ἀγορᾷ ὅτ' Ἀπολλόδωρος προὐκαλεῖτο Στέφανον, ἀξιῶν παραδοῦναι εἰς βάσανον τὰς θεραπαίνας περὶ ὧν ᾐτιᾶτο Ἀπολλόδωρος Στέφανον περὶ Νεαίρας· Στέφανον δ' οὐκ ἐθελῆσαι παραδοῦναι τὰς θεραπαίνας· τὴν δὲ πρόκλησιν εἶναι ἣν παρέχεται Ἀπολλόδωρος.

124. *Λέγε δὴ αὐτὴν τὴν πρόκλησιν, ἣν προὐκαλούμην ἐγὼ Στέφανον τουτονί.*

ΠΡΟΚΛΗΣΙΣ

Τάδε προὐκαλεῖτο Ἀπολλόδωρος Στέφανον περὶ ὧν τὴν γραφὴν γέγραπται Νέαιραν, ξένην οὖσαν ἀστῷ συνοικεῖν, ἕτοιμος ὢν τὰς θεραπαίνας παραλαμβάνειν τὰς Νεαίρας, ἃς ἐκ Μεγάρων ἔχουσα ἦλθεν, Θρᾷτταν καὶ Κοκκαλίνην, καὶ ἃς ὕστερον παρὰ Στεφάνῳ ἐκτήσατο, Ξεννίδα καὶ Δροσίδα, τὰς εἰδυίας ἀκριβῶς περὶ τῶν παίδων τῶν Νεαίρας, ὅτι ἐκ Στεφάνου εἰσίν, Πρόξενός τε ὁ τελευτήσας καὶ Ἀρίστων ὁ νῦν ὢν καὶ Ἀντιδωρίδης ὁ σταδιοδρομῶν καὶ Φανώ, ἐφ' ᾧ τε βασανίσαι αὐτάς. καὶ εἰ μὲν ὁμολογοῖεν ἐκ Στεφάνου εἶναι καὶ Νεαίρας τούτους τοὺς παῖδας, πεπρᾶσθαι Νέαιραν κατὰ τοὺς νόμους καὶ τοὺς παῖδας ξένους εἶναι· εἰ δὲ μὴ

8–15 del. Westermann   *προβαλείσιος* F   9 *δεινομένης*] *διομένης* SF   10 *φορμίδου* SFY : corr. Kirchner   11 *αἰγιαλεὺς* SFY : corr. Palmer   14 *ἠθέλησε* S[a]   19 – 358.3 del. Westermann   *προκαλεῖται* SY *γέγραπται τὴν γραφὴν* cod. R   24 *Στεφάνου...Νεαίρας* Baiter : <*ὄντων*> *νεαίρᾳ ... στεφάνου* F   *ὅτι* <*οὐκ*> Voemel   26–7 *ἐκ Στεφάνου* et *καὶ* del. Blass

ὁμολογοῖεν ἐκ ταύτης εἶναι αὐτοὺς ἀλλ' ἐξ ἑτέρας γυναικὸς ἀστῆς, ἀφίστασθαι τοῦ ἀγῶνος ἤθελον τοῦ Νεαίρας, καὶ εἴ τι ἐκ τῶν βασάνων βλαφθείησαν αἱ ἄνθρωποι, ἀποτίνειν ὅ τι βλαβείησαν.

125. Ταῦτα προκαλεσαμένου ἐμοῦ, ἄνδρες δικασταί, Στέφανον τουτονί, οὐκ ἠθέλησεν δέξασθαι. οὔκουν ἤδη δοκεῖ ὑμῖν δεδικάσθαι ὑπ' αὐτοῦ Στεφάνου τουτουί, ὦ ἄνδρες δικασταί, ὅτι ἔνοχός ἐστι τῇ γραφῇ Νέαιρα ἣν ἐγὼ αὐτὴν ἐγραψάμην, καὶ ὅτι ἐγὼ μὲν ἀληθῆ εἴρηκα πρὸς ὑμᾶς καὶ τὰς μαρτυρίας παρεσχόμην ἀληθεῖς, οὑτοσὶ δ' ὅ τι ἂν λέγῃ πάντα ψεύσεται, καὶ ἐξελέγξει αὐτὸς αὑτὸν ὅτι οὐδὲν ὑγιὲς λέγει, οὐκ ἐθελήσας παραδοῦναι εἰς βασάνους τὰς θεραπαίνας ἃς ἐγὼ ἐξῄτουν αὐτόν;

126. Ἐγὼ μὲν οὖν, ὦ ἄνδρες δικασταί, καὶ τοῖς θεοῖς, εἰς οὓς οὗτοι ἠσεβήκασιν, καὶ ἐμαυτῷ τιμωρῶν, κατέστησά τε τουτουσὶ εἰς ἀγῶνα καὶ ὑπὸ τὴν ὑμετέραν ψῆφον ἤγαγον. καὶ ὑμᾶς δὲ χρὴ νομίσαντας μὴ λήσειν τοὺς θεούς, εἰς οὓς οὗτοι παρανενομήκασιν, ὅ τι ἂν ἕκαστος ὑμῶν ψηφίσηται, ψηφίσασθαι τὰ δίκαια καὶ τιμωρεῖν μάλιστα μὲν τοῖς θεοῖς, ἔπειτα δὲ καὶ ὑμῖν αὐτοῖς. καὶ ταῦτα ποιήσαντες δόξετε πᾶσι καλῶς καὶ δικαίως δικάσαι ταύτην τὴν γραφήν, ἣν Νέαιραν ἐγὼ ἐγραψάμην, ξένην οὖσαν ἀστῷ συνοικεῖν.

5 ἠθέλησαν F οὐκοῦν FY : corr. Bekker :[S] : οὐκ οὖν Schaefer 6 <τοῦ> στεφάνου cod. R 8 καὶ[2] om SF[a]Y 10 ψεύδεται SF[C]Y 11 ἃς ἐγὼ] ἐγὼ δ' SY 16 λήσειν] λαθεῖν SF[a]Y 21 Subscriptum in SY κατα νεαιρας Χ Η Η Η Η 𐅅 Ι : in F κατα νεαιρας ιδιωτικοι : unum Η del. Drerup : Χ Η Η Η Δ Δ Δ Γ Burger

LX

ΔΗΜΟΣΘΕΝΟΥΣ ΕΠΙΤΑΦΙΟΣ

1. *Ἐπειδὴ τοὺς ἐν τῷδε τῷ τάφῳ κειμένους, ἄνδρας ἀγαθοὺς ἐν τῷ πολέμῳ γεγονότας, ἔδοξεν τῇ πόλει δημοσίᾳ θάπτειν καὶ προσέταξεν ἐμοὶ τὸν νομιζόμενον λόγον εἰπεῖν ἐπ' αὐτοῖς, ἐσκόπουν μὲν εὐθὺς ὅπως τοῦ προσήκοντος ἐπαίνου τεύξονται, ἐξετάζων δὲ καὶ σκοπῶν ἀξίως εἰπεῖν τῶν τετελευτηκότων ἕν τι τῶν ἀδυνάτων ηὕρισκον ὄν. οἳ γὰρ τὴν ὑπάρχουσαν πᾶσιν ἔμφυτον τοῦ ζῆν ὑπερεῖδον ἐπιθυμίαν, καὶ τελευτῆσαι καλῶς μᾶλλον ἠβουλήθησαν ἢ ζῶντες τὴν Ἑλλάδα ἰδεῖν ἀτυχοῦσαν, πῶς οὐκ ἀνυπέρβλητον παντὶ λόγῳ τὴν αὑτῶν ἀρετὴν καταλελοίπασιν; ὁμοίως μέντοι διαλεχθῆναι τοῖς πρότερόν ποτε εἰρηκόσιν ἐνθάδ' εἶναι μοι δοκεῖ.* (2) *ὡς μὲν οὖν ἡ πόλις σπουδάζει περὶ τοὺς ἐν τῷ πολέμῳ τελευτῶντας, ἔκ τε τῶν ἄλλων ἔστιν ἰδεῖν καὶ μάλιστ' ἐκ τοῦδε τοῦ νόμου, καθ' ὃν αἱρεῖται τὸν ἐροῦντα ἐπὶ ταῖς δημοσίαις ταφαῖς· εἰδυῖα γὰρ παρὰ τοῖς ἀγαθοῖς ἀνδράσιν τὰς μὲν τῶν χρημάτων κτήσεις καὶ τῶν κατὰ τὸν βίον ἡδονῶν ἀπολαύσεις ὑπερεωραμένας, τῆς δ' ἀρετῆς καὶ τῶν ἐπαίνων πᾶσαν τὴν ἐπιθυμίαν οὖσαν, ἐξ ὧν ταῦτ' ἂν αὐτοῖς μάλιστα γένοιτο λόγων, τούτοις ᾠήθησαν δεῖν αὐτοὺς τιμᾶν, ἵν' ἣν ζῶντες ἐκτήσαντο εὐδοξίαν, αὕτη καὶ τετελευτηκόσιν αὐτοῖς ἀποδοθείη.* (3) *εἰ μὲν οὖν τὴν ἀνδρείαν μόνον αὐτοῖς τῶν εἰς ἀρετὴν ἀνηκόντων ὑπάρχουσαν*

1 *ἐπειδὴ—ὄν* Doxopatr. 2.450.6 W.

tit. *επιταφιος* SFY 2 *τῷ* F : <*τῷδε*> *τῷ* SF^{γρ}Y Doxopatr. *γεγενημένους* F^{a}Y^{γρ} Doxopatr. *θάψαι* Doxopatr. 3 *εἰπεῖν ἐπ' αὐτοῖς*] *ὑπὲρ αὐτῶν εἰπεῖν* Doxopatr. 4 *μὲν εὐθὺς* om. Doxopatr. *τοῦ - τεύξονται*] *τοῦ κατ' ἀξίαν τύχωσι* Doxopatr. 5 *ἐξετάζων - τετελευτηκότων*] *σκοπῶν δὲ* Doxopatr. 9 *ἀνυπέρβλητον*] *ἀνέφικτον* Schaefer 10 *ὁμοίως*] *ὅμως* S^{C}F 11 *ποτε*] *τότε* S <*ἐν*>*εἶναι* Reiske 15 *ἀγαθοῖς*] *χρηστοῖς* F 18 *ὠήθη* Wolf

ἑώρων, ταύτην ἂν ἐπαινέσας ἀπηλλαττόμην τῶν λόγων· ἐπειδὴ δὲ καὶ γεγενῆσθαι καλῶς καὶ πεπαιδεῦσθαι σωφρόνως καὶ βεβιωκέναι φιλοτίμως συμβέβηκεν αὐτοῖς, ἐξ ὧν εἰκότως ἦσαν σπουδαῖοι, αἰσχυνοίμην ἂν εἴ τι τούτων φανείην παραλιπών. ἄρξομαι δ᾽ ἀπὸ τῆς τοῦ γένους αὐτῶν ἀρχῆς.

4. Ἡ γὰρ εὐγένεια τῶνδε τῶν ἀνδρῶν ἐκ πλείστου χρόνου παρὰ πᾶσιν ἀνθρώποις ἀνωμολόγηται. οὐ γὰρ μόνον εἰς πατέρ᾽ αὐτοῖς καὶ τῶν ἄνω προγόνων κατ᾽ ἄνδρα ἀνενεγκεῖν ἑκάστῳ τὴν φύσιν ἔστιν, ἀλλ᾽ εἰς ὅλην κοινῇ τὴν ὑπάρχουσαν πατρίδα, ἧς αὐτόχθονες ὁμολογοῦνται εἶναι. μόνοι γὰρ πάντων ἀνθρώπων, ἐξ ἧσπερ ἔφυσαν, ταύτην ᾤκησαν καὶ τοῖς ἐξ αὑτῶν παρέδωκαν, ὥστε δικαίως ἄν τις ὑπολάβοι τοὺς μὲν ἐπήλυδας ἐλθόντας εἰς τὰς πόλεις καὶ τούτων πολίτας προσαγορευομένους ὁμοίους εἶναι τοῖς εἰσποιητοῖς τῶν παίδων, τούτους δὲ γνησίους γόνῳ τῆς πατρίδος πολίτας εἶναι. (5) δοκεῖ δέ μοι καὶ τὸ τοὺς καρπούς, οἷς ζῶσιν ἄνθρωποι, παρ᾽ ἡμῖν πρώτοις φανῆναι, χωρὶς τοῦ μέγιστον εὐεργέτημ᾽ εἰς πάντας γενέσθαι, ὁμολογούμενον σημεῖον ὑπάρχειν τοῦ μητέρα τὴν χώραν εἶναι τῶν ἡμετέρων προγόνων. πάντα γὰρ τὰ τίκτοντα ἅμα καὶ τροφὴν τοῖς γιγνομένοις ἀπ᾽ αὐτῆς τῆς φύσεως φέρει· ὅπερ ἥδε ἡ χώρα πεποίηκεν.

6. Τὰ μὲν οὖν εἰς γένος ἀνήκοντα τοιαῦτα δι᾽ αἰῶνος ὑπάρχει τοῖς τῶνδε τῶν ἀνδρῶν προγόνοις. τὰ δ᾽ εἰς ἀνδρείαν καὶ τὴν ἄλλην ἀρετὴν πάντα μὲν κατοκνῶ λέγειν, φυλαττόμενος μὴ μῆκος ἄκαιρον ἐγγένηται τῷ λόγῳ· ἃ δὲ καὶ τοῖς

6 ἀνήκοντα Σ^{b} α 1386 Sud. α 2405

1 λόγων] λοιπῶν SFY^{C} 4 παραλείπων S 9 τὴν (post κοινῇ) om. Y^{a} 13 εἰς τὰς (τοὺς S) post μὲν SFY : transp. Wolf 15 γνησίῳ $S^{C}F^{C}$ (ut apparet) Y^{C} : del. Cobet πολίτας del. Dobree 16 τὸ om. $S^{a}Y^{a}$ 17 ἄνθρωποι SFY : corr. Bekker 19 εἶναι om. Y^{C} : del. Clavaud 20 post προγόνων iterat εἶναι S (εἰ- tantum scripto subitoque eraso in S) et Y 24 τοῖς τῶνδε τῶν cod. Od : τοῖσδε τῶν SFY 26 ἐπιγένηται Rennie

εἰδόσιν χρήσιμ᾽ ἀναμνησθῆναι καὶ τοῖς ἀπείροις κάλλιστ᾽ ἀκοῦσαι, καὶ ζῆλον ἔχει πολὺν καὶ μῆκος λόγου ἄλυπον {ἔχοντα}, ταῦτα ἐπὶ κεφαλαίων εἰπεῖν πειράσομαι. (7) *οἱ γὰρ τῆς κατὰ τὸν παρόντα χρόνον γενεᾶς πρόγονοι, καὶ πατέρες καὶ τούτων ἐπάνω τὰς προσηγορίας ἔχοντες, αἷς ὑπὸ τῶν ἐν γένει γνωρίζονται, ἠδίκησαν μὲν οὐδένα πώποτε οὔτε Ἕλληνα οὔτε βάρβαρον, ἀλλ᾽ ὑπῆρχεν αὐτοῖς πρὸς ἅπασι τοῖς ἄλλοις καλοῖς κἀγαθοῖς καὶ δικαιοτάτοις εἶναι, ἀμυνόμενοι δὲ πολλὰ καὶ λαμπρὰ διεπράξαντο.* (8) *καὶ γὰρ τὸν Ἀμαζόνων στρατὸν ἐλθόντ᾽ ἐκράτησαν οὕτως ὥστ᾽ ἔξω Φάσιδος ἐκβαλεῖν, καὶ τὸν Εὐμόλπου καὶ τῶν πολλῶν ἄλλων στόλον οὐ μόνον ἐκ τῆς οἰκείας, ἀλλὰ καὶ ἐκ τῆς τῶν ἄλλων Ἑλλήνων χώρας ἐξήλασαν, οὓς οἱ πρὸ ἡμῶν οἰκοῦντες πρὸς ἑσπέραν πάντες οὔθ᾽ ὑπέμειναν οὔτ᾽ ἠδυνήθησαν κωλῦσαι. καὶ μὴν καὶ τῶν Ἡρακλέους παίδων, ὃς τοὺς ἄλλους ἔσῳζεν, σωτῆρες ὠνομάσθησαν, ἡνίκα ἦλθον εἰς τήνδε τὴν γῆν ἱκέται, φεύγοντες Εὐρυσθέα. καὶ πρὸς πᾶσι τούτοις καὶ πολλοῖς ἄλλοις καὶ καλοῖς ἔργοις τὰ τῶν κατοιχομένων νόμιμα οὐ περιεῖδον ὑβριζόμενα, ὅτε τοὺς Ἑπτὰ ἐπὶ Θήβας θάπτειν ἐκώλυεν Κρέων.* (9) *τῶν μὲν οὖν εἰς μύθους ἀνενηνεγμένων ἔργων πολλὰ παραλιπὼν τούτων ἐπεμνήσθην, ὧν οὕτως ἕκαστον εὐσχήμονας καὶ πολλοὺς ἔχει λόγους ὥστε καὶ τοὺς ἐμμέτρους καὶ τοὺς τῶν ᾀδομένων ποιητὰς καὶ πολλοὺς τῶν συγγραφέων ὑποθέσεις τἀκείνων ἔργα τῆς αὑτῶν μουσικῆς πεποιῆσθαι· ἃ δὲ τῇ μὲν ἀξίᾳ τῶν ἔργων οὐδέν ἐστι τούτων ἐλάττω, τῷ δ᾽*

8 Testimonia interpretationis Latinae ab Ioanne Sophiano perfectae (1458–63, vide REL 11 (1933) 324) citavi ex editione Robert Clavaud (Paris: Les Belles Lettres 1962)

1 *χρήσιμ᾽*] *χρήμασι* cod. R[γρ]   2 *ἔχει* del. Schaefer   *λόγων* F[a]   3 del. Dindorf   9 *λαμπρὰ*] *καλὰ* SY   *τὸν*] *τῶν* S : *τὸν τῶν* cod. R   11 <*Θρᾳκῶν καὶ*> *τῶν* Blass   *τὸν πολλῶν* Y[C] : *πολλῶν* F   12 *καὶ* om. F   14 *οὔθ᾽* cod. P et Reiske : *οὐδ᾽* SFY   *κωλῦσαι*] *καταλῦσαι* SY[a] : dissolvere Sophianus   20 *ἀνηγμένων* Schaefer   21 *παραλειπων* S[C]   22 *ἐμμέτρους*] *ἐν μέτροις* Sykutris   -*μέτρους* in ras. S   25 *ἃ* om. S[a]

ὑπογυώτερ' εἶναι τοῖς χρόνοις οὔπω μεμυθολόγηται, οὐδ' εἰς τὴν ἡρωϊκὴν ἐπανῆκται τάξιν, ταῦτ' ἤδη λέξω. **(10)** ἐκεῖνοι τὸν ἐξ ἁπάσης τῆς Ἀσίας στόλον ἐλθόντα μόνοι δὶς ἠμύναντο καὶ κατὰ γῆν καὶ κατὰ θάλατταν, καὶ διὰ τῶν ἰδίων κινδύνων κοινῆς σωτηρίας πᾶσι τοῖς Ἕλλησιν αἴτιοι κατέστησαν. καὶ προείρηται μὲν ὃ μέλλω λέγειν ὑπ' ἄλλων πρότερον, δεῖ δὲ μηδὲ νῦν τοῦ δικαίου καὶ καλῶς ἔχοντος ἐπαίνου τοὺς ἄνδρας ἐκείνους στερηθῆναι· τοσούτῳ γὰρ ἀμείνους τῶν ἐπὶ Τροίαν στρατευσαμένων νομίζοιντ' ἂν εἰκότως, ὅσον οἱ μὲν ἐξ ἁπάσης τῆς Ἑλλάδος ὄντες ἀριστεῖς δέκ' ἔτη τῆς Ἀσίας ἓν χωρίον πολιορκοῦντες μόλις εἷλον, **(11)** οὗτοι δὲ τὸν ἐκ πάσης τῆς ἠπείρου στόλον ἐλθόντα μόνοι, τἄλλα πάντα κατεστραμμένον, οὐ μόνον ἠμύναντο, ἀλλὰ καὶ τιμωρίαν ὑπὲρ ὧν τοὺς ἄλλους ἠδίκουν ἐπέθηκαν. ἔτι τοίνυν τὰς ἐν αὐτοῖς τοῖς Ἕλλησιν πλεονεξίας κωλύοντες πάντας ὅσους συνέβη γενέσθαι κινδύνους ὑπέμειναν, ὅπου τὸ δίκαιον εἴη τεταγμένον, ἐνταῦθα προσνέμοντες ἑαυτούς, ἕως εἰς τὴν νῦν ζῶσαν ἡλικίαν ὁ χρόνος προήγαγεν ἡμᾶς.

12. Μηδεὶς δ' ἡγείσθω με ἀποροῦντα τί χρὴ περὶ τούτων εἰπεῖν ἑκάστου, ταῦτα τὰ πραχθέντα ἀπηριθμηκέναι. εἰ γὰρ ἁπάντων ἀμηχανώτατος ἦν ὅ τι χρὴ λέγειν πορίσασθαι, ἡ 'κείνων ἀρετὴ δείκνυσιν αὐτὴ ἃ καὶ πρόχειρα καὶ ῥᾴδιον ἐπελθεῖν ἐστιν. ἀλλὰ προαιροῦμαι τῆς εὐγενείας καὶ τῶν παρὰ τοῖς προγόνοις μεγίστων μνησθεὶς ὡς τάχιστα συνάψαι τὸν λόγον πρὸς τὰ τοῖσδε πεπραγμένα, ἵν', ὥσπερ τὰς φύσεις ἦσαν συγγενεῖς, οὕτω τοὺς ἐπαίνους ἐπ' αὐτῶν κοινοὺς ποιήσωμαι, ὑπολαμβάνων ταῦτ' ἂν εἶναι κεχαρισμένα κἀκείνοις καὶ

1 *ὑπογυωτέρω* S^a 2 *τάξιν*] *φύσιν* F^{C}Y^C : facundiam Sophianus 8 *τοσοῦτον* F^C 9 *νομίζοιντ'*] *δόξαιντ'* cod. Wb *ὅσῳ* F^C *οἱ - ἁπάσης* om. S^a *ἐξ ἁπάσης ἕλληνες* cod. Af : [Y] 10 post *ὄντες* spatium octo litt. hab. S 13 *οὐ μόνον* om. S^a 19 *τί*] *ὅτι* F 22 *ἀρετὴ* <*πολλὰ καλὰ*> F *δείκνυσιν*] *δίδωσιν* FY^C *ἃ - ἐστιν*] *εἰπεῖν καὶ πρόχειρα ἃ ῥᾴδιον μέν ἐστι διελθεῖν* FY^C 23–4 *παρὰ - προγόνοις* om. SY 27 *κἀκείνοις* del. Rennie : *κἀκείνοις καὶ* del. Blass

μάλιστ᾽ ἀμφοτέροις, εἰ τῆς ἀλλήλων ἀρετῆς μὴ μόνον τῇ φύσει μετάσχοιεν, ἀλλὰ καὶ τοῖς ἐπαίνοις.

13. *Ἀνάγκη δ᾽ ἐν τῷ μεταξὺ διαλαβεῖν, καὶ πρὸ τοῦ τὰ τοῖσδε πεπραγμένα τοῖς ἀνδράσιν δηλοῦν καὶ τοὺς ἔξω τοῦ γένους πρὸς τὸν τάφον ἠκολουθηκότας πρὸς εὔνοιαν παρακαλέσαι. καὶ γὰρ εἰ μὲν εἰς χρημάτων δαπάνην ἤ τιν᾽ ἄλλην θεωρίαν ἱππικῶν ἢ γυμνικῶν ἄθλων ἐτάχθην κοσμῆσαι τὸν τάφον, ὅσῳπερ ἂν προθυμότερον καὶ ἀφειδέστερον ταῦτα παρεσκευάσμην, τοσούτῳ μᾶλλον ἂν προσήκοντα ἔδοξα πεποιηκέναι· λόγῳ δ᾽ ἐπαινέσαι τούτους τοὺς ἄνδρας αἱρεθείς, ἂν μὴ τοὺς ἀκούοντας συμβουλομένους λάβω, φοβοῦμαι μὴ τῇ προθυμίᾳ τοὐναντίον οὗ δεῖ ποιήσω.* (14) *ὁ μὲν γὰρ πλοῦτος καὶ τὸ τάχος καὶ ἡ ἰσχὺς καὶ ὅσα ἄλλα τούτοις ὅμοια, αὐτάρκεις ἔχει τὰς ὀνήσεις τοῖς κεκτημένοις, καὶ κρατοῦσιν ἐν αὐτοῖς, οἷς ἂν παρῇ, κἂν μηδεὶς τῶν ἄλλων βούληται· ἡ δὲ τῶν λόγων πειθὼ τῆς τῶν ἀκουόντων εὐνοίας προσδεῖται, καὶ μετὰ ταύτης μέν, κἂν μετρίως ῥηθῇ, δόξαν ἤνεγκε καὶ χάριν προσποιεῖ, ἄνευ δὲ ταύτης, κἂν ὑπερβάλῃ τῷ λέγειν καλῶς, προσέστη τοῖς ἀκούουσιν.*

15. *Πολλὰ τοίνυν ἔχων εἰπεῖν ὧν οἵδε πράξαντες δικαίως ἐπαινεθήσονται, ἐπειδὴ πρὸς αὐτοῖς εἰμι τοῖς ἔργοις, ἀπορῶ τί πρῶτον εἴπω· προσιστάμενα γάρ μοι πάντ᾽ εἰς ἕνα καιρὸν δύσκριτον καθίστησιν τὴν αἵρεσιν αὐτῶν. οὐ μὴν ἀλλὰ πειράσομαι τὴν αὐτὴν ποιήσασθαι τοῦ λόγου τάξιν ἥπερ ὑπῆρξεν τοῦ βίου τούτοις.* (16) *οἵδε γὰρ ἐξ ἀρχῆς ἐν πᾶσιν τοῖς παιδεύμασιν ἦσαν ἐπιφανεῖς, τὰ πρέποντα καθ᾽ ἡλικίαν ἀσκοῦντες ἑκάστην, καὶ πᾶσιν ἀρέσκοντες οἷς χρή, γονεῦσιν, φίλοις, οἰκείοις. τοιγαροῦν ὥσπερ ἴχνη γνωρίζουσα νῦν ἡ τῶν*

6 *εἰ* om. in ras. S[a] 8 *ἂν* om. Y *ἀφειδέστερον ταῦτα*] *ἀκριβέστερον τοῦτο* F 10 *τούτους*] *τούσδε* F 14 *ἐν* del. Schaefer 17 *μὲν ταύτης* FY <*ἂν*> *κἂν* S : *ἂν* Y[a] *ἤνεγκε καὶ. . .προσποιεῖ* S[c]F[γρ]Y : [S] : *ἐνεγκέναι καὶ. . .προσεποίει* F 19 *προσέστη*] *προσεστι* S : *λυπηρός ἐστι* Dobree 22 *προιστάμενα* F : *παριστάμενα* coni. Rennie 23 <*μοι*> *τὴν* F 27 *οἷς χρή* om. SY

οἰκείων αὐτοῖς καὶ φίλων μνήμη πᾶσαν ὥραν ἐπὶ τούτους φέρεται τῷ πόθῳ, πόλλ’ ὑπομνήματα λαμβάνουσα, ἐν οἷς συνῄδει τούτοις ἀρίστοις οὖσιν. (17) ἐπειδὴ δὲ εἰς ἄνδρας ἀφίκοντο, οὐ μόνον τοῖς πολίταις γνώριμον τὴν αὑτῶν φύσιν ἀλλὰ καὶ πᾶσιν ἀνθρώποις κατέστησαν. ἔστιν γάρ, ἔστιν ἁπάσης ἀρετῆς ἀρχὴ μὲν σύνεσις, πέρας δ’ ἀνδρεία· καὶ τῇ μὲν δοκιμάζεται τί πρακτέον ἐστί, τῇ δὲ σῴζεται. (18) ἐν τούτοις ἀμφοτέροις οἵδε πολὺ διήνεγκαν. καὶ γὰρ εἴ τις ἐφύετο κοινὸς πᾶσιν κίνδυνος τοῖς Ἕλλησιν, οὗτοι πρῶτοι προείδοντο καὶ πολλάκις εἰς σωτηρίαν ἅπαντας παρεκάλεσαν, ὅπερ γνώμης ἀπόδειξίς ἐστιν εὖ φρονούσης· καὶ τῆς παρὰ τοῖς Ἕλλησιν ἀγνοίας μεμειγμένης κακίᾳ, ὅτ’ἐνῆν ταῦτα κωλύειν ἀσφαλῶς, τὰ μὲν οὐ προορώσης τὰ δ’ εἰρωνευομένης, ὅμως, ἡνίχ’ ὑπήκουσαν καὶ τὰ δέοντα ποιεῖν ἠθέλησαν, οὐκ ἐμνησικάκησαν, ἀλλὰ προστάντες καὶ παρασχόντες ἅπαντα προθύμως, καὶ σώματα καὶ χρήματα καὶ συμμάχους, εἰς πεῖραν ἦλθον ἀγῶνος, εἰς ὃν οὐδὲ τῆς ψυχῆς ἐφείσαντο. (19) ἐξ ἀνάγκης δὲ συμβαίνει, ὅταν μάχη γίγνηται, τοῖς μὲν ἡττᾶσθαι, τοῖς δὲ νικᾶν· οὐκ ἂν ὀκνήσαιμι δ’ εἰπεῖν ὅτι μοι δοκοῦσιν οἱ τελευτῶντες ἑκατέρων ἐν τάξει τῆς μὲν ἥττης οὐ μετέχειν, νικᾶν δ’ ὁμοίως ἀμφότεροι. τὸ μὲν γὰρ κρατεῖν ἐν τοῖς ζῶσιν, ὡς ἂν ὁ δαίμων παραδῷ, κρίνεται· ὃ δ’ εἰς τοῦτο ἕκαστον ἔδει παρασχέσθαι, πᾶς ὁ μένων ἐν τάξει πεποίηκεν. εἰ δὲ θνητὸς ὢν τὴν εἱμαρμένην ἔσχεν, τῇ τύχῃ πέπονθε τὸ συμβαῖνον, οὐχὶ τὴν ψυχὴν ἥττηται τῶν ἐναντίων.

20. Νομίζω τοίνυν καὶ τοῦ τῆς χώρας ἡμῶν μὴ ἐπιβῆναι τοὺς πολεμίους πρὸς τῇ τῶν ἐναντίων ἀγνωμοσύνῃ τὴν τούτων ἀρετὴν αἰτίαν γεγενῆσθαι· κατ’ ἄνδρα γὰρ πεῖραν εἰληφότες οἱ τότε συμμείξαντες ἐκεῖ, οὐκ ἠβούλοντ’ αὖθις εἰς

1 οἰκείων αὐτοῖς (αὐτῆς S) SF : αὐτοῖς οἰκείων Y 7 τί - σῴζεται om. SY^{a} τούτοις <δ’> Reiske 9 προείλοντο S^{a}Y^{a} 11 ἀπόδειξίς om. Y^{a} τῆς] τοῖς S 13 οὐ] οὖν SF 22 ζῶσιν] ἀγῶσιν Weil 23 ἐν τάξει om. SY^{C} 25 τὸ] τι F$^{\gamma\rho}$Y$^{\gamma\rho}$ 29 ἐκεῖ] ἐκείνοις Lamb.^{C}

ἀγῶνα καθίστασθαι τοῖς ἐκείνων οἰκείοις, ὑπολαμβάνοντες ταῖς μὲν φύσεσιν ταῖς ὁμοίαις ἀπαντήσεσθαι, τύχην δὲ οὐκ εὔπορον εἶναι τὴν ὁμοίαν λαβεῖν. δηλοῖ δὲ οὐχ ἥκιστα ὅτι ταῦθ' οὕτως ἔχει καὶ τὰ τῆς γεγονυίας εἰρήνης· οὐ γὰρ ἔνεστ' εἰπεῖν οὔτ' ἀληθεστέραν οὔτε καλλίω πρόφασιν τοῦ τῆς τῶν τετελευτηκότων ἀγασθέντα ἀρετῆς τὸν τῶν ἐναντίων κύριον φίλον γενέσθαι τοῖς ἐκείνων οἰκείοις βούλεσθαι μᾶλλον ἢ πάλιν τὸν ὑπὲρ τῶν ὅλων κίνδυνον ἄρασθαι. (21) *οἶμαι δ' ἄν, εἴ τις αὐτοὺς τοὺς παραταξαμένους ἐρωτήσειεν πότερ' ἡγοῦνται ταῖς αὑτῶν ἀρεταῖς καὶ τῇ τοῦ προεστηκότος αὐτῶν ἐμπειρίᾳ καὶ τόλμῃ ἢ τῇ παραδόξῳ καὶ χαλεπῇ τύχῃ κατωρθωκέναι, οὐδένα οὔτ' ἀναίσχυντον οὔτε τολμηρὸν οὕτως εἶναι, ὅντιν' ἀντιποιήσεσθαι τῶν πεπραγμένων. ἀλλὰ μὴν ὑπὲρ ὧν ὁ πάντων κύριος δαίμων, ὡς ἐβούλετο, ἔνειμε τὸ τέλος, ἅπαντας ἀφεῖσθαι κακίας ἀνάγκη τοὺς λοιπούς, ἀνθρώπους γ' ὄντας·* (22) *εἰ δ' ἄρα ἔστι τις ἀνθρώπων ὅτῳ περὶ τούτων ἐγκαλέσαι προσήκει, τοῖς ἐπὶ τούτῳ ταχθεῖσιν Θηβαίων, οὐχὶ τοῖς πολλοῖς οὔτ' ἐκείνων οὔθ' ἡμῶν ἐγκαλέσειεν ἄν τις εἰκότως· οἳ δύναμιν λαβόντες ἔχουσαν θυμὸν ἀήττητον καὶ ἀπροφάσιστον καὶ φιλοτιμίαν ἐφάμιλλον οὐδενὶ τούτων ὀρθῶς ἐχρήσαντο.* (23) *καὶ τὰ μὲν ἄλλ' ἔστιν τούτων ὡς ἕκαστος ἔχει γνώμης, οὕτως ὑπολαμβάνειν· ὃ δὲ ἅπασιν ὁμοίως τοῖς οὖσιν ἀνθρώποις γεγένηται φανερόν, ὅτι ἡ πάσης τῆς Ἑλλάδος ἄρα ἐλευθερία ἐν ταῖς τῶνδε τῶν ἀνδρῶν ψυχαῖς διεσῴζετο· ἐπειδὴ οὖν ἡ πεπρωμένη τούτους ἀνεῖλεν, οὐδεὶς ἀντέστη τῶν λοιπῶν. καὶ φθόνος μὲν ἀπείη τοῦ λόγου, δοκεῖ δέ μοί τις ἂν*

1 *τοὺς...οἰκείους* S[C] (*τοῖς* S)F 2 *τύχην*] <*τὴν*> *ψυχὴν* F[γρ] 5 *τοῦ*] *οὔτε* SY[a]? 7 *ἐκείνων* om. Y[a] 9 *τοὺς* om. SF 10–11 *καὶ τῇ - τόλμῃ* transp. post *ἀρεταῖς* Sophianus Luc. Dem. enc. 38 : post *κατωρθωκέναι* SFY 12 *τόλμῃ* <*καὶ ψυχῇ*> F 13 *ἀντιποιήσασθαι* SY 15 *ὄντας* <*περὶ ὧν δ' ὁ τῶν ἐναντίων ἡγεμὼν ὑπερῆρε τοὺς ἐπὶ τούτῳ ταχθέντας, οὐχὶ τοὺς πολλοὺς οὔτ' ἐκείνων οὔθ' ἡμῶν αἰτιάσαιτ' ἄν τις εἰκότως*> FY[C] 18 *οὔθ' ἡμῶν οὔτ' ἐκείνων* F 21 *ὡς* om. S[a] 22–3 *ἀνθρώποις τοῖς οὖσιν* F 23 *ἡ πᾶσα* SF : *ἁπάσης* cod. R 25 *οὖν* SFY : *γοῦν* Wolf

εἰπὼν ὡς ἡ τῶνδε τῶν ἀνδρῶν ἀρετὴ τῆς Ἑλλάδος ἦν ψυχὴ τἀληθὲς εἰπεῖν· **(24)** ἅμα γὰρ τά τε τούτων πνεύματα ἀπηλλάγη τῶν οἰκείων σωμάτων, καὶ τὸ τῆς Ἑλλάδος ἀξίωμ' ἀνῄρηται. μεγάλην μὲν οὖν ἴσως ὑπερβολὴν δόξομεν λέγειν, ῥητέον δ' ὅμως· ὥσπερ γάρ, εἴ τις ἐκ τοῦ καθεστηκότος κόσμου τὸ φῶς ἐξέλοι, δυσχερὴς καὶ χαλεπὸς ἅπας ὁ λειπόμενος ἂν ἡμῖν βίος γένοιτο, οὕτω τῶνδε τῶν ἀνδρῶν ἀναιρεθέντων ἐν σκότει καὶ πολλῇ δυσκλείᾳ πᾶς ὁ πρὸ τοῦ ζῆλος τῶν Ἑλλήνων γέγονεν.

25. *Διὰ* πολλὰ δ' εἰκότως ὄντες τοιοῦτοι, διὰ τὴν πολιτείαν οὐχ ἥκιστα ἦσαν σπουδαῖοι. αἱ μὲν γὰρ διὰ τῶν ὀλίγων δυναστεῖαι δέος μὲν ἐνεργάζονται τοῖς πολίταις, αἰσχύνην δ' οὐ παριστᾶσιν· ἡνίκ' ἂν οὖν ὁ ἀγὼν ἔλθῃ τοῦ πολέμου, πᾶς τις εὐχερῶς ἑαυτὸν σῴζει, συνειδὼς ὅτι, ἐὰν τοὺς κυρίους ἢ δώροις ἢ δι' ἄλλης ἡστινοσοῦν ὁμιλίας ἐξαρέσηται, κἂν τὰ δεινότατα ἀσχημονήσῃ, μικρὸν ὄνειδος τὸ λοιπὸν αὐτῷ καταστήσεται· **(26)** αἱ δὲ δημοκρατίαι πολλά τε ἄλλα καὶ καλὰ καὶ δίκαια ἔχουσιν, ὧν τὸν εὖ φρονοῦντα ἀντέχεσθαι δεῖ, καὶ τὴν παρρησίαν ἐκ τῆς ἀληθείας ἠρτημένην οὐκ ἔστι τἀληθὲς δηλοῦν ἀποτρέψαι. οὔτε γὰρ πάντας ἐξαρέσασθαι τοῖς αἰσχρόν τι ποιήσασι δυνατόν, οὔτε μόνος ὁ τἀληθὲς ὄνειδος λέγων λυπεῖ· καὶ γὰρ οἱ μηδὲν ἂν εἰπόντες αὐτοὶ βλάσφημον ἄλλου γε λέγοντος χαίρουσιν ἀκούοντες. ἃ φοβούμενοι πάντες εἰκότως τῇ τῶν μετὰ ταῦτα ὀνειδῶν αἰσχύνῃ τόν τε προσιόντα ἀπὸ τῶν ἐναντίων κίνδυνον εὐρώστως ὑπέμειναν, καὶ θάνατον καλὸν εἵλοντο μᾶλλον ἢ βίον αἰσχρόν.

27. Ἃ μὲν οὖν κοινῇ πᾶσιν ὑπῆρχεν τοῖσδε τοῖς ἀνδράσιν εἰς τὸ καλῶς ἐθέλειν ἀποθνῄσκειν, εἴρηται, γένος, παιδεία, χρηστῶν ἐπιτηδευμάτων συνήθεια, τῆς ὅλης πολιτείας

5 *καθεστηκος* S[a] 6 *ἐξέλοιτο* SY[a] 7 *ἂν - γένοιτο*] *βίος γένοιτ' ἄν* F *τῶνδε* post *ἀνδρῶν* cod. R 8 *πᾶς* om. Y[a] *τοῦ*] *τούτου* SY[a] 13 *ἂν οὖν* Bekker : *γοῦν* SFY 20 *ἀποτρέψαι* ante *δηλοῦν* F 21 *οὔτε μόνος ὁ* Wolf : *ὥστε ὁ μόνος* SFY : *οὔθ' ὁ μόνος* Clavaud

ὑπόθεσις· ἃ δὲ κατὰ φυλὰς παρεκάλεσεν ἑκάστους εὐρώστους εἶναι, ταῦτ᾽ ἤδη λέξω. ᾔδεσαν πάντες Ἐρεχθεῖδαι τὸν ἐπώνυμον <τὸν> αὑτῶν Ἐρεχθέα, ἕνεκα τοῦ σῶσαι τὴν χώραν τὰς αὑτοῦ παῖδας, ἃς Ὑακινθίδας καλοῦσιν, εἰς προῦπτον θάνατον δόντ᾽ ἀναλῶσαι. αἰσχρὸν οὖν ἡγοῦντο τὸν μὲν ἀπ᾽ ἀθανάτων πεφυκότα πάντα ποιεῖν ἕνεκα τοῦ τὴν πατρίδα ἐλευθερῶσαι, αὐτοὶ δὲ φανῆναι θνητὸν σῶμα ποιούμενοι περὶ πλείονος ἢ δόξαν ἀθάνατον. **(28)** οὐκ ἠγνόουν Αἰγεῖδαι Θησέα τὸν Αἰγέως πρῶτον ἰσηγορίαν καταστησάμενον τῇ πόλει. δεινὸν οὖν ἡγοῦντο προδοῦναι τὴν ἐκείνου προαίρεσιν, καὶ τεθνάναι μᾶλλον ᾑροῦντο ἢ καταλυομένης ταύτης παρὰ τοῖς Ἕλλησιν ζῆν φιλοψυχήσαντες. παρειλήφεσαν Πανδιονίδαι Πρόκνην καὶ Φιλομήλαν τὰς Πανδίονος θυγατέρας, ὡς ἐτιμωρήσαντο Τηρέα διὰ τὴν εἰς αὑτὰς ὕβριν. οὐ βιωτὸν οὖν ἐνόμιζον αὑτοῖς, εἰ μὴ συγγενεῖς ὄντες θυμὸν ἔχοντες ὁμοῖον ἐκείναις φανήσονται, ἐφ᾽ οἷς τὴν Ἑλλάδ᾽ ἑώρων ὑβριζομένην. **(29)** ἠκηκόεσαν Λεωντίδαι μυθολογουμένας τὰς Λεὼ κόρας, ὡς ἑαυτὰς ἔδοσαν σφάγιον τοῖς πολίταις ὑπὲρ τῆς χώρας. ὅτε δ᾽ οὖν γυναῖκες ἐκεῖναι τοιαύτην ἔσχον ἀνδρείαν, οὐ θεμιτὸν αὑτοῖς ὑπελάμβανον χείροσιν ἀνδράσιν οὖσιν ἐκείνων φανῆναι. ἐμέμνηντο Ἀκαμαντίδαι τῶν ἐπῶν ἐν οἷς Ὅμηρος ἕνεκα τῆς μητρός φησιν Αἴθρας Ἀκάμαντα εἰς Τροίαν στεῖλαι. ὁ μὲν οὖν παντὸς ἐπειρᾶτο κινδύνου τοῦ σῶσαι τὴν ἑαυτοῦ μητέρ᾽ ἕνεκα· οἱ δὲ τοὺς οἴκοι σύμπαντας γονέας {ἕνεκα τοῦ σῶσαι} πῶς οὐκ ἤμελλον ὑπὲρ τοῦ σῶσαι πάντα κίνδυνον ὑπομένειν; **(30)** οὐκ ἐλάνθανεν Οἰνείδας ὅτι Κάδμου μὲν Σεμέλη, τῆς δὲ

28 Αἰγεῖδαι Harp. α 47 Σ^{β} α 493 Sud. α 32

1 παρεκάλεσεν] παρεσκεύασεν $F^{\gamma\rho}$ 3 add. Dryoff <αὐτοῦ> χώραν S^{a} 10 παραδοῦναι - ἐκείνου] τὴν ἐκείνου προδόναι FY 15 συγγενεῖς - φανήσονται SA$F^{\gamma\rho}$ Sophianus : συγγενῆ φανήσονται τὸν θυμὸν ἔχοντες ἐκείνοις F ὁμοῖοι Y^{a} ἐκείνοις F^{a} 18 δ᾽ οὖν] δὴ Blass 22 Αἴθρας] φαίδρας $F^{\gamma\rho}$ 24 <οἰκείους> γονέας S$F^{\gamma\rho}$Y del. Dindorf 25 ὑπὲρ τοῦ σῶσαι om. FY^{C}

{οἷον ὄντα} ὃν οὐ πρέπον ἐστὶν ὀνομάζειν ἐπὶ τοῦδε τοῦ τάφου, τοῦ δὲ Οἰνεὺς γέγονεν, ὃς ἀρχηγὸς αὐτῶν ἐκαλεῖτο. κοινοῦ δ’ ὄντος ἀμφοτέραις ταῖς πόλεσιν τοῦ παρόντος κινδύνου, ὑπὲρ ἀμφοτέρων ἅπασαν ᾤοντο δεῖν ἀγωνίαν ἐκτεῖναι. ᾔδεσαν Κεκροπίδαι τὸν ἑαυτῶν ἀρχηγὸν τὰ μὲν ὡς ἔστιν δράκων, τὰ δ’ ὡς ἔστιν ἄνθρωπος λεγόμενον, οὐκ ἄλλοθέν ποθεν ἢ τῷ τὴν σύνεσιν <μὲν> αὐτοῦ προσομοιοῦν ἀνθρώπῳ, τὴν ἀλκὴν δὲ δράκοντι. ἄξια δὴ τούτων πράττειν ὑπελάμβανον αὑτοῖς προσήκειν. (31) ἐμέμνηντο Ἱπποθωντίδαι τῶν Ἀλόπης γάμων, ἐξ ὧν Ἱπποθῶν ἔφυ, καὶ τὸν ἀρχηγὸν ᾔδεσαν <***>· ὧν, τὸ πρέπον φυλάττων ἐγὼ τῷδε τῷ καιρῷ, τὸ σαφὲς εἰπεῖν ὑπερβαίνω. ἄξια δὴ τούτων ᾤοντο {προσήκειν} δεῖν ποιοῦντες ὀφθῆναι. οὐκ ἐλάνθανεν Αἰαντίδας ὅτι τῶν ἀριστείων στερηθεὶς Αἴας ἀβίωτον ἑαυτῷ ἡγήσατο τὸν βίον. ἡνίκ’ οὖν ὁ δαίμων ἄλλῳ τἀριστεῖα ἐδίδου, τότε τοὺς ἐχθροὺς ἀμυνόμενοι τεθνάναι δεῖν ᾤοντο, ὥστε μηδὲν ἀνάξιον αὑτῶν παθεῖν. οὐκ ἠμνημόνουν Ἀντιοχίδαι Ἡρακλέους ὄντ’ Ἀντίοχον. δεῖν οὖν ἡγήσαντ’ ἢ ζῆν ἀξίως τῶν ὑπαρχόντων ἢ τεθνάναι καλῶς.

32. Οἱ μὲν οὖν ζῶντες οἰκεῖοι τούτων ἐλεινοί, τοιούτων ἀνδρῶν ἐστερημένοι καὶ συνηθείας πολλῆς καὶ φιλανθρώπου διεζευγμένοι, καὶ τὰ τῆς πατρίδος πράγματ’ ἔρημα καὶ δακρύων καὶ πένθους πλήρη· οἱ δ’ εὐδαίμονες τῷ δικαίῳ λογισμῷ. πρῶτον μὲν ἀντὶ μικροῦ χρόνου πολὺν καὶ τὸν ἅπαντα εὔκλειαν ἀγήρω καταλείπουσιν, ἐν ᾗ καὶ παῖδες οἱ τούτων ὀνομαστοὶ τραφήσονται καὶ γονεῖς οἱ τούτων περίβλεπτοι γηροτροφήσονται, παραψυχὴν τῷ πένθει τὴν τούτων εὔκλειαν ἔχοντες. (33) ἔπειτα νόσων ἀπαθεῖς τὰ σώματα καὶ

30 Κεκροπίδαι Harp. κ 36

1 del. Reiske   6 λεγόμενος SFY : corr. Wolf   7 add. Blass   9 ἱπποθοωντίδαι. . .ἱπποθοῶν SFY : corr. Blass   10 lacunam posuit Rennie ὧν cod. R : ὃν FY : [S]   11 σαφῶς F[c] cod. Q   12 del. Schaefer   14 ἡγήσατο Wolf : ᾑρήσατο SFY   19 ἐλεεινοὶ SFY : corr. Dindorf   22 εὐδαίμονες cod. P : δὲ δαίμονες SFY   23 <οἱ> πρῶτον Dobree   25 οἱ τούτων del. Albrecht

λυπῶν ἄπειροι τὰς ψυχάς, ἃς ἐπὶ τοῖς συμβεβηκόσιν οἱ ζῶντες ἔχουσιν, ἐν μεγάλῃ τιμῇ καὶ πολλῷ ζήλῳ τῶν νομιζομένων τυγχάνουσιν. οὓς γὰρ ἅπασα μὲν ἡ πατρὶς θάπτει δημοσίᾳ, κοινῶν δ' ἐπαίνων μόνοι τυγχάνουσιν, ποθοῦσι δ' οὐ μόνοι συγγενεῖς καὶ πολῖται, ἀλλὰ πᾶσαν ὅσην Ἑλλάδα χρὴ προσειπεῖν, συμπεπένθηκεν δὲ καὶ τῆς οἰκουμένης τὸ πλεῖστον μέρος, πῶς οὐ χρὴ τούτους εὐδαίμονας νομίζεσθαι; (34) *οὓς παρέδρους εἰκότως ἄν τις φήσαι τοῖς κάτω θεοῖς εἶναι, τὴν αὐτὴν τάξιν ἔχοντας τοῖς προτέροις ἀγαθοῖς ἀνδράσιν ἐν μακάρων νήσοις. οὐ γὰρ ἰδών τις οὐδὲ περὶ ἐκείνων ταῦτ' ἀπήγγελκεν, ἀλλ' οὓς οἱ ζῶντες ἀξίους ὑπειλήφαμεν τῶν ἄνω τιμῶν, τούτους τῇ δόξῃ καταμαντευόμενοι κἀκεῖ τῶν αὐτῶν τιμῶν ἡγούμεθ' αὐτοὺς τυγχάνειν.* (35) *ἔστι μὲν οὖν ἴσως χαλεπὸν τὰς παρούσας συμφορὰς λόγῳ κουφίσαι· δεῖ δ' ὅμως πειρᾶσθαι καὶ πρὸς τὰ παρηγοροῦντα τρέπειν τὴν ψυχήν, ὡς τοὺς τοιούτους ἄνδρας γεγεννηκότας καὶ πεφυκότας αὐτοὺς ἐκ τοιούτων ἑτέρων καλόν ἐστιν τὰ δεινὰ εὐσχημονέστερον τῶν ἄλλων φέροντας ὁρᾶσθαι καὶ πάσῃ τύχῃ χρωμένους ὁμοίους εἶναι.* (36) *καὶ γὰρ ἐκείνοις ταῦτ' ἂν εἴη μάλιστ' ἐν κόσμῳ καὶ τιμῇ, καὶ πάσῃ τῇ πόλει καὶ τοῖς ζῶσιν ταῦτ' ἂν ἐνέγκοι πλείστην εὐδοξίαν. χαλεπὸν πατρὶ καὶ μητρὶ παίδων στερηθῆναι καὶ ἐρήμοις εἶναι τῶν οἰκειοτάτων γηροτρόφων· σεμνὸν δέ γε ἀγήρως τιμὰς καὶ μνήμην ἀρετῆς δημοσίᾳ κτησαμένους ἐπιδεῖν, καὶ θυσιῶν καὶ ἀγώνων ἠξιωμένους ἀθανάτων.* (37) *λυπηρὸν παισὶν ὀρφανοῖς γεγενῆσθαι πατρός· καλὸν δέ γε κληρονομεῖν πατρῴας εὐδοξίας. καὶ τοῦ μὲν λυπηροῦ τούτου τὸν δαίμονα αἴτιον εὑρήσομεν ὄντα, ᾧ φύντας*

36 *χαλεπὸν–ἐπιδεῖν* Alex. 25.29–26.1 Sp. *τιμὰς* Poll. 2.15

1 *ἃς* Y^{γρ} : *τὰς* SFY 2 *ἐν*] *ων* S : *ὃν* Y^{C} 4 *μόνον* <*οἱ*> F 7 *νομίζεσθαι* om. SF^{a}Y^{a} 11 *ἤγγελκεν* Y^{a} 16 *γεγονότας* SFY : corr. Feliciana 17 <*καὶ*> *ἑτέρων* S^{a} 21 *χαλεπὸν*] *οἰκτρὸν* Alex. 23 *τιμὰς ἀγήρως* Poll. *μνην* S^{a} 24 *θυσιῶν*] *οὐσιῶν* S^{a} 25 <*ὡς*> *ἀθανάτους* Blass

ἀνθρώπους εἴκειν ἀνάγκη, τοῦ δὲ τιμίου καὶ καλοῦ τὴν τῶν ἐθελησάντων καλῶς ἀποθνῄσκειν αἵρεσιν.

Ἐγὼ μὲν οὖν οὐχ ὅπως πολλὰ λέξω, τοῦτ᾽ ἐσκεψάμην, ἀλλ᾽ ὅπως τἀληθῆ. ὑμεῖς δὲ ἀποδυράμενοι καὶ τὰ προσήκονθ᾽ ὡς χρὴ καὶ νόμιμα ποιήσαντες ἄπιτε.

5 Subscriptum in SY *επιταφιος Η Η Η Η Ι Ι Ι Ι*: in F *επιταφιος* : *Η Η Η 𐅄 Δ Δ* Clavaud : *Η Η Η 𐅄 Π Ι Ι* Graux

LXI

[ΔΗΜΟΣΘΕΝΟΥΣ] ΕΡΩΤΙΚΟΣ

1. *Ἀλλ᾽ ἐπειδήπερ ἀκούειν βούλει τοῦ λόγου, δείξω σοι καὶ ἀναγνώσομαι. δεῖ δέ σε τὴν προαίρεσιν αὐτοῦ πρῶτον εἰδέναι. βούλεται μὲν γὰρ ὁ τὸν λόγον ποιῶν ἐπαινεῖν Ἐπικράτην, ὃν ᾤετο πολλῶν καὶ καλῶν κἀγαθῶν ὄντων νέων ἐν τῇ πόλει χαριέστατον εἶναι, καὶ πλέον τῇ συνέσει προέχειν ἢ τῷ κάλλει τῶν ἡλικιωτῶν. ὁρῶν δ᾽ ὡς ἔπος εἰπεῖν τὰ πλεῖστα τῶν ἐρωτικῶν συνταγμάτων αἰσχύνην μᾶλλον ἢ τιμὴν περιάπτοντα τούτοις περὶ ὧν ἐστι γεγραμμένα, τοῦτο ὅπως μὴ πείσεται πεφύλακται, καὶ ὅπερ καὶ πεπεῖσθαί φησι τῇ γνώμῃ, τοῦτο καὶ γέγραφεν, ὡς δίκαιος ἐραστὴς οὔτ᾽ ἂν ποιήσειεν οὐδὲν αἰσχρὸν οὔτ᾽ ἀξιώσειεν.* (2) *ὃ μὲν οὖν ὡσπερεὶ μάλιστ᾽ ἂν ἐρωτικὸν λάβοις τοῦ λόγου, περὶ τοῦτ᾽ ἔστιν· ὁ δὲ ἄλλος λόγος τὰ μὲν αὐτὸν ἐπαινεῖ τὸν νεανίσκον, τὰ δ᾽ αὐτῷ συμβουλεύει περὶ παιδείας τε καὶ προαιρέσεως τοῦ βίου. πάντα δὲ ταῦτα γέγραπται τὸν τρόπον ὅν τις ἂν εἰς βιβλίον καταθεῖτο. τοῖς μὲν γὰρ λεκτικοῖς τῶν λόγων ἁπλῶς καὶ ὁμοίως οἷς ἂν ἐκ τοῦ παραχρῆμά τις εἴποι πρέπει γεγράφθαι, τοῖς δ᾽ εἰς τὸν πλείω χρόνον τεθησομένοις ποιητικῶς καὶ περιττῶς ἁρμόττει συγκεῖσθαι· τοὺς μὲν γὰρ πιθανούς, τοὺς δὲ ἐπιδεικτικοὺς εἶναι προσήκει. ἵν᾽ οὖν μὴ παρὰ τὸν λόγον σοι λέγω, μηδὲ ἃ γιγνώσκω περὶ τούτων αὐτὸς διεξίω, πρόσεχ᾽ ὡς αὐτοῦ τοῦ λόγου ἤδη ἀκουσόμενος, ἐπειδὴ καὶ αὐτὸς ἥκει, ὃν ἠβουλήθην ἀκούειν, Ἐπικράτης.*

tit. *ερωτικος* SFY   3 *ἐπικράτην ἐπαινεῖν* cod. D   4 *καὶ καλῶν* om. SY   5 *προσέχειν* SFY : corr. cod. D   11 *οὖν* om. cod. R   *ὥσπερ* S$^{\mathrm{m.a.}}$ (in marg.)   16 *λεκτικοῖς*] *δεκτικοῖς* S^{a}F   19 *ἀποδεικτικοὺς* SF^{a} 20 *προσήκει* <*τοῦ βίου*> Y^{a} *ἃ γιγνώσκω* Y : *ἀπογιγνώσκω* SF : *ἅπερ γιγν.* Feliciana   22 *καὶ* cod. v : <*δὲ*> *καὶ* SFY   *ἠβουλήθη* cod. Q

3. Ὁρῶν ἐνίους τῶν ἐρωμένων καὶ κάλλους μετεσχηκότων οὐδετέρᾳ {δὲ} τῶν εὐτυχιῶν τούτων ὀρθῶς χρωμένους, ἀλλ' ἐπὶ μὲν τῇ τῆς ὄψεως εὐπρεπείᾳ σεμνυνομένους, τὴν δὲ πρὸς τοὺς ἐραστὰς ὁμιλίαν δυσχεραίνοντας, καὶ τοσοῦτον διημαρτηκότας τοῦ τὰ βέλτιστα κρίνειν ὥστε διὰ τοὺς λυμαινομένους τῷ πράγματι καὶ πρὸς τοὺς μετὰ σωφροσύνης πλησιάζειν ἀξιοῦντας δυσκόλως διακειμένους, ἡγησάμην τοὺς μὲν τοιούτους οὐ μόνον αὑτοῖς ἀλυσιτελῶς ἔχειν, ἀλλὰ καὶ τοῖς ἄλλοις μοχθηρὰς συνηθείας ἐνεργάζεσθαι, (4) τοῖς δὲ καλῶς φρονοῦσιν οὐκ ἐπακολουθητέον εἶναι τῇ τούτων ἀπονοίᾳ, μάλιστα μὲν ἐνθυμουμένοις ὅτι τῶν πραγμάτων οὔτε καλῶν οὔτ' αἰσχρῶν ἀποτόμως ὄντων, ἀλλὰ παρὰ τοὺς χρωμένους τὸ πλεῖστον διαλλαττόντων, ἄλογον μιᾷ γνώμῃ περὶ ἀμφοτέρων χρῆσθαι, ἔπειθ' ὅτι πάντων ἀτοπώτατόν ἐστι ζηλοῦν μὲν τοὺς πλείστους φίλους καὶ βεβαιοτάτους ἔχοντας, ἀποδοκιμάζειν δὲ τοὺς ἐραστάς, ὃ μόνον ἴδιον ἔθνος οὐχ ἅπασιν ἀλλὰ τοῖς καλοῖς καὶ σώφροσιν οἰκειοῦσθαι πέφυκεν. (5) ἔτι δὲ τοῖς μὲν μηδεμίαν πω τοιαύτην φιλίαν ἑορακόσιν καλῶς ἀποβᾶσαν, ἢ σφόδρα κατεγνωκόσιν αὑτῶν ὡς οὐκ ἂν δυνηθεῖεν σωφρόνως τοῖς ἐντυγχάνουσιν ὁμιλεῖν, ἴσως οὐκ ἄλογον ταύτην ἔχειν τὴν διάνοιαν· τοῖς δ' ὥσπερ σὺ διακειμένοις, καὶ μήτε παντάπασιν ἀνηκόοις οὖσιν ὅσαι δὴ χρεῖαι δι' ἔρωτος χωρὶς αἰσχύνης ηὐξήθησαν, καὶ μετὰ τῆς ἀκριβεστάτης εὐλαβείας τὸν ἄλλον χρόνον βεβιωκόσιν, οὐδ' ὑποψίαν ἔχειν εὔλογον ὡς ἄν τι πράξειαν αἰσχρόν. (6) διὸ δὴ καὶ μᾶλλον ἐπήρθην τοῦτον γράψαι τὸν λόγον, ἡγούμενος δυοῖν τοῖν καλλίστοιν οὐ διαμαρτήσεσθαι. τὰ μὲν γὰρ ὑπάρχοντά σοι ἀγαθὰ διελθὼν ἅμα σέ τε ζηλωτὸν καὶ ἐμαυτὸν οὐκ ἀνόητον ἐπιδείξειν ἐλπίζω, εἴ σε τοιοῦτον ὄντα ἀγαπῶ·

1 μετεσχηκότας SF^{a}Y   2 οὐδετέρους cod. R   del. Schaefer   7 post δυσκόλως add. εἶναι Lessing   8 αὑτοῖς Y : αὐτὸς SF   11 ἀπονοίᾳ] ἀπηνείᾳ cod. D   ἐνθυμουμένους SY^{a} 12 ἀποτόμων SY^{a} 16 ἔθνος Reiske : ἔθος SFY   23 δι' om. SY^{a} 24 βεβαιωκόσιν S

συμβουλεύσας δ᾽ ἃ μάλιστα κατεπείγει, νομίζω τῆς μὲν εὐνοίας τῆς ἐμῆς δεῖγμα, τῆς δὲ κοινῆς φιλίας ἀφορμὴν ἀμφοτέροις εἰσοίσειν. (7) *καίτοι μ᾽ οὐ λέληθεν ὅτι χαλεπὸν μέν ἐστιν καὶ τὴν σὴν φύσιν ἀξίως τῶν ὑπαρχόντων διελθεῖν, ἔτι δ᾽ ἐπικινδυνότερον τὸ συμβουλεύειν μέλλοντα αὐτὸν ὑπεύθυνον τῷ πεισθέντι καταστῆσαι. ἀλλὰ νομίζω τοῖς μὲν δικαίως ἐγκωμίων τυγχάνουσιν περιγενέσθαι τῆς τῶν ἐπαινούντων δυνάμεως προσήκειν τῇ τῆς ἀληθείας ὑπερβολῇ, τῆς δὲ συμβουλῆς οὐ διαμαρτήσεσθαι, συνειδὼς ὅτι διὰ μὲν ἀνοήτων καὶ παντελῶς ὑπ᾽ ἀκρασίας διεφθαρμένων οὐδὲ τῶν καθ᾽ ὑπερβολὴν ὀρθῶς βουλευθέντων οὐδὲν ἂν καλῶς ἐξενεχθείη, διὰ δὲ τῶν σωφρόνως καὶ καθαρῶς ζῆν αἱρουμένων οὐδὲ τὰ μετρίως ἐσκεμμένα διαμαρτάνεσθαι πέφυκεν.* (8) *τὰς μὲν οὖν ἐλπίδας ἔχων τοιαύτας ἐγχειρῶ τῷ λόγῳ· ἡγοῦμαι δὲ πάντας ἂν ὁμολογῆσαί μοι τοῖς τηλικούτοις μάλιστα κατεπείγειν κάλλος μὲν ἐπὶ τῆς ὄψεως, σωφροσύνην δ᾽ ἐπὶ τῆς ψυχῆς, ἀνδρείαν δ᾽ ἐπ᾽ ἀμφοτέρων τούτων, χάριν δ᾽ ἐπὶ τῶν λόγων διατελεῖν ἔχοντας. ὧν τὰ μὲν τῆς φύσεως ὅνθ᾽ οὕτω καλῶς ἡ τύχη σοι παραδέδωκεν ὥστε περίβλεπτον καὶ θαυμαζόμενον διατελεῖν, τὰ δ᾽ αὐτὸς παρὰ τὴν ἐπιμέλειαν εἰς τοῦτο προαγαγὼν ἥκεις ὥστε μηδέν᾽ ἄν σοι τῶν εὖ φρονούντων ἐπιτιμῆσαι.* (9) *καίτοι τί χρὴ τὸν τῶν μεγίστων ἐπαίνων ἄξιον; οὐχ ὑπὸ μὲν τῶν θεῶν ἠγαπημένον φαίνεσθαι, παρὰ δὲ τοῖς ἀνθρώποις τὰ μὲν δι᾽ αὐτόν, τὰ δὲ διὰ τὴν τύχην θαυμάζεσθαι; καθ᾽ ὅλου μὲν τοίνυν τῶν ὑπαρχόντων σοι πρὸς ἀρετὴν ἴσως ὕστερον ἁρμόσει τὰ πλείω διελθεῖν· ἃ δ᾽ ἑκάστου τούτων ἐγκώμια εἰπεῖν ἔχω, ταῦτα δηλῶσαι πειράσομαι μετ᾽ ἀληθείας.*

10. *Ἄρξομαι δὲ πρῶτον ἐπαινεῖν, ὅπερ πρῶτον ἰδοῦσιν*

8 *τοῖς–ἔχοντας* Stob. 4.29.56

2–3 *εἰσοίσειν ἀφοτέροις* Y 9 *διαμαρτήσασθαι* cod. Q[γρ] 12 *σωφρόνων* cod. D 16 *ἐπὶ*] *κατὰ* Y[C] 18 *ἔχουσιν* Stob. *ὅνθ᾽οὕτω* cod. vc : *οὔτ᾽ οὕτως* S *οὕτω* om. FY 20 *προάγων* SY 22 *τί* om. F 26 *ἁρμόττει* F[C] : *ἁρμόσσει* S[C] 27 <*ἤδη*> *δηλῶσαι* Schaefer

ἅπασιν ἔστιν γνῶναί σου, τὸ κάλλος, καὶ τούτου τὸ χρῶμα, δι' οὗ καὶ τὰ μέλη καὶ ὅλον τὸ σῶμα φαίνεται. ᾧ τίνα {ἂν} ἁρμόττουσαν εἰκόν' ἐνέγκω σκοπῶν οὐχ ὁρῶ, ἀλλὰ παρίσταταί μοι δεῖσθαι τῶν ἀναγνόντων τόνδε τὸν λόγον σὲ θεωρῆσαι καὶ ἰδεῖν, ἵνα συγγνώμης τύχω μηδὲν ὅμοιον ἔχων εἰπεῖν. **(11)** τῷ γὰρ <ἂν> εἰκάσειέ τις, <ὃ> θνητὸν ὂν ἀθάνατον τοῖς ἰδοῦσιν ἐνεργάζεται πόθον, καὶ ὁρώμενον οὐκ ἀποπληροῖ, καὶ μεταστὰν μνημονεύεται, καὶ τὴν τῶν θεῶν ἀξίαν ἐπ' ἀνθρώπου φύσιν ἔχει, πρὸς μὲν τὴν εὐπρέπειαν ἀνθηρόν, πρὸς δὲ τὰς αἰτίας ἀνυπονόητον; ἀλλὰ μὴν οὐδὲ ταῦτ' ἔστιν αἰτιάσασθαι πρὸς τὴν σὴν ὄψιν, ἃ πολλοῖς ἄλλοις ἤδη συνέπεσεν τῶν κάλλους μετασχόντων. **(12)** ἢ γὰρ διὰ ῥαθυμίαν τοῦ σχήματος ἅπασαν συνετάραξαν τὴν ὑπάρχουσαν εὐπρέπειαν, ἢ δι' ἀτύχημά τι καὶ τὰ καλῶς πεφυκότα συνδιέβαλον αὐτῷ. ὧν οὐδενὶ τὴν σὴν ὄψιν εὕροιμεν ἂν ἔνοχον γεγενημένην· οὕτω γὰρ σφόδρα ἐφυλάξατο πάσας τὰς τοιαύτας κῆρας ὅστις ποτ' ἦν θεῶν ὁ τῆς σῆς ὄψεως προνοηθείς, ὥστε μηδὲν μέμψεως ἄξιον, τὰ δὲ πλεῖστα περίβλεπτά σου καταστῆσαι. **(13)** καὶ μὲν δὴ καὶ τῶν ὁρωμένων ἐπιφανεστάτου μὲν ὄντος τοῦ προσώπου, τούτου δὲ αὐτοῦ τῶν ὀμμάτων, ἔτι μᾶλλον ἐν τούτοις ἐπεδείξατο τὴν εὔνοιαν ἣν εἶχεν εἰς σὲ τὸ δαιμόνιον. οὐ γὰρ μόνον πρὸς τὸ τὰ κατεπείγονθ' ὁρᾶν αὐτάρκη παρέσχηται, ἀλλ' ἐνίων οὐδ' ἐκ τῶν πραττομένων γιγνωσκομένης τῆς ἀρετῆς, σοῦ διὰ τῶν τῆς ὄψεως σημείων τὰ κάλλιστα τῶν ἠθῶν ἐνεφάνισε, πρᾶον μὲν καὶ φιλάνθρωπον τοῖς ὁρῶσιν, μεγαλοπρεπῆ δὲ καὶ σεμνὸν τοῖς ὁμιλοῦσιν, ἀνδρεῖον

2 μέλη] μέρη SY 3 del. Bekker οὐχ ὁρῶ om. S 6 εἰπεῖν <αὐτῷ> Y[C] add. Bekker add. Blass θνητὸν ὂν] θνητῶν ὃ Y : θνητὸν ὧ cod. v 7 ἐργάζεται SFY : corr. Schaefer 11 πρὸς del. Blass ἄλλοις om. F 12 κάλλους] καλοῖς cod. D[C] ἀρρυθμίαν Wolf 13 σχήματος] σώματος F[C]Y[C] συνεπάραξαν SF[C] 14 συνδιέβαλλον SY 15 εὕροιμ' Y : ευορημ' S 18 δὲ <καὶ> SY περίβλεπτά] παρελθόντα S : <καὶ> παραβλεπτά Spengel σου] του S : [Y] 19 <σοὶ> φανεστάτου S 22 τὸ τὰ] τὰ S : τὸ Y[a]

δὲ καὶ σώφρονα πᾶσιν ἐπιδείξας. (14) *ὃ καὶ μάλιστ' ἄν τις θαυμάσειεν· τῶν γὰρ ἄλλων ἐπὶ μὲν τῆς πραότητος ταπεινῶν, ἐπὶ δὲ τῆς σεμνότητος αὐθαδῶν ὑπολαμβανομένων, καὶ διὰ μὲν τὴν ἀνδρείαν θρασυτέρων, διὰ δὲ τὴν ἡσυχίαν ἀβελτέρων εἶναι δοκούντων, τοσαύτας ὑπεναντιώσεις πρὸς ἄλληλα λαβοῦσα ἡ τύχη πρὸς τὸ δέον ἅπανθ' ὁμολογούμενα ἀπέδωκεν, ὥσπερ εὐχὴν ἐπιτελοῦσα ἢ παράδειγμα τοῖς ἄλλοις ὑποδεῖξαι βουληθεῖσα, ἀλλ' οὐ θνητήν, ὡς εἴθιστο, φύσιν συνιστᾶσα.* (15) *εἰ μὲν οὖν οἷόν τ' ἦν ἐφικέσθαι τῷ λόγῳ τοῦ κάλλους τοῦ σοῦ, ἢ τοῦτ' ἦν μόνον τῶν σῶν ἀξιέπαινον, οὐδὲν ἂν παραλιπεῖν ᾠόμεθα δεῖν ἐπαινοῦντες τῶν προσόντων σοί· νῦν δὲ δέδοικα μὴ πρὸς τὰ λοίπα ἀπειρηκόσι χρησώμεθα τοῖς ἀκροαταῖς, καὶ περὶ τούτου μάτην τερθρευώμεθα.* (16) *πῶς γὰρ ἄν τις ὑπερβάλοι τῷ λόγῳ τὴν σὴν ὄψιν, ἧς μηδ' ἃ τέχνῃ πεποίηται τῶν ἔργων τοῖς ἀρίστοις δημιουργοῖς δύναται ὑπερτεῖναι; καὶ θαυμαστὸν οὐδέν· τὰ μὲν γὰρ ἀκίνητον ἔχει τὴν θεωρίαν, ὥστ' ἄδηλα εἶναι τί ποτ' ἂν ψυχῆς μετασχόντα φανείη, σοῦ δὲ τὸ τῆς γνώμης ἦθος ἐν πᾶσιν οἷς ποιείς μεγάλην εὐπρέπειαν ἐπαυξάνει τῷ σώματι. περὶ μὲν οὖν τοῦ κάλλους πολλὰ παραλιπών, τοσαῦτα ἐπαινέσαι ἔχω.*

17. *Περὶ δὲ τῆς σωφροσύνης κάλλιστον μὲν τοῦτο ἔχοιμ' ἂν εἰπεῖν, ὅτι τῆς ἡλικίας τῆς τοιαύτης εὐδιαβόλως ἐχούσης, σοὶ μᾶλλον ἐπαινεῖσθαι συμβέβηκεν. οὐ γὰρ μόνον οὐδὲν ἐξαμαρτάνειν, ἀλλὰ καὶ φρονιμώτερον ἢ κατὰ τὴν ὥραν ζῆν προῄρησαι. καὶ τούτου μέγιστον τεκμήριον ἡ πρὸς τοὺς ἀνθρώπους ὁμιλία· πολλῶν γὰρ ἐντυγχανόντων σοι καὶ παντοδαπὰς φύσεις ἐχόντων, ἔτι δὲ προσαγομένων ἁπάντων*

1 *καὶ* (post *ὃ*) om. Y^{a} 2 *μὲν* om. S 5 *πρὸς ἄλληλα* post 6 *ὁμολούμενα* Schaefer 6 *ὁμολογοῦντα* cod. v^{γρ} 8 *ἐπιδεῖξαι* FY^{C} 9 *ἱστᾶσα* SFY : corr. Wolf *οἷός τε* Y^{a} *τῷ λόγῳ* om. cod. R 12 *σοί* om. SY^{a} <*τε*> *τὰ* Blass *χρησόμεθα* SF 13 *τουτω* S : *τοῦτο* Y^{a} *τερθρευόμεθα* SF 14 *ὑποβάλοι* F : *ὑπερβάλλοι* cod. R 17 *ἄδηλον* F 24 *ἐξαμαρτάνει* F : *ἐξαμαρτάνεις* cod. Vb 25 *τούτου*] *τοῦτο* SF^{C}Y^{a} : *τούτων* F

ἐπὶ τὰς ἑαυτῶν συνηθείας, οὕτω καλῶς προέστης τῶν τοιούτων ὥστε πάντας τὴν πρὸς σὲ φιλίαν ἠγαπηκότας ἔχειν. **(18)** ὃ σημεῖον τῶν ἐνδόξως καὶ φιλανθρώπως ζῆν προαιρουμένων ἐστίν. καίτοι τινὲς ηὐδοκίμησαν ἤδη τῶν τε συμβουλευσάντων ὡς οὐ χρὴ τὰς τῶν τυχόντων ὁμιλίας προσδέχεσθαι, καὶ τῶν πεισθέντων τούτοις· ἢ γὰρ πρὸς χάριν ὁμιλοῦντα τοῖς φαύλοις ἀναγκαῖον εἶναι διαβάλλεσθαι παρὰ τοῖς πολλοῖς, ἢ διευλαβούμενον τὰς τοιαύτας ἐπιπλήξεις ὑπ' αὐτῶν τῶν ἐντυγχανόντων δυσχεραίνεσθαι συμπίπτειν. **(19)** ἐγὼ δὲ διὰ τοῦτο καὶ μᾶλλον οἶμαί σε δεῖν ἐγκωμιάζειν, ὅτι τῶν ἄλλων ἕν τι τῶν ἀδυνάτων οἰομένων εἶναι τὸ τοῖς τῶν πολλῶν τρόποις ἀρέσκειν, σὺ τοσοῦτο τούτων διήνεγκας ὥστε τῶν χαλεπῶν καὶ δυσκόλων ἁπάντων περιγεγενῆσθαι, τοῦ μὲν συνεξαμαρτάνειν τισὶν οὐδ' ὑποψίαν ἐνδοὺς τοῖς ἄλλοις, τῆς δὲ πρὸς αὐτοὺς δυσχερείας τῇ τῶν τρόπων εὐαρμοστίᾳ κρατήσας. **(20)** πρὸς τοίνυν τοὺς ἐραστάς, εἰ χρὴ καὶ περὶ τούτων εἰπεῖν, οὕτω καλῶς μοι δοκεῖς καὶ σωφρόνως ὁμιλεῖν, ὥστε τῶν πλείστων οὐδ' ὃν ἂν προέλωνται μετρίως ἐνεγκεῖν δυναμένων, σοὶ πᾶσιν καθ' ὑπερβολὴν ἀρέσκειν συμβέβηκεν. ὃ τῆς σῆς ἀρετῆς σημεῖον ἐναργέστατόν ἐστιν. ὧν μὲν γὰρ δίκαιον καὶ καλόν, οὐδεὶς ἄμοιρος αὐτῶν παρὰ σοῦ καθέστηκεν· ἃ δ' εἰς αἰσχύνην ἥκει, τούτων οὐδ' εἰς ἐλπίδα οὐδεὶς ἔρχεται· τοσαύτην τοῖς μὲν τῶν βελτίστων ὀρεγομένοις ἐξουσίαν, τοῖς δ' ἀποθρασύνεσθαι βουλομένοις ἀτολμίαν ἡ σὴ σωφροσύνη παρεσκεύακεν. **(21)** ἔτι τοίνυν τῶν πλείστων ἐκ τῆς σιωπῆς, ὅταν ὦσι νέοι, τὴν τῆς σωφροσύνης δόξαν θηρωμένων, σὺ τοσοῦτον τῇ φύσει διενήνοχας, ὥστε ἐξ ὧν λέγεις καὶ ὁμιλεῖς τοῖς ἐντυγχάνουσι μηδὲν ἐλάττω τὴν περὶ σεαυτὸν εὐδοξίαν ἢ διὰ πάντα τὰ λοιπὰ πεποιῆσθαι· τοσαύτη πειθὼ καὶ χάρις καὶ

4 ἤδη τῶν τε] ἤδη τῶν S : ἢ διὰ τῶν Y[a] συμβουλευόντων F 9 συμπίπτει SFY : corr. Feliciana 11 εἶναι οἰομένων cod. D τῶν πολλῶν Wolf : ἄλλων SFY : ἁπάντων Blass 15 συναρμοστίᾳ SY[a] 18 ὃν] ὧν F ἂν om. SY[a] 19 σου S 28 σεαυτοῦ SFY : corr. Blass

ἐν οἷς σπουδάζεις ἐστί σοι καὶ ἐν οἷς παίζεις. καὶ γὰρ εὐήθης ἀναμαρτήτως καὶ δεινὸς οὐ κακοήθως καὶ φιλάνθρωπος ἐλευθερίως, καὶ τὸ σύνολον τοιοῦτος εἶ, οἷος ἂν ἐξ Ἀρετῆς υἱὸς Ἔρωτι γένοιτο.

22. *Τὴν τοίνυν ἀνδρείαν—οὐδὲ γὰρ τοῦτο ἄξιόν ἐστιν παραλιπεῖν, οὐχ ὡς οὐ πολλὴν ἐπίδοσιν ἐχούσης ἔτι τῆς σῆς φύσεως, καὶ τοῦ μέλλοντος χρόνου πλείους ἀφορμὰς παραδώσοντος λόγων τοῖς ἐπαινεῖν σε βουλομένοις, ἀλλ' ὡς καλλίστων ὄντων τῶν μετὰ ταύτης τῆς ἡλικίας ἐπαίνων, ἐν ᾗ τὸ μηδὲν ἐξαμαρτάνειν τοῖς ἄλλοις εὐκτόν ἐστι—σοῦ δ' ἐπὶ πολλῶν μὲν ἄν τις καὶ ἑτέρων τὴν ἀνδρείαν διέλθοι, μάλιστα δ' ἐπὶ τῆς ἀσκήσεως, ἧς καὶ πλεῖστοι γεγένηνται μάρτυρες.* **(23)** *ἀνάγκη δ' ἴσως πρῶτον εἰπεῖν, ταύτην τὴν ἀγωνίαν ὡς καλῶς προείλου. τὸ γὰρ ὀρθῶς, ὅ τι πρακτέον ἐστίν, νέον ὄντα δοκιμάσαι, καὶ ψυχῆς ἀγαθῆς καὶ γνώμης φρονίμου κοινόν ἐστιν σημεῖον· δι' ὧν οὐδέτερον παραλιπεῖν ἄξιον τὸν τῆς προαιρέσεως ἔπαινον. συνειδὼς τοίνυν τῶν μὲν αλλων ἀθλημάτων καὶ δούλους καὶ ξένους μετέχοντας, τοῦ δ' ἀποβαίνειν μόνοις μὲν τοῖς πολίταις ἐξουσίαν οὖσαν, ἐφιεμένους δὲ τοὺς βελτίστους, οὕτως ἐπὶ τοῦτον τὸν ἀγῶνα ὥρμησας.* **(24)** *ἔτι δὲ κρίνων τοὺς μὲν τὰ δρομικὰ γυμναζομένους οὐδὲν πρὸς ἀνδρείαν οὐδ' εὐψυχίαν ἐπιδιδόναι, τοὺς δὲ τὴν πυγμὴν καὶ τὰ τοιαῦτ' ἀσκήσαντας πρὸς τῷ σώματι καὶ τὴν γνώμην διαφθείρεσθαι, τὸ σεμνότατον καὶ κάλλιστον τῶν ἀγωνισμάτων καὶ μάλιστα πρὸς τὴν σεαυτοῦ φύσιν ἁρμόττον ἐξελέξω, τῇ μὲν συνηθείᾳ τῶν ὅπλων καὶ τῇ τῶν δρόμων φιλοπονίᾳ τοῖς ἐν τῷ πολέμῳ συμβαίνουσιν ὡμοιωμένον, τῇ δὲ μεγαλοπρεπείᾳ καὶ τῇ σεμνότητι τῆς παρασκευῆς πρὸς τὴν τῶν θεῶν δύναμιν εἰκασμένον,* **(25)** *πρὸς δὲ τούτοις ἡδίστην μὲν θέαν ἔχον, ἐκ πλείστων δὲ καὶ παντοδαπῶν συγκείμενον,*

1 *σοῦ* SF^{a}Y 3 *τὸ σύνολον*] *συνελόντι* F$^{\gamma\rho}$Y$^{\gamma\rho}$ *τοιοῦτος εἶ* om. S^{a} *ἄν* <*τις*> F 4 *ἔρωτι*] *ἐρῶντι* SF^{a}Y^{a} 8 *παραδώσοντας* S 10 *σοῦ*] *οὗ* S^{a}Y^{a} 19 *ἀφιεμένους* Y^{a} 22 *τὴν* om. Y^{a} 27 *ὁμοιωμενον* S

μεγίστων δ' ἄθλων ἠξιωμένον· πρὸς γὰρ τοῖς τιθεμένοις τὸ γυμνασθῆναι καὶ μελετῆσαι τοιαῦτ' οὐ μικρὸν ἆθλον προφανήσεται τοῖς καὶ μετρίως ἀρετῆς ἐφιεμένοις. τεκμήριον δὲ μέγιστον ἄν τις ποιήσαιτο τὴν Ὁμήρου ποίησιν, ἐν ᾗ καὶ τοὺς Ἕλληνας καὶ τοὺς βαρβάρους μετὰ τοιαύτης παρασκευῆς πολεμήσαντας πεποίηκεν ἀλλήλοις· ἔτι δὲ καὶ νῦν τῶν πόλεων τῶν Ἑλληνίδων οὐ ταῖς ταπεινοτάταις, ἀλλὰ ταῖς μεγίσταις ἐν τοῖς ἀγῶσι <οὑτωσὶ> χρῆσθαι σύνηθές ἐστιν. **(26)** ἡ μὲν οὖν προαίρεσις οὕτω καλὴ καὶ παρὰ πᾶσιν ἀνθρώποις ἠγαπημένη· νομίζων δ' οὐδὲν εἶναι προὔργου τῶν σπουδαιοτάτων ἐπιθυμεῖν οὐδὲ καλῶς πρὸς ἅπαντα πεφυκέναι τὸ σῶμα μὴ τῆς ψυχῆς φιλοτίμως παρεσκευασμένης, τὴν μὲν φιλοπονίαν ἐν τοῖς γυμνασίοις εὐθέως ἐπιδειξάμενος οὐδ' ἐν τοῖς ἔργοις ἐψεύσω, τὴν δ' ἄλλην ἐπιφάνειαν τῆς σαυτοῦ φύσεως καὶ τὴν τῆς ψυχῆς ἀνδρείαν ἐν τοῖς ἀγῶσι μάλιστ' ἐνεδείξω. **(27)** περὶ ὧν ὀκνῶ μὲν ἄρξασθαι λέγειν, μὴ λειφθῶ τῷ λόγῳ τῶν {τότε} γεγενημένων, ὅμως δ' οὐ παραλείψω· καὶ γὰρ αἰσχρὸν ἃ θεωροῦντας ἡμᾶς εὐφραίνει, ταῦτ' ἀπαγγεῖλαι μὴ 'θέλειν. ἅπαντας μὲν οὖν εἰ διεξιοίην τοὺς ἀγῶνας, ἴσως ἂν ἄκαιρον μῆκος ἡμῖν ἐπιγένοιτο τῷ λόγῳ· ἑνὸς δέ, ἐν ᾧ πολὺ διήνεγκας, μνησθεὶς ταὐτά τε δηλώσω καὶ τῇ τῶν ἀκουόντων δυνάμει συμμετρώτερον φανήσομαι χρώμενος. **(28)** τῶν γὰρ ζευγῶν ἀφεθέντων, καὶ τῶν μὲν προορμησάντων, τῶν δ' ὑφηνιοχουμένων, ἀμφοτέρων περιγενόμενος ὡς ἑκατέρων προσῆκε, τὴν νίκην ἔλαβες, τοιούτου στεφάνου τυχὼν ἐφ' ᾧ, καίπερ καλοῦ τοῦ νικᾶν ὄντος, κάλλιον ἐδόκει καὶ παραλογώτερον εἶναι τὸ σωθῆναι. φερομένου γὰρ ἐναντίου μέν σοι τοῦ τῶν ἀντιπάλων

2 <αὐτὸ> τὸ Reiske 8 add. Clavaud 10 δ' om. SY[a] 11 ἅπαντα <ἀεὶ> SY : <ἃ δεῖ> Blass 13 εὐθέως ante 12 ἐν F 16 del. van Herwerden 17 γιγνομένων S 19 διεξοίην SF : διεξῄειν cod. D 21 ταὐτά τε] ταῦτα F : ταῦτά τε cod. D 22 συμμετριώτερον FY : συμμετρότερον cod. Q 23 ἀφεθέντων] ἀφαιρεθέτων S[a]FY[a] 24 ἑκατέρων ὡς S[c]F (ὡς om. S)

ἅρματος, ἁπάντων δ' ἀνυπόστατον οἰομένων εἶναι τὴν τῶν ἵππων δύναμιν, ὁρῶν αὐτῶν ἐνίους καὶ μηδενὸς δεινοῦ παρόντος ὑπερηγωνιακότας, οὐχ ὅπως ἐξεπλάγης ἢ κατεδειλίασας, ἀλλὰ τῇ μὲν ἀνδρείᾳ καὶ τῆς τοῦ ζεύγους ὁρμῆς κρείττων ἐγένου, τῷ δὲ τάχει καὶ τοὺς διηυτυχηκότας τῶν ἀνταγωνιστῶν παρῆλθες. (29) *καὶ γάρ τοι τοσοῦτον μετήλλαξας τῶν ἀνθρώπων τὰς διανοίας ὥστε πολλῶν θρυλούντων ὡς ἐν τοῖς ἱππικοῖς ἀγῶσιν ἡδίστην θέαν παρέχεται τὰ ναυαγοῦντα, καὶ δοκούντων ἀληθῆ ταῦτα λέγειν, ἐπὶ σοῦ τοὐναντίον τοὺς θεατὰς φοβεῖσθαι πάντας μή τι συμπέσῃ τοιοῦτον περὶ σέ· τοιαύτην εὔνοιαν καὶ φιλοτιμίαν ἡ σὴ φύσις αὐτοῖς παρέσχεν.*

30. *Εἰκότως· καλὸν μὲν γὰρ καὶ τὸ καθ' ἕν τι περίβλεπτον γενέσθαι, πολὺ δὲ κάλλιον τὸ πάντα περιλαβεῖν ἐφ' οἷς ἄν τις νοῦν ἔχων φιλοτιμηθείη. δῆλον δ' ἐκεῖθεν· εὑρήσομεν γὰρ Αἰακὸν μὲν καὶ Ῥαδάμανθυν διὰ σωφροσύνην, Ἡρακλέα δὲ καὶ Κάστορα καὶ Πολυδεύκην δι' ἀνδρείαν, Γανυμήδην δὲ καὶ Ἄδωνιν καὶ ἄλλους τοιούτους διὰ κάλλος ὑπὸ θεῶν ἀγαπηθέντας. ὥστε ἔγωγε οὐ θαυμάζω τῶν ἐπιθυμούντων τῆς σῆς φιλίας, ἀλλὰ τῶν μὴ τοῦτον τὸν τρόπον διακειμένων· ὅπου γὰρ ἑνὸς ἑκάστου τῶν προειρημένων μετασχόντες τινὲς τῆς τῶν θεῶν ὁμιλίας ἠξιώθησαν, ἦ που τοῦ γ' ἁπάντων κυρίου καταστάντος εὐκτὸν θνητῷ φύντι φίλον γενέσθαι.* (31) *δίκαιον μὲν οὖν καὶ πατέρα καὶ μητέρα καὶ τοὺς ἄλλους οἰκείους τοὺς σοὺς ζηλοῦσθαι, τοσοῦτον ὑπερέχοντος σοῦ τῶν ἡλικιωτῶν ἀρετῇ, πολὺ δὲ μᾶλλον οὓς σὺ ὁ τῶν τηλικούτων ἀγαθῶν ἠξιωμένος σαυτοῦ προκρίνας ἀξίους εἶναι φίλους ἐξ ἁπάντων αἱρεῖ. τοὺς μὲν γὰρ ἡ τύχη σοι μετόχους κατέστησεν, τοὺς δ' ἡ σφετέρα καλοκἀγαθία προσσυνέστησεν·* (32) *οὓς*

2 *αὐτῶν* om. Y[a] 4 *τῆς . . . ὁρμῆς* cod. R : *τῇ . . . ὁρμῇ* SFY 8 *παρέχει* cod. Q[a] 11 *τοιαύτην* om. cod. D : *τοσαύτην* Blass *φιλοτιμίαν*] *φιλονεικεία* S Y[a] 12 *παρεῖχεν* cod. D 20 *μὴ τῶν* SY *τὸν* (F in lit.) *τρόπον τοῦτον* F 25 *ζηλοῦσθαι*] *δηλοῦσθαι* SY[a]F 26 *ὁ* om. cod. Q[γρ]

οὐκ οἶδα πότερον ἐραστὰς ἢ μόνους ὀρθῶς γιγνώσκοντας προσαγορεῦσαι χρή. δοκεῖ γάρ μοι καὶ κατ᾽ἀρχὰς ἡ τύχη, τῶν μὲν φαύλων καταφρονοῦσα, τὰς δὲ τῶν σπουδαίων ἀνδρῶν διανοίας ἐρεθίσαι βουληθεῖσα, τὴν σὴν φύσιν οὐ πρὸς ἡδονὴν ἐξαπατηθῆναι καλὴν ποιῆσαι, ἀλλὰ πρὸς ἀρετὴν εὐδαιμονῆσαι χρήσιμον.

33. *Πολλὰ* δ᾽ ἔχων ἔτι περὶ σοῦ διελθεῖν, αὐτοῦ καταλύσειν μοι δοκῶ τὸν ἔπαινον, δεδιὼς μὴ καθ᾽ ὑπερβολὴν τῆς ἀνθρωπίνης φύσεως ὑπὲρ σοῦ διαλέγεσθαι δόξω· τοσοῦτον γὰρ ὡς ἔοικεν ἡ τῶν λόγων δύναμις ἔλαττον ἔχει τῆς ὄψεως, ὥστε τοῖς μὲν ὁρατοῖς οὐδεὶς ἀπιστεῖν ἀξιοῖ, τοὺς δὲ τούτων ἐπαίνους οὐδ᾽ ἂν ἐλλείπωσιν ἀληθεῖς εἶναι νομίζουσιν. (34) παυσάμενος οὖν περὶ τούτων, ἤδη πειράσομαί σοι συμβουλεύειν ἐξ ὧν {ἂν} ἐντιμότερον ἔτι τὸν σαυτοῦ βίον καταστήσεις. βουλοίμην δ᾽ ἄν σε μὴ πάρεργον ποιήσασθαι τὸ προσέχειν τὸν νοῦν τοῖς μέλλουσιν ῥηθήσεσθαι, μηδ᾽ ὑπολαμβάνειν τοῦθ᾽, ὡς ἄρα ἐγὼ τούτοις κέχρημαι τοῖς λόγοις οὐ τῆς σῆς ὠφελίας ἕνεκα, ἀλλ᾽ ἐπιδείξεως ἐπιθυμῶν, ἵνα μήτε διαμάρτῃς τῆς ἀληθείας, μήτ᾽ ἀντὶ τῶν βελτίστων τὰ τυχόντα ἑλόμενος χεῖρον περὶ σαυτοῦ βουλεύσῃ. (35) καὶ γὰρ τοῖς μὲν ἀφανῆ καὶ ταπεινὴν τὴν φύσιν ἔχουσιν οὐδ᾽ ὅταν μὴ καλῶς τι πράξωσιν ἐπιπλήττομεν, τοῖς δ᾽ ὥσπερ σὺ περιβλέπτοις γεγενημένοις καὶ τὸ παραμελῆσαί τινος τῶν καλλίστων αἰσχύνην φέρει. ἔτι δ᾽ οἱ μὲν ἐπὶ τῶν ἄλλων λόγων ψευσθέντες καθ᾽ ἑνὸς μόνου πράγματος οὐ τὰ κράτιστα ἔγνωσαν· οἱ δὲ τῆς τῶν ἐπιτηδευμάτων συμβουλίας διαμαρτόντες ἢ καταφρονήσαντες παρ᾽ ὅλον τὸν βίον τῆς ἑαυτῶν ἀγνωσίας ὑπομνήματα ἔχουσιν.

5 *καλὸν* SFY : corr. Feliciana *ἐνευδαιμονῆσαι* Y 14 del. Schaefer 15 *καταστήσῃς* cod. D : *καταστήσαις* Y[C] *σε* om. Y[a] 17 *ὑπολαβεῖν* Y 18 *σῆς* om. SY[a] *ὠφελείας* S[C]FY 19 *μήτ᾽ ἀντὶ*] *μήτε τι* SY 24 *αἰσχύνην φέρει*] *φέρει κατάγνωσιν* Y[C] : [Y] : *καταγνῶσιν φέρει* cod. D : *αἰσχύνην φέρειν* <*εἴωθεν*> F[γρ]Y[γρ] 28 *ὑπομνήματα ἔχουσιν*] *ὑπομένουσι δίκας* cod. v (fort. corrrecte)

36. *Τούτων μὲν οὐδὲν δεῖ σε παθεῖν, σκοπεῖσθαι δὲ τί τῶν ἀνθρωππίνων μεγίστην δύναμιν ἔχει, καὶ τίνος καλῶς μὲν ἀποβάντος πλεῖστ' ἂν κατορθοῖμεν, διαφθαρέντος δὲ μέγιστ' ἂν βλαπτοίμεθα παρὰ τὸν βίον· οὐ γὰρ ἄδηλον ὅτι τούτου καὶ μάλιστ' ἐπιμέλειαν ποιητέον, ὃ μεγίστην ῥοπὴν ἐφ' ἑκάτερον ἐργάζεσθαι πέφυκεν.* **(37)** *τῶν μὲν τοίνυν ἐν ἀνθρώποις διάνοιαν ἁπάντων εὑρήσομεν ἡγεμονεύουσαν, ταύτην δὲ φιλοσοφίαν μόνην παιδεῦσαί τε ὀρθῶς καὶ γυμνάσαι δυναμένην. ἧς οἴομαι σε δεῖν μετασχεῖν, καὶ μὴ κατοκνῆσαι μηδὲ φυγεῖν τὰς ἐνούσας ἐν αὐτῇ πραγματείας, ἐνθυμούμενον ὅτι διὰ μὲν ἀργίας καὶ ῥαθυμίας καὶ τὰ παντελῶς ἐπιπολῆς δυσχείρωτα ἐστί, διὰ δὲ καρτερίας καὶ φιλοπονίας οὐδὲν τῶν ὄντων ἀγαθῶν ἀνάλωτον πέφυκεν,* **(38)** *καὶ διότι πάντων ἀλογώτατόν ἐστι πρὸς μὲν χρηματισμὸν καὶ ῥώμην καὶ τὰ τοιαῦτα φιλοτίμως ἔχειν καὶ πολλὰς ὑπομένειν κακοπαθίας, ἃ πάντα θνητά ἐστὶν καὶ τῇ διανοίᾳ δουλεύειν εἴωθεν, τὴν δ' ἐπιστατοῦσαν μὲν τῶν ἄλλων, συνδιατελοῦσαν δὲ τοῖς ἔχουσιν, ὅλου δ' ἡγεμονεύουσαν τοῦ βίου μὴ ζητεῖν ὅπως διακείσεται βέλτιον.* **(39)** *καίτοι καλὸν μὲν καὶ διὰ τύχην ἐν τοῖς σπουδαιοτάτοις θαυμάζεσθαι, πολὺ δὲ κάλλιον διὰ τὴν ἐπιμέλειαν τὴν αὑτοῦ μηδενὸς τῶν ἐνδόξων ἄμοιρον γενέσθαι· τῆς μὲν γὰρ ἐνίοτε καὶ τοῖς φαύλοις μετασχεῖν συνέβη, τῆς δ' οὐκ ἔστιν ἄλλοις μετουσία πλὴν τοῖς ἐν ἀνδραγαθίᾳ διαφέρουσιν.*

40. *Ἀλλὰ μὴν περί γε τῆς φιλοσοφίας ἀκριβῶς μὲν ἕκαστα διελθεῖν ἡγοῦμαι τὸν μέλλοντα χρόνον ἡμῖν ἐπιτηδειοτέρους καιροὺς παραδώσειν· συντόμως δ' εἰπεῖν οὐδὲ νῦν οὐδὲν κωλύσει περὶ αὐτῆς. ἓν οὖν πρῶτον ἐκεῖνό σε δεῖ καταμαθεῖν ἀκριβῶς, ὅτι πᾶσα μὲν παιδεία δι' ἐπιστήμης καὶ μελέτης*

1 *μὲν* <*οὖν*> cod. D *οὐδὲν - παθεῖν*] *οὐ δεῖ σε παθεῖν* Y^{C} : [Y] 2 *ἀνθρωπείων* SY 6 *ἑκατέρων* SFY : corr. Reiske *ἐνεργάζεσθαι* SY *τῶν* cod. D et Sauppe : *τὴν* SFY 7 *διάνοιαν* om. S 11 *ἐπιπολῆς* om. S 16 *θνητά* <*τε*> Blass 19 *διὰ*] *παρὰ* F^{γρ} 23 *ἐν*] *ἐπὶ* cod. D et Wolf

τινὸς συνέστηκεν, ἡ δὲ φιλοσοφία καὶ μᾶλλον τῶν ἄλλων· ὅσῳ γὰρ φρονιμωτέρους ἔχει τοὺς ἐφεστῶτας, τοσούτῳ κάλλιον αὐτὴν συγκεῖσθαι προσήκει. (41) καίτοι τί ποτ' ἂν βουληθείημεν, τῆς μὲν διανοίας ἐπὶ τοῦ λέγειν καὶ βουλεύεσθαι τεταγμένης, τῆς δὲ φιλοσοφίας ἑκατέρου τούτων ἐμπειρίαν παραδιδούσης, μὴ ταύτην κατασχεῖν τὴν πραγματείαν, δι' ἧς ἀμφοτέρων τούτων ἐγκρατῶς ἕξομεν; τότε γὰρ εἰκὸς καὶ τὸν βίον ἡμῶν μεγίστην ἐπίδοσιν λαβεῖν, ὅταν τῶν κρατίστων ὀρεγόμενοι τὰ μὲν διδακτὰ τέχνῃ, τὰ δὲ λοιπὰ γυμνασίᾳ καὶ συνηθείᾳ κατασχεῖν δυνηθῶμεν. (42) οὐ γὰρ δήπου τοῦτό γε ἔστιν εἰπεῖν, ὡς οὐδὲν πρὸς τὸ φρονεῖν εὖ παρὰ τὴν ἐπιστήμην διαφέρομεν ἀλλήλων· ὅλως μὲν γὰρ ἅπασα φύσις βελτίων γίγνεται παιδείαν προσλαβοῦσα τὴν προσήκουσαν, πολὺ δὲ μάλισθ' ὅσαις ἐξ ἀρχῆς εὐφυέστερον τῶν ἄλλων ἔχειν ὑπῆρξεν· ταῖς μὲν γὰρ αὐτῶν μόνον βελτίοσιν γίγνεσθαι, ταῖς δὲ καὶ τῶν ἄλλων συμβαίνει διενεγκεῖν.

43. εὖ δ' ἴσθι τὴν μὲν ἐκ τῶν πράξεων ἐμπειρίαν γιγνομένην σφαλερὰν οὖσαν καὶ πρὸς τὸν λοιπὸν βίον ἀχρήστως ἔχουσαν, τὴν δ' ἐκ τοῦ φιλοσοφεῖν παιδείαν πρὸς ἅπαντα ταῦτα εὐκαίρως συγκεκραμένην. καίτοι τινὲς ἤδη καὶ δι' εὐτυχίαν πραγμάτων <ἐμπειρίᾳ> γυμνασθέντες ἐθαυμάσθησαν· σοὶ δὲ προσήκει τούτων μὲν καταφρονεῖν, σαυτοῦ δ' ἐπιμέλειαν ἔχειν· οὐ γὰρ αὐτοσχεδιάζειν, ἀλλ' ἐπίστασθαί σε δεῖ περὶ τῶν μεγίστων, οὐδ' ἐπὶ τῶν καιρῶν μελετᾶν, ἀλλ' ἀγωνίζεσθαι καλῶς ἐπίστασθαι. (44) νόμιζε δὲ πᾶσαν μὲν τὴν φιλοσοφίαν μεγάλα τοὺς χρωμένους ὠφελεῖν, πολὺ δὲ μάλιστα τὴν περὶ τὰς

42 ἅπασα—διενεγκεῖν Stob. 2.31.50

2 φρονιμωτέρους Blass : ἀκριβεστέρους SFY : <ἀκριβεστέρους καὶ> φρονιμωτέρους F^{γρ}Y^{γρ} 4 βούλεσθαι καὶ λέγειν cod. R : καὶ βούλεσθαι om. cod. Q 9 γυμνασίᾳ <τινὶ> F 12 ὅλον S 14 ὅσοις Stob. 15 ταῖς . . . ταῖς cod. v : τοῖς . . . ταῖς S : τοῖς . . . τοῖς FY 17 ἴσθ'<ὅτι> SY^{a} γιγνομένην <τὸ> S : <τὰ> S^{C} 20 συντυχίαν Y^{γρ} : συντυχίᾳ (δι' deleto) Schaefer 21 add. Richards : γυμνασθέντες 'vel mancum vel corruptum vel spurium' Blass

πράξεις καὶ τοὺς πολιτικοὺς λόγους ἐπιστήμην. τῆς γὰρ γεωμετρίας καὶ τῆς ἄλλης τῆς τοιαύτης παιδείας ἀπείρως μὲν ἔχειν αἰσχρόν, ἄκρον δὲ ἀγωνιστὴν γενέσθαι ταπεινότερον τῆς σῆς ἀξίας· ἐν ἐκείνῃ δὲ τὸ μὲν διενεγκεῖν ζηλωτόν, τὸ δ' ἄμοιρον γενέσθαι παντελῶς καταγέλαστον. **(45)** *γνοίης δ' ἂν ἐξ ἄλλων τε πολλῶν, καὶ παραθεωρήσας τοὺς πρὸ σαυτοῦ γεγενημένους ἐνδόξους ἄνδρας. τοῦτο μὲν γὰρ Περικλέα τὸν συνέσει πλεῖστον τῶν καθ' αὑτὸν διενεγκεῖν δόξαντα πάντων, ἀκούσει πλησιάσαντ' Ἀναξαγόρᾳ τῷ Κλαζομενίῳ καὶ μαθητὴν ἐκείνου γενόμενον ταύτης τῆς δυνάμεως μετασχόντα· τοῦτο δ' Ἀλκιβιάδην εὑρήσεις φύσει μὲν πρὸς ἀρετὴν πολλῷ χεῖρον διακείμενον, καὶ τὰ μὲν ὑπερηφάνως, τὰ δὲ ταπεινῶς, τὰ δ' ὑπερακρατῶς ζῆν προῃρημένον, ἀπὸ δὲ τῆς Σωκράτους ὁμιλίας πολλὰ μὲν ἐπανορθωθέντα τοῦ βίου, τὰ δὲ λοιπὰ τῷ μεγέθει τῶν ἄλλων ἔργων ἐπικρυψάμενον.* **(46)** *εἰ δὲ δεῖ μὴ παλαιὰ λέγοντας διατρίβειν, ἔχοντας ὑπογυωτέροις παραδείγμασιν χρῆσθαι, τοῦτο μὲν Τιμόθεον οὐκ ἐξ ὧν νεώτερος ὢν ἐπετήδευσεν, ἀλλ' ἐξ ὧν Ἰσοκράτει συνδιατρίψας ἔπραξεν, μεγίστης δόξης καὶ πλείστων τιμῶν εὑρήσεις ἀξιωθέντα· τοῦτο δ' Ἀρχύταν τὴν Ταραντίνων πόλιν οὕτω καλῶς καὶ φιλανθρώπως διοικήσαντα {καὶ} κύριον αὐτῆς καταστάντα, ὥστ' εἰς ἅπαντας τὴν ἐκείνου μνήμην διενεγκεῖν· ὃς ἐν ἀρχῇ καταφρονούμενος, ἐκ τοῦ Πλάτωνι πλησιάσαι τοσαύτην ἔλαβεν ἐπίδοσιν.* **(47)** *καὶ τούτων οὐδὲν ἀλόγως ἀποβέβηκεν· πολὺ γὰρ <ἂν> ἦν ἀτοπώτερον, εἰ τὰ μὲν μικρὰ δι' ἐπιστήμης καὶ μελέτης ἠναγκαζόμεθα ἐπιτελεῖν, τὰ δὲ μέγιστ' ἄνευ ταύτης τῆς πραγματείας ἠδυνάμεθα πράττειν.*

Περὶ μὲν οὖν τούτων οὐκ οἶδ' ὅ τι δεῖ πλείω λέγειν· οὐδὲ

7 *<καὶ> τοῦτο* cod. v *γὰρ* om. F 9 *ἀκούσῃ* Y[C] : *ἀκούσειν* SFY : *ἀκούσεις* F[C] 12–13 *τὰ δὲ ταπεινῶς* om. cod. D 13 *ὑπερκράτως* F[γρ] : corr. cod. D[γρ] : *ὑπεράκρως* SY 16 *λέγοντα* SF[a] 21 del. Wolf 25 *ἀποβέβληκεν* SFY : corr. Feliciana add. Blass 27 *ἄνευ - πραγματείας*] *ἄνευ τέχνης ταύ(της) τῆς πραγματείας* Y[γρ]

γὰρ ἐξ ἀρχῆς ὡς παντελῶς ἀπείρως ἔχοντός σου περὶ αὐτῶν ἐμνήσθην, ἀλλ' ἡγούμενος τὰς τοιαύτας παρακλήσεις τοὺς μὲν ἀγνοοῦντας προτρέπειν, τοὺς δ' εἰδότας παροξύνειν. **(48)** μηδὲν δὲ ὑπολάβῃς τοιοῦτον, ὡς ἄρα ἐγὼ ταῦτα εἴρηκα διδάξειν αὐτὸς ἐπαγγελλόμενός σέ τι τούτων· οὐ γὰρ ἂν αἰσχυνθείην εἰπὼν ὅτι πολλὰ μαθεῖν αὐτὸς ἔτι δέομαι, καὶ μᾶλλον ἀγωνιστὴς προῄρημαι τῶν πολιτικῶν ἢ διδάσκαλος εἶναι τῶν ἄλλων. οὐχ ὡς ἀναινόμενος δὲ ταῦτα διορθοῦμαι τὴν τῶν σοφιστεύειν ἑλομένων δόξαν, ἀλλ' ὅτι τἀληθὲς τοῦτον ἔχον τυγχάνει τὸν τρόπον· **(49)** ἐπεὶ σύνοιδά γε πολλοὺς μὲν ἐξ ἀδόξων καὶ ταπεινῶν ἐπιφανεῖς διὰ τῆς πραγματείας ταύτης γεγενημένους, Σόλωνα δὲ καὶ ζῶντα καὶ τελευτήσαντα μεγίστης δόξης ἠξιωμένον· ὃς οὐκ ἀπεληλαμένος τῶν ἄλλων τιμῶν, ἀλλὰ τῆς μὲν ἀνδρείας τὸ πρὸς Μεγαρέας τρόπαιον ὑπόμνημα καταλιπών, τῆς δ' εὐβουλίας τὴν Σαλαμῖνος κομιδήν, **(50)** τῆς δ' ἄλλης συνέσεως τοὺς νόμους, οἷς ἔτι καὶ νῦν οἱ πλεῖστοι τῶν Ἑλλήνων χρώμενοι διατελοῦσιν, ὅμως τοσούτων αὐτῷ καλῶν ὑπαρχόντων, ἐπ' οὐδενὶ μᾶλλον ἐσπούδασεν ἢ τῶν ἑπτὰ σοφιστῶν ὅπως γένηται, νομίζων τὴν φιλοσοφίαν οὐκ ὄνειδος, ἀλλὰ τιμὴν τοῖς χρωμένοις φέρειν, καλῶς ἐγνωκὼς αὐτὸ τοῦτ' οὐχ ἧττον ἢ καὶ τἄλλα ἐφ' οἷς διήνεγκεν.

51. Ἐγὼ μὲν οὖν οὔτ' αὐτὸς ἄλλως γιγνώσκω, σοί τε παραινῶ φιλοσοφεῖν, μεμνημένῳ τῶν ἐξ ἀρχῆς ὑπαρξάντων σαυτῷ· τούτου γὰρ ἕνεκα διῆλθον ἐν ἀρχῇ τοῦ λόγου κἀγὼ περὶ αὐτῶν, οὐχ ὡς ἐκ τοῦ τὴν σὴν φύσιν ἐπαινεῖν ἀνακτήσεσθαί σε προσδοκῶν, ἀλλ' ἵνα μᾶλλον προτρέψω σε πρὸς τὴν φιλοσοφίαν, ἐὰν μὴ παρὰ μικρὸν ποιήσῃ, μηδ' ἐπὶ τοῖς ὑπάρχουσιν ἀγαθοῖς μέγα φρονήσας τῶν μελλόντων ὀλιγω-

5 σέ τι] ἔτι SF 6 εἰπεῖν Stahl 7 πολιτικῶν] πολλῶν SF^{a}Y^{a} 8 διορθοῦμαι cod. Q^{γρ} : διαιροῦμαι SFY 23 ἐγὼ - γιγνώσκω] ὑφ' ὧν οὖν SF^{a}Y^{a} 25 τούτου] τούτων F^{C} διῆλθον F^{γρ}Y^{C} : διήλθομεν SF : διῆλθον <μὲν> Y

ρήσῃς. (52) μηδ᾽ εἰ τῶν ἐντυγχανόντων κρείττων εἶ, μηδὲν τῶν ἄλλων ζήτει διενεγκεῖν, ἀλλ᾽ ἡγοῦ κράτιστον μὲν εἶναι τὸ πρωτεύειν ἐν ἅπασιν, τούτου δ᾽ ὀρεγόμενον ὀφθῆναι μᾶλλον συμφέρειν ἢ προέχοντα ἐν τοῖς τυχοῦσιν. καὶ μὴ καταισχύνῃς τὴν φύσιν, μηδὲ ψευσθῆναι ποιήσῃς τῶν ἐλπίδων τοὺς ἐπὶ σοὶ μέγα φρονοῦντας, ἀλλ᾽ ὑπερβάλλεσθαι πειρῶ τῇ σαυτοῦ δυνάμει τὴν τῶν εὐνουστάτων ἐπιθυμίαν. (53) καὶ νόμιζε τοὺς μὲν ἄλλους λόγους, ὅταν ἐπιεικῶς ἔχωσιν, τοῖς εἰποῦσιν δόξαν περιτιθέναι, τὰς δὲ συμβουλίας τοῖς πεισθεῖσιν ὠφέλειαν καὶ τιμὴν προσάπτειν· καὶ τὰς μὲν περὶ τῶν ἄλλων κρίσεις τὴν αἴσθησιν ἣν ἔχομεν δηλοῦν, τὰς δὲ τῶν ἐπιτηδευμάτων αἱρέσεις τὴν ὅλην φύσιν ἡμῶν δοκιμάζειν. ἐν οἷς ἅμα κρίνων αὐτὸς κριθήσεσθαι προσδόκα παρὰ πᾶσιν, κἀμὲ τὸν οὕτως ἐγκωμιάσαντά σ᾽ ἑτοίμως ἐν ἀγῶνι γενήσεσθαι τῆς σῆς δοκιμασίας. (54) δι᾽ ἃ δεῖ σε τῶν ἐπαίνων ἄξιον εἶναι δόξαντα καὶ ἐμὲ τῆς σῆς φιλίας ἀνεπιτίμητον εἶναι. οὐχ οὕτως δ᾽ ἄν σε προθύμως ἐπὶ τὴν φιλοσοφίαν παρεκάλουν, εἰ μὴ τῆς μὲν εὐνοίας τῆς ἐμῆς τοῦτον ἄν σοι κάλλιστον ἔρανον εἰσενεγκεῖν ᾤμην, τὴν δὲ πόλιν ἑώρων διὰ μὲν ἀπορίαν τῶν καλῶν κἀγαθῶν ἀνδρῶν τοῖς τυχοῦσιν πολλάκις χρωμένην, διὰ δὲ τὰς τούτων ἁμαρτίας αὐτὴν ταῖς μεγίσταις ἀτυχίαις περιπίπτουσαν. (55) ἵν᾽ οὖν ἡ μὲν τῆς σῆς ἀρετῆς, σὺ δὲ τῶν παρὰ ταύτης τιμῶν ἀπολαύσῃς, προθυμότερόν σοι παρεκελευσάμην. καὶ γὰρ οὐδ᾽ ἐπὶ σοὶ νομίζω γενήσεσθαι ζῆν ὡς ἔτυχεν, ἀλλὰ προστάξειν σοι τὴν πόλιν τῶν αὑτῆς τι διοικεῖν, καὶ ὅσῳ τὴν φύσιν ἐπιφανεστέραν ἔχεις, τοσούτῳ μειζόνων ἀξιώσειν καὶ θᾶττον βουλήσεσθαι πεῖράν σου λαμβάνειν. καλὸν οὖν παρεσκευάσθαι τὴν γνώμην, ἵνα μὴ τότε πλημμελῇς.

4 προσέχοντα SF 6 ὑπερβαλέσθαι cod. v 11 δὲ om. S[C] 15 δι᾽ ἃ] διὸ F σέ <τε> FY[C] εἶναι om. cod. R 16 φιλίας <ἕνεκ᾽> Richards εἶναι] ποιεῖν Blass : ἀφεῖναι Rennie 17 παρεκαλοῦμεν SF 21 ἁμαρτίας] ἀδοξίας cod. D[γρ] 27 σου om. Y[a] 28 παρεσκευάσθαι <καὶ γεγυμνάσθαι> cod. D

56. *Τὸ μὲν οὖν ἐμὸν ἦν ἔργον, εἰπεῖν ἅ σοι συμφέρειν ἡγοῦμαι πεπρᾶχθαι, σὸν δὲ βουλεύσασθαι περὶ αὐτῶν. προσήκει δὲ καὶ τοὺς ἄλλους τοὺς ζητοῦντας οἰκείως πρὸς σὲ διακεῖσθαι μὴ τὰς ἐπιπολαίους ἡδονὰς καὶ διατριβὰς ἀγαπᾶν, μηδ' ἐπὶ ταύτας προκαλεῖσθαι, ἀλλὰ φιλοπονεῖν καὶ σκοπεῖν ὅπως τὸν σὸν βίον ὡς λαμπρότατον καταστήσουσιν· αὐτοί τε γὰρ οὕτως ἂν μάλιστ' ἐπαινοῖντο καὶ σοὶ πλείστων ἀγαθῶν αἴτιοι γένοιντο.* (57) *μέμφομαι μὲν οὖν οὐδὲ νῦν οὐδένα τῶν σοὶ πλησιαζόντων· καὶ γάρ μοι δοκεῖ τῆς ἄλλης εὐτυχίας τῆς σῆς καὶ τοῦθ' ἓν εἶναι, τὸ μηδενὸς φαύλου τυχεῖν ἐραστοῦ, ἀλλ' οὓς ἄν τις ἕλοιτο βουλόμενος φίλους ἐκ τῶν ἡλικιωτῶν ἐκλέγεσθαι· παραινῶ μέντοι σοι φιλοφρονεῖσθαι μὲν πρὸς ἅπαντας τούτους καὶ ἔχειν ἡδέως, πείθεσθαι δὲ τοῖς πλεῖστον νοῦν ἔχουσιν αὐτῶν, ἵνα καὶ τούτοις αὐτοῖς ἔτι σπουδαιότερος δοκῇς εἶναι καὶ τοῖς ἄλλοις πολίταις. εὐτύχει.*

1 *τὸ*] *τοῦτο* Rennie : *ὃ* Blass 2 *σὸν*] *ὅσον* S 4 *ἐπιπολαίους*] *ἐπὶ πολλοὺς* Y^{C} 5 *φιλοπονεῖν*] *ποιεῖν* Y^{a} 10 *τὸ*] *τοῦ* SF^{a} 15 *δοκεῖς* S

In SY subscriptum est *ερωτικος* 𐅅 Δ Δ; in F *ερωτικος* : 𐅅 𐅅 𐅅 Δ Δ Δ Δ Ι Ι Clavaud : 𐅅 𐅅 Δ Graux

A MESSAGE FROM CHICKEN HOUSE

Have you ever stared up at the clouds and wondered where they really come from? Well, in James Nicol's new world they are bought and sold, and rain is precious and scarce. Luckily, Mara and her pet squirrel set off to the Cloud Factory to sort things out! With the help of a friendly cloud and heaps of courage, she uncovers the truth. This is a warm, concerned story about climate, animals and sharing – all told with charm and wit from a masterful storyteller (and cloud-watcher).

BARRY CUNNINGHAM
Publisher
Chicken House

JAMES NICOL

Chicken House

2 PALMER STREET, FROME,
SOMERSET BA11 1DS

First published in Great Britain in 2024
Chicken House
2 Palmer Street
Frome, Somerset BA11 1DS
United Kingdom
www.chickenhousebooks.com

Chicken House/Scholastic Ireland, 89E Lagan Road, Dublin Industrial Estate,
Glasnevin, Dublin D11 HP5F, Republic of Ireland

Cover and interior design by Steve Wells
Cover illustration by Emily Fox
Typeset by Dorchester Typesetting Group Ltd
Printed in Great Britain by Clays, Elcograf S.p.A

FSC
www.fsc.org
MIX
Paper | Supporting
responsible forestry
FSC® C018072

1 3 5 7 9 10 8 6 4 2

British Library Cataloguing in Publication data available.

PB ISBN 978-1-915026-49-1
eISBN 978-1-915947-28-4

In memory of my dear dad,
who loved nature, books and cloud-gazing.

CHAPTER ONE

The Cloud Delivery

It was the first cloud that had been delivered to Withering-on-the-Sand-Sea in over four months.

Mara watched as the quick figures of the cloud attendants and dispatchers moved around the carriage, checking that the catches and latches and locks that held the hinged roof closed were secure, keeping the cloud protected until it was time for it to be released. She didn't recognize any of the attendants today, which was unusual.

There was quite a crowd from town. People had closed their shops, left their chores half-finished – even lessons at the school were over for the day – all so that everyone could come and see this.

Mara, Fidget her pet squirrel and Old Bern had left the locksmiths and followed their friends and neighbours across the gorge bridge and then up, up, up the sloping hill to Clifftop Farm where the clouds were always delivered. Where they were most needed. Where they did the most good. It was where the folk of Withering had scratched out a few acres of land just about fertile enough to grow a few crops besides the wild rosemary and scraggy pine trees that grew around the town.

As they waited for the cloud to be released, Mara stared out over the fields, across the clifftop, towards the rolling dunes of the sand-sea – the never-ending expanse of sand dunes, where the water-ocean from before the Great Shift had once been. It took all of Mara's imagination to picture the vast watery mass of the ocean, something that now only existed in myths and legends of how the world was before.

It was a blustery day, and swirls of stinging sand whipped and whirled across the fields and into the faces of the assembled crowd. Mara raised her hand to shield her eyes and glanced briefly up into the bright-blue and endlessly cloud-free sky.

'I told you to bring your goggles, lass.' Old Bern smiled at her.

'Stand clear!' one of the attendants shouted as another slotted a crank handle into the side of the carriage, readying to open the roof.

Though Mara knew quite well that would not happen until satisfactory payment had been made to the attendants.

'Make way for the mayor. Make way,' a weedy little voice, which sounded like it had an eternal cold, called.

Withering's mayor, Eunice Peabody, was striding up the rise of the clifftop towards the crowd; towards the carriage and the long-awaited cloud. She wore a long dusty coat. Her short, grey hair brushed off her clear face. She was a kind but no-nonsense woman, a good friend of Old Bern, and had been in Mara's life for as long as she could remember. Struggling to keep ahead of her was her assistant, the weedy-voiced Archie Scrump.

'Make way there,' Mr Scrump wheezed. 'Make way, I said!'

'Oh, that's quite enough, Mr Scrump, thank you,' Mayor Peabody said gently but firmly.

She never hurried or seemed to be in a flap, unlike poor Mr Scrump. She glided along, smiling as the crowd greeted her. She paused to ask after someone's mother and their recent visit to relatives in Sandsegde, down the coast, and then she carried on to the attendants, who looked rather disgruntled to have been kept waiting.

'Good morning, I trust you've all had a safe and good journey?' the mayor asked. 'Welcome to Withering-on-the-Sand-Sea.'

The assembled attendants and dispatchers mumbled a brief reply. Then one of them – clearly the one in charge – a girl a year or two older than Mara with a white crow perched on her shoulder, strode forward. Mara didn't recognize her either. A kind old gentleman named Verna usually delivered the clouds to Withering. He'd often stay at the Sand-Sea Arms, and always seemed to enjoy catching up with the mayor and Old Bern. Though since Old Bern had fallen ill, pub trips were few and far between. She wondered what had happened to Verna.

'Good morning, I'm Eunice Peabody, Mayor of Wither—'

'Yes, I know who you are, Mayor Peabody,' the girl said briskly. The white crow cawed and flapped its wings, echoing the frustration of the girl who then squared her shoulders and raised her chin.

Mayor Peabody was still head and shoulders taller. 'And you are?' she said.

'Evie, Evie Bainbridge,' the girl said quickly.

'Well, may I be the first to officially welcome you to Withering and to thank you for your service in delivering our much-needed cloud.' Mayor Peabody bowed her head briefly.

'Have you got the payment?' the girl asked.

'I'm sorry?' the mayor responded.

'It's not your cloud until you've paid for it. So where's the payment?'

Some of the other attendants shared curious glances at each other. There were a few intakes of breath from the Withering crowd too. Nobody dared be so rude to the mayor.

Mayor Peabody smiled a small half-smile and gestured to the barn, not far away. The door stood open, and Mara could see the grain and vegetables waiting in their sacks and crates. It had been a struggle for the town to get the payment together due to the late harvest.

'Is it all there?' Evie demanded, peering into the barn. 'I've heard there have been problems with payments from Withering in the past?'

'Well, we never had any complaints from Mr

Verna,' Mayor Peabody explained.

Evie fidgeted a little and didn't quite meet the mayor's gaze. And Mara noticed her cheeks flushing, too – clearly she was used to dealing with people who just coughed up and didn't talk too much.

'But, by all means, please do feel free to inspect it.' Mayor Peabody led Evie over to the barn and, frustratingly, out of Mara's earshot.

After a few minutes of discussion inside the barn doorway and Evie inspecting several of the sacks, Mara noticed that the mayor reached into her pocket and pulled out a small bag. It looked like a coin pouch of some sort. But why would they be giving money to the cloud attendants too? Whatever it was, it did the trick, as Evie turned and raised her hand to the attendants by the cloud carriage. One began to turn the crank handle, and Mara heard the cogs and gears of the carriage roof trundle and clunk.

Slowly, the two sections of the cloud carriage roof began to creak open.

'Here we go,' Old Bern said, unable to hide the excitement in his voice. 'I do *love* this bit!'

There was a gentle spattering of applause from the crowd of watchers as the first wisps of the cloud peeped over the top of the carriage roof-doors. And then everyone grew quiet. Even Fidget, perched on Mara's shoulder, had fallen silent and still.

It was a plump little cloud, but something about it didn't look quite right to Mara. The colour was off; it was neither brilliant white nor dark grey, which was how most clouds delivered to Withering looked. Perhaps it held a different type of weather? She remembered a snow cloud from years ago, and how most of the town had spent the day playing in its flurries. But clouds hadn't been quite so expensive then.

This one wasn't right at all – it was a slightly sickly sort of yellow colour.

'It's rather small, isn't it?' someone said from the town crowd behind Mara and Old Bern.

'And a kooky old colour too!'

There were murmurs of agreement.

'We'll not get much rain out of that, for sure,' Old Bern said gruffly. 'Eunice won't be happy about another bad cloud.'

He was right. Compared to the clouds they used to get, it was small . . . decidedly so. And yet, from the look of the haul inside the barn, they had paid just as much . . . if not more, given that Mara had seen the mayor hand across money too. The last few clouds they had received had not been delivered regularly and had looked worse and worse. Mara glanced across at the mayor, but her face gave nothing away.

The disgruntled murmuring grew louder until it caught the attention of Mayor Peabody. She walked across to Evie and the other attendants and raised her hands in the direction of the Withering crowd. 'Quiet, please.'

''Ave you seen the size of that thing?' a large man growled, waving his meaty fist at the cloud. 'What good's that gonna do, eh?'

The crowd grumbled in agreement.

Mayor Peabody stared at them until everyone fell quiet.

'Thank you, Mr Grice. It seems there has been a . . . *change of policy* . . . from the Cloud Factory and recently prices have increased.'

'And the clouds have shrunk!' someone added.

Which only resulted in more muttering and chuntering.

The mayor took a deep breath and said calmly, 'Since there is no other place from which to purchase clouds, Mr Grice, we will continue – as our foremothers and -fathers have done for centuries and as, no doubt, our daughters, sons and descendants shall also do – to conduct business with the Cloud Factory. Or would you rather our community, our town, our friends and neighbours, floundered . . . failed? We pay, they provide. Any problems, you are welcome to make an appointment with Mr Scrump and come and discuss it – in a civilized manner – in the Guild Hall. I will *not* argue in a field, Mr Grice.'

The rest of the Withering crowd only nodded in agreement.

Old Bern nudged Mara and said quietly, 'By the sky, she's good, isn't she?'

Mara nodded, for Mayor Peabody was nothing short of heroic in Mara's eyes. Old Bern's face tightened briefly and he looked away, leaning heavily on his walking stick.

'You're feeling OK today?' Mara asked, reaching towards Old Bern.

'Don't you be fussing, girl.' He frowned and turned slightly away.

He hated being ill, Mara knew, but he hated a fuss even more.

'Now, shall we enjoy the cloud burst?' Mayor Peabody asked, and turned back to the attendants, who were poking and prodding the small cloud with their long staffs. Mara saw a hot, orange light spark at the end of one of the staffs and spread through the soft folds of the cloud. She felt rather sorry for the cloud. There was a time when they didn't have to prod the clouds to get a cloud burst.

Then the cloud started to float up and up, as if it were annoyed.

It gradually grew a little larger and a little darker with some of the yellow disappearing into grey.

'Here it comes,' Old Bern said, his voice full of wonder and expectation.

After a few minutes of drifting up and expanding, the cloud paused. It looked a bit better, but it was still on the small side. Then the cloud started to rain, lightly at first, but enough to raise a round of applause from the watching townspeople. The mayor nodded, satisfied.

A small boy, no older than three or four, hurried towards the field edge and into the drizzle. He held out a small flask, capturing some rain in it. Everyone laughed gently except for Mr Scrump who dashed forward and pulled the child away from the rain; he also snatched the flask from the child's hand.

'Water rations are collected at the town well as

usual, you have no right to water from this cloud!' Mr Scrump whined.

The boy's blushing mother hurried out of the crowd and lifted the bemused child up and away from Mr Scrump, who clung tightly to the flask. The mayor crossed over to him and plucked the flask out of his hands before returning it to the child, apologizing quietly to the mother just as the cloud's downpour picked up, chilling the air with its dampness. In seconds, the watching crowd had dewy faces from the spray.

CHAPTER TWO

The Well

The cloud burst lasted about half an hour and then, slightly damp but relieved, the crowd dispersed. Some headed back down the long cliff path to Withering, others went to speak to friends and the people they only saw at the cloud bursts.

'I'm just going to have a word with the mayor,' Old Bern said. Despite their friendship, he always called her 'the mayor', so whilst it sounded very formal, he would most likely only be trading gossip about the new attendants and the cloud.

'You going to head back and get tea started?' Old Bern asked.

Mara nodded.

'That's my girl.' He reached out to touch her cheek but then pulled his hand away, but not so quickly that Mara didn't notice how cramped up his fingers had become. Another sign the Thwart was getting worse.

'OK. See you in a little while then,' Mara said, pretending she hadn't noticed. She kissed his rough cheek.

He didn't like her worrying about him. And yet Mara knew his illness would only get worse and worse until . . . well, she didn't like to think about that.

'Let's go, Fidge! If Mr Scrump catches you, he'll have you turned into a new pencil case!' Mara called to the squirrel, who had wandered off to illegally play in a small puddle at the edge of the field. Together they headed back to town.

The Misses Kirby were just ahead of them on the narrow path going back into town. Elderly twin sisters who knew all the town's goings-on, they loved nothing better than to share and chew over a juicy morsel of gossip!

'Poor Bern, he was really struggling I thought,' said Miss Elsie, in a hushed voice so that only her sister, Miss Livvy, could hear. Except it wasn't very hushed at all!

Livvy looked across at Elsie. 'I know, such a shame. Mrs Fanshore suffered from the Thwart. Do you remember her? She lived in Middle Lane, near the old ironmongers that became the solicitor's offices.'

'Was she the schoolteacher? Freckles and a limp?'

'No, Elsie, that was Miss Patchett, and she was the district nurse, not a teacher. Mrs Fanshore was tall, always had her hair in that huge bun. Pet tortoise.'

'Oh yes, yes, I remember her now, Livvy. Piano teacher! Poor Mrs Fanshore – she was neck and heels together at the end.'

'Yes. Nasty business, and seems to be so much more of it about these days.'

'And didn't the old priest . . . what was his name?'

'Beveridge, was it?'

'Maybe – yes, I think it was.'

'He was always hunched over and couldn't use his legs, ankles so twisted. And then – wham! – all better.'

'Oh, yes.'

They came to a stop and so did Mara. They were entirely oblivious that she was there, and she didn't want to move for fear they would stop what they were talking about.

'Well now, didn't they say it was a piece of cloud what healed Mr Beveridge of the Thwart?'

'Really? Truly, Elsie? I never heard that,' Miss Livvy replied. 'You've made that up.'

'Sky as my witness, every word is true,' Miss Elsie said, quickly glancing upward.

They wandered on, still gossiping away. But Mara was frozen to the track.

Had they truly just said what she thought they had said?

There might be a cure for the Thwart? And it might be from a cloud?

But surely it was just gossip? Miss Livvy and Miss Elsie were not always the most reliable sources of information. And yet it had planted the seed of an idea in Mara's head.

A cloud piece could heal Old Bern of the Thwart?

She looked at Fidget who made a low purring noise.

But how could she ever get a piece of cloud?

'Next!' Mr Scrump's nasal voice echoed around Well Spring Square. It was a small courtyard, tucked away from the main parade of shops, where the town's only well stood. The entryway was kept locked, only opening when Mr Scrump supervised the collection of water. And he executed his task with the utmost officiousness.

Mara was fourth in line, though the queue wasn't long today. She carried the two large, tin water canisters at her side. They would be trickier to manage once they were full of water, which was why she'd insisted she come and fill them. The last time Old Bern had gone, he had fallen on the steps on the way home, cutting his legs and hurting his back.

'You're lucky you didn't break something!' Mara had said as she helped tend to his wounds in their small kitchen.

'Don't fuss, lass!' was all he'd said, but he hadn't argued when Mara had insisted she go the next time.

They weren't desperate for water, they had plenty in the tank – enough for a couple of baths and a load of laundry if they were so minded – but Old Bern liked to make sure they kept the tank as full as they could.

And there was another reason Mara had wanted to come. The route to Well Spring Square took her past Mr Gwyl's junk shop and she wanted to ask him to look for something for her. Something that would help Old Bern.

'Next! Come on, hurry along there Mr Ortez. You're holding up the queue,' Mr Scrump whined as poor old Mr Ortez – always shaky at the best of times – tried to lift his canisters up to the well machinery that would lower them down to the water.

As the old man dropped the containers, Mr Scrump sighed loudly and rolled his eyes. Mara hurried forward to help. This seemed to frustrate Mr Scrump further as he blocked Mara's path.

'Let me help, please,' Mara said, and then she whispered, 'You know Mr Ortez struggles with the latches.'

'One person at the well at a time,' Mr Scrump said almost gleefully. 'Those are the rules.'

The rest of the queue groaned.

'That's ridiculous, Mr Scrump. He won't be able to get any water.'

Fidget started to chatter away angrily from Mara's shoulder. 'Not now, Fidge,' she said, trying to coax the squirrel back into her jacket pocket.

'It's OK, Mara. I've got it,' Mr Ortez said gently, avoiding Mr Scrump's gaze.

After a few minutes, Mr Ortez picked up his full canister and shuffled off for home. The next person in the queue was a young girl called Bitsy Haddock. She was about seven years old and Mara knew that Bitsy was always responsible for fetching the water, as her mother cared for all her brothers and sisters and didn't have the time to do it. She also knew poor Bitsy had to make several trips to collect the family's rations each day.

Just as she raised the full canister back up out of the well, it tipped off the wall, sending water sloshing all over Bitsy's dress and feet and the dry stones of the square.

'Oh, now look what you've done, you clumsy child!' Mr Scrump snapped. 'What a waste!'

'I'm sorry, Mr Scrump . . . please, can I get another?'

'No. You may not!'

'That's not fair!' Mara said.

'I think we've heard enough from you, Mara Keysmith.'

'But she spilt it. It was an accident – you just saw it happen. Surely she can have another canister?'

Mr Scrump said nothing but pointed across the square to where the wooden board with The Rules on it was screwed into the wall.

RESIDENTS ARE ENTITLED TO THEIR DAILY RATIONS AND NO MORE.

RATIONS ARE ALLOCATED PER HOUSEHOLD MEMBER PER DAY.

RATIONS MUST NOT BE EXCEEDED UNLESS SUPPORTING DOCUMENTATION BY A MEDICAL PRACTITIONER OR TOWN OFFICIAL CAN BE PRODUCED.

NO QUEUE JUMPING OR SPACE HOLDING.

NO FOOD TO BE CONSUMED NEAR THE WELL.

Beneath the last official rule someone had added 'And don't breathe too loudly either!' Mr Scrump had tried to scrub it away, without success.

'Please, Mr Scrump?' Mara asked, though she knew she was wasting her own breath. Mr Scrump simply turned away and sniffed.

Bitsy picked up her two canisters, one full and one decidedly less so, and turned to make her way out of the square.

Mara couldn't bear it though. She reached out and put her hand on Bitsy's shoulder, holding her back for a second. 'Wait, Bitsy, please.'

'It's no good. Old Grumpy Scrump won't help out, Mara, but thanks for trying.'

'He won't help – but I will.'

Mara strode up to the well, ignoring Mr Scrump entirely. She quickly attached her canister to the holder and lowered it into the well. When she had hauled it back up, full to the brim, she secured the lid tightly and handed it to Bitsy, taking the empty canister from her.

'Oh, Mara. Thank you!' Bitsy beamed from ear to ear. Mara's heart swelled with happiness to see the fear in the girl's face vanish away. But it didn't last long as Mr Scrump came skipping around them waggling his clipboard.

'What's this? What is going on here? Mara Keysmith, have you just given away your ration of water!'

'I have indeed, Mr Scrump,' she replied.

'But that's . . .' He burbled and huffed and fluffed about, looking from his clipboard to Mara and then at Bitsy and her full water canisters. 'That's not . . .'

'It's not on the list of rules. I'm free to give my ration to whoever I like,' Mara said. The queuing residents behind Mara cheered in support.

Mr Scrump looked thoroughly annoyed. Despite

checking The Rules and his clipboard again, there was nothing wrong with what Mara had done. It was every citizen's right to do what they wished with their own rations of water and Mara had chosen to share hers.

'I shall speak to the mayor about this!' Mr Scrump said. His eyes bulged and his voice was a panicked squeak. 'And I've told you before about bringing that tree rat near the well!' He pointed at Fidget, who simply stuck out his tongue.

Mara didn't reply; she quickly filled her second canister and hurried away from the square. No doubt this would become major gossip in Withering for the next few days, and besides, she needed to catch Mr Gwyl before he went off on another of his buying trips. He was the only one who would know how she could help Old Bern if what Miss Elsie and Miss Livvy had said, about a piece of cloud, was really true.

CHAPTER THREE

Mr Gwyl

'Mmmm – well yes, yes I do believe I've heard tales like that, Mara,' Mr Gwyl said carefully, once Mara had recounted what she had heard from Miss Elsie and Miss Livvy.

Her heart fluttered with excitement and hope. 'Really?' She leant towards Mr Gwyl, full of expectation.

The old man twirled his wispy beard between his fingers, looked up at her and said, 'But the problem, you see, will be how exactly to obtain the piece of cloud. You've perused that conundrum, no doubt.'

Mara nodded. 'I thought you could help me.'

Mr Gwyl turned away and paced across the only

patch of clear space. The shop was filled from floor to ceiling with all manner of bits and bobs of every shape, size, colour and use. If you needed something that you couldn't find in the shops in Withering, or needed something out of the ordinary, Mr Gwyl was the man for the job. Old Bern always said that he was part junk merchant, part mystic and part thief. But most people in Withering trusted him, and he had a heart of gold and would help anyone if he could.

Mr Gwyl stopped pacing and then sniffed the air, like a dog finding a scent, before hurrying off down a narrow aisle between more piles of stuff.

'Mr Gwyl?' Mara called. She peered into the aisle but he seemed to have vanished.

And he was gone for quite some time. Mara waited in the small space of the shop, looking carefully at the piles stacked all over. There was a collection of hats, a domed glass case that held a spiky piece of twisted, grey-green rock from the Petrified Forest, all dusty and faded, and propped behind it she could see a smudge of white and grey and pink. It was a picture of some sort – no, a painting.

A painting of a sky . . . filled with clouds!

Mara was transfixed. She couldn't pull her eyes away. Before she knew fully what she was doing, she had lifted the painting up and was holding it in her hands.

She gazed into the ancient swirls of paint – daubs of white and grey and blue and pink that layer upon layer created a scene of a sky stuffed with clouds that had no beginning and no end. Mara had heard the old tales of the world before the Great Shift but she'd never seen anything that showed what the skies had once been like, when clouds were everywhere.

It made her heart ache with sadness that she would never see a sky like it. Her skies would only ever be cloudless, brilliant blue or dusty yellow when a sandstorm rolled in.

'Ahem – found another item you'd like to purchase?'

Mara jumped and nearly dropped the painting. Mr Gwyl had returned, and he was carrying something.

Something that looked to be little more than a filthy piece of old sacking.

'Here you go,' he said, thrusting the rough sacking into Mara's hands.

She stared down at it for a moment, wondering, and suddenly full of doubts. Was this a mistake?

'These artefacts have been in my possession for some years now, almost forgot I had them until you mentioned cutting a piece of cloud . . .'

Mara held the bundle, feeling the odd weight of the objects inside.

'Here,' Mr Gwyl said, sweeping aside some items on a nearby table and creating a small space for Mara to lay the package. With slightly shaking hands, she carefully unwrapped the sacking. In the dappled and dusty light of the junk shop she saw something glimmer.

It was gold?

Just how much was this all going to cost?

The first item was a sturdy tube shape, about the length of Mara's forearm. It was covered in leather that had been dyed a rich, dark blue. Racing across it were shapes, symbols and strange patterns, all marked out in careful gold tracing.

'My associate assured me, if I remember accurately, that *that* cylinder can contain a piece of cloud for up to a month. Keeps it nice and fresh, preserves the magic. It's the symbols, you see – strong, ancient magic from well before the Shift.' Mr Gwyl quickly clapped his hands to ward off bad luck.

Something else was tangled in the remains of the sacking, something smaller and heavier. Mara pulled it free and nearly dropped it in shock.

It was a small blade, concealed in a leather scabbard, similar in colouring and design to the cylinder. 'Now, my contact said that this blade can cut a cloud. Came from the Cloud Factory itself,' Mr Gwyl said in a hushed whisper, even though they were quite alone.

A blade that could cut a cloud and a storage canister – proof that Mr Gwyl's junk shop was magical. What luck!

Mara gazed at the items. They did indeed look like the most magical things she had ever laid her eyes on, and yet she couldn't help but ask, 'You are sure, Mr Gwyl?'

His face fell.

She'd insulted him.

'I swear on my mother's bones. These are ancient, mystical, *magical* artefacts from before the Shift.' He clapped his hands again.

'I didn't mean to offend you. It's just – it's *so* important.'

Mr Gwyl smiled gently and reached out a gnarled

hand to pat Mara's reassuringly. 'I know my dear, I know.'

Mara laid the items back down on their cloth and reached into her shopping basket for her purse. She had scraped together all the money she had been saving up for the last two years. 'I don't know if this is enough. If you need more, I'll get it . . . somehow,' Mara said, handing the purse to Mr Gwyl.

He pushed the purse back to her. 'I don't want your money, Mara.' He smiled gently. 'Bern is a dear friend and . . . well, if this can assist then I'm pleased to give these as a gift. By the sky, they've been sat in here gathering dust for the last thirty years or more I'd guess. Your secret is safe with me.'

Mara couldn't believe what she was hearing. Tears welled in her eyes and she turned away. She was relieved when the bell on the shop door rang announcing another customer, which meant Mr Gwyl hurrying away, calling a greeting. 'Ah, Mr Windbourn. I was hoping you'd drop in today. I've found those double pivot hinges you were enquiring after . . . now they're not the most economical, but . . .'

Mara stood there, still rather shocked and staring down at the cylinder and the blade.

She had the tools, now she just needed the cloud. And that was going to be the really hard part of the puzzle to work out.

CHAPTER FOUR

Timetable

Mara had been to the town noticeboard twice every day for the last three weeks.

The board was fixed to the wall beside the doors to the Guild Hall. It was where all the important news and announcements and information for Withering were posted – well, at least all the official stuff anyway. Dates for town meetings, information on when taxes needed to be paid, the opening hours for the library and times for services in the Oratory.

But, most importantly, pinned to the top right-hand corner of the board and held in place by three bright copper pins, was the expected date of the next cloud delivery.

On more than one occasion, Mara had thought about asking Mayor Peabody when she had been catching up with Bern over a cup of tea, but she was worried it would seem suspicious as it wasn't something Mara usually asked about. So she had waited. Patiently. And now that patience had finally paid off.

Your next cloud delivery is expected to arrive on: Thursday 15th May

That was just two days away.

'And what are you up to, lass?'

Mara spun around to find Old Bern standing behind her. He leant heavily on his walking cane.

'Oh, I was just . . . checking when the library opens . . .'

'The library, is it?'

'Yes.' Mara couldn't meet his eyes. 'My books are overdue.'

Old Bern smiled knowingly and said with a chuckle, 'Yes, I always like to see when the next cloud is being delivered too!'

Mara could hear the smile in his voice. 'We could pack a picnic and head up to Clifftop Farm, you know, like we used to do when you were little.'

Those had been glorious trips, chasing up the cliff path, enjoying a delicious picnic with other people who had come to see the cloud delivery. It was like a holiday or a festival, people laughing and singing. Sometimes Mrs and Mr Bell, who owned the farm, would let them dance around as the cloud burst (if Mr Scrump wasn't about) and everyone got soaked through. Although that had been in the days when the clouds were much bigger and more frequent. Now nobody liked to waste one drop of the precious delivery.

And besides, this would all rather interfere with Mara's plan. 'Are you sure you're up to it, though?' she asked Old Bern, unable to stop her eyes landing on his cane and twisted hand.

He let her question sink in for a moment and glanced sadly over the gorge at the farmlands across from Withering.

Now Mara felt awful. 'Perhaps you should rest up, and we'll go next time.'

'Yes, yes, it's a date.' He smiled weakly but didn't sound convinced.

'And it'll probably just be another tiny cloud like the last one anyway. Nothing spectacular. Not like in the old days, hey?'

Old Bern studied her for a moment or two. Mara was worried that he could see right through her. But after a few seconds, he nodded and said rather sadly, 'No, you're right. No point making all that effort and risk getting stuck halfway, is there?' He sighed heavily. 'See you at home for lunch?'

'Yes,' Mara said.

'Want me to take that basket for you?' He reached for the basket and Mara handed it to him before remembering the items hidden under the shopping. She hadn't let the canister and blade out of her sight for a second. She had carried them everywhere with her for the last three weeks and even slept with them under her pillow.

Quickly, she snatched the basket back again, exclaiming, 'NO! Oh, I mean, I've still got some shopping to do. So I'll just, er, hang on to this for a bit. But thanks.'

Old Bern smiled and shook his head. 'Think you've been out in the sun too much today, my girl,' he chuckled. 'See you back at home then.' He gently touched her cheek, then gave Fidget a scratch behind the ears before slowly walking away. Fidget immediately set about chattering angrily in Mara's ear. Clearly annoyed.

'I know, I know!' Mara shushed him. 'But if our plan is going to work then we need Old Bern to stay at home on Thursday!'

Fidget squeaked at Mara, which sounded like he was blowing a raspberry, and then he turned the other way in a huff. Or as close to a huff as a squirrel could get.

CHAPTER FIVE

Cloud Burst

Mara and Fidget were soaking wet! The cloud burst had happened far quicker than anyone had been expecting it to. She'd thought she would have time to get close enough to the carriage to be able to cut a piece before the attendants cranked the roof open and released the cloud.

But it had been that awful girl with the white crow again, Evie Bainbridge, and the cloud carriage had barely come to a halt before she had ordered the cloud to be released, with much prodding of the staffs once more. It was only just clear of the carriage when it started to rain.

Now Mara squatted where she had taken cover in

the tall corn on Clifftop Farm, trying to work out what to do next.

'I could wait until the next delivery,' she said to a very wet and grumpy Fidget.

He made a sound like he was sucking air through his teeth.

'Yes, that's a good point, we've no idea how long that might be. Could be months again – and Bern's getting worse, isn't he?'

Mara stared across the ever-dampening ground to where the cloud carriage waited. The attendants stood back whilst the cloud burst took place; they didn't like to get wet. Once the burst was done, they'd climb back on the carriage and their horses would head back to the factory.

An idea flickered in her mind.

'The carriage is just sat there,' she said to Fidget, who blinked back at her, disbelieving. 'It's wide open!'

Fidget fixed her with a steely glare and made a small growling sound.

'Well, it is . . . and nobody's paying attention to it.'

Mara gazed up at the underside of the cloud. It was already starting to thin out – she could see patches of the blue sky above it. Mayor Peabody would not be happy about that. Mara guessed she had about five minutes at most until the burst was done and the cloud itself had totally evaporated. Then the attendants and the cloud carriage would be off, and she would have missed her chance.

A shout from the farmhouse drew the attention of the attendants. Mara peered through the corn stalks, now glistening with fresh raindrops, and saw Mrs and Mr Bell, the owners of Clifftop Farm, at the doorway with a tray of food and drink.

What Mara wouldn't do for one of Mr Bell's porridge biscuits!

But this was it, Mara's best shot. If she didn't go now, they would be gone and she would be right back to square one. Just before she moved though, she plucked a piece of the wild rosemary that grew all around Withering. She tucked the small sprig into a buttonhole on her jacket for luck.

Sticking to the cover of the crops, Mara edged her way along the field until she was about level with the back of the cloud carriage. She poked her head out and could see everyone crowded around the doorway of the farmhouse. Even Mr Scrump was there, taking Mayor Peabody's place as she had an important meeting. Mara noticed that Evie Bainbridge handed something across to Mr Scrump which he quickly tucked away in his jacket. Perhaps they had been issued a refund for the poor cloud?

But there wasn't time to work out what that was all about now.

'Hold tight, Fidge!' Mara said, and she darted from the cornfield straight towards the unattended cloud carriage, hoping that neither the attendants nor Mrs or Mr Bell would see her from the farmhouse. She skidded a little in the wet mud. Fidget chattered excitedly, offering directions as she ran. She slid around the walls of the carriage. The sides of the cloud carriage were like a lattice that offered perfect hand- and footholds to climb up. It only took Mara a few seconds (Fidget considerably less) before she was crouched on top of the carriage peering down inside.

Mara dropped her rucksack down first and then slipped inside herself, hoping that the attendants wouldn't bother to inspect the carriage too carefully when they came back. Fidget scurried down to join her. No wonder the cloud wasn't up to much – it had clearly been raining on the way to Withering and the wooden floor was damp. Mara and Fidget huddled up in the corner of the wet carriage, right where the shadows hung heaviest. Through the gaps in the sides she could see the attendants starting to drift away from the farmhouse.

A sudden surge of panic rose through her. She was shaking; torn between staying and going. By the sky, what was she thinking? She'd no real idea about what she was going to do once she reached the Cloud Factory. She'd only brought some snacks for her trip up to Clifftop Farm – how many days' ride away was the factory anyway? That was assuming she actually made it at all. In all likelihood, she would be discovered long before then and get dumped on to the side of the road . . . or end up in jail, or worse, for attempted cloud theft.

And who would look after Old Bern while she was gone?

Fidget, sensing her anxiety, chattered away. 'I have thought this through, actually!' Mara replied. 'Though maybe not quite as much as I should have . . . Oh, perhaps we should get out and have another think about it?'

Fidget chirruped in agreement, and Mara was just about to start the climb out when she saw two attendants pass the side of the carriage. She fell back into the shadows . . . and then heard the cranking sound of gears progressing through their familiar motion before the roof over Mara and Fidget began to close up.

Well, they were stuck inside the carriage now. If she wanted to get free, she'd have to give herself away – and who knew what trouble that might cause for Withering?

'Too late to back out now then, Fidge!' Mara whispered as the squirrel snuggled closer to her and purred reassuringly.

Mara sat back down and pulled her knees to her chest. She felt inside that what she was trying to do, for Old Bern, was the right thing to be doing but it all still felt like a terrible idea.

A few minutes later, the other attendants returned and clambered into their seats at the front of the cloud carriage. Mara heard one of them call out and then the carriage started to move.

She tried to watch the world passing by through the lattice sides of the cloud carriage but it made her feel queasy, as she couldn't bear to watch Withering disappear completely from view.

She felt homesick before she had even left home.

Time passed, and then it grew too dark to see anything anyway.

At some point in the night, the carriage came to a stop. Mara was briefly gripped with panic that she was about to be discovered but it seemed they had only paused to switch over horses at a coaching station, and nobody bothered with the carriage at all. The hours rolled by. Old Bern would be beside himself with worry by now.

She hoped that he would be OK; that he wouldn't worry too much.

At some point, she fell asleep, lulled by the steady rocking of the carriage and Fidget's warm little body tucked under her jacket.

The next thing she knew, light was filtering into the carriage. But it was different to the morning light back at home in Withering. This was softer light, more like the sunlight that was caught and infused on the days that a cloud hung above the town. Softer, gentler light. And what she could see of the world outside was different too – no dusty browns and sandy yellows. Here were glimpses of a hundred different greens. The air felt and smelt different too, like the earth after a cloud burst, all lush and fresh and cool.

Fidget scampered out of Mara's jacket and up on to her shoulder and sniffed the air too. 'I know, Fidget. Strange, isn't it . . . but wonderful?'

Mara peered through the lattice sides of the carriage again, her eyes hungry for the view. The land spread out before them like a blanket thrown down for a picnic. It was a splash of colours, yellows and greens of every shade, squares and rows of fields and crops – like Clifftop Farm times a million. She saw the curving, glinting shapes of rivers, too – actual rivers – twisting through it all. Rivers like they were in the stories and pictures from before the Great Shift. And there, in the middle of it all, towering above everything, was a massive structure with tall, fluted towers, from which streamed endless clouds that filled the sky.

Mara felt like her heart had stopped beating for a second. Whatever it was she had imagined, it wasn't anything like what she now saw. This was beyond her imaginings; beyond anything she had seen in drawings and engravings from travellers that visited Withering.

She could have stared at the sight for ever and a day. It was the Cloud Factory.

CHAPTER SIX

The Cloud Factory

The cloud carriage trundled along a little further until it eventually came to a stop. Mara slumped against the damp wood – she felt all churned up and wobbly, and as if every muscle and bone in her body ached. But was it nerves or the sudden lack of motion? She wasn't sure.

From beyond the carriage walls, she heard the cloud attendants climbing down from their seats and unhitching the horses, harnesses being lifted away and heavy hooves striking against hard stone floors.

They must have arrived at the Cloud Factory at last.

'They'll need a good rub down; the main road was filthy coming back.'

'I'll be happy to sleep in my own bed again tonight.'

'It must be the stables or a carriage house,' Mara whispered to Fidget.

The slightly muffled sound of a bell ringing reached Mara.

'Ah, breakfast,' a nearby voice said brightly.

'Breakfast, surely it must be lunchtime by now?'

'Either way, I'm ready for a decent meal. Come on.'

The thought of food made poor Mara's stomach rumble with hunger – her snacks were long gone. Fidget peered down at his own stomach too.

She heard retreating footsteps across the stone floor, followed by the rattle and bang of large doors opening and closing. Then all was, thankfully, quiet.

To be on the safe side, she sat in the half-light of the damp carriage and counted to one hundred before she dared to move.

Mara shifted to where she thought the lower hatch was, although it was harder to see now they were inside. She ran her hands over the dank wood before her fingers found the edge of something – a slight bump in the wood that she hoped was the catch. It took several attempts before it finally clicked, the panel slid back with a reassuring and solid 'thunk' and Mara could see the creamy flag-stones of the stable floor, littered with flecks of straw.

She slipped down through the hatch opening, scrabbled under the carriage and across the stone floor. When she was clear, she finally stood. Mara was in a large stall, enclosed by wooden half-walls – a drift of straw in one corner, a collection of buckets in the other. Fidget scurried up a nearby beam and scanned their wider surroundings. He gave a little chirrup that Mara knew meant the coast was clear.

She stepped carefully across the pen and out into the main thoroughfare of the stables. Everything was scrubbed and polished and orderly. The horses peer-ing out of the stalls all had glossy coats and bright eyes. Bulging hay nets hung from the doors of each stall. These were well-cared-for creatures and Mara found something reassuring in that. The only exit she could see was a large set of double doors. With Fidget back on her shoulder, she hurried quickly but quietly over to them and carefully pushed. They opened into a courtyard which was empty of people and had a large, circular stone trough in its centre. As she stepped through the doors and outside, Mara looked up at the sky and gasped. It was filled with clouds – more clouds than Mara had ever imagined possible – with only little squiggles of blue sky here and there.

She stood staring, until a loud bang startled her. From an identical door, directly opposite where Mara stood gawping, hurried a small round woman. She was so busy muttering to herself and fiddling with several small pouches that at first she didn't see Mara.

Mara was about to turn back to take cover in the stables again but she was too late.

'Oh, hello my dear – are you lost?' the round lady asked, as she tucked the pouches away under her long apron. Fidget quickly scurried down the inside of Mara's jacket, taking cover.

Mara stood rather dumbfounded. 'Um . . .'

The woman hurried over to her, wiping her hands on her apron as she did. 'Are you looking for the others, my lovely?'

'Others?'

The woman smiled warmly, gently, and gave a little chuckle. 'Bless the sky, my love,' she said, glancing up at the clouds above and then back to Mara.

When she next spoke, it was loud and slow. 'ARE YOU LOOKING FOR THE OTHER NEW ARRIVALS? THE NOVICES?'

'Oh, yes!' Mara said quickly. It seemed a convenient lie to use. 'I'm a novice.'

'No wonder you got separated from the others, this place is like a maze even when you've been here as long as I have.' The woman was already ushering Mara along and chattering as she went. 'I'm Druscilla – though most everyone hereabouts calls me Aunty Dru, and you're welcome to as well, poppet. But now how did you get separated from the others? Oh never mind, you wouldn't be the first novice to wander off and I dare say you'll not be the last one either. Mind these steps here, they're slippy after a cloud burst – we're just going to pop along the cloister here.'

They had stepped into a half-open corridor that ran alongside a beautiful garden, filled with plants and trees – real, alive, proper green plants and trees like something from a dream. Mara even caught a glimpse of a leaping fountain at its centre.

Aunty Dru stopped and said gently, 'It can be overwhelming at first, I know, poppet.'

Mara realized her mouth was wide open in wonder.

'Where have you come from?'

'Sprag-on-the-Hill,' Mara said quickly. It was a town just south of Withering – the sort of place people had heard of in passing but nobody ever really knew properly.

Aunty Dru gawped now. 'Near the sand-sea? Lawks! No wonder you look so befuddled, poppet. I saw the sand-sea once and it fair near broke my heart.'

She placed a comforting arm around Mara's shoulders. 'Just you take it all one step at a time, yes? And if you need anything, come and find Aunty Dru.'

Mara nodded. Aunty Dru was all warmth and kindness, it was like a light shone out of her. *So* kind in fact that Mara was worried she might burst into tears and tell her exactly why she had come. 'Now, let's go and find you some breakfast, yes poppet?'

Mara nodded enthusiastically.

They walked until they came to another set of large double doors. Everything here seemed to be at least twice as big as it needed to be. Mara could hear lots of noise coming from the other side, a bit like before she entered the Guild Hall for a town meeting or concert.

The doors seemed to open of their own accord and a vast room filled with benches and people and food appeared before them. 'This is the refectory, poppet,' Aunty Dru said, gesturing into the huge room. 'Look over there. It's all the other novices.' She pointed across the bustling noise-filled room to a smaller table, where a group of about twelve other children were sat enjoying groaning plates of food. They all looked a similar age to Mara and equally as stunned as Mara currently felt. They were also not dressed in the robes that everyone else seemed to be wearing. The novices were all too busy eating to pay Mara much attention – all except a girl whose thick red hair was caught up in two large bunches, who smiled briefly at Mara before continuing with her food.

Aunty Dru led Mara over to the table and settled her on to the bench beside the bunches girl. 'Hi,' she said, cheerily.

'Hello,' Mara replied quietly.

Aunty Dru made a satisfied sound before saying, 'I'll go and fetch you some food. You sit here and make friends.'

CHAPTER SEVEN

The Oculus

Aunty Dru returned with a plate piled with enough food to feed about three people.

'Thank you,' Mara said, a little stunned – she could barely recognize half of it.

'Oh, you're more than welcome, poppet. We have plenty to go around. You just go up and get some more if you want, OK?' Aunty Dru patted her gently on the head.

Mara nodded, fairly certain that she wouldn't even be able to eat what she had already been given.

'Right, my lovelies.' Aunty Dru was now addressing the entire table of novices. 'Tuck in and I'll be back shortly to begin orientation. If anyone needs the, er . . . *facilities*,' her face squinched up at this, 'they're just over there.' She pointed off to the far corner of the refectory hall before hurrying away calling, 'Senior Attendant Atlee, may I have a word?' Mara thought Aunty Dru suddenly sounded far less warm and fuzzy as she bore down on the poor senior attendant.

'Um, I wouldn't eat those grilled leraks,' the bunches girl said quietly to Mara. 'You'll be in the *facilities* until nightfall if you do.' She was pointing to some long green vegetables on Mara's plate.

'Oh, thanks,' Mara replied, and she pushed the offending leraks to the edge of the plate with her fork.

'I'm Cresta,' the girl said, offering her hand.

Mara didn't think that interacting with lots of people was a good idea – at least that's what she had thought in the carriage, but that bit of the plan had clearly already gone out of the window. She'd only been in the factory for half an hour and she'd already spoken to two people and somehow got herself mistaken for some sort of trainee Cloud Factory worker.

Fidget shifted under her jacket and Mara hoped the bunches girl, Cresta, hadn't noticed!

'I'm Mara,' Mara said when she realized the girl was waiting for a reply.

Cresta took Mara's hand and shook it enthusiastically. 'You weren't in the carriage with the rest of us, where've you come from?'

'Sprag-on-the-Hill,' Mara replied.

Cresta pulled a face but said nothing more about it and started to tuck into her food again. As well as being nosey, Cresta also had dodgy table manners, as she continued to talk even as she shovelled all the food – apart from the leraks – into her mouth.

'I'm from Durden. My parents were adamant that I come and work at the Cloud Factory, they said it would give me the best chance at a good life. What about you?' Another loaded fork of food was shovelled in.

'Um, me . . . Oh well – yes, the same!' Mara said with little conviction, and she could tell by the way Cresta watched her that she didn't quite believe her.

'Well, how's about we look out for each other then?' Cresta asked.

Mara didn't know what to say; she felt bad about leading this poor girl along with a string of lies.

Thankfully, before Mara had a chance to reply, Aunty Dru was back and clapping her hands –

calling them all to attention. Mara glanced across at Senior Attendant Atlee, who scuttled out of the refectory looking like he had just had a good telling-off.

Forks and spoons clattered on to plates and everyone turned to face Aunty Dru. 'Right, my poppets, orientation! You can leave your plates where they are, they'll be cleared away for you just for today. Form an orderly line in twos please, and follow me.'

Cresta immediately linked arms with Mara. Aunty Dru didn't wait to check everyone had followed her instructions (though they had!) before she charged off back to the huge doors of the refectory hall. Anyone who was unfortunate enough to get in her way moved quickly with a polite, 'Sorry, Aunty Dru!'

Once they were back in the cloister courtyard, Aunty Dru beckoned them all over to her. 'The cloister separates the various areas of the factory. The south block is accommodation and living spaces – dormitories, refectory, infirmary, kitchen, bath house – the living quarters.' She pointed along the section of cloister they all stood in. 'To the east are the administrative offices and the library. The west houses the stables and storage warehouses and workshops, and the north leads to the factory itself.'

Mara had swung around to follow Aunty Dru's words, searching through the abundant plants and trees at the centre of the courtyard before she thought about it, though thankfully everyone else had too.

'Let's start there then, shall we?' Aunty Dru chuckled.

Moments later, they had climbed a winding flight of stairs and then filed through a rather ordinary and, Mara thought, boring-looking door. But what waited beyond the door took her breath away. It was a huge room with a high, vaulted ceiling and at the far end was a vast oval window that dominated the space. It looked out across the land beyond the factory – another breathtaking view that reminded Mara of the old cloud painting in Mr Gwyl's shop, but here the clouds were moving and birds flew past. Mara's heart skipped a beat and she missed most of what Aunty Dru was quietly saying, only catching the tail end: '. . . that makes up the Oculus!'

Aside from the vast window, the room was dotted with desks of various shapes and sizes. Some held large maps and charts, and still more were suspended from the ceiling. Another wall was entirely covered with a map of what Mara was sure was pretty much the whole of Brind. Stretching from the sand-sea to the east and across to the Great Gorge to the west. The whole country laid out before them. Her eyes instantly flicked to Withering-on-the-Sand-Sea, far to the east of the map, and she longed for home.

At the desks were factory staff, all only slightly older than Mara, many of them wearing headphones with microphones attached that were plugged into radio transceivers. There was a constant but quiet chatter as they spoke to people. Other staff were writing things down and delivering notes.

'This is where we monitor the cloud cover for all of the local area, the Cloud Vale. And also where we receive updates and communications of cloud deliveries across the whole of Brind.'

They moved towards the Oculus window where an older man – the only other adult in the room – was peering through a collection of strange binoculars mounted on a metal frame. He moved from one set to the next, checking a notebook in his hands and occasionally muttering to a young attendant.

'Barnacus,' Aunty Dru said, but the man didn't seem to hear or notice.

She tried again, louder this time. 'BARNACUS!'

Now he turned quickly and looked thoroughly surprised to find Aunty Dru and a group of young novices waiting there.

'Oh, Druscilla, how lovely to see you. And *so* many young novices . . . Ah, to be a novice again, eh?'

Aunty Dru raised her eyebrows but smiled warmly.

'It's nice to see you too, Barnacus. Would you like to explain what you all do here at the Oculus?'

'Oh, yes, of course.' Barnacus scratched thoughtfully at his beard. 'Well now, children, I'm responsible for running the Oculus – the nerve centre of the Cloud Factory, and quite possibly our most crucial department you might think. We oversee the clouds that have left the factory. Receiving information from across Brind on delivery confirmation and cloud burst duration. Ah, like this.'

A boy at a nearby control desk stood and raised his hand; in it he held a slip of paper. He wore a headset that was plugged into some sort of machine, panel-mounted on the desk.

'Attendant Barnacus, sir,' the boy called.

'Yes, Hiro?' Barnacus smiled at the novices and turned.

It seemed as though it was all just staged for the

novices. Like a well-rehearsed scene from a play.

'Confirmed cloud burst in sector alpha-alpha 7, sub-sector 4C,' the boy called.

'Duration?' Barnacus asked, without looking away from the novices.

The boy briefly lifted his hand to his headset and muttered something before looking back up at the attendant and saying, 'Thirty minutes and counting, sir.'

'Good, good,' Barnacus said, turning to look at the boy. 'And sector alpha-beta 1, sub-sector 11B? Sustained cloud burst?'

The boy turned back to his station, and flicked some switches and twisted some dials. 'Confirming ... oh ... Cloud burst termination one hour ago, sir.'

'A shame,' the attendant said. 'But it could still be a record cloud burst. Four hours and thirty-seven seconds. Fancy that!'

Four hours of rain? Was that what he was saying... How was that even possible? Mara wondered.

'So, as you have seen, we monitor output of the cloud towers and the local cloud coverage.' He gestured to the wide Oculus window again. 'And whenever there is need to send more, then I allocate further clouds as needed.'

'If they get paid,' Cresta hissed into Mara's ear.

Barnacus continued. 'From here we can see right across the Cloud Vale – you might be able to spot Barnley, our nearest town, on the horizon.' He swept his hand across the expansive window. 'And we can keep the balance of the land in check.'

'The bit of it you can see from here!' Cresta hadn't been so quiet this time and Mara jumped as she spoke. Mara noticed Attendant Barnacus flinch and turn his head slightly in their direction.

'You're going to get into trouble!' Mara said quietly.

'Well, don't you think it's all rather rotten, this whole set-up. They leave us to struggle, scraping together whatever money and crops we can to buy clouds that get smaller and smaller every season, or is that just us in Durden?'

Mara couldn't say Cresta was wrong. But just then Attendant Barnacus turned around and fixed them with a glare, causing them both to fall silent.

'Right, I think it's time we were moving along. Good day, Barnacus!' Aunty Dru called cheerily. Mara couldn't help but notice how the old attendant carefully studied Cresta as they left.

CHAPTER EIGHT

Extraction

'Now, this is where it all comes together – very excitingly,' Aunty Dru announced as the next room opened for them. 'This is the Dispatching Hall.'

They were now standing in a vast hall that was flooded with light from its high windows and a ceiling almost entirely made of glass. Through it, Mara could see more billowing clouds rolling overhead and she was entirely distracted once again by the sight.

On the floor, cloud carriages were wheeled this way and that as attendants and dispatchers hurried about. Several staff sat on high seats at the edge of the enormous room, surveying everything and calling out instructions.

'Two sun clouds for Great Wallingham!'

'Is anyone attending to that zephyr cloud or not?'

'Get the Sidington carriage out of here, please. It should already be on the road!'

It seemed both chaotic and orderly at the same time. Attendants hurried in, leading plump clouds secured in gauzy, shimmering sacks, clearly powered by some sort of magic that shimmered and buzzed through the material.

'The poor things,' Cresta whispered to Mara. 'Cooped up in those nets.'

'Those are nets?' Mara asked. They didn't look like any sort of net she had ever seen.

'Cloud nets,' Cresta said darkly.

Mara turned to her. 'Do you think they mind? Do you think the clouds can feel that they're in the nets?' She thought back to the yellow cloud from a few weeks ago being zapped to force the cloud burst.

'Some people think they can feel everything,' Cresta replied in a guarded way.

They carried on watching as the netted clouds were loaded into the waiting cloud carriages, the nets pulled free before they trundled out of the large doors where, Mara guessed, they were hooked up to horses ready for delivery across Brind.

'What's up there?' Cresta pointed up to a balconied walkway that ran around the highest part of the hall. Several doors led from it and attendants patrolled along, clearly guarding the area.

'Is that where you stash the gold?' a sandy-haired boy laughed.

Aunty Dru sighed and then smiled. Mara guessed she was asked this often by novices. 'The upper floor houses the entry portals to the cloud towers. It is also where the queen clouds are stored and where the Extraction Rooms are located,' she said seriously, and quite matter-of-factly. But then she added, her voice sparkling with excitement, 'Would you like to see?'

There were sounds of agreement. Mara glanced about her, confused. Were they really about to be shown how the delivered clouds came to be? She had assumed that would be the most closely guarded secret ever! Not something that novices were shown on day one.

'Now you'll see the truth of it all, and just how cruel they truly are here,' Cresta hissed as they filed up the twisting metal staircase to the upper floor.

*

Moments later, they were standing outside a plain door.

'Now, before we go into this room, please be aware that this is the Extraction Room,' Aunty Dru said quietly, but in a way that made Mara think she absolutely meant business. 'It is one of the most, if not *the* most, delicate and important rooms in the entire factory complex. You are to touch *nothing*, stay away from any pieces of equipment and speak only when spoken to.' She looked straight at Cresta when she said this. 'Do you all understand?'

The novices nodded before passing through the door into a bright, tiled room, that looked rather like Dr Tomita's office in Withering. It was divided by a huge window, on the opposite side of which were several attendants, swathed in long white robes, head coverings, masks and gloves. They pushed a wheeled metal and glass container, covered in latches and locks, with a small window in its side, through which Mara could see a cloud's white fluffiness. It was being transported very slowly towards another large metal box that almost filled the centre of their side of the room. The larger container was covered with buttons and dials and wheels, and three glass cylinders stuck out from the top.

A tall woman with silver hair that fell in two thick plaits over her shoulders and almost to her waist supervised it all. She was all sharpness and angles, the complete opposite of soft, round Aunty Dru.

'This is Senior Attendant Supervisor Telma,' Aunty Dru said in hushed tones.

'Quiet please, this is a delicate operation.' Senior Attendant Supervisor Telma gestured through the window at the containers. The robed attendants first checked the cloud through the small inspection window and then jostled it closer to the main box. The attendants came alive, flicking switches, pressing buttons and twisting dials. Someone even pulled down a springing cable which was plugged into the larger box. As they did so, the lights in the tiled room fluttered as though they might blow out. This didn't seem to concern Senior Attendant Supervisor Telma in the slightest but it made Mara flinch.

Each adjustment was accompanied by a satisfied little noise at the back of Telma's throat.

'The transfer perambulator is now connected up to the extraction bath,' Aunty Dru whispered.

Some sort of signal was given from the other side of the window. Telma moved to a panel on the wall to her left and turned two dials incredibly slowly.

The lights flickered again and Mara thought she heard a noise, or perhaps she felt a vibration.

The sensation grew and grew until there was a second where Mara clamped her hands over her ears and closed her eyes. It was as if the sound passed through her.

And then it was gone.

'Are you OK?' Cresta asked, taking hold of Mara's arm. 'You've gone a right funny colour. Did you eat those leraks?'

Mara shook Cresta off. 'I'm fine,' she said. But she definitely felt something wasn't right.

There was a small flicker of light from the extraction bath window followed by what sounded like a sigh of relief, and then each of the glass tubes was filled with what appeared to be a miniature cloud no larger than Mara's hand.

'Isn't it ghastly?' Cresta said. 'Slicing up a cloud like that.'

'What?' Mara turned to look at her. *Slicing?*

'The extraction bath – it cuts fragments from the queen cloud.'

They weren't miniature clouds in the glass cylinders at all, but sliced sections of the queen cloud!

Mara swallowed hard.

'These cloud fragments have been extracted from the queen cloud in the large container,' Telma explained. 'You can only extract from a queen cloud. They are our most precious commodity and are kept safely locked away – looked after twenty-six hours a day by specially trained cloud attendants. The extraction process is very quick and painless – it causes no distress to the cloud at all.'

'Says her,' Cresta grumbled. 'I doubt she'd want to pop in the extraction bath for five minutes.'

In the other half of the room, three attendants hurried forward and detached the glass tubes holding the cloud fragments before filing out of the room as Telma continued. 'The extracted pieces will be taken to the cloud towers to grow bigger – it takes about three months to reach maturity, and then they leave either via the towers or by being taken to those outlying settlements in need of clouds.'

'Isn't everywhere in need of clouds?' Cresta asked.

'I beg your pardon?' Senior Attendant Supervisor Telma towered over them all, her bright eyes fixed on Cresta. 'What did you just say?'

'I said, doesn't everywhere need clouds?'

'That's enough.' Aunty Dru stepped forward. But

Telma raised her hand and Aunty Dru fell silent.

'We are all free to express our opinions here, Aunty Dru. Please go ahead.' She fixed Cresta with a look that would have brought Mara to tears had they switched places.

'It's just that everywhere needs clouds but they don't go where they're most needed, do they? They go to those who have the money to pay for them.' Cresta raised her chin and met Telma's stare head-on. 'Once you've finished hurting them in your horrid machines, that is!'

'How dare you! How dare you address me in that way. I am a Senior Attendant Supervisor and I am not to be spoken to in such a manner!'

'Now Telma, she's young – probably tired from her journey . . .' Aunty Dru tried to put herself between Cresta and Telma but it was no good.

'Did it not occur to you that she might well be some dangerous weather radical from the bare lands to the east?' Telma addressed Aunty Dru directly now. 'She has the look of an old coastal family about her.' She sniffed and turned to two attendants waiting near the door. 'Remove her from the factory at once.'

'Telma, please—'

'*Immediately*.'

As the other attendants barged their way forward, Cresta turned sharply and grabbed Mara, pulling her into a tight hug. 'It doesn't have to be like this,' she whispered quickly before she was dragged away. 'It can be different!'

She didn't fight them and she kept her eyes fixed on Mara until she was gone.

It had all happened so quickly; Mara couldn't quite believe it.

'I assume and hope that she was working alone.' Telma's eyes scanned the remaining novices. 'That there are no other radicals in this group that wish to clamber upon their high horse and accuse us all of ruining Brind?'

Nobody spoke.

Aunty Dru looked totally beside herself.

Mara wanted to argue on Cresta's behalf, but she needed to keep her head down.

Telma continued. 'You will remember that it is the Cloud Factory that keeps Brind and the neighbouring countries alive with the clouds we produce here. Without the Cloud Factory life would be . . . all but gone.'

Mara couldn't pull her eyes away from the door

that had now closed. She felt awful that she hadn't stood up for Cresta. Old Bern and Mayor Peabody would be horrified if they had seen her stand idly by.

Tears stung at the back of her eyes. She reached into her pocket for a handkerchief but instead felt something that had not been there before. Not big – she could feel the whole thing with her hand. It felt like a piece of card perhaps. But Telma resumed the talk before Mara could properly investigate it.

'Now let's get back to business, shall we?' Telma indicated the other side of the window. Another cloud cradle had been wheeled in, but it seemed the attendants had encountered a problem in getting the cloud into the extraction bath. The cradle door was open and one of the attendants was using one of the poles, like those Mara had seen being used in Withering, to encourage the cloud out of the cradle.

When the cloud did emerge, there was something clearly not quite right about it.

It was all wispy and grey.

It started to wiggle or maybe it was struggling.

Telma turned back to the panel beside her and spoke into a small mouthpiece – her voice boomed out through wall-mounted speakers. 'Get the other queen out of there quickly, you fools!'

She turned back to the novices, as the attendants struggled with the wispy cloud and the cradle which was now also rocking and wobbling about. 'The queens do not like to be within close proximity of one another,' Telma explained. 'That's why they are kept separate at all times – we believe that in the wild, queen clouds would fight over territory, causing serious damage to each other . . . even devouring their rivals on occasion.' Telma seemed quite gleeful at this grisly revelation.

Eventually, the attendants seemed to get everything back under control. The new cloud was carefully placed in the extraction bath and the process of extraction began all over again.

But this time, after the dials and switches were turned and tweaked once more, only one of the glass tubes held anything. And it was a very small cloud segment indeed. Pale, almost see-through. More like mist, really.

'Oh, not again!' Telma groaned. 'That's the third failed extraction this month. Take it to recovery please.'

One of the attendants had to use the stick to get the queen cloud back out of the extraction bath. As it emerged, another attendant approached with a shimmering cloud net. The cloud seemed to panic and threw itself across the room, where it hit the window right in front of Mara in a kind of fluffy splat.

She felt all queasy again. Dizzy and sad. What was causing it? Something she had eaten, or the commotion with Cresta, or the cloud looking like it was trying to escape?

'I need some air,' Mara gabbled, suddenly desperate to be away, out of the Extraction Room. She rushed out as the novices all made curious sounds of concern.

She was so distracted and overwhelmed by what she had seen that she didn't notice the boy, a young attendant judging by his robes, coming in the opposite direction – and they collided, crashing a forehead against the bridge of a nose.

'OUCH!'

Mara glanced up at the boy. His thatch of dark hair seemed to stick out at funny angles as though he were caught in a gale. His eyes were the bright blue of the sky above Withering.

'I'm sorry . . .' Mara began.

The boy was already blushing as he bent to gather up whatever it was he had dropped when they collided. 'Oh no, my fault,' he said carefully, not meeting her eyes. 'I wasn't looking where I was going. Oh – you're a new novice, aren't you?'

'Um, yes.' Mara fidgeted awkwardly.

The boy glanced past her, noting the door she had come from. 'I hate it in there,' he whispered kindly. 'I was sick all over my own boots the first time I went in there.'

Mara couldn't help but smile at his admission. She felt a little better knowing that.

The boy held out his hand. 'I'm Eb—'

'Why are you two loitering about in this corridor?' A sharp voice rang off the corridor walls. Mara glanced over her shoulder and realized with a sinking feeling that it was the awful girl attendant who delivered clouds to Withering, Evie something-or-other. Mara quickly pulled her hair so that it hung a bit more over her face and prayed to the sky that Evie wouldn't recognize or remember her.

'I thought you were going to the prefects' office,' Evie snapped at the boy.

'Oh, yes, I was just on my way – but, um, there's a problem with your cloud.' He blushed even redder now, looking at Mara and then away again.

Mara felt terribly awkward stood between them.

'Oh, for pity's sake, it's not that hard to get it into the net. Or shall I come and do it myself?'

She made it sound like a threat.

'Oh, no-no-no. I can sort it. It was just if you had any suggestions, that was all.'

'And what are you doing stood there?' Evie turned her venom on to Mara now.

Thankfully, at that moment the door to the Extraction Room opened and Aunty Dru was there in all her bustling glory. A glare from Evie at the boy and he quickly scampered off before he was seen. 'Evie, dear. Not seen you in a good long while. Keeping busy with the dispatchers? And a cloud attendant too, I hear. Lucky girl . . . doing so much.'

It didn't quite sound to Mara as though Aunty Dru meant it.

'Yes, Aunty Dru,' Evie replied.

Aunty Dru made a rather dissatisfied noise, scanned Evie up and down and then said, 'Well, I need to get these poor novices to lunch – we've not stopped since breakfast. Can't stand chatting in hallways all day, excuse me.'

She charged forward, leaving Evie no choice but to press herself against the wall as Aunty Dru, followed by her line of novices, filed past. Mara joined on the end – relieved to be away from the Extraction Room . . . and away from Evie.

CHAPTER NINE

Night-time

After the long day of touring the various parts of the factory, and after another meal that looked to Mara like something from a feast day back in Withering, the novices were all shown into a small dormitory lined with cosy-looking beds. On each bed was a neatly folded pile of nightclothes and what Mara assumed was a novice's robe too.

'Your own clothes will be laundered and returned to you, if you wish. Just leave them at the end of your bed,' Aunty Dru instructed them. 'You will sleep in here for the first few nights and then move into dormitories elsewhere, depending on which assignments you are given or where you are placed within the factory. There is a washroom through the door at the end of the room, and if you need any more food or drink then please just ask. I will be in the room next to this one,' she continued gently, before bidding them all goodnight and leaving the room, humming a little tune as she went.

Mara expected the room to burst with excited chatter but clearly everyone was as exhausted and overwhelmed as she was. So after a few minutes of quiet talking in small groups, most of the others went into the washroom to change and then got straight into bed.

Mara was relieved when she went in last that she was alone and could change without anyone seeing Fidget hidden inside her jacket. She quickly fed the squirrel some food she had tucked into her rucksack. She glanced briefly at the blade and container, and the little sprig of rosemary, all wrapped up in a square of cloth to keep them as hidden as she could. She closed the rucksack with a deep shuddering breath and then ran the tap so Fidget could have a long drink. She bundled him back up in her clothes and then pulled on the nightclothes she had been provided. A long, soft tunic and loose trousers. All very cosy. Just as she was heading out of the washroom, she remembered the thing in her pocket. She scrabbled through her bundle of clothes to find it. As she pulled it free, she was sure her heart had stopped beating. On a stiff oblong of card was a photograph. At the bottom was a thin strip of ground and above this the sky was alive with clouds. Clouds that looked as though they had been plumped, pinched and shaped by massive hands. Despite the size of the small postcard, Mara could feel the picture's vastness. In the bottom corner was some writing, faded and worn but still legible – just about:

Welcome to Withering-on-Sea!

Fidget suddenly chattered and looked at the door. Mara hurriedly shoved the postcard back into her rucksack as Fidget scurried under her sleeping tunic.

As she padded back out into the dormitory past the novice who had been waiting for the bathroom, most of the others were already asleep or just quietly chatting to their neighbours. The lights had been dimmed at some point.

Mara lay in her bed, the covers pulled right up to her chin, and she closed her eyes, letting the madness of the day rush through her thoughts. She was exhausted but her mind whirred, landing on the view through the Oculus, of that wide expanse of sky filled with clouds. And then she remembered the Extraction Room and its strange machine and sickly-looking clouds. Surely the Extraction Room – horrible as it was – might be the best place to get a piece of cloud to take back to Old Bern? But Cresta had said the clouds could feel what was being done to them. If that was true, could Mara really bring herself to cut a cloud? Perhaps a piece of cloud that had already been cut might be a better option? These thoughts buzzed around her head for what felt like hours and she thought she might never drift off to sleep but, at some point, she must have.

She dreamt of home. Of the dusty narrow streets and lanes and passages of Withering. Of Old Bern and Mayor Peabody. And of skies rolling with thick, abundant clouds.

The next thing she knew, Fidget was chattering quietly in her ear and nuzzling his soft, cool nose against her cheek. 'OK,' she murmured. 'All right, I'm getting up, Fidge.'

Nobody else was awake. The dormitory was quiet and dark, with just a single lamp glowing near the door to the washroom. The only sound was soft snoring and the gentle movements of the novices turning in their sleep.

Mara quickly pulled on her own clothes over the top of the sleeping outfit, grabbed her bag and clipped the cloud canister to the outside and tucked the blade into her pocket, for easy access. Then she tiptoed towards the main door.

She had seen no guards in any of the corridors of the factory during the long tour but what if they posted guards at night, especially to watch over the novices? What would she say if she was seen or someone tried to stop her? In her hesitation, she had stopped a few paces away from the door. Fidget chattered softly in her ear. 'Yes, I know – there might be guards on watch. But we'll worry about that when it happens. Right?' And with renewed determination she pulled the door open and slipped into the corridor beyond.

There were no guards.

Anywhere.

Thank the sky!

Aunty Dru's rather haphazard tour had stuck with her, and within a few minutes Mara had found her way back to the Dispatching Hall . . . now still and silent and dark. Hazy, cloud-filtered moonlight shone in from the glass roof. Rows of empty cloud carriages stood awaiting the first batch of clouds for delivery that morning. She retraced her steps back to the doorway that led through to the hallway where she would find the Extraction Room. For a second, she thought the door might be locked, but it was just a little heavier than the others and opened after a good shove.

The corridor beyond was in darkness, the high skylights in the ceiling still filled with stars. After a few moments fumbling along in the gloom Mara's eyes adjusted, and she realized some light was coming from windows set in the doors that lined both sides of the corridor – light she had not noticed when the daylight had flooded the corridor earlier. It was a soft, fluttering light. Like the little bubbles of colour Mara sometimes saw when she closed her eyes to sleep.

She'd walked too far down the corridor, past the Extraction Room altogether.

Mara stopped at the next door; it was locked tight. She could just about make out the three keyholes above the handle and the plaque which read 'Blue Queen'. She looked through the round window inlaid into the door, and saw the most beautiful sight – a sight she couldn't quite believe, but that filled her with renewed hope. A large, fluffy, grey-blue cloud floated in the middle of the room. This was where the queen clouds were kept.

The opposite door was labelled 'Primrose Queen'. Through this window Mara could see a huge cloud that almost entirely filled the room. It glowed with a soft, buttery yellow light.

'Perhaps if we carry on along here, we might find the Extraction Room again?' Mara said to Fidget, who peered as curiously as Mara did through the high windows and made gentle purring sounds at each of the queen clouds.

Several more doors revealed more queen clouds. How long was this corridor and how many queen clouds did they have locked up?

The next door, 'Onyx Queen – Discard', was far more secure than the others; clasps and clamps – made of metal rather than wood – were bolted in several places, and the circular window was little larger than Mara's palm. She stood on tiptoes to glance inside but all she could see was a rolling darkness.

Something about this door, and what lurked

behind it, made Mara feel incredibly anxious . . . frightened. It was as if the darkness inside – the deepest darkness Mara felt she had ever seen in her life – was looking back at her. Fidget shivered and, jumping down, quickly moved away from the door . . . and Mara couldn't blame him.

She stepped away too, and was just catching her breath when she looked back along the corridor and saw the door opening and two figures come through. As fast as they could, Mara and Fidget raced along the corridor. Mara prayed to the maker that they hadn't been seen and that they could find somewhere to hide. She tried various doors as they hurried along but they were all locked tight. Until finally she pushed on one and it swung inwards.

This room had a large window, with the moonlight making it just about possible to see. It looked like the room was being renovated. There were ladders and work tools lying about. A large workbench stood to one side, partly covered in a dust sheet. What luck! Fidget dashed to the sheet as the idea to hide under it popped into Mara's head.

But clearly today *wasn't* her lucky day, for a few moments later the two figures from the corridor came bustling in.

The dust sheet hid Mara well. It was ratty and old and had a few holes to peep through, and Mara could just make out that the two people who had entered were dragging a reluctant cloud between them.

CHAPTER TEN

The Queen Cloud

Mara clamped her hand over her mouth to stop from gasping out loud. The cloud tried to drift away but whatever it was constrained in – a cloud net, she guessed – kept it held in place between the two figures. As Mara continued to look, she was surprised to see that one of the figures was Evie Bainbridge.

'This is the money from the latest run,' Evie said, as she tossed a large pouch across to the other person, whose back was to Mara. 'East Haslam, Mundy, Floxham and Withering have booked more clouds for about six weeks' time.'

Mara reached for her wild rosemary sprig at the

mention of Withering.

'It seems letting them think the official factory prices have gone up so much means they're happy to pay us for our clouds – they think they're getting a bargain! Even if they're not half so powerful as an official cloud.'

They were selling off illegally cut clouds? Was that what they had just said? Was that why they always looked so sickly these days?

'Any problems?' The other person spoke – their voice gruff and cold.

'No. Um, well just the mayor in Withering sticking her beak in – it's easier dealing with that Mr Scrump, just like you said it would be.'

Mara nearly fell backwards. Mr Scrump knew what was going on? Was that why he'd been handed a coin purse that day?

The other person hefted the coin pouch before tucking it away, and gestured to the cloud on the floor. 'Here – get on with it.'.

Mara watched as Evie leant over the cloud. 'Do we have to do this now? Everyone will be up soon!' she whined.

What were they doing?

'Our supplies are running short and I don't want

to have to go back to stealing from the Extraction Rooms again. A few more months and I'll have enough to be out of this place for good. I'm fed up of it, year after year being promised to progress and where has that got me? Nowhere!'

There was a fumbled movement and then something hard and bright clattered to the floor near Evie's feet. Light from the cloud reflected about the room from something small and shiny.

Some sort of blade?

Mara's heart thudded guiltily against her chest.

But no, not a blade at all – *shears*! What light there was bounced off the twin blades as Evie reached to gather them up.

'I've not done this bit before.' Her voice trembled.

There were several moments when Mara thought Evie was going to hand the shears back. She couldn't look away. She was horrified and fascinated in equal measure, and guilt seemed to hold her in place as her own blade, hidden in the rucksack on her back, seemed to suddenly weigh her down.

Mara saw the flash of the blades again as they moved up and then down, and then it seemed as if the walls of the room were pushing in towards her, squeezing her, taking away all the air.

It was similar to the sensation she had felt in the Extraction Room – the dizziness, like she was going to be sick. But this was a hundred times worse than that.

Mara slumped down to the floor and whilst the light-headedness subsided, the tears started to flow. Sadness so keen and raw swirled over her like sand, stinging and sharp! What was it? What was making her feel like that? Fidget curled beside her, making soothing sounds and gently washing her cheek.

The next thing Mara heard was a loud bell sound.

'I'll sort the cloud out later,' Evie was saying as they left the room. 'Useless thing. She's on her last legs anyway. Hasn't had a cloud burst in months. She'll probably get fed to the onyx queen before too long.'

Mara heard the door scrape closed and then the room was in silence once more.

After a few minutes, she started to feel better and also started to worry that she might be found at any moment. She crawled out from under the work-bench and got to her feet, wiping off dust from the floor as she did so.

Now Mara got a much better look at the room. It was quite large and everything was in the process of being painted white. The walls and ceiling, even the floor, all brilliant white. Two large, arched windows were on the wall to Mara's left and she caught a glimpse of the Cloud Vale beyond. As she turned back to the door, she saw the saddest sight. The poor queen cloud was on the floor beside the abandoned cloud net.

Mara had known she would see clouds up close at some point – after all, it was what she had spent the last four weeks thinking about and why she had lied her way into the factory. But now she was all alone with an actual cloud and it felt nothing like how she had expected it. The clouds she had seen in Withering had always vanished within an hour or two of emerging from the cloud carriage. And the ones she had seen in the Extraction Room had only really been glimpses through windows.

This cloud was very still. Was she dead? Could a cloud die? If she was, Mara didn't fancy being found in a room with a dead cloud.

'Let's go, Fidge,' Mara said quickly but Fidget crossed over to the cloud and sniffed at her. It made the cloud shift a little bit and float up a few centimetres from the floor. Despite her small size she was thick, voluminous and brilliant white, though her heart and edges were a soft pale pink – like the shells in Mr Gwyl's junk shop that were said to have come from the old water-sea from before the Great Shift.

Mara took a small step towards the cloud. And the cloud floated towards her!

'That's . . . strange,' Mara said to Fidget, who for once had nothing to say and just watched.

Now Mara and the cloud were just centimetres away from one another, so close she could feel something coming from her, the lightest of pressures, like a whisper of wind. Like waves of heat from an open oven, though it wasn't warm or cold.

Intrigued, Mara reached out a hand and touched the cloud. She had expected her hand to pass through the cloud; after all, she was nothing more than air and light and water, right? And yet Mara stood there in the vast room with a clump of cloud held in her fist. It was a kind of silky, shifting, melting sensation.

The queen cloud suddenly tumbled and turned in the air as though she was excited and aware of Mara in the room.

Was that possible?

Mara was sure she could see where Evie had taken

the shears to the queen cloud and again the press of guilt returned.

What in the maker's name had Mara been thinking? This was no way to help Old Bern. Maybe she should just go to Aunty Dru or one of the other senior attendants and ask for their help? But then she would get in heaps of trouble and she was less likely to be able to help Old Bern locked in the factory dungeons, if they even had dungeons? She needed to stop faffing and do what she had come for.

Despite the press of guilt, Mara reached for the blade in her rucksack with her free hand.

'I'm really sorry about this,' Mara began. 'But I just need a little piece . . . to help someone very, very important to me.' She sighed. 'Why am I even talking to you though? You're a cloud – you wouldn't possibly understand!' The promise of tears stung her eyes.

But before she could do or say anything else, Fidget chattered a warning and the door to the room opened.

CHAPTER ELEVEN

The Cloud Attendant

The door banged open against the wall.

Mara shifted quickly and watched as the boy, the same boy who had been kind to her outside the Extraction Room the day before, stormed in muttering away to his feet as he went.

'Yes Evie, no Evie, three cloud carriages full, Evie! I'll shove that crow of hers so far . . .'

He kicked the door shut behind him, grumbling away again as he moved around the room with his broom sweeping the floor in a rather angry fashion.

She was amazed that he hadn't noticed she was there and had hold of the queen cloud. But the boy was so lost in his muttering and mumbling –

'mithering' Old Bern would call it – that he was pretty much oblivious.

But then he was suddenly beside Mara, staring at her. His eyes locked on hers. His mouth fell open in shock.

'Well, it's about time!' Mara couldn't help herself.

He glanced back at the door, then back at Mara – trying to work it all out. 'W . . . what are you . . . where have you . . . what are you doing with that cloud?'

Mara let go of the cloud and expected her to float away, but instead the little queen stayed right beside her.

The boy lunged forward but Mara was quick and stepped aside. The cloud followed her, causing the boy to stumble over his broom and hit the floor. 'Ouch!'

Mara felt a little bad, although he stood up and adjusted his robes which looked a little small for him.

'Aren't you one of the novices? You were outside the Extraction Room yesterday — wait, are you *stealing* that cloud? You're not another weather radical, are you?'

Stealing a cloud? She hadn't thought of taking a whole cloud with her. But maybe that was the answer? There was a cloud net in the room and she hadn't exactly fought back. And hadn't Evie said she was on her last legs? So nobody would really miss her? She could take the cloud and once she got back to Withering, Mr Gwyl could help her work out how to get a piece without hurting the cloud? Or maybe there was some other way.

She had to think fast. The boy had a kind face, but what would some factory kid know about the reality of living out in the dry world? She needed a way out, and fast. Maybe pretending to be a weather radical would help.

'So what if I am a weather radical and I'm stealing her?' She made her voice sound hard, dangerous. She hoped it would work. 'Are you gonna try and stop me, factory boy?' Mara scooped up the cloud net and nonchalantly swung it over her shoulder.

'Th-that's factory property,' the boy stammered, clearly thrown.

The cloud drifted away from Mara towards the huge windows, which Mara could now see were open just a little bit. Was she trying to help her?

Mara needed to be getting on, this was an added complication that she really didn't need. She started to back up towards the window slowly, in hopes the boy wouldn't realize what she was trying to do. She prayed he couldn't see how much she was shaking either, it wouldn't do her dangerous weather radical image any good.

'And, er . . . don't be thinking about raising an alarm or shouting for help or anything of the like. Go and lock that door.'

The boy swallowed and nodded, all without taking his eyes off Mara and the cloud.

'Great. Now you just be a good . . . fellow,' Mara continued, 'and wait here. And I'll be on my way.'

The boy had gone quite pale. Had she been too scary? She climbed up on to the window ledge and cracked the window open a little more. Her eyes scanned for where she would need to head once she was outside. The sky was smudged with orange, the sun was coming up. It would be daylight soon enough and harder to escape.

She turned back to put the cloud net over the queen.

'You can't do this!' the boy said, hurrying across to the window. He grabbed at the free cloud net strap and tried to pull the cloud out of Mara's grip.

'But I am,' Mara replied and tugged the net back twice as hard.

'But you see, the, er . . . the queen cloud . . . she'll die. If . . . you take her outside.'

Mara turned back to look at the boy who was scrabbling to get on to the window ledge too. 'What?'

He swallowed again and didn't meet Mara's eyes, his hand twisting into the net strap. 'The queen clouds, they need special . . . spells, special rituals, to keep them alive.' He pulled again, this time with a bit more force.

Mara stumbled. She looked at the boy and then at the cloud.

Aunty Dru hadn't mentioned any of this on the tour. But maybe it wasn't something they told novices on day one?

'Several times a day, you see,' the boy continued. 'And if they're not performed then the cloud will, um . . . die!'

Fantastic. Just what she needed.

'Er . . . How long can she survive without the rituals and things?' Mara asked. Perhaps she could be back in Withering before the cloud got too weak?

The boy seemed a little shocked at Mara's question but quickly answered. 'About a day . . . maybe. Two at the very most.'

DRAT! She'd never be back in Withering in time!

Was there anything she could do? Was there any way to get back to Withering in less than two days? It wasn't possible. The fastest way to get home was by public carriage, even with all the stops, but there was no way she could afford it.

'Show me the rituals then, p—'

She stopped herself before she said please and glowered at the boy, clenching her right hand into a tight fist.

'What?' The boy's head snapped up and he gaped at her.

'Show me how to do the rituals. Write down the spells!'

The boy shrugged. 'I can't. It's forbidden . . . secret!'

'Do I look as though I care?'

'Um . . . well . . .'

'Write it down. All of it. Step by step,' Mara said.

The boy looked at her. 'Will you be able to . . . I mean . . . can you read?' he said.

Mara scowled at him. 'I know what you're trying to do,' Mara said. 'You're keeping me busy until some help comes.'

'I'm trying to stop you from stealing that cloud,'

the boy replied, and pulled on the cloud net again.

'Stop that,' Mara spat.

'You stop!' retorted the boy.

'No, don't do that!' Mara scolded as she tried to get control of the little queen cloud again. Fidget started chittering angrily at them both – clearly feeling left out of all the excitement.

There was a brief tussle as Mara tried to get the cloud net from the boy and he tried to stop her. She *was* taking the cloud with her!

'Give me the cloud!' Mara hissed.

'No,' the boy protested, tugging the net back from her again.

In the heat of their argument, neither Mara nor the boy noticed that the door had opened.

'What by the maker is going on here?'

Evie stood in the doorway.

For a split second, everyone just stared at one another. The next thing she knew, Mara, Fidget, the cloud and the boy were tumbling out of the window and falling through the air.

CHAPTER TWELVE

On The Run

After a few seconds of plummeting and twisting in the air, Mara felt her arm snap skywards and she jerked to a sudden halt. The drop from the window was at least twenty metres – perhaps even more. She unscrunched her eyes, wondering if she was now in the beyond.

But the ground was still ten metres below them. Ten metres of empty air above the stone path that ran alongside the building.

'Wh-what happened?' the boy asked. Mara came to her senses and saw they both had a hand tangled in the cloud net. Mara could feel the pulse of the magic from the net against her skin. The net and cloud were above them, but the little rose-tinted cloud was now twice or maybe three times the size. All puffed up, expanded, ample and hanging above them like a strange, misshapen, fluffy balloon. Fidget was curled up in the net.

'Oh.' Mara breathed a sigh of relief that they weren't about to smash into the stone path below. But how had they actually fallen out of the window? Had she pulled the boy along with her or had he pushed her? Had they both slipped?

They drifted to the ground courtesy of the queen cloud.

Mara looked back up at the factory soaring above them. She saw Evie leaning out of the window and didn't need to imagine the scowl on the girl's face. She whistled to the white crow and they both vanished back inside.

'Look out.' The boy pointed to a lump of masonry protruding from the wall just below them.

Mara wriggled about, hoping it would be enough to move away from the masonry. Fidget squeaked angrily from inside the net. Thankfully, Mara's wiggle had been enough to clear them of the chunk of stone and they had nearly reached the ground.

They landed on the stone path, both wobbling

slightly. The queen cloud shrank back to her usual pillow size and continued to float beside them both, still contained in the net. They were in a garden by the factory's outer wall, which ran high and wide about three metres away from where they had landed.

'How do we get out?' Mara asked.

Surely Evie would have raised the alarm by now, or Aunty Dru would have found her bed empty. She needed to be away from here as soon as possible.

The boy gathered himself, clearly as shaken by their little trip out of the window as Mara. 'This way,' he said, hurrying out across the lawns to a clump of bushes that grew beside a gate. 'It takes you out on to the south road,' he shouted as they ran.

They slowed as they reached the bushes and Mara was amazed again to find that the gate swung open. 'Don't you people ever lock anything?'

'We're not used to people stealing things,' the boy said rather snottily as he headed through the gate and on to a narrow cobblestone road.

They were free from the factory, and Mara briefly took in the fields on either side of the road. The green crops quivered in the moonlight, a sight she had never seen at Clifftop Farm.

'OK. Well, I'll just take the cloud then,' Mara said

casually. 'If you can just write those instructions for keeping her alive.' She tugged on the net strap she was holding.

'What?' the boy asked.

'The spells and things. You're going to write them down? Then give me the cloud and we'll be on our way.'

But the boy didn't let go of his cloud net strap. 'You're not taking it,' he said.

'What do you care, anyway? This cloud was left half-done for on the floor right there. By that horrid girl.'

'What? No way, you're lying.'

Mara stared at him and watched uncertainty darken his eyes. While he was distracted, Mara took the opportunity to pull on the cloud net strap again.

'Let go,' she demanded. 'Unless you're coming with us?'

The boy looked about himself as though searching for an answer. 'I . . . I'll – well, OK then. Just to look after the cloud, that's all.'

'What?'

Why was he offering to do that? Why was he being so . . . helpful?

'Where is it we're going to anyway?' the boy asked.

'As if I'm going to tell you that,' Mara replied sharply.

'Fine,' the boy muttered. 'But ditch me, and I promise you'll regret it.' He looked at the cloud knowingly.

Mara didn't say anything. With any luck she would have worked out a new plan before they were close to Withering, and she could ditch the boy.

As they walked along the road, the boy seemed to pause for a moment as though he thought he might disappear when he passed out of the factory's watchful eye.

Was he some sort of prisoner? That seemed unlikely given how so few places were locked or guarded.

'You really won't tell me where you're taking my cloud?' he asked after a few moments of awkward silence.

'*Your* cloud?' Mara asked, surprised he was quite so possessive over her.

He blushed and glanced away.

Mara sighed. 'I'm heading for the nearest town and then I'll get a carriage from there.' It was a lie but she'd figure out the next part when she reached the town.

‘Barnley?’ the boy asked.

She was sure she had seen Barnley on a map in the Withering library once, from memory it was close to the Cloud Vale and the factory.

‘Yes, Barnley,’ Mara replied as she carried on along the road.

The boy stopped, causing Mara to stutter to a halt too. ‘What now?’ she asked, glancing back.

‘Barnley . . . it’s that way,’ the boy said, pointing down the cobbled road in the opposite direction.

The road ran between two fields planted with long grasses that waved level with Mara’s shoulder. The landscape shifted and flowed in the gentle breeze. It was hypnotic. There were so many wonders that existed close to the Cloud Factory and so many benefits – constant clouds being one.

Further along the road, they passed a large rectangular area of trees, planted like rows of carrots. Mara guessed there were more trees in that square of woodland than she had ever seen in her whole life. And off in the distance, she could see another cluster and then another and another.

It was a different world, and it made Mara wonder what Withering and the surrounding countryside would look like transformed like this. She felt a sudden pressing anger that the whole world was not like this. It wasn't fair.

'We'd best hurry,' the boy said. 'If you want to reach Barnley before it gets dark.'

'Well, lead on then,' Mara replied, her voice tight. She pretended to cough, though really she was holding back tears.

They carried on again in silence, only Fidget making the occasional sound as he scurried ahead only to rush back to Mara again. So when the boy suddenly said, 'I'm Eban, by the way', Mara jumped a little bit.

'Oh, sorry. What?'

'Eban. *My name* is Eban,' he repeated, his cheeks flushing pink. 'What's yours?'

'I don't see that that's any of your business, actually,' Mara replied.

'I just thought that . . . well, we're going to be together for a while so . . .' He fell silent and looked rather hurt.

They walked on a little further in uncomfortable silence, Eban glancing at her every now and then until she finally said, 'Oh, it's Mara. My name is Mara.'

'Mara?' The boy said her name with wonder, as though it was a name he had never heard in all his life. 'It's good to meet you, Mara.'

'OK, whatever,' she said, and hurried on so the boy, Eban, was left standing in the middle of the road.

'And what's your squirrel called?' the boy asked.

He was persistent, Mara had to give him that. She turned back to tell him to leave Fidget alone but was stunned to see that the treacherous little tree rat was sat in the boy's cupped hands, chattering away quite happily.

She couldn't help but smile and prayed to the sky that the boy didn't notice. Fidget didn't usually take to strangers so quickly. 'He's called Fidget, if you must know.'

Eban stroked behind Fidget's ear tufts and the squirrel took the opportunity to leap on to Eban's arm, and then to run a few circles around his neck and shoulders. Eban laughed out loud.

Mara turned back and carried on walking before shouting back over her shoulder, 'And I think he's got fleas!'

They soon reached a crossroads in the lane. The path to the right had more trees than the path to the left. But without any signposts, Mara didn't know which way to go.

'Which way now?' she asked Eban.

'Don't you remember which way you came to the factory from?' he asked.

'I . . . that wasn't the way I came, actually.' There was no sense in lying if she didn't have to; however, she didn't have to tell him every detail. 'But I need to go back via Barnley.'

'Back to where?'

'Oh, nice try, but that's still none of your business! Anyway, hadn't we better be going?' Mara asked.

When he didn't reply, she turned to him. 'Eban?'

He was staring back towards the factory. 'Wait, just wait a moment,' Eban said, raising his hand and pointing. 'Look.'

Mara couldn't blame him for pausing. It was a stunning sight. The factory's four towers standing proudly in the sky, billowing forth clouds every few seconds.

'It does look quite beautiful,' she admitted.

'No, not that!' Eban said and pointed again, shaking his hand and pulling a face.

Mara squinted back and saw that there, just in front of the billowing clouds, were several small dark shapes. It looked like they were circling around the top of one of the towers, like scraps of dark cloth swirled by the breeze.

Were they birds of some sort, that lived near the factory?

'What are they?' Mara asked.

'Dispatchers,' Eban explained. 'Attendants who guard the delivery carriages.'

'But they're flying,' Mara said. In all the years she had seen the clouds being delivered to Withering, she had never seen a dispatcher flying! Everyone rode on the cloud carriage or on horseback.

'They're Skirex Riders,' Eban said, and Mara could hear the wonder in his voice. 'They guard the most important deliveries – the biggest clouds!'

And then suddenly the little dark shapes seemed to drop like black stones down the side of the tower. Mara gasped, only to see them swoop back up at the very last second. They soared into the sky and then all headed off in different directions.

Eban grabbed her arm and pulled her back. 'I think we'd better take cover.'

'What? Why?' Mara asked.

'The skirex are fast and they've got great eyesight. If they spot us, we won't get far. And I'm fairly certain they'll be looking for us by now.'

It made sense.

Mara allowed herself to be led under the cover of the trees just as the skirex's wide shadow passed overhead. Eban was right: by the sky they were fast, but she glimpsed massive wings and a long, long tail. The creature seemed to gleam, the light bouncing off its scales. But Mara was rather annoyed that Eban had taken charge of the situation and she shook herself free saying, 'Why are you helping me?'

Eban levelled his gaze at her and after a few moments of silence said, 'I'm doing this for the cloud, not for you.'

That told her.

CHAPTER THIRTEEN

Morning

Under the cover of the trees, they waited as the hours passed sluggishly. Mara wondered if this was part of some elaborate plan to keep her in one place until attendants from the factory came to get her.

'What if the Skirex Riders are still nearby and just waiting for us to break cover?' she asked Eban, staring intently up through the trees for any sign of winged creatures. Every small noise made her startle and look around. She expected a dispatcher to come bursting through the trees at any moment.

'They'll have moved on. If anyone was searching on foot, I think we would've known about it by now,'

Eban explained. 'But I think it's still best if we wait until morning. That way, we'll know we're safe.'

That would mean they'd have lost almost a whole day just hiding out. She really wanted to be on her way. But she also didn't want to get caught by the factory attendants! Mara looked to Fidget, her only real ally, for support. But the squirrel only shrugged at her and made a purring sound which Mara took to mean 'just go with it!'

A few silent moments passed before Eban spoke. 'Could I have some of your water, please?' he asked.

'Oh, I don't have any, sorry,' Mara replied, as she tried again to settle herself against the tree. She really hadn't planned any of this very well.

'But that's a water flask there.' He pointed at the cloud canister hanging from her rucksack.

'No, it's not,' said Mara, clamping her hand over it protectively.

Eban smiled and then said gently, 'Um, yes, it is – it's a dispatcher's water flask, they carry them on journeys. I assume you stole that before you stole the cloud?'

A water bottle? It was just a water bottle? Not some magic canister at all? Had Mr Gwyl known this?

'And what if I did?' Mara asked, without looking at him. She was confused and furious, and Eban was the only one around to take it out on.

Eban sighed and reached towards her. 'Look, is there any water in there or not?'

'Not. It's empty!' Mara replied, handing him the water flask. 'There!'

'Well, it looks like we're going thirsty tonight then,' Eban said.

'Don't you need to do one of your rituals or spells or whatever it is you do, factory boy?' Mara asked, trying to get control back. 'We've been away from the factory for quite some time now.'

'Oh, yes of course,' Eban said, getting to his feet. He wrung his hands and chewed his lips.

'Don't let me stop you,' Mara said. 'But I'm not letting go of the cloud for a second.' To emphasize this, she gripped her strap tighter.

The cloud wobbled and drifted slightly in Mara's direction, darkening a little. Mara took it as a good sign and the boy blushed and fumbled for words, eventually saying, 'Well . . . erm. Can you at least look the other way? They're supposed to be secret.'

'Fine,' Mara said, as she turned away.

A minute later, she heard a low murmuring sound

from Eban. She turned slightly and could just see that he was waving his free hand near the cloud, his eyes closed and his mouth moving as he recited his droning spells and incantations.

The sound was oddly soothing and it was the last thing that Mara heard as she drifted off to sleep.

Mara woke before first light. At some point she had curled up against the cloud, who was warm and soft like the cosiest blanket in the world. Eban and Fidget had done the same, so they were all caught up in a tangle of cloud and arms and squirrel. Mara felt a slight pang when she noticed that Fidget was slightly closer to Eban than he was to her. She was about to move when Eban woke and their eyes locked. They both jumped up, muttering about having dozed off and how uncomfortable the floor was. In embarrassed silence, they gathered their things and made for the road to Barnley again. Eban led the way with Mara close behind, both with a tight grip on the cloud net, the cloud happily floating between them. They moved cautiously out beyond the trees, checking that the path and skies were clear and there was no sign of dispatchers or Skirex Riders.

A low mist snaked its way across the land, which

was such a dark green it was almost black. Mara had never seen mist before, it made the road seem strangely quiet. She was full of questions, but Eban was not a morning person and his hunched shoulders and knitted brows told Mara she would be wise to stay quiet a while longer. Old Bern was like that too – he always said a person had no business being up before the sun was.

The sun peaked over the horizon at last, turning the sky pale, creamy, gold and pink. A few grey clouds still streaked the sky above. There was a chill to the air and Mara was pleased she had her jacket as well as the cloud, who seemed to have a strange warmth coming from her.

'There it is,' Eban said, pointing ahead.

A long smudge on the horizon was Mara's first view of the town. The mist blurred the finer details, but she could make out an oratory tower and a handful of taller buildings that rose above the usual mishmash of roofs and chimney pots. It was the opposite of the orderly garden-like landscape they had walked through so far.

Eban walked on but Mara stopped.

'What's wrong? It'll be fine. Barnley's a nice town,' Eban said.

'It's not that,' Mara replied. She looked up at the queen cloud hanging above them in the net. 'What are we going to do with the cloud?'

'Ah!' Eban seemed lost in thought for a moment and then said quickly, 'Perhaps we could disguise her as something . . .'

Mara couldn't believe her ears. 'That's the most ludicrous thing I've heard. What are you going to dress her up as? A sheep?'

'Or one of us could wait here with her . . . oh, no, that wouldn't work.'

They fell into thoughtful silence until Mara had an idea. She wasn't sure if it was going to work but what other options did they have? 'We can put her in the rucksack,' Mara said brightly. 'She'd easily fit!'

'What? No way. That is a queen cloud, she deserves more respect than that.'

'That's rich coming from a cloud attendant at the Cloud Factory,' Mara said.

'What's that supposed to mean? I take good care of my clouds.'

Fidget chittered in annoyance and Mara realized she could hear the trundle of cartwheels. Glancing back along the road, she saw a horse and cart in the distance. Hopefully, whoever was driving it hadn't seen the cloud, but if they didn't act soon, they would be in trouble.

Mara untied the fastenings of her rucksack. Smiling warmly, she gestured to the cloud and then to the rucksack. Then she loosened the cloud net a little bit.

'She'll never go in there,' Eban was saying. 'Not in a bajillion yea—'

He stopped abruptly as the cloud tumbled through the narrow opening in the cloud net and straight into Mara's rucksack.

'By the sky!' Eban gasped.

Mara couldn't believe it had worked either . . . but she wasn't about to tell Eban that.

Horses and carts and a few loaded carriages trundled past them and over a bridge that led into Barnley.

'Looks like it's market day,' Eban said. 'Which is probably a good thing – it'll be busier and so it'll give us some extra cover.'

Mara looked around, suspicious that anyone they passed might be a spy from the factory on the look-out for the cloud thief.

'Stick with me,' Eban said carefully. 'And let me do the talking. There's an inn where the carriages usually set off from, we'll head there.'

Mara had no reason to argue with him so she let him lead the way. They walked quickly but tried to make it seem like they were not in a hurry. Still, Mara noticed a few intrigued glances from passers-by, perhaps caused by Eban's elaborate robes. She guessed that although Barnley was the closest town to the Cloud Factory, it must still be unusual for cloud attendants to walk about the streets.

'Morning, young master,' an older gentleman leaning on a garden wall said as they passed. He tipped his cap towards Eban.

Eban raised his hand in greeting as they carried on walking.

'Had a gang of your lot in town last night, we did – dispatchers!' the old man called after them.

To his credit, Eban didn't seem to miss a beat or show any signs of nerves, though Mara was sure anyone within a few paces would see how terrified she was.

'Oh?' Eban asked, turning back, his voice light and chatty. 'And did my friends get on well with their journey?'

The garden-wall man seemed to be considering Eban's question for a moment and then he said, 'Yes,

yes. All set off on their onward journey before daybreak, I heard.'

'Well, that's good news, thank you,' Eban called as they carried on their way. Mara noticed more curious glances as they passed more people. One small group of teenagers, perhaps just a few years older than Eban and Mara, were very interested in the duo and Mara wasn't all that sure that they weren't following them.

But she shook the idea away. It wasn't a huge town and they were probably all headed in roughly the same direction, right?

CHAPTER FOURTEEN

The Gang

'So, we'll head to The George, that's the carriage station,' Eban said. 'We can arrange our transport from there. I'm not sure what it'll cost though – how much money do you have?'

Mara pretended that she was busy studying the houses and shops they were passing and that she hadn't heard his question. She was hoping that Eban would have money with him – after all, if he was so insistent on being a part of this, then he should help too.

'Mara?'

She ignored him again and carried on walking, but then she felt his hand reach for her shoulder and pull her gently back.

'Mara!' He was more insistent this time.

She turned to face him but couldn't quite meet his huge gentle eyes, which were locked on hers.

After what felt like an age, she said in a small voice, 'I don't have enough for a carriage home.' A small sob escaped.

She finally glanced up and was relieved to see a look on Eban's face that was more puzzled than angry. He was about to say something but Mara realized that a group of teenagers was just a couple of metres away from them and they seemed to be listening in to their conversation too.

'Let's go,' Mara said quietly.

They walked further along the road, around the next bend and across the busy street, but still the group was behind them.

'They're following us,' said Mara, as they carried on their way towards the marketplace and the carriage station.

Eban glanced over his shoulder. 'Oh.'

They carried on walking, but before they knew what was what, the gang had drawn level with them and sort of surrounded them.

'Well, well. What have we here, pals?' a boy a little

shorter than Mara but stockier than the others said as he stepped out of the group, bringing everyone to a standstill. He smiled but it was somehow also a scowl. 'Looks like a couple of factory babes and their little pet tree beast gone and got themselves lost. Hello there, friends. I'm Pancho. Allow me an' me pals here to be of service. Where are you two lovelies heading to today? Tea shop? Oratory?'

Mara got the distinct impression that they were now in trouble. And yet Eban was smiling and nodding away and seemed entirely oblivious.

'Hi, we're not lost – thanks though. We'll just be on our way. OK, bye.' She grabbed Eban's hand and started to lead him away, moving as fast as she could.

But as she walked, the gang walked too, regrouping to form a circle around them, blocking their escape.

'Why so hasty, friends?' Pancho asked brightly. 'We just want to have a little chat with you, that's all. Nice and friendly, like. See if we can help.'

Eban stared wide-eyed at Mara. At last, he grasped the possible danger of the situation. 'We really need to be going,' he said. His voice was dry and squeaky with fear.

'Oh, now come on, pals. Why don't we all just

step into my office here and have a nice little conflab?' a larger boy said, gesturing to the opening of a narrow alleyway between two empty-looking houses.

It was a short alleyway, with a high wall at the far end. There seemed little option but to go in and as they did, the gang bunched up behind them, blocking the exit. 'So, this is how it's going to work, OK?' Pancho said. 'You two little treasures are going to hand over all your valuables. Your money, your jewels and such. Understand?'

'But we don't have—' Eban started to say and Mara quickly spoke to cut him off.

'Or?' Mara asked. Her voice sounding far more confident than she felt. It was time for cloud thief Mara to make an appearance.

'Come on now, poppet,' Pancho laughed and the rest of the gang copied him. 'You aren't gonna give us any trouble now, are you? Everyone knows the factory is full of gold and treasure. And we all think that you ought to be sharing it out with the rest of us.'

Mara's eyes flicked to Eban. Some unspoken message passed between them – what would this gang do when they discovered that Eban and Mara had nothing with them of consequence . . . except for a queen cloud?

'Right then, how's about you empty your bag and pockets right here on this barrel, yes?' Pancho reached towards Mara but she only gripped her rucksack tighter.

Just before the boy grabbed the bag, Mara felt a movement, a ripple, a wobble from inside. The rucksack suddenly puffed up, as though air had been pumped into it, and then it seemed to wriggle off Mara's back and wobbled up into the air.

Pancho stepped back, his face flat with surprise. 'What's that then?' he asked.

The rucksack leapt again.

It had to be the queen cloud.

Was it trying to get out, perhaps?

Pancho loomed closer and as he did, Mara saw the first few wisps of thick white vapour or smoke curling around Pancho's waist and arms and legs.

Except it wasn't smoke at all, was it?

It was the CLOUD!

Now what was happening? Mara wondered.

The wisps were growing thicker and flowed out of the rucksack, beginning to pool on the floor near Mara's feet. Enveloping legs and bodies within seconds. Muffled voices sounded through the fog.

'What's all that then?' one of the other gang members, a tall skinny girl with ratty plaits, asked. But she was immediately swallowed up in the thick mist, so thick that Mara had trouble seeing her at all. In fact, quite quickly half the alleyway had filled with thick, smothering mist. Except for the patch of mist-free cobbles where Mara and Eban waited.

Mara stared at the rucksack and then at Eban. 'The cloud?' she mouthed at him and he shrugged, clearly as bemused as she was. From within the mysterious fog, Mara could hear the confused and frightened muffled shouts of the gang.

And then, unexpectedly, the cloud seemed to open a small tunnel. A tunnel that led them back out of the alleyway. Fidget zoomed ahead, chattering back to Mara and Eban. Taking the hint, Mara grabbed at the long sleeve of Eban's robe and started to pull him into the tunnel.

'Quickly!' she called, as they raced back towards the street and away from the trapped gang.

They paused briefly at the entrance, staring back into the misty alleyway.

'It's remarkable,' Eban said, letting his hand gently touch the mist. A ripple spread over it and the little pink-edged queen cloud suddenly spewed out of the mist straight towards them.

She circled around them once, twice, before nudging the rucksack that Mara gripped in her hands.

'I think she wants to get back in,' Eban said.

Mara opened her bag and the cloud poured herself back inside. She was speechless.

She'd never seen a cloud behave like that.

She knew queen clouds were different to the type that got delivered to Withering, everyone knew that, but this was something else altogether! This was the second time the cloud had saved them both today.

Eban's face mirrored her own. He was just as baffled.

But they didn't have any time to stand around marvelling, the fog in the alleyway was starting to fade away and the gang would soon be free.

'Let's go!' Mara said, hurrying away quickly with Eban just behind her. Which way was it to the inn? They ran into the crowds of people heading for the marketplace. Mara kept a tight hold on both the rucksack and Eban.

She still couldn't quite believe what had happened.

CHAPTER FIFTEEN

Robes & Rags

Minutes later, they both stood in the shadowy opening of another alleyway, trying to catch their breath after running away from the gang. Just across the market square they could see The George. A large six-wheeled carriage was just departing as another, this one a double-decker, arrived, packed with travellers. The horses drawing it were drenched. The air burst with the sound of the vast wheels and heavy hooves on the cobbles.

The coachman's loud voice sounded above it all. 'Barnley is the final stop for this service, my lords, ladies and gentlemen. Everybody disembark for Barnley!'

'Are you OK?' Eban asked, as they both finally recovered from their most recent adventure. 'You look rather shaken up.'

Mara's eyes slid over Eban's concerned face. She was no hardened thief and he could tell. She had been scared, terrified even, at the thought of what the gang might have done to them.

'I'm OK,' she said quickly, busying herself with the rucksack so she didn't have to look at him. The cloud was nestled snugly inside again and seemed none the worse for the escape. In fact, she looked a little plumper than she had done before. The white of the cloud a little brighter and the pink softer, richer.

Fidget emerged from inside Mara's jacket and peered into the bag too. Mara worried briefly that the squirrel might leap inside to use the queen cloud as a comfy bed. But Fidget purred gently and Mara was sure that a similar sound came from the cloud.

She shook her head. No, she was disorientated from the day's adventures, that was all. She had to be imagining it.

She fastened the rucksack up again and glanced back across the square to the carriage. Passengers were climbing out, collecting bags, stretching their legs and greeting family and friends.

'I'll go and sort out the carriage, shall I?' Eban asked as he brushed at his robes, the light bouncing off the golden threads.

'Give me your robes,' Mara said, holding out her hands.

'What?'

'Your robes, give them to me.'

'Why?'

'Because, Eban, you're walking about in long *golden* robes! They're rather . . . obvious. Everyone will know where you've come from – they'll just draw far too much attention.'

He lifted the robes again and stared at them. 'Oh . . . I see.' He sounded rather heartbroken at the prospect of giving them up.

Mara had already eyed up a market stall piled with all manner of clothes and bolts of fabric just across from the alleyway.

'Come on then,' she said, reaching for the robe.

Eban batted her hand away. 'I can undress myself, thank you, Mara,' he said, blushing.

He turned around and shrugged off the long robe, then stood shivering in his white vest and under shorts whilst he folded the robes oh so carefully. When he handed them to Mara, he held tight to them for just a moment, clearly not wanting to let go of that part of his life. Mara felt quite bad. This was a big moment for him.

She dashed across to the stall, Eban's warm robes held tight to her chest, away from prying eyes.

'Can I help you, young lady?' the stall keeper asked as Mara approached, but her eyes were already fixed on the golden robe.

Mara reached up and pulled down a shirt, a sweater, a pair of trousers and a red scarf, none of which looked entirely new but which were clean and sturdy. 'These, please.'

'That'll be a guinea, please,' the stall keeper said. She started folding the clothes and reached for a paper bag. Her eyes still fixed on the robe.

'Well, I was rather hoping for a trade, actually,' Mara said, stroking the fine golden threads of the robe so that they caught the light, gleaming even more. She was used to bartering and haggling at the Withering market for anything and everything, and hoped to do the same here.

The woman's eyes lit up – though that might have had something to do with the light bouncing off the robe.

Moments later, the stall keeper was handing over Eban's new outfit, and the golden robes were safely stashed away.

A voice suddenly called across the square. 'Carriage to Passingthorpe leaving at midday. Passingthorpe carriage departing in ten minutes!'

Mara thanked the stall keeper and hurried back to the alleyway with the paper bag filled with clothes.

Eban pulled on his new clothes quickly and Mara thought it was a great improvement – in fact they really suited him. They headed across the market-place to the coaching inn. They seemed to be the only ones waiting.

They huddled together. Mara upended her purse into Eban's hand, where his few coins sat already. There was barely enough for one of them to get halfway to Withering.

'Not enough, is it?' Mara said sadly. She doubted even her bartering skills could meet this challenge.

Eban pulled a face.

'Oh!' Mara gasped, an idea forming in her mind, and reached into the backpack. The cloud shifted about, revealing just what Mara was looking for – did she know? She pulled out the water flask and the blade. 'We don't have the robes any more, but we could barter with these,' Mara said.

Eban considered it, then, after a moment, he grabbed them and went off to talk to the coachman, who was leaning against one of the massive carriage wheels, checking his pocket watch.

Mara watched as Eban and the coachman held a quick conversation. Eban gestured with the blade and the flask and the coachman tilted his head, peering closely at the items.

She got the impression that the coachman wasn't interested. She guessed Eban wasn't as used to bartering so she decided to step in. She charged forward, already talking before she reached them. 'Those items are worth eight trips to Passingthorpe and back again, at the very least,' she said. 'And you know it!'

The coachman looked a little startled.

Mara took the blade from Eban, her other hand moving across the design as she spoke. 'Please just look at the craftsmanship though, sir. Blue enamel is very rare, you know. Difficult to make in the first place and even harder to work with in such a beautiful way.' She had no idea if that was true.

Her heart thudded in her chest. What if you could only tell so many lies in your life before something bad happened?

She took a deep breath as the coachman turned the items this way and that.

No, she was doing this for Old Bern and the blade and canister were beautiful and probably were worth a lot of money. She couldn't feel bad about this.

The coachman shifted. 'Well, how do I know this ain't been nicked, eh? Two young thieves on the run with stolen goods?'

'They're not stolen,' Mara said more loudly than was necessary.

'And we're not thieves,' Eban joined in, to Mara's surprise. 'We're travelling back to visit . . . family and our money was stolen by a gang.'

'And you don't seem to have any other customers waiting.' Mara gestured to the empty space around the carriage.

The coachman chewed this over for a moment, handled the blade and the water canister again and eventually said, 'Oh, all right. Fine. Anything for a quiet life. But first sign of any trouble out of you little beggars and I'll dump you on the side of the road . . . and I don't care where we are, you hear?'

Eban and Mara exchanged a quick relieved glance and then both said, 'Yes!'

CHAPTER SIXTEEN

The Coach

The coach set off a few minutes late with no extra passengers. They travelled slowly at first, navigating the narrow, busy streets of Barnley, but soon they picked up speed as the coach trundled along the broader roads beyond the town. With the town and factory slipping away, Mara's worry started to lift. She felt lighter and happier knowing she was one step closer to helping Old Bern. Eban relaxed more into the springy coach seat opposite her, his shoulders dropping from their tense hunch, the corners of his mouth lifting in a smile every now and again. Mara realized this whole situation was more complicated for Eban than it was for her – she was going home, but Eban was leaving his.

'Have you not been away from the factory before?' Mara asked.

Eban blinked and then said, 'Erm, well not since I was seven. I went back home for my uncle's wedding.'

Mara couldn't believe it. She'd never been apart from Old Bern for more than a handful of days when he sometimes travelled to neighbouring towns to work.

'And that was the last time they let you see your family?' Mara asked, her voice squeaky with shock and indignation.

'What? No!' Eban said, waving his hands as if to chase away the idea like a bad-tempered chicken. 'My parents come and visit every couple of months, most people's families do. We're not captives, Mara . . . is that what you thought?'

'Oh, um. I'm sorry.' She could feel herself blushing. 'No. I just thought . . .' She trailed off and fell silent, not keen on digging the hole deeper than it already was.

The coach was a million times more comfortable than the cloud carriage had been. From her seat, she could see the retreating towers of the Cloud

Factory; they gleamed in the light that danced between the clouds. It still seemed like an alien sight, so many clouds in one place. She looked down at her sprig of wild rosemary. She was pleased to be heading for home at last, and yet she also felt like she didn't want to leave this sight of the sky filled with clouds.

Mara had kept a tight hold of her rucksack and tried to keep Fidget hidden in her jacket, but after about half an hour the squirrel made his way out, wanting to be free and move about. He wasn't used to being cooped up so much. He sat for a moment in Mara's lap, studying Eban carefully, and after a quick ear and paw wash he then leapt the short distance on to the boy's knee. He explored Eban's shoulders and head, scraping at his bushy hair – no doubt attempting to build a nest.

'Oh, don't mind him,' Mara said with a grin. 'He's just getting to know you . . . and actually, you should be flattered. He's not usually so friendly with strangers!'

'I'm honoured!' Eban replied with a smile, as Fidget chittered merrily back at him.

Mara turned and gazed out of the window. The regular plantations and fields started to become more random, more like the picture on the postcard that Cresta had given her. She wondered what Eban would make of it; she was about to fish it out of the pouch in her rucksack but when she looked up to ask him, he was already fast asleep. Fidget was curled snugly against his shoulder and cheek. Any remaining doubts about trusting Eban rushed away like the passing landscape.

Mara felt tired too, but she just couldn't bear to draw her eyes away from the wonderful, baffling view.

She must have fallen asleep though, because the next thing she knew, Eban was gently waking her. She felt his hand resting on her arm, and her eyes flickered open. The carriage had come to a stop, and Mara could see the sign of a coaching inn through the vehicle's window – the light had shifted, the day had grown late, and the first chill of night-time air filled the carriage.

Climbing out, Mara looked up at the sky. The clouds were sparser here than in Barnley and the Cloud Vale. The sun had sunk low, turning the early evening sky a blend of pale blue and soft peach. The clouds glowed at their edges with the setting sun. It was like the painting in Mr Gwyl's shop, but better. She wanted to stand and watch this for ever.

'Suppose you two will be wanting some food, yeah?' the driver asked.

As if on cue, Mara's stomach grumbled angrily.

'Yes, please,' Mara and Eban said.

The driver nodded towards the door of the inn. 'Get yourselves inside then and whatever you do, keep that tree rat under control. I like this inn and I'd like to be able to come back here in the future!'

As the driver turned around to unhitch the horses, Mara stuck her tongue out at him. Eban tugged on her arm. 'Mara!' he hissed but then collapsed in giggles as they hurried inside.

A few minutes later, they were nestled at a small table by a window that looked out across the empty road. The coachman sat a few tables away, looking as grumpy as ever.

The innkeeper placed two steaming bowls of stew in front of them. The second she left, Mara pulled on the drawstrings of her rucksack, opened it up and peeped inside. The cloud was curled up. Sensing the movement of the rucksack, she began to stir. For a second, Mara imagined that the cloud was looking up at her, then she seemed to shift, as though resettling herself in the rucksack again. She seemed perfectly content, thankfully. Even so, Mara was a little worried. 'Should we go and find somewhere so she can . . . get some fresh air? Oh, and you haven't done your rituals today, Eban.' The last part was a tight whisper, her eyes wide.

'What?' Eban asked through a spluttering mouthful of the stew and dumpling. 'Oh . . . um, well, I'll do it after we've eaten. She looks OK, doesn't she?'

'She does,' Mara said, and it was true. The little cloud looked perfectly OK, better than she had in the factory.

'She'll be OK for a bit then,' Eban said, and glanced out of the window. 'This stew is delicious!'

'Go steady or you'll give yourself a stomach ache!' Mara warned.

Mara pulled a piece of her dumpling away and offered it to Fidget whilst Eban shovelled up the last few spoonfuls of his own stew. The spoon suddenly clattered down into his bowl though, as Eban gaped out of the window.

Mara turned, her own spoon raised. But it never reached her lips.

In the darkening sky above the field opposite the

coaching inn were the shapes of three swooping skirex.

They dropped lower and lower in the sky.

They were heading towards the inn.

CHAPTER SEVENTEEN

Helping Hands

Mara calmly (far more calmly than she truly felt) lifted Fidget up on to her shoulder, grabbed her rucksack and got to her feet. Her legs wobbled with worry but she had to move. She placed a steadying hand on Eban's arm – he was panicking and that would only draw unwanted attention right now.

'This way,' she said quietly, and led Eban away from their table to the door at the back of the dining room. Perhaps it led through to the kitchen or some other part of the inn? Either way, it would take them further from the main road and give them a few more minutes to get away from the dispatchers.

The innkeeper was hurrying back through with a tray of food and drink. She stopped, narrowly avoiding bumping into them. 'Whoa! You two finished your dinner already?' she asked.

'Yes,' Mara said sadly, thinking of her uneaten stew.

'It was delicious!' Eban added enthusiastically.

'We need to get to Withering urgently,' Mara said. 'Can you tell us the quickest way?'

She had finally revealed where they were heading. Eban's face twisted in surprise but it didn't matter to Mara now, they just needed to get away before the Skirex Riders arrived.

'Oh, I thought you two were going in the carriage from here? It's a fair way to be walking, you know.'

'I'm . . . travel sick!' Eban said, all of a sudden.

'Oh?' The innkeeper gave him a puzzled look which suggested she didn't quite believe it.

'And we need to visit our aunt on the way but the carriage doesn't go through her village,' Eban continued.

'Oh. And where would that be?'

They both answered at the same time.

'Middlethorpe.'

'Hessington.'

The innkeeper grinned. 'So, which one is it then?'

Mara glared at Eban and he glared back at her.

'It's Middlethorpe-Hessington, actually,' Mara said. 'That's what it's called. The village. Where we're going. To see my uncle—'

'Aunt!' Eban quickly cut in.

'Yes, both of them.'

Mara was sure they'd been rumbled but the innkeeper smiled and said, 'Never heard of it.'

'Oh, it's really tiny,' Mara added.

'Yes, just a handful of houses really . . . and a pond.'

Mara glared at Eban again and mouthed 'Pond?' at him.

But their half-baked tale seemed to have done its trick on the innkeeper. 'Oh, yes, I know the place,' she said.

'So which way is best?' Mara risked a glance towards the main door, certain that the dispatchers would stride in, capes flying out behind them (did they actually wear capes?), and capture them before they could make their escape.

The innkeeper narrowed her eyes, but softened. 'Come with me,' she said quietly and turned back, kicking the door open with one foot.

They followed her into a kitchen filled with

steam and cooking smells. Piles of dishes stood next to the sink and a large pot bubbled on the stove. Mara ignored her growling stomach and followed the innkeeper to another door at the far end of the kitchen. It led out to a cobbled yard that was criss-crossed with lines of damp washing. In one corner, a dog snoozed near its kennel and a few ratty-looking chickens pecked about. Fidget hissed at the birds – always his mortal enemy!

'I'm guessing you want to keep off the main road . . . on the way to your *aunt's*?' the innkeeper asked.

Mara nodded, suddenly aware their tall tale had not been as convincing as she first thought.

The innkeeper smiled. 'OK, go straight across the field beyond the gate until you reach the beck, follow that. Now, the quickest way to Withering is through the Petrified Forest but that's far too dangerous for you two, all alone – so go around. It's only an extra half-day's walk at most.'

Mara had heard stories about the Petrified Forest. It was said to be filled with strange creatures that only emerged after the Great Shift, and was haunted by evil spirits. It definitely sounded like a place to avoid.

'Thank you,' Mara said as they stepped into the

yard, the cool air like a sharp shove against them.

'Oh, wait!' the innkeeper called. She dashed back into the kitchen, reappearing with a package of food and a large flask. 'My best hot chocolate. It was for the coachman but I can soon whip up something else for him – miserable old so-and-so. Oh, and here, it'll be dark soon, so you'll need this.'

She handed them a torch.

'Thank you,' Mara and Eban said as they stepped between the lines of washing. They glanced back and waved as they slipped out through the gate.

Then they were travelling once more. This time on a narrow track at the edge of the field the innkeeper had told them about. They hurried through the scratchy crops – Mara guessed it was some sort of barley whipping past her – moving as quickly as possible to put as much distance between themselves and the skirex.

Every few moments, Eban's pale face checked back over his shoulder. 'Do you think they'll tell on us?' he asked.

'Who? The coachman and the innkeeper?'

'Yes.'

'There's nothing tying us to the Cloud Factory' – Mara stumbled slightly over a pile of small rocks but carried on – 'and the innkeeper just helped us slip away *and* gave us food and a torch. I don't think that's what you would do if you were planning to give someone away, do you?'

'No, I suppose not,' Eban said.

They ran quietly for a few moments where the only sound was their feet and the rustle of the barley.

'Oh, careful!' Mara grabbed Eban as he nearly tumbled down into a dark split in the field. A sound that Mara had never heard before gently played through the air around them. She leant over, switching on the torch. Its bright white beam landed on rushing water, gurgling and now sparkling as it leapt over and under and around the rocks and stones.

It was the beck the innkeeper had told them to follow. It cut a dark, curving ribbon through the pale barley field. Mara stared; she had never seen so much water on the move like that before. Wherever did it all go? That dancing, leaping water. It was hypnotic, mesmerizing.

It was Fidget's rather impatient chattering that broke her trance. 'Oh, yes, I know we need to get moving. Thank you, Fidge,' Mara said.

CHAPTER EIGHTEEN

Ancient Names

After about half an hour of walking alongside the dashing water of the beck, they assumed they were not being followed by the factory dispatchers. Something had been playing on Mara's mind the whole time and eventually she decided to ask Eban.

'Do you think that awful girl Evie will be with the dispatchers?'

'Probably,' Eban said darkly.

'She certainly doesn't seem to like you very much,' Mara said.

'And this whole stealing a cloud and running away situation won't help that either.'

‘I’m sorry,’ Mara said. The weight of all she had done to bring them here pressed against her like the dark night that surrounded them. Sure, she was helping Old Bern, but where did that leave poor Eban?

‘Truth is, I don’t think Evie really likes anyone all that much,’ Eban said. ‘Or that she even wants to be liked. I guess maybe you have to be a bit like that when you’re in charge of people?’

‘Don’t make excuses for her,’ Mara said. ‘She’s just rude . . . to everyone! She delivered a cloud to Withering and was so horrible to Mayor Peabody, and she’s in charge of a whole town and one of the nicest people you’d ever meet!’

Eban nodded reluctantly. ‘Evie was always trying to help me out though, you know – giving me chances to do different tasks for her – for experience . . .’

They walked on, following the curving line of the beck. ‘Sounds like she wanted a willing flunkey to me,’ Mara said. ‘Probably so she could go off and do whatever it was she was doing to the poor cloud.’

‘But that’s not what it’s like, not really,’ Eban said quietly.

Mara regretted what she had said straight away, even though she felt sure it was true.

They walked on for a while longer in silence, only the dark, burbling beck murmuring beside them and the occasional call of an owl breaking the quiet.

'What's your village like then? Wimpering?' Eban asked.

'It's Withering. Withering-on-the-Sand-Sea – and it's a town, not a village,' Mara replied, feeling very protective of her home.

'Oh, sorry,' said Eban.

Mara hadn't been planning to let him follow her all the way back. She'd hoped she might be able to shake him off at some point. But now she felt slightly responsible for him and she still needed him to help her to keep the queen cloud alive.

'So . . . what's it like then?' Eban asked.

Mara stopped and thought for a second. Fidget shifted on her shoulder, brushing his warm little face against her cheek and purring softly. What was it like? 'Well . . . it's home, isn't it. It feels like the best place in the world.' She could suddenly see the view from her bedroom window – it looked out across the old fleet to the narrow row of shops and houses opposite. The smell of the wild rosemary drifted in the sandy breeze.

She saw Old Bern walking along, his slightly

twisted hand gripping his cane. She felt a surge of regret mixed with an odd determination that what she was doing was right . . . even though it was wrong.

'And, erm . . . what's a sand-sea?' Eban asked, interrupting her thoughts.

'You don't know?'

He shook his head.

'Don't they teach you about the world in that factory? You really need to get out more,' Mara said.

'Well, I'm working on it,' Eban replied with a grin, and their laughter drifted through the night.

Daybreak brought a low mist that seemed to whisper up from the beck and spread blanket-like across the fields. Mara was half-awake when she felt the rucksack shift and move beside her. In a panic that they had been discovered or were being robbed, she jumped awake. Fidget leapt through the air, landing near Eban, who also startled into wakefulness at the sudden appearance of the squirrel. Mara grabbed the rucksack and took in their surroundings. There was nobody about, but the bag was still wriggling in her grip. The fasteners strained and the bag bulged.

'What's going on?' she asked.

‘It’s the cloud,’ Eban said.

‘Is this because you didn’t do your spells yesterday? Is she OK?’ Mara bubbled with panic. She ripped the rucksack open and the queen cloud bloomed out.

‘No!’ Eban cried and Mara realized too late her mistake.

For several gut-wrenching seconds, the queen cloud floated up and away from where Eban and Mara stood open-mouthed and helpless.

‘Oh, no, no, no!’ Mara jangled with fear. She couldn’t lose the cloud. By the sky, why had she opened the bag?

The cloud drifted away a little but then floated gently back towards them. She moved around and in between Eban and Mara for a few moments and then settled just above Eban’s shoulder.

‘Maybe we should put her back in the rucksack?’ Eban whispered to Mara. The queen cloud moved slightly away from him and Mara was sure her white fluffiness went temporarily darker, grey, as though she was angry.

‘I don’t think so,’ she said, not able to take her eyes off the queen cloud.

‘The cloud net then, maybe?’ Eban suggested.

Mara didn't say anything. She took Eban's hand, made a shushing gesture to him, then led him a little way away from the cloud.

The cloud followed them.

Mara repeated this and the cloud followed again.

'I'm not sure we need the net or the rucksack, really. I don't think she's going to run away. I mean float away.' Mara smiled.

Eban eyed the cloud with suspicion. 'Are you sure?' he asked.

'No. Not completely sure,' Mara said truthfully. 'But . . . well, look – she stopped us when we fell out of the window, right? And she helped us escape the gang in Barnley. She could easily have done neither of those things and then got away. She probably could have escaped from the rucksack too if she wanted to. But she hasn't. And she hasn't floated away now either. I think we should trust her and let her be free.'

Mara was aware she was entirely contradicting herself. She had stolen the cloud and planned to take a piece of her but now she was proposing she be free. It made no sense and yet it felt the right thing to do – the cloud wasn't going to leave them. Not yet anyway.

‘I don’t know . . .’ Eban said, knitting his fingers together and studying both Mara and the cloud with equal fascination and bemusement.

After a few moments, he reluctantly said, ‘OK then. All right.’

Mara smiled and they resumed their walking. Slightly slower at first as they all got used to the new arrangement, but after half an hour or so it felt perfectly normal to see the queen cloud darting ahead and then floating back to them, or chasing Fidget as he gambolled about their feet. Mara was sure the little cloud was actually enjoying herself!

‘We should give the cloud a name,’ Mara said, as they walked on.

‘What? Who?’ Eban asked.

‘The cloud. She needs a name,’ Mara explained.

‘Does she?’ Eban looked at her, puzzled.

‘Everything has a name,’ Mara continued.

Eban stared at her.

Mara paused and gestured to the sky and the earth. ‘The sky is called Helon. The earth, Henor. We know the ancient names for things in Withering.’

Eban seemed to be considering all of this, taking it all in. He stared at the sky and then considered the earth beneath his feet.

'Everything with a soul has a name,' Mara said. 'Surely you know that from the Oratory?'

Eban blushed. 'My family aren't very interested in things like that,' he said. 'So, what should we name the cloud?' he asked, his voice rich with excitement.

Mara laughed. 'Well, perhaps . . . Brume?'

'Brume.' Eban tried the name out and looked at the cloud.

'It's the ancient word for clouds and air and magic,' Mara said.

'It's a good name.' Eban smiled and called out, 'BRUME!'

The cloud paused in her drifting and didn't move for a moment or two, and Mara took this to be a very good sign!

They walked on through the morning, once or twice caught in small rain showers from passing clouds that had clearly drifted away from the Cloud Vale. Eban was most perturbed by the downpour but Mara marvelled in it and welcomed the brief drenching she received.

'When you're not used to a lot of rain, you tend to make the most of the opportunity to dance about in it,' she said as she twirled through another small shower, laughing and throwing her arms wide.

Just before midday, Mara saw a shape looming on the horizon. It looked like a cliff face, pale and chalky, then she wondered if it might be the bones of some huge, long-dead creature. But as they drew closer and closer, it was clear that it could be only one thing.

The Petrified Forest.

CHAPTER NINETEEN

The Petrified Forest

'It's the Petrified Forest,' Eban said, his voice a hushed whisper that Mara almost didn't hear. 'The innkeeper said not to go that way. She said it was too dangerous to travel through,' Eban said, turning away from the marble-like trees.

'But she also said it was the quickest way through, the quickest way to Withering,' Mara said, her voice only shaking a little.

'Is it safe though?' Eban asked as Mara carried on.

'Yes, I'm sure it is.' She reached back for his hand. 'There's nothing to be afraid of.' She swallowed down her own fear. 'Let's go.'

She didn't look at Eban.

Mara had once seen some rather grainy, blurred photos of the Petrified Forest in the curiosity booth at the travelling fair, alongside the skeleton of some bizarre creature that was supposed to have been hunted there. When it had been alive it must have been terrifying, but Old Bern said those creatures had died out after the Great Shift so there was nothing to worry about.

But she still shuddered a little as they carried on towards the tree line.

'Oh, well I'm glad it's the middle of the day,' Eban said. 'I'm not sure I could have gone in there in the dark.'

'Hopefully we will be long out the other side by night-time,' Mara said, and she prayed to the sky she was right.

The trees had no leaves or flowers or anything; they were all bare and their trunks were an ashy, pale grey, like stone. But as they got nearer Mara could see that they were mottled, with pale and faded colours – greens, soft yellows and dusty red-pinks. It was less like stone and more like marble.

Fidget scampered back on to Mara's shoulder and Brume dropped lower to just above Eban's head. They paused. The towering forest demanded it of them; to take in this amazing, awful sight. To not look away.

'What happened here?' Eban asked.

'You've never heard the stories?'

Mara knew there were hundreds of different tales about the origins of the Petrified Forest. Eban shook his head as they slowly walked on.

'Some people say that when the Great Shift happened – whatever it truly was – this was the place where it started. The land here died instantly, in the blink of an eye.' She snapped her fingers. 'Just like that.'

The forest was right before them.

'It's so creepy,' he said.

'Of all the stories I've heard, I prefer the one Old Bern told me. That when the clouds vanished, the trees here were so sad, heartbroken even, that their souls flew away – and they turned to stone.'

'So trees have souls too?' Eban asked.

'Weren't you listening before? *Everything* has a soul.'

He nodded slowly, as though thinking it all through.

'Can't you feel the difference here?' Mara asked. 'The . . . sadness? As though something important is missing from the air, the earth around us?'

She could feel the absence of something, life perhaps. Even in Withering there was life, but here in the forest – nothing. Eban glanced around as though this whatever-it-was that was missing would be something to see, something obvious.

Mara watched as the realization shadowed his face. 'Oh, yes,' Eban whispered. 'It feels strange.'

'There you go,' Mara replied. 'Something missing . . .'

They walked on a little way and Eban asked, 'Who's Old Bern, Mara?'

She went cold.

'Who?' she asked back.

'Old Bern – you just said you preferred his stories. Who is he?'

She wasn't going to mention him, for fear of giving herself away, and she'd made a silly mistake now.

'He's my dad. He adopted me when I was a baby.' She said it all very casually. 'Oh Eban, look at that tree.'

Just up ahead was a tree that was so bumpy and lumpy it looked as though skulls were growing out of its branches. They stopped and observed it for a moment.

‘I can’t believe places like this exist,’ Eban said quietly.

‘You are kidding, right?’ Mara asked.

‘But, I mean, where the trees aren’t growing and the earth is so dry and hard and—’

‘Dead?’ Mara said sharply. ‘This is what most of Brind looks like, you know. Some of us have to wait months for just a spattering of rain and get just a bucket of water rations each day. We don’t all live in the beautiful sweep of the Cloud Factory where clouds pop past every few minutes, and there’s rain and mist and green plants everywhere.’ Her fingertips rested briefly on her sprig of wild rosemary.

‘By the sky, steady on Mara. You’re starting to sound like that weird weather radical girl again.’

Mara’s head snapped up. ‘Cresta? She was my friend. She wasn’t weird. And I actually think she had a good point!’

Eban bit his lip and looked away.

Perhaps she had been too sharp with him? After all, it wasn’t Eban’s fault – he hadn’t caused any of this and he lived such a closed-off life in the Cloud Factory. Why would he really know what the rest of Brind was like?

‘I’m sorry,’ Eban said.

Mara sighed. ‘Oh, it’s not your fault. I’m sorry, I shouldn’t have snapped.’

They wandered on, both stunned into silence by the unnatural surroundings.

The beck had long since dried up and vanished but the deep gouge in the earth where water had once run still snaked through the trees. And this was what Mara and Eban followed as they carried on their way. ‘How long do you really think we will be in the forest for?’ Eban asked.

‘I have no idea,’ Mara said. She prayed to the maker they would be out of there by nightfall.

The silence was overpowering, there was no sound of boots treading on fallen leaves, as there had been no leaves in this forest for millennia. There was no birdsong, no buzz of insects, not even the swirl of stinging sand. The deeper into the forest they went, the closer together they walked. Fidget was on Mara’s shoulder and Brume drifted never too far away from either of them.

After they had been walking for a few hours, Eban suddenly pointed off through the trees. ‘What’s that? Look!’

In the distance, Mara could see a glimmer of

shimmering, blinking white light. Whatever could it be?

'I think it's a pond,' Eban said, as they hurried through the trees.

'A . . . pond?' Mara asked. 'Isn't that all water?'

As they cleared the trees, Mara could see that the light was bouncing off something on the ground.

But it wasn't a pond.

There was no water.

Instead, the floor of the wide clearing was like some sort of strange mirror, though not smooth and flat – it was rippled and rucked like a badly iced cake. Light bounced off every fold and flick of the hard surface. Mara and Eban approached it cautiously.

'What is it? What could do this?' Eban asked, looking at Mara as though she had all the answers.

She shrugged for want of anything else to do or say.

She realized then that Brume and Fidget had not come into the clearing. They remained behind them, back where the tree line stopped briefly for this odd little interlude of strangeness. Fidget was on high alert. His ears pricked up high, he glanced around as though he could hear sounds from all directions. Brume seemed to be churning away as though unable to be still but unwilling, or not able, to move forwards. She had also shrunk in size and lost some of her colour again.

'It's OK,' Eban said, beckoning to them. But neither Fidget nor Brume moved.

'What's up with them?' Mara asked.

'I don't know . . . maybe this all feels too weird for them.' The emptiness of the Petrified Forest felt even more empty here, stronger. 'Maybe we should go?'

So they returned to Brume and Fidget, Mara coaxing them around the clearing as they refused to cross it.

The day slipped away as they carried on walking through the forest. At some point they stopped talking, though Mara wasn't sure exactly when or why. It just seemed easier, as though talking was too loud for such a quiet place. She had a headache, and even thinking about anything for long made her head pound harder and harder still. They needed to get out of the forest as soon as possible.

'Careful!'

Mara stumbled, but she righted herself quickly and spun around to see what had tripped her.

A scaled thing, as long as the counter in the

locksmith shop and about as wide, shifted just below the sandy floor, between her and Eban. She stopped dead and whispered.

'Don't move. Don't move Eban, please – whatever you do, stay still!'

'What, why? What is it?' Eban asked, turning to see what Mara had seen.

'It's a sand scorpion,' Mara said quickly. 'Stand still.' She pointed down at the space between them.

'What? Mara—'

'Eban, please. They're blind and deaf, but they can sense vibrations when you move!'

Mara could see its long fine barbels twitching over the cracked, dusty ground. 'Stand still or it will get you. Some of the folks back in Withering caught one once, out on the sand-sea.'

'They caught one? Why?'

Mara couldn't help but smile then. 'Roasted sand scorpion is delicious!'

Eban went pale. 'Oh, I feel sick,' he wailed.

Mara was busy looking around, as an idea churned in her head. She needed something, anything, that she could throw in the opposite direction to cause a diversion just long enough for them to get away. But despite the cracked ground and stone-like trees, there were no stones or pebbles anywhere to be seen.

'Mara, what are you doing?'

'We need something to throw, can you see anything?' Mara called. 'But don't move! By the sky, stay still!'

'Can't we throw the rucksack?'

'And lose our food?' Mara snapped back. He really was useless in a crisis!

'Well, the food won't be much use to us if the sand scorpion eats us first,' Eban hissed.

'They don't eat people,' Mara said slowly. 'Well, rarely! But you see the spike at the end of its body. That's full of poison, and if it stings you with it you'll be in agony for about two weeks and then . . .' She fell silent.

'Oh . . . OK. Right. Hey, look there, a piece of broken petrified branch. Will that do?'

'Yes,' Mara replied. 'Can you get to it?'

'I think, just . . . about.' Eban stretched out his leg towards the branch.

'Careful!' Mara shouted. 'Please be careful!'

Suddenly, Eban toppled forward, losing his balance and falling to the ground.

Mara cried out.

Fidget screeched loudly and sprang towards him from the safety of the overhead branches.

Brume seemed to grow and shrink rapidly as though she was breathing fast and shallow, matching Mara, Eban and Fidget's fear.

The sand scorpion swung about and Mara knew it had located Eban.

'Eban! Get up and run, now!' Mara shouted, rushing after the sand scorpion that was chasing Eban.

She saw him scramble on to his feet but the sand scorpion was just a few paces away from him. If it swung now, Eban didn't stand a chance.

'No!' Mara shrieked, just as something arced through the air away from Eban. It flew over the head of the sand scorpion and between the trees in the opposite direction. It was the branch; Eban had thrown the branch.

It struck a trunk and bounced off the hard ground. The cracking, bell-like ring of stone on stone echoed throughout the nearby trees.

Mara saw the sand scorpion swing about, searching for the location the vibrations had come from.

'RUN!' she shouted, and without looking she hurried away from the monstrous-looking creature.

She saw Fidget bounding overhead and Brume floating in and out of the branches just ahead of the blur of the squirrel.

She risked a glance back and saw Eban was just behind her, running as fast as he possibly could.

For a few seconds, Mara thought they had got away, that they had given the creature the slip, until she heard the telltale hissing rattle of the sand scorpion's scales right behind them.

CHAPTER TWENTY

The Sand Scorpion

They dodged in and out of the trees, occasionally losing sight of one another for a few heart-stopping seconds. They were like blurry shapes dashing between the pale forms of the petrified tree trunks. Running as fast as they could – tripping, stumbling but always somehow managing to keep upright and moving forward – they seemed to stay just far enough ahead of the sand scorpion, but that was all. Mara knew that eventually it would catch them. They couldn't outrun it for ever.

She glanced up quickly to check on Brume and Fidget. The cloud carried on untroubled, showing no signs of tiring, but where was Fidget now?

'Fidget?' Her voice trembled with fear. Where was he? He'd been overhead in the branches above them.

'Mara?' Eban huffed.

'I can't see Fidget,' Mara shouted. 'Did he fall?'

'I . . . I don't know.' Eban looked about quickly, desperately. 'Fidget!'

Images, memories of Fidget, flashed through Mara's mind.

The day Old Bern found him and brought him home, placing the small curled-up ball of red fur into her steady, waiting hands. His small black eyes peeping up at her with curiosity before he stretched, yawned and fell back to sleep. Already perfectly at home with her.

Fidget snuggled up on her pillow at bedtime every night for as long as Mara could remember.

Running alongside her as she raced across the clifftops of Withering.

He had been there for most of her life and now, what if he was gone . . . ?

They carried on running for a while. Mara tried to shake the thought away but it pressed in cold and dark.

'Oh, Mara, look . . . there!' Eban shouted and

pointed through the trees to where she could just make out a blur of red fur darting this way and that. Was he on top of a rock or a hillock?

'Oh, Fidget!' she cried. 'Thank the maker!'

As they grew nearer, they could see that fidget was perched on top of a high wall. A wall that seemed to curve off through the trees ahead of them and back behind them too. It was higher than most of the buildings in Withering by Mara's guess, and it was smooth and flat with no way of climbing it. To make matters worse, they had now penned themselves in between the wall and the sand scorpion!

'Fidget, get down here,' Mara shouted, as she ran up to the wall. But Fidget just chattered excitedly and scampered off along the wall away from Mara and Eban.

'Fidget! Come back.'

Mara carried on running along the bottom of the wall, Eban still behind her and the sand scorpion a little way behind him but closing, closer and closer every second. Mara wasn't sure how much longer she could run. Her legs were starting to feel like the lumps of stone that were the trees of the Petrified Forest.

Fidget stopped on the wall near where a tree's

branch was growing *over* the top of it. 'Oh, Eban, look. Look up.'

'Can we climb . . . up there?' Eban gasped.

'I think it's that or we try and wrestle a sand scorpion.'

Mara had occasionally climbed the gnarled old pines that grew around Withering, but their twisted trunks were far easier to clamber up than these straight and frustratingly smooth trees. Thankfully, she found a few handholds – knots in the smooth trunks, stumps of broken-off branches – and she was quickly a couple of metres off the ground and reaching out her free hand to Eban, who grabbed it gratefully and allowed himself to be hoisted up. Mara pointed out the first few footholds for him as the sand scorpion circled the tree slowly; it knew exactly where they had gone.

'Don't slip,' Mara said. 'Whatever you do!'

'I wasn't planning to, I promise!' Eban said through gritted teeth. 'But this is not easy.'

They were about halfway up the tree and Mara could see the top of the wall clearly. It looked quite wide, and nice and flat, so should be easy to walk on. She wiped the sweat from her face and took a deep breath. The air was filled with the smell of something luscious – like the woods where they had spent the night after leaving the Cloud Factory. And that was when Mara realized that beyond the wall there was no Petrified Forest at all – but a rich, lustrous, green haze.

It couldn't be, could it?

As she looked, Mara could now see trees, bushes, grasses, flowers and plants of every shape, size and description. Was she imagining it? Was it some sort of mirage? Or maybe the sand scorpion had got them both and they were dead and this was the beyond?

'Eban, can you see that?' She reached out and shook his shoulder then grabbed at the top of his head, ruffling his hair.

'Ouch, Mara! What? What is it . . . *Oh*!'

Beyond the immediate greenery, Mara could now make out huge trees – their canopies shifting in the breeze.

'Is that real? You see it too, don't you?'

'Yes,' Eban replied hoarsely.

'How is it there?'

'I don't know. But Mara, can you carry on going up please?'

Mara glanced back down at the sand scorpion. If

they wanted to get away from it, they were going to have to climb on to the wall. They needed to go higher up to the next branch that reached out further, closer to the wall.

Mara shimmied up the trunk to the branch and then, gripping tightly to it, began to edge out towards the wall.

Mara tried not to look down but she felt entirely disorientated by the lush plant life beyond the wall. It was only when she was just over halfway that she realized that Eban was already clambering out along the branch too.

'Eban, no. Go back,' Mara said. 'The branch might not—'

But it was already too late. She heard the crack and gave out a little yelp.

Fidget screeched in fear and warning. Eban cried out behind her as the branch slipped away from beneath her and Mara was suddenly tumbling and turning in the air. Something smacked against her shoulder and then the pale world of the forest was replaced with the lush greenness of the place beyond the high wall.

She tumbled and tumbled, down and down, and then everything went black.

CHAPTER TWENTY-ONE

The Beyond

Mara stirred from sleep.

Her last memories rippled through her mind and she sat bolt upright expecting to see the sand scorpion towering over her, waiting to make its strike.

But the Petrified Forest was gone.

She was in a room that was filled with light. A huge arched window stood open and Mara could see a luscious garden growing beyond. There were large pots overflowing with trees and plants too. The air was fresh, as though a cloud burst had just happened. Mara took huge gulps of it and then looked around quickly.

She was dead! She was certain of it. She had died and this was the beyond. It was beautiful enough to be the next life if the priests from the Oratory were to be believed.

She was on a large bed. Eban was across the room, fast asleep or unconscious, on some sort of plush sofa. His head was propped up on a mass of velvet pillows and he was softly snoring. This wasn't the beyond at all! She felt a moment's relief but then, as she scanned the room further, taking it all in, she realized with gut-wrenching fear that both Fidget and Brume were missing.

She hopped off the bed, noticing that someone had taken off her shoes. The floor was smooth with cool, stone slabs. She crouched beside Eban and gently roused him into wakefulness. He blinked up at her, bleary-eyed, and then slowly took in their surroundings.

'Where are we?' Eban asked. 'Where are Brume and Fidget?'

She shook her head, too scared to voice her worst fears, and then she was running for the door with Eban right behind. She pulled on the door handle but came to a halt when she realized a man was standing right outside. He was smartly dressed in fine-looking robes and he looked down his long nose at Mara, one silvery and sleek eyebrow raised.

Who was he, the owner of wherever this was? A guard, or something similar? Or worse?

'Ah. You're both conscious . . . at last.' He sounded rather inconvenienced.

Mara stared at him, unsure what to say.

'Where are our . . . friends?' Eban asked carefully.

The man glowered down at them both. 'You will be reunited with your belongings and *companions* once you have been escorted back beyond the wall. The Grand Duchess does not take kindly to trespassers in the gardens.'

'But we weren't trespassing,' Mara protested. 'We fell from a branch trying to escape a sand scorpion.'

The man tutted. 'I am not interested in tall tales, thank you, miss. Will you both please follow me.'

It was not a question.

'No,' Mara said. 'We're not going anywhere until you tell us where Fidget is!'

The man sniffed. 'Am I to presume, miss, that Fidget is . . . *the squirrel*?'

'Yes. Is he all right?'

'As I have already made clear, you will be reunited with everything you fell into the garden with, at the gate. Now, will you please follow me?'

Mara didn't reply. She crossed her arms over her chest and stared the man down. But he just reached out and grabbed her arm, and Eban by the collar of his shirt, dragging them both out of the room as though they were nothing more than a pair of velvety pillows.

They were now in a wide hallway lined with doorways and arches that offered glimpses of more rooms filled with sunshine. Skylights in the ceiling above flooded the place with light. Mara could see through windows and doorways as they passed and she caught sight of more trees and billowing bushes. How was this all here, in the middle of the Petrified Forest? It just didn't make any sense.

She could see Eban trying to work it all out too as the man continued to drag them along the hall.

'You don't need to drag us, you know!' Eban protested, but the man wasn't listening or didn't care.

Mara saw rooms set with fine furniture; a dining room with a table big enough to fit half of Withering around for a grand feast.

'Struthers? Is that you?' A young and playful voice floated through the hall and the man came to an abrupt halt. Eban didn't quite keep in step and faltered, stumbling over his own feet. 'Ouch!'

'Are they awake?'

Struthers didn't answer straight away. Mara wondered if he was planning to lie to whomever it was that was talking to him. She glanced across at Eban who just shrugged, confused by it all.

'Yes, they are . . . they're just here, your grace,' Struthers replied. He sounded rather defeated and ever-so-slightly annoyed.

'Stand up straight,' he said to Mara and Eban through gritted teeth, and pulled the children up as though that might help.

A little further down the hallway a young girl stepped from one of the rooms. She looked about Mara and Eban's age and she wore a long apron that was streaked with stains of mud and dirt. Her abundant hair, coiled in braids that fell across her shoulders, was littered with bits of leaf and twig, and she had a pencil behind her ear and another three stuck in her hair. Her large eyes studied the scene quickly from behind two pairs of spectacles that magnified her eyes further. The girl pursed her lips, tutted, and then hurried across to them, hands reaching wide and welcoming. 'Struthers, we've talked about this!'

'Yes, your grace.' He sounded as though he had been scolded.

'I said I wanted to speak to them when they woke up.' She turned to Mara and Eban, smiling. 'I'm so sorry!'

'But your grace, they could be thieves, hardened criminals from one of the big towns.'

The girl continued to smile and then burst out laughing, loudly and warmly, her head thrown back. The sound echoed around the hall. 'You'll have to forgive old Struthers here, he takes his duties of protecting me *very* seriously.'

'Indeed I do,' Struthers replied proudly.

'If only you were that focused when it came to doing laundry or cooking dinner, eh?' said the girl, and then promptly began laughing again.

Mara noticed Eban's curious glance at her and she stared back at him, widening her eyes as if to say, 'I have no idea either!'

The girl's laughter drifted away and she stepped towards them, at the same time gesturing back towards the room she had emerged from. 'Please, come through. I have a million questions to ask you both.'

Mara and Eban exchanged looks again.

What sort of questions? Mara wondered.

'Oh, only if it's OK, of course. I don't want to keep you if you need to be getting on, it's just . . . well, you see, the thing is . . . Oh heavens, I'm getting myself all in a muddle. Pardon my excitement and forgive my rudeness.' She chuckled to herself. 'I haven't even introduced myself. I'm Zita—'

'*Grand Duchess* Zita Soni of Helanaise,' Struthers boomed.

Mara wasn't sure what that all meant but something made her suddenly bob a curtsey to the girl, who grimaced and reached out to her saying, 'No, no. By the sky, *please* don't do that. There's no need. And please call me Zita. I've tried to get Struthers to, but he won't ever change.'

'I would rather die,' Struthers said, rolling his eyes.

'Please, come and sit in here and talk for a bit. And Struthers . . . you *can* let go of them now, thank you!'

And with that, Eban, Mara and Zita collapsed into fits of giggles!

CHAPTER TWENTY-TWO

The Grand Duchess Zita

Struthers turned and walked back along the hall. They could hear him muttering to himself rather angrily as he went. Grand Duchess Zita chuckled gently, saying, 'He's harmless, I promise you both. He's actually very sweet, once he gets to know you. Come with me.'

They followed her along the hallway, through a large door and into a room that was even more mesmerizing than the others they had seen so far.

But before Mara had time to properly take it all in, she heard Eban say, 'Fidget!' and suddenly the squirrel was dashing across the room, leaping from chair backs to tabletops towards them, squeaking with delight.

Mara felt a knot of worry slip away from where it had wound itself around her as she saw Fidget take one final leap towards them. But her dear old friend leapt on to Eban's shoulder first, before leaping across to Mara. Something about that stung. Mara felt a little wounded, jealous again that Fidget and Eban seemed to be forming a bond of their own. Fidget clung to her dress and nuzzled his tiny head under her chin, purring with happiness.

'Oh Fidget, you're all right, thank the maker.' Tears sprang up behind her eyes.

'Ah, so this little chap does have a name then,' Zita said happily as she leant in close, studying the squirrel. 'He was very protective of you both when Struthers found you in the garden and wouldn't leave your side until he was happy you were both OK,' she said. 'Since then, he's been happy exploring in here and watching me. He's *very* curious, isn't he?' Zita chuckled. 'I'm so glad I know his name now – hello, Fidget!'

Fidget leapt to land on Zita's outstretched arm, running around her shoulders and along her arms, squeaking happily.

Just like with Eban, Fidget being so comfortable

around Zita was a sure sign that Mara could trust her. Though Mara was still wondering what had happened to Brume. A quick look at Eban and it was as if he could read her thoughts, he gave a small shake of his head as if to say, 'Not yet.'

Perhaps Brume was waiting for them back out in the Petrified Forest. The cloud had happily floated up and out of danger so there was that, at least . . .

At last, Mara finally had a chance to properly take in the amazing room they were standing in.

The whole ceiling seemed to not be there at all. On closer inspection though, Mara could see that it was made of hundreds of panes of glass all held in place with a fine filigree of wire. Mara was amazed it could stay up there and not come crashing down on their heads. The wall furthest from where they had come in was similar – all glass, so that it looked as though the garden was inside the room and the room was in the garden. The other walls were covered with bookcases or charts and diagrams that Mara couldn't understand, though they looked scientific and very detailed. The bookcases reached from floor to ceiling and groaned with books and yet more plants in a variety of differently sized, shaped and coloured pots. They crept and tumbled over every spare bit of space, across books and up around the charts on the walls. Mara looked at Eban, who gawped at this most amazing space.

'This is my room,' Zita said proudly, gesturing to the space.

'Are you a scientist?' Eban asked, stepping over to a wide table that was filled with a collection of strange-looking bottles and containers – all filled with a variety of different-coloured liquids. Something was bubbling away above a small flame, in a slender glass tube mounted on a metal frame and held fast in a strong clasp. It reminded Mara a little of Withering's apothecary where Mr Jeffries worked.

'Oh, I'd like to be,' Zita replied to Eban. 'My parents both are. They're the ones that brought me here in the first place. They wanted to study the Petrified Forest to see if they could find out what truly happened in Brind – to the weather and the clouds – when the Great Shift occurred. They wanted to learn, in the hope that they could repair it . . . maybe even undo it.'

'Are they here?' Eban asked.

'I'm afraid that they're travelling, collecting soil samples from different locations across Brind for analysis. They'll be back in a week or two. In the meantime, I have dear old Struthers to look after me, as you can see!' She laughed again. 'But it's quite safe here really. The wall keeps out most things from the Petrified Forest – well, except you two!' The strange outside-inside room filled with her gentle laughter again as Zita turned to the worktable and busied herself checking her glass tube. She lifted it, swirling its coloured liquid around and studying it carefully before hurriedly making notes in a large book that sat open before her. It was filled with notes and drawings, and even pressed flowers and leaves.

'Would you like to have a read?' Zita asked Mara when she noticed that she was watching her.

Mara blushed and backed away, she felt like she'd been caught prying. 'Oh, no – I'm sorry. You have lovely handwriting though,' she said, her face feeling as hot as the sand-sea in August.

She busied herself with a bookcase, studying one of the plants that tumbled across. 'So, your family grew this garden in the middle of the Petrified Forest?' Mara asked, her mind whirring with possibilities. If they had brought the dead forest back to life, would they be able to do the same to the other dry parts of Brind? To Withering?

'Well, that's the really strange thing,' Zita said, stepping closer to Eban and Mara. 'The garden was *here* when we arrived, so we've just tended to it really. My mum says it must have naturally regenerated somehow. But my dad thinks that perhaps this small section survived the Great Shift, unlike the rest of the forest. They argue about that a lot.' She smiled happily. 'They made this old building into our home and we all moved here permanently, so they could study everything on site. And then, one day . . . well, you'd better come outside and see for yourselves.'

Mara and Eban exchanged a look. What could be more surprising than a luscious green garden in the middle of the barren Petrified Forest?

Zita walked towards the wall of glass where the large doors stood open, letting in the fresh breeze from the garden. As Mara got closer, her nose was filled with that most glorious smell – warm earth after a cloud burst. 'Like life itself,' she once heard Mayor Peabody say to Old Bern, and it had always stuck in her mind.

CHAPTER TWENTY-THREE

The Garden

There were four steps from the doors down into the garden but Eban froze on the first step, making Mara collide with him.

'Oh Eban, look out,' she grumbled, but then she glanced across the open green lawn before them and saw it was partly in shadow. Something large was blocking the sun, casting dappled shade across the emerald-green lawn.

Mara looked up.

Floating high above the garden was a large grey-blue cloud. It turned and folded in on itself before blooming outwards and expanding again, high above the garden. Mara wasn't sure if she was imagining it all, but before she could speak Eban gave an excited squeak and grabbed her sleeve. He pointed up and to the left of the grey-blue cloud where a smaller, pinker cloud was happily bumbling about in the sky, emitting little bursts of rainbows in utter delight.

It was Brume!

'By the sky!' Mara gasped. 'Brume!'

As though Brume had heard them, the small queen cloud floated down, just as Fidget had hurried across Zita's laboratory. She flew around them and Mara watched as Zita reached out a gentle hand and stroked the cloud; streaks of light glowed where her fingers had brushed.

'Another of your travelling companions, I take it?' she asked, a mischievous and knowing smile spreading across her face. 'And you named her, too?'

Mara and Eban fidgeted and couldn't quite meet her eyes for a moment.

'So . . . *you* have a cloud too?' Eban said at last, pointing up at the larger cloud. 'She's a queen, isn't she?' His cheeks were oddly pink and he wasn't looking at either Zita or Mara when he spoke.

What was wrong with him?

'Yes – well, we assume so,' Zita said, looking up at the larger cloud. 'Though we've never thought to name her. I'm afraid my parents call her Specimen A.'

'But how did you . . .' Mara wasn't sure how to form the question without upsetting Zita, who had been nothing but friendly to them so far.

Zita looked skyward. 'She just showed up one day.'

'What?' Mara asked. 'How?'

Zita chuckled gently. 'One morning, my parents came out here and I heard this commotion. When I came out to see what was happening, the cloud was hovering just above the lawn. It was much smaller in those days too. She's grown about a hundred and fifty per cent in the last couple of years, by my parents' estimate.'

'How . . . how has she done that?' Mara asked.

'Well, we think part of it is being a queen cloud so she never evaporates like the standard clouds you would order from the factory. But also . . . well, I think she likes being here.' Zita looked at them cautiously, as though she was unsure if they would believe her. 'But I've no idea how it came to be here at all. How a queen cloud would be allowed to leave the factory in the first place – if that's even where she came from. My parents have a theory that perhaps somewhere there are free clouds, just a few, and perhaps they just roam looking for a safe place to be.'

Senior Attendant Supervisor Telma at the factory had said that the clouds used to be free, wild.

'That's not it,' Eban said quickly, quietly.

'But my parents have got reports from as far away as Ingoldis—'

'Nope, no. Sorry to interrupt you but it's not a free-formed cloud. None exist. That queen cloud is from the Cloud Factory. Trust me,' Eban said.

He seemed agitated. Mara put her hand on his shoulder gently and asked, 'But how can you know that for sure, Eban?'

Eban's face scrunched up as he struggled to think of what to say. Then finally he burst out, 'Because I let her escape!'

Mara glanced around at Zita, whose eyes had gone wider still behind her double spectacles. Fidget squeaked and Brume drifted closer to Eban, nudging against his side as though comforting him.

'Umm – shall we sit down,' Zita said. 'And I'll get Struthers to bring some food and tea. A good cup of tea is what's needed, don't you think, Mara?' Zita tapped her on the arm.

Mara took the hint. 'Oh, yes – some tea and food would be lovely, right Eban? Come on.'

Mara slipped her hand into Eban's and he let her lead him to the table under a beautifully green tree. He didn't look at either of them, just kept gazing back up at the huge grey-blue queen cloud high above the garden.

A few minutes later, the table was loaded with two trays. One with delicious-looking food, the other with a large silver teapot that steamed away.

Mara's stomach churned and grumbled. It seemed days since they had last eaten.

'Shall I pour?' Zita asked, lifting the silver teapot and looking across at Eban and Mara.

Rich, dark tea streamed from the teapot into the waiting cups and Zita offered round the plates piled with tasty-looking sandwiches, small pies and delicious cakes in the shapes of flowers. Mara had never seen food look quite so beautiful. It was almost a shame to eat it . . . almost!

'Struthers is a keen baker,' Zita said brightly.

Eban hadn't said anything more since his revelation, but kept looking back out at the garden and the shadow from the queen cloud that spread across the lawn.

They ate some of the food that Struthers had

brought through for them, until Eban clattered his cup back into its saucer and said with a shaking voice, 'I was cleaning the chamber that the queen cloud was in and I opened the window to air it. We're not really supposed to, but they always seem to like the fresh air . . . they respond to it. The cloud seemed so interested in the window and what was outside but I never thought for a second that she would try to escape. I tried to stop her, but she was gone too quickly. For a while I thought perhaps she had just been sucked through the open window by a draught – that's what Aunty Dru and the other senior attendants all said. But I know it wasn't like that. I felt it in my bones. I always felt a strange connection to the queen clouds. And that one always seemed . . . sad to me. And then she seemed so happy to be out of the chamber, out of the Cloud Factory. Does that sound silly?'

'No, Eban. Not at all,' Mara said quickly.

'I thought she would just die, evaporate after a while, beyond the protection of the factory.'

'And all your spells and rituals?' Mara asked with a sly smile.

'Ah . . . yes,' Eban said, blushing a little. 'Sorry.'

Zita banged her hands down on the table, clearly

excited. 'But she didn't die, did she? Look at her – she's thriving being free from the factory. Far bigger than any cloud that ever gets delivered.'

'You have clouds delivered?' Eban asked.

'Yes, a couple every month or so – just to keep up the pretence that all the garden was achieved from delivered clouds and not our . . . free-range one,' Zita explained. 'We didn't want to draw too much attention to the garden from the Cloud Factory. Sorry.'

Eban shrugged and smiled.

'I knew it. I knew it!' Mara said, getting to her feet. 'Don't you see, Eban? The clouds *want* to be free. They want to be outside the factory, not trapped and housed. They belong outside – they're wild, they belong to the sky and the air and the breeze. And that's why Brume is changing and why the garden cloud is so big and so powerful.'

'Mara is a weather radical, if you hadn't noticed!' Eban said with a chuckle in his voice.

'Some of what the weather radicals say is correct, you know,' Zita said to Eban.

'See!' Mara smiled at Eban. 'I knew Cresta was right!'

Zita continued, 'Just think – if the queen clouds were freed from the factory they might be able to heal all of Brind, at long last. Clouds have healing properties too, you know.'

A spark of hope flashed in Mara's heart. She tried not to give anything away as Zita led them back into the house. They went through Zita's laboratory and into the wide inner hallway again. The door opposite Zita's room was closed and locked.

'My parents' office,' she explained. 'I'm not really supposed to go in here but I know where they hide the key!' She lifted a small pot by the door, filled with a strange plant that looked like pebbles, and produced a key.

Moments later, they were all inside Zita's parents' office. Half-closed shutters made it cooler and shadier than the other rooms. It looked just like Zita's laboratory – though it was far more orderly.

'Here, look at this.' Zita gestured to a collection of small glass bottles held in a wooden tray. 'My father calls it the elixir. It's from the garden cloud, and we think it can cure just about anything...'

CHAPTER TWENTY-FOUR

The Elixir

Mara stared at the tiny glass bottles in the tray. She could feel her heart beating so fast in her chest that she was certain that Eban and Zita must be able to hear it. *Cure anything?*

'My parents discovered it, quite by accident. They routinely collect samples from the garden queen. My dad burnt his hand doing an experiment and one of these samples got spilt over his hand, and the burn healed up by the end of the day.'

'How is it made?' Mara asked, her voice a hoarse whisper.

'We don't make it,' Zita said carefully. 'It's from the cloud, it's rain.'

Mara felt her hope fall away again. Brume hadn't cloud burst at all. It was what she had overheard Evie and whomever else it was in the room saying, that Brume had stopped raining months ago. She had managed to steal the one queen cloud from the factory that was no good to her.

'And it's just rain?' Eban asked, as Zita handed him a small phial to hold.

'Yes. Well, queen cloud rain. The properties are quite different compared to what comes from the cloud deliveries. Especially just lately, look.' She gestured up to a board full of diagrams and notes that meant nothing to Mara. There was a chart that showed a steady decline over the past two years. 'DELIVERED CLOUDS' was written at the top.

'My mum is especially interested in the effectiveness of the cloud bursts from the delivered clouds, and something isn't right.' She pointed to the chart again.

Mara was sure it had something to do with Evie's illegal transactions with the cut clouds but wasn't sure whether to voice her suspicions. Despite how mean Evie was to Eban, he seemed loyal to her, and besides, what proof did she have?

Eban stepped closer to look at the charts and

handed Mara the phial of queen cloud rain to hold.

Mara looked at the liquid with interest. Aside from the slightest shimmer, it appeared to be the same as the water from the well in Withering. And yet Mara could feel something coming from it in small pulses.

A loud cough from the doorway startled them all. It was Struthers.

'I know, I know, I'm not supposed to be in here Struthers, but we may have had a breakthrough and I wanted to show Mara and Eban something. What is it?'

He bustled into the room. Zita met him halfway. Mara watched as they held a quick, quiet conversation, and then Zita sent him scurrying off again and beckoned Eban and Mara closer.

'There's a group of dispatchers here,' she said ominously.

'Here?' Eban asked. 'As in *here* here?'

Zita nodded.

Mara looked at Zita. 'We need to get away, quickly.'

'They may just be delivering another cloud, though I don't remember my parents saying there was one coming while they were away,' Zita said.

'They're looking for us,' Eban said darkly.

'And Brume,' Mara added.

Zita nodded. 'Well, we won't let them find you, don't worry! Struthers will keep them busy for at least ten minutes – maybe even twenty, if he does a full security check. He can be very distracting when he needs to be. You can hide in the storeroom—'

'I think we should go,' Mara said quickly and looked at Eban, who nodded. 'It's not safe for you and the garden cloud if we stay here.'

Zita looked sad but she nodded in understanding and then said, 'There's another gate that leads back into the Petrified Forest. You should be able to slip away without anyone noticing.'

'Really?'

Zita nodded and turned back to Struthers. 'Fetch Mara's and Eban's things please, Struthers, and pack up some food and water for them too. Quickly please.'

That was the moment that Mara should have replaced the phial of elixir in the tray on the desk. But she slipped it into her pocket instead. She was certain that no one would ever notice it was missing, and they could always get more rain from the garden queen, right? Even so, she felt guilt curl snake-like around her as they hurried out of the room.

Zita led them back outside again and across the lawn, then down a narrow pathway between wavering bushes and tall plants that arced over their heads. Eban was just behind Zita with Fidget on his shoulder and Brume floating just overhead.

Mara could see a small gate set into the garden wall – it was little bigger than a door and made of solid wood and iron, all screwed and nailed together. Zita pulled a key from under her apron, unlocking the gate. It squeaked a little as it swung outwards, revealing the Petrified Forest beyond.

Mara had almost forgotten the pale lifelessness of the forest from having been surrounded by all the greenery of the garden. She wasn't sure she would be able to leave it.

'We'll keep them distracted for as long as possible,' Zita said, as she ushered Mara and Eban through the gate. 'Follow the path here around to the clearing – that's near the main gate so be careful in case you see anyone or they see you. There's a good path from there, an old road that should take you back to the main road for the east and to Withering. Good luck with your journey and . . . with everything. I'm sorry we didn't get to spend more time together.'

‘Thank you,’ Mara and Eban replied, and for a few moments they all reached out and took each other’s hands.

‘Thank you for everything,’ Mara said.

Zita nodded and then said quickly, ‘Now go, hurry! May the maker watch over you all.’

She pulled the garden gate closed and Mara heard the definite clunk of the lock turning back again.

For a second, they all just waited, gazing at the gate as though perhaps Zita was going to reappear and drag them back inside again. It was Fidget who chittered at them, spurring them on at last.

In about five minutes they were at the edge of a large clearing and they could see the main gate for the house and garden. There was an empty dispatcher cloud carriage parked up, the horses nosing the dry ground no doubt in search of grass or weeds to chew on. There were also three skirex waiting on the steps that led up to the gate.

‘Let’s skirt around behind the trees and follow the road for a bit, but keep out of sight,’ Mara suggested to Eban. But he wasn’t listening to her, he had stopped and was staring across at the skirex – or one, in particular. The smaller one, with the longer tail, that waited slightly apart from the others. She was a slightly different colour too, more bronze than blue.

'Eban, are you listening? Come on, we need to go. Struthers and Zita won't be able to keep them distracted for that long.'

'Caleus,' Eban said, and suddenly he was walking out across the clearing towards the little bronze skirex.

Mara froze. What was he doing? What was he thinking? He was going to get caught if anyone came to the gate. Everything so far would have been for nothing!

'Eban!' Mara hissed, and she hurried forward trying to drag him back to the cover of the petrified trees.

He had already reached the bronze skirex and was stroking the creature like it was a dog. 'Eban, aren't those things . . . dangerous?' Mara said, worried about getting too close.

'It's all right, Mara. This is Caleus. She's very friendly.'

The creature nuzzled into his hand.

Mara thought the skirex looked more hungry than friendly but she'd never seen one up close, so how would she know?

'Lovely, nice to know you,' Mara said. 'Now, if you're

done, shall we get on with the actual escaping part of the escape before your factory chums find us?'

Mara started to head back to the forest path but she realized that Eban hadn't moved away from the skirex. 'Eban?'

'I've had a brilliant idea!' he said.

'Fantastic, tell me about it as we walk, or better yet, run,' Mara said.

Eban turned and smiled at Mara, a huge beaming grin. 'How about we don't walk or run, Mara? How about we fly?'

CHAPTER TWENTY-FIVE

Caleus

Fly? Has he totally lost his mind?

'No, Eban. I think this is a very bad idea, for lots of reasons,' Mara said, and stepped away from the skirex.

'Such as?' Eban asked.

'Well . . . it's stealing for one, and for two . . . you don't know how to fly it!'

Eban cocked his head to one side and smiled. 'Suddenly you're against stealing?'

Mara swallowed hard but realized with relief he was joking about Brume and had no idea about Zita's phial. Her cheeks flushed and she said quickly, 'I . . . like to think I've helped to liberate Brume, thank you.'

'Well then, I'd like to liberate Caleus.'

Mara folded her arms over her chest. 'No, Eban.'

He turned and took her hands in his own. 'Mara, she's not dangerous. She's the best flyer of all the skirex at the factory, trust me.'

She did trust him, but the terror she felt was too real. She felt sick and hot and dizzy just thinking about flying on a skirex. 'I'm not sure Fidget would cope with it,' Mara said. It wasn't completely a lie!

But, as if to prove a point, Fidget ran down Mara's legs, scampered across to Eban and the skirex and started chattering away at Mara, as though listing all the reasons she should just join them and get on the skirex.

Even Brume seemed to have drifted away from her and was now hovering just between Eban and Caleus. 'I didn't realize we were all voting on it,' Mara grumbled.

'Well, it looks like three votes to one,' Eban said.

The total traitors!

'But . . . no. I just can't,' Mara said. 'I'm . . . too scared to do it.'

Eban stepped towards her, his hands outstretched. 'Scared, Mara? You're scared?'

She nodded, angry now that he was making a thing out of it.

'But after everything you've done the last few days, how can this be the thing you're scared of?'

'I don't know,' she said quietly and turned away. 'It's not the being up high part so much as the being up high with nothing underneath me part.'

Eban took her hand in his and said calmly, 'Caleus will keep us safe Mara, I promise.'

She shook her head, her palms were clammy and she felt chilled with fear.

'She could get you back to Withering by tomorrow morning.'

Mara could tell by the look on Eban's face that he knew he'd caught her interest. That she would find it very hard to say no now. And even though the terror hadn't left her, thoughts of Old Bern and Zita's miracle elixir crammed out the doubt she felt.

Mara forced herself to look at the skirex properly now for the first time.

Caleus's eyes were large and a soft brown colour – they reminded Mara a little of Fidget's eyes, clever and gentle and wise.

Mara stepped towards Caleus and the skirex moved slowly towards Mara. It opened its large beak and it gently licked at Mara's hand. It was a little rough, a bit like a cat's tongue.

'See, she likes you already,' Eban said.

'Oh OK, well let's go then before the dispatchers come out and catch us pinching their favourite skirex!'

'Mara, you won't regret this, I promise.' Eban beamed with undisguised excitement.

She could already feel herself shaking as Eban led her to one side of the skirex. He expertly checked the creature's saddle and harness. Mara was keen to go now she'd made the decision, but she decided it was probably a good idea to let Eban check they weren't going to fall off the thing as soon as it shot them up into the sky.

Whilst Eban checked the harness, Mara coaxed Brume back into the rucksack again. The not-so-little queen cloud happily shrank back down and seemed happy to snuggle into the bottom of the bag. She gave off a soft pink glow like a dawn sunrise. Fidget had happily leapt on to the skirex's saddle and was overseeing Eban's work very carefully.

'Ready?' Eban asked, reaching out a hand to Mara.

She nodded, but when she held out her hand it

was shaking . . . a lot.

'It's going to be OK,' Eban said again. He gripped her hand tight and for a brief moment she stopped shaking.

'Stop!'

Mara and Eban turned to see Evie on the steps of Zita's house. She was quite alone except for her crow perched on her shoulder. 'What are you two doing?' she asked, as the huge door swung shut behind her.

'Mara, let's go,' Eban urged, and she felt his hand grasp her arm.

But Mara saw a chance here to get rid of Evie, once and for all. She pulled herself free from Eban's grip and moved towards Evie, who came down the steps, meeting her halfway.

'Mara, no!' Eban called, clearly fearing what she might be about to do, especially as she was still carrying the backpack with Brume inside.

'What have you done with the cloud you stole?' Evie asked.

'What do you care?' Mara said.

'It's Cloud Factory property. It needs to be returned at once.'

'SHE is a queen cloud,' Mara said. 'She's a living being, Evie, and you should treat the clouds better.'

'I don't know what you are talking about.' Evie tossed her hair over her shoulder and straightened her long jacket. 'I am a cloud attendant, it's my job to take care of the clouds.'

'Really? Well, I heard what you said about the queen cloud back at the Cloud Factory.'

Evie looked momentarily panicked but then her eyes hardened and she said, 'What? When?'

'"This one's on her last legs. Probably get fed to the onyx queen soon". Sound familiar, Evie?'

'You?' Evie hissed. 'You were there?'

Mara nodded slowly. 'You've been selling stolen clouds, passing them off as official extracted clouds when they're not.'

Evie's eyes darted about as though searching for help from the Petrified Forest. She actually looked scared for a second, before her face snapped back to angry.

'You've no proof. Who do you think they'd believe back at the factory anyway? Me or some weather radical who stole a cloud?'

'I'm willing to find out,' Mara said as she turned back to Eban and Caleus. 'Are you?'

Evie stepped forward. 'What does that mean?'

Mara walked slowly and calmly back to Eban,

who looked like he was about to throw up. She climbed into the back section of the saddle. She pulled the buckle of the saddle strap around her waist and fastened it. Then she said to Eban, 'Back to the Cloud Factory.'

'What?' Eban whispered. 'Mara, what's going on?'

'I'm calling her bluff!' Mara hissed back. 'Just head in that direction for now, we can circle back, right?'

'Wait,' Evie shouted and hurried forwards. 'Come inside and we can talk it through. You don't know what it's really like being there, at the factory. The pressure, not seeing my family.'

'It looks like a nice life to me, Evie. A lot nicer than most other people in Brind have it. But if you choose to throw that all away, that's your choice,' Mara replied.

Eban shifted about, getting himself comfy, and then leant forward and whispered something into what Mara assumed was Caleus's ear. Just as Evie was getting close, Caleus unfolded her wings and beat them, once, twice. The force from the wing beats sent Evie sprawling and her crow flapped upwards and out of the way.

'You won't get away with this!' Evie shouted.

Mara had expected that Caleus would just leap into the air but instead she ran halfway across the clearing towards the line of petrified trees. Were they all too much weight for Caleus to be able to take off? Mara squeezed her eyes tight shut, expecting an impact against a petrified tree that (thankfully) never came.

Mara felt a sudden lurch, her head snapping back, and then wind was rushing past her ears, whipping her hair about her face. She could hear the strong beats of Caleus's wings.

She opened one eye, just a little. The Petrified Forest swept beneath them in a rush and blur of pale colours. Evie glared up at them from the ground. Mara was sure she heard the girl scream with rage.

But she didn't care.

They were flying!

CHAPTER TWENTY-SIX

Flight

As Caleus climbed into the sky she flapped her vast wings so fast and so quickly, Mara felt she would be deafened by the sound. But once the skirex had levelled off, the wing beats were not so fast or frequent.

'She's riding the air currents now,' Eban called back over his shoulder. Caleus seemed to glide with a couple of wing beats every minute.

From the air they could see the extent of the Petrified Forest. It spread out below them for miles and miles in every direction – Zita and her garden almost at the very centre of it.

Mara was entirely calm, as though all her worries

and fears had been left behind far below on the ground.

That was, until Eban asked, 'Now, perhaps you can tell me what that was all about back there with Evie? And why are we heading back to the Cloud Factory?'

'We're not, I just wanted her to *think* that we were. It will put them off our trail for a bit perhaps. Turn back when you think we're far enough away.'

'And the rest of it?' Eban asked.

Mara sighed and told him exactly what she had seen in the factory just before they'd met for the second time.

'Evie? Oh no, Mara. That's too awful . . . But it must have been the other person you saw; they must have been forcing Evie into it.'

Mara had to smile, and this clearly confused Eban. 'What? What did I do?'

Mara sighed. 'Nothing, just that you always try and see the good in everyone all the time.'

Eban smiled back and laughed. 'Well, you'd be in a whole heap of trouble if I didn't.'

'I hate to point it out Eban, but we're already in a whole heap of trouble!'

Fidget purred in agreement.

Caleus seemed as much a piece of the sky as Brume. And up here, so did Eban.

The boy and the skirex clearly shared some strange connection. Whatever it was he was doing to make Caleus fly the way they needed her to go, it wasn't by calling out any commands. Mara could see that he was directing her gently with subtle touches on her neck and gestures to make her dip or turn just so. It was as though Eban was part of Caleus and she was a part of him too.

And they were both part of the sky.

'You're a natural,' Mara called, but he only blushed and looked back towards the way they were headed.

After about half an hour of flight, Mara saw strange markings on the ground ahead. But as they flew over them, she realized they were buildings or, at least, the remains of buildings. And they seemed to go on in every direction.

'What is that?' Mara asked, and pointed down.

'It's Treel,' Eban shouted back.

'The . . . *city*?'

Was that the right word? She couldn't quite remember.

'Yes. I read a book about it from the library at the factory,' Eban explained. 'It was where most of the people lived, before the Great Shift.'

Mara couldn't imagine enough people to fill the vast space that the city covered. What must it be like to be surrounded entirely by buildings and people? No space. It didn't sound nice.

'And look there.' Eban was pointing down to what looked like a deep, wide stone basin sunk into the earth.

'What's that?' Mara asked.

'I think it's an old reservoir – they stored water in it before. Like an artificial lake!'

It looked to Mara like a great wide mouth, open in despair. She had to look away.

They flew on for about another hour before Mara was sure she could see the sand-sea shoreline in the distance – where the land dipped down and what sparse pines there were stopped altogether. Beyond that was the cracked and never-ending dryness of the sand-sea. It meant that Withering was not far away – perhaps they would be there before morning, maybe even by nightfall? She buzzed with excitement and longing to be home again. She was even looking forward to showing Eban around Withering, and, of course, to giving Old Bern the elixir to cure him – even though she still felt bad for stealing it from Zita.

Eban began to wriggle in the saddle and kept glancing back over his shoulder. But not at Mara. He was looking past her, to something behind them.

'What is it?' Mara asked.

'We're being followed, I think,' Eban said, glancing round again.

Mara turned. In the far distance, she could see several dark shapes behind them. Could Evie and the dispatchers have caught up with them so soon? Surely Zita wouldn't have given away details about where they were heading? And Mara thought she had done a pretty good job at making Evie think they were heading back to the factory.

And besides, where had the other skirex come from? Mara counted at least ten creatures in the air.

Caleus was turning slightly, following the line of the edge of the sand-sea. Mara scanned the ground, trying to see a familiar landmark that would give her hope that they were nearly back in Withering. But everything looked too different from above. Every rooftop, every steeple, might be Withering but wasn't.

Eban checked over his shoulder again and shook his head. 'They're getting closer, Mara. We might have to land and hide for a while.'

But where could they hide? This wasn't like the lands around the factory or even like the Petrified Forest where there was good cover from trees. There were supposed to be caves along the cliffs though, and there were the spiny, shrubby patches of gorse – some of those might be big enough for them to hide in.

'Head for the cliffs,' Mara said, pointing to their left, towards the ridge of the clifftop dotted with clumps of dusty-yellow gorse. It was the only idea she had.

Caleus turned and immediately started to descend. Mara hoped her guess was right and that they were near the caves. But when Eban next spoke, she realized too late her mistake.

'Mara, I'm not sure it is Evie and the others following us. Don't they look like birds or something else to you?'

'Oh, no. No, no!' Mara mumbled, as she shifted for a better look. And now Mara saw the warning signs in the landscape too – the stone cairns that marked the area off. Warned travellers to stay clear.

'Turn back, Eban. Quick, turn around. We shouldn't be here—'

'What? Why?'

'They're not birds, Eban. Not anything like birds.'

She didn't want to turn, to see them. But Eban had and she saw the puzzled horror dawn on his face.

Mara had only ever seen a cliff harpy once before and it had been captured somehow. Though she never found out how exactly.

It had been chained to a wagon made of thick oak and strong iron. Its body was sort of human-like, as it had two legs, but parts of its arms were fused with huge leathery wings and its bald and bony head was mostly a large fleshy beak that snapped at anyone foolish enough to come close. Mara had felt a sort of sorrow just being near it and had run for home as soon as she could. She'd had nightmares about cliff harpies for a month after that.

Anyone who grew up in the area was warned to stay out of harpy territory, and if you did stray then you had to get out as soon as possible. You wouldn't stand a chance, as the harpies could fly for longer than you could run and they had a knack for finding you if you tried to hide. 'It's almost like a sport to them,' Old Bern had once told Mara.

Their only chance now was to get beyond the cairns. The harpies knew not to stray beyond the markers of their territory and there would be people about to help. Some of the nearby villages had great harpoon guns mounted on the roofs of their village halls and Guild Hall.

If they could get to Little Snoring, then perhaps they might have a chance . . .

CHAPTER TWENTY-SEVEN

The Cliff Harpies

On they flew, Caleus occasionally screeching in defiance. Did she sense what was pursuing them somehow? She would dip and dive, building up speed, and yet the black shapes were closer than ever.

Mara could see more detail of the harpies now. They had knife-sharp claws at the ends of their wings and their talon-like feet. Their bodies were thin, skin stretched over bone and sinew – they barely seemed to be held together and yet Mara knew they were strong. There had been reports of harpies snatching cows and donkeys from a farm in the neighbouring town to Withering. Their shrieking could be heard over the beating of the skirex wings.

'Come on Caleus, come on,' Eban called into the wind.

But it was no good. The harpies were drawing ever closer.

And closer.

And then it was as though they had dropped from above. Caleus was suddenly surrounded by eight screeching harpies, leathery wings beating noisily, claws grabbing towards the skirex and Eban and Mara. Fidget scurried under cover inside Mara's jacket. She could feel his small body shaking against hers.

It felt as though they were in a storm of hands and snapping beaks and snarling horrid noise. Mara wasn't sure which way was up. She kicked out at a harpy that had flown too close. There was a crack as boot hit beak and the harpy snarled at Mara and slashed out with its taloned feet.

'It's no good, Mara. I can't outfly them!' Eban shouted over the noise.

The harpies turned their attentions on to poor Caleus, beaks snapping and talons slashing at the skirex's wings and face.

Caleus pitched, trying to avoid the harpies, and Mara was terrified they were all about to drop right out of the sky and go plummeting down to the rocky clifftop that was now rushing below them.

And then suddenly they were surrounded again and the attack resumed.

But now it seemed that the harpies had redoubled their efforts and were successfully driving Caleus towards the ground.

'We're going to crash!' Eban shouted, as he tried his best to right Caleus so that they landed as gently as possible. But by the time they hit the ground, the poor skirex was on her side, with two harpies clinging to her. She let out a cry of anger and pain.

'Caleus,' Mara called and reached out a gentle hand to soothe the poor skirex. Then she felt sharp claws digging into her shoulders and she was suddenly being dragged up a couple of metres and away. Her backpack, with Brume inside, slipped from her shoulders. 'Let go!' Mara shouted, but the harpies were either ignoring her or didn't understand. They just growled and gurgled unintelligibly.

Mara watched as another two of the harpies similarly dragged Eban from his seat and away. He reached towards Mara as he tried to fight the awful creatures off but they were larger and so much stronger.

'Are you OK?' Eban shouted across to Mara.

'Yes, I think so,' Mara replied.

She was fairly certain that later she would ache from where they'd crashed, but right at that moment she was more worried that there might not *be* a later. What were the harpies planning to do? Would they want Brume? Caleus was crouched, panting with fear and exhaustion. She had hunched over, drawing her wings about herself to offer some protection from the harpies – though now they seemed totally uninterested in the skirex. Brume's rucksack lay where it had fallen on the ground. Mara watched as Caleus shifted a little, drawing her long tail around the bag, hiding it, protecting it! How did she know?

Mara wriggled again, trying to free herself even as the harpies continued to drag her away from Caleus, but their sharp claws held her tight with grips as strong as petrified wood. 'Let go, you horrible things. Let me go!' She thrashed about but only succeeded in falling to her knees and having them drag her along like that, until she managed to get back on to her feet again.

Just as she did, a dark shadow fell across the clifftop and the air was filled with the sound of huge beating wings. At first, Mara thought perhaps it was the dispatchers caught up with them. She looked up to see what had cast such a vast shadow.

Mara gasped. It was another harpy – and this one was almost twice the size of the ones that had attacked them. Mara remembered reading something about how harpies had a matriarch, a pack leader – this surely must be her!

She landed and the air seemed to crack apart with her screeching bellow. The other harpies circled around Eban and Mara protectively, clawing and snarling at the matriarch like a pack of dogs fighting over a bone. And Mara realized then that she and Eban were the bones!

But the matriarch was having none of it. She gripped the closest harpy in her large beak and flung it across the clifftop. Then she stood upright and bellowed again.

The remaining harpies scattered for cover behind large rocks or under the twists of dead bushes, as the matriarch prowled about ensuring her brood had dispersed.

The matriarch turned and looked at Mara. 'You . . . have something . . . we want.'

Mara couldn't quite believe it at first. The creature had managed to speak, though it was a rasping hoarse sort of sound. It filled the air all around them. Like some awful chorus of all the harpies speaking in unison.

Mara glanced across to where Caleus was snaked around the rucksack – Brume safely tucked away inside . . . for now.

'You . . . have . . . something,' the matriarch repeated.

'You can't have it,' Mara said quickly. Her eyes locked on the rucksack and Caleus.

Cold laughter now filled the air around them, mocking, cruel and sharp.

'What need have we . . . for a . . . cloud?' The matriarch laughed.

How did she know?

She was moving forward now, towards her, her beak snapping, her cold eyes fixed on Mara who had nowhere to run.

'We want . . . we can smell them. Your . . . lies. Your . . . secrets!'

Mara went cold.

'Secrets . . . give us our . . . power. Lies . . . renew us! Give us the secrets, give us your lies, children!'

CHAPTER TWENTY-EIGHT

Secrets

Mara's mind whirled.

Secrets?

Was that all the matriarch wanted, her secrets?

What sort of secrets did she need?

She'd do anything to get rid of the harpy, save everyone and get home to Withering, even if it did mean revealing her deepest secrets.

Mara clambered to her feet and said, 'I'll tell you. I'll tell you my secrets.' Shaking with terror she stepped towards the looming matriarch. 'I . . . stole the cloud . . . to save my father.'

Her eyes flicked to Eban. Unsure how he would

react, knowing she had lied so much. His eyes were locked on hers and he gave a small nod. Mara hoped it was in understanding.

The air rang with the awful sickening laughter of the matriarch. She swiped at Mara with her clawed foot, sending Mara sprawling on the ground as the matriarch bore down on Eban. 'No – his secrets . . . we want *his* secrets and no others!'

Eban?

He was scuttling back too, across the gravelly ground, as the matriarch got closer and closer. His face white with fear, mouth agape.

Mara scrabbled to her feet again and hurried after the matriarch. But what was she going to do? She could hardly fight her off; she was twice, three times, Mara's size at least. And Mara was certain that if she as much as looked at the matriarch the wrong way then the other harpies would be summoned to deal with her. And yet she ran anyway – straight towards Eban, who lay pinned and mute with terror. The leering matriarch towered over him.

'Please, no,' Eban called, his voice wavering, breaking, choked by tears and the press of terror.

'Just tell her something. Any secret will do, surely,' Mara began, but the matriarch swung back around, swiping out with the clawed tip of a wing.

'Back!' she hissed. 'Leave us . . . to feed!'

Mara fell back to the ground, pain flashing through her hip and leg. 'Eban!' she shouted.

The matriarch brought one claw down over his gaping mouth. She made a noise that sounded half like she was shushing him and half like a hiss – it was nothing short of terrifying.

'Eban, just tell her your secret . . . it doesn't matter!'

But he couldn't now, with the matriarch's claw over his mouth. Only a muffled sound came out.

In frustration, Mara grabbed up a large stone and hurled it across at the matriarch's head. The stone bounced off the harpy's skull and skittered away. She barely responded, just the slightest tilt of her head and a low warning noise. Mara saw the other harpies hurrying from their hiding spots towards her. They had circled her and Caleus . . . but then paused.

'Secretsssss,' the matriarch hissed again without turning around. 'Power.'

'He'll tell you his secrets, just let him. Eban, please,' Mara shouted, her voice sputtering in sobs for fear of what might happen next. Would the matriarch fling him off the clifftop if he didn't tell her?

'Stolen,' the matriarch hissed again. 'Stolen. Secrets. Power!'

'But how can you steal his secrets?'

'Rip, tear, steal!'

A terrible vision filled Mara's thoughts. The claws of the matriarch, Eban's still body on the ground. He wouldn't survive this. Of that she was certain!

But what could she do now? She couldn't hope to fend off the matriarch – she was too big, bigger than both Mara and Eban together. Almost as large as . . . Caleus!

The idea was like a flash in her mind.

But could she dare to do it? Would she even know what she was doing?

Mara turned ever so slightly. Caleus was less than two metres from her. She could dive towards the skirex, but would that give her enough of a chance to put her plan fully into action?

Would she and Caleus be quicker than the harpies?

There was only one way to find out or it seemed the matriarch was going to tear Eban apart!

Mara leapt towards Caleus without looking at the

harpies, whom she could hear moving in confusion towards her. But she was already scrabbling into the saddle again. She snatched up the rucksack with Brume inside and wound the harness lead around her wrist.

'Go, Caleus. Please go,' she called.

There was a split second when Mara feared Caleus was not going to respond. But almost at once, she leapt skyward. Mara clung on as the skirex climbed and climbed whilst the confused harpies bumbled about on the clifftop, falling over each other and being screamed at by the matriarch!

They were skyborne again.

CHAPTER TWENTY-NINE

Showdown

Caleus levelled out and Mara took a deep breath, her fear of flying chased away by her fear for Eban. She glanced down to see what was happening back on the clifftop. The other harpies were just starting to launch themselves into the air – they would be after Mara in a few seconds, of that she had little doubt. The matriarch still had Eban pinned to the ground, though she hadn't moved – was that good or bad though? Mara wasn't so sure now.

'We need to get Eban free from the big harpy,' Mara said to Caleus in the hope she could understand half of what she said, or had, at the very least, grasped the danger of the situation. She prayed Eban hadn't been pulling her leg when he said Caleus understood him.

And clearly, she got some of it. The skirex turned in a tight circle high over the top of the matriarch and Eban.

She circled and circled and circled. All the while the other harpies were drawing ever closer.

Just as Mara was starting to panic – just as the harpies were a claw's width away from them – Caleus went into a dead-drop nosedive . . . straight down. She sent the harpies tumbling and crashing into each other in mid-air as she plummeted down and down, her wings tucked in tight. The air rushed past Mara – the force so strong she was sure she would be knocked from the saddle and crash to the clifftop. But she didn't, thanks to the reins wrapped around her hands.

They were diving closer and closer to the matriarch but at the last second, she swung out one massive, clawed wing and poor Caleus just avoided taking the brunt of the blow in her face. The skirex swerved and then flew back up again, even as they heard the other harpies once again in hot pursuit.

Mara glanced back down as the matriarch now

hoisted Eban up, one claw holding him by the neck. The other swiped this way and that. Mara heard a scream that chilled her soul and then a dark purple light seemed to flow from Eban towards the matriarch.

They had failed. She had got the secret from him anyway.

'No!' Mara screamed.

She was shocked by her own voice, and the harpies clearly were too as their cries immediately paused. 'Again, Caleus!' Mara shouted and the skirex went into another sharp nosedive.

But now the matriarch, fed by Eban's stolen secret, had no further use for him, and she dangled him over the cliff edge for a moment before letting him slip from her claws. And he vanished.

Caleus had seen and immediately altered her course, swooping low over the matriarch with her own blood-curdling screech and then down the cliff face after poor Eban.

Jagged, black rocks were all that waited at the bottom of the cliff for them.

Caleus tucked her wings in tight again but this time she dropped like a stone. As her stomach lurched, Mara scrunched up her eyes tight. She couldn't bear to look!

She felt a jolt as Caleus turned, heard the vast leathery sound of her wings unfolding and beating as she climbed back up into the sky. Mara dared to open her eyes and look. She could see Eban's limp body flapping about in Caleus's claws below.

'Oh, Caleus. Well done. Well done!' she called, as tears blurred her eyes before being snatched away by the rush of air.

The harpies hadn't given chase and a few minutes later Caleus touched down at the base of the cliffs, having gently dropped Eban on to the sand before landing a short distance away.

'Oh, you wonderful, beautiful creature!' Mara said, kissing Caleus on the nose – which made the skirex sneeze, but then she made lots of happy clicking noises before padding after Mara as she hurried to where Eban lay in the dunes. 'Please be all right, please be all right,' Mara said aloud to everything around her – the sand, the sky, the cliffs. Eban was on his side, his back to her as she approached. He was still, worryingly still.

'Eban?' Mara dropped to her knees in the sand and very gently turned her friend over. He cried out in pain but didn't open his eyes or speak.

She had expected a cut, blood too. But instead, Eban's chest bore a sickening bruise, purple, yellow and black – it was roughly and oddly star-shaped.

'Eban?' She called his name again and shook his shoulder but he screamed out in pain once more. Tears brimmed in Mara's eyes. He was breathing though, at least there was that, but it was shallow and fast.

He was injured in a strange way that Mara didn't understand. What power had the matriarch used against him that had caused this? Fidget scurried out of her jacket and on to her shoulder. He made a sad noise as he looked down at Eban.

'I know,' Mara said gloomily. 'What can we do?'

She glanced off along the dunes and then up at the cliff. They surely weren't far from home now – just a short flight, she was certain. She could take Eban and get help back in Withering. But even as she moved to just fold his ripped jumper and shirt back over his chest, he cried in pain again and his breathing became faster still.

Fidget made a mournful squeaking sound.

'I agree,' Mara sighed. 'I don't think he'll make it either.' It felt more than she could bear.

Then she reached into her pocket and pulled out

the elixir she had stolen from Zita's parents' office. She had been hoping she could give it to Old Bern.

Old Bern, the only family she had ever known in her life.

But here was Eban. In pain and getting worse as she waited. He was the first real *friend* she had ever had in her life, aside from Fidget.

Old Bern would give Eban the elixir – Mara knew that for sure. So would Mayor Peabody.

She would work out what to do next when Eban was well again.

She carefully lifted Eban's head from the sand. He yelped but the cry faded as Mara emptied the elixir into his open mouth.

Then she laid him back down on the dune again, and watched and waited and hoped beyond all hope that the elixir would work.

CHAPTER THIRTY

Truth & Lies

The minutes seemed to drag along, with Eban lying so still in the sand that Mara had to lean over him to check he was still breathing. She kept a watchful eye on the sky and clifftop, worried that the harpies would reappear, but it seemed Caleus had done a good job at scaring them off.

Brume and Fidget also watched carefully. Brume hovering just above Eban's head, Fidget curled up on the sand near his feet with Caleus nearby, quiet and watchful.

And they waited.

And waited.

Perhaps Zita's elixir hadn't worked after all. Or

perhaps whatever terrible power the harpy had was too great for the elixir to cure?

The shadows started to stretch out across the dunes as the sun dipped below the clifftop. It would be totally dark in a couple of hours. Mara didn't relish the idea of being stuck out here on the edge of the sand-sea. If Eban didn't wake up soon, she would have to find some way of getting him on to Caleus so they could find their way to Withering.

'Mara . . .'

Eban's voice was dry and little more than a whisper.

But he had spoken.

Mara lunged towards him, her heart thumping with relief. She could see the strange wound on his chest had started to shrink. The angry bruising was already fading from its near-black purple, to violet, to lavender.

'Oh, Eban – you're awake!' She gently took his hand in her own. It was limp but she felt him squeeze back gently.

'What . . . happened?' Eban asked.

Mara gently sat him up and relayed the tale of the sky fight, whilst helping him to have some water from the flask that Zita had given them. He drank greedily and then slumped back, taking deep grateful breaths. Mara fished out the cakes that Zita had also packed for them and shared one with Eban.

He brought a hand to his chest, wincing a little at the ever-shrinking wound from the matriarch. 'What did she do to me?'

Mara felt suddenly uncomfortable. She glanced away. 'She stole your secret, or at least tried to . . . I think.' Mara spoke quietly, worried that Eban would be embarrassed.

'Oh, that,' he said and shifted a little.

'You don't have to tell me,' Mara said quickly as she started to get to her feet, but Eban reached out and stopped her.

'No, no it's not that. I . . . I should have told you before.'

Mara took a breath and fixed her gaze on Eban. His eyes were that bright blue of the sky above Withering, the opposite of her eyes, which were grey like the cloudy skies above the factory – how strange!

'You're not a cloud attendant, are you?' Mara said, and she smiled when she saw the surprise light up Eban's face.

'You knew?' he asked.

'Well, yes. I suspected it, for a while at least.'

'You're right. I'm not an attendant. Though I truly, truly wanted to be one. Evie, remember her?'

'How could I forget?' Mara smiled.

'She kept promising me she would help me if I did tasks and chores for her. But that day we met, I realized she had just been lying to me all the time, using me really. And all I could think of was to escape, to leave.' Eban paused for breath and then said, 'I . . . I work in the stables and the skirex roost in the factory – cleaning them out, tending to the horses and skirex, cleaning them, feeding them, you know.'

'So that's how you know Caleus so well?' Mara asked. It was so clear now, so obvious. She thought back to the well-tended and looked-after horses in the spotless stables. Of course only someone with Eban's gentle heart could take such good care of others.

'Yes. But . . . well, you see, that's not the secret – not really.'

Mara sat back. 'Oh?'

Eban looked out over the dunes towards the expanse of the sand-sea.

'It's OK, Eban,' Mara said gently.

‘You know when we fell out of the window back at the factory?’

Mara couldn’t stop a small giggle escaping, thinking of the sudden tumble from the window ledge. All arms and legs, and Brume bursting into life and helping them drift gently down to the lower level and to safety. ‘Well, of course I do. I’ll remember it until the day I go to the beyond, I’m sure. I pulled you out . . .’

‘No, I pushed you out of the window, Mara. It wasn’t an accident. I wanted to leave. I wanted to run away with you and Brume. I felt as trapped as the queen clouds do.’

Something dissolved in that moment, as though the lies had taken on a solid form before falling to pieces and being blown away on the breeze.

‘But why? Why would you want to leave the factory, Eban?’ To Mara it was a place of plenty and wonder and safety.

Eban looked over at Brume and Mara understood at once.

The garden cloud he had let escape from the factory. ‘For the queen clouds?’ Mara asked.

‘They deserved to be free. Look at how different Brume is now, outside the factory.’

Mara turned and looked at the small queen cloud. She had changed so much in just a few days. Brume was plumper, her pale colours richer. And she was larger by at least half as much as she had been before. This was what happened to the clouds when they were out in the world, free.

'I'm so sorry,' Eban said. 'I was going to tell you, I promise, but . . . I couldn't find the words. It's my fault the dispatchers are still chasing us.'

'I'm sure our run-in with Evie didn't help on that front though.'

They both smiled. 'What did you give me, Mara? The pain, it's almost gone now.'

Mara smiled sadly and glanced away. 'I stole a bottle of the elixir from Zita. I was going to take it for Old Bern, but . . .'

'Oh,' Eban said, taking it all in. 'Well, thank the sky you did, I say!'

Now felt like the right moment. Mara took a deep breath. 'Old Bern, he's ill, you see. With something called the Thwart. It's common outside the Cloud Vale. All his joints and muscles are seizing up and he struggles to walk sometimes. Someone told me that a piece of a cloud could heal him. And that's why I came to the factory, that's why I stole Brume.'

Eban was quiet, taking it all in. Mara thought he would be angry with her but he locked his sky-blue eyes on her and smiled. 'But now you've changed your mind, I think?'

She nodded, unable to speak.

'What wouldn't we do to save the people we care about?' Eban asked, and he reached out and patted her hand gently.

'But I can't do that to Brume, not now – not after all of this. And I promise, I'll find a way to repay Zita and her parents. I feel really bad about it. About all of it.'

'I'm sure she'll understand,' Eban said gently.

'That just makes it worse. I'm sure if I'd asked, Zita would have given us all the elixir she had . . . but I just snapped in that moment and kept hold of it.'

They sat in silence for a few more minutes and then Mara asked carefully, 'Do you miss the factory? You could still go back. You could take Brume. They'd think you were a hero. You'd be bound to be made an attendant now or a dispatcher even, surely.'

Eban didn't hesitate before he replied. 'No. I don't think I can ever go back there now, and I certainly wouldn't send Brume back anyway. She needs to be free. I think perhaps they all need to be free now, don't you?'

Mara turned to look out towards the sand-sea. Her mind so full of thoughts, her heart torn in two by everything that had happened.

To the east, she could see the first bright dots of stars. She was just about to point this out to Eban when she realized that there was a huge dust cloud rolling in towards them from the sand-sea.

'We have to go, now,' Mara said, getting to her feet and gathering up their things.

'Why, what's happening?' Eban sat upright.

'See, over there?' Mara pointed at the dust clouds. 'It's a sandstorm. In less than ten minutes the air will be totally filled with sand and we won't be able to see, we won't be able to breathe.'

Brume shot back across and slipped into the rucksack, Fidget bounded over to Mara and jumped up to her shoulder. 'Can't we take shelter in a cave or something, maybe it'll pass over us? It's just, I'm not sure I'm up to flying Caleus at the moment.'

Mara reached out and helped Eban to his unsteady feet. 'You don't need to fly her, I'll do that. Have you forgotten already how we ended up here?'

CHAPTER THIRTY-ONE

The Sandstorm

Although he was feeling much better, Eban was still rather uncomfortable as Mara helped him into the saddle. He was still not fully recovered but they had no choice. They couldn't stay where they were. Mara clambered on and coaxed Caleus to leap into action. The skirex took two bounding leaps across the dunes and then leapt into the purple night air, her wings spread wide.

They were soon flying fast in the direction of Withering. But the sandstorm continued to churn towards them. It grew until it felt as though it was surrounding them almost entirely.

The pinpricks of stars were now all gone and the

night sky was pretty much indistinguishable from the sand-sea itself. Mara wasn't sure they were going to be able to outrun it.

But just as Mara felt the first few stinging flecks of sand hit her face, she saw a sight to gladden her heart with hope. She spurred Caleus on with a cry of delight and relief.

'Home!'

Just ahead she could see the crooked spire of Withering church nestled in the hodgepodge of buildings that made up the town and the hill of Clifftop Farm. Mara hadn't been sure she would recognize the town from the air but it was as though her heart was drawn to it by an invisible thread.

But where could Caleus land? Mara was filled with worry that the skirex's wide wings would snag and tear in the narrow streets of Withering, but if they landed outside the town, they would still be at the mercy of the sandstorm just as it hit. Already she was starting to struggle to see properly as bigger gusts of sand-filled wind buffeted them about.

The Guild Hall was their best bet. There was a smallish square outside which she was sure would accommodate Caleus's wings, and the snicket that led through to the harbourside might offer Caleus some protection from the storm – she would never fit in the apartment above the locksmiths, that was for certain.

But as Mara brought Caleus closer to the rooftops, the square in sight at last, she saw a figure hurrying up the steps of the Guild Hall. They had turned, no doubt drawn by the sound of the skirex's beating wings, and stood open-mouthed, gaping upward at Mara.

'Mayor Peabody!' Mara called with relief. 'Oh, thank the maker!'

The mayor seemed more puzzled now and Mara briefly imagined what it must all look like from her point of view. A huge and unexpected skirex landing on the steps of the Guild Hall, and Mara not only on its back but flying it!

But, as ever, Mayor Peabody seemed unfazed even after her initial surprise. As Caleus landed, folding her wings back, the mayor hurried down the steps. 'Mara? Mara, is that you?'

Mara slipped out of the saddle and turned at once to help Eban as the mayor reached them. 'By the sky, what is . . . where have you been? We were all so worried . . . who is that?'

Mara turned quickly. 'I promise I'll explain everything but I need to see Bern, where is he?'

Mayor Peabody paused and stood a little straighter than she already was, a sure sign she had bad news.

Mara gripped the saddle tight.

Was she too late, after everything that had happened?

'He's been struggling a little the last few days so he's staying with me.' Mayor Peabody gestured to the Guild Hall which was joined to a narrow, tall house that was used by the mayors of Withering during their time in office. 'You'd best come inside with me. Looks like the storm is just about to hit.'

A few minutes later, they were all in the meeting chamber. Mayor Peabody had found a huge metal bucket and filled it with water so that Caleus could have a drink. 'I'll sort her some food next, though heaven knows what skirex eat? Come on, someone upstairs will be very happy and relieved to see you.'

Old Bern was sat beside the fireplace watching as the sandstorm blew in at last. The light from outside was now a sickly orange-brown that had seeped into the mayor's sitting room. As Mara pushed the door open, Bern turned and for a second his face was a picture of pure puzzlement.

'Mara!' He beamed and started to get up out of his chair.

Mara flew across the room as though she had Caleus's wings and felt Bern's arms enfold her, his stubbled chin resting against the top of her head. 'Oh, my girl, my girl,' he cooed. 'We were so worried. I thought I might not see you again.' He had tears in his eyes. 'Especially when Mr Gwyl told us he'd given you something to cut a cloud!'

'I'm sorry, I'm sorry,' Mara said, and she was crying and laughing all at the same time as she clung to Bern. Right then, she never wanted to be anywhere else except at his side, for however long they might have together now. 'I was trying to find a way to help you,' Mara said quietly. 'A cure . . .'

Mayor Peabody came in at that moment, along with Eban. 'I think we've got lots of questions and you two have all the answers. So, how about I make some tea and we all have a nice chat, yes?'

'Yes.' Mara smiled.

It was time to tell them all that had happened.

CHAPTER THIRTY-TWO

Confrontation

As the storm raged on, Mara and Eban let their joint tale unfold. They each took it in turns to tell pieces of their adventure to Old Bern and Mayor Peabody, who sat and listened silently.

From the Cloud Factory to the carriage ride, the sand scorpion and Zita's beautiful garden and the other queen cloud, and finally the harpy attack – it all tumbled out.

Mara noticed that every now and again, Old Bern and Mayor Peabody exchanged a knowing glance. Were they impressed, amused, bemused? Mara couldn't tell.

As the sand swirled around outside the Guild

Hall, the mayor served some food and drink for them all to share. It was a taste of home that Mara felt so entirely grateful for and she could see Eban did too. He seemed to like the mayor and Old Bern – and she thought they liked him in return.

'And so, this is the cloud that you stole from the factory?' Mayor Peabody said gravely, looking at Brume, who had hovered in the corner of the room all this time, gently tumbling over and over in the air, her soft pink light casting about the walls and ceiling.

'Yes.'

'No.'

Eban and Mara answered together.

'You see,' Eban started to explain, 'Mara thought she was pulling us out of the window of the Cloud Factory but the truth is that I *pushed* us out of the window. So I guess, technically speaking, I stole Brume. Though in truth, I think Mara rescued us both.'

She didn't know what to say to that. Mara felt as though she couldn't catch her breath for a second, that if she opened her mouth to breath or speak, she might cry.

'I see,' Old Bern said, stroking his chin and getting

slowly to his feet. Using his cane, he walked across to Brume. Mara could see it was more of a struggle than ever, his hands barely able to grip the cane handle and his legs stiff and slow. She had to look away. 'And all of this to bring a cloud here to heal me?' He didn't sound best pleased.

'Yes,' Mara said in a small voice.

The room was silent but for the storm battering the window and Fidget's soft snores where he slept by the fire.

'Well, you never were one for doing things by halves, my girl,' Old Bern said. 'There's lots to put right, you know that.'

She nodded.

'Not that I'm not grateful for the attempt though,' Old Bern said more gently.

'Well, it was all for nothing anyway. Brume doesn't cloud burst; we won't get any elixir from her.'

Eban turned and grabbed Mara's hands. 'Not for nothing, Mara. Look at how Brume has changed since you rescued her. Look at how I've changed – and what we discovered has helped Zita and her parents, and that might change . . . well, everything.'

'He is right,' Mayor Peabody said quietly and then sipped her tea. 'It is far from nothing.'

Mara couldn't stop her tears then. 'But I didn't want to change the world. I only wanted to find a way to make you better.'

'I know, my love,' Old Bern said as he started back towards Mara. 'But not everything in the world can be fixed and nor should it.'

On his next step, Bern's cane got caught on a chair leg and he stumbled and fell. Everyone leapt towards him but it was Brume who moved the quickest. She swooped forward, doubling her size as she did. Her soft pink light glowed brighter and she enveloped Bern as he fell so that he was entirely hidden in the queen cloud.

Everyone gasped, expecting Bern to pass right through Brume and hit the floor hard. But Brume held him for several long moments as she grew and shrank, her glow in turns brighter and dimmer. Then she grew bigger and bigger again until Mara could barely see the rest of the room – before shrinking back to her usual size. As she did, they all saw Bern now standing upright and looking decidedly damp and confused. Little pinpricks of light seemed to dance around him for a few seconds, before vanishing like dust motes that glimmer in the light and then disappear.

They all rushed to check Bern was OK.

'What was that?' he asked, looking at Mara and then Eban.

They looked at each other and shrugged. 'She's never done that before,' Mara said. 'Are you all right?'

Bern moved to take his seat again. 'Um, well yes, I think so. A bit damp and I feel all . . . tingly!'

Mayor Peabody moved across to him. As she reached out to put her hand on his forehead, a little crackle of light spread between them like a tiny flash of lightning.

'By the sky!' Mayor Peabody said, jumping back.

There was something odd in what had happened between Old Bern and Brume. Mara noticed that as Mayor Peabody led him from the room his movements seemed smoother, he didn't hold himself in quite the same way he had before. But perhaps she was just imagining it. Wishing for something to have happened.

It was late and the storm was still raging on, so Mayor Peabody decided it was best for everyone to stay there for the night. Mara and Eban would sleep in the sitting room with Brume and Fidget, as Old Bern was already in the spare bedroom.

There was something about the comfort of being

back home, even though she wasn't in her own bed, that meant when Mara fell asleep she slept more soundly than she had in months.

She dreamt of the cloud-filled sky around the factory, except it wasn't the factory at all, it was Withering, and the sky above the town was now filled with clouds that stretched on for ever and ever just as they did in Cresta's old postcard from before the Great Shift, just like the painting in Mr Gwyl's shop.

'Mara!'

She jolted awake to find Old Bern and Eban standing over her. 'Is it morning already?' she asked.

'Yes,' Old Bern said gently. 'But . . .'

He didn't need to say more. Mara could hear the hurried feet and loud commanding shouts from the square outside the Guild Hall.

Mayor Peabody pulled aside the net curtain and peered out. She made a slightly disappointed sound and then looked across at Mara and Eban. 'What is she doing? You'd best come and see this.' She nodded towards the window.

Mara and Eban crossed the sitting room, stretching and yawning, to the window and looked down into the square.

Evie and a group of other cloud attendants stood outside the Guild Hall. The white crow flapped its wings and cawed as though it had sensed them staring down. And then Evie locked eyes with Mara.

'Oh, she's seen us,' Mara said glumly.

'What should we do?' Eban asked, looking at Mara and then the mayor.

'We go and face the music, m'boy. That's what we do,' Mayor Peabody said gravely. But as she passed Eban, she reached out and gave him a reassuring squeeze on the shoulder. 'You're not alone though.'

They all emerged through the main door of the Guild Hall, Evie stumbling back slightly as the doors swung open and the mayor strode out with Mara and Eban behind her. Old Bern hung back, walking slower, though Mara noticed his cheeks had more colour this morning – though perhaps that was just because she was home again.

'Oh, it's you, Miss Bainbridge. We weren't expecting you, were we? We hadn't sent for another cloud just yet.'

Evie's eyes locked on Mara. 'I think you know why we're here, Mayor Peabody.' She pointed towards Mara and Eban.

The mayor gave nothing away. 'Oh?'

'You are harbouring a thief or, indeed, thieves.' Evie's eyes flicked to Eban. 'And a stolen queen cloud from the Cloud Factory itself. And a skirex!'

'Your proof?' Mayor Peabody asked.

'Those two,' Evie said, though now she neither looked nor gestured at Mara and Eban.

'Perhaps we can go inside and discuss—' Mayor Peabody began, but then another figure moved from behind the cloud carriage. A figure that gave Mara hope. It was Aunty Dru!

Mara was sure that she could explain everything logically and clearly to Aunty Dru and put things right. Aunty Dru smiled at Mara but something in the smile made Mara feel suddenly chill to the bone. This wasn't the smile of the kindly woman who had taken such good care of her at the factory. It was menacing!

She pulled out a scroll that had hung from her belt, unwound it and read from it.

'You are to hand back the stolen queen cloud, specimen number . . . A0143,' Aunty Dru said, all the sweetness gone from her voice. It was as if someone else was speaking, though the words had clearly come out of Aunty Dru's mouth. And that was when Mara realized, with sudden cold dread, who the other figure had been with Evie in the room back at the Cloud Factory. It had been Aunty Dru! She had been illegally cutting the clouds and selling off the sickly results. Mara felt anger and frustration churn inside her stomach. She glanced at Eban and saw the same thoughts had hit him too.

'The queen cloud was illegally removed from the Cloud Factory.'

The square was quiet for a while as this sank in.

'Who is that?' Mayor Peabody asked quietly over her shoulder.

'Aunty Dru,' Eban and Mara said back.

The mayor raised an eyebrow, clearly confused by the contrast between the woman in the square and the one who had featured in Mara's story of the factory.

'Return the cloud and no further action will be taken,' Aunty Dru called.

'But . . . she's not *ours* to give back,' Mara said eventually, when nobody else spoke.

Aunty Dru's head snapped around and she glared at Mara as though she were something filthy from a bin. 'What did you say, girl?'

'Brume – she's not a *thing*, Aunty Dru. She doesn't belong to anyone. She's free, a living being that wants to be free.'

'This is nonsense, stop trying to distract me and hand me the cloud. NOW!'

Two large dispatchers stood waiting nearby with a cloud net that shimmered and crackled with magic. It looked ridiculous compared to Brume's impressive size now. She would never fit inside it. What did they hope to accomplish exactly?

'No,' Mara replied. 'Look, can't you see that she's different, transformed from not being trapped in the factory and forced to make clouds day after day after day?'

Evie and Aunty Dru glanced up. There was no disguising the wonder that fell across their faces. It gave Mara a glint of hope – hope that she could convince them.

It did seem that, for a moment, Evie at least might have been considering it, but Aunty Dru was in charge now. 'No. I have tracked this cloud and I will take it back to the factory. It's how things have been for ever and you cannot mess with the balance of the world like this. Taking clouds hostage.'

'That's not what happened at all . . . well, not exactly,' Mara said.

'Enough waffling,' Aunty Dru snapped. 'The cloud. Now!'

'That is quite enough, thank you,' Mayor Peabody said in a kind but firm way that Mara knew meant she was in no mood for being messed about. 'Mara has explained what has happened and the cloud, oh, I apologize, Brume, simply does not wish to return to the factory with you or anybody else, now that she is free. Surely, you of all people can see that?'

'That's not your decision to make,' Aunty Dru replied, clearly relishing having the upper hand.

'Nor is it yours,' Mayor Peabody snapped back. 'Miss Bainbridge is only a dispatcher and you, as far as I can tell, are some sort of glorified nanny. I will be reporting you both to your superiors at once. We are aware of the illegal activities that you have both been conducting – Mara and Eban are both witnesses. For now, Brume has the protection of Withering-on-the-Sand-Sea and all who live here.'

'You'll never be sent another cloud from the factory – ever!' Aunty Dru screeched.

'Again, I'm afraid that's not your decision to make.'

Aunty Dru turned away and snapped something at Evie and another of the nearby attendants. There was clearly some disagreement momentarily between them and then Aunty Dru snapped, 'Just get it – *now*!'

Evie and the other dispatcher hurried away and Aunty Dru paced around for a while before she looked back at Mayor Peabody and said, 'If you insist on harbouring fugitives –'

'Fugitives?' Mara mouthed at Eban.

– 'and holding a queen cloud . . . *captive* . . .'

'She is here by choice,' the mayor said, her voice full of exasperation.

'. . . then you leave me little alternative. I have been authorized by the head of the factory to use any force necessary to secure and return the queen cloud.'

Along the narrow alleyway that led into the square, Mara could see a cloud carriage being pulled in by two huge horses. They were skittish, whinnying and glancing back behind them, clearly agitated by something. Something in the carriage?

Mara took two steps forward. And yet she didn't need to see what was in the carriage. She could feel it already. That same dread she had felt in the queens' corridor back at the factory.

'It's the onyx queen,' she said to Eban, and the look on his face told her that he already knew – he had felt its darkness, emptiness, loneliness for himself.

'Aunty Dru, no!' Mara cried, hurrying forward,

Eban behind her. 'Don't do this, please. It's not the town's fault.'

'Then hand over the cloud!' Aunty Dru shrieked.

Mara turned and glanced up at Brume. No, she couldn't allow the cloud to go back to the factory . . . not now.

'I can't,' Mara said.

'I won't,' Eban said almost at exactly the same time.

Aunty Dru breathed out a loud huff of frustration and turned towards the carriage. 'Open it up!' she shouted. 'Release the onyx queen!'

CHAPTER THIRTY-THREE

The Onyx Queen

The cloud carriage roof started to lift outwards. The thunk-click sound as the cogs turned marking the sickening seconds of time passing. Mara saw the first wispy strands of dark cloud that snaked upwards. But there was no joy or sense of celebration.

'You don't know what you're doing. The onyx queen is dangerous, can't you feel it?' Eban called.

'You've brought this on yourselves,' Aunty Dru said, though Mara noticed now that she wasn't looking them in the eye at all and her voice was getting higher and more panicky.

Eban started to move away from Mara. She

caught his hand and tried to pull him back.

'Let me go, Mara,' he said. 'I can help.'

She stared into his eyes and realized that she wouldn't be able to stop him. From her jacket she pulled out the sprig of rosemary that had been there since she left Withering and she poked it through an empty buttonhole on Eban's shirt.

'For luck,' she said quietly.

Then his hand slipped from hers and he was rushing down the steps, taking them two or three at a time. He stumbled once, and Mara thought he would go crashing down, but somehow he righted himself and came to a stumbling stop just before Evie and Aunty Dru. He sort of looked like he was bowing or falling to his knees, and Mara noticed a triumphant little smile lift the corners of Evie's mouth.

But he wasted no time in getting to his feet again and grabbed the girl by the shoulders. The white crow, startled, took flight with sharp caws of annoyance and circled above them, though Mara noted it stayed well clear of the cloud carriage.

'Stop it, Evie. Just stop it!' Eban said, shaking her by the shoulders. 'This has nothing to do with Mara or with the people here in Withering. This was all my doing . . . my fault.'

Evie rightly looked startled. But the other attendants were already dragging Eban off her. By now, the onyx queen was almost entirely clear of the carriage and it was expanding, growing, filling the small square with darkness or sucking the light out of the day, Mara wasn't sure which.

Aunty Dru wasn't going to stop, Mara was sure of it. And even if she decided to, Mara had a sinking sense that there was no way for her to stop the onyx queen now even if she wanted to. What good would the attendants' staffs with their little charges do against the vastness and power of this cloud of darkness?

Mara looked across at Eban, who simply mouthed 'Go' to her, even as he tried to shake off the attendants that held him tight.

There was a low rumble that rolled and churned over the rooftops, and then crackling bolts of red lightning ripped across the square and struck the spire of St Peggy's. There was a loud cracking and tearing sound, and Mara watched horrified as the spire collapsed, sliced in two by the power of the onyx queen.

Without waiting, Mara turned and hurried back

up the steps to Mayor Peabody, who stood open-mouthed staring at the onyx queen as it rose up and up, filling the sky above the square.

'You need to take cover,' Mara said, and grabbed the mayor's hand, dragging her back towards the Guild Hall entrance. Old Bern, who had obviously got the gist of what was occurring, was already back inside as Mara and Mayor Peabody cleared the last of the steps. With the mayor inside, Mara turned to help close the doors just as another rumble of thunder sounded. It was followed by a brighter flash of red lightning that illuminated everything – the bricks of the Guild Hall, Mayor Peabody's horror-stricken face, Bern's hand gripping her own. Mara turned to see the lightning strike the little narrow house that stood across the square beside the old harbour master's office. Its windows briefly flared red and then glass panes exploded out, followed by the old wooden door. Mara hoped there was nobody inside.

Mara prayed that the Guild Hall was strong enough to withstand whatever force the onyx queen was about to unleash on them. She hoped the rest of Withering would survive too. Though poor St Peggy's would never be the same again.

Mara turned to close the door and Old Bern grabbed for her hand again. 'Where are you going?' he asked.

'To get Eban. I can't leave him,' she called back.

'It's too dangerous,' Bern said.

'That's why I have to help him,' Mara said desperately.

But Old Bern just clung tighter to her. 'No, please come inside. Eunice, help!'

Suddenly the mayor was there as well, her own hands wrapped around Mara's wrists as the two adults dragged her inside. 'I won't risk losing you like this,' said Old Bern. 'I am sorry, Mara, but you're all I have.'

As they pulled her inside, Mara caught a last glimpse of Eban before the dark cloud filled her view and then the door was closed. And the mayor was locking it.

'Please let me go,' Mara said, rushing for the door. 'Unlock it.'

'Mara, we need you here to help us. Without you, we're stuck.'

'But Eban!'

The mayor reached out a steady hand and fixed Mara with her most penetrating gaze. 'I know it's hard. But we need you now and I can't lose you again. Can you help us?'

Mara's thoughts were filled with Eban and Evie and the terrifying onyx queen outside. But she knew the mayor was right. Deep down.

She nodded.

'OK, so now what is that thing exactly?' Mayor Peabody asked, her voice trembling with fear. She glanced back towards the doors that were already rattling and shaking with the force from outside.

Mara wasn't sure she had ever heard the mayor sound nervous or scared before, it didn't fill her with confidence.

'It's an onyx queen,' Mara said. 'Another type of cloud. I think it's what happens when the clouds reach the end of their lives, the ones that have been used in the factory.'

'Oh dear, oh dear.' Mayor Peabody tutted. 'We have to warn the rest of the town, they need to take shelter immediately.'

Mara had to hand it to her, she went from being totally terrified back into 'mayor mode' and worrying about everyone else without missing a beat! 'My office, quickly. We can use the tannoy system there.'

She hurried away, bounding up the staircase two

steps at a time, leaving Mara to help Old Bern navigate the steps. 'He will be OK,' Old Bern said, squeezing her hand.

'I hope so,' Mara replied.

'He seems like a nice young lad to me. Clearly wanting to do the right thing.'

'Much good it's done anyone – look at all the trouble we've brought back with us.'

'You are not the cause of this, Mara.'

'But I am. If it wasn't for me, Evie wouldn't have chased us, and Aunty Dru wouldn't have just unleashed the onyx queen.'

Old Bern held up his hand for silence. 'Those are their choices; their doing, not yours. Now I can't pretend that setting off to steal a cloud just to make me better wasn't a bit of a stupid idea, but your intentions were good and what you've come to realize and try to do was right. I know that, and Mayor Peabody knows that too. You have our support, always.'

Mara couldn't hold back her tears then. She fell against Bern, breathing in the familiar smell of his cardigan, slightly smoky from the fireplace, familiar smells of food and oil. He smelt like home.

As they walked into the mayor's office, she was

already part way through her announcement. The microphone for the tannoy system was just in front of her face as she said urgently, 'Beloved residents, Withering is under attack. You are to all take cover until this has passed. Be safe, be well.' She took a breath and repeated her message. 'This is Mayor Peabody, Withering is under attack . . .'

Brume was moving quickly around the office, as though pacing the floor, except she was flying to the window and back. Fidget was below her matching her movements. And every few seconds, she would puff up to twice her size before shrinking back down again a moment later. Mara was sure the cloud was making a soft growling noise that sounded like an angry kitten too.

'It's all right,' Mara said, as Brume flew across to her. 'We're not going to let them have you.'

The mayor repeated her announcement as another scarlet flash lit up the sky beyond the office window. Brume suddenly threw herself across the room and bashed against the window as though trying to escape.

'Erm, what's wrong with her?' Mayor Peabody asked.

'I think she's responding to the onyx queen,' Mara

said, as the cloud swelled up again. Though this time she didn't shrink back down.

They were soon all shrouded in thick mist.

'What do we do?' Old Bern called.

'She's trying to protect us, she did it before with the thieves in Barnley and then the sand scorpion in the Petrified Forest. But we can't let her out of here, she doesn't stand a chance against the onyx queen.'

Something else was happening though – not only were they all trapped in the thickest of fogs but the fog itself seemed to be becoming more solid. Mara felt as though she was being squeezed.

How was that possible?

What was going on?

'Brume, please. You have to stay in here, it's not safe,' Mara called into the dense fog. But she might as well have been screaming into a pillow, as her voice was pretty much swallowed up as soon as it left her mouth.

'Let her go,' Old Bern said beside her.

How had he found her in the fog?

'But I can't. She could get hurt. She's no match for the onyx queen.'

'Are you sure?' Old Bern asked.

'Did you not see how it took down the spire of the

church? Brume doesn't stand a chance.'

'I thought the very same about you when you ran off on your adventure. But look how you've survived, no *thrived*, Mara. You don't know what this cloud might be truly capable of until . . . you set her free.'

'And besides that good and valid point,' Mayor Peabody was saying as she struggled towards them through the ever-thickening cloud, 'I don't think she wants to be inside any longer.'

Mara turned, released the window catch and threw open the window.

Like water poured from a jug, Brume flowed out in one silky movement into the square outside the Guild Hall.

CHAPTER THIRTY-FOUR

The Cloud Battle

Mara reached out of the window, as though she might somehow be able to grab Brume and pull her back inside, keep her safe.

She could hear shouting from the square below – Evie and the cloud attendants, though it was hard to see them.

But the little queen cloud – no longer so little – drifted up and up, away from the Guild Hall towards the onyx queen that had spread itself over Withering like some awful blanket, blocking out the sky and sun and making it feel like the dead of night. Brume was like a wispy white scarf flung skywards. *Poor Brume*, Mara thought sadly. She was no match for the onyx queen, no match at all.

Mara didn't want to watch, but she wasn't sure she could turn away. The air split with another bolt of blood-red lightning from the onyx queen, followed by a loud crash as another building somewhere nearby was struck.

Brume started to dart this way and that, as though dodging something unseen. Or maybe searching for something. Was Brume trying to get away? Had that been it? The reason why she wanted to be out of the mayor's office – so she could fly away?

Mara's heart sank for a moment.

The onyx queen seemed to be dropping lower – like a vast hawk, black wings spread wide as it plummeted down on to its prey . . . Brume.

But at the last second the little queen cloud did a loop-the-loop, dodging the onyx queen, which crashed into the ground, swamping the cloud carriage and several attendants in dark blackness. Was Eban down there? Mara wasn't sure. She looked on as Brume flew up and between two narrow buildings. The onyx queen had recovered quickly and was spiralling upwards, a churning column of stormy cloud and flickering red lightning, heading straight for the wispy white shape of Brume.

Mara felt powerless. She had to do something, anything, to help! Though she realized what a foolish thought that was. What could *she* hope to do against the vast power of the onyx queen?

Still, she determined, she had to try!

She headed for the office doorway but Old Bern stepped in her way; even Fidget stood with him. 'You can't go out there,' he said, barring the way.

'I have to do something. I have to help.'

'It's too dangerous, Mara. Stay here, please.'

'But . . . this is all my fault!' she said as she slipped past him. She was quicker than Bern and was on her way out of the office before he was able to respond.

Halfway down the stairs, Mara heard another crack and crash of lightning and thunder. The building shook so hard she was surprised the walls didn't tumble down around her. She clung to the banister rail as the shaking subsided.

That was close, too close!

The doors were locked tight and the keys were on a high hook beside the door. As Mara reached the doorway another crack that sounded like the sky splitting in two rang through the building, and Mara saw a flash of blood red around the doors as she tried to stay on her feet.

As the latest shaking died off, she leapt up once, twice, reaching for the keys where they hung on the hook. Eventually, after about five attempts, she caught them and sent them clattering on to the floor. She spun about to find them but then her shaking hands meant it was a struggle to get the key into the lock. She groaned in frustration.

As the lock clicked at last, she sent up her thanks to the maker and pulled the heavy door open. Then she heard a sound from behind her and saw Caleus coming out of the assembly hall. The skirex made a sad, low sound in her throat. 'You need to stay here, where it's safe. Eban wouldn't want anything to happen to you,' Mara said as she squeezed through the narrow doorway opening and outside into the square. She looked up as she hurried out and came to a faltering stop.

Brume was low in the square. Backed into a corner. Trapped.

And the onyx queen hung above her, waiting. Savouring the moment before it struck!

Brume was frozen, unable to move as the onyx queen came closer and closer. Mara could feel Brume's terror. And she could feel the desolation of the onyx queen as it filled the square with its darkness.

She couldn't see the carriage, Aunty Dru, Evie or any of the attendants. And there was no sign of Eban either. What had happened to them?

Mara could see less and less with every passing second. The black cloud grew, expanded, blocking out the buildings, scrubbing them from view as though they no longer existed. Soon all Mara could see was the mass of darkness and the pinky-white smudge that was Brume as the onyx queen surrounded her and then began to consume! Mara watched in horror as Brume was entirely enveloped by the onyx queen – Brume's fluffy lightness vanishing into the dark billowing folds of blackness and the crackling red lightning.

They had failed. Not only that, but they had also put Withering in huge untold danger. Who knew how many buildings had been damaged or destroyed already? How many people in the town were injured or worse?

Mara was aware she wasn't alone. The mayor was beside her.

'Oh, Mara – I'm so sorry,' Mayor Peabody said, placing a gentle hand on Mara's shoulder.

Surely this couldn't be it, could it? Mara looked down into the square, squinting through the darkness to find Eban. She could just about see him now, thankfully. Still restrained by the attendants, though they were all back up against the carriage and under the cover of the archway that led back through to the old harbour. He met her eyes and she could see his pain and heartbreak even from this distance. She knew they were the mirror of her own.

Mara searched for Brume – the smallest flicker of white somewhere, anywhere. But there was no sign of her at all.

She was gone.

The onyx queen had won. And Aunty Dru and the factory had won too!

All Mara could see was never-ending empty blackness. It hung as heavy as despair.

She looked over to where she had last seen Eban, tears pouring from her eyes. It had all been for nothing! She had lost Brume and now the onyx queen would destroy more of Withering.

'Oh, Brume.'

But then, with a jolt, Mara realized that it had been a few moments since the last blast of red lightning had ripped through the black cloud, and the faintest glimmer of hope bubbled inside her.

She glanced back up into the mass of the onyx

queen and she waited. And counted.

Had it stopped altogether?

And had the onyx cloud stopped moving? Stopped churning? It seemed to now just hang above the square. Static. Stuck.

Now the darkness was giving way to something – a change, a shift of colour or lightness. The darkness of the onyx queen was fading, right before her eyes.

And as the onyx queen became lighter and lighter, it started to rain. Not the gentle drizzle Mara was used to with cloud bursts from the factory-delivered clouds, but heavy rain – huge raindrops that seemed to explode as they hit the ground. And, as it rained, the dark cloud grew lighter still.

'What's happening?' Old Bern had now appeared and came to stand with Mara and the mayor.

'By the sky, look at the rain!' Mayor Peabody said, stepping out into the downpour.

Then, from out of the vastness of what had been the onyx queen, something emerged. Something smaller, lighter. And as this new cloud moved towards Mara, the larger cloud began to evaporate – just like the delivered clouds usually did.

'What happened? Is that . . . ?' Old Bern asked.

But Mara didn't know how to answer.

The new smaller cloud certainly seemed to have something of Brume's shape about it. But it was pinker than Brume had been, and considerably larger.

As it drifted back down into the square, Mara felt a moment of panic as it flew straight towards the cloud carriage, Aunty Dru, Evie and the attendants. Perhaps it was still the onyx queen, after all?

But instead of going into the carriage, the cloud flew towards Eban and circled his head a couple of times, then swooped down to nuzzle against the boy's face and shoulder.

It *was* Brume!

Just a little different from before.

'Deal with whatever that is now,' Aunty Dru said, gesturing to Brume. The attendants – who looked a little worse for wear for having been out during the cloud battle – took up their staffs and started to move towards Brume. But they had only taken a few steps when two small, fizzing, flickering bolts of lightning shot out of the cloud and straight at them. They dropped their staffs and retreated. Brume moved closer towards Evie and Aunty Dru. Little flashes of pink lightning flickered around her as she closed in on them.

'What . . . what is it doing?' Evie squeaked.

'Get it away from me,' Aunty Dru called.

'I think she wants you to let go of Eban!' Mara called from the steps.

'What? No!' Evie snapped back.

CRACKLE.

Pink lightning flickered across the short distance and Evie and Aunty Dru both yelped. Aunty Dru shoved Eban, who fell to the floor, and scurried after Evie towards the carriage which was already trundling out of the square. The other attendants had clearly decided it was time to leave.

Mara hurried forward to help Eban back to his feet from where he had fallen.

'Are you OK?' Mara asked.

'Yes,' he said uncertainly as he looked at his arms and legs as though double-checking himself.

Mara pulled him into a tight hug and watched over his shoulder as the cloud carriage with Aunty Dru, Evie and the attendants in it vanished from view.

'That was . . . wild!' Eban said. 'I thought we were all bound for the beyond at one point.'

'Me too,' Mara replied.

'And is that really Brume?' Eban asked as the hug

ended and he looked up at where the cloud was swooping around just above their heads.

'I think so. Yes, I'm sure.' Mara smiled.

'And did she . . . did she . . . eat the onyx queen?' Eban asked.

'I'd rather not think about that too much.' Mara laughed. 'But it's certainly gone!'

As Brume swooped overhead again, they were greeted by a gentler rain than before, but this was rain that shimmered and glimmered.

Rain full of light and life and magic!

CHAPTER THIRTY-FIVE

The Cloud Keepers

The sun had just started to slip lower in the sky. The long day drawing to its close.

Mara sat and gazed out across the clifftops and over the gorge to Withering. Scaffolding still shrouded several buildings in the town that had been damaged during the cloud battle five months ago. They were repairing, rebuilding. Withering had suffered but it would survive. Then she looked out across the rolling dunes of the sand-sea.

Lastly, she looked up above it all. She looked at the clouds that hung in the evening sky, all just taking on the slight orangey tinge of the sun as it began its journey towards sunset.

There were always clouds above Withering these days. At first it had just been Brume – every few days the little rose-tinted cloud would drift up and up and then expand as wide as she could before showering the town with a cloud burst. Sometimes it would last half an hour and no more, other times it would rain for a few hours. Mara loved watching the children leaving school as they splashed in the puddles in Withering's streets, twirling as the rain poured down on them. Already the next harvest at Clifftop Farm was looking far healthier than any Mara had seen in her whole life, and there were plans to expand the planting fields and to add more crops. There had been great excitement a few days earlier when Miss Livvy and Miss Elsie had found a patch of something called moss growing in their courtyard. Tiny green shoots were appearing in the most unexpected of places around town, and the gate to Well Spring Square had been unlocked permanently. Mr Gwyl was now on a special commission from Mayor Peabody to find some ancient items called umbrellas for helping to keep the rain off – though Mara couldn't imagine she would ever not enjoy being drenched on a daily basis!

A gentle purring sound came from above and

Mara looked up as Brume floated down towards her, shrinking back to her familiar pillow size and drifting towards Mara to be stroked and patted. The little cloud tumbled in the air with what Mara knew now was pure happiness.

'Hello, Mara!' She turned to see Mrs and Mr Bell heading towards the farmhouse. They smiled and waved as they carried on. 'She's doing a fine job, isn't she. Thank the sky for you both!'

Mara smiled shyly and waved.

Brume spent most of her time airborne these days. None of the other clouds she had formed seemed sentient, at least not yet. Some came and went; others had been in the sky for months. But so far, Brume was the only one who seemed truly alive. She also travelled, up and down the coast, spreading her magic to other towns and villages on the edge of the sand-sea.

Life was very different these days.

Just then, Mara saw Old Bern coming towards her. His cane was gone and he strode as he once had, before he had been struck down with the Thwart. Whatever had happened when Brume encased him seemed to have cured him after all.

'Are you coming back into town for your dinner today?' Old Bern asked.

'Yes, of course. What are we having?' Mara ran to meet him.

'Roast chicken with all the trimmings!' Old Bern smiled as he pulled her into a hug.

'What's the special occasion?'

'Nothing special at all,' he replied, but he blushed a little.

'Oh, the mayor's coming for dinner, is she?' Mara laughed.

'Yes, she's celebrating. Archie Scrump's trial was today and he was found guilty of accepting bribes from Cloud Factory officials and general corruption – and hopefully of being a nasty little weasel too!' Old Bern laughed loudly.

Something caught Mara's attention. Two small specks in the sky. Birds perhaps?

'What are they?' Mara asked as she stepped away from Old Bern for a better look.

They were moving fast. Certainly not birds.

Old Bern held a hand above his eyes to shield them from the lowering rays of the sun. 'You don't think they might be . . .'

'Harpies!' Mara said. What else could they be?

Brume crackled into life, growing three or four times her usual size in just a few seconds. Her little sparks of pink lightning fizzed out from her in all directions. She drifted up and up, heading off to meet the harpies.

'Go and tell the Bells,' Mara said to Old Bern, pointing off to the farmhouse a short walk away. 'I'll go and raise the alarm in town.'

Old Bern nodded and jogged off to the farmhouse.

Mara started to run along the path that led down from Clifftop Farm, over the gorge bridge and back into town. As she rounded the end field, she almost collided with Mayor Peabody coming the other way.

'Wow, careful there now Mara. Where's the fire?'

'Harpies!' Mara said vaguely, pointing back over her shoulder.

'What?' the mayor asked and peered past her.

'Cliff harpies,' Mara repeated and turned, pointing. 'There . . . look . . .'

But the dark shapes were closer now and it was clear they were not harpies at all.

'Skirex!' Mara said and then ran towards them calling excitedly, 'Caleus! EBAN!'

Minutes later, the two skirex had landed and Eban was climbing out of the saddle on Caleus's back. Mara ran into his arms and hugged him tight.

'I can't believe you're here!' she called. 'I was going to write to you this evening to see how you were.'

The other skirex rider had climbed down now and was removing her goggles and helmet. A tumble of long dark braids fell over her shoulders and down her back. 'Zita! Oh, by the sky, what are you doing here?'

Mara caught Zita up in a hug too. She couldn't believe they were all there together with Brume circling them on the clifftop.

Mara introduced Zita to Mayor Peabody, who then offered to go and fetch Bern from the farmhouse. As the mayor walked away, Zita smiled and reached for something in her pack. 'Eban told me he was coming to see you and I persuaded him to let me come along too,' she said.

'Zita, I'm so sorry I stole the elixir. I shouldn't have done it.'

Zita smiled. 'It's fine, Mara. The garden queen, who, by the way, my parents have grudgingly allowed me to officially name Kumo, can always make more. And besides, poor old Eban wouldn't be here if you hadn't taken it.'

Mara smiled with relief and turned to watch Bern and Mayor Peabody walking towards them. 'Hello, Eban!' Bern called brightly.

'Hello, Mr Keysmith, you are looking so much better!' Eban replied.

'Perhaps you'll both come and join us for dinner?'

'It's roast chicken!' Mayor Peabody said, grinning.

'Oh, count us in!' Eban said. 'But we are here on official factory business too.' He turned and pulled free a leather bag that had been strapped to Caleus's saddle. From inside he took out a thick paper folder which he handed to the mayor. 'Reports from the factory. There have been lots of changes in the last few months. Thanks to the cloud thief over there.' He winked at Mara. 'And to Zita's parents and their research.'

'We have a small team working with us in the Petrified Forest now.' Zita looked at Eban and smiled broadly.

'Including your old pal Cresta and her family!' Eban said.

'Oh, really? That's wonderful news.'

'She sends her love and hopes you'll visit soon,' Zita added.

The mayor flipped quickly through the folder but stopped after a few seconds and studied something more carefully. 'Rewilding Project?' she asked, one silver eyebrow raised high.

Eban smiled at her. 'The factory elders have realized that the free clouds, or rewilded clouds as we're calling them, are more productive and more powerful than those housed at the factory.'

'By about a thousand per cent!' Zita said enthusiastically.

'Along with Brume and Kumo, a further two clouds have been rewilded in the local vicinity of the factory. There are plans to release another two later in the year if everything continues to go well.'

'Well, that sounds good, doesn't it?' Old Bern asked.

'And look at this!' Mayor Peabody said darkly, handing one of the documents to Mara.

OFFICIAL CLASSIFIED DOCUMENT

Meeting of the High Ministry
of the Cloud Factory October 32nd

A TRUE NARRATIVE of the Proceedings of the Cloud Factory High Ministry. Brind. Begun on Wednesday the 8th of October and there continuing till this day. 32nd October.

Presiding officer: High Attendant Ikari
Therein Druscilla Pendlebury and Evie Bainbridge

of the Cloud Factory did wilfully commit theft of protected materials (clouds). did wilfully commit illegal cutting of said materials and did wilfully accept monies for the aforementioned.

To the Indictment both parties pleaded guilty and have been banished from the Cloud Factory and handed over to the local constabulary in Barnley for prosecution and conviction. Trial date to follow.

Mara glanced up at Eban. 'Poor Evie and Aunty Dru,' she said quietly. 'How horrible.'

She knew they had both done terrible things but she felt bad that it had come to this. After all, Mara herself had set out to steal a cloud too, hadn't she?

Eban, as though reading her thoughts, reached for her hand and said gently and kindly, 'It's not the same, Mara. You went there to help someone else. They were only ever helping themselves.'

'Very wise indeed,' Mayor Peabody said solemnly.

She flicked through some more papers. 'It looks as though things are really being shaken up at the Cloud Factory then?' she asked Eban.

'Absolutely, the High Attendants are working closely with a group of scientists, including Dr and Professor Soni,' Eban nodded towards Zita who beamed proudly, 'to make sure things change for the better and especially that the rewilded queen clouds are being looked after, protected and monitored by newly created attendant positions.' Eban seemed to puff up as he said this.

'Cloud keepers?' The mayor smiled widely as she looked down at the papers again.

Eban nodded. 'They've asked me to be the cloud keeper based at the factory. And Zita will be the cloud keeper in the Petrified Forest.'

Zita clapped her hands together in excitement.

'And the High Attendants want Mara to be our cloud keeper here in Withering.' Mayor Peabody could barely keep the excitement from her voice as she looked up from the papers.

'What?' Mara and Old Bern said at once.

Eban and Zita laughed, and Eban handed the bag across to Mara. 'Your uniform, if you accept?'

'But, why me?' Mara asked.

'Why? Because you're the best person for the job, Mara. You clearly have a link with Brume and you know the Withering and coastal area better than anyone from the factory. And you're good friends with the mayor. There isn't anyone more ideal to be Withering's cloud keeper. The decision from the

High Attendants was unanimous.'

Zita nodded. 'It's true.'

As if to show that she approved of it all, Brume flew down and brushed against Mara. She could feel the tingle of electricity as the cloud pressed against her skin. 'I think Brume agrees!' Zita added.

Mara had to pause and think things through for a moment. This would be a huge responsibility. But it would also be a huge adventure, and Mara felt she was ready for another one already.

'OK, yes,' she said to Eban.

There was a round of applause and some cheering, mostly from Eban and Zita. But even the two skirex joined in.

'There's just the small matter of your skirex,' Eban said.

Mara wasn't sure she had heard him right. 'A skirex, for me?'

'So you can better care for the cloud,' Zita explained. 'Mine is called Baren.' She gestured to the larger of the two skirex. It had a bright green crest and warm brown eyes.

'And Caleus will be yours,' Eban said.

He surely didn't mean it. Caleus meant the world to him. 'Eban?'

The boy nodded. 'She's yours, Mara. A gift from the factory for helping us all to find a new way. For giving us all hope for the future. Caleus was never truly my skirex, after all. Whatever happened when you fought off the harpies seemed to create a special link between you two.'

Mara turned away briefly, hoping no one could see the tears on her cheeks. Tears of joy and surprise and a thousand other things she was feeling right there in that moment.

Old Bern broke the tension by leaning in and giving her the biggest squeezing hug. 'Well, now I'm pleased I went to the trouble of roasting that chicken – we're celebrating twice, three times over tonight!' Old Bern called. 'Are you coming, girl?' he asked.

Mara smiled and looked back at Caleus. 'We'll be there soon,' she said. 'I want to go for a fly with Caleus first!'

'Well, don't be too long,' Mayor Peabody said. 'Or I'm having your share of the roast potatoes!'

They waved the mayor and Old Bern off, and then Zita and Eban climbed on to Baren as Mara secured the saddle straps for Caleus around her waist. Then she grabbed the reins.

Seconds later, Caleus launched herself and Mara into the sky.

They soared above Withering as the sun kissed the rolling dunes of the sand-sea, turning the sky, and the many clouds above the town, golden.

A Note from the Author

The natural world is the closest thing to real magic we might ever experience – it is constantly fascinating, full of mystery and so powerful, and the thing that keeps us all alive on this planet. That we treat it with such carelessness is heartbreaking to me and so when I started to shape the world of *The Cloud Thief* I knew it was going to be a place that had undergone a huge transformation due to the changing climate. It is a word devoid of clouds and any weather except for what comes from the magical Cloud Factory, only available to those fortunate enough to be able to afford it.

As a child I spent lots of time exploring woodlands, riverbanks and the coast with my dad and I am certain this is where my love and respect for the natural world has come from.

Natural and wild spaces have always been a huge inspiration to me; from the small wood I used to play in at the bottom of our garden to our local park where I walk my dog, there is something about being surrounded by nature that just opens my imagination in the best way. Clouds play a huge part in this too – I grew up and lived in East Anglia until only a few years ago. This is not a region known for its hills, but the skies are stunning (we've now moved to Yorkshire but managed to move to the flat part, which at least has similar skyscapes!). And so I'm always looking at wide open skies and the most amazing clouds.

The key spark of inspiration for this story though, strangely, was a power station that dominates the landscape near my home. One bright winter day – the sort of day where the sky is cloudless and brilliant bright-blue – I was baffled to see clouds rising up from somewhere I couldn't quite see . . . It was the power station. And suddenly I had the idea of a factory that produced clouds. Though it was another two years before Mara made herself known and the story of *The Cloud Thief* started to unfurl in my mind at last.

Like many of you, I worry about the way our natural world is treated and what this might mean for us all in the not-too-distant future, but I remain optimistic that young people – just like in *The Cloud Thief* – will be the ones to bring about great changes for the better!

Acknowledgements

Thank you to my dad for all those wonderful walks as a child that really made me fall in love with the natural world, and to my little Nattie who now takes me for walks to collect pine cones, leaves and pebbles (all the stories are for you x).

My everlasting thanks to the whole Chicken House team: Jazz, Megan, Laura S, Ruth, Laura M, Rachel H, Rachel L, Elinor, Esther and Emily. ☺

Also love and thanks to wonderful Kesia Lupo – my stalwart editor for my previous four Chicken House books who has flown the coop for new adventures across the waves – miss you x

Shalu Vallepur, my brilliant new editor – we did it! You are a legend and I've loved working on this book with you – here's to more magical adventures! And to Barry Cunningham – wise beyond words and always a buzzing bundle of enthusiasm for our stories – my never-ending thanks.

I am blessed to work with Kate Shaw, my fantastic agent. Always my first reader and champion. ONWARDS x

This book is wrapped in the most gorgeous cover I could imagine. My love and gratitude to Emily Fox for so beautifully capturing Mara in her illustration, and to Steve Wells designer extraordinaire!

There are many wonderful children's authors out there who are inspirational and whom I am lucky to consider friends. Thank you to you all for your support and love.

All my love always to my brilliant husband, Julian, and to my family and friends for their undying and often fanatical support – you ROCK!

Our books go nowhere without the support and passion of booksellers, librarians, teachers, reviewers and book-lovers – my huge appreciation for all you do for writers and readers – you are legends!

And now, lovely reader of this book – thank YOU for following me on another grand adventure. Where would us writers be without you? I hope we have many more adventures together. Until next time ☺

ALSO BY JAMES NICOL

THE SPELL TAILORS

Hen dreams of joining the family spell-tailor business, making magical handmade outfits.

But the shop is struggling, thanks to the cheap clothing factory that has opened nearby.

Stumbling upon a stitch – one that can sew memories into seams – Hen thinks he has the answer that will save them. Instead, he's shocked to be banned from sewing for ever.

What is going on? And can he unravel the mystery before it's too late?

A cosy, magical adventure which touches on the problems associated with fast fashion.

THE BOOKSELLER

Paperback, ISBN 978-1-913322-86-1 £7.99 • ebook, ISBN 978-1-913696-85-6, £7.99